CLASSICAL
PHILOSOPHY
Terence Irwin

古典哲学

〔英〕特伦斯·欧文　编著

宋继杰　张　凯　译

Terence Irwin
CLASSICAL PHILOSOPHY
Selection and editorial matter © Terence Irwin 1999
This translation is published by arrangement with Oxford University Press
根据牛津大学出版社 1999 年版译出

目录

1 导　言 …………………………………………………………… 1
2 自然、变化与原因：柏拉图之前的自然哲学……………………… 44
3 怀疑主义的起源：早期希腊哲学中的知识与信念………………… 90
4 知识与信念：从苏格拉底到怀疑主义……………………………… 117
5 知识、信念与理念：苏格拉底和柏拉图…………………………… 158
6 形式与质料：亚里士多德和斯多亚主义…………………………… 207
7 知识与信念：对怀疑主义的各种回答……………………………… 256
8 灵魂与身体………………………………………………………… 284
9 自由意志…………………………………………………………… 326
10 善好、快乐与幸福………………………………………………… 364
11 美德中的知识与欲求……………………………………………… 406
12 他人之善好………………………………………………………… 436
13 美德与幸福………………………………………………………… 479
14 政治理论…………………………………………………………… 504
15 哲学与神学………………………………………………………… 549

延伸阅读 ……………………………………………………………… 596
资料致谢 ……………………………………………………………… 605
作者与文本索引 ……………………………………………………… 606
一般索引 ……………………………………………………………… 620

1 导　言

本书的目的

<u>1</u> 本书试图引介希腊哲学家所提出的某些哲学基本问题。既然它是为初识哲学的读者准备的，那么无论在文本里还是在评注中，我都尝试着解释这些问题，并将它们与包括我们自己在内的其他历史时期的哲学家们所提出的问题相结合。

说到"希腊哲学"或"古代哲学"，我指的是从约公元前 550 年到公元 550 年主要用希腊语表达的古代古典时期（希腊和罗马）的哲学。"希腊"不是在种族或地理的意义上使用的。尽管所引用的许多作家以拉丁语写作，但是他们几乎全都熟悉希腊语，而且，对于所有这些人来说，哲学思维活动是以源自希腊哲学的希腊或拉丁哲学词汇来操作的。①

古代古典时期的哲学史涵盖一千一百多年。从这个时期所残存的大量哲学文献选取出的一个简短文集势必遗漏某些重要的哲学发现。本书试图通过某些问题来介绍古代哲学，这些问题最有可能吸引对思想史上的这一根本时期完全陌生的读者的兴趣。

本书各章呈现不同哲学家的根本问题及其处理方式。主要按论题而非历史次序编排。按历史次序出现的古代哲学的文集与解释已

---

① 奥古斯丁对希腊语的认识很有限；他的希腊语知识的程度是有争议的。

不鲜见；本书可能有助于提供一个新的选择。

在各章内部，主要按历史次序编排，但也有例外。在某些情形中，它对回溯性地研究历史有益。后起的希腊哲学家们反思他们的先驱者，而他们所提出的某些问题可能还有助于我们就早期哲学家正确提问。例如，在研究前苏格拉底哲学家时，我们需要把握作为柏拉图和亚里士多德对待其先驱者的态度之基础的诸哲学预设。

哲学中的核心问题并不总是被提出它们的哲学家清楚地意识到。亚里士多德常常注意到前苏格拉底诸家未曾清楚地限定一个需要充分讨论的问题。再者，某些被我们视为中心问题的，例如关于知识基础的问题或自由意志的问题，最初是由希腊化时期的哲学家们清楚地确认和讨论的。（见 108，351）*这并不意味着较早的哲学家对这些问题的讨论都无关紧要；相反，我们往往需要根据仅由其后继者所明确提出的问题去探究他们说了什么。

对古代文献的短小选本大多难合人意。想要从本书所选文本中获得最大益处，读者必须同时从论题和历史次序上反思它们。这篇导言会使追踪历史脉络变得较为容易，特别是，如果你把它和作者的以及文本的索引结合起来使用的话。如果读者能够追随相互参照的条目，特别是，如果他们使用作者的和文本的索引去遍读每一个哲学家在此的全部节选作品，那么会从本书获益匪浅。例如，尽管柏拉图《理想国》的节选分散于各章，但读者仍然能够按照文本索引以柏拉图的次序阅读它们。

本书不是一部希腊哲学史，也不为各章所引全部文本提供适当的历史脉络。对于所有这些作家，哪怕是一部简短的历史导引也会过于冗长而难以适合本书。

按照时下公认的哲学划分，第2—7章包括自然哲学、形而上学

---

* 正文和脚注中出现的黑体阿拉伯数字对应本书的小节序号。——译者

和知识论中的某些密切关联的问题。第8—9章讨论有关灵魂和自由意志的问题，对这些问题的回答部分取决于对前面几章中所讨论的更为一般的问题的回答。第10—13章处理道德哲学，第14章处理政治哲学。第15章讨论哲学与神学、宗教信仰之间的某些关联，并返回到前面各章所提出的许多问题。

这绝不是任何一位希腊哲学家在阐明其立场时所遵循的次序。② 尤其是，人们不要以为，希腊哲学家完全从其形而上学和知识论观点引申出其道德与政治观点，而丝毫没有反向的影响。然而，我们可能有必要考察，自然哲学和形而上学中的问题如何产生知识论的问题，形而上学和知识论如何影响有关心灵、行为、伦理学和社会的讨论，所有这些问题又是如何与神圣存在者的本性的概念相关联。如果有人按序阅读以下各章，那么前面诸章将为后面诸章做准备。

我试图选择哲学上核心又易为初学者所理解的论题和文本。为此缘故，我极大地省略了希腊哲学家曾做出重要贡献的某些论题（包括数学、形式逻辑和语言哲学）。另外，我也没给古代晚期的哲学家们留出太多空间，因为他们的著作通常预设了（尤其是）柏拉图和亚里士多德的知识。出于同样的理由，某些论题的处理——特别是政治哲学——也偏向柏拉图与亚里士多德。我也从诸如戏剧作家、历史学家和医学作家等非哲学作家中选取了一些段落，因为这些人对于哲学问题往往富有洞见。

偶尔我也收入现代哲学家的著作节选，或者是对希腊哲学家的评注，或者阐明具体哲学问题却不引用任何希腊材料。当我看到它们对于一个问题或论证或反驳提供了特别清晰或有力的陈述时，我就收入它们。这样的节选当然可以增加很多；这里呈现的段落将给予读者的无非是古代哲学和现代哲学之间的某些关联的观念。

---

② 亚里士多德著作的排序：19-20。斯多亚学派的哲学划分：30。

我自己的引导性评注旨在帮助读者去理解文本并注意可能由此产生的某些问题。我试图就有关解释与评价的各种争论给出某些意见，但这不是一种彻底和无偏见的概览。再者，当我提出我未做回答的反驳时，这并不一定是因为我认为它们不可回答。有时，引导读者进入某些恰当的问题似乎比限定答案要更好（这些答案常常需要用更多的篇幅来辩护）。

为什么要阅读一个节选性读本而非某些完整的文本？节选性读本为阅读那些不能合理指望初学者全部读完的文本提供了机会。读者会发现比在大多数希腊哲学的导论性课程中所包含的多得多的文本。但我不相信阅读（例如）出自柏拉图《理想国》的节选性读本可以代替阅读整部《理想国》；相反，我希望读了本书中的某些节选作品的读者有意愿去阅读相关的完整作品。

在本章的其余部分，我将描述希腊哲学的主要时期与学派，并且提及某些在阅读后面几章呈现的文本时需要牢记的一般问题。读者可能想要在阅读过程中回溯本章各部分。

古代世界史中的哲学

2 在希腊哲学传统的一千一百年里，希腊哲学从小亚细亚扩展到罗马帝国的各个领地（以地中海为中心，从不列颠向南延伸至北非，向东远至伊朗）。哲学家们在变化着的社会、政治和文化环境中劳作着。他们来自希腊和罗马世界的不同区域。许多前苏格拉底哲学家和早期斯多亚哲学家来自西亚；柏拉图和伊壁鸠鲁是雅典人，亚里士多德是马其顿人；卢克莱修和西塞罗是罗马人；塞涅卡来自西班牙，普罗提诺来自埃及，而奥古斯丁则来自北非。他们来自不同的社会阶层；在一个极端上，马可·奥勒留是罗马皇帝，而在另一个极端上，爱比克泰德则是奴隶。

公元前6到前5世纪，哲学在西亚和西西里独立的希腊城邦中开始兴起。它传播到最大的希腊城邦之一的雅典。在公元前4世纪，柏拉图与亚里士多德把雅典确立为哲学活动的主要中心。

在公元前4世纪30年代至20年代，亚历山大的马其顿军队征服了埃及和西亚的大片疆域（大致相当于现在的"中东"）。他的继承者把这片疆域划分为不同的君主国，它们最终又归于罗马的控制之下；罗马统治的过程多少是在罗马皇帝奥古斯都（公元前31年到公元14年）的主宰下完成的。马其顿君主国在它们的领地上建立希腊城邦，从而促进了希腊文化与制度的传播。在这一时期里，雅典重获了作为哲学中心的领导地位。无论斯多亚学派还是伊壁鸠鲁学派都在那里确立了其自身。亚历山大在埃及新建的城市亚历山大里亚成为了科学与文化的中心，并最终也产生出其自身的哲学运动。

当罗马人通过外交与征服逐渐吞并马其顿王国时，它们也吞食了希腊文化。罗马的文学、建筑和雕塑沿袭希腊模型（但不盲从），有教养的罗马人都学希腊语；他们中许多人远赴雅典接受其更高等的教育。从公元前2世纪中叶，我们听说过在罗马的希腊哲学家，也听说罗马人对希腊哲学兴趣盎然。公元前1世纪，卢克莱修（一位著名的伊壁鸠鲁主义者）和西塞罗（一位不同学派的折中主义者）用拉丁语来呈现希腊各学派的哲学。在罗马帝国治下，哲学是用希腊语（如爱比克泰德、马可·奥勒留、普罗提诺）和拉丁语（如塞涅卡、奥古斯丁）写就的。

从奥古斯都的统治直至公元5世纪其在西部的逐渐没落，罗马帝国拥有一个远超后来时代的单一中央政府所曾有过的覆盖欧洲、亚洲和非洲的巨大的疆域的中央政府。从政治与社会的角度看，它们在很多方面都与苏格拉底和柏拉图所熟悉的城邦不可同日而语。苏格拉底的雅典的公民们对影响其生活的政治决策有相当程度的控制，因为雅典既是民主制的，又免于被其他城邦所辖制。（就第二个

5 方面而言，它不是个典型的希腊城邦。）罗马帝国的公民们——在意大利、日耳曼、西班牙、阿尔及利亚、土耳其或埃及——对于中央政府和帝国朝廷，甚或对于行省政府只有相对微弱的影响或控制。然而，希腊语和拉丁语在整个帝国（为有教养阶层）广为通晓，希腊文学与哲学成了来自不同背景的人们的高等教育的内容。

希腊哲学在罗马帝国的这一普及有助于解释晚期希腊哲学史的两个方面。(1) 它为罗马帝国治下的犹太思想的某些特征以及处于形成期的基督教神学提供了哲学基础。甚至当希腊学术与文化在西欧衰微之时，希腊思想始终是基督教思想的一个要素。(2) 希腊哲学被逐渐征服了罗马帝国东部的亚洲人所掌握。它被翻译成阿拉伯语，并以此形式逐渐在西欧重新被认识。

本书并不过多涉及罗马帝国的希腊哲学的历史，更不用说更晚的时代了。但因此，读者应该明白，希腊哲学在空间或时间上并不为希腊世界、希腊语或罗马帝国或"西方"文化所限。哲学史中的俗常划分不应该被允许遮蔽重要的连续性的要素。

前苏格拉底哲学家

3 柏拉图和亚里士多德都自视为远溯至阿那克西曼德（约公元前610—前540）甚或泰勒斯（约公元前625—前545）的一系列哲学家的后继者。在苏格拉底的时代（约公元前469—前399），哲学发生了一个新的转向。因此，俗称这些哲学家为"前苏格拉底哲学家"；尽管这术语本身是现代的，但是它相应于一个由柏拉图和亚里士多德本人所做出的划分。但它也引人误解，因为较晚的前苏格拉底哲学家们——阿那克萨戈拉、芝诺、德谟克利特——都是苏格拉底的同时代人。诚然，德谟克利特的生活年代（约卒于公元前360年？）可能延伸到柏拉图的生活年代（卒于公元前347年）。

正如柏拉图与亚里士多德所意识到的，前苏格拉底哲学家们与一个远溯至（据我们所知）公元前 8 世纪希腊文学开端的传统密切相关。③ 史诗诗人荷马与赫西俄德（约公元前 750 年？）考虑诸如"世界如何开始？""为什么它冬湿夏干？""为什么海洋有时泛波及陆地？"等问题。他们的回答通常包含数位频繁冲突与竞争的男女诸神的这样那样的计划。例如，特别惊人的洪水或地震可能表示海神波塞冬的愤怒，《伊利亚特》开篇的瘟疫乃是阿波罗的恼怒的结果，等等。诸神间的冲突乃是《伊利亚特》中希腊人与特洛伊人间的冲突的终极根源，也是《奥德赛》中奥德修斯漫游的终极根源。在赫西俄德的《神谱》（theogonia，"诸神的起源"）和《工作与时日》中，我们所知的自然世界的各种特征是通过诸神间的过去的冲突来解释的（574-575，577）。

尽管前苏格拉底哲学家考虑某些荷马与赫西俄德的问题，但是他们的回答却截然不同。他们并不简单讲个故事，断言这就是事物之如何如何，或者事物如何发生。他们也不诉诸与人类同形的诸神的选择和诡计。他们试图诉诸包含自然的基质、事件与过程之法则来解释所发生的一切以及事物为什么如此这般，而不管波塞冬或阿波罗的愤怒。在亚里士多德看来，前苏格拉底诸家的理论根本不同于有关诸神间冲突的各种神话，因为它们提供了理性的论证并尝试证明。

这一理解世界的进路有时被描述为一种对"自然"（phusis）的探究。我们的材料把"论自然"的论文归于不同的前苏格拉底哲学家（69-70），尽管我们并不知道他们中到底有多少人用过这个标题。最早肯定提到自然的人是赫拉克利特；他指出"自然喜欢隐藏"（39），因为它不易被发现也不向肤浅的观点公开。

---

③ 亚里士多德论自然哲学家和传统诸神信仰：100。

对前苏格拉底诸家的旨趣的这种描述，意味着他们属于自然科学史的早期阶段。尽管他们的思辨明显缺乏我们可能归于科学探究的某些特征（注重实验证据，使用数学和量化公式），但他们对理性解释和普遍规律的追寻标志着科学思想中一个重要的连续性的方面。

他们的探究也算作哲学，如柏拉图及其后继者们所设想的哲学，因为他们试图理解他们的自然探究的基础与预设。例如，他们不仅追问，世界是如何生成的或何种变化由何种原因造成，而且追问，生成的本性是什么或者何者算作一个充分的原因，或我们如何能够知道世界如我们所说的那样。

对于探究世界之基础与预设的旨趣出现在克塞诺芬尼、赫拉克利特和巴门尼德之中。巴门尼德对变化之性质的反思导致他得出结论说，关于变化的任何谈论都不可能是真实的甚或有意义。他的论证，为芝诺和麦里梭的论证所支持，却与宇宙论思想家的假设针锋相对。同样重要的是，它们提出了巴门尼德本人的论证所依赖的有关语言、意义、变化、时间和实在等概念的问题。

后来的宇宙论者——特别是恩培多克勒、阿那克萨戈拉和原子论者留基波与德谟克利特——显示出巴门尼德批判的影响，他们试图建构一种理论，将巴门尼德已宣称为不可能的那种变化排除出去。

在这些后起的前苏格拉底哲学家中间，原子论者最有影响。早期的原子论者是留基波和德谟克利特，光凭我们的材料的特征，难以区分他们的不同贡献。既然大多数残篇被归于德谟克利特，那么现代作家就倾向于在讨论早期原子论时就用他的名字。原子论的观点被亚里士多德以很长的篇幅加以讨论，它们后来由伊壁鸠鲁以一种修正的形式所复活。

前苏格拉底哲学家的材料来源

4 前苏格拉底哲学家们的著作并未留存到古代晚期之后;即使那时,如辛普里丘所指出的(69),他们的某些著作的抄本也难以找到。残存的证据全都源自古代各个时期的作者们。它包括(a)报道与释义,以及(b)有意的引文,通常被称为"残篇"。

任何读者在阅读这些材料时都应该牢记在心的某些要点如下:

(1) 释义与引文之间的区分并不总是清楚地被注意到。有时——尤其当原文是用诗歌写成的时候(如克塞诺芬尼、巴门尼德和恩培多克勒那样)——我们能够确信一条原始材料给予我们一段一字不变的引文。但我们并不总能这么确信。古代作家们(以亚里士多德最为显著)常常引用回忆;因此并不总是很准确;他们也并不总是仔细区分引文与释义。

(2) 我们的证据很多来自古代晚期写成的古代哲学的历史或历史概要。这些历史著作的作者包括早期教会的大历史学家尤息比乌,罗马主教希波吕托斯,据推测是一部在托名普鲁塔克著作中被摘引的历史书的作者艾修斯。这些作者使用的材料可能来自亚里士多德的学生塞奥弗拉斯特(21)。

这意味着我们关于前苏格拉底诸家的绝大多数证据是经由塞奥弗拉斯特,从而经由亚里士多德传到我们手上的。通常,我们缺乏独立的证据以便我们支持或拒斥他们的解说。我们不要以为亚里士多德或塞奥弗拉斯特用前苏格拉底哲学家自己使用或理解的术语描述前苏格拉底哲学家。亚里士多德试图澄清,自然主义者们究竟想要说什么,他们如何越来越接近于表达出从亚里士多德的观点来看显而易见的各种区分。倘若我们不认为这是尝试透过前苏格拉底哲学家自己的眼睛看待这些问题，那么这一进路对于我们来说可能很有启发。

来自或关于前苏格拉底哲学家的段落一般引自由第尔斯（Diels）与克兰兹（Kranz）所辑的残篇与其他证言的合集《前苏格拉底残篇》（*Die Fragmente der Vorsokratiker*，简称DK）。对于每一位前苏格拉底哲学家，DK各给一章，每章都有序列号并分为两个部分——A代表间接的证据（"证言"），B代表直接引文（推测的）。因此，"DK22B123"指的是第22章B部分中的残篇123。既然DK的参引符号在其他关于前苏格拉底哲学家的证据合集和书籍中是标准，那么它们就会让读者很容易找到一个段落的其他讨论。

医学作家

5 尽管自然学家的残篇乃是被亚里士多德视为哲学家的那些人的思想的证据，但是它们并不是我们关于早期希腊哲学思想的仅有的材料来源。公元前5世纪中叶以降，希腊医学作家们同时揭示医学的理论与实践在希腊的发展及其与哲学思想的关系。许多医学著作被归于著名的外科医生考斯的希波克拉底（始于约公元前460年？）。柏拉图引用希波克拉底，表明他把后者视为一名医学权威，但个别希波克拉底论文的年代与作者殊难确定。

某些医学作家公开敌视哲学理论，并敌视他们归于前苏格拉底哲学家的那些思辨原理。他们的倾向（宽泛地讲）是经验主义的，严禁对于观察到的症状之未曾观察到的原因的思辨。其他人则对哲学思辨较为包容，他们的某些著作表明某些前苏格拉底哲学家的理论如何可能被用于医学实践。

通过提供一个构成柏拉图和亚里士多德视为"知识"（*epistêmê*）体的系统的理性学科模型，医学也影响了哲学。当柏拉图和亚里士多德试图描述一门具有适当解释原则而与单纯经验性技巧相反的科学时,他们有时转向数学,有时转向医学(106,179)。道德哲学家发现,把他们的目标与方法和医学的目标与方法相比较颇有助益;有时他们宣称他们关心灵魂的健康,恰如医学关心肉体的健康(444,470,529)。

经验医学与理论医学之间的冲突延续到晚期希腊的医学作家们。在盖伦和塞克斯都·恩披里柯身上尤其明显,他们都看到了关于医学理论与实践的问题和更为一般的知识论问题之间的密切联系。

6 **柏拉图《斐德罗篇》270C** 苏格拉底:那么你认为不管宇宙的性质却对灵魂的性质具有很好的理解是可能的啰?斐德罗:假如你凡事都相信阿斯克里匹亚德④的希波克拉底,那么我们不遵循这条探究路线甚至都不可能理解肉体。——是的,我的朋友,他很对。但我们必不能只求助于希波克拉底,我们必须也审察这理论本身,看看它是否合乎真理。——我同意。——那么考虑一下,关于自然,希波克拉底和这真实的理论都说了什么。⑤

诗人与历史学家

7 按亚里士多德的说法,哲学通过开始探讨道德问题而在苏格拉底

---

④ 一个由阿斯克里皮乌斯(Asclepius)的追随者组成的医学会。
⑤ 苏格拉底接着描述了一种程序,但不清楚它在多大程度上反映了希波克拉底,又在多大程度上被柏拉图设想为"真理"。这一评论已被证明难以和《希波克拉底文集》中的任何段落相关联。

的时代发生了一次新的转向（99，197）。亚里士多德的意思不是说在苏格拉底之前没有讨论过道德问题，而是说讨论道德问题的那些人不是哲学家。关于对的与错的行为、好的与坏的品格的问题的反思与希腊文学本身一样悠久。在荷马那里，希腊人与特洛伊人之间，阿基里斯与阿伽门农之间，以及奥德修斯与告发者之间，争论对错，是核心要旨。在公元前 5 世纪的文学中，这些道德问题是在一个更为理论的层面上被讨论的。雅典悲剧作家的某些作品就反映了对与好的概念的冲突，并且暗示每个概念如何都是可辩护的。索福克勒斯的《菲罗克忒忒斯》和《俄狄浦斯在科罗诺斯》，以及欧里庇得斯的《美狄亚》和《希波吕托斯》提供了特别清楚的范例。

希罗多德与修昔底德，这两位著作尚存的公元前 5 世纪历史学家，与自然哲学家和医学作家共有某些目标；他们试图系统详尽地描述和解释不同社会的特征、社会内的与社会间的冲突的性质。希罗多德的主题是希腊城邦与波斯帝国之间的冲突。修昔底德的主题是雅典和斯巴达之间的战争，希腊世界中的许多其他城邦也卷入其中。他们的某些分析与解释依赖于他们对道德和政治问题的陈述。希罗多德经常使用故事与争论来就人类幸福、人类自由与外在环境以及神的行为的关系、最好的政治制度等问题进行提问与辩论（350，388，532）。而在修昔底德那里，道德与政治评论一般是通过不同的军事政治领袖的演说得以传达的（461，534-535）；但有时修昔底德以他自己的声音提出对相关道德与政治问题的分析（536-545）。

哲学、诗歌、历史著作和修辞术之间的关系在整个希腊和拉丁文学史上都极为重要。本书仅提供少量范例，且绝大多数采自公元前 5 世纪的希腊文献。

智者

<u>8</u> 柏拉图与亚里士多德自视为不仅参与了和先前哲学家的哲学争论，也参与了与同时代哲学论题作者们的哲学争论。其中最为重要的一群就是以"智者"著称的人。柏拉图提到智者领袖普罗泰戈拉、普罗迪科斯和希庇亚斯并讨论了他们的观点。他给予普罗泰戈拉以特殊的关注。

智者提供高等教育，超出了传统的体操与"音乐"教育（mousikê，不仅包括我们所谓的音乐，也包括荷马和其他希腊诗人）。他们中有些人就前苏格拉底自然主义者探讨过的论题发表演讲。尤其是，他们讨论道德与政治问题和劝服性论证的技巧，从而教授民众在政治集会上就这些问题劝服性地发言。在雅典民主制中，公共演说——无论在公民大会上还是在大陪审团法庭上——是政治影响的重要来源。对于想在民主制公共生活中一展身手的雄心勃勃的富有的雅典青年来说，从智者学得的能力保证他在公共辩论与协商中具有竞争优势。智者们通常为他们的教导收取巨额学费，以致他们的学生局限于能够酬报他们的年轻人。⑥

柏拉图并不认为智者的观点全是错的或有害的，他最不愤的是那些怀抱着发现世俗成功之钥匙的期望而到智者那里去的人。智者们有过错，因为他们只试图满足这种期望。他们并不为了考察道德与政治问题的基本困难或找到它们的真实原则而审查它们。他们只是用一种掩盖其基本混乱的理智的伪装，呈现各种流俗的观点（551）。

无论柏拉图对智者们的刻画是否完全公正，它为他展示苏格拉

---

⑥ 智者作为教育者：139。普罗泰戈拉作为智者：156，160，429。

底提供了一个重要的对照点。苏格拉底不为酬劳而教；他不把他的指导对象局限于个别学生；他不自诩为教师；最重要的是，他试图发现真正的困难并找到真正的道德原则。

历史上的苏格拉底

9 就我们所知，苏格拉底本人没有写过任何哲学著作。但我们关于其生平活动的证据却极为丰富。诚然，对有关苏格拉底的四个主要信息来源的证言进行评估的任务却产生了某些困难。

雅典喜剧作家阿里斯托芬（？约公元前450—前385年）使苏格拉底成为《云》中的主角（581）。苏格拉底的某些特征可能是喜剧的虚构：他被刻画成既肮脏贪婪又虚伪。其他的特征在哲学上饶有兴味。

(1) 苏格拉底教授自然哲学，并研究前苏格拉底哲学家探索过的问题。
(2) 他是无神论者。
(3) 年轻人从苏格拉底学来的论证要为他们拒斥俗常道德标准负责；他们学习诡辩，为懦弱、偷盗、不忠于父母和所有其他公认的罪恶进行辩护。⑦

色诺芬（公元前428—前354）是一位政治上保守的军人，具有思想兴趣和有限的哲学才能。他写过几个苏格拉底对话，其中的苏格拉底提出过可令公众敬重的道德与政治建议并表达了习俗的宗教观点。色诺芬的主要目的之一显然是要拒斥我们在《云》中所发现的苏格拉底形象。（无论色诺芬是否实际对阿里斯托芬耿耿于怀。）

---

⑦ 阿里斯托芬与苏格拉底；见 581。

苏格拉底生平与著作的最广博的材料来源乃是柏拉图的对话。早期对话（见18）旨在再现历史上的苏格拉底的人格形象与哲学观点，这一点得到了广泛的认同。柏拉图笔下的苏格拉底的许多观点多少类似于色诺芬笔下的苏格拉底，但柏拉图的苏格拉底展示了一种在色诺芬那里缺乏的探究观念与哲学深度。阅读柏拉图更易于理解何以苏格拉底如其实际曾做的那样强有力地影响了民众。

亚里士多德也曾就苏格拉底作过一些尽管简短却重要的评论（99，141，197）。它们支持苏格拉底在柏拉图的早期对话中获得了准确刻画的观点。特别地，亚里士多德提到苏格拉底宣称无知以及他的反诘式的探究方法——都是在柏拉图那里可以找到，而在色诺芬那里找不到的。

对这些证据的研究（在许多人而非所有人眼里）势必证实柏拉图早期对话作为苏格拉底人格与学说的原始材料来源的可靠性。根据柏拉图，苏格拉底的思想兴趣有过剧烈变化。在他的青年时代，他可能分有前苏格拉底哲学家对自然哲学的兴趣（所以阿里斯托芬对他的刻画并非全无根据：96，583）。他后来的哲学活动仅限于伦理学并且主要是反诘性的。他反诘其他人，寻求对基本伦理原则的理解。他不为报酬而教；实际上，与智者针锋相对，他声称一无所教（139）。然而，他吸引了上层青年的注意，他们中许多人卷入了公元前5世纪末雅典的政治斗争，有的反对民主制（克里底亚，卡尔米德斯），有的捍卫民主制（克瑞丰），有的则坚持中立（阿尔西比亚德）。⑧

苏格拉底自称是雅典的忠实公民，在兵役中表现出众，怀着对法律和司法的适当敬重履行公民义务（540），即使这为他招致了公愤或危险。尽管他不曾作为职业政治家进入公共生活，但是他依然

---

⑧ 克里蒂亚：584；克瑞封：139；阿尔西比亚德：462。

变得不受欢迎。随着三十僭主统治的垮台和民主制的复兴,他被控不虔敬——特别是不承认城邦诸神并引入新的超自然存在者,还败坏青年(583,585)。他被陪审团(10)以微弱多数定罪并判处死刑。苏格拉底的受审与死亡在柏拉图对话的很多段落中都有讨论和引征。柏拉图与色诺芬都写了"申辩"(*apologia*,辩护),旨在再现苏格拉底在法庭上为自己辩护的演说。柏拉图的《克里同篇》和《斐多篇》则描述了苏格拉底的监禁与死亡。

10 柏拉图《申辩篇》36A⑨　所发生的事情并不意外;我更惊讶于双方所投石子的数目。我原以为差额会很大,而非如实际所是的那么小。现在看来,只要有三十票改投,我就可以当庭开释了。

11 西塞罗《图斯库路姆论辩集》v.10　早期哲学,迄至苏格拉底——他听过阿基劳斯的演讲,是阿那克萨戈拉的学生——讨论数与运动以及万物生成与复归的本源;他们热烈探究星体的大小、星际的距离、星体的运动和天宇中的一切。然而,苏格拉底是第一个⑩将哲学从天上唤到地下来的人,把它置于城市之中,甚至带入寻常百姓家,迫使它审查生活与行为、好事与坏事。

12 柏拉图《拉凯斯篇》181AB　我曾亲见苏格拉底不仅为他父亲添了荣誉,而且为他的父邦添了荣誉。因为在德利雍败北后他和我一道撤退,我敢向你保证,如果别的人都愿意跟他一

---

⑨ 苏格拉底在法庭上的发言。他刚听到陪审团对其定罪的投票。我们没有关于陪审员人数的明确证据;可能有 500 人,从而投票结果是 280∶220。
⑩ 西塞罗在这里没有考虑智者。关于苏格拉底时代哲学方向的变化,见 **99**。

样行动,那么我们的城邦就会保住荣誉,绝不至于遭受如此的惨败。

13 柏拉图《会饮篇》221A–C［阿尔西比亚德］ 德利雍战败后全军溃退时苏格拉底的形象值得一见。我正巧骑马在那里,而他是重装步兵。他和拉凯斯一道撤退……我注意到的第一件事情是苏格拉底比拉凯斯镇定得多。再有,我觉得他在那里的举动和在雅典没什么两样,"昂首阔步,眼观六路",静览敌友。人人都清楚,甚至大老远的都晓得,如果你碰他一下,他就会强烈反击。这就是为什么他和他的同伴们都安全脱险;因为实际上,在战场上没有人会冒犯带着那种姿态的人——他们穷追猛打的是那些抱头鼠窜的人。

14 奥古斯丁《上帝之城》viii.3 苏格拉底的生与死都是如此不同凡响,以致他身后引来无数哲学追随者,他们以无比的热忱探讨道德问题,而论题则是最高的善好(the highest good),借助它一个人就能得享永福。但在苏格拉底的讨论中,他引入、提出又摧毁每一种观点,这最高的善好未得澄清。从而每个人都从苏格拉底那里拿走他同意的东西,每个人都把他认为最好的东西确立为最高的善好……关于这一目的苏格拉底学派所持的观点是如此多种多样——尽管似乎很难相信一个老师有这么多追随者——以至于有的人,如阿里斯提普斯,说最高的善好是快乐,而其他人,如安提斯泰尼,说它是美德。

柏拉图与他的对话

15 柏拉图的(尚未证实的)"第七封信"(538)提及他早先对政治感兴趣,他对三十僭主暴政的幻灭,他对继起的民主制的失望,他为哲学而放弃政治，他后来在叙拉古插手政治斗争的尝试。他是苏格拉底的年轻追随者之一。在苏格拉底死后的某个时期，他在英雄阿卡德米的墓地附近建立了一所哲学学校（因此被称为"学园"，Academy）；亚里士多德在柏拉图晚年是学园的一名学员。

就我们所知，柏拉图的书面作品全部保留下来了；没有任何证据表明有哪本成文著作未能保留下来。这种情形（在古典希腊作者中不同寻常）可能是因为柏拉图的哲学学校——学园——持续存在到古代晚期，并且特别注意保存他的著作。

他的成文著作几乎全由对话组成。⑪柏拉图本人从未是其中的发言者。在大多数对话中苏格拉底都是主要的发言者。这些事实对柏拉图哲学的研究者提出了某些初步而又重要的问题。

柏拉图为什么要写作对话？以下几种回答值得考虑：

（1）对话形式是一种富有吸引力的文学体裁，令人回想起通常在悲剧和历史著作中才能发现的辩论（461，532）。它允许柏拉图刻画场景和发言者的人格特征。

（2）它使柏拉图能够免于信诺苏格拉底或任何其他发言者所持的立场。

（3）它再现了苏格拉底探究的非凡特征。柏拉图认为这种对话而非系统的论文才是呈现哲学思想之本质的反讽特征的适当方式。

第三种回答为某些古代批评家所支持（189-191），它也是最富哲学旨趣的回答。如果它是对的，那么第一种和第二种答案仍然可能是对的。为了决定第二种回答在多大程度上是对的，我们必须考

---

⑪ 仅有的例外是《书信》（可能是伪作）和《申辩篇》，后者是苏格拉底的法庭演讲。《美涅克赛努斯篇》大部分由演讲组成。

虑，光凭对话就把肯定的学说归于柏拉图如何说得通。

各篇对话在篇幅、难度与文学形式和结构上都截然不同。有些是"直接的"对话，角色在里面发言（如在戏剧中一样）而无任何叙述者。有些是"报道性的"对话，其中有叙述者生动地报道一场对话。有些报道是由苏格拉底本人来作的；他用"我说"来引入他本人的被报道的言论，有时又作为报道者评论他自己或对话者的品格或行为（见18）。有时报道者本人不是被报道的对话的参与者。这些第三人称报道使得报道者有机会评论苏格拉底和他的对话者。有些报道者声称回忆起多年前的一次对话；有些甚至声称报道一场由一名中间人报道给他们的对话（80）。有时柏拉图发现这样层层报道实在烦琐，就警告读者他不会时时提到它们。

在本书节选自直接对话的段落中，发言者的名字出现但未加括号。而在节选自报道性对话的段落中，发言者的名字加了方括号予以引入。在第一次引入发言者后，发言者（或被报道的发言者）的变换只用破折号来引入。

按照一个（可追溯到亚里士多德的对话）故事，一位遇到《高尔吉亚篇》的科林斯农夫皈依了柏拉图的哲学（16）。这个故事暗示某些对话在普通公众中间有极为广泛的流通。这不会让人吃惊，因为某些对话看似没有预设对哲学问题的广泛熟识。不过，某些对话似乎着意于更为专门的读者（或听众）；有理由假设它们首先以学园里柏拉图本人的学生为对象。

我们在柏拉图全集的抄本中所发现的著作并不全是真实的。古代批评家将其中某一些视为伪托的。现代读者也已怀疑其他一些的真实性。伪托和可疑的作品也不应仅仅因为柏拉图未曾写过它们而被忽略。它们往往饶有兴味，因为它们有助于澄清包括晚期柏拉图主义在内的晚期哲学学派对柏拉图学说的使用。我偶尔也引用它们（321，424）。

16 忒米斯提乌《讲演集》xxxii. 90.25-91.2　一位科林斯农夫，在接触了《高尔吉亚篇》——不是高尔吉亚本人而是柏拉图写来驳斥智者的对话——以后立即放弃了他的农庄和葡萄园，把他的灵魂抵押给了柏拉图，在那里播种柏拉图的观点。这就是亚里士多德在他的科林斯（Corinthian）⑫对话里所推崇的人。

柏拉图的对话与柏拉图的思想

17 柏拉图的对话包含了他的哲学，至少其中的角色讨论哲学问题并提出原创性（就我们所知）的哲学观点。这些或许是柏拉图认为值得讨论的观点。但更为困难的是确定这些对话是否呈现了柏拉图的哲学，也就是说，它们是否呈现了一个相对系统的哲学学说体系，为柏拉图本人在写作既定对话时所信奉。即使我们走出富有争议的一步，认定苏格拉底这个角色呈现了柏拉图自己的观点，我们也面临困难。苏格拉底似乎在不同的对话里捍卫不同的观点；再者，在某些对话中，他对于他在其他对话中似乎肯定回答的问题表示出疑问与困惑。

这些事实导致了解释柏拉图对话的不同方式。三条主要的解释路线值得考虑。按照第一种观点，对话首先是批判性和说明性的，并不包含一种系统的哲学立场。没有任何理由可以假设，一个对话会得出与另一个对话一致的结论，或者，其中任何一个结论表达了柏拉图的观点。这条通达对话的进路在古代备受那些把柏拉图视为

---

⑫ 别的未知。某些编者建议"尼林斯"（Nerinthus），亚里士多德一篇对话的标题。

同情怀疑论的人（包括学园中的某些柏拉图后继者）的青睐。(170，202)

第二种观点源于它注意到与纯粹批判性解释所能说明的相比，对话分有更多肯定的结论。有些读者发现一种肯定的系统的观点出现在对话当中，他们就以适合这种一般的系统解释的方式来说明对话之间的差异。出于教学讲解的目的，有些对话避免深入其他对话给出过的某些细节，或者，它们将自身局限于提出在其他对话中得到回答的疑惑。一般地，对话间任何明显的哲学差异都应被视为是阐明性质的，而非学说教义性质的，这曾是古代晚期柏拉图主义者中间对待对话的一般态度。

第三条解释路线同意系统观点把对话视为表达了柏拉图的肯定学说，但它拒绝用系统解释者采取的某些机制去打发掉不同的对话之间的明显的矛盾。按照这一解释路线，对话表达了柏拉图五十年间变化发展的哲学思想观点。特别是，早期对话力图再现历史上的苏格拉底的观点（可能是柏拉图自己的观点），但中期与后期对话却呈现了柏拉图本人的观点，而不一定是历史上的苏格拉底的那些观点。

第三条"发展论"的解释路线，诉诸两大方面的考虑：(a) 为对话的年代排序的最似有理的标准，支持柏拉图哲学发展的"苏格拉底"阶段与后来的较独立于苏格拉底的反思的阶段之间的划分；(b) 亚里士多德证明，柏拉图的观点发展并且远离了苏格拉底的观点 (197)。他把不同的观点分别归于苏格拉底和柏拉图。他归于苏格拉底的观点可以在早期对话中找到，而他归于柏拉图的那些观点则可以在中后期对话中找到。评估这些学说的可能差异对于理解柏拉图理念论及其道德理论的核心特征至关重要。

认为从苏格拉底的观点到柏拉图的观点有一种发展的人可能基于以下证据。(i) 有些对话（如《欧绪弗洛篇》和《拉凯斯篇》）基本上都在相互审查；而另一些（如《斐多篇》与《理想国》）则包含对肯定学说的较长篇幅的阐述（205-207，326-330，554-556）。(ii)《斐多篇》与《理想国》中的理念论似乎不同于在较短的较早期对话中所发现的主张（194）。(iii) 回忆说在《美诺篇》和《斐多篇》中出现，但在较短的"早期"对话中没有出现（183-186）。(iv)《斐多篇》为灵魂不朽提供了一个精详的辩护，而"早期"对话对此却鲜有说法（324-330）。(v)《理想国》似乎在知识与欲求的关系问题上挑战了《普罗泰戈拉篇》的观点（437-439）。(vi)《理想国》的政治理论似乎超出了"早期"对话中所接受的那些原则（549-556）。在所有这些情形中，对诉诸柏拉图思想"发展论"的任何解释抱有怀疑的读者，都会想要去考虑其他解释对话间表面差异的方式。

读者还应牢记一个将对话与亚里士多德的著作以及许多其他哲学文本区别开来的特征。尽管柏拉图的不同对话，侧重于不同的哲学领域，但它们中许多却把（例如）伦理学、知识论和形而上学的讨论结合在了一起。特别是，理念论与柏拉图思想的多个方面都密切相关。《理想国》与《法律篇》是柏拉图两部主要的政治哲学著作，但（正如本书节选段落所表明的）它们也包含其他几个论题的讨论。想要对柏拉图主要对话中处理的论题的范围有个大致印象，读者务必特别仔细阅读分散在本书不同章节中的节选段落。

柏拉图的对话

18 为方便读者，我把本书所节录的柏拉图对话列在下面。这个目录按照一种很可能真实但绝非确定的年代次序排列。它提到了一个特定对话的形式（直接的或间接的），并且大致指出了它的内容及其与别的对话的联系。

（1）苏格拉底对话

《申辩篇》。苏格拉底在法庭上对陪审团所作的演讲。

《克里同篇》。直接对话。苏格拉底和克里同讨论,在苏格拉底被判有罪之后,他在等待执行死刑期间是否应该尝试逃狱。对话表明雅典法律反对逃跑。

《欧绪弗洛篇》。直接对话。欧绪弗洛被控不虔敬。苏格拉底与欧绪弗洛讨论虔敬的性质及其与正义的关系。

《拉凯斯篇》。直接对话。苏格拉底与两位将军拉凯斯和尼西亚斯讨论勇敢及其与好的知识的关系。

(2)较后的(?)苏格拉底对话

《欧绪德谟篇》。主要由苏格拉底报道,用一个"虚构的"会谈引入苏格拉底与克里同之间的主要讨论。这篇对话基本上探讨欧绪德谟和狄奥尼索多罗这两名智者的方法与论证。在两个伦理学部分中,苏格拉底把他的方法与他们的做了对比。

《普罗泰戈拉篇》。由苏格拉底报道。在一个有几位著名智者参加的聚会上,普罗泰戈拉与苏格拉底讨论美德是否可教,由此考虑美德的性质及其与好的知识的关系、好的性质及其与快乐的关系。

《高尔吉亚篇》。直接对话。苏格拉底就修辞术是不是真技艺以及修辞术的价值询问修辞家高尔吉亚和波卢斯。他还就为个人自己谋取财富与权力是仅仅符合个人利益抑或也是正义的这类相关问题审查了波卢斯与卡利克勒斯(所谓的修辞术的益处)。

(3)中期对话

《美诺篇》。直接对话。在关于美德性质的无结论的讨论之后,美诺对苏格拉底的反诘法的价值提出了质疑。苏格拉底通过捍卫知识之为回忆的理论给予了回应。他通过引入知识与信念之间的区分来澄清这一理论。

《克拉底鲁篇》。直接对话。苏格拉底、赫谟根尼(普罗泰戈拉的同情者)与克拉底鲁(赫拉克利特主义者)讨论语言能否以及如何给出关于实在的正确或不正确的论述。苏格拉底审查了普罗泰戈拉和赫拉克利特的实在理论。

《斐多篇》。间接对话，由斐多报道。就在苏格拉底服毒自尽（雅典执行死刑的方式）之前，他与西米阿斯和齐贝讨论灵魂不朽。他引入理念作为定义与知识的对象。对话以对苏格拉底的死亡的刻画而告终。

《会饮篇》。间接对话，在一番虚构的会谈之后由阿波罗多洛斯报道。以酒会为场景，几位发言者就爱的不同方面做了餐后陈述。苏格拉底最后发言；在他的发言过程中，他报道了另一番由女预言者第俄提玛说出的话。阿尔西比亚德闯入聚会，说了一番关于苏格拉底的话。

《理想国》（*Politeia*，即"城邦政制"）。间接对话，由苏格拉底报道。这篇对话和《法律篇》是最长的柏拉图对话。第一卷引导性讨论主要由苏格拉底和色拉叙马霍斯审查正义。第二卷格劳孔与阿得曼托斯（柏拉图的兄弟）要苏格拉底为其"一个人正义总比不正义好"的主张辩护。对正义性质的考察导致苏格拉底描绘了一个正义的城邦以及统治它的哲学家。对话涵盖了许多问题，包括道德与政治哲学、形而上学与知识论、灵魂理论与艺术哲学。

（4）后期对话

《巴门尼德篇》。报道性对话（经克法洛斯、阿得曼托斯、安提丰、毕陀朵罗斯数人转述，报道了巴门尼德、芝诺与苏格拉底之间的一次会谈）。对话第一部分巴门尼德用理念论的一系列困难（参见《斐多篇》）对付苏格拉底，第二部分他提出有关一与多的一系列疑难。

《斐德罗篇》。直接对话。苏格拉底与斐德罗讨论修辞术以及爱的性质（接续《高尔吉亚篇》和《会饮篇》的主题）。又进一步讨论了灵魂不朽、回忆与理念（参见《斐多篇》）。

《泰阿泰德篇》。直接对话。(按照一场虚构的会谈)欧基莱德从苏格拉底那里听到了会谈内容，并以直接对话的形式予以重述。苏格拉底就知识的性质问题审问塞奥德罗和泰阿泰德（数学家）。他们讨论普罗泰戈拉和赫拉克利特的观点（参见《克拉底鲁篇》，并且考察了某些关于知识与信念之关系的意见（参见《美诺篇》）。

《智者篇》。直接对话。一位"爱利亚访客"（主要发言者）与苏格拉底试图理解"智者"的性质（参见《欧绪德谟篇》）。讨论要求对巴门尼德关于言说非存在与错误地言说如何可能的问题给出一种回答。理念的性质与关系的问题（参见《巴门尼德篇》）也被讨论。

《蒂迈欧篇》。直接对话。一场虚构的会谈把该对话作为《理想国》的续篇呈现出来。自然哲学家蒂迈欧（主要发言者）阐述了匠神尝试把理念具体化在世界之中而创造了自然世界。

《斐莱布篇》。直接对话。苏格拉底、普罗塔库斯和斐莱布（两名快乐主义者）讨论快乐的性质及其与好（善）的关系（参见《普罗泰戈拉篇》）。他们也讨论了理念的性质（参见《巴门尼德篇》《智者篇》）。

《法律篇》。直接对话。最长的对话。在与一名克里特人和一名斯巴达人的会谈中，一位"雅典访客"（主要发言者；苏格拉底没出现）描述了一个理想城邦（参见《理想国》），还详尽刻画与解释了它的法律。这篇对话包含对灵魂不朽的辩护（参见《斐德罗篇》）和对神与世界的解释（参见《蒂迈欧篇》）。

（5）可疑的或伪造的作品

《阿尔西比亚德前篇》。直接对话。它的真实性受到质疑，没有任何内在的证据要求一个晚于柏拉图在世的日子。苏格拉底与阿尔西比亚德（参见《会饮篇》）讨论几个道德问题，引向肉体与灵魂的划分。

《阿克西奥丘斯篇》。直接对话。其虚假性得到了公认；它似乎显露出伊壁鸠鲁的影响。苏格拉底与阿克西奥丘斯讨论对死亡的恐惧。

《书信》。有些书信一般认为是伪造的。较长的自传性质的"第七封信"的真实性也遭质疑。

亚里士多德

[19] 亚里士多德于公元前384年出生在马其顿城市斯塔吉拉（现在是北希腊的一部分）。他在世时，马其顿王国，在菲利普和他的儿子亚历山大的先后统治之下，征服了欧洲和亚洲的希腊城邦，其后又征服了波斯帝国。尽管亚里士多德成人期的很长时间生活在雅典，却不是雅典公民。他与马其顿国王关系密切；他的父亲尼各马可是马其顿宫廷御医。许多希腊人把马其顿人视为外来入侵者；亚里士多德本人在雅典的生活就曾受到对马其顿的这一怀疑的影响。

亚里士多德于公元前367年前往雅典。他归属于柏拉图的学园直至公元前347年。在这二十年间，柏拉图写下了他重要的后期对话（包括《智者篇》、《蒂迈欧篇》、《斐莱布篇》、《政治家篇》和《法律篇》）。公元前347年，柏拉图逝世，他的侄子斯彪西波（显然不是亚里士多德所喜欢的哲学家）成为学园的首脑。亚里士多德离开雅典（我们不知何故）前往小亚细亚的阿索斯。后来他又前往西爱琴海中的列斯堡岛。接着他去了马其顿，在那里，他是亚历山大的导师。公元前334年，他返回雅典并建立了他自己的学校，即吕克昂学园。公元前323年，亚历山大去世，雅典反马其顿情绪终于爆发，亚里士多德迁居优卑亚岛的卡尔西斯，于公元前322年病逝在那里。

亚里士多德曾娶阿索斯统治者赫尔米亚的侄女皮提娅斯为妻。他们有一个女儿，也叫皮提娅斯。妻子去世后，亚里士多德与赫尔庇利斯同居，他们有一个儿子尼各马可（他可能编辑了冠以他之名的亚里士多德伦理学著作)。

柏拉图对话的读者转向亚里士多德时,不难注意到两位哲学家著作的不同特征。亚里士多德缺乏柏拉图的几乎所有对话都具有的会谈形式与鲜活特征。这并不意味着他的写作技巧逊于柏拉图。亚里士多德也写过对话,这些对话属于他的已佚失的大批著作之列,我们所知道的都是经过其他作者引用或解释的。[13]这些短小的残篇不足以与柏拉图的对话相提并论。

亚里士多德的现存著作似乎与他在吕克昂学园的讲演关系密切。它们透露出风格上的巨大变化;有些作品已完全杀青等待出版,有些却潦草而简练,与亚里士多德的演讲笔记相近。它们可能类似于按论题排列的文档,同时保存了亚里士多德的笔记和更为成型的论文。

关于亚里士多德著作的年代次序,我们缺乏任何清晰的线索。批评家们曾试图把不同的著作置于亚里士多德的不同时期,如柏拉图学园时期,西爱琴海时期(公元前347年后)和吕克昂学园首脑时期(公元前334年后)。有些证据表明他的某些生物学著作(包括本书常引用的《论动物的部分》)是以他在西爱琴海时期所做的研究为基础的。内容上的各种论证表明《形而上学》中形式与质料的讨论可能晚于《范畴篇》、《物理学》和《论生成与毁灭》的讨论。而把《论灵魂》、《尼各马可伦理学》和《政治学》)放在后期著作中间,不无道理但并非一定正确。

亚里士多德的著作

20 和柏拉图不同,亚里士多德的著作是按主题来划分的。这就是它们在亚里士多德抄本中排列的方式。标准的英文标题(有些但非全

---

[13] 对佚失作品的摘录或引用: 86, 116, 143, 222, 306。

部可明确回溯到亚里士多德本人）乃是传统拉丁文标题的翻译或英语化。所以并不总是非常明了。读者可能会发现，对根据标准次序安排的亚里士多德的现存著作做一简明描述，是很有用的。

(1) 逻辑学（《范畴篇》《解释篇》《前分析篇》《后分析篇》《正位篇》）

这些著作传统上称为《工具论》（Organon，亦即"工具"），理由在于，逻辑学是所有哲学思想领域的工具。亚里士多德所设想的"逻辑学"还包括对语言、意义及其与非语言性实在的关系的研究；因此它包括许多现在可能被归于语言哲学或哲学逻辑的论题，如是，《范畴篇（Categories）》（Predications，亦即"谓述"），《解释篇》（源于通过"解释"来领会一种语言，从而涉及思想与语言和实在的关系），《正位篇（Topics）》（讨论方位（topoi, places），哲学论证的共同模式）。《工具论》也包含狭义的形式逻辑。《前分析篇》构成阐明以"三段论"为基础的演绎性形式逻辑体系的最初尝试。《后分析篇》则用这一体系来阐明一种科学知识理论；它涉及形而上学、知识论和科学哲学（如它们在当代哲学中所理解的那样）。

(2) 自然哲学

这长长的一系列著作包括对自然科学原理的哲学考察。《物理学》（"论自然（phusis）的著作"）涵盖探究自然的一般原理，也讨论变化、时间、空间和自然世界的第一推动者。《论天》关注宇宙论论题，以及地上世界所发现的自然有机体之外的宇宙；这些论题常常是被前苏格拉底哲学家所讨论过的。《论生成与毁灭》讨论为这个世界的有机体所特有的那两类自然变化型态。《天象学》概览并讨论了有关风和潮汐的证据。生物学系列论文始于《论灵魂》。亚里士多德用他的形式和质料学说来解释灵魂与身体的关系，以及在不同类型的生物中发现的不同类型的灵魂。他的讨论囊括了心灵哲学、心理学、生理学、知识论和行为理论中的所有论题。论动物的论文包括

《论动物的部分》，它引发了《动物史》中对经验证据的长篇考察。哲学文献的简选本难免无法如数再现亚里士多德生物学著作中的详细描述与分析。本书包含其生物学通论的一部分和某些描述性段落。

（3）形而上学

在他对其他学科之基础和预设的反思中，亚里士多德描述了一门普遍的"存在之为存在的科学"，或"第一哲学"。这就是被称为《形而上学》（但非亚里士多德所称的）这部著作的主题。（希腊语 *ta meta ta phusika* 意指"自然之后的东西"，"之后"可能既包含"超越"的神学，又包含反思某某的基础。如"meta-historical"（元史学）或"meta-mathematical"（元数学）。）本书节选了四个部分。

> A 亚里士多德讨论了这一研究中他的先驱者；与此同时，他按照他的四因说的结构对前苏格拉底哲学家和柏拉图给予了极有价值的论述（34，43，85）。
> B 这门普遍科学的一部分考察思想与知识的基本原理，因而也讨论了怀疑论的某些方面（168，277）。
> C 另一部分考察有关实体、形式与质料的问题（253-259）。
> D 最后一部分解释了神圣实体、宇宙秩序的终极原理（601-603）

（4）伦理学与政治学

亚里士多德把《尼各马可伦理学》[14]（亚里士多德全集中三部伦理学著作之一）和《政治学》视为对人的好及其实现条件的那部分专门研究。《伦理学》与《政治学》放到一起，涵盖了柏拉图《理想国》与《法律篇》的绝大多数论题，后者是亚里士多德时常讨论并铭记在心的。《伦理学》讨论了人的好以及达到它的诸美德。《政治

---

[14] 传统标题或许印证了这个观点：该论著是在亚里士多德死后由他的儿子尼各马可编辑的。

学》则考虑一个社会如何可能把这些美德具体化在个人和社会生活之中。它讨论了现实各种政体的得与失，以及一个能够体现诸美德的国家的特征。

（5）文学批评与修辞学理论（《诗学》《修辞学》）

这些著作同时与亚里士多德的逻辑学和伦理-政治理论密切相关。它们讨论了柏拉图《高尔吉亚篇》和《斐德罗篇》的某些论题。

尽管亚里士多德的著作按主题划分，但他的某些主要哲学观念却影响了他的更具体的探究，也被他的更具体的研究所影响。《物理学》开篇引入的形式、质料、实体和自然概念，适用于关于同一与变化的一般问题，也适用于自然的研究与身心关系。反过来，他关于灵魂与自然本性的观点在他的道德与政治理论中是根本性的。这在《伦理学》和《政治学》讨论人性与人的功能的段落中格外明显。

正如我们已经看到的，亚里士多德在希腊哲学史上之所以重要，不仅因为他本人的哲学观点，而且因为他是第一个哲学史家。他对前人的研究与批评是他论证自身观点的一部分，因为他同时力辩（a）他的前辈们由于忽略了他已澄清的某种区分而犯错，（b）他自身的观点常常只是对其前辈已作不完全和不准确把握的那些要点的更清晰的阐述。他在《形而上学》开篇精详考察他的前辈时提出了这两个主张（34，43，85）。

塞奥弗拉斯特

[21]亚里士多德指定塞奥弗拉斯特作为他的继承人领导吕克昂学园。塞奥弗拉斯特的著作虽只有很小一部分得以保存下来，但我们能够由此推测他分享了亚里士多德的广泛的哲学与科学兴趣。他跟随他从事细致的生物学研究，他也撰写有关自然哲学、形而上学和伦理学的著作。对于吕克昂后来关注生物学而相对忽视更为一般的哲学

问题的倾向,他可能要负部分的责任。

塞奥弗拉斯特绝非亚里士多德的盲从者。我们可以从他的《形而上学》的节选(247)看出这一点,他在那里批判性地反思了亚里士多德对目的论解释的辩护。在应用亚里士多德的学说于具体例子上时,他建议这需要比亚里士多德所承认的更多的限制条件。

除了其自身哲学观点的重要性之外,塞奥弗拉斯特间接地又是早期希腊哲学史的极为重要的材料来源(4)。他顺着亚里士多德的指引(如《形而上学》开篇的论述),根据亚里士多德的观点,撰写了一部系统的前苏格拉底哲学史。其讨论的特征可以从《论感觉》这本大部分留存下来的著作的段落里收集到(130, 133)。对于塞奥弗拉斯特哲学史的其余部分,我们只从其他史家对它的征引中间接地了解到。[15]

希腊化时期的哲学

希腊历史的希腊化时期(一种由现代史家而非古人做出的划分)始于亚历山大大帝的驾崩(公元前323年)和亚里士多德的去世(公元前322年)。在政治与社会史上,屋大维(后来奥古斯都)继位罗马皇帝(公元前31年)标志着希腊化时期的终结。在哲学史上,希腊化时期的几大学派于公元前3到前2世纪间使柏拉图和亚里士多德的观点黯然失色。在一段时间的衰微之后,柏拉图与亚里士多德哲学后来的复兴则标志着希腊化时期的终结。我们所掌握的斯多亚主义(爱比克泰德、塞涅卡)和怀疑主义(塞克斯都·恩披里柯)的主要材料,有些实际上属于公元1世纪,从而属于后希腊化时期。但把它们作为希腊化时期哲学的一部分来讨论却很方便。

---

[15] 塞奥弗拉斯特论伦理学:513。

希腊化时期的主要学派有：

(1) 犬儒学派和昔兰尼派的出现受到了对苏格拉底伦理学观点的两种针锋相对的解释之启发。昔兰尼派是极端的快乐主义者和经验主义者，犬儒派则强调美德对于幸福的充足性，从而（明显地）拒绝将任何重要性系于非道德的好。昔兰尼派力主，片刻的快乐是唯一的好（489），他们还把这种观点与知识的唯一对象是我们的感觉的极端经验主义主张联系起来。犬儒派与昔兰尼派各自代表了斯多亚学派和伊壁鸠鲁主义者试图避免的极端观点。
(2) 怀疑论[16]观点最初由皮浪提出，后经埃奈西德穆和阿格里帕的加工。"学园"的怀疑主义是由学园中柏拉图的某些后继者，特别是阿尔凯西劳和卡尔尼亚德提出来的。[17]
(3) 伊壁鸠鲁复活了德谟克利特的原子论。
(4) 斯多亚学派所阐述的体系分别受到赫拉克利特和柏拉图的启发。

这些不同学派的成员之间的富有活力的讨论使得希腊化时期引人注目；这种讨论显然促进了这些学派自身的发展。柏拉图与亚里士多德的哲学观相对不受重视，尽管没有全然被忽略。对于这种不受重视似乎有两种不同的解释。

柏拉图的各种建设性哲学观点被斯彪西波发展成一种高度思辨的形而上学立场（19）。斯彪西波的某些观点显然（直接或间接地）影响了较后起的普罗提诺的柏拉图主义。但是很快，学园放弃了这

---

[16] 我用大写的"Sceptic"来提及这个古代学派及其学说，我在更宽泛的意义上使用小写的"sceptic"指称怀疑主义学说的持有者，包括现代怀疑论者。见 108。
[17] 卡尔尼亚德论克律西波斯：292。参见 487。

种观点转而接受了怀疑论。在采取这一路线时,学园强调了柏拉图对话中的一个方面,从斯彪西波转向了另一个极端。我们可以稳妥地断言,这些对话广为流传毫不陌生;它们对于学园派怀疑主义和斯多亚主义的发展尤为重要。

有关亚里士多德著作的立场较不明确。它们的影响显然比我们可能期望的要弱。斯特拉波和普鲁塔克都讲述了一个奇妙的故事,旨在说明这种影响力的缺乏。他们描述了亚里士多德著作的某些抄本的佚失与重新发现,他们认为,在被重新发现之前(公元前1世纪初),他的著作几不可得(23-24)。

这种看法可能是一种夸张。亚里士多德的观点可能影响了希腊化时期的哲学家,⑱但难以具体例示希腊化时期的理论与论证在多大程度上是依据对其著作的直接认识而被阐述的。这种困难本身意味着亚里士多德的著作可能未被广泛地研究和引用;而这可能就是普鲁塔克和斯特拉波故事的真意所在。

23 **斯特拉波《地理学》xiii.55**⑲ 亚里士多德把他的书和学园都留给了塞奥弗拉斯特。他是我们所知第一个收集图书并教授埃及国王如何营造图书馆的人。塞奥弗拉斯特把它们传给了纳留斯;纳留斯把它们带到了斯凯普西斯并传给了他的继承人;这些人对哲学毫无兴趣,漫不经心地把这些书束之高阁尘封起来……后来,当这些书因发霉虫蛀而受损时,纳留斯继承人的后裔们又以高价将亚里士多德和塞奥弗拉斯特的书卖给了特奥司的阿佩里孔。他与其说是哲学家不如说是书痴;因此,为了

---

⑱ 亚里士多德与斯多亚学派:见260。
⑲ 在斯特拉波关于东地中海的著作《地理学》中,有章节描述怀疑主义。

26 复原虫蛀的部分,他制作了新的抄本,但完成得并不理想,所出版的书里满是错误。这样一来,塞奥弗拉斯特之后的早期漫步学派,除了几本流行著作外根本无书可读;因此他们不可能严肃地从事哲学而仅仅老生常谈些陈词滥调。晚期漫步学派,从这些书重新面世的时代起,无论作为哲学家还是作为亚里士多德主义者,都更胜一筹,但也只能提供个大概,[20]因为这些抄本错得实在离谱。

24 普鲁塔克《苏拉》xxiv.1-2　苏拉为自己妥善保管特奥司的阿佩里孔的图书馆,其中包含亚里士多德和塞奥弗拉斯特的绝大部分著作,那时尚未被大多数人所知。据说,当这批图书被运抵罗马时,语法学家塔朗尼翁把其中大部分加以编排,而当罗德岛的安德罗尼克获得他提供的抄本后,就将其付梓出版,并且编订了现行的著作目录。早期漫步学派显然博学多识,但他们对亚里士多德和塞奥弗拉斯特的著作知之甚少也不得要领,因为斯凯普西斯的纳留斯,从塞奥弗拉斯特手里得到的藏书,落入了那些对哲学素无兴趣与雄心的庸人之手。

怀疑论

25 古代怀疑派从字面上说是"探究者"或"审查者"(*skeptikoi*),他们审查不同的人为接受一种信念而拒斥另一种信念所提供的不同的论证。当怀疑派发现这些论证都不能令其满意时,就得出了一个怀疑主义的(现代意义上的)结论;他们避免把各种各样的信念作为已获辩护的而予以接受。

---

[20] 文本不确定。

怀疑主义论证的主要材料来源是塞克斯都·恩披里柯。塞克斯都自认为是"皮浪主义者",皮浪的追随者。我们关于皮浪的信息毋宁是稀少而又矛盾的。其中一些表明他是个极端的怀疑主义者;他自诩为包括指导行动的基本信念在内的一切信念提供破坏性论证;他认为没有任何理由相信,跳入悬崖对他会是坏事,或者,在他面前有一道悬崖;因此他不再用这些信念指导他的行动。仅仅因为朋友们(显然是那些较少怀疑主义的)的照顾,皮浪才免于一死,苟延残喘。

无论这些故事的真实性如何,它们表明了一个需要怀疑主义者回答的问题。塞克斯都所接受的皮浪式怀疑主义版本是由埃奈西德穆所阐述的,他试图清楚地显示怀疑派审查其他观点所依据的一般原则,并解释在什么意义上怀疑主义者具有或不具有他本人愿意服从的信念。

塞克斯都把这种皮浪主义观点与"学园派"的观点做比较。他们是包括阿尔凯西劳和卡尔尼亚德在内于希腊化时期掌管柏拉图学园的怀疑主义者。他们在学园中的统治标志着对柏拉图的一种片面观点的接受,这种观点强调某些苏格拉底对话中的批判与质疑特征,并且宣称这就代表了苏格拉底与柏拉图的真精神。学园派审查其他哲学主张,但本身并不信诺他们在这类审查中所依据的前提的真实性;我们很了解卡尔尼亚德有关克律西波斯的斯多亚主义的讨论。他公开力证,斯多亚学派按其自身的原则是逃脱不了怀疑主义结论的(292)。他的批判可能有助于重述斯多亚学说。

皮浪主义者和学园派怀疑主义者之间的确切差异并不十分清晰。无论如何,埃奈西德穆和塞克斯都至少代表学园派是较不彻底的怀疑主义。有时有人说他们声称一切皆不可知,而皮浪主义者仅仅报道说他们没有发现任何知识;有时有人说学园派并不强调对判断完全悬疑,而是区分较合理的和较不合理的观点,并以较合理的观点为基础。以下诸章中怀疑主义的绝大部分段落采自塞克斯都,描述了皮浪主义的怀疑论版本。

26 佛提乌斯《文库》169ᵇ18-170ᵃ2　我读了埃奈西德穆的八篇皮浪主义论文。该书的主旨是要证明不存在任何能够可靠把握的东西,无论经由感官知觉还是经由思想。这就是为什么没有一个皮浪主义者和其他人知道关于实在的真理,但别的学派的哲学家对其他一切也一无所知,却无意义地自我消耗,在无止境的折磨中浪费生命,他们也不明白,对于他们自以为已经把握的东西其实也一无所知……在第一篇论文中,他介绍了皮浪主义者与学园派的分歧,并且几乎逐字逐句地说明,学园派是教条主义的,毫不犹豫地确定某些东西,毫不含糊地拒斥另一些。然而,皮浪主义者却不知所措,抛弃一切教条,而且他们中无一曾说过一切皆可把握或一切皆不可把握;毋宁是,他们说事物既不是这样也不是那样……

27 塞克斯都《皮浪学说概要》i.226　学园派不像我们皮浪主义者那样说某东西是好的或坏的。他们劝服说,他们所谓的好的东西是真正好的,这种说法比起对立的说法只是更有道理而已,坏的也一样。但是,当我们说某东西是好的或坏的时候,我们从不认为我们所说的东西是有道理的;相反,我们为了避免惰性而随顺(公共的)生活。

伊壁鸠鲁主义

28 伊壁鸠鲁受到了德谟克利特的原子论的启发。他反驳亚里士多德对原子论唯物主义的某些批评。但他修正了德谟克利特的某些核心学说。(1) 他用经验主义来重挫怀疑论。为了避免德谟克利特的怀疑论倾向，他力辩原子论为感觉的证据所支持而非与之冲突。(2) 他肯定人的选择与行为领域中的非决定论，而德谟克利特似乎是个决定论者。(3) 这两个变化可能与伊壁鸠鲁探究的公开动机相关。他把原子论呈现为一种使我们摆脱死亡恐惧从而摆脱由此恐惧产生的道德错误的世界观。(4) 因为关注作为无上罪恶的恐惧与焦虑，伊壁鸠鲁仰赖他的快乐主义，但他竭力将它区别于任何倡导过度与自我放纵的学说。

伊壁鸠鲁哲学的不同分支似乎形成一个令人印象深刻的统一的体系。他通过诉诸感觉来为其伦理学中的快乐主义辩护，认为这些显性的好乃是本然之好。伊壁鸠鲁的快乐主义向我们表明，我们最应该避免的是焦虑。对诸神和死后惩罚的恐惧是我们焦虑的根源。我们通过发展出一种不给死后惩罚留下任何空间的世界观，来消除对诸神的恐惧。原子论给予了我们正确的世界观。然而，伊壁鸠鲁并不认为我们应该仅仅为了消除焦虑而说服自己信奉原子论；因为任何这类尝试都会使我们更加恐惧我们的理论可能是错误的。在他看来，只有经验主义才能消除这类焦虑；仅当我们确信我们听从感觉的证据，我们才能免于怀疑与恐惧。因此，我们必须主张感觉支持原子论。

伊壁鸠鲁哲学的系统特征与实践目的可能有助于解释何以他的观点在很大程度上为他的继承者们原封不动地维护着[21]。拒斥这个体系中的任一部分都会削弱整体的实践意义。从我们的观点看，伊壁鸠鲁主义学说的严格性在某些意义上是幸事，因为伊壁鸠鲁本人的著作只有一小部分被保留下来。流传最广的是三封书信和一个短论

---

[21] 后期伊壁鸠鲁主义者关于友谊持有不同观点（491）。

集，全都保留在第欧根尼·拉尔修的《名哲言行录》里。其观点的某些细节，我们依赖于后来的著作者。其中最重要的一个是罗马诗人卢克莱修，他撰有长诗《物性论》，把伊壁鸠鲁的自然哲学呈现为消除死亡恐惧的工具。

斯多亚主义

29 斯多亚学派[22]自认为有三个奠基者：芝诺、克里安提斯和克律西波斯。尽管区分他们的不同贡献有时是可能的，但这任务常常具有太大的猜测性而难以适合一个导论；因此本书不尝试把特殊的斯多亚学说归于个别的斯多亚主义者。

斯多亚学说缺乏伊壁鸠鲁主义的紧密关联性和明确的伦理动机。然而，他们也在努力构造一个体系。斯多亚学派区分三个哲学领域：

(1) 逻辑学，除了形式逻辑，还包括知识论、语言哲学、辩证法和修辞术；

(2) 物理学，包括自然哲学、灵魂理论、宇宙论和神学；

(3) 伦理学，包括政治理论。

至于哪个领域需要最先研究，不同的斯多亚主义者有不同的看法。他们所提供的不同理由显示出有关斯多亚哲学结构的不同但相容的观点。诚然，不同的进路都能得到辩护，这一事实可能意味着斯多亚学说没有形成一个等级，某些原理在其中被视为根本的和独立于所有别的原理。

我们关于斯多亚主义的材料极为丰富，但不一定是我们最喜欢的那种。这个学派的三位奠基人的任何著作都未能完整地保存下来；

---

[22] 他们在雅典的彩绘柱廊处会面。

我们不得不依赖于后来作者的解释或引用,他们中许多人与他们所报道的斯多亚学说针锋相对(例如普鲁塔克、盖伦和塞克斯都),而有些人则可能没有完全领会这些学说(例如西塞罗)。那些其著作得以流传的斯多亚学派作者——爱比克泰德、塞涅卡、马可·奥勒留——则远晚于这个学派的奠基者们。他们对斯多亚主义的实际应用更感兴趣,所以很少涉及支持这些实际应用的论证与理论。

在引用材料时,我有时增加原始文本的两个现代辑本作为参考:冯·阿尼姆(Von Arnim)的《斯多亚学派残篇》(*Stoicorum Veterum Fragmenta*,简称 SVF,仅希腊与拉丁文本),隆(Long)与塞德利(Sedley)的《希腊化时期哲学家》(*Hellenistic Philosophers*,简称 LS,带有译文和注释的希腊和拉丁文本)。在原始资料不易找到的时候,就给出这两本参考书。我所引用的大多数段落也可在这两本文集中找到。

30 第欧根尼·拉尔修《名哲言行录》vii.40　他们把哲学比作一个动物,逻辑学部分相当于筋骨,伦理学部分相当于肌肉,自然哲学则相当于灵魂。他们或又将它比作一个蛋,最外面的蛋壳部分是逻辑学,往里点的蛋白部分是伦理学,最里面的蛋黄部分则是自然哲学。或者,他们把它比作一块高产的田园,其围墙是逻辑学,果实是伦理学,而土地或树木则是自然哲学。或者,他们把它比作一座城防优良、由理性统治的城市。某些斯多亚主义者说,各部分绝不分离,而是交织在一起。因此,他们把这〈三部分〉结合起来教授。但另一些人则把逻辑学部分放在最前面,自然哲学次之,伦理学最后。芝诺(在他的《论合理的论说》)、克律西波斯、阿基德谟和欧德罗默属于这一阵营。波托莱迈的第欧根尼从伦理学开始,但阿波罗多洛斯却把伦理学放在第二位。巴内修斯和波塞多纽则从自然哲学开始。

晚期亚里士多德主义和柏拉图主义

<u>31</u> 空间的限制不允许我们给予罗马帝国时期的希腊哲学以适当的篇幅。但其中某些作者对于早期哲学的重要性迫使我们必须简要地评论他们，但不尝试阐述其内在旨趣。

公元前 1 世纪以降，亚里士多德的著作开始广泛流传，一系列评注也随之而生。这些评注，有的是从柏拉图主义的观点撰写的，其重要性如下：

(1) 它们详细讨论了对亚里士多德的解释。
(2) 有时它们把亚里士多德的观点和其他哲学史家尤其是斯多亚学派的观点做比较而审查之。阿弗洛蒂希亚的亚历山大的某些比较论文尤为重要。
(3) 它们是前苏格拉底哲学的重要材料来源，特别是在对亚里士多德的历史考察的评注中。
(4) 它们对亚里士多德相关问题的兴趣有时导致他们发展出他们自己对于由反思亚里士多德而产生的诸问题的回答。

公元前 1 世纪，柏拉图学园发生了一次新的转向。某些成员放弃了怀疑论，并开始复兴建设性的柏拉图主义。安提俄库版本的柏拉图学说就包含了某些亚里士多德主义和斯多亚主义的元素。把不同哲学观点的各种元素结合在一起的倾向在公元 1 世纪和 2 世纪的"中期柏拉图主义"那里特别明显。不再有长篇连续的著作从这一时期流传下来，但我们能够根据阿尔西诺乌斯的柏拉图学说概要对这一方面的柏拉图主义形成某种观念。中期柏拉图主义还是医学家盖伦、犹太神学家斐洛以及包括查士丁·马太、亚历山大里亚的克莱门和奥利金在内的某些早期基督教作家的哲学灵感来源。

现代作者所谓的"新柏拉图主义"的观点主要包含在普罗提诺及其继承者的著作当中。他们自认为是柏拉图的学生和保卫者，而非革新者。然而，他们的柏拉图哲学概念是高度选择性的。他们较不重视柏拉图的苏格拉底式考察以及他的道德与政治哲学。他们最为重视的是他的形而上学，他们视之为证实了物质世界的非实在性、感觉的不可靠性，以及非感性的、非物质的、非时间的理念世界的独一无二的实在性。

翻译

32 从希腊文和拉丁文的翻译是我自己的，但我自始至终也参考已有版本。如果我偏离了已有版本，不一定是因为我认为它们有缺陷，通常是因为我想让译文更适合于这个选本。对于任何目的和任何类型的读者来说，以翻译的文本为进路都不是最好的。

不难理解，不同的译者对以下问题有不同的看法：(1) 应该在多大程度上让译本的读者获得一个希腊文和拉丁文读者所能获得的确信；(2) 为了贴近日常英语，原文应做多大程度的改造；(3) 为了读者没有详细解释也能理解，原文应做多大程度的扩展、补充和意译。

在这些问题上的抉择可能会把译者引向不同的方向。将希腊文或拉丁文所有微妙的意义差别原原本本地传递给英语读者，其代价可能是面目可憎的英语。希腊文和拉丁文的句法不同于现代英语的句法，特别是它偏爱主从结构（用许多从句造一个长句子）而非现代英语所喜欢的并列结构。再者，某些古代作者是隐晦、简约或粗糙的；译者就不得不决定该在多大程度上将原文的这些特征显示给英语读者。

对这些问题的不同回答可能适合于不同的目的。如果有人翻译一个文本是为了那些有意细究的读者之用，那么他完全可以决定他应该尽可能将读者置于某个知晓希腊或拉丁原文的人的位置上,并且他不应该去抹平风格或句法、或者夸大或澄清其中的思想。但这样一个版本很可能从一开始就让读者受挫。在一个引导性的文选中,我们可以有一定的自由度,以使文本更易为无意借助详尽注释琢磨每个句子的读者所接受。

我认为我有这个自由度,但我不想滥用它。在某些情形中——例如巴门尼德和赫拉克利特那里——没有哪个贴近原文的版本能够指望避免隐晦与困惑。在读者必须确切了解古代作者如何表达其自身的地方,我就尽力传达这一点,甚至不惜牺牲日常英语。这样一来,我不能自诩已使古代文本易于阅读,相反,我希望消除了某些障碍而不会严重扭曲原文。

一个译本在翻译特殊的希腊和拉丁语词时,应该遵循一种适度一致的策略,尤其有必要在哲学上表明同一个词或语法变体在不同的语境中出现了。例如,希腊道德哲学家就美德(*aretē*)的性质争论了数个世纪之久。他们以为他们的争论是关于同一个东西的性质的。但如果有人辨别不出 *aretē* 这个词的出现,就难以跟从他们的争论;如果有人认得出这些出现,但不懂希腊文,那么就必须采用同一种翻译形式,或者至少,不可变化多端以至于人们认不出它们是同一个希腊语词的出现。这种表面上合理的限制常为译者带来困难,因为没有任何一种英语翻译显然适合于所有语境。相似的问题也存在于亚里士多德的这样一种主张之中,即,希腊哲学中最古老的问题之一是"being(*on*)是什么?"的问题,而这个问题相当于"实体(*ousia*)是什么?"的问题。除非人们能够恰当追踪动词"to be(*einai*)"和"*ousia*",否则不会知道亚里士多德到底在谈什么。在这类情形中,我试图抓住重要术语的少数不同译法,在用它们翻译特殊的希腊术语时予以阐明,从而有助于读者。

既然我试图通过扩展和澄清来使文本可以理解,那么我也就消除了原文中出现的各种歧义,从而为某些困难的段落确定一种特殊的解释。在某些重要情形中,我试图通过给出几个翻译选项来明示我的做法。在某些情形中,这些选项依赖于对希腊或拉丁文抄本本身的可能文本的不同看法;在另一些情形中,它们源于语法或句法或特殊语词之意义的各种暧昧。注意脚注的读者会对我所做的较富争议的抉择有所体会。

我用单引号〈……〉作插入标志。我只在原文不太清楚且其哲学意义依赖于我们决定插入什么的地方使用它们。段落开头的方括号用来表示被引用或解释的哲学家。我使用通常的圆点方式表示省略,但被省略的段落常常很长且重要;它们增加了对于理解主旨似乎不要紧的枝节、修饰、例证或附带的问题。尽管我试图选择本身可适度理解的段落,但我不能自诩它们全都易于理解或本书已为理解它们提供了所有资源。有疑难的读者应该转向原始材料,转向现代学者的更详细的评注与讨论,对此,延伸阅读书目可能会有所帮助。

2 自然、变化与原因：柏拉图之前的自然哲学

变化与自然

33 亚里士多德把早期哲学家称为"自然哲学家"（*phusiologoi*, naturalists），有别于先于他们的神话的和神学的思想家们，因为他们寻求一种对自然（*phusis*）的理性解释。（见 101。）他看到，在将他们对世界的探究描述为一种对自然的探究时，早期哲学家就其探究的范围和形式确定了某些一般的原则。

当我们提到 x 的自然（nature）时，我们既说 x 从何而来（what x comes to be from），也说 x 由何做成（what x is made of）。关于自然的这两种言说方式常常透露出同一种东西：一座房子从砖石和泥浆而造出，而且它是由砖石和泥浆构成的。因此，自然哲学家们就试图发现事物从何而来、由什么构成。他们试图通过追溯事物的基本构成要素来理解自然世界中观察到的过程与变化。基本的构成要素就是"本原"（*archê*；或"始基"）（**43-44**）。因此，自然哲学家们就探究本原。

这种探究导致自然哲学家们去寻找我们观察到的各种变化底下的规律与原因。当希罗多德描述鳄鱼的"自然"、希波克拉底描述所谓的"神圣疾病"（癫痫）的"自然"时，他们描述的是动物行为或疾病中所显现的常规的和恒久的特征。对恒久特征的探索把自然哲学家们引向事物的基本构成。这种基本构成难以寻获；赫拉克利特

警告探究者，自然喜欢隐匿（39）。

寻找涉及自然的各种原因解释就是肯定某物的活动习性能够由其自身构成中的规律与规则性予以说明。这个假设对于自然哲学家的同时代人来说并非明显正确。他们习惯于用任性诸神的干预解释事物的莫测变化。在将其解释限定于自然时，自然哲学家们隐然拒绝了这类观点（40，351-353，574）。

34 亚里士多德《形而上学》1014^b16-35　所谓的"自然"就是①……任何自然对象由它构成或从它而来之第一物质，这东西先前无形无状并且不从其自身的潜能而起变化。因此，例如，青铜被说成是一座雕像和青铜器皿之自然，木材是木器之自然。所有其他情形也都是这样；因为每一个产品由这些东西构成，最初的质料始终被保留于其中。当人们把自然对象的诸要素称为其自然时就是这个意思。有人就火来说这种东西，其他人就土或气或水或别的诸如此类的来说这种东西；有人就多个此类物质来说这种东西，其他人则就所有这一切来说这种东西。

35 希罗多德《历史》ii.68　鳄鱼之自然是这样的：在冬天的四个月里，它什么都不吃。它有四足，水陆两栖。它在岸上产卵和孵化，在干地上度过白天当中的大部分时间，却在河里过夜，因为河水比空气和露水温暖。在我们所知道的有死的生物当中，这种东西从最小的长成最大的；因为它的卵不比鹅卵大多少，而幼鳄的大小又与卵相仿佛，可是当它长成之后，它却长达28英尺以上。

---

① 亚里士多德在达到最切近于前苏格拉底哲学家的"自然"（phusis）的用法之前，提到了其他几种用法。

36 希波克拉底《神圣疾病》1② 关于所谓的神圣疾病的真相如下：在我看来，它绝不比其他疾病更神圣或更令人敬畏。相反，它有一种自然和一个原因。但是，人们习惯上③视之为神圣的，是因为他们少见多怪，因为它完全不像其他疾病。它的神圣名声为那些因无知而困惑④的人们所强调，却被治疗的简易所破坏——因为人们通过净身念咒来治疗它。然而，如果因为令人惊诧就该被视为神圣的，那么就会有许多神圣的疾病，而非仅仅一个了；正如我将表明的，其他许多疾病更加惊人和怪异，却无人视之为神圣的……在我看来，最早把这种疾病神圣化的是诸如魔术师、净身师、庸医和江湖郎中那样现在比比皆是的人，他们实际上只是拿伟大的虔敬和高尚的知识作秀。一旦这些人不知所措，就把神灵推上前来掩盖他们的无能，因为他们没有任何能够用来缓解这种疾病的疗法；为了防止他们的无知被暴露，他们就把这种疾病视为神圣的。

37 希波克拉底《神圣疾病》5 但是这种疾病在我看来丝毫不比其他疾病更神圣。相反，它也像其他疾病一样具有一种自然和一种关于其既定症状如何生成之原因。⑤而且，它也不比其他疾病更难以治愈，除了因为时间长久它变得如此根深蒂固，以至于对于所用的各种疗法来说就过于严重了。

38 希波克拉底《神圣疾病》20 这种所谓的神圣疾病出自与其他疾病相同的原因：出自进出于身体的各种东西，出自寒冷、太阳和总在变化从不停息的风。既然这些东西都是神圣的，那

---

② 关于这段的神学意义，见 574。
③ nomizein，与 nomos（习俗）同源，见 125。
④ aporia，见 142。
⑤ 文本不确定。

么人们就不应该孤立这种疾病并认为它比其他疾病更神圣。相反，所有疾病都是神圣的，又都是属人的。每一种疾病都有其自身的专属的自然和力量，没有哪种疾病是不可救药或超出治疗能力的。

39 忒米斯提乌《讲演集》5，101.13=DK 22 B 123　自然⑥，按照赫拉克利特，喜欢⑦隐匿。

40 格里高利·弗拉斯托斯《柏拉图的宇宙》⑧第10页　……这一或任何其他可观察的规律性的破坏，绝不意味着更大规模的恒定性的变乱，这些恒定性构成了自然的秩序，并且如果已知，将会产生一切自然现象的终极原因，无论这些现象会如何不同寻常或惊人。在这一点上，赫拉克利特、阿那克西曼德以及所有自然哲学家会立场一致——一小撮知识分子对抗这个世界。任何其他人，希腊人和异邦人一样，都会理所当然地认为，你小心提的任何规律性都有可能失误，因为一个先在地排除了对此失误的自然的原因解释的缘故：因为它是由神的干预造成的。

解释变化：亚里士多德论自然哲学家

41 在亚里士多德看来，自然哲学家们对于某些需要被追问的问题有一种直觉，但是他们恰恰没有问对问题，因为他们并不完全领会其某些问题所依赖的假设。他相信他们错把关于自然的问题局限于关

---

⑥　或"一个东西的自然"。

⑦　或"喜爱"。

⑧　Gregory Vlastos, *Plato's Universe*, Seattle: University of Washington Press, 1975.

于起源和构成的问题了(99,235-237)。

尽管自然哲学家们(按照亚里士多德)全都承认我们是通过从其处于底层的基本成分("主体"(subject);227)或诸成分引申出它们,来理解自然对象和过程的,但是对于基本成分的特征,他们却有分歧。例如,阿那克西曼德断定没有哪种日常物质元素——诸如水(为泰勒斯所青睐)或土——能够配称是基本的,因为每一种都被其对立面所毁灭(冷被热所毁,干被湿所毁,等等)。为了找到一种比其他元素更为基本的持存主体,阿那克西曼德引入了"无限者"(apeiron)。这个希腊术语可被译为"无界(boundless)""无限(infinite)"或"无定(indeterminate)",每一种译法都可能传递出阿那克西曼德的部分想法。按照辛普里丘,无限者是基本的持存主体,任何表面的生成与毁灭其实只是无限者中的一种变化(44)。

42 亚里士多德《论动物的部分》640^{b}4-17 最先对自然进行哲学探究的早期思想家们研究物质性的本原和原因,考察它是什么、属于什么种类,整个宇宙如何从它而生成,又是什么开启了这一过程。在他们看来,例如憎或爱或心或机遇开启了这一过程,并且,作为主体的质料必然具有某种自然(本性);例如,火具有热与光的自然本性,土具有冷与重的自然本性。诚然,这就是他们把世界秩序带入存在之方式。他们用相同的方式解释动物与植物是如何生成的。例如,他们说,体内水的流动造成了胃和其他进食与排泄的器官,而气的流动则造成了鼻腔的开通。气与水是身体之质料,因为所有这些哲学家都从这类元素物体来构成自然。

43 亚里士多德《形而上学》983^{b}1-984^{a}27 让我们……列举一下那些先前研究过存在着的事物并就真理进行过哲学探讨的人;

因为显然，他们也提到了某些种类的原因和本原。⑨那么，讨论他们的观点将促进我们目前的探究；因为我们要么会发现另外某种原因，要么会对我们刚才提到的那些更为确信。

最早的哲学家大多数认为万物的本原只是质料性的。因为，他们说，有某种实体，所有存在着的事物都从它而来。这既是它们从此生成之最先之物，又是它们消逝于其中之最后之物；这个实体始终保持着，仅因不同的被作用的方式而变化。这就是诸存在者的元素和本原。因此，他们认为既没有什么东西生成，也没有什么东西消逝，因为他们假定这种"自然"在一切变化中持存。因为我们说，每当苏格拉底变得俊美或文雅时，他并非无条件地生成（come to be unqualifiedly，*gignesthai haplos*），每当他失去这些状态时，他也没有无条件地消逝——因为这主体，苏格拉底自身，持存着。那么，同样，他们说，也没有任何其他东西无条件地生成或消逝，因为必定总有某种"自然"，不是一就是多，始终持存，而其他东西则从它而产生出来。

然而，关于这种质料性本原的数目与类型，他们却有分歧。泰勒斯，这种哲学的创始人，说它是水（这是他还宣称大地浮在水上的理由）。他达到这个观点也许是由于看到营养万物的东西是湿的，而且热本身也从湿而出并通过湿来保持生机（而万物由之而生的东西就是它们的本原）。他达到这个观点的另一个理由是，他认为万物的种子有一种湿的自然（本性）（而水就是湿物的自然本性的本原）……阿那克西曼尼和第欧根尼认为气先于水并且是一切简单物体的最基本的本原，而美达蓬第的希

---

⑨ 亚里士多德刚列举了他辨识出的四类原因：见 **98**。后面的讨论表明，本原（*archê*，也译为"始基"和"起源"）不是语言性的或概念性的，而是一种基本的实在。

帕索和爱菲斯的赫拉克利特则就火来说本原。恩培多克勒将四种物体视为本原,在已被提到过的那些之外加上土作为第四种。他说,这四者始终持存,没有生成变化,除了通过聚集为一和离散为多,它们成为或多或少的各种事物。克拉佐美娜的阿那克萨戈拉⑩,年长于恩培多克勒但撰述在其后,说本原是无限的;因为他说实际上所有同类物质⑪(例如水或火)都仅仅以我们提到过的方式生成和消逝,亦即,通过聚集和离散;它们并不以任何别的方式生成或消逝,而是恒久持存。

依据这些观点,人们会以为质料因是唯一的原因。但是当人们这样前进时,实在本身为他们开道并且迫使他们去探究。因为,一切生成与毁灭从一个(或多个)东西而起,无论这种说法可能如何真实,仍然要问,这为什么发生,原因是什么?因为显然,主体(hypokeimenon, subject)并不在自身中产生变化;例如,不仅这块木头或青铜并不使得其自身变化,而且这块木头本身也不造出一张床,这块青铜也不造出一座雕像,相反,另外某物是这变化的原因。而对此的探究(在我们看来)是对第二种本原——运动变化的本原——的探究。

44 辛普里丘《〈物理学〉评注》24.13–25　在那些主张本原是一、运动和无限的人当中,米利都人帕拉克希德的儿子、后来成为泰勒斯的继承人与学生的阿那克西曼德,说无限者是实存事物的本原和元素。他是使用本原这个名称的第一人。⑫ 他说

---

⑩ 阿那克萨戈拉:96,242,588。
⑪ 同类物质:252。
⑫ 或"他是第一个使用'本原'这个语词的人"。不清楚塞奥弗拉斯特(按辛普里丘在此的报道)是说阿那克西曼德最先使用"archē"(本原),还是说他最先使用"apeiron"(无限者)。

它既不是水也不是任何其他被称为元素的东西,而是某种不同的和无限的自然(本性),(他说)一切天宇和其中的世界秩序都从它而生成。并且,实存事物由之而生成的那些东西也是它们消逝于其中的东西,按照必然性而发生。因为(他说)根据时间的安排,它们要为其不义而相互惩罚和补偿——他就是这样以相当诗意的话语提到它们。⑬ 显然,他观察到四元素相互变化,从而认为另外有别于它们的某物而非它们中的任何一物,应该是主体⑭。在他那里,生成之实现,不是通过这个元素的变化更替,而是通过对立面经由永恒运动之分离。

赫拉克利特:历时的变化

45 赫拉克利特拒斥阿那克西曼德的无限者;他相信(据亚里士多德)基本的持存主体毫无必要。在他看来,火是基本的构成要素,一切变化实际上都是火的变体。亚里士多德归于赫拉克利特一个从有关变化与稳定性的普通成见开始的论证(54)。

赫拉克利特从言说和思想变化的日常方式入手(他逐渐质疑之)。当我们说苏格拉底过去是瘦削的、现在是肥胖的时候,我们假定同一个主体,苏格拉底,在苏格拉底曾是瘦削之时,存在过,且在苏格拉底现在肥胖之时,存在着。赫拉克利特质疑这一假设。他追问我们所预设之同一性的标准,并且论证没有任何令人满意的标准能够支持我们相信同一个持存着的苏格拉底。

---

⑬ 这表明辛普里丘在引用阿那克西曼德,但不清楚引语始于何处。关于宇宙正义,见574。

⑭ 主体(subject):227。

他提出了关于同一性的不同问题（或许没有明确区分它们）：

(1) 如果我们追问何者使得以下情形成真——（例如）这本书是一本书而不仅仅是诸多页面的一个集合，这条狗是一条狗而不仅仅是肌肉与骨头的一个集合——那么我们就在寻求在一个时间里的统一性的标准。

(2) 如果我们追问何者使得以下情形成真——这两个便士是二而非一，或者苏格拉底与柏拉图是二而非一——那么我们就在寻求在一个时间里差异性的标准。

(3) 如果我们追问何者使得以下情形成真——今天这棵高树与五十年前的那棵矮树是同一棵树，或者，公元前399年的70岁的苏格拉底与公元前449年的20岁的苏格拉底是同一个人——那么我们就在寻求历时的持续性的标准。

赫拉克利特关于变化的某些观点似乎依赖于一种复合体的持续性标准。洛克阐明了这一标准并将它应用于由原子复合而成的物体（49）。按照洛克，当且仅当一个由同一些成分复合而成的集合体在这两个时间里存在，同一个东西才在两个不同的时间里存在。例如，假如我有一个6枚硬币集合体在一个盒子里，并且我把这同一些硬币始终放在一起（在相同或不同的容器里），那么我就有同一个硬币集合体。但是，假如我丢了一枚硬币，那么我就不再有同一个集合体；我有一个5枚硬币的集合体。假如我用另一枚硬币代替丢失的那枚硬币，那么我就有一个不同的集合体，尽管硬币的数目相同。⑮

依据这种复合体的持续性标准（历时的同一性），赫拉克利特宣称，太阳并非一天接着一天保持不变（因为它每天都是一个新的火球），我们不能两次踏入同一条河流。构成一条河流的水总在流动和

---

⑮ 复合的连续性标准：238，250。

更替;既然构成要素的丧失意味着毁灭,那么每条河流都总在毁灭和被另一条河流所替代。因此,没有任何持续的主体作为同一条河流在任何两个时间里存在;只存在一个过程(48,50-52)。

这一论证不仅适用于诸如河流那样明显由变迁着的成分构成的事物,而且适用于诸如船舶(55)、树木和动物那样表面稳定的事物。这些东西每一种都成长、衰微腐朽并与其他东西相互作用;其复合体变化着,并且,既然同一性是由复合体规定的,那么它在所有时间里都在出离存在,被另外某物所替代。既然人总以某种方式变化,那么从一个时间到另一个时间,没有哪个人严格上是同一个人(53,56)。

赫拉克利特指出,"万物皆流",无物常驻。我们错误地相信诸如苏格拉底那样的日常实体经历变化而持存。对于在不同时间具有对立属性之持存主体的素朴信念最终被证明为是混淆。因为,尽管我们接受这一素朴信念,但我们也接受复合体的持续性标准,从而我们必定承认日常事物并不稳定。

46 第欧根尼·拉尔修《名哲言行录》ix.5-6　这本被归于赫拉克利特的书从其相关论旨看是一部论自然的著作,但它被分成了三篇,一篇论宇宙,一篇论政治,一篇论诸神。他把它藏在阿特米斯神庙里,并且,据某人说,他故意写得较为晦涩,以至于只有有才能的⑯读者会研究它,也少受大众的蔑视……塞奥弗拉斯特说他喜怒无常,使得这本书某些部分只完成了一半,其他部分则混乱不堪。

47 尤息比乌《福音初阶》xv.20=DK 22 B12　那些踏入相同河

---

⑯　或者"强有力的"。

流的人，在不同的时间流过其足面的是不同的水。

48 柏拉图《克拉底鲁篇》402A　赫拉克利特在某处⑰说过，万物流逝，无物常驻。在把存在物比作河流时，他说你不能两次踏入同一条河流。

49 洛克《人类理解论》ii.27.3　……如果两个或以上的原子联合在同一物团中……如果它们是一块联合存在的，则那个物团既然是由同一的许多原子组成的，那么它当然仍是同一物团、同一物体，不论其各部分是怎样混乱错杂的。但倘若这些原子中有一个被拿走或添加任一新的原子，那么它就不再是同一物团或同一物体了。

50 普鲁塔克《论在德尔斐的 E》392b-393a＝DK 22 B91　因为，按照赫拉克利特，人不可能两次踏入同一条河流，也无法两次触及处于其同一状态之中的变灭实体⑱。由于其变化的短促与迅速，它消散又聚合——毋宁说，它不是接着或随后，而是同时地，集合又分解，接近又离异……[392e] 因为时间是某种可变的东西，与变化着的事物一道出现，而且它总在流逝无所保留，就像毁灭与生成之犀斗——实际上仅言及"以后"、"以前"、"将来"和"已成"乃是对非存在（not being）的直接承认……假如由时间来度量的自然，经历与度量它的东西相同的事物，那么其中无一持续，甚或存在。

51 亚里士多德《论天》298^{b}25-33⑲　有些人说，无物非生成，世上一切都是生成的，但生成之后，有些东西持存不灭，而其余的则再度被毁灭。持这种观点的首先是赫西俄德及其追随者，

---

⑰　或者"我料想"。
⑱　实体（*ousia*）；227。
⑲　这段接着71。

然后就是在他圈子外的最早的自然学家们。这些人说，只有一样东西永存，从中产生出一切转化，其余的所有事物都是生成和流逝的，无物常驻。这就是爱菲斯的赫拉克利特和其他许多人似乎要表达的意思。

52 亚里士多德《物理学》253^{b}9–12　再者，有些人实际所持的观点是，世上不只是某些东西，而是所有东西，都在变化之中且永远在变化之中，尽管我们的感官注意不到这一点……这个理论的支持者没有明确指出他们所意指的是何种变化，或者是否意指所有种类的变化。

53 第欧根尼·拉尔修《名哲言行录》iii.9–11　柏拉图经常明确地借助于爱比查姆斯。考虑一下：柏拉图说，可感觉的东西乃是在质与量上绝不持存、而是总在流动与变化之中的东西。[20] 前提是，你从之取走某些数的那些东西不再等于或是同一些东西，也不具有相同的量或质。这些东西总有变在（becoming）而绝没有恒在（being）。但是，思想的对象乃是毫无增减的东西。这是永恒的东西的自然本性，其属性要始终相同。

诚然，关于被知觉者和被思想者，爱比查姆斯说得很明白：……"A：假如有人选取一颗石子添加到一个包含奇数或偶数（无论你喜欢哪种）的石子堆上，或者从已经在那里的石子中拿走一颗石子，那么你认为石子的数目会始终如一吗？B：我不这么认为。A：你也不会同意，假如某人选择把一码长添加到另一个长度上，或者从已有的长度中切掉一些，那么原来的长度仍会存在？B：当然不会。A：现在以相同的方式考虑一下：一个人在成长，另一个人在衰微；在整个时间里他们全都在变化的过程当中。但是，一个自然变化着且绝不保持同一状态的

---

[20] 柏拉图论变化：200-201。

东西必然总是不同于已经变化了的东西。同样,按照这一论证,你和我昨天是一对,今天是另一对,明天又会是另一对,绝不会仍然是相同的人"。

54 亚里士多德《天象学》354^{b}34-355^{a}14　因此,那些假设太阳被水湿所哺育的早期思想家是可笑的。有人还接着说这是冬至和夏至发生的原因,因为相同的地方不能总是为太阳提供养料,但它需要养料,否则就要毁灭;因为我们看到的火,只要被喂食,就长久活着,而火的唯一食物是湿。这种解释认为升腾的湿能够上达于太阳,这种升腾实际上与火焰生成时的升腾方式是一样的;他们以此类比,并把它应用于太阳。但是它们毫无相似之处。因为火焰是经由湿与干的持久相互变化而生成的;它不是被喂养的,[21]因为它几乎任何时候都不能保持同一。这对于太阳不可能为真;因为如果它像那些思想家所说的那样以这种方式被喂养,那么显然太阳就不仅仅如赫拉克利特所说的那样每天都是新的,而是每时每刻都是新的。

55 普鲁塔克《忒修斯》23　忒修斯带着年轻人远航并平安归来的这艘三十桨船,雅典人一直保护到法雷荣的德米特里乌的时代。他们的保护方式是,去除旧木材,塞入新的坚实的木料,并把它们紧扣在一起。因此这艘船就成了争论"成长论证"的哲学家们的一个范例;因为,有些人说它始终如一,另一些人则否。

56 柏拉图《泰阿泰德篇》158E-159B　苏格拉底:我认为这就是他们[22]提出的问题:"泰阿泰德,当一个东西完全不同于另一个东西时,它就不能以任何方式具有任何与这另一个东西相同的性能吧?我们且不假设我们追问的东西在某种意义上是相同

---

[21]　亚里士多德论营养与生长:252。
[22]　赫拉克利特主义者。

的，在其他意义上是相异的，相反，它们完全相异。"泰阿泰德：如果是这样，那么每当它完全相异时，它就不可能有任何相同的东西，无论性能上还是任何别的方面。——那么，我们也不该承认这样一个东西不类似另外的东西？——我同意。——那么，如果一个东西逐渐类似（homoion, like）或不类似（anomoion, unlike）它自己或另外某物，我们就会说，使它类似，它就成为同一的，使它不类似，它就成为不同的。——必然的。……[159B]——现在，让我们以同样的道理来对待你、我以及别的东西：例如健康的苏格拉底和患病的苏格拉底。我们该说其一类似还是不类似另一呢？——你的意思是，作为一个整体的患病的苏格拉底类似作为一个整体的健康的苏格拉底？——你完全领会了我，这正是我的意思。——那么，当然，我说他不类似。——那么，就他不类似而论，他是不同的？——必然的。——对于熟睡的或处于我们提到的任何其他状态的苏格拉底，你也同样会这么说，是吗？——是的。

赫拉克利特：对立面的统一

57 当我们的材料报道说赫拉克利特相信流变时，它们有时把"对立面的统一"（50）也包含在其信念当中。他说，上行的道路和下行的道路是同一条道路。同样的水既是好的（对于鱼来说）也是坏的（对于人来说）。强弓扯断时才被握在一起。神是昼也是夜，是冬也是夏，是战争也是和平，是餍足也是饥饿。"战争是万物之父和王"，因为万物依赖于对立面之间的无休止的斗争。（58-60）

这些例子就我们在一个时间点上的统一性的标准提出了问题。我们倾向于承认，尽管铁路既向东行（从莫斯科到海参崴）也向西行（从海参崴到莫斯科），这只是同一条铁路的两个方向，无须提到其东西两个方向就能够得到描述（如西伯利亚铁路）。相似地，既健康又不健康的水可以被描述为海水，而无须参考其健康或不健康的特征。关于铁路或海水的这种思想方式理所当然地认为有某个主体有别于两个对立的属性。但是，假如一种纯粹复合体的统一性标准是正确的，那么，除了其诸构成属性的特殊集合外，没有任何诸如此类的主体，因此除了构成它的对立面外，也没有任何主体。

赫拉克利特推断，并不存在任何我们通常以为存在的那种持存对象。就此而言，世界比我们以为的要更不稳定。但他也论证那些为日常事物中的流变提供解释之过程的基本稳定性。宇宙稳定的方面不是石头、树木和其他对常识显现的日常对象，而是这些日常对象所经历的变化过程。

这个结论在赫拉克利特的宇宙—活火类比中得到了概括（61，64）。一堆篝火可能由木头、草、纸、叶或任何其他适当的材料以适当的比例做成，只要添加更多的燃料，它就烧个不停，并且由相同的物理规律主宰着。没有任何燃料残存下来，但存在一个过程，因为这火仍在燃烧。持续的变化与毁灭仅仅是作为世界秩序整体的连续过程的表面现象。（66）

58 希波吕托斯《反驳》ix.10.4＝DK 22 B60—1　赫拉克利特说："上去的路与下来的路是同一条路。"他还说，污秽的与纯净的、可饮的与不可饮的是一回事："海水最洁净又最肮脏：对鱼来说，它是可饮的、健康的；但对人来说，它既不能喝又致命。"㉓

59 希波吕托斯《反驳》ix.9.4＝DK 22 B53　战争是万物之父，

㉓　参见118。

亦是万物之王；它显示某一些为神，另一些为人；它又让一些人成为奴隶，另一些人成为自由人。

60 希波吕托斯《反驳》ix.10.8＝DK 22 B67　这个神是昼也是夜，是冬也是夏，是战争也是和平，是餍足也是饥饿。它变化自己，如同油在和香料混合时根据每一种气味而得名。

61 克莱门，《杂记》v.14.104.2＝DK 22 B30　这个宇宙秩序，㉔对于万物都是同一的，既不是任何神也不是任何人所造，它过去、现在和将来都只是一团永恒的活火，按一定的尺度燃烧，按一定的尺度熄灭。㉕

62 克莱门《杂记》vi.2.17.2＝DK 22 B36　对灵魂来说，变成水即为死，对水来说，变成土即为死；水从土而生，灵魂从水而生。㉖

63 克莱门《杂记》v.14.104.3＝DK 22 B31　火的转化：最初是海；而海的转化，一半是土，另一半燃烧。㉗

64 普鲁塔克《论在德尔斐的 E》388e＝DK 22B 90　本原通过变化从其自身产生出世界秩序，又通过从世界秩序产生出其自身而终结，如赫拉克利特所言："万物等换为火，火等换为万物，犹如货物等换为黄金，黄金等换为货物。"

65 奥利金《驳塞索斯》vi.42＝DK 22 B80　塞索斯说古代作家隐约提到诸神间的某场战争，赫拉克利特写道："你必须知道，战争是普遍的，正义即冲突，而万物注定要按事物必然的存在方式而生成。"

66 希波吕托斯《反驳》ix.9.5＝DK 22 B54　他说，神不对人

㉔ *kosmos*：见 113。
㉕ 灵魂与火：310-11。
㉖ 这段是讨论生理学还是宇宙论，并不清楚。
㉗ 译文不确定。

显露、不为人所见、不为人所知:"隐秘的秩序高于㉘显露的秩序。"

67 卢克莱修《物性论》i.690–700　如赫拉克利特所言,万物是火,除了火没有任何东西能够算作真实的事物,这种说法似乎全然疯狂。因为,从感觉出发,他攻击并损毁感觉;但是,一切信念基于感觉,而他自己也正是从感觉出发逐渐认识被他称为火的那种东西。因为他相信感觉真的逐渐认识火,但他不相信同样清晰的其他事物。这在我看来既是无意义的,又是疯狂的。因为我们还能诉诸别的什么东西呢?除了感觉,还能有什么是划分真假事物的更可靠的基础呢?㉙

巴门尼德论言说与思想

68 赫拉克利特想要一种关于变化与稳定性的合理解释,以使宇宙论变得可以理解。巴门尼德则相信宇宙论是不可理解的;它试图理解和解释变化,但变化是不可理解的。他在他的哲学长诗中论证这个关于变化的结论。按照辛普里丘(69–70),这被称为"论自然",让人想到自然哲学家探究自然的主张(见 3,33);但是,通过否认发现任何有关自然的真理之可能性,它远离了自然主义的假设。

诗篇的第一部分被称为"真理之路";它力辩变化是不真实的,因为变化包含了非存在(not-being),而非存在是必须予以拒斥的。诗篇的第二部分,"信念之路",呈现了一个精详的宇宙论,解释了自然世界及其各种过程。然而,这整个宇宙论基于变化是实在的这

㉘ 或者"更好",或者"更强",或者兼有。
㉙ 伊壁鸠鲁论对感觉的依赖:278–281。

样一个错误的假设,因此这解释本身是错误的(121-124)。

巴门尼德断言,我们必须在"存在"(is)和"非存在"(is not)之间选择,并且我们不能选择"非存在"(72-73)。为什么我们必须做这样的选择?为什么不能同时选择"存在"和"非存在"?巴门尼德的回答是:

(1) 任何能够被言说或思想的东西必然存在。
(2) 无不能存在。
(3) 因此,无不能被言说或思想。
(4) 不存在的东西是无。
(5) 因此,不存在的东西不能被言说或思想。

这个结论要求我们拒斥任何以言说或思想不存在的东西为前提的所谓的言说或思想。巴门尼德继续论证说:

(6) 仅当我们能够言说或思想不存在的东西,我们才能言说或思想变化。
(7) 因此(由5)我们不能言说或思想变化。

巴门尼德为什么强调他的第一个前提?在一个(他也拒斥的)表明虚假信念不可能的论证中,柏拉图提供了一种可能的解释(74)。这个论证基于信与看或触之间的一种类比;恰如触及不存在的东西就是触及无,亦即根本无所触及,同样,虚假的信念(相信不存在的东西)就是相信无,亦即根本一无所信。言说也可以同样的方式被理解为直接接触一个对象(75)。我们通过指着某物并说出名称来给它命名。如果我们指着无,我们就命名无,恰如发出空洞的噪音。因此,言说不存在的东西其实根本不在言说。

69 辛普里丘《〈物理学〉评注》144.25-8 = DK 28 A21　如果它对任何人来说都不过于复杂，那么我愿意把巴门尼德关于唯一存在的诗篇转录在此注释中——实际上它们并不多——既因为它赋予我的注释以可信性，也因为巴门尼德论著的稀缺性。

70 辛普里丘《〈论天〉评注》556.25-30　……无论麦里梭还是巴门尼德都把他们的著作命名为《论自然》……诚然，在这两本书中他们不仅讨论自然领域以外的东西，而且也讨论自然事物。也许这就是他们毫不犹豫地自题书名为《论自然》的原因吧。

71 亚里士多德《论天》298^{b}11-24　这大概是我们应该考虑的第一个问题：有生成还是没有生成？探究真理的早期哲学家们不仅彼此意见不一，也与我们现在所说的有分歧。因为其中某些人根本否认生成与毁灭；因为，他们说，无物生成或被毁灭，只是对我们看似㉚如此。这就是麦里梭和巴门尼德学派的观点。但是，即使他们说的其他一切都是对的，我们仍然不能认为他们作为自然哲学家发声；因为，没有任何种类生成或变化的事物的存在，乃是先于自然研究的另一种探究形式的问题。㉛然而，他们认为，除了可知觉事物的实体之外，没有任何东西；并且，既然他们最先认为不变的事物是知识与理解之条件，㉜那么他们就把对它们为真的东西转渡给了可知觉事物。㉝

72 普罗克鲁斯《〈蒂迈欧篇〉评注》i.345.18 = DK28B2-3　〔巴

㉚　dokein。暗指巴门尼德的"信念之路"（doxa）。
㉛　亦即形而上学的问题（20，601）。
㉜　知识的条件：194。
㉝　亚里士多德继续 51 的讨论。

2 自然、变化与原因：柏拉图之前的自然哲学

门尼德：] 来吧，我将告诉你——听后你要牢记——只有哪些探究道路是可以思想的。一条道路——它^㉞存在且不可能不存在——是确信的道路；因为它有真理相随；另一条道路——它不存在且必然不存在——这，我告诉你，是一条完全不可能找到的小径。因为你既不能认识，也不能言说不存在的东西；因为思想与存在是同一的。^㉟

73 辛普里丘《〈物理学〉评注》86.27，117.4-13＝DK 28 B6　[巴门尼德：] 被言说和被思想者必然存在；因为它存在，而无不存在。这些便是我要求你说的。你要避开的首先就是这条探究道路，其次是头脑两歧的无知常人游荡彷徨的道路；因为混乱引领着他们胸中游荡彷徨着的思想，他们是被裹挟着的、既聋且瞎、目瞪口呆、没有识别力的乌合之众，他们以为^㊱存在与非存在既同一又不同一，而且他们全都紧跟一条反转的道路。

74 柏拉图《泰阿泰德篇》188D-189B^㊲　苏格拉底：那么，泰阿泰德，假如有人问我们，"……能有人相信不存在的东西吗——或者就某个存在着的东西而言不存在、或者就不存在的东西自身而言不存在？"我们该说什么呢？我们似乎会回答说，"是的，当他思想并不为真的事物、却认为它们是真的之时。"抑或我们还有别的什么说法？泰阿泰德：我们必须这么说。——那么这类事物在其他情形中也发生吗？——何类事物？——某人看某物，却什么也没看到。——不，那怎么可能？——无疑，假如他看某物，他就看到存在着的某物。抑或

㉞　补充的主语。

㉟　"因为……"从句在一条古代材料中自行出现；现代编订者已考证它属于前面的句子。

㊱　*nomizein*：125。

㊲　假信念：160。

你认为"一"能够被包含在不存在的东西中间?——不,我不这么认为。——那么,假如他看一个东西,他就看到一个存在着的东西。——显然。——同样,假如他听某东西,那么他就听到一个东西并且听到一个存在着的东西。——是的。——假如他接触某东西,那么他就接触到一个东西并且是一个存在着的东西。——这也是真的。——假如他信,那么他就信及某一个东西,不是吗?——必然地。——而当他信及某一个东西,那么他就信及一个存在着的东西?——我同意。——因此,如果他相信不存在的东西,那么他就没有信及任何东西。——显然。——因此,假如他没有信及任何东西,那么他也就根本不在信。——这看似很明白。——那么,相信不存在的东西——或者就某个存在着的东西而言不存在、或者仅由不存在的东西自身而言不存在——是不可能的。——显然。

75 柏拉图《智者篇》236D-237E　爱利亚访客:我亲爱的朋友,我们陷入了一个非常困难的研究;因为某物"显现"与"貌似"而非实在,或言说事物,但非真的事物——这些向来是且仍然是充满困惑。因为人们该如何言说或相信虚假的事物真实存在,或者这样子说话而不陷入矛盾?诚然,泰阿泰德,这是一个困难的任务。泰阿泰德:为什么?——这种主张敢断言非存在存在;否则不会有任何虚假出现。但是,我的孩子,当我还是个少年的时候,伟大的巴门尼德从头到尾驳斥了这种观点,他在诗歌与散文的每一处都这么说:"因为,不存在的事物存在,这将永远得不到证明。在探究中,让你的思想远离这条道路。"㊲ 那就是他的反驳;而这断言本身,如果稍作深究,也表明同样的观点。你会在意从这一点出发吗?——就我个人来说,按你愿意的进行;想想怎么进行这论证最好,让我跟着你

㊲ 参见 123。柏拉图的文本稍有不同。

上道。——那是我们必须做的。现在,告诉我:我假定我们敢于说"不存在的东西"[39]?——我们当然敢。——那么就让我们认真点,既非为了争辩[40]也非为了逗乐而来考虑这个问题。假设我们中的一位听众不得不思考它并回答"非存在"这名称要被应用于什么东西的问题。我们认为他会诉诸何种东西并向提问者指出来?——这是个困难的问题,对于像我们这样的人来说完全难以回答。——好,这就很清楚了,"非存在"不能被应用于任何存在者。——是的,很显然。——而如果它不能被应用于存在者,那么把它应用于某物就是不对的。——当然不对。——同样清楚的是,在说"某物"时,我们每每把它应用于存在者;因为不可能单单说及它,仿佛它是赤裸裸的、与一切存在者分离。——是的,不可能。——通过这一研究,你同意了,说着某物的人必然言及[41]某一个东西?——是的。——那么看起来,没言及某物的人必然什么也没说。——当然,他肯定什么也没说。——那么,很确定的,我们不能承认有这么一个人在说话却什么也没说。那个在说"非存在"的人根本没说话。——这是这个论辩中最大的难题。

巴门尼德反驳变化

76 这种思想与言说的概念解释了为什么我们不能言说变化与时间。言说变化就是言说现在的苏格拉底不同于他先前曾是或以后将是的

---

[39] 希腊文没有引号。
[40] 有争议的论证:182。
[41] 或者"说"。

状态。他曾是或将是的状态是一种现在并不存在的事态；如果它现在存在，就没有任何变化。但假如它现在并不存在，那么我们就不能指出它；因此我们不能言说它。这就是巴门尼德说我们不能言及任何东西从不存在的东西生成（即，从一种它不再具有的状态、从而不再存在的事态生成；77）。

如果我们不能言及不存在的东西，我们也就不能言及过去和未来的时间。过去与未来的时间现在并不存在。如果它们现在并不存在，我们就不能指出它们，从而不能实在地言及它们。因此，巴门尼德得出结论说，任何真正的存在——任何我们能够言及并指出的东西——必定完全现在在场。

巴门尼德的论证就思想与言说的性质提出了重要的问题。我们可能反驳说，假如巴门尼德的思想与言说的概念蕴含了他所得出的全部结论，那么他的概念必定是错误的。然而，如果我们想要为我们的反驳辩护，我们就必须指出他错在哪里。允许我们言说和思想某物，从而不仅仅发出空洞的噪音的那种言说和思想，究竟意味着什么？巴门尼德强调，除非我们言说和思想现在存在着的东西，否则我们就在发出空洞的噪音，而未言说或思想任何东西。如果我们拒斥他的观点，那么我们必须对言说和思想某物之必要条件给出另一种解释，并且，我们必须表明我们的解释避免了巴门尼德的结论。柏拉图看到了巴门尼德问题的重要性（78；参见75）。

77 辛普里丘《〈物理学〉评注》145.1-146.23＝DK 28 B8　［巴门尼德：］只还剩下关于"它存在"（it is）这条道路的叙述。这条路上有许多标志：存在（being）没有生成，它⑫也没有毁灭——

---

⑫ "它"，这个论证的主语，或许是能被言说或思想者。

整全，同质，不动，完满。㊸既非过去存在也非将来存在，既然它完全现在存在，单一，连续。你将为它探寻何种生成呢？它以何种方式、从哪里长出的＜它何时生成＞？我不会允许你言说或思想＜它来自＞不存在的东西（what is not）；因为不存在的东西既不能被言说也不能被思想。而且，如果是从无中开始的，那么何种需要迫使它较晚或较早产生？因此，它必然要么完全地存在，要么不存在。信念的力量也不会允许它能够从"不存在的东西"（what is not）㊹变成任何与它自身相伴的东西。因此正义㊺抓牢而非放松它的锁链，不会任凭它生成或毁灭。关于这一切的决断全在于此：它存在或它不存在（it is or it is not）。现在决断已经做出，这是必须做出的：任由那一条路不被思想和命名，（既然它不是真实的道路），而另一条才是真实的。存在的东西（what is）如何可能被毁灭？㊻它又怎么可能生成？因为，如果它曾生成，那么它现在不存在；如果它未来将生成，那么＜它现在也不存在＞。如是，生成已被弃绝，毁灭也不再听闻。

　　它是不可分的，既然它是完全相同的；既不在这里多一点，也不在那里少一点，这会阻止它联结在一起，相反，它充满了存在（being）。所以，它是完全连续的；因为存在者与存在者邻接。它在巨大锁链的界限中不动不变、无始无终，既然生成与毁灭已被真信念所逐，游离遥遥；保持同一且在同一个＜地方＞，它依由其自身而居留，并且就这样它将始终固定在这里。因为强大的必然性将它禁锢在界限的锁链之中，使它与周遭隔绝。因此存

㊸ 文本不确定。
㊹ 文本不确定。
㊺ 宇宙正义：参见 S74。
㊻ 文本不确定。

在的东西不该是不完满的,这是对的;因为它是无欠缺的——否则,它会欠缺一切。

在那里要被思想的东西和思想它存在,是同一的。⁴⁷因为你不会发现有思想而没有存在的东西,它在其中得以表达。因为除了存在的东西,现在与将来都不会有任何别的东西,既然命运⁴⁸把它禁锢得整全且不变。它已被命名常人确定并信以为真的所有事物——生成又毁灭,存在又不存在,转换位置,以及变更明亮的色彩。但既然有最远的界限,那么它就是完满的,犹如一个各方面都滚圆的球体,从其中心到球面上的任一点都等距。因为它不能这里较多或那里较少。因为,既然它存在,那么它既不是一个非存在(not-being),这会妨碍它达致同一,也不可能这里较多或那里较少,既然它的一切都是不可掠夺的;因为,从每一点它都与自身等同,它无差别地居于界限之内。⁴⁹

78 柏拉图《**泰阿泰德篇**》180DE, 183E-184A　　苏格拉底:西奥多洛,我几乎忘记了别人提出过相反的观点:"只有存在的东西保持不变动,对于它,万物是一个名称",还有巴门尼德、麦里梭及其追随者所说的其他东西,他们反对所有那些人⁵⁰并强调一切是一,这个一保持恒定并始终在同一个地方,没有任何可移动的地方……[183E] 我会羞于过于草率地考察麦里梭和其他说一切是一且静止的人——更不用说巴门尼德了,用荷马的话说,他是可敬的和可畏的。我遇到他时,他极年老而我极年轻,他

---

⑰ 亦即,唯一可能的思想是思想某物存在。思想某物不存在是对非存在(not-being)的思想,从而根本不是思想。

⑱ 命运:574。

⑲ 下接 124。

⑳ 流变的信奉者。

在我看来具有一种极为崇高的深刻性。因此我怕我们未能领会他的话,更没能理解他的意思……

芝诺反驳多

[79] 芝诺(据柏拉图的报道)是巴门尼德的门徒(80)。为了捍卫巴门尼德对变化的拒斥,他论证说关于运动的通常观点是矛盾的。亚里士多德报道了芝诺的几个论证,附带他本人的回应。解析芝诺论证的确切结构并确认他所依赖的前提,通常不是件容易的事。不过,他的某些反驳似乎依赖于对连续性和无限性假设的反驳。

芝诺的策略从亚里士多德所谓的"二分法"论证去把握最为容易(82)。芝诺论证说,我们不可能不矛盾地相信阿基里斯能够追上乌龟,因为追上它要求他完成一个我们都承认是不可能的任务——在一个有限的时间里通过一段无限的路程。[51]

他似乎论证如下:

(1) 假设路程 D1 将阿基里斯与乌龟相隔。如果阿基里斯追上乌龟,那么他必须通过 D1。而如果他通过 D1,那么他必须通过 D2(= D1 的一半)。如果他通过 D2,他必须通过 D3(= D2 的一半)……以此类推,以至无穷。

(2) 无限多的长度,无论每一长度可能有多小,增加到一段无限的长度上。

(3) 因此阿基里斯必须通过的路程 D1,D2,D3……增加到一

---

[51] 亚里士多德所谓的"阿基里斯"论证(82 中的第二个论证)从不同的前提出发,但如亚里士多德所言,它得出了与"二分法"相同的论点。

段无限的长度上。

(4) 甚至阿基里斯也不可能在一个有限的时间里通过一段无限的长度。

(5) 因此他永远追不上乌龟。

(6) 既然相同的论证可以用于表明,没有任何东西能够通过任何路程,无论多么小的路程,因此无物运动。

芝诺的其他论证似乎依赖于他对关于运动的各种论断中所包含的日常概念的矛盾特征的更深入的看法。飞矢不动的论证(82)提出了一个与运动问题对应的时间难题。它似乎是这样的:

(1) 假设一列火车于 9:00 离开滑铁卢并于 9:10 到达克拉法姆换车站。

(2) 在 9:00 这一时刻它没有行驶任何路程。相似地,在 9:00 和 9:10 之间的任一时刻——例如 9:05——它没有行驶任何路程。相似地,在 9:00 和 9:05 之间的任一时刻——例如 9:01,9:02 等——它也没有行驶任何路程。相似地,在 9:00 和 9:01 之间的任一时刻,他也没有行驶任何路程。

(3) 但 9:00 和 9:05 之间的时间(以及 9:04 和 9:05 之间的等等)被这些时刻所耗尽。

(4) 因此,假如这列火车在这些时刻中的任一时刻并没行驶任何路程,那么它在 9:00 和 9:10 之间的整个时间里就不可能行驶任何路程。

假如芝诺是对的,那么,一旦我们承认事物不可能在任一时刻运行任一距离,我们关于事物能够在时间中运动一段路程的信念就是矛盾的。他对运动的反驳激发亚里士多德提出了一种关于运动——特别是其连续性——的解释,这种解释将消除那个导致芝诺肯定巴门

2 自然、变化与原因：柏拉图之前的自然哲学

尼德结论的不融贯现象。运动问题引生时间问题（如飞矢不动所表明的），而这两个问题又要求对时间的诸时刻（瞬间）和时间的诸部分之间的关系有某种考虑。

80 柏拉图《巴门尼德篇》127B-128D[52] ［阿得曼托斯：］安提丰告诉我们，毕陀朵罗斯曾跟他讲，有一次巴门尼德和芝诺来过泛雅典娜节。巴门尼德年岁甚高，约六十五岁，头发花白，但依然体态秀美。芝诺将近四十岁，体形高大，仪表俊美；人讲他已变成巴门尼德所钟爱的了。他们在城墙外边克拉米库斯的毕陀朵罗斯家里暂住。苏格拉底，连同其他许多人，去看他们；他们想听芝诺的著作——因为那是这些著作第一次由他们带来雅典。苏格拉底那时还是个年轻人。芝诺自己为他们诵读他的著作，巴门尼德不在场；当毕陀朵罗斯本人连同巴门尼德以及后来变成三十人[53]之一的亚里斯托特勒进来的时候，所诵读的著作还剩了很短的一段了（他说）。他们听了芝诺著作剩下的那一小段；毕陀朵罗斯此前已从芝诺那里听到过它了。

苏格拉底听了，请求芝诺再读第一论证中的第一个假设；当他读完后，苏格拉底说：你这是什么意思？芝诺。你强调：如果存在者是多数的，那么它们必定是既类似又不类似，但这是不可能的，因为不类似者类似既不可能，类似者不类似亦不可能？那是你说的吧？［芝诺：］没错。——那么，如果不类似者不能是类似的，类似者不能是不类似的，那么按你的意思，存在者不能是多数的？因为假如它们是多数的，它们就要遭受

---

[52] 后面还有一个节选自《巴门尼德篇》的段落在 220。
[53] "三十人"：533, 537-40。

这些不可能的事。你以上所说一切无非就是坚定主张存在者不是多数的？你不认为你著作中的每一论证都在证明这一点，以至于你撰述多少论证就有多少关于多之不存在的证明？这是你的意思还是我误会了你的意思？——芝诺说，不，你正确地领会了我著作的意思。——苏格拉底说：巴门尼德啊，我懂了，这位芝诺不仅要迎合你的其他友爱，而且还要迎合你的著作。他变更了你的说法，试图欺骗我们，让我们相信他在说某些和你不同的东西。因为你在你的诗篇里说一切是一，并且对此提供了卓越的证明。他则反过来讲没有多，也为此提供了许多有说服力的证明。你肯定一切是一，他否定一切是多。因此，你们俩似乎在说不同的东西，但实际上说的是同一的东西。这看起来超出了我们大多数人的心智能力。

——芝诺说，诚然，苏格拉底，但你尚未完全洞察这本书的真相。你如在探寻痕迹的斯巴达猎犬般敏锐，可是你没有意识到这本书完全不是你想象的那般伟大……我这本书旨在支持巴门尼德的论证来反驳那些人，他们揶揄并试图表明：如果一切是一，就会导致许多可笑和自相矛盾的结果。我的著作针对"多"的支持者。我以牙还牙，旨在表明他们关于多的假设甚至会有比一切是一的假设更多可笑的结果，如果你适当追踪的话。

81 亚里士多德《物理学》233^{a}21-8　……芝诺的论证错误地假设说，某物不可能在有限的时间中通过无限的东西，或者分别与无限的东西相接触。因为，无论长度还是时间，以及一般地所有连续物，都在两种意义上被称为无限的：或者是无限地可分的，或者是无限地长的。因此，如果它们在量上是无限的，那么就不可能在有限的时间里接触它们；但假如它们只是无限地可分的，那就有可能接触它们——事实上，时间本身也是以这种方式而是无限的……

82 亚里士多德《物理学》239^{b}5-240^{a}18 芝诺的论证是错误的。他说，假如每当一物占据一个等于<其自身>的位置时是处于静止状态的，并且移动着的事物都是处于现在之中，那么飞矢不动。这是错误的；因为时间不是由不可分的诸现在构成的，恰如任何其他大小量度一般。关于运动，芝诺有四个论证，它们为那些试图解决这些问题的人带来了麻烦。(1) 按照第一个论证，无物运动，因为行进的对象必须在抵达终点前抵达整个路程的一半的位置。我们已在前面的讨论中考察过这一论证。㊾ (2) 第二个论证就是所谓的阿基里斯论证。根据这一论证，一个最慢的跑步者，只要他在跑着，就永远不会被最快的跑步者追赶上；因为追赶者必须首先抵达领跑者离开的地方，从而慢者必定始终领先某个距离。这一论证与二分法论证是相同的；唯一的差别在于，它不是二分，而是划分任何你愿意划分的大小量度。跑得慢的不会被追赶上，得出这个结论的论证方法与二分法如出一辙。在这两个论证中，因为大小量度都以某种方式被划分，所以结果就都达不到终点。不过，阿基里斯论证增加了：甚至跑得最快的（这是所增加的戏剧性因素）在追赶最慢者时也不会达到终点。因此解决此论证的方法也应与二分法的相同。宣称领跑者不被追上是错误的；因为显然，当它领先时它没被追上，但如果你承认通过有限距离是可能的，那么它就会被追上了。这些就是头两个论证。(3) 第三个论证是我们已经提到过的飞矢不动。这个结论得自时间由诸现在构成的假设；因为，如果不承认这个假设，也就得不出这个结论了。(4) 在第四个论证中，两列大小相同数目相等的物体在运动场上从相反的终点等速运行相互穿越，一列从运动场的起始

㊾ 亦即在 81 里。

线出发，一列从远端出发。按照芝诺，结论是：一半的时间等于一倍的时间。这个论证误在假设了：以等速运行的相等大小量度——一个穿越一个运动着的物体，另一个则穿越一个静止的物体——在一段相等的时间中移动。这个假设是错误的。芝诺论证说：例如，假定 AA 是同等大小的静止物团；BB 是与 AA 数目和大小相同、从 AA 的中间点出发的物团；CC 则是与 AA、BB 大小相同、数目相等且与 BB 等速的从终点开始运行的物团。那么，结果是，<当 Bs 与 Cs> 相互逆行穿越，第一个 B 抵达最后一个 <C> 的位置，第一个 <C 则抵达最后一个 B 的位置>。但更进一步的结果是，<第一个> C 越过了所有 Bs，而 <第一个> B 则越过了半数的 <As>；因此，<第一个 B> 所用的时间必然是 <第一个 C 所用时间的> 一半，既然每一个都以相等的 <时间> 越过每一个物团。不仅如此，在此同一时间，第一个 B 会越过所有的 C；因为第一个 C 和第一个 B 将同时抵达运动场的相反两端，因为它们以相等的时间越过了所有 A。这个论证就是这样。其中的错误就是我们已经提到过的那个。

原子论与变化

83 巴门尼德的主要继承者——恩培多克勒、阿那克萨戈拉和原子论者留基波与德谟克利特——都同意：他表明了某种变化的不可能性。但是，他们争辩说，我们可以允许其他类型的、不违背巴门尼德合法性条件的变化。他们因此而为宇宙论辩护。

一个由亚里士多德做出的区分使考察巴门尼德的这些后继者的思想变得较为容易。亚里士多德区分出两种生成（coming to be），第一种是"生成为如何如何的"（coming to be something）（例如，灰的，黑的，文雅的），第二种是"无条件地生成"（coming to be without qualification），当一个雕像、植物或动物生成时，这种生成就发生了。我们也可以同样两种方式言及消逝。只有无条件的生成是进入实存，也只有无条件的消逝是出离实存。（224-6）

原子论者论证道，如果我们承认原子体，那么无须相信无条件的生成与消逝，我们也能够解释一切自然过程。变化的基本主体是原子，它们仅由虚空中的四处运动而变化，从而变化其位置。[55]亚里士多德将其术语"实体"（substance）与"质料"（matter）应用于它们，从而承认了它们在原子论中的基础地位。宏观对象仅仅是原子们的暂时聚集。原子（希腊语 atomon，不可切分）是不可分的。德谟克利特论证说，除非复合物体的某些成分是不可分的，否则有限体积的复合物都不可能存在。如果没有任何不可分的部分，那么复合物将由无限数目的或者广延或者非广延的部分构成。如果它们是广延的，那么复合物将是无限广延的；如果它们是非广延的，那么复合物也将是非广延的。

原子论（无论在其原始形式中还是在伊壁鸠鲁版本[56]中）明确表达了一个由巴门尼德的几位反对者所共有的信念。在其最基本的层面上（在他们看来），没有任何东西真正进入实存或出离实存。通常我们视为无条件的生成的那些变化并不包含任何真正的事物进入实存或出离实存；它们仅仅是基本的东西的重新安排。

这一回应预设了，巴门尼德正确地排除了无条件的生成。无条件的生成包含了主体（或"载体"）在一个时间不实存而在另一个时间实存。这似乎意味着"从非实存生成"（coming to be from non-existence）与"灭入非实存"（perishing into non-existence），从而"从非

---

[55] 原子：参见 125，130-133。
[56] 在某些问题上，伊壁鸠鲁也不同意德谟克利特；见 282，360，366。

存在生成"（coming to be from not-being）和"灭入非存在"（perishing into not-being）。既然非存在（not-being）是无，绝对的生成似乎包含无中生有和消逝于无。原子论者显然同意巴门尼德说这种变化不可理喻。

然而，有条件的生成似乎并不包含对非实存的任何必然的指涉。假如它全都能够化入原子的运动，那么它就仅仅涉及基本主体的位置变化，而位置的变化不是其中的实在的变化，而仅仅是其相互关系的一种变化。因此，原子论者可以认为，巴门尼德的反驳并不影响原子的空间运动。

84 辛普里丘《〈物理学〉评注》161.13-20　我引用的第一段表明，[恩培多克勒]也认为生成按照某种聚合与分离而发生："此一时它们从多到一地积聚；彼一时它们又从一到多地分离。"再看，他指出生成与消逝无非是这样："混合物的混合与交换"，以及有序的结合和分解。

85 亚里士多德《形而上学》985^{b}4-20　按照留基波和他的同事德谟克利特，实与空是元素；充实的固体是存在者，虚空是不存在者——这就是为什么他们还说存在者不比不存在者更实在，因为物体并不比虚空更实在。[57]他们把这两种东西视为诸存在者的质料因。那些把作为主体之实体视为一的人，通过主体受影响的各种方式而将其他一切带入存在，把稀疏与密集视为它受影响的各种方式的本原。留基波和德谟克利特也以相同的方式把原子的差异视为其他事物的原因。不过，他们说，这样的差异有三种：形状、次序和姿势。因为他们说存在者仅因为韵律、

---

[57] 原子与虚空：参见 159。

接触和转动而有差异。其中，韵律是形状，接触是次序，转动是姿势；因为 A 在形状上不同于 N，AN 在次序上不同于 NA，Z 在姿势上不同于 N。但和其他人一样，他们也懒得追究变化问题，不问它们从何而来、以何种方式归属于诸存在者。

86 辛普里丘《〈论天〉评注》294.33—295.22＝DK 68 A37　一条来自亚里士多德的著作《论德谟克利特》的简短引语将表明这些＜原子论者＞的观点："德谟克利特认为永恒事物的自然本性在于无数微小实体，[58] 他还赋予它们一个在它们之外且无限广延的处所。他用名称"虚空"、"无"和"无限"来称呼处所；他还称呼每个实体为"这一个"[59]、"充实"和"存在"。他认为这些实体是如此微小以至于它们逃脱了我们的感官，它们具有所有种类的形状、外貌和大小差异。从这些——恰如从元素——他知道[60] 呈现在视觉中的可感物体是如何产生和构成的……"他不仅就动物，而且还就植物与世界以及所有可感物体，言及生成及其对立面——消逝。

87 伊壁鸠鲁＝第欧根尼·拉尔修《名哲言行录》x.39—41　大全是物体与虚空；因为在所有情形中知觉本身就证实了物体的存在，而我们必须通过推理合乎知觉地判断不明确的东西……而假如并不存在我们用虚空、空间和不可触性等名称所称呼的东西，那么物体就会没有地方存在或运动，而它们显然在运动……另外，在物体中间，有些是复合体，有些是复合体的构成要素。后者是不可分的且不可变化，如果并非一切都灭入非存在的话，它们就必须存在，但有些东西却强壮得足以在复合

---

[58] 亚里士多德论实体：227。
[59] 文本不确定。
[60] 文本不确定。

体分解时还幸存。这些东西由其本性而是充实的，不在任何方面、不以任何方式分解。因此，本原必须就是物体的不可分解的自然本性。

88 亚里士多德《论生成与毁灭》316ª13–34　通过得自自然事实的适当论证，德谟克利特似乎已经相信无限可分的物体的不可能性……因为，假设一个物体和大小量度是彻底可分的，并且，这种分割是可能的，就产生一个困难。因为，还会有什么东西从这分割中幸存下来呢？如果它是彻底可分的，并且如果这种分割是可能的，那么它可能在同一个时间彻底被分割，即使它未曾在同一个时间被分割；而这要是发生了，那么就不会有任何不可能性了。因此，如果它被二分或以任何方式分割，如果它按其本性是彻底可分的，那么就不会产生任何不可能的事情；因为，假如它被分割成了不可数的部分，这些部分本身还要被无数次地分割，那么就没有任何不可能性，尽管或许没有任何人会分割它。因此，既然物体是彻底可分的，假定它已被分割。那么，会有什么东西留存下来呢？一种大小量度？不；那是不可能的，因为那样一来，就会有某个东西不被分割，而物体已经被假定为彻底可分的了。

　　但如果没有任何物体或大小量度将留存下来，却有分割，那么或者物体由点构成，其成分将没有任何大小量度，或者它将是绝对的无。如果是后者，那么它会从无中生成并且就由无构成；从而，整个物体最终将只是一个现象。不过，相似地，如果它由点构成，它也不会有任何大小量度。因为，当诸点接触并合成一个大小量度时，它们并不使整体变得更大；因为，当物体被分成两个或更多的部分时，整体并不比先前更小或更大。因此，即使所有的点都放到一起，它们也不会构成任何大小量度。

89 伊壁鸠鲁＝第欧根尼·拉尔修《名哲言行录》x.56　……我

们不要相信，任何有限物体中可能有无限多的集团，无论多么小。因此，我们不仅别再去分割到更小的微粒，从而不让一切变得弱小，不在我们的复合体概念中通过把它们抛进非实存之中而被迫消耗掉实存着的事物；而且，我们也不要相信，有限物体中有无限的运动，哪怕是再小程度的运动。

原子、复合体与生成

<u>90</u> 尽管原子论者拒斥最基本层次上的无条件的生成，但是他们也同意赫拉克利特的主张，即，在一个层次上有许多比我们通常所意识到的更为无条件的生成。一棵树或一匹马是原子的一个集合，因此（按照复合体的同一性的标准，45）每当它丧失其任一原子时就不再存在。复合体的每一变化都意味着它的毁灭（93-94）。在复合体中间我们发现许多比常识所承认的更为无条件的生成。但是在原子中间却没有任何新的实体生成，因为原子只经历有条件的生成。从原子论者的观点看，一棵树或一匹马的无条件的生成（如我们一般对它的描述）只是基本物质的一种重新安排而已。

这一有关复合体及其原子的主张产生了一个一般性的问题：原子论对于有关宏观对象及其属性的常识信念意味着什么？如果只有原子和虚空是实在的，那么原子的复合体就是不实在的吗？难道我们错误地假定了树木生成、成长许多年、衰微许多年并在许多年的生活之后消逝？如果实际上并没有诸如树木这样的东西，那么我们把任何属性归于树木就必定是错误的了；对于常识所承认的各种对象，原子论者必然持一种消除论。[61]

---

[61] 消除论的原子论：235，312，331，351。

我们可以拒绝这种推论。我们可以代表原子论者辩称，就树木由原子和虚空构成而言，它们是实在的。如果它们是实在的，那么我们关于它们的通常信念至少有一些可能是真的。如果原子论者持这种观点，那么显然，他们无须拒斥我们关于宏观对象及其属性的绝大多数信念。这样一种观点是还原论的。它把树木和桌子还原为原子的集合，因为它声称它们无非就是这种东西。然而，就它声称我们的日常信念对于原子的相关集合来说是真的而言，它对我们关于树木的日常信念提供了一个证实性的还原。

但是，对于日常信念的这种还原性证实却是原子论者难以辩护的。如果复合体的同一性标准是对的，那么日常对象在常识认为它们持存时，实际上并不持存着。当一棵树掉了一片叶子时，原子论者必须说它消逝了。树木，被理解为直到它们经历了某种变化才存在的短命集合，显然缺乏我们通常归于树木的那些属性（成长、衰
58 微、落叶等）。那么，显然，原子论者不能说树木（成长经年且在存活多年后消逝之对象）存在并且由原子做成；他们必须说，原子存在，但是树木不存在。(62) 在那种情形中，原子论的立场是消除论的，而非仅仅还原论的；它的确证实了我们有关树木的信念，但却削弱了这些信念。在几个问题上，我们都要面临源于原子论的还原论结论与消除论结论之间的抉择。(63)

91 辛普里丘《〈物理学〉评注》163.18–24＝DK 59 B17 在其论自然事物的著作的第一卷中，阿那克萨戈拉明言生成与毁灭

(62) 亚里士多德的回应：250–252。

(63) 还原与消除：312，351，355。

就是结合与分解。他这样写道:"希腊人错误地判断⁶⁴生成与毁灭。因为无物生成或毁灭,而是来自存在物的结合与分解。这样的话,他们把生成称为混合在一起、把消逝称为分解,才会正确。"

92 **伊壁鸠鲁 = 第欧根尼·拉尔修《名哲言行录》x.68–69** 形状、颜色、大小、重量和所有其他作为偶性(或者是一切物体的偶性或者是为知觉所见所知⁶⁵的东西的偶性)而谓述物体的东西,既不可被视为就其自身而言的自然本性(因为不可能设想这些),也不可被视为完全非实存的东西,也非被添加于物体上的某些其他无形无状的东西,也非其部分。相反,我们应该认为,整个物体从来就从所有这一切拥有其自身的恒久本性——尽管不是由它们构成(如较大聚合体是从诸物团本身构造而出的,无论它们是原始的物团还是那些小于既定整体的物团),而仅仅,如我所言,从所有这一切派生出其自身的恒久本性。

93 **卢克莱修《物性论》ii.747–756** ……现在我要教导你,原初物体没有颜色。因为任何颜色都要变化,而每一个变化了颜色的物体就变化了;⁶⁶但是,原初物体必须完全不变。因为某种不可变化的东西必定持存着,以至于所有东西都不被彻底带回于无。因为任何经过变化的东西都偏离其界限,而这同时就是先前曾存在的东西的死亡。因此,小心别给事物的种子着色,这样你就不会发现事物完全回归于无。

94 **卢克莱修《物性论》iii.510–519** 既然我们看到心灵能够如病体一般由药物来治疗和变化,那么这也预告了它过着一种有

---

⁶⁴ nomizein,与 nomos 同源。见 125。
⁶⁵ 文本不确定。
⁶⁶ 对一处文本残缺的猜测性增补。

死的生活。因为，假如某人开始着手变化心灵或变更任何其他本性，那么这等于是增加某些部分，或使它们移离其有序状态，或从总体中多少取走一些。但是，不死的东西拒绝移动其部分或增加部分或消除它们。因为任何经过变化的东西都偏离其界限，这同时就是先前曾存在的东西的死亡。

柏拉图：对自然主义原因观点的批判

[95] 为实现自然哲学家的首要目标——通过与其构成要素或亚里士多德所谓的"质料因"相关的诸法则来解释所观察到的多种多样的事物与事件——原子论者提供了最精致的尝试。无论柏拉图还是亚里士多德都批评这种对质料因的排他性的专注。

柏拉图的《斐多篇》呈现了一个表面上由苏格拉底[67]所作的自传性速写。苏格拉底曾对自然哲学家们所探索的问题颇有兴趣，但对自然哲学家们的回答大失所望。他提出了以下反驳：

(1) 自然哲学家们对心灵作为一种原因关注得太少。
(2) 他们没有尝试通过表明如此这般存在对于事物是最好的来解释事物的如此这般存在。
(3) 他们没有为人类行动者的理智的、有目的取向的行为提供一种可行的解释方式。

柏拉图暗示，这些反驳是紧密相关的。他认为，如果我们把心灵视为一种原因，那么我们将通过表明心灵如何为事物设计其最好的结果来解释事物。再者，他似乎认为，如果我们把人类行为解释为以

---

[67] 历史上的苏格拉底：9。

最好的结果为目标的，那么我们也必须试图把作为一个整体的世界以及其中的不同事件与过程，解释为以最好（至善）为目标的心灵的产物。即使柏拉图没有截然区分他对于自然哲学家们的不同反驳，我们也可能想要区分它们。因为我们完全可以假定，他关于人类行为的各种主张，较之他关于作为一个整体的宇宙的各种主张，是更为直接可行的。(68)

柏拉图并不完全拒绝自然哲学家们诉诸物质元素和包含它们的过程。(69)这类过程乃是理性行为的必要条件，但他们没有解释苏格拉底做出那一举动的原因。他待在监狱里的真实理由必须包含这样两个事实，即，雅典人认为处死苏格拉底是最好的，而苏格拉底认为服从判决、待在监狱里是最好的。

96 柏拉图《斐多篇》96A–99D ［苏格拉底：］齐贝啊，我年 60
轻时有一种强烈的欲望想认识那个被称为自然探究的智慧领域。这在我看来具有崇高目的，认识事物的原因，它为什么生成、消逝和持存。我一直在反复琢磨这样一些问题："是否像某些人常说的那样，每当热和冷产生某种衰变，动物就成长？我们是用血还是用气或火来思想的？抑或不是通过这些东西，而是大脑提供出听觉、视觉和嗅觉？从它们生成记忆和信念，再从静态的记忆和信念生成知识？"然后，我接着考察它们的衰败，然后是天地中所发生的事情。最后我得出结论：我完全没有能力做这些探究，恰如我将充分地证明给你看的。我被那些研究搞得头昏眼花，以致对于我原先自以为知道、别人也都知道的事

(68) 柏拉图论解释与好（善）：215，590–592。

(69) 柏拉图论非目的论解释：591–592。

情全都糊涂了。我忘掉了我以前曾经以为清楚的事情，例如关于人的生长的原因；我先前认为这显然是因为吃与喝……难道那不是个合理的观点吗？［齐贝：］是的，我觉得合理……

[97B]——但有一次，我听到某人说他读到阿那克萨戈拉(70)写的一本书。他说实际上是心灵整秩万物并造成万物。这种解释令我满意。心灵是万物的原因，多少是件好事。(71)我扪心自问："如果是这样，那么心灵在整秩万物的时候也就会把每件事物都安排得最好。从而，如果有人要想发现任一给定事物生成、消逝和持存的理由，那么他必须找出哪类存在、哪类主动或被动状态对那事物最好……"沿着这些思路，我满心欢喜地认为我已经在阿那克萨戈拉身上找到了一位解释诸存在者的原因的老师——一种合乎我心意的原因解释。我想象着他会先告诉我大地是扁的还是圆的；然后，他会进一步阐明它的原因和必然性，说明何种较好，对于大地来说具有这种形状较好。如果他说大地在中央，那么他也会进一步阐明何以这个位置是最好的。如果他能表明这一点，那么我也就打定主意放弃所有其他原因了……我的这些希望是再高的价格我也不会卖的。我抓到这些书，尽可能快地阅读，以便自己尽可能快地晓得什么较好、什么较坏。

何等惊人的希望，又何等迅速地破灭了。我读着读着，发现阿那克萨戈拉根本不用心灵和任何其他原因来整秩万物，而是把气、以太、水和其他许多荒谬的东西作为原因。我认为他很像那样一种人，开始说苏格拉底所做的一切是由于心灵，但当他试图为我的每一个行为给出理由时，却接着说，首先，我

---

(70) 阿那克萨戈拉：91，242，588。

(71) 按照苏格拉底的进一步解释，这是心灵的特征。

之所以坐在这里，是因为我的身体由骨头和筋腱组成；而且他会说，骨头是硬的，分节勾连，筋腱富有弹性，由肌肉和皮肤把它们包裹着覆盖在骨头上；筋腱伸缩提拉骨关节，我就能弯曲我的肢体，而这就是我曲身坐在这里的原因。至于我和你的对话[72]，他会举出相似的理由，把声音、气息、听觉和其他无数诸如此类的东西作为原因。

在所有这一切中，他会忽略真正的原因，亦即，雅典人认为判我刑罚是最好的，并且这也是为什么我反过来认为我最好坐在这里，接受刑罚是更为正当的。因为，凭天狗说，我想我这身骨骼筋腱本会早就去了麦伽拉或波依奥提亚，被一种关于何者最好的信念带到了那里——如果我不认为接受城邦的任何刑罚比越狱逃跑更正当更美好的话。然而，把这些别的东西称为原因是全然荒谬的。如果有人想要说，没有骨头、筋腱以及身体的其他部分，我就不能做出看似对我最好的举动，那是对的。但是，说我是因为它们而做了我所做的事情，以及说我由心灵而做这些事情却非出于对最好的东西的选择——那是多费口舌。

我惊讶于他们看不到真实的原因和原因的必要条件之间的差异——许多在黑暗中摸索的人就是这样始终犯错和胡乱命名。正因为如此，有人造了一个围绕大地的旋涡，并使大地也因为这天宇而保持静止；也有人规定气作为大地的支撑，而大地则是扁平的槽。他们从不去寻找某种力量使得事物以最好可能的方式安置它们；他们也不想象其中有任何超人的力量。诚然，他们倒是指望找到另一个比好（善）更强大、更不朽、更包罗万象的世界大力神来；显然，他们并不认为有好（善）这样团

---

[72] *dialegesthai*：参见 214，220。

结(73)和包容的力量。

这就是我最乐意学习的原因解释。不过，既然我本人无法发现它，也不能从别人学得，那么如果你愿意，我将展示给你我发现的探索原因的第二条道路(74)是什么。(75)

62 亚里士多德：四因

97 柏拉图相信自然哲学家们没在寻找所有恰当的原因种类，亚里士多德深表认同。他区分了四种类型的原因，代表我们能够回答“为什么？”这个问题的四种方式。例如，如果我们问，为什么一把椅子是如此这般的，我们可以通过给出四类原因来解释其不同的特征：

（1）质料因（它是由木头做成的）。

（2）形式因（它是一把椅子）。(76)

（3）动力因(77)（这位木匠制造了它）。

（4）目的因(78)，指明这东西或事件的目标或目的（它是为了坐的）。

亚里士多德无意让四因成为互竞的原因解释。诚然，我们通常不得不诉诸一个以上的原因来解释同一事件或对象。我们可能说，一架

---

(73) *deon* 可被译为“团结”或“强制”：苏格拉底一语双关。

(74) 或“第二好的道路”。

(75) 下接 207。

(76) 质料与形式：224。

(77) 亚里士多德称之为“推动因”或“运动的本原”。

(78) 亚里士多德称之为“为了某某东西”，或“为何之故”。这有时被称为“目的论的”解释。见 240。

飞机坠毁了，因为机身不够坚固，难以承受加予它的压力，或者因为一枚炸弹在机舱里爆炸了，或者因为恐怖分子相信总统在这架飞机上而选择了它。其中没有哪个原因仅仅因为其他原因是真的而就是错误的。

并非所有的事件、对象或事态都具有所有这四种原因；例如，三角形没有任何目的因。但是自然学者应该铭记所有这四种原因，看看其中有几个适用于给定的自然过程或事件。

对柏拉图、亚里士多德原因和解释观点的这一简短引介表明，他们倡导涉及好与形式的原因解释。为了领会他们的意思，我们必须停下来考虑早期希腊哲学中的某些其他倾向；它们将有助于我们理解柏拉图引入理念的理由，以及亚里士多德在某些点上同意柏拉图或在另一些点上不同意柏拉图的理由。

亚里士多德的历史性评论（99）表明一种新的哲学进路始于苏格拉底的时代。《斐多篇》中苏格拉底的自传性概括也表明一个重要的方向变化。如果我们考察一下自然哲学家的探究的某些认识论蕴含的话，那么这种方向变化的理由会变得越来越清晰。

98 亚里士多德《物理学》194^{b}16-195^{a}8　我们应该考虑原因有多少，属于哪个种类。因为我们的探究以知识为目标；而我们也认为，仅当我们发现某物如此这般的理由——仅当我们找到其第一因——我们才认识了这东西。那么显然，我们还必须发现生成、消逝以及每一种自然变化的理由，当我们认识了其本原，我们才能试图把我们所探究的任何东西都回溯到这些本原。（1）在一种意义上，事物由之生成并作为要素在其中出现的那种东西就是那个事物的原因，例如青铜与白银以及它们的属，是雕像与酒杯的原因；（2）在另一种意义上，形式——型态——

是一种原因。形式是本质之解说（以及这解说的属）（例如，二比一是八音度的原因，以及一般的数）和解说中的诸部分。（3）又，变化或静止的本原[79]是一种原因。例如，一个行动过程的顾问是这个行动过程的原因，父亲是他的孩子的原因；以及一般的，制造者是产品的原因，变化的启动者是变化了的东西的原因。（4）又，某物的目的——它为何之故——是其原因，恰如健康是散步的目的因。他为什么散步？我们回答说，"为了健康"；而在这么说的时候我们认为我们提供了原因……既然原因以多种方式被言及，那么同一事物就有许多非偶合的原因。例如，无论雕刻技艺还是青铜都是雕像的原因——就它是一座雕像而非别的什么东西而言——但它们不是相同意义上的原因：青铜是质料因，雕刻技艺则是变化的根源。

99 亚里士多德《论动物的部分》642^{a}1–32　有两种原因——为何之故与必然性（因为许多东西因为其是必然的而生成）……我们说食物是必然的……因为一个有机体没有它就不能存在。人们可以称此为条件的必然性。例如，既然一把斧子是为了劈木头之所需，那么它必然应该是坚硬的，因此它必然要用铁来制造。同样，躯体也是一种工具，因为它的每一部分——整体也一样——都是为了某东西之故；那么它属于这一种类并且具有这种成分就是必然的了，假如它的目的要实现的话。

　　那么显然，有两种类型的原因，我们的论述要么同时发现这两者，要么至少试图表明我们不能发现这两者。显然，可以认为，没有这么做的人也就没有告诉我们任何有关自然（本性）的东西；因为自然（本性）较之质料，更是一种本原。诚然，有时恩培多克勒就被真理本身所引导，触及了这类正确的原因，

---

[79] archē，也译作"原理"。

从而不得不说形式是一物的实体或自然（本性）。例如，在说明骨头是什么时，他没有说它是一种、两种、三种或所有各种元素，而是说它是各种元素混合的形式。因此显然，肌肉以及所有其他种类的部分都具有这种特征。我们的前辈没有发现这种特征，原因在于，他们对本质或对如何界定实体毫无把握。德谟克利特最先触及它们，但也仅仅触及而已——不是因为他认为它对于自然探究是必要的，而是因为事实本身将他带离了他自身的观点。在苏格拉底的时代，对于本质和定义的关注日益增长，但对于自然的探究却停滞了；哲学家们转向研究涉及生活行为的美德，转向政治研究。[80]

---

[80] 下接244。

3 怀疑主义的起源：早期希腊哲学中的知识与信念

知识问题

100 按照亚里士多德，早期自然主义者不同于他们之前的"神学家们"(*theologoi*)，因为他们为其主张提供理性的证明，而非仅仅依赖于有关诸神的传统故事 (*muthoi*)。这就是他认为值得审查他们的说法的原因（101）。自然哲学家本身对传统的攻击支持了亚里士多德的对比。无论克塞诺芬尼还是赫拉克利特都攻击荷马与赫西俄德的诸神观念（575-580）。

荷马与赫西俄德的诗篇包含了对其自身可靠性的隐然辩护。他们认为一个有关世界起源的故事，当且仅当它为诸神所启示时，才值得接受。荷马与赫西俄德的故事是可信的——诗篇这样告诉我们——因为它们是由传统记忆和作为诗人灵感来源的女神（缪斯）启示给诗人的；从而他们最终依赖于来自诸神的启示。

既然自然哲学家排斥许多传说故事，那么他们就削弱了这一辩护，并且必须捍卫他们自己的立场。克塞诺芬尼论证说，人类可以通过探究发现事物，无须诉诸以传统为媒介的神启。而且，他还力辩，荷马与赫西俄德对于神启是不可靠的见证，因为他们所告诉我们的都是虚假的。

101 亚里士多德《形而上学》1000ᵃ5-22　有一个与其他任何常为古今哲学家所忽视的问题一样重大的疑难——可毁灭的事物与不可毁灭的事物的原理是相同的还是不同的？如果它们是相同的，那么何以有些事物可毁灭，有些则不可毁灭，原因何在？赫西俄德学派和一切神学家只思及对他们自身来说是可能的东西，但与我们毫不相干。因为，他们断言第一原理就是诸神和诸神的诞生，同时他们说凡未得饮神酒、得尝神膏的存在者皆成为有死的，显然，他们明白他们所谈论的东西，但他们关于这些原因的应用所说的一切却超出了我们的把握。因为，如果诸神为其快乐而尝神酒神膏，那么这些东西就不能是它们存在的原因；而如果它们品尝这些东西来维持其存在，那么需要食物的诸神又如何可能是永恒的呢？不过，神话学家们的细微处不值得我们认真研究。我们必须严加考查的是那些言及证明的人。我们必须追问他们，在由同一些元素组成的事物中间，何以有些其本性永存，有些却毁灭了？

102 希波吕托斯《反驳》ix.10.2=DK 22 B57　[赫拉克利特] 绝大多数人的教师是赫西俄德。他们认定他拥有所有知识——这位赫西俄德却分不出昼夜！因为它们是一。

103 普鲁塔克《卡米鲁斯》183a=DK 22 B106　我们该假设某些日子是不幸的，抑或赫拉克利特是对的？他攻击赫西俄德的日子有好有坏的观点，根据是，赫西俄德没意识到每一天的性质是一样的。

信念与知识的对立：柏拉图的划分

104 对传统神话故事的攻击把希腊哲学家引向知识论（epistemology，来自希腊文 *epistêmê*, knowledge）问题——关于知识之性质与来源的问题。最早的哲学家尚未严格以这些术语来阐述这个问题，但他们隐然依赖于一个由柏拉图清楚阐述的区分。于是，先简述柏拉图在知识与信念之间所做的区分是有用的，由此我们能更清楚地看到柏拉图的前辈视为理所当然的东西。

在《美诺篇》中，柏拉图区分了真信念与假信念，然后又在真信念中间作进一步的划分，有些算作知识，有些则否。他不同意不加区别地把"知"（know）用于所有真信念，而捍卫知识（*epistêmê*）与信念（*doxa*）之间的区分。

每当我们承认有些人由于运气或猜测或习惯而获得某种正确的东西、而非真知时，我们就隐然接受了知识与真信念之间的一种区分。用柏拉图的例子说，有人已被告知通往拉里萨的道路，但他自己从未到过那里，也并不真知这是最可取的道路。在这类情形中，我们可能碰巧得到正确的答案，但知识所需要的，远非仅仅得到正确的答案。它还需要什么呢？

柏拉图第一个阐述了这个有关知识与信念的问题，但并非发明了这整个问题。《希波克拉底文集》的作者区分了医疗中的"技艺"（*technê*）与侥幸成功。技艺是系统的、可靠的和理性的；这是亚里士多德把它与仅仅偶然成功的"经验"相区分的理由（105-106）。在柏拉图看来，知识是真技艺的标志（175，179）。

柏拉图认为，如果我们对"理由"有恰当的理论解释，那么我们就拥有知识而非单纯真信念。在那种情况下，我们就有理由接受为这一解释所支持的信念，并排除掉与之冲突的各种信念。如果我们不能给出一种恰当的解释,那么我们也就不能说明为什么我们要持守我们当下的信念而非持守其对立面。一种解释与一个"理由"给予我们一个不仅为真而且已获得合理辩护的信念。在前一例子中,假如我去过拉里萨,那么我就能够为我的信念——这条路而非其他路是正确可行的路——辩护。

柏拉图对知识的阐释引发了两个问题。(1)何种解释是与单纯真信念相对立之知识的标志?(2)我们是否给出过正确的解释以至于我们取舍信念都有合理的辩护?这两个问题困扰着前苏格拉底哲学家们。尽管他们没有用柏拉图的术语阐述这两个问题,但他们常常着意于区分一种备受青睐的认知状态与另一种大多数人的非反思的或肤浅的或非理性的认知状态。

105 希波克拉底《古代医学》I 在那些已着手谈论或撰述医术的人中间,有些首先为自己确立某些前提作为其论证的基础,诸如热或冷或湿或干或任何别的他们所选择的东西。如此一来,他们就缩小了人类中间疾病或死亡的原因的起源,通过把一种或两种东西设定为原因,他们就使得这些原因在所有情形中都是相同的。显然,所有这些人所说的大多有误。他们的策略尤其值得指责,因为它关乎一门全都在最重要场合使用的技艺,并且在其中,他们将最高的荣誉给予好的匠人与实践者。有些实践者是拙劣的,有些则远为卓越,但如果并不曾有任何医术且如果其中并无任何研究或发现,那么这就不会是实情;毋宁说,所有人都会同样没有经验、没有知识,与疾病相关的一切都将由运气所主宰。但事实上并非如此。因为,恰如在其他技艺中那些实践它们的人在手法和知识上截然不同,医术也是这样。这就是为什么我不认为它需要任何我们在那些含糊而令人困惑的主题上所需要的那种空洞假设。如果有人想要操弄这些，那么就必须使用某些假设，如在天上或地下的事物的情形中那样；如果任何人想要处理这些东西并试图发现它们是如何构成的，那么无论读者还是听者都不会清楚他所说的是真还是假，因为不存在任何我们可以参考的东西，以便知道清楚的真理。

106 亚里士多德《形而上学》980^{b}25-981^{b}10　其他动物都靠印象与记忆而活着，分有些微的经验，① 唯有人类还凭技艺与推理而活着。人的经验从记忆中产生，因为关于同一事物之诸多记忆最终产生对于单一物体的经验能力。经验表面上看与科学和技艺极为相似，其实人们就是通过经验而获得科学与技艺的……当一个相关乎同类事物的普遍观点从许多来自经验的思想中形成时，技艺也就产生了。例如，判断这样或那样的药物对于患上这样或那样的疾病的卡里亚斯有益，对于苏格拉底以及其他许多个别的人也一样，这是经验的特征；但判断它对于按类别来考虑以使某一类型中的所有人——患上这样或那样的疾病（例如痴呆症，胆囊炎或发烧）的人——都有益，却是技艺的特征……我们把知识与领会更多地归于技艺而非经验，并且我们认为有技艺的人比单纯有经验的人更有智慧，根据在于，在所有情形中，智慧都跟随知识而非经验。这是因为有技艺的匠人知道原因，而仅仅有经验的人则否；因为有经验的人只知其然而不知其所以然，有技艺的匠人则知道其缘由，亦即原因。……一般说来，区分知者与不知者的标志在于其能否教授。正因为如此，我们认为技艺而非经验才是知识，因为有技艺的匠人能教授，而仅仅有经验的人则不能。

---

① 亚里士多德用"经验"（*empeiria*）指的不是我们所谓的单个经验（"我昨天有一个可怕的经验"），而是历时地建立的经验（"我的经验派上了用场"）。

107 柏拉图《美诺篇》97A-98A　苏格拉底：……假设某个人知道去拉里萨或任何其他你想去的地方的路；当他前往那里并引导别人时，他不是会正确地引导吗？美诺：当然。——现在，如果有人对于哪条路是正道有正确的信念，却从未去过那里也不曾知悉，那又如何呢？他不也会正确地引导别人吗？——是的，他会的。——或许，就他对于别人真知的东西具有正确的信念而言，他也会是个好向导，思想真的东西却没有智慧？——他会是个好向导。——那么，就行为的正确性而言，真信念和智慧一样是好向导。……——那样的话，我就奇怪为什么知识应该比真信念更令人尊崇，它们的区别究竟何在。——那是因为你从未注意过戴德罗斯的雕像……如果没有人将它们束缚住，它们就跑开去，溜了；如果被束缚住了，它们就待在放置它们的地方……相似地，只要真信念待在原地，那么它们也是好东西，有各种各样的好处；但是它们没有常驻不动的习惯。它们从一个人的灵魂跑走；因此，它们没有多大价值，除非你通过推理出原因而将它们束缚住。② 美诺，我的朋友，这就是回忆，如我们前面都同意的。一旦束缚住了它们，它们就首先变成知识，然后就稳定了。这就是知识比真信念更受人尊崇的原因。两者的区别就在于这种束缚，就受束缚而言，知识优于③ 真信念。

---

② 或者"关于原因的推理"。关于知识与回忆，见 183-186。
③ 或者"不同于"。

知识与怀疑主义：克塞诺芬尼

108 一旦我们将知识与真信念相区别，我们就有可能对人们是否已经获得或能够获得知识提出质疑。这类质疑表达了怀疑主义的不同层次。一个怀疑主义者质疑或不相信人们是否已经发现任何可靠的辩护，使得我们能够把我们的任何信念视为真的；某些怀疑主义者则接着强调说不可能找到任何诸如此类的辩护。

怀疑主义作为挑战不同知识申言的解构性论证与技巧的一种相对系统的学说，乃是希腊化时期哲学的一部分（25-27）。但是怀疑主义式的追问与质疑却几乎从一开始就出现在希腊哲学之中。正如塞克斯都所见，有些前苏格拉底哲学家阐述了某些导向怀疑主义的论证路线。晚期希腊哲学有关知识与怀疑论的争论也都在不同问题的不同方面引证前苏格拉底哲学家、柏拉图和亚里士多德。如果我们从这些哲学家未曾自觉提出的知识论问题的角度看待他们，那么我们就可以看到他们如何提出了许多成为后来争论的明确话题的问题。

克塞诺芬尼对传统世界图景的批判表达了他对知识的关切。这种关切似乎为怀疑主义论证提供了机会。④他对荷马与赫西俄德的攻击之一可以再现如下：

(1) 荷马与赫西俄德所呈现的诸神的行为是不道德的。
(2) 但是诸神的行为并不是不道德的。
(3) 因此荷马与赫西俄德的叙述是错误的。

这一论证并不支持怀疑主义，如果我们相信前两个主张皆为真，那

---

④ 克塞诺芬尼论传统观点：575-579。

么我们就能依据它们排斥荷马与赫西俄德的观点。但是，如果我们认为这两个前提恰如荷马与赫西俄德的诸神观点一般可信，那么我们将得出结论说，我们无法告诉你荷马与赫西俄德的叙述是否正确。我们将发现关于诸神我们具有冲突的信念，且没有任何办法解决这一冲突。

根据克塞诺芬尼，荷马与赫西俄德还因为他们使得诸神与希腊人相像而面临批评。他的反驳——或明或暗——如下：

（1）根据希腊传说，诸神像希腊人。
（2）根据埃塞俄比亚传统，诸神像埃塞俄比亚人。
（3）没有任何理由取希腊人的诸神形象而舍埃塞俄比亚人的诸神形象。
（4）诸神不可能既像希腊人又像埃塞俄比亚人。
（5）因此，我们不能接受这两个关于诸神的传统。

克塞诺芬尼对于用可靠的知识取代传统形象的前景分外谨慎。他承认，即使我们巧遇真理，我们也不能必然地宣称知道我们已找到了它。他依赖于一个非常接近于柏拉图的知识与单纯真信念之间的区分。塞克斯都（575）认为克塞诺芬尼的观点隐含了怀疑论，因为他声称我们不能指望发现任何比单纯"看似"（seeming）更好的东西，而且对于传统图景的任何其他选项，我们也缺乏充足的理由。这不是克塞诺芬尼的想法；他对于他自己的唯一至上神有一种确定的信念（576，578）。然而，我们可能很惊讶，他如何能够避免一个怀疑主义的结论？

109 塞克斯都《驳数学家》vii.89—90　人们认为从泰勒斯开始

的自然哲学家最先引入了关于标准⑤的探究。因为，当他们在许多情形中把感觉贬为不值得信任时，他们就将理性确立为存在者中的真理的判官。从此出发，他们阐述了他们关于本原、元素等等的学说；对这些东西的把握是通过理性能力获得的。因此，最重要的自然哲学家阿那克萨戈拉就贬斥感觉为软弱无力。他说："因为它们的软弱，我们不能判断什么是真的。"为了证明他相信它们不堪信任，他引证了颜色的逐渐变化。因为，如果我们取两种颜色，黑与白，把一种颜色倒入另一种里头，一次一点，那么我们的视觉将无法辨别颜色的逐渐的变更，尽管它们出现在事物的基本性质之中。

110 斯托拜乌斯《选集》i.94.1-3＝DK 21 B18　［克塞诺芬尼：］诸神并没有从一开始就对有死的人类显示出一切。但是，在时间中，人类通过探索发现了某种更好的东西。

111 普鲁塔克《会谈》ix.7.746b＝DK 21 B35　［克塞诺芬尼：］让这些东西被信以为与真理相似吧。

112 塞克斯都《驳数学家》vii.46-52　让我们接下来考虑独断论者中间产生的关于标准的各种观点的分别；因为，当我们考察其存在时，我们也必同时考虑它是什么……有些人废除了标准，有些人则保留了它。在那些保留它的人中间，有这么三种观点：有的将它保留在理性中，有的在非理性的表面现象中，有的既在理性中又在现象中。它已被科罗丰的克塞诺芬尼所拒斥……据有的人报道，⑥克塞诺芬尼持这一立场，说没有什么东西可以被把握。他写道："没有哪个人曾看见清楚的东西，也不会有人知道诸神和我所说的一切。因为，即使他碰巧说出了实

---

⑤　标准：169。

⑥　对克塞诺芬尼的不同看法：122。

情,他本身却并不知道它;相反,信念见及一切。"因为在这里,他似乎用"清楚"来意指真实的和已知的东西……他似乎用"那个人"意指"人类",用的是特殊名词而非一般名词;因为人是人类的一个种……因此,把他的表述简单化,就等于是说——"然而,真理与知识——至少在不明显的事物中——没有任何人知道;因为即使碰巧有人触及它,这人也不知道他已触及到它,⑦而是思想和相信它。"因为,假设某些人在藏有许多财宝的黑室中寻找黄金;结果是,每个人——每当他找到躺在室内的一种宝物时——都会认为他抓到了黄金,但他们没有人会相信他偶遇了黄金,无论他偶遇黄金这个事实可能有多真。相似地,一群哲学家在这个世界中——如在一座巨屋中——达到了追寻真理的嗜好;极有可能的是,抓到真理的人并不相信他已击中目标。

赫拉克利特:感觉、理性与共同世界

113 赫拉克利特采纳了克塞诺芬尼运用批判反思来提升关于世界之日常的和传统的信念的目标。他阐明了批判传统信念的标准。赫拉克利特的论证针对三组相关的对比:

(1) 他把在其中人人都有其自身的"私人世界"之睡梦状态与在其中我们全部意识到一个共同世界之清醒状态相对立。
(2) 他把大多数人所依赖之"私人的意会"与我们应该依赖之

---

⑦ 参见182中的美诺悖论。

共同的"理性"或"论述"(logos)⑧相对立。
(3) 他把日常世界图景之为历经变化相对稳定的对象的集合与他自身的世界图景之为诸过程而非对象的集合相对立(45)。

按照赫拉克利特,这三组对比是关联着的。我们看到我们偏向于清醒时共同的世界;然后我们必须偏向"共同的论述"的结论而非我们"私人的意会"的假设。如果我们遵循共同的论述,那么我们必须认同赫拉克利特的世界概念。

赫拉克利特所看到的这三组对比之间的关联,在他对感觉的评论中最为清楚。如果我们考虑信念与知识的可能根源,那么很自然地就要审查感觉,因为我们的某些信念是作为看、听等的结果而来的。我们不得不追问感觉是不是知识的来源并且是不是唯一的来源。

有时赫拉克利特表现出对感觉的确信,但有时他又警告我们说它们常常是"最坏的见证":如果我们不加批判地依赖它们,它们就会误导我们。为了避免被误导,我必须通过理性地反思感觉来批判它们。

为了表明非批判地依赖感觉是错误的,赫拉克利特诉诸睡眠与清醒之间的差异(114,119)。如果我不尝试任何理性鉴别就信任我的感觉,那么我必须非批判地接受我的所有直接现象。那样一来,我还必须将我梦中的现象视为真实的;因为只有理性鉴别才保证这些并非客观世界的真实经验。然而,假如我信任我梦中的现象,那么我必须得出结论说(1)我生活在一个如我梦中现象一般无序的世界之中;(2)我生活在一个与其他人所生活的世界完全不同的世界之

---

⑧ "Account" = logos,与 107 中的 logismos 同源。在某些语境中,我们可以用"语词"、"言语"或"理由"来翻译 logos。如果你说话,我理解了你,那么你用你的 logos 造了一个 logos,而我用我的 logos 理解了你。参见 558。

中，恰如我梦中的世界完全不同于其他人梦中的世界。

我们全都拒斥这两个结论；因为我们相信，我们生活在一个共同的世界之中，而且，这个共同的世界比我的梦中的现象更为有序。既然我们拒斥从对感觉的非批判态度而来的结论，那么我们也必须拒斥对感觉的非批判态度。因此，我们必须同意，感觉不应非批判地便得到信任。

为了发现因非批判地依赖感觉而导致的谬误，我们必须使用批判的理性（logos）。批判的理性是"共同的"，可为所有人达到（120），并且，它为评价信念提供了一个共同的理性标准；但并非所有人一开始就能把握到它或接受它。正确的"共同的论述"向我们表明世界是一种秩序（kosmos）而非不可预测、无序的世界，后者是我们非批判地依赖感觉就不得不相信的。当赫拉克利特说感觉将误导具有"异邦人"（barbaroi，即那些不说或不懂希腊语的人）灵魂的人时，他暗示除非我们正确地解释感觉，否则我们不会理解感觉告诉我们的东西（114）。这就是单纯信息的积累不足以成为知识的原因（116）；要获得知识，我们必须正确地解释感觉。

赫拉克利特的宇宙论声称要依靠这同一批判理性，它是客观世界与我们的梦境之间的常识对立的基础。宇宙论试图发现世界中的规律性、法则和秩序。在赫拉克拉特看来，我们不能拒斥对规律性的这一要求，除非我们还拒斥我们关于一个外在的客观世界的常识概念。自然主义宇宙论的某些主张显得与经验和观察相冲突，正如赫拉克利特所言，自然的秩序是一种"隐蔽的秩序"（66）并且"自然喜欢隐匿"（39）。但是冲突的表面现象是误导人的，并且只欺骗那些拒绝将批判的理智应用于其经验的人。

赫拉克利特强调，当且仅当我们有理由相信对感觉的批判态度有时给予我们知识，我们才有理由接受他的宇宙论。按照赫拉克利特，我们有理由相信这一点，是因为对感觉的批判态度给予我们有关一个共同的、有序的世界的知识。非批判地依赖感觉既低估了又高估了世界中的稳定性的程度,因为我们并不是能意识到我们所隐然接受的复合体的统一性与持续性之标准的各种蕴含(参见 45)。

然而,他没有论证说我们知道我们生活在一个共同的、有序的世界之中。他预设我们知道这一点,并且从这一点得出结论说对感觉的正确的批判态度产生出知识。在此限度内,他的形而上学原则的知识论支持是不完整的。如果我们质疑我们是否知道我们生活在一个共同的、有序的世界之中,那么我们就对赫拉克利特的整个体系提出了一种怀疑主义的质疑。

114 塞克斯都《驳数学家》vii.126-134　赫拉克利特还认为,人类配备有两种获取真理与知识的工具,即感觉与理性。因此,他和上述自然哲学家一样,主张这两种工具之一——感觉——是不值得相信的,他假定理性是标准。他拒斥感觉说:[B107]"眼睛和耳朵对于人是拙劣的见证,如果他们拥有野蛮人的灵魂。"这等于说"相信非理性的感觉乃是野蛮灵魂的特征。"⑨ 被他宣称为是真理之法官的理性不只是任何一种理性,而是共同的和神圣的理性……[131] 然后,赫拉克利特说,这一共同的和神圣的理性——分有它使得我们成为理性的——乃是真理的一个⑩标准。因此,在他看来,对每个人来说是共同的东西值得信赖——因为它为共同的和神圣的理性所把握——因为相反的理由,只影响了一个人的东西则不值得信赖。如是,在

---

⑨ 赫拉克利特论灵魂与感觉:305-311。
⑩ 希腊原文没有冠词。

其论自然的著作的一开始⑪……他说：[B1]"尽管逻各斯不变地维持着（holds invariably）⑫，但结果是（turn out）人们总无法领会，无论在他们听到它之前还是在最初听到它之时。尽管万物都依据这逻各斯而发生，但是，当他们经验着诸如我所明示的语词与事情——我按其本性逐个区分并说明何以如此——的时候，他们仿佛无所经验。而其他人⑬甚至对他们清醒时的所作所为也像在睡梦中一般浑然不觉。"在他用这些话论证我们通过分有神圣理性而行与思一切事情之后，他进一步补充说："因此人们必须遵循那普遍的东西，亦即'共同的东西'（因为'普遍的'意思是'共同的'）；虽然理性是普遍的，但大多数人活着仿佛有其私人的理智。"因此，就我们分有理性的记忆而言，我们说的是真的东西，但每当我们表达我们自己私人的想法时，我们说的是虚假的东西。于是在这里，用这些话，他最明白地宣称，共同的理性是标准，共同呈现的东西，受到共同的理性的裁判，是值得信赖的，而只对某个人私自呈现的东西则都是虚假的。

115 希波吕托斯《反驳》ix.9.5＝DK 22 B55 ［赫拉克利特：］我倾心于从视听习得的一切。

116 第欧根尼·拉尔修《名哲言行录》ix.1＝DK 22 B40 ［赫拉克利特：］博学并不教人智思⑭。

117 希波吕托斯《反驳》ix.9.1＝DK 22 B50 ［赫拉克利特：］听从逻各斯而不是我，并赞成万物为一，就是智慧的。

---

⑪ 这些是赫拉克利特著作的头几个词（如我们从其他证据了解到的）。
⑫ 这个从句模棱两可，因为"invariably"既可以修饰"holds"，也可以修饰"turn out"。
⑬ 亦即赫拉克利特以外的人。
⑭ *nous*：参见 214-215，274。

118 希波吕托斯《反驳》ix.9.2 = DK 22 B51　［赫拉克利特：］他们不理解事物何以在相异中又自相谐；犹如弓与琴在对反中产生和声。⑮

119 普鲁塔克《迷信》166c　赫拉克利特说，对于那些清醒的人来说，世界是一并且是共同的，但当人们入睡，他就活在一个私人的世界里。⑯对于迷信的人来说，并不存在任何共同的世界。因为他既不在清醒时使用其理智，也不在入睡时自行摆脱焦虑，相反，他的理性在做梦，他的恐惧却清醒，他既不能逃避也无法解脱。

120 斯托拜乌斯《选集》iii.129.14–130.3 = DK 22 B114　用理性说话的人必然遵循对所有人都共同的东西，⑰犹如一个城邦维护其法律，或更甚。因为人类的所有法律都由唯一的神法所滋养。它任意流行，满足一切尚且有余。

巴门尼德和芝诺：感觉与理性

121 巴门尼德既利用了克塞诺芬尼的单纯信念与知识之间的对比，又利用了赫拉克利特的感觉与理性之间的对比。在他看来，凡人的非反思非批判的信念基于感觉，因此是虚假的。他敦促我们拒绝这些信念而青睐那些更有理由为我们所接受的结论。他相信赫拉克利特走得还不够远。按照赫拉克利特，我们必须批判感觉并且承认，

---

⑮ 对立面的统一：57。

⑯ 对赫拉克利特的引用和注释或许到此结束。清醒与入睡：277。

⑰ "with understanding" = *xun nô(i)*。"common" = *xunô(i)*。我们可以通过解释来捕捉这个双关语："常识的建议必定基于共同的理解"。

关于实际发生的变化的范围与类型，它们误导了我们，如果我们拙劣地解释它们，那么它们就是坏的见证；而如果我们明智地解释它们，那么它们就是好的见证。与之相反，巴门尼德却相信，感觉在原则上就是误导人的；它们暗示变化的实在性，但理性的论证却证明变化是不实在的。

巴门尼德把他的论证描述为"反诘"（elenchos），因为它反驳了那些确认变化之实在性的人。他并不相信他仅仅断言了某种他自己关于变化的反常观点；他试图澄清我们隐含的信念并暴露其中的冲突。他的论证似乎是这样的：

（1）变化是实在的（根据常识）。
（2）如果变化是实在的，那么我们就能言说和思想不存在者。
（3）但是我们不能言说或思想不存在者。
（4）因此变化不是实在的。

巴门尼德诉诸（2）与（3）的明显真理性来破除我们对（1）的信念。

芝诺反对运动的论证也试图通过反诘法来澄清我们关于运动和无限性的各种假设。他力辩这些假设无一牢不可破。如果巴门尼德和芝诺仅仅就非存在（或"不是"，not being）和变化提出与直觉相反的学说，那么我们就可以把他们打发掉；但是，如果我们隐然信诺他们所修正的各种自相矛盾的观点，那么我们就不能这么轻易地把他们打发掉。⑱

假如巴门尼德是对的，那么我们就不可能知道有关变化对象的任何世界的任何东西，因为我们必须同意说它是虚幻的。尽管我们仍然可以追随巴门尼德的"信念之路"并建构关于自然世界的各种理论，但是我们承认这些与"真理之路"对立的理论仅仅是虚构。

---

⑱ 参见苏格拉底的交叉审查，142。

巴门尼德对感觉的攻击并没有将他引向普遍的怀疑主义，因为他在理性问题上坚定地反对怀疑主义。既然他把其论证的步骤（2）与（3）视为明显是真的，那么他就让他的论证去表明变化是不实在的，而非仅仅说我们不知道变化是不是实在的。不过，他的策略却引发了怀疑主义的追问。如果理性论证把我们引向"没有任何变化"这样明显荒谬的结论，那么我们为什么还要相信它呢？

122 塞克斯都《驳数学家》vii.110-114 按照那些人对他的不同阐释，[19]克塞诺芬尼，"……"，[20]似乎并不废除所有的把握形式，他只废除包含知识而无谬误的那种，而保留包含信念的那种，因此，在他看来，包含信念的理性最终应该是标准；这是那种抓住了可能的东西而非确定的东西的把握方式。然而，他的朋友巴门尼德却责难包含信念的理性——我指的是具有虚弱假定的那种——放弃了对感觉的信任，而把包含知识的理性，亦即正确无误的理性，视为真理的标准。无论如何，在其论自然的著作的一开始，他写道：……[21][114] 理智……允诺教他两样东西——"雄辩（圆满）真理的不可动摇的内核"，这是知识的不可动摇的位置，其次是，"毫无真信念的常人意见"——亦即一切依赖于信念的东西，因为它是不可靠的。最后，他还表明，人们不应该注意感觉，而要注意理性；因为他说"不要让积习……"从他所说的话显而易见，这个人自己宣称包含知识的理性是存在者中的真理的标准，从而放弃对感觉的依赖。

---

[19] 对克塞诺芬尼的怀疑主义解释：112。
[20] 这里省略的引语在 112 中。
[21] 塞克斯都在这里为巴门尼德诗篇的序言提供了一个解释。

123 柏拉图《智者篇》237A 和塞克斯都《驳数学家》vii.111 = DK 28 B7[22]　因为,不存在者存在 / 不是者是(what is not is),这一条永远不会被遵从。相反,要使你的思想远离这条探究道路。[23] 不要让积习强迫你屈从这条熟悉的道路,[24] 误用茫然的眼睛、嘈杂的耳朵和话语。[25] 不;用理性判断我所讲的极富争议的反诘。[26]

124 辛普里丘《〈物理学〉评注》30.14-19　巴门尼德从思想的对象穿行到感觉的对象,或用他自己的话说,从真理穿行到信念,他写道:"以此,我为你们停止有关真理的可信的言说与思想;从此,学学常人的信念,听听我的语词的虚假安排编构……[39.8-12] 我告诉你这整个适当的安排编构,这样就不会有哪个常人的识见能超过你了。"他把这种话语描述为信念和欺骗性的,非因为它是无条件地虚假的,而是因为它从理智所把握的真理堕落为显现与看似[27]的感觉对象。

德谟克利特:感觉与惯例

125 德谟克利特跟从赫拉克利特与巴门尼德,将无根据的信念与知识间的划分和感觉与理性间的划分相结合。他同意巴门尼德所论证的,感觉在实在的某些方面上误导我们,但他不相信它们如巴门尼

---

[22]　上接 73。
[23]　柏拉图在 75 中援引了。
[24]　或者"别让基于许多经验的习俗迫使你走上这条路"。
[25]　字面上,"舌头"。它可以指味觉器官,而非话语。
[26]　或者"很有竞争性的"。关于反诘(elenchos)参见 142。
[27]　"seems" = dokein,与"doxa"(信念)同源。辛普里丘对巴门尼德的评论受到柏拉图关于知识与信念的论述(212-213)的影响。

德所认为的那样彻底地误导我们;他同意赫拉克利特所假设的,对感觉证据的批判使用将告诉我们实在的特征。

为了表明感觉不能非批判地被接受,德谟克利特似乎诉诸"冲突着的现象"(appearances)——更确切地说,诉诸表面上冲突着的现象。[28]他论证说(根据亚里士多德,126),如果某物对不同的感知者显现出具有不可相容的诸属性,并且无从知道这些表面上冲突着的现象哪一个是对的,那么我们就应该得出结论说这东西本身没有任何属性。

论证如下:

(1) 水对你显现为热,对我显现为冷。
(2) 或者(a)我们中的一个是对的,一个是错的,或者(b)我们俩都是对的,或者(c)我们俩都是错的。
(3) 这些现象是等值的(即,我们没有任何理由偏爱其一而非其他)。
(4) 因此我们必须拒斥(a)。
(5) 但是同一事物在同一时间具有矛盾的属性是不可能的。
(6) 因此我们必须拒斥(b)。
(7) 因此我们必须接受(c)。

这一论证适用于所有允许冲突与等值现象的可感知性质。德谟克利特得出结论说,所有这类性质都只是"惯例"(nomos, convention)而非实在。如果在美国靠右行驶是惯例,那么它取决于约定;如果没有任何约定,那么就不会有任何理由去靠右行驶而非靠左行驶。于是按照德谟克利特,相似地,当我们说某物是红的时候,我们在说人们认为它是如何如何的,而非它就其自身实际是如何如何的。[29] 在

---

[28] 普罗泰戈拉(见156)论证这种冲突只是表面的。
[29] 关于惯例与自然,见36, 149-151, 458。

德谟克利特看来,感觉提供了判断的"粗劣"形式,唯独理性提供真正的知识。那么,我们又如何可能达到知识的"真正"形式,理性又如何可能纠正感觉呢?德谟克利特相信理性能够发现为感觉所不可抵达的隐秘秩序。独立于感觉现象的理性论证向我们表明,实在必须允许变化的可能性。因为,即使我们的现象是误导人的,它们也变化;其变化又必有某种原因;因此,实在必须包含某种变化的原因。在他看来,基本的实在是永恒的、不可分的原子;这些原子具有大小、形状与重量,但没有任何其他可感性质,并且总处于运动之中。它们的暂时结合形成对我们呈现的、表面上立体的对象。桌子和卷心菜对我们呈现的可感性质——颜色、味道、气味——属于外在的物体,实际上却只是我们的现象,由我们与原子之间的交互作用而产生。

为了表明原子如何可能产生这些现象,德谟克利特使用来自观察的类比;他把这一策略归功于阿那克萨戈拉(131)。正如别针较之钝物在我们身上造成更深的印迹,同样,我们可以断定,不同形状的原子在舌头上造成甜的或苦的感觉。例如较苦的味道来自尖锐的原子(恰如我们提到一种"涩"的味道)。

126 亚里士多德《形而上学》1009^b1-1010^a1 有些人因为可感的事物而趋于相信现象之真理性。在他们看来,人们不应该由相信的人数的多寡来判断事物之真理性。相反,同一事物对某些尝它的人来说是甜的,对另一些人则是苦的,所以,如果所有人都患病或疯癫了,除了两三个人是健康和清醒的,那么这两三个人,而非那大多数人,会被诊断是患病或疯癫的。再有,关于同一事物,许多别的动物具有与我们的相反的现象,甚至对于我们中的每一个人来说,相对于其自身,事物也并不总是随感觉而显得是同一的。那么，哪种现象是真的，哪种是假的，并不清楚；因为这一部分绝不比另一部分更真，而是全部立于相同的根基上。这就是为什么德谟克利特说或者没有什么东西是真的或者至少对于我们来说其真假是不清楚的……。[1009ᵇ33] 如果那些远较其他任何人都更将这类真理视为有可能被看到的人——那些远较其他任何人都更热衷于它的人——连他们都相信和肯定诸如此类有关真理的观点，那么我们怎么可能指望哲学的初涉者不灰心？因为寻求真理就会像野鹅追逐飞鸟。

127 塞克斯都《皮浪学说概要》ii.63　唯一剩下的可能性是同时借助于感觉与思想之判断。但这又是不可能的，因为，感觉不仅不引导思想去把握真理；它们甚至与它对立。因为很显然，从蜂蜜对某些人显得是苦的，对另一些人显得是甜的这一事实，德谟克利特说，它既不是甜的又不是苦的，而赫拉克利特却说它既是甜的又是苦的。在所有其他感觉及其对象的情形中，也可给出相同的论述。因此，当思想从感觉出发时，它就被迫做出各种不同且相互冲突的断言；而这对于一种用于把握真理的标准来说是不适宜的。

128 塞克斯都《皮浪学说概要》i.8-10　怀疑主义者的能力就是把显现之物与思想之物以任一方法对立起来的能力。从这一能力，我们经由被对立的对象与判断中的等值性，而首先达到中止判断，然后达到心无纷扰……所谓"显现之物"，我们现在把它理解为那些对感觉显现的事物……[10] 所谓"等值性"，我们指的是在可信度与不可信度上相等，以致两个冲突的论证㉚没有哪一个比另一个更可信。"中止判断"是思想之安眠沉静，因为它我们既不肯定也不否定某个事物。

㉚ 或"陈述"（*logoi*）。

129 塞克斯都《皮浪学说概要》i.203　因此，当我说"每一个论证都有一个对等的论证与之对立"时，我的意思是："每一个我考查了的且独断地确立了某东西的论证，在我看来都有第二个独断地确立了某东西的论证与之对立，并且在可信度与不可信度上，与第一个论证相等。"因此，这一断言的陈述不是独断的；它仅仅表达一种人类感受——一种对受感的主体显现的东西。

130 塞奥弗拉斯特《论感觉》69—70　总之，最大的对立，一切感知所共同的东西，乃是这样一个事实，即，德谟克利特把味道当作感觉的各种感受，但同时又通过原子的形状来区分它们，说同一种〈形状〉[31]对某些人显现为苦，对另一些人显现为甜，对其他人还有另外的方式。这是自相矛盾的，因为形状不可能是一种感受；同一种形状也不可能对某些感知者来说是圆的，对另外某些感知者来说又是不同的形状——但如果同一种形状对于某些人是甜的，对另一些人是苦的话，这也许就是必然的，而且，原子的形状也不可能按照我们自己的状态而变化。形状是无条件地就其自身而言就是某东西，而甜的以及一般可感知的东西，按照他，都是相对于另外某个东西，并且是在其他事物之中的。

131 塞克斯都《驳数学家》vii.135—140　德谟克利特有时破坏对感觉显现之物的基础，说它们无一按照真理而显现，而仅仅按照信念而显现，存在者中的真理就是，原子与虚空存在着。因为他说："由约定的惯例而有甜、苦、热、冷、颜色，但实在说来都只有原子与虚空。"他的意思是：感知的对象是习惯性地假设并信以为存在的，但真正说来，它们无一存在，只有原子和虚空存在。而且，在他的诸"对置"中，尽管他已允诺把

---

[31] 或"同一种味道"。

可信的力量归于感觉，但是我们发现他又责难它们。因为他说："然而，实在地讲，我们并不理解任何真实的东西，只理解按照我们身体的状况以及与它相容或对立的外物的状况而波动的东西。"他还说："现在多种方式都已表明，真正说来，我们并不理解任何事物的特征是什么。"他在他的《论形式》的书中说道："一个人必须经由这一标准而意识到：他与真理分离。"又，"这一论证还表明，我们并不知道有关任何事物的任何真理性的东西，而每个人的信念则是原子之流。"他还说："不过，人们终将明白，要发现任何事物的特征真正是什么，是个难题。"现在，在这些段落中，他实际上拒斥对实在的所有把握方式，即使他特别重视感觉。然而，在他的"标准"中，他说有两种知识，一种经由感觉，另一种经由思想。他将经由思想而来的知识称为"本真的"，宣称其可信度可用来判断真理。他把经由感觉而来的知识称为"卑劣的"，否认它能正确无误地区分真的东西。对此他没少说："知识有两种，一种是本真的，一种是卑劣的。卑劣的形式包括所有这一切——视觉、听觉、嗅觉、味觉和触觉。另一种是本真的并且与前一种分离。"然后，在认为本真的知识优于卑劣的知识时，他继续说道："每当卑劣的知觉无法再看见任何更小的东西，或者用听、嗅、尝和触来感知它时，我们必须转向某种更精微的东西。"因此，根据这个人，理性是标准，他称之为本真的知识。不过第欧提谟常说，根据德谟克利特，有三个标准，把握不显现的事物之标准乃是显现的事物；因为事物作为视觉看到的东西是不清晰的，如阿那克萨戈拉所说的——而德谟克利特为此赞许他。研究之标准是概念："我的儿子，在所有情况下，唯一的出发点是认识研究关乎什么。"选择与嫌恶之标准是感受；因为适合我们的东西是值得选择的，而令我们格格不入的东西则必须避免。

132 盖伦《论元素》i.2.12　德谟克利特说："颜色是因为约定的惯例，甜是因为约定的惯例，苦也是因为约定的惯例，真正的存在只有原子与虚空。"他认为所有可感性质都是从原子之相对于我们感觉者的聚集而生成的，因此由本性，并无任何东西是白的或黑的或黄的或红的或苦的或甜的。因为"由约定的惯例"意指某种像"习惯性地"和"相对于我们地"，而非"合乎事物本身之自然本性地"……因此他的整个陈述的意思将是：人类习惯性地以为某物是白的、黑的、甜的苦的等等，但真正说来，一切是一〈即原子〉[32]又是无〈即虚空〉。

133 塞奥弗拉斯特《论感觉》65-67　按照德谟克利特，苦的味道就是任何具有角状、钩状、微小和纤细的东西。因为，由于它有许多角，它快速分散四处蔓延，粗糙和角状使得它把物体聚集并维系在一起……，甜的味道由不太小的圆球状组成。因为这个缘故，它彻底地但非粗暴地让身体放松，也不迅速扩散到整个身体。……[67]他以同样的方式对待每一事物，即，从形状衍生出其他性能……占优势的形状相对于我们的感觉及其自身的能力具有最大的影响。再有，它抵达我们时我们所处的状态也会造成很大的差异。这就是为什么有时同一个东西产生对立的感受，而对立的东西在一个感觉对象中出现时，却产生同一的感受。

德谟克利特的怀疑主义？

134 在描述原子及其与我们的感觉的关系时，德谟克利特依赖于与

---

[32] 文本不确定。

可观察情形的类比。如果这些类比是要成为通向原子的特征的某种向导，那么为这些类比提供基础的观察本身必须是可靠的。例如，我们在感觉证明的基础上相信，尖锐的东西刺破它们所触及的物体的表面，而光滑的东西则否，那么我必定是正确的。这类信念支持德谟克利特关于不同种类的原子与我们的感官相互作用而产生不同种类的知觉的观点。

然而，难的是把这种论证与德谟克利特所使用的来自冲突着的现象的论证相调和。他根据冲突着的现象得出的结论是，感觉观察在关于事物的实在性质上总是错。他又根据这一结论得出更进一步的结论说，原子没有任何性质（颜色，声音等），对此，感觉总误导我们。

显然，他必须接受如下论证：

(1) 如果来自冲突着的现象的论证是对的，那么，关于实在的性质，感觉是不可靠的。
(2) 因为来自感觉的例子，我们有理由相信原子论。
(3) 因此，如果我们有理由相信原子论，那么感觉观察必定是可靠的。
(4) 不过，来自冲突着的现象的论证是对的。
(5) 因此，感觉是不可靠的。
(6) 因此，我们没有任何理由相信原子论。

82 如果这一论证是正确的，那么关于实在的性质，无论感官知觉，还是理性都没有达到任何证成了的信念。德谟克利特看到了这一怀疑主义结论的危险。他提出了感觉与理智之间的对话。感觉宣称，当理智削弱其可靠性时，它也削弱其自身的可靠性，因为它从感觉获得其证明（137）。

通过努力将赫拉克利特与巴门尼德对待感觉的态度的诸要素相

3 怀疑主义的起源：早期希腊哲学中的知识与信念

结合，德谟克利特达到了这一怀疑主义的结论。他认同赫拉克利特使用经过批判性解释的感觉以获得知识的目标。但他对感觉的攻击似乎有损他使用它们的努力。他跟随巴门尼德提出一种一般的论证来反对感觉的可靠性。但与巴门尼德不同，他甚至在其"真理之路"上也依赖感觉。因此，他颠覆了他自己的立场。

他显然不想成为一个怀疑主义者，因为他肯定原子论的真理性。但他似乎使自己委身于怀疑主义。因为，如果无论感觉还是理智都不能把我们引向真理，那么德谟克利特必须承认我们根本无法知道事物实际上是怎么样的——"或者根本没有真理，或者至少它对于我们不是明证的"（126）。如果我们不能破除这一结论，那么我们必须承认德谟克利特的论证让我们对相信什么感到"疑惑"（aporein；参见 142，171），从而，对于何种观点是正确的，留给我们的唯一选择是"中止判断"（epechein；参见 174-175）。

135 第欧根尼·拉尔修《名哲言行录》ix.72　按照某些人，克塞诺芬尼、爱利亚的芝诺和德谟克利特却是怀疑主义者……德谟克利特……摒弃了各种性质，因为他说："热是因为约定的惯例，冷是因为约定的惯例；实在地说，则只有原子与虚空。"又，"实在地说，我们一无所知；因为真理在深处"。

136 奥依诺安达的第欧根尼《残篇》6，ii.2-13　当德谟克利特说存在者中间只有原子实际存在，其他一切皆是由于约定的惯例时，他也犯了一个不值得犯的错误。因为按照你德谟克利特的论证，我们不仅不能发现真理，甚至不能生活，因为我们避免不了火或受伤，或……[33]

---

[33] 接下来的文字有断裂。这个关于实践结果的论证，见 297。

137 盖伦《医学经验》15.7-8=DK 68 B125　人人皆知，对任一论证的最严苛的指责是，它与当下明证的东西相冲突。因为论证没有当下明证的东西甚至就不能开始；那么，如果他们蠢到连他们由以开始的当下明证的东西都要攻击，他们又怎么能够令人信服呢？德谟克利特也知道这一点。在贬斥了感觉之后，㉞……他又让感觉回应思想说："可怜的心灵啊，你从我们这里获得可信的根据后，现在就想抛弃我们吗？抛弃我们，就是你自己的垮台。"因此你会因为不可信而责难理性，因为它是如此腐败，以至于在它最具说服力之时，它却与它由以开始的现象相冲突。

㉞ 见 135。

4 知识与信念：从苏格拉底到怀疑主义

苏格拉底的无知

138 迄今为止我们所考察的哲学家无一想要成为怀疑主义者，他们全都着手为某些知识申言辩护，即使他们的观点引发了各种怀疑主义式的追问。然而，苏格拉底拒绝就他所探究的问题自称有知识（141）。他之否认有知识可能让人联想到对知识和辩护的信念之可能性的怀疑主义式的怀疑。即使我们最终拒斥对苏格拉底的这一解释（见 177），我们也应该考虑为什么它会显得蛮有道理。

苏格拉底就道德问题，特别是关于美德，审查其他人。人们认为他们知道美德，因为他们认为决定他们自己和他人是否勇敢、正义、虔诚等等是重要的。但是，苏格拉底的追问表明他的对话者并不知道关于不同美德他们以为他们知道的究竟是什么。他也不自称他知道他们不能回答的那些问题的答案，他只自称他比他们有智慧。

当苏格拉底的同伴之一询问德尔斐的神谕是否有任何人比苏格拉底更有智慧时，神谕的回答是否定的。苏格拉底不明白神谕如何可能在任一清晰的意义上是正确的；但他听从赫拉克利特的建议（140；参见 582），寻求这个答案的较不清晰的意义。为了了解其意义，他试图找到某个比他自己更有智慧的人。但他发现，那些可能被期望知道道德并且自认为知道道德的人，并不能回答他的问题，这表明他们缺乏他们自称具有的知识。苏格拉底得出结论说，他终于发现神谕的意思,而且神谕说得不假;没有人比苏格拉底更有智慧,因为,和他的对话者不同,他承认他缺乏知识。

139 柏拉图《申辩篇》19C–23B① ［苏格拉底:］事实是,这些指控没有哪样实有其事,而且,如果你们还听到有人说我从事教育并从中牟利,那也不是真的。注意,我认为如果有人能够教育人——像莱翁提尼的高尔吉亚、开奥斯的普罗迪科斯、艾利斯的希匹阿斯那样——是件好事情。因为他们每个人都能够走进任一城邦,并劝说那些可以免费和城邦任何公民自由交往的年轻人——他们劝说这些年轻人放弃与其城邦公民为伴,而与他交往,不仅付他酬金,而且他们还为此感激不尽。②……[20D] 我得到了这个名声,先生们,就是因为一种智慧。这是何种智慧呢?人类的智慧,我猜;因为仿佛在这种智慧上我真的是智慧的,而我刚才提到的人或许是在一种比人类智慧更伟大的智慧上是智慧的。我不知道还有别的什么可说的。因为我的确对这类智慧没有任何知识;说我有的人是在撒谎,用这种说法来诽谤我。

现在,先生们,请不要打断我的话,即使你们认为我在说大话;因为我接下来要告诉你们的并不是我自己的话;我将为此给你们引证一位有分量的权威。我将把德尔斐的神称为我的智慧的证人,如果我真有任何智慧的话。你们当然都认得克瑞丰。他是我从小的朋友,也是你们大家的好友,在最近的流放

---

① 上接 583。
② 智者: 8。

和回来中都和你们在一起。③你们都晓得他是何种人——无论做什么他都那么热情认真。一天，他真的去了德尔斐，对神提出了这个问题——我说过了，先生们，请不要打断——他问是否有任何人比我更智慧。女祭司答复说一个也没有……

当我听到神谕的回答时，就对自己说："神是什么意思？他为什么用谜语说话？因为我知道我什么智慧也没有，无论大小。④那么他断言我是最智慧的又是什么意思呢？他不可能是在撒谎；那不是他该干的事。"我为此困惑了很长时间。最终我勉强开始以这样一种方式探求它：我访问某个被认为是智慧的人，我假设，在这里我就会拒斥神谕，并对我的神圣权威指明，"这个人就比我更智慧，但你却说我是最智慧的"。

于是，我彻底考查了这个人——我不必提到他的大名，但他是我所考查的我们的政治家之一。雅典人啊，以下就是我的遭遇：和他谈话，我觉得这个人在很多人，特别是他自己，看来是智慧的，但他并不智慧。……我边走开边反思："我比这个人更智慧。因为看起来尽管我们两个都不知道任何美的和好的东西，但是他不知道却以为知道，而我既不知道也不自以为知道。无论如何，在我看来我就在这一小点上比他更智慧，即，我不以不知为知……"

[22E] 先生们，我的这番考查结果招来了很多人的敌意，——一种特别苛刻和深重的敌意——这敌意又导致许多的诽谤，包括把我描述成智慧的。因为，每当我反驳另外某个人，旁观者就认定我自己在那个问题上是智慧的。其实，先生们，只有神才是真正智慧的，他在这个神谕里告诉我们人的智慧价

---

③ 三十僭主与民主制的恢复：537-538，540。
④ 阿尔凯西劳对这一说法的解释：170。

值不大,甚或毫无价值。他看似提到了苏格拉底,但只是用我的名字充当例子,仿佛要说:"你们人类中间最智慧的是承认自己在智慧方面实际上毫无价值的那种人,例如苏格拉底。"

140 普鲁塔克《论神谕的衰微》404de = DK 22 B93 我认为你知道赫拉克利特的箴言,那位其神谕放在德尔斐神庙里的王既不明说也不掩藏,而是暗示。

141 亚里士多德《辩谬篇》183^{a}37–^{b}8⑤ ……我们的计划是要发现某种技巧,对我们面临的任何问题,从已有的最为广泛接受的信念出发,形成演绎推理。因为这既是辩证法本身的任务,也是检验性论证的任务。不过,因为它和诡辩术相近,我们还必须为之做些先行的⑥准备,以便我们不仅能够辩证地检验,而且能够像知者般论证。正因为如此,我们为我们的讨论所规定的任务,不仅包括前述——能够让别人也给出一种解释——而且包括通过最为广泛接受的信念尽可能辩证地捍卫一种立场……诚然,这就是苏格拉底惯于追问却不作答的原因;因为他自认无知。

苏格拉底的探究

142 当苏格拉底审查民众的时候,他只问他们各种问题。他们提供答案,但他们自以为地看到他们的答案是不一致的。假如拉凯斯相

---

⑤ 这段出现在亚里士多德辩证法论述的结尾处。他把辩证法审查他人信念的功能和苏格拉底的程序相联系。尽管其中某些语句是含糊的,但它提供了苏格拉底自称无知的明确证据。

⑥ 文本和意义都不确定。

信 p、q 和 r，并且他发现 q 和 r 蕴含非 p，那么他必须至少放弃 p、q 和 r 中之一。这种反诘（elenchos）⑦模式让人回想起巴门尼德对变化信念和芝诺对运动信念的反诘尝试。亚里士多德意识到这一连续性，他说巴门尼德和芝诺乃是作为柏拉图对话之特征的系统问答法的"辩证法"⑧的早期实践者（143）。和巴门尼德与芝诺一样，苏格拉底声称揭露我们信念中的冲突。我们未曾注意到这些冲突，因为我们未曾审查我们信念的各种蕴含、有时令人吃惊的蕴含。

但和他的辩证法的先驱们不同，苏格拉底并不专注于形而上学和宇宙论的问题，这类普通人可能期望发现他们自己含糊不清的问题。他考虑道德问题；较前苏格拉底诸家所关心的问题，这类问题显然更为人所熟悉和知晓。《欧绪弗洛篇》讨论虔敬，⑨《拉凯斯篇》讨论勇敢，《卡尔米德斯篇》讨论自制。这些都属于品格的主要德性；人们通过它们来评价自己和他人。因此，当他们不能回答苏格拉底的问题时，他们就为之惊愕和恼怒。

苏格拉底问"F 是什么？"（虔敬、勇敢等等）。对话者轻松以答，以为这问题易于回答（181，463）。苏格拉底进一步追问，诱引出对话者的其他信念，然后表明这些其他信念意味着，对于"F 是什么？"问题的最初回答是错误的。

这个结果势必摧毁一种知识申言。如果我们首先自称知道某事物，但后来又发现，我们其他的信念与我们最初的信念冲突，那么我们就开始怀疑我们最初自称知道的东西。然而，如果我们对于相

---

⑦ 动词 elenchein 既指"交叉审查"又指"反驳"。参见 187。
⑧ dialektikē，源自动词 dialegesthai（会谈）。参见 214-215，220。辩证法与对话：189-190。
⑨ 苏格拉底不仅用抽象名词（holiness），而且用形容词（the holy 和 the holy itself）描述他所追寻的东西：144。

信 P 还是相信非 P 有所疑虑,那么我们就很难自称知道 P 为真。巴门尼德用这种论证形式反驳我们的变化信念。德谟克利特用它反驳我们关于事物实际具有颜色的信念。苏格拉底用它反驳道德信念。

苏格拉底"F 是什么?"的问题之所以难以回答超出预料,是因为苏格拉底先行假定 F 事物具有一种共同的性质,这性质使得 F 准确地把同一名称应用于这些事物;这一性质必须被所有(例如)勇敢的行为和勇敢的人所分有,也仅被他们所分有(参见 180)。无论苏格拉底还是其对话者都没有质疑这一先行假定;它规定了苏格拉底关于一种可被接受的答案的观念。显然难以发现一种可被接受的答案,这可能引导我们去追问苏格拉底的先行假定(146)。

这些关于美德的对话均以对苏格拉底问题没有任何答案而告终。他承认,他和他的对话者一样"困惑"或"疑惑"(*aporein*; 36, 169, 182, 188)。某些古代读者将怀疑主义归于苏格拉底,并认为柏拉图写下这些对话以支持一种怀疑主义立场(25, 170, 202)。

143 塞克斯都《驳数学家》vii.6-7 亚里士多德说恩培多克勒最先运用修辞术……并且看起来,巴门尼德对辩证法不无实践,因为亚里士多德又将他的亲密伙伴芝诺视为辩证法的创始人。

144 柏拉图《欧绪弗洛篇》5C-6E 苏格拉底:……现在告诉我你方才自称清楚地知道的事情。关于杀人或所有其他情况,你说说,虔敬与不虔敬都是何种东西?不是在每一个行为中虔敬总与其自身同一吗?反之,不虔敬总与所有虔敬的行为对立,与其自身相似?假如有什么东西是不虔敬的,是不是它必须具有一种合乎其不虔敬性的特征呢?欧绪弗洛:是的,肯定

---

⑩ 其他材料将这个说法归于亚里士多德的佚著《智者》。

的，苏格拉底。——那么告诉我：你说虔诚是什么，不虔诚是什么？——那好，我说虔敬就是我现在所做的这件事，控告行不义之人、犯有杀人罪或盗窃庙产罪或某种别的罪的人，而不管被告是你的父亲或母亲或任何别的什么人。我说不控告就是不虔敬……——[6D] 当我问你虔敬是什么时，你刚才并没有充分地教我。你只是说你现在做的那件事——控告〈你的〉⑪ 父亲杀人——是虔敬的。——我说的话是真的，苏格拉底。——也许吧。但是，欧绪弗洛，你也说许多别的事情是虔敬的。——的确有。——那么请记住，我所要求你的不是教我许多虔敬事情中的一件或两件，而是教我那个使所有虔敬的事情虔敬的理念。⑫ 因为你说过有一种特征使不虔敬的事情不虔敬，还有一种使虔敬的事情虔敬，你还记得吗？——我记得。——那么好，这个特征究竟是什么，好让我紧盯住它，拿它用作一个模型，⑬ 如果你或任何其他人的所作所为属于这一种，那么就是虔敬的，否则，就否认它是虔敬的。⑭

145 柏拉图《拉凯斯篇》190A-193D　苏格拉底：假设我们知道让眼睛附生视觉就使眼睛变得更好，并且我们也能够使视觉附生在眼睛上。显然，在这个情形中，我们知道视觉本身是什么，从而我们能够建议人们如何才能最妥善、最轻易地取得它。因为，假如我们既不知道视觉是什么，也不知道听觉是什么，那么关于眼睛和耳朵如何最妥善地获得视觉与听觉，我们严格上不配充当建议者或医生。拉凯斯：是这样的，苏格拉底。——拉凯斯

---

⑪ 或"〈某人的〉父亲"。
⑫ 理念：192。
⑬ *paradeigma*：参见 219-220。
⑭ 讨论在 148 继续。关于虔敬，参见 457。

啊，我们的这两位朋友此刻不正在敦促我们出出主意，以什么方式使他们的儿子的灵魂因为美德的附生而变得更好吗？——的确。——那我们不是首先要知道美德是什么吗？因为，如果我们根本不知道美德是什么，我们又如何可能建言人们获取美德的最佳方式呢？——我认为我们不可能，苏格拉底。——那么，拉凯斯，我们说我们知道美德是什么。——是的。——而如果知道它，就该能够说出它是什么。——当然……

[190D]——拉凯斯，那就让我们先开始说说勇敢是什么，然后再探究它会以什么方式附生在年轻人身上，就它有可能是通过探索和学习而附生的而言。试着回答我的问题，勇敢是什么？——苏格拉底啊，这并不难说。因为，如果有人愿意坚守阵地抗敌而不逃跑，那他肯定就是勇敢的。⑮——好极了，拉凯斯。但无疑是我的错，因为我没有把自己的意思说清楚，所以你没有回答我心里要问的那个问题，而是另外的问题……[191C] 因为我想要问你的不只关于作为重装步兵是勇敢的那些人，也关于作为骑兵和所有其他种类的战士是勇敢的那些人；而且，不只关于在战争中是勇敢的那些人，也关于在海难中和疾病中或贫困中或政治中是勇敢的那些人；而且，不只关于面对痛苦与恐惧是勇敢的那些人，也关于作为欲望与快乐的强大斗士的那些人，无论固守阵地还是转身向敌。所有这些情形中也都有勇敢的人，不是吗，拉凯斯？——必然是这样的，苏格拉底。——所有这些人都是勇敢的，但有些人是在快乐中拥有勇敢，有些人是在痛苦中，有些人是在欲望中，也有些人是在恐惧中；但我认为还有些人在相同境遇中却是怯懦……所以，再试着说说，首先，那种在所有这些情形中都相同的东西，勇

---

⑮ 坚守某人的岗位：445。

敢，是什么……

[192B]——如果非要我说在所有这些情形中都自然在场的东西的话，我觉得勇敢是灵魂的一种坚持。——是的，如果我们非要回答我们的问题，就必须这样。但在我看来，⑯并非每一种坚持都对我显得是勇敢的。我这么想的理由在于：拉凯斯啊，我知道你把勇敢视为一种美好的⑰东西。——最美好的东西之一，你可以确信。——你会说出于智慧的坚持也是美且好的吗？——当然。——但是你会怎么说出于愚蠢的坚持呢？不是反而作恶与有害吗？——是的。——那你会说作恶与有害的事情是美好的吗？——这么说就错了，苏格拉底。——那么你不会同意说这样的坚持是勇敢，既然它不是美好的，而勇敢是美好的？——你说得对。

——那么，按照你的说法，智慧的坚持是勇敢。——没错。——那让我们看看在什么事情上智慧？……[193A] 如果有一个人在战场上坚持着，斗志昂扬，因为经过明智的盘算，他知道其他人会来支持他，而且敌方比己方人数少，战力弱；并且假设他还占据有利位置。你会说，一个因为所有这些智慧和准备而坚持的人，较之敌方中乐意死守和坚持的某个人，是更勇敢的吗？——我会说第二个人更勇敢，苏格拉底。——可是，无疑，这个人的坚持比另一个人更愚蠢啊？……[193D] 愚蠢的大胆和坚持不是已经在前面对我们显得是可耻和有害的吗？——没错。——而勇敢被一致认为是某种美好的东西。——的确一致这么认为。——但现在，与此相反，我们说可耻的东西，愚蠢的坚持是勇敢。——看起来是这样。——那

---

⑯ 苏格拉底的过分的试探性可能意在表示礼貌。
⑰ 美好（kalon）：449。

我们这么说对吗?——诚然,我确定我们错了,苏格拉底。

146 维特根斯坦《蓝皮书和棕皮书》[18]第19页　为了澄清一个一般词项的意义,人们必须找到其所有应用中的共同要素,这种观念阻碍了哲学研究;因为这不仅得不出任何结果,而且还使哲学家把具体例子作为不相干的东西打发掉,但能帮他理解一般词项之用法的本来就只有具体例子。当苏格拉底提出"知识是什么?"的问题时,他甚至没有把列举知识的例子视为一种预备性的回答。[19]

怀疑主义的扩展

147 苏格拉底的追问使他的对话者面临有关其道德信念的种种疑难。德谟克利特从冲突着的现象出发的论证也能应用于道德信念,以表明它们只是惯例而已,并无任何进一步的实在与之对应(参见150-151,153-154)。苏格拉底注意到,一个既定社会中的不同的人可能在何者是正义的和对的问题上产生分歧,而且解决其分歧的希望也渺茫(148)。相似地,希腊人、波斯人和埃及人持有不可相容的观点与实践,并且把其他社会的观点与实践作为不道德的而予以拒斥。

社会间的差异可能暗示道德规范类似于法律或习俗惯例。[20] 正如雅典法律在雅典被普遍遵守,雅典道德也在那里通行;正如法律代

---

[18] 牛津:布莱克威尔,1958。

[19] 维特根斯坦提到《泰阿泰德篇》146-147。其一般批评的公正性可从144-145,181,457得到判断。

[20] 希腊人用 *nomos* 同时意指这两者。

表一种集体约定，而无进一步的实在性基础，道德规范同样可以被视为与社会约定相关。(154，193)

各种并行的怀疑主义式的怀疑可能影响宗教信念。当克塞诺芬尼指出希腊人把他们的诸神做得像希腊人、塞西亚人的像塞西亚人等时，他暗示了一种关于希腊神话中的诸神的怀疑主义论证（108，577）。克塞诺芬尼没有推论说，一切关于诸神的信念都从属于一种从冲突着的现象出发的论证。希罗多德关于对待处置父母遗体的不同态度的故事乃是就不同社会中信念的多样性提出了相似的观点（149）。希罗多德并没有从所见到的宗教实践的多样性推出任何怀疑主义结论；他主张人们应该尊重自己的社会和其他的社会的各种习俗（参见赫拉克利特，120）。但人们可能会推断，宗教信念与实践仅仅是习俗惯例的事情，不必认真。克里底亚就得出结论说对诸神的信念完全是一种虚构（584）。

柏拉图表示，如果我们面对怀疑主义的道德论证但缺乏回应它们的思想资源，那么结果就将是怀疑主义、冷漠和不道德（152，参见462）。如果我们认真对待的道德观点只是碰巧为我们的社会所分有的惯例，那么我们何必还认真对待它们呢（除了公开藐视它们可能带来任何惩罚之外）？

148 柏拉图《欧绪弗洛篇》7A-8A　苏格拉底：现在让我们来审查一下我们说的话。为神所喜爱的㉑事物和为神所喜爱的人是虔敬的，为神所憎恶的事物和为神所憎恶的人是不虔敬的。因为虔敬与不虔敬并不相同，虔敬与不虔敬截然相反。难道不是这样吗？欧绪弗洛：是这样。——而且问题似乎已经得

㉑ 我们需要这个棘手的形容词来把握柏拉图的某些要点。

到很好的回答了?——我同意,苏格拉底,是回答了。——欧绪弗洛啊,我们不是也说过诸神之间拉帮结派,钩心斗角,嫉恨丛生吗?——说过。——我的朋友啊,关于何种事情的争执产生了嫉恨与愤怒?我们不妨这样来看:如果你和我为两个数中哪个较大而争执,那么这样一种争执会让我们彼此敌对和愤怒吗?难道我们不会通过计数从而迅速在这类问题上达成和解吗?——是的,当然。——相似地,如果我们为长短而争执,难道我们不会通过度量迅速结束争执吗?——正是这样。——我认为,我们不是也会以同样的方式通过称量来解决有关轻重的问题吗?——当然。——那么,到底在何种事情上的争执,如果我们无力裁决,就会使我们彼此仇恨和愤怒呢?或许你还没有现成的答案,那就听我说吧。是不是这些事情:正义的与非正义的、可贵的与可耻的、好的与坏的?是不是在这些事情上我们争执不休无力裁决,从而你我和所有其他人有时就彼此生恨、反目成仇?——是的,苏格拉底,这些就是我们争执的事情。——那么诸神又如何呢,欧绪弗洛?如果他们也争执,必定也是为这些事情吧?——必定是。——那么,尊敬的欧绪弗洛啊,照你说,某些神认为这件事情是正义的,另一些神则认为那件事情是正义的;在可贵的与可耻的、好的与坏的问题上也与此类似。如果他们不是为这些问题争执,就很难会彼此敌对了,不是吗?——你说得对。——那么,被各方视为可贵的、好的和正义的事物就是他们所喜爱的东西,相反的事情,则是他们所憎恶的东西?——是的,当然。——但如你所说,正是对于同样的事情,有些神认为是正义的,有些神认为是非正义的,争吵的结果是他们相互敌对、彼此交战。不是这样吗?——是的。——那样一来,似乎同样的事情将既为诸神所憎恶,又为诸神所喜爱,同样的事情对于神将是既可恨又可

爱了。——看起来是这样。——因此,欧绪弗洛,照此论证,同样的事情,将会既虔敬又不虔敬了。㉒

149 希罗多德《历史》iii.38 ……我认为,无论怎么看都很显然,冈比西斯㉓疯狂之极。否则他不会去嘲弄宗教仪式和习俗㉔礼节。因为,如果有人给出世界上所有习俗供人们选择,指示他们选择在他们看来好的那些习俗,那么他们就会全面考究,而每一个民族都会选择其自己既定的习俗。他们如此坚定地将其自己的习俗视为迄今为止最美好的,因此,除非某人疯了,否则不大可能会嘲弄这类事情。所有的人都以这种方式看待他们自己的习俗,有很多证据可以表明这一点,其中包括:当大流士确立了他的统治地位,就把治下的某些希腊人召集到面前,问他要给他们多少钱才能使他们肯吃他们父亲的尸体。对此,他们回答说,不管给他们多少钱他们都不会做的。然后,他又把称为卡拉提亚人并且吃他们的父亲的某些印度人召了来,问他要给他们多少钱他们才会答应火葬他们的父亲的尸体;这时希腊人站在一旁并且在一名翻译的帮助下知道了所说的一切。这些印度人大声叫嚷,告诉他不要说那说不出口的事情。人们在这些事情上的习俗是这样;在我看来品达的诗句说得很对:"习惯乃是万物之王。"

150 塞克斯都《皮浪学说概要》i.145-168 第十种方式,㉕与伦理学尤其相关,依赖于各种行为模式,也取决于习惯、法

㉒ 讨论在586继续。参见575。
㉓ 冈比西斯和大流士都是波斯国王。
㉔ 这个下标表示 nomos 或一个同源词。
㉕ "modes"(或 "tropes" 或 "ways", tropoi)是导致疑难(aporia)从而中止判断(epochē)的不同论证路线。

律、神话信念和独断的假设。行为模式乃是参照一个人或许多人——例如第欧根尼或斯巴达人——对一种生活方式或某种行动的选择。法则是政治生活的参与者中间的一种成文的约定，违反法律者要受到惩罚。习惯或习俗（两者没有任何区别）则是为若干人所共同接受的行动类型，违反习俗者未必受到惩罚。例如，不许通奸，这是法律；不在公共场所与女人性交，则是我们的习惯。神话的信念是接受那些虚构的而未曾发生的事物——诸如关于克罗诺斯的神话等等，因为这些让很多人深信不疑。独断的假设就是接受某些看似由类比或某种证明所支持的东西，诸如物体有原子式的元素，或齐一的各个部分或至少各个部分，等等。我们把这些中的每一种有时与其自身对立，有时与其他各种对立……[163] 既然事物中尚有许多的矛盾也被这种方式所显明，那么我们就不能说一个既定主体㉖本来是怎样的。我们只能说它如何相对于一种行为模式或法律或习惯等而显现。因此，这种方式也必定导致我们就外在主体的性质中止判断。

151 第欧根尼·拉尔修《名哲言行录》ix.83-84　这种方式所包含的问题关乎可贵的与可耻的、真的与假的、好的与坏的东西，关乎诸神，也关乎所有呈现的事物的生成与毁灭。例如，同一件事情在某些人中间是正义的，在另一些人中间却是非正义的，对于某些人来说是好的，对于另一些人来说则是坏的。例如波斯人不把与其女儿性交视为伤风败俗，而希腊人却视之为禁忌。照欧多克索斯在他的《世界环游记》第一卷中的说法，玛撒该塔伊人实行共妻，而希腊人则否。奇里启亚人常以盗抢为乐，而希腊人则否。不同的民族相信不同的神；有些相信诸神具有先见，而另一些则否。埃及人通过涂抹香料来处理他们的尸体，

㉖　主体：227。"主体"也用于与现象对应（或信以为对应）的外在主体：277。

罗马人用火化，而腓尼其人则直接把尸体扔进湖里。因此关于何者为真，应该中止判断。

152 柏拉图《理想国》538C-539C ……[苏格拉底] 你知道我们从小就被教导某些关于正义的和光荣的事情的信念，它们就如父母般哺育我们成长，我们服从并尊重它们。

[格劳孔] 这是真的……[538D]——现在，假设有人就属于这种情况，又有某个提问者来问起光荣是什么（the fine，美好、高尚），而他答之以从立法者那里学来的东西，那么会有多种多样的论证来反驳他，直到他被迫相信光荣的东西丝毫不比可耻的东西更光荣，或者，正义的和好的东西也不比不正义的和坏的东西更正义和更好，所有他最尊重的东西也都是这样。你认为他会一如既往地尊重和服从它们吗？——不可能。——当他不再认为它们一如既往地值得尊重和适合于他并且又尚未找到真正的答案时，他能不采取那种能谄媚㉗他的生活吗？——不能。——那么他就从一个守法者转变成一个违法者啰？——势必如此……[539B]——当他们驳倒了许多人，又被许多人所驳倒时，他们便激烈而迅速地养成一种不信以前之所信的恶习，从而不仅他们，连哲学和与哲学相关的一切都在世人面前蒙羞。——太对了（他说）。

153 亚里士多德《尼各马可伦理学》1094^{b}11-27 我们的讨论如果对于主题充分清楚，也就够了；因为我们不会指望一切种类的论证都同样精确，正如不会指望一切技艺的产品都同样精确。再者，作为政治科学探究的课题，高尚与正义的事情，包含如此多的差异与变化，以致人们以为它们仅基于约定而非基于自然。但是，好（goods）也以相同的方式变异不定，既然它们给

㉗ 谄媚：179。

许多人造成伤害;因为事实上,有些人因为富有而毁灭,有些人因为勇敢而丧命。因此,既然这些就是作为我们论证的出发点和主题的那些东西,那么,如果我们能够大致地、粗略地说明真相,也就令人满意了,而且,既然我们以通常认为好的东西作为论证的前提与主题,那么如果我们能够得出同样的结论,也就令人满意了。那么,我们的每一主张都该以同样的方式予以接受,因为有教养的人在每一领域中都力求其主题的性质所允许的精确性;因为显然,从数学家那里接受仅具说服力的论证,和从演说家那里要求严格的证明,同样大错特错。

154 亚里士多德《尼各马可伦理学》1134^{b}18–1135^{a}5　政治上的正义部分是自然的,部分是法律的。自然的正义在任何地方都同等有效,不论它看起来是不是这样。法律的正义最初以这样的方式还是以那样的方式制定并无任何差异,但一旦人们定下规则,——例如,一个姆那是赎金的价格,或者,献祭要用一只绵羊而非两只绵羊——那就有差别了。……现在有人认为所有正义的事情都只是法律上的,因为自然的东西是不可变的,且在所有地方都同等有效——例如火既在这里也在波斯燃烧——但他们看到正义的事情是有变化的。从一种意义上讲是这样,但从另一种意义上讲则不是这样。尽管对于诸神或许根本不是这么回事,但就我们而言,的确存在诸如自然的事物这样的东西,即便一切都是可变的;但纵然变化,也还是有诸如自然的东西和不自然的东西。如果自然的与法律的都是可变的,那么何种允许变化的东西是自然的,何种东西是法律的和约定的而非自然的?这在这里和其他的情形中都是显而易见的,并且同样的区分对他们也将全都适用;例如,右手自然地更有优势,即使每个人都有可能变得双手同样有力。

由于约定和方便而是正义的那些事物就像度量用的衡器。

因为度量酒和谷物的衡器不是在所有地方都同等大小的，相反，在批发市场上它们就较大，在零售商店里却较小。相似地，由于人为颁定的而非由于自然而是正义的事物处处都不同，因为政治体制也处处都不同；但不管怎么样，只有一种政体是由于自然而在所有地方都是最好的。㉘

怀疑论与实在论

155 按照巴门尼德和德谟克利特的观点，那些表明颜色或正义或诸神是惯例而非自然的论证支持一种虚无主义的结论；如果它们是正确的，那么它们证明，没有任何实在的颜色（等等），并且关于它们，也没有任何本然的真理；关于实在与真理的这种虚无主义结论假定了一种实在论的和客观主义的真理概念；关于世界的真理必须适用于某种其属性不完全由我们关于它的信念所构成之客观实在。

如果我们接受这种实在论的真理概念，那么，按照巴门尼德的观点，我们能够宣称为真的东西就所剩无几了。我们也许能够阐述表面上讲得通的观点，但这些仅仅是"凡人的信念"（124）。连"凡人的意见所不能及"（124）的观点也不是关于世界的真理，因为我们相信它们并不适用于任何独立于我们的惯例而存在的东西。

关于真理的类似观点似乎将德谟克利特驱入怀疑论。明显等值的冲突着的现象使他相信事物仅仅"由于惯例"而非"实在地"就是白的，甜的，等等（125）。他承认事物实在地是怎么样的乃是它们客观地是怎么样的——不依赖于它们对任何知觉者或思想显得是什么样的。相似地，他承认真的东西就是客观地为真的东西——无

㉘ 最佳政体：563。关于正义的争论：458，461-463。

关乎它对任何人可能显得是怎么样的。当他声称人类与实在隔绝,真理"在深处"(135),它"对于我们是不清楚的"(126)时,他承认了这种实在论的真理概念。如果他想将它应用于我们关于事物的信念之为惯例,那么他就不会给出任何理由来得出这种怀疑主义的结论。

这同一观点同样适用于从道德信念的各种变体而来的怀疑主义论证。我们可能同意说,如果希腊人与波斯人具有相互冲突的道德信念,那么我们就不能自称知道谁的信念是客观地为真的,而且我们也不能自称达到关于对与错的客观事实。如果关于对与错的真理的知识必须是客观事实的知识,那么关于对与错我们没有任何知识。

于是,如果怀疑主义者依赖这些明显冲突着的现象去达到一个怀疑主义的结论,那么,至少为了论证,他们也要依赖一种实在论的真理概念。他们与其对手的差别仅在于他们对发现任何我们能够合理地视之为真的信念有不同的期望。双方都承认,对我们关于自然界和道德的各种信念的任何真理申言都必须认定,我们的信念之为真,是就某个不完全由信念本身所构成的客观世界而言的。

普罗泰戈拉,怀疑主义和主观主义

156 以下这些关于真理与知识的假设有助于解释普罗泰戈拉的立场。他提出:

(1) 我们应当接受从冲突着的现象出发的论证。
(2) 因此,如果我们接受实在论假设,那么我们应当同意怀疑论说,我们没有任何关于世界之真理的知识。
(3) 但是,我们应当拒斥这种实在论假设。
(4) 因此,我们应当声称对关于如其所显现给我们的世界之真理拥有知识,同时承认其他人也拥有关于如其所显现给他们的世界之极为不同的真理的知识；我们没有任何理由相信任何世界超越了如其所显现给我们的世界和如其所显现给他们的世界。

在他的第三个主张中，普罗泰戈拉强调一种主观主义的真理与实在性之标准。在他看来，一个人乃是事物如何存在的"尺度"。他以此意谓的是，首先，事物显现给一个个别的知觉者是怎样的，它们对于那个知觉者就是怎样的：假如风吹着我，也吹着你，它对于我显得暖和，但对你显得寒冷；那么它对于我实在地为热，对于你实在地为冷。其次，所谓真的东西，绝不超出对于这个或那个知觉者来说事物是怎样的，因此，风是热的和风是冷的同时为真。相似地，道德真理取决于一个既定社会的观点。我们（希腊人）知道杀死一个无辜的人是错的，因为这为我们社会的习俗所禁止。但同样真实的是，如果它合乎某些别的社会的现象，那么杀死一个无辜的人就是对的。真理与实在性取决于习俗惯例。

普罗泰戈拉是位智者（8）。他自称他的教育既对社会有用也对个人生活的成功有用（429）。他相信，某些怀疑主义论证所导致的中止判断只关乎任何客观的真理，而无关乎他允许的那几种真理。怀疑主义者不相信他们知道，交通灯现在是红的还是绿的，当他们把手放进火里，火是否会是热的，或者，杀人是不是错的（159）。我们可以推断，怀疑主义的结果是既麻痹个人（剥除我们日常生活所需的各种基本信念）又危害社会（剥除支撑社会生活的共同的道德信念）。但是，普罗泰戈拉却深信，火是热的（对于他来说），杀人是错的（对于雅典人来说），等等；他分享了他的社会的那些信念。他在柏拉图的《泰阿泰德篇》里就是这样自我辩护的（160）。[29]

---

[29] 普罗泰戈拉的主观主义也影响了关于诸神的信念：584。

157 塞克斯都《驳数学家》vii.60-64　有人还把阿伯迪拉的普罗泰戈拉记入废除标准的哲学家之列，因为他断言一切现象与信念都是真的，真理是相对的，因为对某人显现或看似的一切就因此而是相对于他的实情。显然，在他的《颠覆者》㉚一书的开端他宣称"人是万物的尺度……"㉛。对于这一命题，甚至连相反的命题似乎也可作证。㉜因为，如果有人断言人不是万物的标准，那么他将强化人是万物的标准这一命题；因为提出这一命题的人自己就是一个人，在肯定相对于他自己而显现的东西时，他承认这个命题就是相对于他自己而显现的东西之一。因此连疯子也是在疯狂中显现的事物的可信标准。……[62] 因为另一系列不同的情状而贬斥某一系列的情状，那就是说，因为那些在头脑清醒时出现的东西而贬斥疯狂状态中显现的东西——也是不合适的……因为，恰如前面那些东西并不对后一类人显现，从而反过来对后一类人显现的东西也不在前一类人中发生。……[64] 正如有人指出的，普罗泰戈拉废除标准，因为标准就意味着检查存在的主体，㉝区分真与假，但他没有肯定有任何东西自在地是真的或是假的。

158 柏拉图《泰阿泰德篇》151E-152E　泰阿泰德：……在我看来一个知道某东西的人感知他所知道的这个东西，并且我现在认为，知识无非就是感觉。苏格拉底：……你给予知识的这

㉚ 这明显是被柏拉图称为《真理》的那部著作的另一个标题；参见 158, 162。
㉛ 这里塞克斯都援引了 158 开头所引用的"尺度学说"。
㉜ 普罗泰戈拉（如塞克斯都所再现的）主张对尺度学说的否定是自反驳。对比柏拉图论证尺度学说本身是自反驳的：161-162。
㉝ 亦即不同于现象的外在实在。参见 150 的注释。

种解释看起来让人印象深刻——那也正是普罗泰戈拉所曾给予的解释。他以多少有些不同的方式说过同样的话。他说，难道不是吗㉞，人是万物的尺度，是存在着的事物如何存在（是什么）的尺度，也是不存在的事物如何不存在（不是什么）的尺度㉟？我想你已经读过了？㊱——是的，常读。——他的意思好像是这，㊲任何被给予的事物对于我恰如它们对我显现的那样，对于你恰如对你显现的那样，而你和我都是人？——是的，这就是他的意思。㊳——那么好，一个智慧的人所说的话不可能毫无意义。那就让我们跟着他一探究竟。有时，当相同的风吹来时，我们中的一个人就打冷战，而其他人则否，或者有人轻微地颤抖，有人却剧烈地颤抖。——当然。——那么好，在这种情况下，我们该说这风本身是冷的或不冷的吗？或者我们该同意普罗泰戈拉说，它对于（for）㊴颤抖的人是冷的，对其他人则不冷？——这似乎更合理。——那么更进一步，它对于我们每个人都显得是这样？——是的。——而"它显得……"意思是"他感觉它……"？——没错。——那么在热的东西或任何其他这类东西的情形中显现（appearing）与感知（perceiving）是一回事啰？看起来它们对于每个人来说都恰如他感知它们的那样。——似乎就是这样。——那么，感觉总是属于存在着的某东西，并且，作为知识，是不可错的。——那是显然

㉞ 或"在某处"。
㉟ 或"人是万物的尺度，是存在者存在的尺度，也是不存在者不存在的尺度。"这就是普罗泰戈拉的"尺度学说"。
㊱ 或"你在某处读过了？"
㊲ 或"他以这样一种方式提出它，不是吗……"。
㊳ 或"是的，他是这样说的。"
㊴ 或"to"。

的。⑩——以女神的名义,普罗泰戈拉是一个多么彻底的智者啊!他说这些让你我这样的群氓猜谜,却把真理——他的《论真理》⑪——隐秘地传授给自己的弟子。——你什么意思啊,苏格拉底?——我打算举出一个最令人印象深刻的论证,在其中,没有任何东西就其自身而存在(或是什么),你也不能正确地称任何东西为某某东西,⑫或者,把诸如大或小、重或轻等任何特征归于它。如果你称它为大,它还将显现为小,如果你称它为重,它还将显现为轻,等等,对于一切事物都是这样,因为没有任何东西或者是某某东西或者具有某某特征。毋宁是,万物出于运动、变化与混合而彼此相对着生成,我们不正确地把许多事物归为恒在(being),因为无物恒在(nothing even is),一切皆是变在(all things are becoming)。召集起除巴门尼德之外的所有哲学家,普罗泰戈拉、赫拉克利特、恩培多克勒,等等,前赴后继,他们都会在这一点上赞成你的。⑬

159 普鲁塔克《驳科洛特》1108f-1109b=DK 68 B156⑭ 科洛特首先指责德谟克利特说,每一个事物同等地是这样或那样的,这就弄乱了我们的生活。但是,德谟克利特绝不认为每一事物同等地是这样或那样的,以至于当智者普罗泰戈拉这么说时,德谟克利特与他针锋相对,写下许多有说服力的论证来反驳他。然而科洛特对德谟克利特所说的话丝毫不理解,从而误会了他确定有物之存在(thing is)不比无之存在(nothing is)更多时的

---

⑩ 普罗泰戈拉立场的另一种表述:183。
⑪ 《真理》是苏格拉底引用过的普罗泰戈拉的著作的标题。
⑫ 例如一堵墙,一根木棍。
⑬ 对这段的评注,参见201。
⑭ 德谟克利特和怀疑主义:136。普鲁塔克反驳伊壁鸠鲁主义者说他们本身的立场导致怀疑主义。

表达方式。他所谓的"物"(thing)是体(body),而他所谓的"无"(nothing)是虚空(the void),他宣称虚空有其自身的本性和持存。⑮但无论如何,任何相信无物同等地是这样或那样的人都是基于伊壁鸠鲁的信念,即,经由感觉而来的一切现象都是真的。⑯因为,两个人中有一个说酒是涩的,另一个说是甜的,而且他们的感觉无一是错误的,那么在什么意义上可以说酒是涩的而非甜的呢?

160 柏拉图《泰阿泰德篇》116D-167B⑰ 我们每个人都是事物存在(或是什么)和不存在(不是什么)的尺度。而我们中某一个人的世界和其他人的世界都完全不同,因为事实上,对于一个人存在(是什么)和显现的事物不同于对其他人存在(是什么)和显现的事物。至于智慧和有智慧的人,我绝不是说他们不存在。相反,我所谓的有智慧的人恰恰是这样一种人,当坏事对我们显现与存在的时候,他能改变我们,以至于使得好事对我们显现与存在……对于病人,食物显得酸并且就是酸的;对于健康的人,它是且显现为相反的味道。现在,无须指出两个人中哪个更智慧,那是不可能的,不能因为病人相信这样的事物就被宣布为是愚蠢的,或者因为健康的人相信那样的事物就是智慧的。所需要的是向相反的状态变化,因为那是更好的状态。教育也一样,人们必需从较坏的状态向较好的状态变化;但是,医生用药物造成变化,而智者却用话语为之。这不是说某人领着另一个相信虚假事物的人,使他相信真实的东西;因为既不可能相信不存在(或不是)的东西,⑱也不可能相信某人

---

⑮ 虚空:86。
⑯ 伊壁鸠鲁论感觉:278-281。
⑰ 苏格拉底发言,为普罗泰戈拉辩护。第一人称单数指的是普罗泰戈拉。
⑱ 假信念:74。

当下经验的事物之外的东西，当下经验的一切总是真的。相反，在我看来，当某人因坏的灵魂状态而相信与之相应的事物时，有人使他获得了一种健康的状态，从而相信健康的而非不健康的事物。某些人无知地把这些现象称为真的，我却说一些想法比另一些更好，而不是在任何意义上更真。

普罗泰戈拉论真理

161 柏拉图在《泰阿泰德篇》里反驳了（i）普罗泰戈拉的真理概念，（ii）他关于道德与政治知识的申言，（iii）他关于自然世界的申言。以下诸节（162-168）呈现柏拉图针对所有这三种观点的论证。

普罗泰戈拉关于真理的主张依赖于"尺度"学说，它说对我显现的任何东西对于我就是真的，对你显现的东西对于你就是真的。倘若"尺度"学说是真的，那就必须无条件地对每个人所持的一切信念都有效。"一切信念"必也包括"尺度"学说本身。因此，对于那些它对之显现为真的人来说它是真的，对于那些它对之显现为假的人来说它是假的。"每个人"必也包括普罗泰戈拉。因此，对他显现为真的东西对于他来说是真的，对他显现为假的东西对于他来说又是假的。

一旦澄清了这一点，尺度学说——应用于普罗泰戈拉和他对它的信念——结果是反驳其自身的。因为，如果普罗泰戈拉同意每个人的现象都是真的，㊾那么他必须同意那些将尺度学说视为假的人的现象也是真的。既然他们的现象对他显现为真，那么尺度学说就

㊾ 有争议的是，"对于他"（for him）是否应该被插入这个论证的不同步骤，或者柏拉图有权省略这一限制。如果他的论证是有效的，那么省略就必定是合法的。

对他显现为假的,因此他必须同意尺度学说对他来说是假的。因此,如果他把尺度学说视是为真的,他也必须把它视为是假的。因此,如果尺度学说是真的,那么它是假的。

162 柏拉图《泰阿泰德篇》170A-171A　苏格拉底:他不是说对每个人显现的东西就是它对他显现的那样的吗?西奥多洛:他是这么说的。——那么好,普罗泰戈拉,当我们说人人都无例外地认为自己在某些方面比别人更智慧、在另一些方面别人比他更智慧时,我们是在表达一个人或所有人的信念啊。例如,无论在战争或疾病或海上的危难时刻,人们把能够掌控局势的人视若神灵,他们还把这样的人视为救星,因为他们恰恰在知识上胜人一筹。……[170B]在所有这些情形中我们不该说人们认为智慧与无知存在于他们中间吗?——我们该这么说。——难道他们不认为智慧是真思想,而无知则是假信念吗?——他们当然这么认为。——那样一来,普罗泰戈拉啊,我们如何看待你的主张呢?㊿我们该说人们总是相信真的东西,抑或他们有时相信真的东西,有时相信假的东西吗?因为无论哪种情形,结果都是,他们并不总是相信真的东西,而是相信既真又假的东西。西奥多洛,考虑一下:你或者任何一位普罗泰戈拉主义者,愿意强调无人视他人为无知的或相信假的东西吗?——那不可置信,苏格拉底。——但它正是那种使人成为万物之尺度的学说的不可避免的后果啊。——怎么会这样呢?——当你就某件事情在你自己心里形成一个判断并把有关它的信念向我表达时,让我们承认,如普罗泰戈拉的理论所说的,它对你来

㊿　或"论证"(logos)。

说是真的。但我们不会想到我们其他人就不能对你的判断作出任何判断了吗?如果我们能作出一个判断,那么我们总是判断你相信真的东西吗?难道你没有发现,恰恰相反,每一次都有成千上万与你持相反信念的人认为你判断并相信假的东西?——我当然这么认为,苏格拉底。——成千上万呀,如荷马所说,他们带给我人世间的所有麻烦。——那又怎么样?难道你会说在这种情况下你相信对你来说是真的东西,而对那成千上万的人来说是假的东西吗?——看来他的主张显然蕴含了这一点。——这对普罗泰戈拉本人意味着什么呢?难道不是这样吗?假如连他自己都不认为人是尺度,而且世人一般也都不这么认为——他们的确不这么认为,那样一来,他所写的这本《真理》对任何人都不会是真的了。相反,如果他认为人是尺度,但大多数人并不认同他,那么,你看,恰恰因为不相信者在数量上多于相信者,它与其说是真的不如说是假的。——必然地,如果它的真或假随每个人的信念而变的话。

普罗泰戈拉论技师

163 普罗泰戈拉在其自我辩护(160)中肯定他的道德信念相对于他本人的现象的真理性;因此他肯定偷盗是错的,并且赞同他所分有的雅典人的通行现象。如果某些雅典人认为偷盗是对的,那么,按照普罗泰戈拉的真理概念,他们的信念在其雅典的亚群落中也是真的。但是,普罗泰戈拉声称他的现象比其他人的更可取。他声称,医学技师的观点不比任何其他人的观点更真实,但它们更可取;因为我们更喜欢随技师的建议而来的后果而非随其他某些人的建议而来的后果。相似地,我们可能因为其社会利益就偏取某一系列的道德信念而舍弃另一系列,无须假设它是更真的。

柏拉图回应说,普罗泰戈拉的这种辩护预设了客观实在性与真理,因此与普罗泰戈拉的主观主义相冲突。我们之所以偏爱医学技师的观点,是因为我们假设他们关于这种药物的疗效的预言将证明为是真实的。于是,我们的偏好预设了技师对于一种客观实在性持有各种真信念。普罗泰戈拉将他的主观主义立场抬高凌驾于怀疑主义立场之上,就依赖于和主观主义相冲突的诸假设。

164 柏拉图《泰阿泰德篇》177C–179B 苏格拉底:我们关于这一点的论证已经说到,主张存在者变动不居的人不仅说,对每个人显现的东西就是它对他显现的那样,并且在关于正义的事情上特别自信地强调了这一点。他们说,对于一个城邦里显似好的并且已被它确立下来的事情,对于确立它们的城邦来说就是正义的,只要它们始终被确立着。但关于好的事情,他们谁也没有足够的胆量主张,任何被城邦认为是有益的且已被它确立下来的事情的确是对城邦有益的,只要它们始终被确立着……[177E] 城邦在立法中以好为目的,只要它有一种意见和能力,城邦就确立一切对它最有用的法律。城邦的立法还有任何别的目的吗?——当然没有。——可它总是能达到它的目的吗?每个城邦不是都经常失败了吗?——是的,我认为它们有时失败了。——如果我们考虑一下这利益所属的全部种类,那么它们的失败将更易于被承认。或许它与未来相关。因为当法律被通过时,我们相信它们在以后的时间里将是有用的,以后的时间就被正确地称为未来。——对极了。——现在,假设我们问普罗泰戈拉或他的弟子一个问题:"普罗泰戈拉啊",我们会对他说,"如你所宣称的,一个人是万物——白的、重的、轻的和所有诸如此类的东西——的尺度。因为他自己就有关于它们的标准,[51] 并且,当他认为事物就如他所经历体验的那样时,他认为事物对于他自己来说是真的。不是吗?"——是的。——"那么",我们会说,"他也在自己内部具有了将要发生的事物的标准啰?无论他认为它们会以何种方式发生,它们都以那个人所设想的那样发生吗?例如,拿热来说吧。当一个普通人认为他将要发热,这种热正来临,而另一个人,一位医生,却认为他不会发烧,医生的意见很可能被证明为是对的?[52]……[178E] 而你,普罗泰戈拉,在预言能让我们中任何人信服的法庭辩论上,难道不会比一个外行更好吗?"——当然,苏格拉底,他惯于用最强有力的方式让我们确信他在这方面无与伦比……[179A]——立法与利益都关涉未来,而且人人都承认城邦在立法时必然经常达不到最大利益,不是吗?——对极了。——那么我们可以公允地反驳你的老师说,他必定同意一个人比另一个人更智慧,并且,更智慧的人是尺度,而我这样一无所知的人必定成不了尺度,但这一代表普罗泰戈拉的论证刚才却强迫我成为尺度,也不管我愿意不愿意。

普罗泰戈拉和赫拉克利特论变化

165 柏拉图论证说,既然普罗泰戈拉承认一切现象的真理性,那么他还必须对一切现象在其中皆为真的那种世界给予某种解释。按照普罗泰戈拉的观点,除了如其对我所显现的世界和如其对你所显现

---

[51] 标准(*kritērion*):169-172。

[52] 亚里士多德的评论见277。

的世界之外，没有任何其他世界；但是如其对我和对你所显现的这个世界不是我们想象力的虚构。因此，普罗泰戈拉必须说明它到底像什么。显然，世界中的变化的程度必须剧烈得足以容纳一切现象的真理性。如果某物对我显现为热，对你显现为冷，那么它必须从热的变化为冷的。为了应付所有可能的现象，事物必须有可能在一切时间和一切方面发生变化。

柏拉图论证说，这种极端的赫拉克利特式的流变是不可能的。亚里士多德赞同并提出了某些更清晰的论证。[53] 相信极端流变使得对变化给出一种解释成为不可能。如果有变化，那么必须至少有一个变化的主体；而如果有任何变化着的主体，那么某种关于这一主体的东西，必须是稳定的。不可能存在一个极端的赫拉克利特式的世界，因为不可能存在任何在一切时间所有方面都变化着的变化主体。[54] 既然普罗泰戈拉的"尺度"学说蕴含这样一个世界是可能的，那么它就必须被拒斥。

166 柏拉图《泰阿泰德篇》156A-157C 他们的出发点是，运动就是一切……运动有两种形式，一为主动的，一为被动的，它们在数量上都是无限多的。从它们的联合与冲突中又有无数的产物生出，并且有两种形式，感觉的对象与感觉，感觉不变地与其对象一道出现和生成……这运动有两种，慢的和快的。慢的东西是在同一个地方，相关乎其近邻的东西而有其运动，它们就是以这种方式生成的；但产物是快的，因为它们被携来带去，它们的自然运动就是从一个地方到另一个地方。如

---

[53] 亚里士多德论变化及其主体：224-226。
[54] 柏拉图论流变：198-211。

是，眼睛跟与其相关的感觉对象交接，产生白色以及与它自然关联着的感觉，如果这两者中有一个在另外的地方，那么就不可能生成。当这发生时，视觉从眼睛流出，白色则从对象发出，与眼睛协作产生颜色。这样，眼睛就充满了视觉，现在看着，并且成为一只看着的眼睛而非视觉。相似地，被结合起来以产生颜色的那个对象充满了白色，并且变成了一个白色的东西而非白色——染上白颜色的木头或石块或任何可能的对象⋯⋯[157A] 他们说，对于由其自身而存在的主动者或被动者，绝不可能形成固定的概念。因为除非遇到被动者，否则主动者什么也不是（或不存在），除非遇到主动者，否则被动者什么也不是（或不存在）。⋯⋯没有任何东西依其自身就是一个东西，相反，所有事物总相对于某东西而生成。存在（是，Being）必须完全摒弃，即使出于习惯与无知我们甚至在这一讨论中也被迫保留这个词的使用⋯⋯这种说法应该既适用于单个的颜色、声音等等，也适用于许多聚合体——那些我们称为人或石头或任何动物或物种的东西。

167 柏拉图《泰阿泰德篇》181C-183A　苏格拉底：当他们说万物变化时他们是什么意思呢？我想问的是：他们说到一种变化呢，还是如我所以为的两种呢？但愿你在这一点上的看法与我的一致，这样的话，无论我碰到什么必然发生的事情，都会有你作伴。那么，告诉我：当一物从一个地方移动到另一个地方或在同一个地方转动时，你称之为运动吗？西奥多洛：是的。——那么这是一种变化类型。但是，当一个停留在同一地点的东西长老了，或从白变成了黑，或从软变成了硬，或经历任何别的变更，我们也能恰当地称之为另一种变化类型吗？——我认为能。——当然，肯定是这样。那变化就有这样两种类型，质变与位移。——你说得对。——既然已经作出这一区分，那就让我们与那些说万物变化的人讨论一番。我们不妨问他们：按照他们的观点，万物有两种变化类型，它们都既质变又位移呢，还是一物以两种方式变化、另一物则仅以一种方式变化呢？——我不知道该怎么回答；不过我认为他们会说万物都以两种方式变化。——是，我的朋友。因为，否则的话，他们就得说相同的事物既变化又静止，说万物变化不会比说万物静止更正确。——不错。——假如它们必然变化，没有什么东西能够不变化，那么万物必然总是具有所有变化类型啰？——对极了……[182c]——假如它们只是位移而不质变，那么我们就能说流变着的事物有什么特征啰？——正是。——但事物甚至连这也不能持驻，流动的物体流动白色；于是白色这东西也有一种流动，流入另一种颜色，从而不能让它持驻。那样一来，我们还能正确地说什么东西是什么颜色吗？——苏格拉底啊，如果我们使用语词时，事物却在流变中逃脱，那么，无论在这里还是其他任何相同的情形中，命名又如何可能呢？——那你又会怎么说诸如看或听或任何其他种类的感觉呢？它会在看与听的活动中持驻吗？——当然不，如果万物变化的话。——那么，如果万物在所有方面都变化的话，我们就必须说看与没看是一回事，或者，任何其他感觉与没感觉也是一回事啰？——当然。——但感觉是知识；泰阿泰德和我都曾这么说。——不错。——因此，当我们问知识是什么时，回答知识是什么与回答没知识是什么就是一回事啰？——我看是的。

168 亚里士多德《形而上学》1010a7–b1　再有，既然他们看到我们周围的自然完全处于运动之中，而关于变化着的事物不可能有任何真的东西可言，那么他们就说关于在一切方面经历各种变化的事物不可能有任何真的东西可言。从这种观点发展出我们所提到的自称为赫拉克利特追随者的那些人的最极端的观

点。克拉底鲁就持这种观点，思考到最后他认为一切都不可说，只能动动手指头。(55)他批评赫拉克利特，因为他说人不能两次
105 踏入同一条河流；而克拉底鲁却认为甚至一次也不能踏入。对于这一论证我们也答复如下。尽管对于他们所谓的“变化着的事物在变化时不存在”的观点他们的确有某种论证，但这无论如何尚有辩驳的余地。因为正在失去某东西之事物具有某些正在失去的东西，正在生成着的事物其中某些必定已经存在。一般说来，如果某事物正在消逝，那么必有某东西尚在那里；如果某事物在生成，那么必定有它所从出而生成的某东西和它借以生成的某东西；而且这并不无限进行。不过，让我们把这些论证搁在一边，而强调量变与质变不是一回事。因此，即使我们承认某物在量上不稳定，我们仍然由其形式知道一切。此外，那些假设万物变化的人还应该为别的东西受到批评。他们所见持续变化的东西只是一小部分可感觉的事物，但他们却宣称同一种持续的变化对于整个宇宙也为真。事实上，只有我们周围可感觉宇宙的区域处于持续的毁灭与生成之中，而且这是整个宇宙中并不重要的部分。因此，因为另一部分而宣告这一部分世界无持续变化，较之因为这些东西而非难另一部分的持续变化，会更公正些。又，我们显然还可以用我们以前说过的话来回应这些人；因为我们必须向他们表明并说服他们：有某种不动的自然（本性）。不管怎样，说事物同时既存在又不存在（are and are not，是什么又不是什么），必然推出它们处于静止状态而非在运动；因此，既然所有事物都属于所有事物，那么就没有任何东西可供任何东西变入。

(55) 克拉底鲁与柏拉图：197，210。

标准

169 普罗泰戈拉接受某些怀疑主义论证，但拒绝怀疑主义；他的主观主义声称保护无客观性的真理（156）。然而，如果他的立场在柏拉图的反驳面前崩溃，那么怀疑主义的结论就更加难以避免。后来的怀疑主义者宣称，对哲学史的反思使怀疑主义变得不可抵御。德谟克利特的论证似乎破坏了感觉为关于世界的各种申言提供可靠基础，这一最初貌似有理的建议。苏格拉底的论证似乎消除了我们道德信念的任何可靠的基础；因为任何道德信念似乎都被苏格拉底的反诘与反驳所动摇。所以阿尔凯西劳和西塞罗认为苏格拉底与柏拉图本身就接近于怀疑主义（170）；反思苏格拉底与柏拉图的论证似乎支持一种怀疑主义的结论。

按照塞克斯都的看法，由冲突着的现象所产生的一般问题是一个关于任何“标准（*kritêrion*，希腊词源自 *krinein*，判断鉴别）”(56)之存在的问题。现象冲突着；不同的东西对不同的人显现为真，从而我们寻求一个标准，我们能用它来区别真的现象或信念与假的现象 106
或信念，或者证成的与未证成的现象或信念。但是，我们没有任何这样的标准。既然我们不可能打发掉任何一边的现象，那么这些现象就是等值的。因此关于如何消除现象间的冲突，我们困惑和犯难（*aporein*；142），恰如苏格拉底的对话者们那样。

然而，如果我们提出一个标准，那么它也面临相似的论证。假设我们提出一个标准以回应对一种知识申言的反驳，但我们马上发现这标准本身也遭到反驳。那样一来，在我们能够用所提标准去回应对我们原初知识申言的反驳之前，我们需要回应对所提标准的反

(56) 标准：109，112。

驳。如果对所提标准的反驳都要求回应，但这些回应又进一步引发需要回应的反驳，那么我们就永远不能使用所提的标准了。因此它将不是个真正的标准。

在某些情形中，教条主义者或独断论者（dogmatikoi，即那些持有某个教条的人，dogma 是关于事物实际如何而非仅关于它们显得如何的信念）会拒绝由冲突着的现象所产生的反驳。他们可能强调说，在某些情况下，冲突着的现象不是等值的，因为我们可以诉诸某个进一步的原则来消除冲突，这原则支持争辩的一方而非另一方，我们姑且称之为 P1。如果关于某物颜色的现象相互冲突，那么正常知觉者们的现象可能更受偏爱。如果道德现象相互冲突，那么较有经验的人的现象可能更受偏爱。

这种独断论的回应引发了更深入的怀疑主义反驳。即使 P1 不受看似等值的冲突着的现象的挑战，但我们为什么必须接受 P1 呢？一旦我们这么追问，我们就进一步向怀疑主义者敞开了。显然，仅当我们知道 P1 给予我们真的答案，我们才有理由将 P1 当作一个标准；但是显然，不诉诸某个更深的原则 P2 充当裁决的标准，我们就不可能知道 P1 是不是个标准；可是 P2 产生了我们就 P1 所提出的问题；我们必须诉诸一个更深的原则 P3；现在我们面临一个无穷后退，我们的原始问题得不到任何回答。如果我们再次诉诸我们早先的原则之一——例如 P1——来支持 P3，我们能够打破这个无穷后退；但这样一来我们就陷入循环论证了，因为我们显然试图通过诉诸 P1 本身来证明 P1。

为了避免循环，独断论者可能仅仅声称 P3 无须参考任何进一步的标准就该接受。但是，我们为什么要把这一地位给予 P3 而非 P2 或 P1 呢？如果独断论者拒绝回答这个问题，那么他就把 P3 当作了一个未被证明的假设。可是还有许多别的未被证明的假设可供我们选择接受，并且其中某些会破坏 P2 与 P1；我们为什么要偏爱 P3 而非这些别的未被证明的假设中的一个呢？如果我们不能回答这个关于 P3 的问题，那么我们似乎根本没找到一个支持 P2 与 P1 的标准。为了回答这个问题，我们必须表明为什么 P3 特别可靠；因此，我们显然必须寻求一个进一步的标准，却把我们引向无穷后退或循环论证。

这个三难推理——无穷后退、循环或未被证明的假设——为怀疑主义者阿格里帕所阐明。[57] 它是怀疑主义者手中的有力武器。不仅如此，它还在知识论上产生了大量的问题。如果这个三难推理穷尽了任何尝试过的辩护的全部可能性，并且所有这三个选项都如它们看似的那般不可接受，那么怀疑主义就变得极为诱人。如果我拒绝怀疑主义，并且把这三难推理视为穷尽了所有可能性的，那么这三个选项中至少有一个必须比它看似的那般更可接受，而且我们必须表明它为什么是可接受的。

170 西塞罗《学园派哲学》i.44-46　……阿尔凯西劳的整个辩驳并非出于固执或好胜（至少我看是这样），而是因为那些曾导致苏格拉底宣称无知的东西的含糊难解，早在苏格拉底之前，德谟克利特、阿那克萨戈拉、恩培多克勒、实际上所有古代哲学家，都曾如此。他们说，没有任何东西可以被理解、被把握、被认识，因此，感觉是有限的，心灵是脆弱的，人生是短暂的，而且正如德谟克利特所言，真理潜藏在深处，一切屈从意见与习俗，没有给真理留下任何余地，接踵而来的一切皆被阴影所掩盖。正因为如此，阿尔凯西劳常说没有任何东西可以被认识——甚至连苏格拉底留给他自己的对无知的自我认识也不可

---

[57] 阿格里帕式三难推理：214，272，276。

能(58)……[45]［阿尔凯西劳］……通过反驳每个人的信念而使得许多人赞成他，以至于对于某一话题，当对立双方都依据具有同等分量的理由时，双方都更加容易地提出反对意见。他们称此为“新学园”，尽管在我看来似乎老旧，即使我们把柏拉图也算作老学园的一部分的话；因为他的书中并没有断言什么，一个问题的每一方都给予了许多论证；一切都在探究之中，却没有什么被肯定下来。

171 塞克斯都《皮浪学说概要》ii.15–20 在最具体的意义上，标准就是任何用来掌握不明确事物的技术性尺度。……[18] 在考虑过标准的那些人中，有些……断言有一个标准；有些……断言没有标准；而我们则对有一个标准还是没有标准的问题中止判断。这一争论，他们将要么宣称可裁决，要么宣称不可裁决。如果他们说它不可裁决，那么他们将因此而承认我们必须中止判断。如果他们说它可裁决，那么他们就得说明该通过什么来裁决，因为我们没有任何公认的标准，也不知道有一个标准，而是对此作探究。无论如何，如果我们想要对关于标准的争论做出裁决，那就必须拥有一个借此我们将能够做出裁决的
108 公认的标准；而要拥有一个公认的标准，我们必须首先裁决有关标准的争论。因此，既然论证陷入循环模式，(59)那么我们也就对找到一个标准疑惑难解。因为，如果我们不允许他们接受一个有前提的标准，并且假如他们想要借助于一个标准来对这个标准做出裁决，那么我们就把我们推入无穷后退中了。再者，既然证明要求一个已被证明的标准，而这标准又需要一个已经

(58) 阿尔凯西劳强调，苏格拉底声称知道（而不仅仅相信）他不知道任何东西。对比 139。

(59) 模式：150 注释。

被裁决为是证明的证明,那么它们就陷入循环论证了。

172 塞克斯都《皮浪学说概要》i.165-172　在以分歧为基础的模式中,我们发现,关于所提出的对象,无论在日常生活中间还是在哲学家中间都产生了无休止的分歧。因为这种分歧,我们既不能接受也不能拒绝任何东西,从而以中止判断而告终。

在以无穷后退为基础的模式中,我们说,那用来给予所提出的对象以可信性的东西需要另外某个可信性的来源,如此往复,以至于无穷,因此,当我们没有任何起点来确立一个论证时,悬疑就随之而来。

在来自相对性的模式中,主题以这样那样的方式相对于作判断的人和与它一道被观察到的东西而显现,但是关于它是如何相对于其自身的性质的,我们中止判断。

来自假设的模式是,每当独断论者被逼入无穷后退后,他们就从一个尚未确立但认为它适于大胆而无须证明地予以承认的起点开始。

循环模式的发生是因为,那应当比被探究事物本身更可靠的东西都需要从被探究的事物那里获得可信性;当它发生时,我们不能把其中任何一个作为基础来确立另一个,从而我们对两者都中止判断了……

[171] 如果他们说纷争可由感觉对象来解决,那么,既然我们最初的探究是关于感觉对象的,我们所诉诸的东西就将需要第二个东西来使它变得可信。而如果第二个东西是可感觉的,那么它还将需要另一个来使它变得可信,如此以至无穷,如果感觉对象需要由理智对象来确立,那么,既然理智对象也是有分歧的东西,理智对象还将需要被判断和确立为可信的。那么什么东西将使它变得可信呢?如果是一个理智对象使它变得可信,那我们就一如既往地陷入无穷后退。如果是一个感觉对象

使它变得可信，那么，既然我们拿一个理智对象来使一个感觉
109 对象变得可信，又拿一个感觉对象来使一个理智对象变得可信，循环模式就被引进来了。

作为一个怀疑主义者而活着

173 怀疑主义的结论令人不安吗？按照怀疑主义者的观点，我们之所以抵制怀疑主义，是因为我们误解了它的后果。当我们面对怀疑主义的论证时，我们担心放弃我们已有的观点。但假如我们确信冲突着的各种现象的等值性，那么我们将不再急切地寻求一种在它们中间做出选择的方式。我们将就它们的真理性中止判断。这种中止判断（*epochê*）不是一种审慎的抉择；它只是无力肯定冲突着的信念中的任何一边的结果。(60)

按照怀疑主义的观点，这种中止判断导致心"无纷扰"（*ataraxia*, absence of disturbance, tranquillity，安宁），因为我们不再急切地探究冲突着的现象中何者是正确的。这种心无纷扰比独断论者的焦虑更可取。一旦怀疑主义者达到悬置其信念的状态，他就不想要离开它，因为他将它视为其心无纷扰之源。

怀疑主义的探究使我们习惯性地优柔寡断吗？我们还会有能力断定感觉是否可靠或擦火柴是否会生火或我们是否应该让无辜的受害者遭受痛苦吗？难道这是个受欢迎的结果吗？那么，我们应当首先避免怀疑主义的追问吗？怀疑主义者很难回答说，我们应该追问怀疑主义式的问题，无论结果如何，因为这种主张本身受制于从冲突着的现象出发的论证。

---

(60) 这是 175 中阿佩勒斯故事的要点。

怀疑主义者同意说，他们不可能为相互冲突的现象的任何一方找到任何证明；在这个意义上，他们是优柔寡断的。但是，他们否认他们在任何实践中也是习惯性地优柔寡断的；因为他们对于做什么毫无疑问。他们中的某些现象比其他人的更加有力，尽管并不因此而更加合理；而这些有力的现象使我们强烈地倾向于一种行为过程而非其他。即使我不能证明如果我把手放到火上那么这火就会烧着我，或者折磨这个无辜的人是错误的，我仍然会强烈地倾向于避开火，停止折磨这个人。

正因为如此，塞克斯都拒绝柏拉图所谓的怀疑主义导致冷漠与不道德的主张（152）。他让我们相信怀疑主义者遵从其社会的习俗道德，将从事一种职业，并且也会以其他方式正常地生活。我们不要由于恐惧怀疑主义会颠覆我们的生活方式而依附于独断论；因为这种恐惧毫无根据。

塞克斯都对怀疑主义观点的辩护（174-175）值得与休谟的辩护（176）作比较。与塞克斯都不同，休谟同意说，如果怀疑主义的中止判断受到认真对待，那么它的确会阻止我们以正常的方式生活。除此之外，我们无须恐惧怀疑主义，因为我们在日常生活过程中不可能真正严格地中止判断，从而我们忽视怀疑主义论证的各种蕴含。当我们考虑答复怀疑主义时，我们将再次关注这些有关怀疑主义之蕴含的不同观点（297-299）。

174 塞克斯都《波浪主义纲要》i.12 我们说导致怀疑主义道路的根源是对达到心无纷扰的希望。某些天赋很高的人，被事物中的矛盾弄得心神不宁，为应该接受哪一方面烦恼。由此，他们转而探究事物中什么是真的，什么是假的；他们以为通过确定这一点就会达到心无纷扰。但是，怀疑主义体系的主要根源是每个论证都与一个对等的论证对立；这么做的结果是，我们似乎最终不再独断化。

175 塞克斯都《皮浪学说概要》i.23–30　盯住现象，那么，我们的生活无须信念却从属于日常生活的惯例戒律，因为我们无法完全迟钝懒散。这种属于日常生活的惯例戒律似乎会有四个部分。一部分在于自然之指引，一部分在于感受（affections）[61]之必然性，一部分在于法律和习惯的传统，第四部分在于技艺之教导。自然之指引使我们自然地具有感觉和思想能力。感受之必然性使我们饥食渴饮。习惯与法律之传统使我们继承"虔敬的行为是好的，不虔敬的行为是坏的"作为日常生活的一部分。[62]技艺之教导使我们不对我们所继承的一切迟钝懒散。现在我们不用信念而说明这一切……

[25] 怀疑主义者的目标是在信念的事情上心无纷扰，在必然发生的事情上心平气和。[63]因为怀疑主义者哲学探究的初始目的是就各种现象获得一种判断并把握何者为真、何者为假，从而以这种方式达到心无纷扰。但是，他陷入等值信念间的分歧，无力获得一种判断，因此他就中止判断。一旦他中止判断，信念事情上的心无纷扰就随运气而来。因为任何相信事物的好坏由自然决定的人得不到片刻的安宁。当他不能得到他信以为美好的东西时，他就以为他受到了自然生成的坏的东西的折磨，并且追求他自以为好的东西，然而，当他得到它们时，他却因为其不理性的和过度的兴奋而陷入更大的纷扰。担心境遇发生变化，他竭尽全力避免失去他信以为好的东西。相反，对于由自然而或好或坏的事物不做任何裁定的人，就既不奋力躲避也

---

[61] 或"feelings"或"passions"（*pathē*）：参见 526。
[62] 译文不确定。
[63] 心平气和：528。

不追求任何东西,这就是他心无纷扰的原因。

因此,怀疑主义者都遇到过与据说是画家阿佩勒斯的经历相同的事情。传说阿佩勒斯在画一匹马,他想在画里再现马的涎沫,但他是如此失败,以致他放弃了并且把他常用来擦洗画刷的海绵扔到画上。当海绵击中画作时,它产生了马的涎沫的模样。怀疑主义者最初也是希望通过对所思所感的事物的分歧获得一种判断而达到心无纷扰。当他们做不到这一点时,他们就中止判断;而一旦他们中止判断,他们就发现心无纷扰就随运气而来(人们可能这么说),如影随形。

请注意,我们并不认为怀疑主义者在所有方面都无烦扰。我们说他被必然发生的事物所烦扰;因为我们显然承认他有时冷和渴,并具有所有其他诸如此类的感受。但在这些情形中,普通人为两种境遇所困扰——他们自己的感受以及他们相信这些境遇是自然地坏的。相反,怀疑主义者摆脱了"所有这些事情都是自然地坏的"这种附加信念,从而甚至在这里也以一种较为温和的感受而幸免。正因为如此,我们说,在信念的事情上,怀疑主义者的目的是心无纷扰,在必然发生的事情上,是温和的感受。

176 休谟《人类理智探究》xii.1　但是,皮浪主义者[64]不能指望他的哲学会对心灵有任何持久的影响,如果它有,其影响对于社会是有益的。相反,他必定承认——如果他将承认任何东西——人生必将消逝是他的普通坚定的原则。一切言语、一切行为都会立即停止,人保持一种毫无生气的状态,直到不令人满意的自然的必然性终结他们的可悲的存在。这是真的;注定的事情丝毫不必恐惧。自然始终是一个过于强大的原则。

---

[64] 皮浪:25-27。

5 知识、信念与理念：苏格拉底和柏拉图

苏格拉底的信条

|177| 我们在第 4 章中看到有一种解释把苏格拉底变成了一个怀疑主义者，或至少认为他的探究应当把他引向一种怀疑主义的结论。现在我们可以转向苏格拉底的反怀疑主义的方面。

苏格拉底相信他应当正义地行动，而（例如）在逮捕无辜者时提供合作将是非正义的（540），他还宣称有理由支持这些道德信条（453-454）。他与拉凯斯、欧绪弗洛和美诺的讨论给予他这些理由。关于美德的讨论并不单纯破坏对话者的观点；它们也支持关于所讨论的美德的各种积极主张。例如，讨论的参与者都同意勇敢是在一种比拉凯斯所允许的更为宽广的环境中被展现出来的，虔敬不同于诸神所爱的东西；美德在所有人当中都是同一的，并要求正义与节制（144-145，148，181，586）。

苏格拉底的结论并非全都不容置疑。在《普罗泰戈拉篇》中，他捍卫一种悖论式的观点，即，我们不可能相信一种行为过程比另一种更好，却选择我们看似以为较坏的那种（435-436）。而且，他的某些信条既具悖论性又具进攻性，从而冒犯了绝大多数人。他用论证为这些信条辩护；例如，他相信大多数人错误地以为以恶报恶是对的，他反驳了这种观点（454）。

这些态度将苏格拉底与怀疑主义区别开来。他并不认为相互冲

突的现象是等值的。不同的人关于正义的观点相互冲突；但苏格拉底声称有很好的理由接受他的正义概念，即便大多数人不会认同它（540）。他也不对道德主张的真理性中止判断；他肯定他所践行的信条的真理性。

肯定性观点的这些表达仅表明苏格拉底不是个一致的怀疑主义者吗？我们可能反驳说，它们与他的无知的声明不一致，而且他在一既定问题上宣称无知就意味着他对那个问题持怀疑主义式的中止判断。苏格拉底不同意；他解释为什么他的无知的声明并不导致中止判断。他告诉卡利克勒斯（178），他用铁一般坚实的论证证明了他的结论，而他并不知道它是真的。他暗示他的信条基于某种程度的合理辩护，但这程度并不构成知识。

什么是苏格拉底自称不具备的那种知识呢？他以各种技艺为参照区分了知识与真信念。他宣称修辞术不是一门真正的"技艺"（*technē*, craft, expertise），因为它不能对它的所作所为给予一种理论解释，也不能说明为什么为其之所是最好的。在假定技艺展现对各种理由或原因的明确理解与把握时，苏格拉底依赖于技艺与单纯经验性手艺或技巧之间的传统区分（105-106）；他把这种区分应用于道德与政治知识。

---

178 柏拉图《高尔吉亚篇》508E-509B[①]　这些结论已在前面的讨论中如我所说的那样呈现。而现在，如果我可以说得直白一点，它们被铁一般强硬的论证固定和束缚住了，至少目前看起来是这样。除非你或某个更加大胆的人解开它们，否则不可能不同意我说的是对的。因为我所说的始终如一，连我自己也

---

① 上接 496。

不知道这一切何以如此这般,但我也从未遇到过任何人和你们一样对此能有不同意见却不荒谬的。因此,我重申,这些结论就是这样的。如果它们就是这样的,那么不义对于行不义的人来说就是最大的恶,而且,甚至还有一种比这最大的恶更大的恶——如果这是可能的话——亦即,行不义而又不遭受正义的惩罚。在那种情况下,人们需要何种辩护以避免真正的荒谬?不就是那种能避免最大伤害的辩护吗?

179 柏拉图《高尔吉亚篇》464B-465A 灵魂与身体,是两种东西,有两门技艺与它们对应。归于灵魂的技艺我称为政治技艺。② 归于身体的技艺我不知道任何单一的名称。尽管这门照料身体的技艺是统一的,但我说它有两个部分,其一是体操,另一是医术。政治技艺有一部分是立法技艺,对应于体操,恰如正义的技艺③ 对应于医术……现在,有这四门技艺,其中两门归于身体,两门归于灵魂,着眼于最好来提供照料;而谄媚之术,④ 知道或毋宁猜到这一区分,也把自己划分为它们的假冒者或伪装者。它带着它们中的这门或那门技艺的假象,装作是它所假冒的技艺。它丝毫不关心最好,但无时不用取悦人的东西欺骗其愚蠢的受害者,从而看起来却具有最高的价值。烹饪术把自己装扮成医术,装作知道什么食物对身体最好;因此,如果医生和厨师必须在孩子面前,或者在理解力与孩子相当的成人面前,就他们中谁最好地理解好的或坏的食物进行比赛,那么医生会饿死。我称此为谄媚之术,一种可耻的东西……因为它仅猜测什么东西取悦人而不管什么是最好的。我不把它称为

---

② 政治技艺:434,547-548。

③ 亦即司法技艺。

④ 谄媚之术:152,399。

技艺，而是称为伎俩，因为它不能对它应用于某一主体[5]的东西给出一种合理解释。我不把任何不合理的东西称为技艺。[6]

一个关于探究的疑难

180 苏格拉底强调他有理由辩护他对诸如他在《克里同篇》和《高尔吉亚篇》里达到的那些肯定性结论的信赖。但我们还是会怀疑他的反诘法是否能够提供这样的理由。《美诺篇》表达了某些这样的疑问并试图回答它们。

对话从美诺追问苏格拉底美德是否可教开始。苏格拉底答复说，除非我们知道美德是什么，否则我们不可能知道这个问题的答案，于是他提出他的为人所熟悉的"它是什么？"问题。他从美诺那里引出了某些关于美德的假设，这些假设破坏了美诺所提出的解释。美诺惊讶于难以回答苏格拉底的问题。

困难源自苏格拉底的可接受的答案的标准。他想要的不只是一种对所有美德为真的描述；他还想要确认那种能解释它们之为美德的性质；这是被亚里士多德描述为形式因的那种解释（98）。在《欧绪弗洛篇》中苏格拉底批判了虔敬之为诸神所爱者的解释，理由是，它没有抓住真实地说明何以虔诚的事物是虔敬的那种性质（586）。类似地，他问及美诺使得一切美德成为美德的那种特征，或者它们"因为它"而全都是美德的那种东西。

一旦我们理解了苏格拉底的目标，我们可能觉得奇怪，他怎么可能用他的方法达到它。通过表明美诺的提议与美诺所接受的其

---

[5] 例如，病人。
[6] 下接546。

他假设相互冲突,他驳斥了美诺的提议。但假如苏格拉底并不知道这些假设是真的,那么依赖于它们又如何确保我们是向着发现美德是什么而前进呢?假如苏格拉底真的如他所自称的那般无知,那么他寻求这些问题的答案有任何意义吗?在反复努力回答苏格拉底的问题但显然毫无结果之后,美诺抗议说,苏格拉底只会攻击别人的观点,却拿不出任何观点来取而代之。当他承认他没有任何关于美德的知识以开始探究时,探究美德对于他是无意义的(182)。苏格拉底承认美诺提出了一个关于探究的合法疑难(通常称为"美诺悖论")。如果我们并不知道我们在探究什么,那么探究似乎是不可能的;如果我们知道,那么它似乎是无意义的。

181 柏拉图《美诺篇》70A-72D　美诺:苏格拉底,你能告诉我美德是可教的吗?抑或它是不可教的,只能通过实践来获得?抑或,它既非由实践也非由学习来获得,而是以另外某种方式为人所得?……[71B]苏格拉底:我自责对于美德一无所知。而当我不知道某东西是什么时,我怎么可能知道它是何种东西呢?难道你认为某人根本不知道美诺是谁,却知道他是俊美的、富裕的和出身高贵的?你认为这可能吗?——不可能。可是苏格拉底啊,你真的连美德是什么都不知道吗?关于你,这就是我们要回去报告给大家的吗?——不仅于此;你还可以告诉大家,我相信,我还从未遇到过任何人曾知道……[71E]——你的问题不难回答,苏格拉底。⑦先拿男人的美德来说。男人的美德就是要知道如何管理城邦,在管理城邦时做有利于朋友、不利于敌人的事情,而且确保对他自己不会有任何伤害。而女人的美德,

---

⑦　美诺的信条:参见 463。

如果你也想知道的话，也容易描述。她须管好家务，照看家产，并服从她的丈夫。对于儿童，男的和女的，有不同的美德，而对于老人，我跟你讲，的确也有不同的美德，一种属于自由人，一种属于奴隶。还有许多其他美德，因此不难说美德是什么；我们中每一种行业、每一个年纪、每一种活动都相应地有不同的美德。而且，苏格拉底啊，我认为恶行也是如此。——我是何等幸运啊，美诺！当我追问一个美德时，你却呈现给我你留存的一大窝美德。就让我们以蜂窝来类比吧。我问你那使蜜蜂之为蜜蜂的是什么，⑧你却回答说它们有很多且各不相同。那么我们再问你："你是说，蜜蜂之为蜜蜂，有很多且各不相同？还是说，它们并非在这一方面不同，而仅在其他方面，诸如美、大小或其他这类东西上不同？"你会怎么回答我呢？——我会说，蜜蜂之为蜜蜂，它们彼此并没有不同。——假如我接着我问："美诺，那么请告诉我：它们彼此并无差异而全都同一的那个方面。——你说那是什么？"你能回答的了吗？——是的，我能。——那么，相似地，美德，无论它们可能如何多种多样，它们全都具有同一个理念，正是因为它，它们才是美德。任何回答"美德是什么？"这个问题的人显然都应专注于此。

182 柏拉图《美诺篇》79E-80E　苏格拉底：……从头再来，回答我的问题。你们说，美德是什么？美诺：苏格拉底，甚至在见到你之前，他们就告诉我你让你自己和其他人都对平白的道理困惑。⑨而现在，在我看来，你在我身上施行魔法和巫术，把我置于你的魔咒之下，直到我充满困惑。如果可以开个玩笑的话，我觉得你不仅长得像海里的扁刺鳐，而且在其他方面也很

---

⑧ 字面意思是，"关于蜜蜂的本质（ousia, essence）"。关于 ousia，见 **193** 注释，227。
⑨ *aporein*；36，142，169，188。

像。每当有人靠近并触摸它,它就会使他麻木;而这恰恰就是你现在对我所做的。因为我的心灵和嘴唇都麻木了,我不能给你任何答案。然而,我已经谈论美德数百次了,并且经常在大量听众面前滔滔不绝地谈论这个主题,而且我也认为谈得非常好。但现在我都完全无法说清它是什么了。在我看来,你不离开雅典去异邦生活是极为正确的。如果你在另一个城邦作为一个异邦人这样做,你很可能会作为一个巫师而被逮捕。……

[80C] 苏格拉底:如果刺鳐只是通过麻木自身来麻木别人,那么我喜欢它,反之则不然。不是我无困惑,却让别人困惑。事实是,我以使自己困惑的方式让他们困惑。现在美德也是如此;我不知道它是什么。也许你在接触我之前知道,但现在看来你好像并不知道。不过,我已经准备好和你一起考察和探究它是什么。——但是,苏格拉底啊,当你根本不知道它是什么的时候,你怎么去探究它呢?在那些你不知道的事物中,你打算提出何种东西进行探究?即使你遇到它,你怎么知道这正是你所不曾知道的东西?——我知道你的意思。你是否意识到你所提出的是一个极有争议的⑩论证,即一个人既不能探究他所知道的,也不能探究他所不知道的?他不会去探究他所知道的东西,因为他知道它,他不需要去探究他所不知道的东西,因为在这种情况下,他甚至不知道他要探究什么。⑪

---

⑩ *eristikos*:参见 75,184。
⑪ 下接 184。

回忆与探究

183 苏格拉底分三步答复美诺悖论:

(1) 根据一个由"男女祭司们"告诉他的故事,我们的灵魂是不死的;并且在它们无肉体地存在时具有知识。一切学习仅仅是一个回忆我们先前存在中所曾知的东西的过程。

(2) 苏格拉底向一个从未被教过几何学的奴隶提出了一系列几何学问题。他给奴隶画了一个正方形,问他那具有第一个正方形面积的一倍面积的第二个正方形的边长。这奴隶起先回答说第二个正方形的边长必定是第一个正方形的边长的一倍。但他逐渐明白这个答案是错误的,他意识到第二个正方形的一条边必等于第一个正方形的对角线。

(3) 苏格拉底从奴隶的回答推论说,我们能够建构性地从事探究并推进我们的信念,即使我们缺乏知识,且即使我们未被告知答案,也必须自为地将它们挖掘出来。

在第二步上,苏格拉底向一个以前没学过几何学的奴隶提出几何学的问题,以便表明我们有能力自为地探究并发现真理。因此他想要排除他只是告诉这奴隶答案这一明显的可能性。他声称他并未"教"这奴隶;意思是他没有传授新的信息。如果我们想要知道(例如)亚洲各国的首都或者斯图亚特或卡佩王朝国王与王后们的名字与年代,那么我们需要新的信息。但这奴隶并不为了在几何学课程中获得正确答案而需要被给予新的信息。

苏格拉底回答美诺的这三个步骤是相互关联的。第一步中出生前的知识的假设旨在说明我们在未被给予新信息时探究的成功,我们之所以在未被给予新信息时也有进展,仅因为苏格拉底的追问引导我们回忆我们曾经知道却已忘记了的东西。但是,即使苏格拉底强调这三步之间的这种关联,他还是谨慎的。因为他表示他更确信他对成功探究之可能性的辩护而非他的与回忆相关的成功的解释。

如果与奴隶的讨论意在回应美诺对探究的反驳,那么它就应当表明或指出苏格拉底如何能够像他所声称的那样获得可信的肯定性结论(187)。尽管苏格拉底提出引导性的问题并做出种种暗示,但是这奴隶并不简单重复他被告知的东西;他借助于别的信念挖掘出对他看似合理的东西。苏格拉底认定他和他的其他对话者能做同样的事情,对于探究的主题,我们所具有的或然的信念足以给予我们某个出发点,而且,当我们必须在我们先前的信念中做取舍时,我们能够分选出更为要紧的信念。我们具有相互冲突的信念,这一发现既不受欢迎也令人不安(188),但有助于我们通过进一步的反思改善我们的信念。

苏格拉底的探究向我们表明了那些在某种意义上我们一直相信的东西。他告诉波卢斯,波卢斯与他所拒斥的苏格拉底的富有争议的观点,并无分歧(187)。波卢斯隐然接受苏格拉底的结论所从出的前提,但他尚未意识到他已委身于苏格拉底的结论。相似地,当欧绪弗洛反省时,他意识到他一直都相信,承认诸神因为虔敬的而喜爱它,比强调虔敬就是诸神所喜爱的东西的观点更为重要(586)。当卡利克勒斯反省时,他意识到他一直都相信,他最在乎的是把强人描述为勇敢和果断的;他更应该强调这一点而非强调他的快乐主义观点(389,392-393)。苏格拉底的对话者对于他一直相信的某事物的各种蕴含,直到他能够决定他是否仍要接受它时才会考虑。

某些古代作家甚至认为,柏拉图之所以选择对话的形式,是因为它最能表现苏格拉底的探究和辩证法的进展(189-191)。苏格拉底的追问致使对话者转向其自身并自为地找出答案(191)。无怪乎柏拉图把探究比作对我们先前知道的某东西的回忆。即使我们不同意柏拉图进一步主张探究其实就是回忆,我们也会发现这一比较富有启发性。

在《美诺篇》中,柏拉图并未提出探究就是对出生前的知识的回忆的主张。他不认为这一主张对于解决美诺悖论是必要的;悖论的解决是通过表明,我们具有建构性探究的能力,而不管这种能力是否由出生前的知识来予以解释。但在其他对话中,他诉诸出生前的知识的实在性来支持他的灵魂不死的信念(205,329)。

《美诺篇》中奴隶与苏格拉底的讨论并没有导致知识,而仅带来了真信念。柏拉图暗示这同一探究过程的继续就是通向知识的途径。苏格拉底的探究最终将产生作为知识之特征的稳定性与"关于理由(或原因)的推理"(104,107)。

184 柏拉图《美诺篇》81A–E[12]　美诺:好吧,你认为这是一个好的论证吗?[13]苏格拉底:不。——你能说说它是怎么失败的吗?——我能。这是我从那些对神圣事物有智慧的男人和女人们那里听来的。——他们给出了什么解释?——一个真实而美好的解释,我认为……我会告诉你他们说了什么;看看你是否认为他们说的东西是真的。他们说人的灵魂是不朽的。在一个时间它到达了一个终点,叫作死亡,而在另一个时间它又重生了,它永远不会被毁灭……因此灵魂,既然它是不朽的,并且已经出生了很多次,在这里和另一个世界看到了所有的东西,已经学会了一切存在的东西。所以,它能回忆起美德或它以前知道的任何其他东西,我们无须惊讶。因为所有自然的东西都

---

[12]　上接182。

[13]　反驳探究之可能性的论证。

是同种类的,并且灵魂已经学得了一切,所以只要一个人回忆起一样东西——亦即人们所谓学得一样东西——那么,就没有什么可以阻止他发现其余的东西,如果他是勇敢的且不懈于探究;因为探究和学习其实无非就是回忆。那么,我们不应该被有争议的论证⑭引入歧途;因为它会使我们懒惰,使弱者愉悦。但目前的论证却使我们积极并渴望探究。既然我相信它是真的,我就准备在你的帮助下,去探究美德是什么。

185 柏拉图《美诺篇》84A-D 苏格拉底:美诺啊,你注意到他在回忆的道路上走了多远吗?一开始,他并不知道八英尺正方形的边。当然,他现在也不知道。但那时他以为他知道了,于是在自以为知道的前提下,他自信地回答了;他不认为自己有任何困惑。然而,现在,他觉得自己很困惑。他不仅不知道,而且他也不认为他知道。——对极了。——对于他不知道的事情他现在不是更好了吗?——这我也承认。——所以,像刺鳐般迷惑他和麻木他,我们对他有任何伤害吗?——我不这么认为。——事实上,我们在一定程度上帮助他发现了事情的真相。现在,既然他不知道,那么他就会乐意去探究。在过去,他认为他可以在许多场合和大量听众面前,就一个两倍面积的正方形〈一个给定正方形的大小〉,轻松而出色地发言,强调它必有两倍长的边。——毫无疑问。——那么,在意识到自己的无知而陷入困惑之前,以及在第一次渴望去认识之前,你认为他本会试图探究或学习他认为自己知道的东西吗,尽管他不知道?——不会。——那么,使他麻木对他有好处?——我同意。——现在请注意,如果他从这种困惑开始,和我一起探究,而我只是问他问题而不教他,他实际上会发现什么。注意看我

---

⑭ 同上反驳探究之可能性的论证。"有争议的":**182** 注释。

是教还是讲,而不是简单地就他自己的信念审问他。

186 柏拉图《美诺篇》85B-86C　苏格拉底:你怎么想的,美诺?他有没有用任何不属于他自己的信念来回答?——没有,都是他的。——但是,他不知道,如我们之前同意的那样。——是的。——但是这些信念都在他心里,不是吗?——是的。所以一个不知道的人对他不知道的事情有真信念吗?——看起来是这样。——现在,这些信念,被重新唤起,就像一场梦。但是,如果有人在很多场合、以不同的方式问他同样的问题,你会看到,他最终会对这些事情有着和任何人一样精确的知识。——看起来是这样。——这种知识将来自提问而非来自教授。他会从他自己恢复起它来。——对。——由他自己恢复在他自己中的知识就是回忆,不是吗?——是的。——那么,或者他在某个时候获得了他在这个时候[15]〈当他回忆起时〉所拥有的知识,或者他一直都拥有它。如果他一直拥有它,那么他总是处于知道的状态。但是,如果他是在以前的某个时候获得它的,那么,除非有人教过他几何学,否则今生不可能有。所有几何知识和所有其他主题,对于他,概莫能外。有人教过他这一切吗?你应该知道的,尤其是因为他是在你家里出生长大的。——是的,我知道从来没有人教过他。——他有这些信念,或者没有?——我们似乎无法否认。——那么,如果他不曾在今生获得这些信念,岂不是很清楚他拥有它们,并且是在其他某个时期学得它们的吗?——好像是这样。——是不是在他还不是人的时候?——是的。——如果说,无论在他是人还是在他不是人的时候,他都有真信念,被提问所唤醒,成为知识的一部分,那么,我们可以说他

---

[15]　或"现在"。

的灵魂一直处于学得的状态吗？显然，在整个时间里，他总是或者是人，或者不是人。——显然。——如果关于实在的真理总是在灵魂里，那么灵魂必是不朽的，而你必定有信心，并着手去探究和回忆你实际上不知道的东西，或者换句话说，你此刻不记得的东西。——无论如何，我相信你是对的，苏格拉底。——我也这么看，美诺。我不坚持我的论证在其他各点上都是对的，但我将不惜一切代价，无论言行，尽我所能地主张，如果我们认为我们必须探究我们所不知道的东西，较之如果我们相信我们不能发现我们所不知道的东西就不该去探究它们，我们将变得更好、更勇敢、更少懈怠。⑯

187 柏拉图《高尔吉亚篇》473E–474B　苏格拉底：这是什么？你在笑吗，波卢斯？好，这是一种新的反诘；⑰ 每当任何人说任何东西，你不反驳它，却嘲笑他。波卢斯：不过，苏格拉底，当你说那种没有人会说的东西的时候，你不觉得你已经被完全驳倒了吗？问问同伴们。——波卢斯啊，我不是政治家。事实上，去年我被抽签选入议事会，我的部族正在担任理事长，⑱ 而我不得不把一个问题付诸投票表决。当我不知道怎么做时，引得哄堂大笑。所以现在不要让我把这个问题交给眼前的伙伴们表决。不；如果，如我所说，你的反驳不比数目更有力，就照我现在的建议去做。那就先轮到我吧；对我认为必要的那种反驳进行审查。因为我知道怎样为我所说的话的真实性做唯一的见证——就是我正与之辩论的那个人，无论他是谁；但我忽略多数人。我知道如何把这个问题交给这一个人来投票表决，但

---

⑯ 亚里士多德对回忆的评论，见 274。

⑰ Elenchos，见 142 的注释。

⑱ 理事长：531，540。

我甚至不和多人讨论。那么，看看你们是否愿意轮流接受审查，回答我的问题。因为我当然认为，我、你和任何其他人都真的相信，行不义比遭受不义更坏，而不受惩罚比受惩罚更坏。——但我认为我和任何其他人都不相信。例如，你本人会选择遭受不义而非行不义吗？——是的，你和所有其他人都会如此。——恰恰相反；无论你，还是我，还是任何其他人，都不会。[19]

188 柏拉图《智者》230B–D　爱利亚访客：他们[20]审问一个认为自己在说什么，但其实什么也没说的人。他们发现审查他的信念很容易，因为它们是如此混乱。他们通过提问收集他的信念，把它们并排放置。然后他们表明，这些信念，在相同的事情上、相对于相同的事情、在相同的方面，相互矛盾。[21]那些看到这一点的人对自己很苛刻，但对他人却变得温和，这样就完全摆脱了巨大的错误和僵化的信念，以一种最能取悦听者的方式，为受审查者带来最持久的好处。医生认为，除非有人清除了病人体内的障碍物，否则进食对身体没有好处。相似地，灵魂的净化者意识到，要使灵魂从任何一门学问的应用中得到任何好处，必须有人驳斥这个人，当他被驳斥时，使他感到羞愧，并且，通过消除那些阻碍学习的信念，净化他，使他认识到他仅知道他所知道的东西，再无其他。

189 佚名《柏拉图哲学导论》V.209.29–36　柏拉图之所以采用

---

[19] 下接 493，455。
[20] "他们"是"高贵的智者"。这篇对话关注于确认智者（参见 8）。在讨论的过程中，爱利亚访客描述那些容易被混淆为智者但其实极为不同的人。这些人是"高贵的"智者；他们践行的是明显的苏格拉底方法。
[21] 这就导致"困惑"的状态。*aporia*：**182** 注释。

对话形式，是因为它模仿了辩证法。㉒ 因为，恰如辩证法是通过问和答进行的，同样，对话是由人物提问和回答组成的。现在，辩证法迫使灵魂显示它所经历的劳作；因为，根据柏拉图的说法，灵魂就像一块没写任何东西的写字板。相似地，为了对话能使读者同意所说的东西，柏拉图就使用了这种文体类型。

190 第欧根尼·拉尔修《名哲言行录》iii.48　对话是一种由问和答组成的话语，㉓ 涉及一些哲学或政治问题，适当地再现被刻画人物的品格和适当的表达形式。辩证法是一种话语技艺，由此我们通过讨论的参与者的提问和回答来驳斥或确立某种东西。

191 普罗克鲁斯《〈阿尔西比亚德前篇〉评注》170.11–171.1㉔　辩证法的提问最能激发一个人的研究能力，因为它通过让听者专注于问题并转向他自身，㉕ 而说服听者自己去寻找适当的答案。它极有助于回忆；因为一个人在自身中发现真理，自己断言它，转向自己，从而在自身中看到已知的东西，这一事实真正揭示了学习活动就是回忆活动。

语言与实在

192《美诺篇》中对"根由"或"原因"（aitia）的要求与苏格拉底的美德探究相关。他要求正义、虔敬等的单一"理念"（eidos）或"特

㉒　辩证法：142。

㉓　逻各斯（logos）：见 113 的注释。

㉔　这是从关于柏拉图问答法的优点的一系列观点的摘录。关于《阿尔西比亚德前篇》，参见 321。

㉕　转向自身：217。

征"（idea）在所有其实例中都出现。对这种理念的解释将给予我们知识而非单纯信念，因为我们能把它作为一个"范型"（paradeigma），用来说明为什么一个特殊的行为或个人是正义的或虔敬的（144，181）。《美诺篇》为无须先在知识的建构性探究的可能性辩护；但如果不存在苏格拉底所寻求的那种解释性理念的话，探究仍有可能被误导。

柏拉图力证，相信理念就避免了一种有关我们的信念与信念所关的实在之间的关系的普罗泰戈拉主义观点（参见 156）。《克拉底鲁篇》讨论了一种关于"名称之正确性"的普罗泰戈拉主义观点。普罗泰戈拉的捍卫者赫谟根尼将关于名称之正确性的问题与关于自然和习俗的论题相结合（参见 125）。他强调唯有习俗惯例决定我们用名称命名事物的正确性；正确地应用这个名称而非那个名称与事物本身的自然本性毫无关系。

从变化出发的论证使得一种关于名称之正确性的约定主义解释看似很有道理，因为不同的人显然使用着看似同等正确的不同名称。我们使用我们在英语或德语中的语词来指称这个东西而非那个东西，似乎应该是习俗惯例的事情。例如，并非任何关于"dog"或"Hund"的东西使得这个正确的语词适用于狗，它之所以在英语中是正确的，而在德语中不正确，只因为英语与德语的习惯。

但是，在柏拉图看来，这一有关习俗的主张并不支持普罗泰戈拉的更为宽泛的约定主义结论。尽管"dog"或"Hund"是不是狗的名称，其中哪个是否比另一个更正确，可能是习俗的事情，但（苏格拉底主张）"dog"或"Hund"是否命名一个真正的物种却不是习惯的事情。在柏拉图看来，如果我们称为"dog"的东西构成了一个其自然本性由苏格拉底的问题"dog 是什么？"的答案所标明的真正物种，那么"dog"是个正确的名称。这样的答案的客观真理性和它们所指称的物种的客观实在性排除了普罗泰戈拉主义的真理与实在观点。

193 柏拉图《克拉底鲁篇》385D-386E　赫谟根尼：……苏格拉底啊，我找不到任何异于这个的名称正确性，我用我已设定的单一名称来称呼一个东西，而你用你已设定的另一个名称来称呼它。相似地，我看到，在不同的城邦，相同的东西有不同的名称；希腊人在其名称的使用上不同于异邦人，甚至希腊人和希腊人也不同。苏格拉底：但是，赫谟根尼啊，难道你会说事物的名称不同，事物也就不同吗？就像普罗泰戈拉常说的那样，它们的本性㉖都是为每个人所私有的吗？因为他说，人是万物的尺度，事物对我显现为是什么，它们对于我就是什么，对你显现为是什么，它们对于你就是什么。在你看来㉗是这样吗，抑或，事物在你看来具有某种存在的稳定性？——苏格拉底啊，有那么几次我深感困惑，以至于走到普罗泰戈拉的方向上去了，尽管在我看来这并不完全正确。——那么，你是否曾走得如此之远，以至于在你看来没有一个人是坏的？——肯定没有；在我看来，通常，有很坏的人，而且很多。——那么，在你看来，也有很好的人吗？——不多。——不过，他们也是看似是这样的？——是的。——你肯定这一点又意指什么呢？你不是意指很好的人也是很聪明的人，很坏的人也是很愚蠢的人吗？——在我看来是这样。——但是，如果普罗泰戈拉说的是真的，真理就是事物如其对任何人显现的那样，那么，我们中有人是有智慧的、有人是愚蠢的，还可能吗？——不可能。——我想，

㉖　或"本质"（essence），ousia。参见 181 的注释，227。
㉗　因为赫谟根尼倾向于普罗泰戈拉的立场，所以苏格拉底反驳他时不是诉诸事实是什么，而是诉诸在赫谟根尼看来事实是什么。

在你看来，如果有诸如智慧和愚蠢这样的东西，那么普罗泰戈
拉说的就根本不可能是真理。因为，如果对每个人显现的东西
都是真的，那么一个人不可能比另一个人更有智慧。——不，
不可能。——但是，如果……事物并非为每一个人所私有，那
么它们显然有某种属于其自身的稳定的本性。它们不是相对于
我们的，按照我们的现象，被我们以这样那样的方式拖来拖去；
它们按其自身就自然地与其自身的本性相关。——在我看来是
这样的，苏格拉底。㉘

理念与感觉

194《克拉底鲁篇》的这一论证表明，如果我们接受通常的信念说
某个人比另一个人更好和更智慧，那就不可能是普罗泰戈拉主义者。
在拒绝普罗泰戈拉的观点时，我们隐然承认事物具有客观的形式和
本性。但是，这些形式是什么，我们有什么理由相信它们存在——
除了不愿意成为普罗泰戈拉主义者之外？

柏拉图中期对话的一大主题是他对理念的讨论。㉙他赞成苏格拉
底承认理念是定义的对象，但（通常认为）由于他相信理念不同于
可感知的对象和属性，他超越了苏格拉底。这些理念不可能为感觉
所把握，因为可感知的事物都是不稳定的，它们必然为思想所把握。
和可感事物不同，它们既无变化也非不完满。

对柏拉图观点的这一解释反映了亚里士多德对苏格拉底和柏拉

㉘ 一个来自《克拉底鲁篇》的进一步论证见 210。
㉙ 中期对话：17-18。一般使用首字母大写的 "Forms" 来区分 "柏拉图的" 理念
（Forms，具有中期对话所归于它们的特征）和 "苏格拉底的" 形式（forms）。

图的比较(197)。他认为柏拉图受到了赫拉克利特的极端弟子克拉底鲁的影响。感性事物的极端不稳定性使柏拉图相信,如果知识是可能的,那么必须有稳定的知识对象,因此必须有不可感知的理念。

亚里士多德的解释为柏拉图在理念与可感事物间的截然二分所支持。柏拉图声称感性事物总在变化,从不稳定;这也就是理念必须处在感性世界之外的原因。但是,他有关感性事物中的变化的主张到底是什么意思?为什么他认为这种变化蕴含了知识的不变对象的存在?我们必须考虑中期对话中所陈述的某些不同的理解这种观点的方式。

195 柏拉图《斐多篇》65A–C ［苏格拉底:］关于获得智慧,我们还能再说点什么?如果在探究中允许身体作为伙伴,那它是不是障碍呢?例如,视觉和听觉对于人有任何真理性吗?抑或,是不是如诗人们常说的那样,我们既听不到也看不到任何准确的东西?然而,如果这两种身体感官都既不准确也不清晰,那么其他感官就更不可能了,因为它们都不如这两种感官。或者你不这么认为?［西米亚斯:］我也这么认为,他回答说。——那么灵魂什么时候达到真理呢?因为,如果它审查任何东西时都有身体相伴,那么它显然要被身体所欺骗。——是的。——难道不是理性思考使得某些东西对灵魂清晰了吗?——是的。——我认为,灵魂的理性思考最好的时候,是在所有这一切——视觉、听觉、痛苦或快乐——不烦惹它的时候,它尽可能地由其自身存在,远离身体,并尽可能地不与身体接触或打交道,而只以实在为目标。——必然如此。

196 柏拉图《斐多篇》66B–E ［苏格拉底:］只要我们具有身体,我们的灵魂被这种恶所污染,那么我们必然永远不会达到我们所欲求的东西，亦即真理。因为身体给我们带来无数的分心，以满足存活的需要。而且，任何攻击我们的疾病都会阻碍我们追寻实在。此外，身体使我们充满了爱、欲望、恐惧、各种各样的想象和大量的谬论愚行，以致我们永远不能在任何事情上运用理智。因为战争、冲突和战斗确实是由身体和它的欲望产生的。因为战争以获得财富为目的，如果我们是为肉体服务的奴隶，我们就不得不为肉体去攫取财富……我们已表明，如果我们要对任何事物有纯粹的知识，我们必须把自己从肉体中解放出来，用灵魂本身来观照事物本身。

197 亚里士多德《形而上学》987ª32-ᵇ10　在他年轻的时候，柏拉图最初熟悉克拉底鲁，也了解赫拉克利特的信念，即所有可感觉的事物总是流动的，从而没有任何关于它们的知识；他后来也持有这些观点。但苏格拉底却关心伦理学，根本不关心作为一个整体的自然；他探究伦理学中的共相，是第一个将其思想转向定义的人。柏拉图同意苏格拉底，但因为这种〈赫拉克利特主义观点〉，他把这些定义应用于其他东西而非可感觉的事物；因为，他认为，共同的定义不可能属于任何可感觉的事物，因为这些事物总是在变化的。他把定义所适用的那种存在者称为理念，他说，可感觉的事物与这些东西分离，并且全都是以它们的名称命名的，因为与理念同名的事物是通过分有它们而是其之所是的。

变化与感性世界

198 为了评价亚里士多德对柏拉图论证的概括，我们必须追问，柏拉图是否委身于一种有关感性世界彻底流变的赫拉克利特主义信念。

他关于变化的许多论述（199-200）并未充分表露这种立场；因为它们没有使他陷于那种认为感性事物在所有方面都是在变化的极端观点（165-8）。

不过，《泰阿泰德篇》陈述了一种激进的赫拉克利特主义流变学说（166）。如果这就是柏拉图本人的观点，那么他可能是想以如下方式为理念作论证：

(1) 极端的赫拉克利特观点，即万物持续地在所有方面变化着，是不融贯的。
(2) 感性世界中的万物都持续地在所有方面经历变化。
(3) 如果感性世界遭受这种变化，那它就是不可知的。
(4) 因此，如果知识是可能的，那就必须有不变的知识对象，理念。
(5) 知识是可能的。
(6) 因此，理念必在感性世界之外存在（203）。

我们可以推断，柏拉图相信两个分离的世界。其一（物质世界）是可变、可感而不可知的；另一（理念世界）是不变、不可感但可知的。按照这一"两个世界"学说，赫拉克利特是对的，但仅关于感性世界。另外，巴门尼德是对的，但仅关于作为不变的知识对象之非感性世界的存在（参见58）。

如果柏拉图接受了这一"两个世界"学说，他还会持一种融贯的立场吗？例如，我们可能怀疑同时接受（1）与（2）是否合理。某些古代批评者曾拿（1）与（2）来揭发柏拉图对怀疑主义观点的接受（202）。如果柏拉图想要持有（2），那他必须表明用来拒斥（1）中的无限制的极端赫拉克利特主义的理由，并不破坏（2）中的有所限制的赫拉克利特主义。我们也可能怀疑出自（3）与（4）的推论；因为，完全不稳定的某物不可知这一事实，为什么会要求我们相信完全稳定的知识对象？为什么不考虑既非完全不稳定又非完全不变化的对象？

199 柏拉图《蒂迈欧篇》49B–E30⑩　蒂迈欧：……我们看见，我们刚才称为"水"的东西，如它向我们显现的，凝聚并生成为石与土，并且这相同的水又解体并消散而生成为风与气。我们看到，气燃烧，生成为火，然后火又被凝聚和熄灭，又复归为气的形式，气再次集结和凝聚成为云和雾。当它们进一步浓缩时，我们看见它们转变成流水，而流水又复归于土与石。以这种方式，它们在一个循环圈中互相传递它们的生成，如看起来那样。如是，既然这些东西从不显现为同一的，那么，人们如何可能毫不羞愧地确然断言它们中的任何一个——无论它可能是什么——是这一个，而非别的某个东西？没人能。目前最安全的做法是以如下方式来表述它们：对于我们看到的任何持久变化的东西，例如"火"，我们必不可以称之为"那个"，相反，我们必须说，火是"在一既定时间具有这样一种性质的东西"，我们也不能称水为"那个"而是称为"在一既定时间是这样的东西"。我们必不可言及任何其他东西仿佛它们具有我们自己使用"这个"和"那个"所指称的那种稳定性；因为它们转瞬即逝，不等待任何诸如"那个"或"这个"或"这里"或其他代表其稳定性的表达式。

200 柏拉图《会饮篇》207D–208B㉛　我们说一个动物在其一生中是活着的，并且是同一的，因此，例如，他被称为从童年

---

⑩ 蒂迈欧的长篇发言占据了对话的绝大部分，这是其中一小部分。
㉛ 这是苏格拉底所报道的发言的一部分。他报道了女预言家狄奥提玛的发言。

到老年都是同一的。但整个这一生，他身上从来没有相同的东西，却仍然被称为同一个人。他总是变得很新，[32]总是失去一些东西——头发、肌肉、骨头、血液和整个身体。不仅身体如此，而且灵魂及其习惯、性情、信念、欲望、快乐、痛苦和恐惧，莫不如此；这些对我们任何一个人来说都不是始终如一的，而是有的生成，有的消逝。更令人惊讶的是，不仅不同类型的知识在不同的时间在我们身上生成和消逝，以致我们在知识方面从不是同一个人，而且某一特定类型的知识也是如此。因为我们所谓的研习意味着知识的离开；因为遗忘是知识的离开，而研习产生了一种新的记忆来代替离开的记忆，由此保存了知识，使它看起来是同一的。因为这是所有有死者得以保存的方式，不是通过在各方面都始终如一，像神那样，而是通过变老的、离开的东西让位给一个新的、却与旧的同一种类的东西。[33]

201 佚名者《〈泰阿泰德篇〉评注》70.5-26[34]　关于成长的东西的论证最早是由毕达哥拉斯提出的。柏拉图也提出了这个论证，如我们在《会饮篇》的评注中曾指出的。

202 佚名者《柏拉图哲学导论》x. 205.3-206.43　有些人试图把柏拉图推到那些中止判断的人和学园派的阵营里，声称他诱导了不可理解性[35]……[205.26]他们的第四个论点是这样的。他认为有两种认知，一种是通过感觉产生的，另一种是通过理智

---

[32] 希腊原词是双关语，既指"新的"又指"年轻的"。
[33] 201和53表明某些古代注释者认为这个段落断言可感对象并不在其构成的任何变化中持存。
[34] 参见隆（Long）和塞德利（Sedley）编《希腊化时期哲学家》28B。这个段落评论《泰阿泰德篇》152CD（158）。稍后，作者还把有关成长的论证归于爱比查姆斯；参见53。
[35] 中止判断：173。作者接着陈述并反驳了将柏拉图视为怀疑主义者的五个论证。

产生的，他说每一种认知都会出错；因此，他显然倾向于不可知论。因为，他说，我们不能准确地听到或看到任何东西，我们的感觉是错误的。再就可理知的东西而言，他说，我们的灵魂——被这种恶，亦即身体，所困住——凭理智不能把握任何东西。对于这些人，我们将回应说，当他说感觉不能把握可感对象时，他的意思是他们对可感者的本质毫无认识；因为他们把握到从感性对象本身带给它们的感受，却遗失了其本身，它们没有把握住本质[36]——例如，视觉，被白的东西所穿透，感觉到它，却遗留了其本身，它不知道白是什么，仅在为想象[37]所捕捉时才予以辨别。相似地，遗留了其自身的信念也不知道它与思想结合时所认识的东西。再者，当他说灵魂与这种恶结合在一起就不能通过理智抓住任何东西时，他并不是指所有的人，而仅仅指那些沉浸在物质中过活的人，因为他们让其灵魂受制于身体……但那些纯洁的人——他在别处称之为天堂的公民——却通过理智拥有了知识。

203 康福德，《柏拉图的知识论》，第 97 页[38]　柏拉图坚持他对感觉的分析，现在重提了。它仍然被归于那些所谓的主张流变学说的更精致的思想家。这一学说最初毫无保留地被称为适用于"万物"。柏拉图现在必须指出，如果感觉的对象（在他看来流变学说确实适用于这些对象）被视为就是"万物"，那么根本就不可能有知识这样的东西，因为我们对这些永久变化的事物所作的任何陈述不能在两个时刻都保持为真。所有的话语都将是不可能的，因为没有任何固定的、稳定的东西可以用语词来指称。

---

[36] *ousia*：181 的注释，193，227。
[37] 或"幻象"(*phantasia*)。
[38] 伦敦：劳特利奇出版公司，1935。康福德是在评论 167。

变化、理由与理念

204 柏拉图真的持有"两个世界"学说吗？对这种解释的一个反驳来自《泰阿泰德篇》本身。这篇对话中没有任何东西表明柏拉图的苏格拉底认同赫拉克利特的流变学说。相反，他引入它只为了表明赫拉克利特学说随着对普罗泰戈拉观点的接受而来。而且，通过论述相信极端流变导致一种自我驳斥的感性世界描述，他反驳了赫拉克利特的观点，从而也反驳了普罗泰戈拉的观点（167-8；参见210）。[39]

由此，我们可以把《泰阿泰德篇》置之一旁，转向中期对话中为理念所做的各种论证，看看它们是否真的依赖于极端流变，或捍卫"两个世界"学说。在考虑这些论证时，我们应当追问柏拉图将何种"变化"或"流变"归于了感性事物。在赫拉克利特以及《泰阿泰德篇》那里，一种赫拉克利特主义的变化学说可以指涉（*a*）或有限制或无限制的生成中的时间上的相继，（*b*）相反属性在同一时间的共在（50，57）。事物随时都在流失大量内容，同样的水对某些人是健康的，对另一些人是有毒的，这两个事实都被视为变化的样本。

当柏拉图在中期对话中从感性事物的流变出发论证非感性理念的存在时，他似乎诉诸共在而非时间上的相继。在他解释回忆如何开始时（205），他论证说，由于看到感性的等，使我们记起等之理念，就感性的等是既等又不等的而言，它们不同于理念。柏拉图以此意指，它们是在不同的方面既等又不等的，而非此一时它们是等的，彼一时就变得不等了。他推论说，我们不能把等本身等同于任何感性的等，因为等本身，不同于感性的等，不能是既等又不等。

---

[39] 比较 211 中欧文的解释和 203 中康福德的解释。

柏拉图关于充分理由的评论可以澄清这一论证。通过说明为什么不同的（例如）正义的事情是正义的，理念作为提供定义的诸性质被引入了；正义之理念，使所有正义的事情成为正义的（180-181）。某些性质不能是理念，因为它们不能提供正确的理由。柏拉图拒斥这样的理由，例如，"由于一个脑袋"A比B高，因为"由于一个脑袋"既可以解释A之高于B，也同样可以解释B之矮于A。要说明是什么使得A更高而非更矮，我们必须说A超过B。相似地，要说明是什么使得A等于B，我们不能借助任何特殊的性质（例如，是一尺长或一磅重），因为这既可以使事物相等，也可以使事物不等。

柏拉图使用这一简单的论点来证明一个更为重要的论点。因为他还拒斥这样的理由，例如说，这幅画因为其明亮的色彩而是美的，或这座雕像因为其均衡的形状而是美的，或这个人的行为是正义的，因为他有借有还。"由于一个脑袋"既可以解释较高也可以解释较矮，从而不能是较高的一个充分理由，同样，具有明亮的色彩有时使某物美，但有时使某物丑。因此，明亮的色彩既可以解释美，也可以解释丑，它不能是对"美是什么？"问题的充分回答。

这些针对可感性质的反驳似乎解释了柏拉图对感性事物的易变性的抱怨（206，208-209）。他关于流变和变化的评论无须表达一种认为感性对象在所有方面持续变化的激进的赫拉克利特主义信念。

205 柏拉图《斐多篇》72E-74D　[齐贝：]苏格拉底啊，此外，按照你经常提到的那个观点——学习对我们来说其实就是回忆——必然得出，我们现在回忆起的东西，我们必定在以前的某个时候学过。除非我们的灵魂在进入这个人类形体之前就存在于某个地方，否则我们不可能那样做；因此，这个论证也证明,灵魂似乎是不朽的。[西米亚斯:]这一观点是怎么证明的呢,齐贝?(西米亚斯插问。)提醒我一下,因为此刻我记不清了。——(齐贝说)一个很好的论证是,当人们以正确的方式被提问时,他们非常正确地予以回答,而除非他们曾有过某些知识和正确的推理,否则他们是做不到的。如果你给他们出示图表或任何类似的东西,他们就会给出最清楚的正确答案。[苏格拉底:]西米亚斯啊,如果你觉得那样并不让你信服,那就看看你是否同意这个观点……我想,我们都同意,如果一个人要被提醒某件事,他必须已在先前的某个时间知道它?——完全正确。——当知识以某种特殊的方式出现时,我们不也一致认为它是回忆吗?我会解释我的意思。假如说,当一个人看见、听见或以其他方式感觉到一个东西时,他不仅认识到那东西,而且还联想到另一个被另一种知识所知的东西;那么说他回忆起了他所联想到的第二个东西难道就不对了吗?……例如,某人看见马或乐器的画像就回忆起一个人,或者,某人看见西米亚斯的画像就回忆起齐贝,这是可能的吗?——完全可能。——而某人看到西米亚斯的画像就回忆起西米亚斯本人,也是可能的吧?——是的。——这一切不都表明回忆要么来自相似的东西,要么来自不相似的东西吗?——是的,是这样。——当你由相似性引起回忆时,你一定也想到,引起你回忆的东西在相似性方面是否达不到你所回忆起的东西?——是的,一定的。——那么考虑一下是不是这样的:假如我们说有诸如"等"这样的东西,不是木头等于木头、石头等于石头,诸如此类,而是某种不同的、与所有这一切都分离的东西——"等本身"。我们说有这样的东西,还是没有这样的东西呢?——当然,我们必须强调说有这样的东西。西米亚斯说。——我们知道它是什么吗?——当然知道。——我们从哪里得到关于它的知识的呢？不是从我们刚才提到的那些东西吗？我们不是从看到相等的木头、石头或其他相等的东西而想到它，它与它们不同吗？抑或它在你看来并无不同？那就还以这种方式看看吧。那些相等的木头和石头，尽管各自都是同一个东西，不是有时候对一个人显现为等的，对另一个人则显现为不等了吗？——当然。——但是，等本身曾对你显现为不等的吗，或者等性对你显现为不等性吗？——不，从不，苏格拉底。——那么这些等与等本身是不一样的。——我不认为它们是相同的，苏格拉底。——然而，正是从这些不同于那等本身的相等的事物中，你想到了它，并获得了关于它的知识？——完全正确。——那么它与它们是相似呢，还是不相似呢？——当然相似。——这不重要，苏格拉底说。只要从看到一个东西你就想到另一个，不管是相似的还是不相似的，那就一定是回忆。——没错。——那么好，他说，在我们刚才谈到的等的木头和其他东西的情形中，我们发现了什么？它们以与等本身所是的方式相同的方式对我们显现为等的吗？抑或它们达不到等本身那样的等？难道它们不是根本上就达不到吗？——是的，远远达不到，西米亚斯说。

206 柏拉图《斐多篇》78C–79A ［苏格拉底：］现在让我们回到前面讨论所考虑的事情上吧。我们在提问和回答问题时解释了其本性的那种存在者——它总是处于同一的状态，还是在不同的时间处于不同的状态？等本身，美本身，每种本性本身，⁴⁰它允许最小程度的变化吗？或者每种本性本身，本身作为一个单一的形式，总是处于同一的状态，绝不以任何方式或在任

---

⑩ 字面意思是"每个所是者本身"（each what-it-is itself）。以下都用"本性"（nature）翻译这同一个短语。

何时候允许任何改变?齐贝:它们必定总是处于同一状态,苏格拉底。齐贝回答说。——那么你会怎么说众多的事物(the many)㊶——众多的人、马、衣服或其他诸如此类的东西——众多的等或美和所有与那些(理念)同名的东西?它们总是同一的,还是与那些理念相反,它们自己或相互之间实际上从未处于同一的状态呢?——后者,齐贝答道,它们从未处于同一的状态。——这些东西你可以触摸和看,或用其他感官感知,而那些总是处于同一状态的东西你只能用思维的推理去把握——它们是不可见的,并且不被看?——这是非常正确的,他说。㊷

207 柏拉图《斐多篇》100B-102D㊸　苏格拉底说,我的意思是这样的,也没什么新东西。我总是这么说,事实上,我从来没有停止过这样说,特别是在本次讨论的前面部分……我假定有某种由其自身而是美的、好的、大的等的东西……在我看来,除了美本身之外任何其他美的东西之所以是美的,恰恰是因为它分有了美本身;我全都以同样的方式对待它们。你接受这种解释吗?——是的,我接受。——当我面对其他复杂的原因时,我不理解或把握它们。如果有人告诉我一个东西之所以是美的,是因为它有明亮的颜色、形状或其他诸如此类的东西,我就会忽略这些东西,因为我被它们搞糊涂了。我简单地、直截了当地、也许天真地坚持这样一种解释,亦即,使这个对象美的,无非是那个美本身在其中出现或与它相关联,无论它以何种方式存在于其中㊹——因为当我谈到这个问题(关于其出

㊶ 文本不确定。
㊷ 下接 329。
㊸ 上接 96。
㊹ 文本和意思都不确定。

现的确切解释）时，我并不坚持任何明确的观点，我只是强调，所有美的事物之所以是美的，是因为美。在我看来，这是我或其他人所能给出的最安全的答案，而且我相信，只要我坚持这一点，我就永远不会失败；我或其他任何人都可以安全地回答说，正是由于美，美的事物是美的。你同意吗？——是的，我同意……[102B] 如果你持这种观点，我想，当你说西米亚斯比苏格拉底高，但比斐多矮的时候，你的意思是，在那个时候，高和矮都在西米亚斯身上？——是的，我想是这样。——但是你同意"西米亚斯高过苏格拉底"的陈述并没有表达事情的真相吗？因为西米亚斯之所以更高，大概不是因为他是西米亚斯，而是因为他实际拥有的身高。再次，他高过苏格拉底，不是因为苏格拉底是苏格拉底，而是因为苏格拉底具有跟西米亚斯的高相比的矮。——没错。——再说，斐多高过西米亚斯，也不是因为斐多是斐多，而是因为斐多具有跟西米亚斯的矮相比的高。——确实如此。——所以西米亚斯被称为既矮又高，是因为他介于这两者之间，他的矮被一个高所超过，而他的高则超过了另一个的小。他笑着补充说，我好像在照本宣科，但事实确实如我所说。——西米亚斯表示同意。[45]

208 柏拉图《理想国》485AB　［苏格拉底：］关于哲学家的本性，让我们有这么一点共识，即，他们总是热爱那种向他们显示某种恒在的、不因生成与毁灭而游移的存在者的知识。

209 柏拉图《理想国》508D　［苏格拉底：］当灵魂转向真理和存在照耀的地方时，它思想它们，认识它们，并且显得具有理性。但当它转向与黑暗混合、有生成与毁灭的东西时，它具有信念，变得迟钝，它来回不停地改变其信念，从而看似又没有了理性。

---

[45] 下接330。

210 柏拉图《克拉底鲁篇》439C–440B　苏格拉底：克拉底鲁啊，考虑一下我经常梦见的这样一种观点。⁴⁶我们是不是该说有某种美本身、善本身和所有诸如此类的恒在者（beings）⁴⁷？克拉底鲁：当然，苏格拉底，我认为有。——那么，我们不要考虑一张脸或者任何这样的东西是否美丽、所有这类东西是否都显现为处于流变之中这样的问题，而是要追问：我们是否该说美本身总是如其之所是地恒在？——当然。——那么，如果它总是溜走的话，还能正确地说它是这个或者是那样的吗？就在我们说话的时候，它不是必定马上变成了某个不同的东西，消逝了，不再处于我们所归于它的这种状态了吗？——它当然必须如此。——那么，如果它从未处于同一状态，它如何可能是某个东西呢？因为如果它曾处于同一状态，那么在那个时候它显然没有变化，而如果它总是同一的、处于同一状态，并且从未背离它的特性，那么它又怎么可能变化或者被移动呢？——当然不能。——也不能被任何人所认识：因为就在可能的认识者走近的那一刻，它变得不同，具有不同的特性，从而你无法进一步认识它的性质或状态，因为没有哪种知识是对某种不以任何状态存在的东西的认识。——没错。——克拉底鲁啊，我们也不能合理地说，如果一切都在变化，无物常驻，还会有知识。因为，如果知识这个东西并不从作为知识而变化，那么知识就会常驻，就会有知识这样的东西；但是，如果知识的形式变化，它〈作为知识〉的同时正变成某种不同于知识的形式，并且它将不是知识，而如果它总是变化，它将永远不是知识，此外，

---

⁴⁶ 每当苏格拉底提出一种他在这种特殊场合不能证明或不想辩护的观点时，他似乎就提到梦。

⁴⁷ 或"是者"（things that are），一种指称理念的通常方式。

根据这一论证，没有任何人认识，也没有任何东西被认识。但是，如果总是有认识者和被认识者，那么，美、善以及每一个诸如此类的恒在者，我们现在提到的这些东西，在我看来，显然不像流变或运动。[48]

211 G. E. L. 欧文，"《蒂迈欧篇》在柏拉图对话中的地位"，第323页[49] ……《泰阿泰德篇》陈述并推翻了"变在（becoming）排斥恒在（being）"的论点……柏拉图在所有的语境中都排除恒在（be），用变在（become）取而代之（《泰阿泰德篇》157A7-C2；比较《泰阿泰德篇》152E1 和《蒂迈欧篇》27D6-28A1）。然后，通过使用性质变化和位置变化之间的区分，他表明这种习惯产生了诸多荒谬。有些人想要相信柏拉图在这一点上试图确立……尽管单单变在（becomes）适合于偶然陈述，但必须有某些实体（即理念），对它们的描述唯独是（is）是恰当的。如果柏拉图从他的论证中得出这个结论，那将是一个彻头彻尾的错误。但他没有得出它……他明确指出的是，如果任何东西（这个世界上的任何东西，而非下一个世界上的任何东西）在所有方面都在不断地变化，以至于在任何时候它都不能被描述为是某某的，那么关于它，什么也不能说——其中也包括不能说它在变化……注意柏拉图没有说……因为感觉的对象总是在流变，所以知识不是感觉……他的例子取自日常世界，而非理念世界。

---

[48] 参见167并与本段对比。
[49] 载于 R. E. 艾伦（编）《柏拉图形而上学研究》（伦敦：劳特利奇，1965），313-338。原载《古典学季刊》3（1953），79-95。我对欧文使用的古希腊语词语进行了英文翻译，并标为斜体。

信念、知识与理念

212 柏拉图有关感性事物中的"流变"的讨论的结论是,如果我们想要知道苏格拉底问题("正义是什么?","美德是什么?",等等)的答案,就不能只提到可为感觉所通达的性质(颜色,形状,等等)。如果我们局限于这类性质,那么我们将不得不说(例如),正义既是有借有还,又是有借不还(因为有时偿还是非正义的),等等。

为了理解这些答案的错误之所在,我们必须记得,苏格拉底的"它是什么?"问题寻求一种解释性说明。我们假设我们能够解释为什么正义有时要求我们有借必还,有时要求我们不要归还(例如,如果我们的朋友曾把他的刀子借给了我们,但想在他有自杀情绪时归还;457)。这进一步的解释应当出现在我们对正义是什么的论述之中。

柏拉图论证说,"视觉与声音的爱好者"——那些认为美应等同于许多不同的可感性质的人——不可能给予关于美的正确的解释性说明。提及"许多美的东西"并未说明为什么这些性质有时使一物成为美的,有时又使它成为丑的。既然知识要求解释与说明(107),那么那些只承认许多美的东西的人就不可能获得美是什么的知识,他们只具有关于它的信念。

213 柏拉图《理想国》476 B—479 E[50] [苏格拉底:]我说过,声音和视觉的爱好者,喜欢美的声音、颜色和形状,以及一切

---

[50] 这段上接 554 哲学家应该统治的主张。

由这些造作而成的东西,但他们的思想不能看到并喜欢美本身的本性。[格劳孔:]确实如此,他说。——另一方面,能接近美本身并在其自身中看美本身的人不是很少吗?——确实很少。——所以,如果有人对诸多美的事物有俗见(nomizein[51]),但既见不到美本身,也不能跟随试图引导他的人去达到美的知识,你认为他的生活是梦还是醒?试想一下。不管是睡着的还是醒着的,做梦不就是这样的吗:认为与其他事物相似的东西不仅仅是相似的,而就是它与之相似的那个东西?[52]——我肯定会说这样的人是在做梦,他说。——那么,我们举一个相反的例子,某人认为有某个美本身,并且,他能分辨它和分有它的东西,既不把分有美的东西看成美本身,也不把美本身看成分有美的东西。你认为他的生活是清醒的呢,还是在做梦的呢?——他非常清醒,他回答说。——那么,我们把一种心理状态称为知识,因为他知道,而把另一种心理状态称为信念,因为他相信,难道不对吗?——当然对。——但假设那个我们认为有信念而无知识的人与我们争吵,对我们的陈述提出异议;我们能不能温和地争取和说服他,同时掩饰他不健康的状况?——当然,我们必须这么做,他回答。——那么,来吧,考虑一下我们要对他说什么……那个有知识的人是知道些什么还是什么都不知道?(你必须替他回答。)——我的回答是他知道些什么。——所知道的是某个存在的东西,还是不存在的东西呢?——某个存在的东西;不存在的东西怎么可能被认识呢?——我们从许多观点考虑之后,是否充分地把握到,完全

---

[51] nomizein 与 nomos(习俗、约定)同源。参见 125。
[52] 相似性:205。

地存在的东西是完全地可认识的（knowable），[53]完全地不存在的东西是完全地不可认识的？——非常充分。——好！但是，如果有什么东西既存在又不存在，它将处在完全地存在与绝对地不存在之间啰？——是的，在它们之间。——知识属于存在者，无知必然属于不存在者；对于介于存在和不存在之间的东西，如果有的话，我们必须寻找介于无知和知识之间的一个居间者？——当然。——我们说有诸如信念这样的东西吗？——毫无疑问。——我们把它视为和知识是一样的能力吗，还是另一种能力？——另一种能力。——那么，根据其不同的能力，信念和知识被分派给不同种类的事物？——是的。……[478C]我们必然把无知分派给不存在者，把知识分派给存在者。——是的，他说。——那么，某人既不相信存在者，也不相信不存在者。——都不。——那么，信念既不是无知，也不是知识？——看来是这样……——那么信念就在它们之间了？——毫无疑问。——但我们之前不是说过，如果任何东西看起来属于一种既存在、同时又不存在的东西，那么这个东西看起来也会介于完全地存在的东西和完全地不存在的东西之间，属于它的将既不是知识也不是无知，而结果是它们之间居间者？——是的。——现在，我们所说的信念结果是处于它们之间？——是的。——那么，还有待发现的似乎是，什么东西同时分有这两者，分有存在者和不存在者，从而不能正确地被称为完全的存在者和不存在者。如果我们发现了这个东西，我们就可以正确地说这就是被相信的东西，把极端状态归于极端者，把中间状态归于居间者。不是这样吗？——是这样的。——那么，我会说，既然我们已经确定这一点，就让他回答我，那位名人，

---

[53] 或"被认识"（known）（以及本段其他地方）。

5 知识、信念与理念：苏格拉底和柏拉图

他不认为有任何美本身或美本身的任何特征总是保持同一状态，但他把美视为多——如果有人说美是一、正义是一等，那么这位视觉的爱好者是不能容忍的。我们要问他这样一个问题：我的朋友，那些众多的美的事物中有没有哪个不会显得丑，那些众多的正义的事物有没有哪个不会显得不正义，虔敬的事物中有没有哪个不会显得不虔敬？——没有，他说；它们一定会以某种方式显得既是美的又是丑的，你问的所有其他事情也都是如此。——那许许多多双倍的东西又如何呢？它们显现为一半的时候比双倍的少吗？——不少。——那许许多多大、小、轻、重的东西，它们被这么称呼，会比以其对立面来称呼更多吗？——不会，他说，它们每一个都总是分有这两者……——我说，那么你知道该拿它们怎么办吗？或者，你能为它们找到一个比存在和不存在之间更好的位置吗？因为我们在较少存在的方向上肯定找不到比不存在更黑暗的地方，在较多存在的方向上也找不到比存在更亮堂的地方。——对极了，他说。——那么，我们似乎已经发现，按多数人的俗见，[54] 美和其他众多的事物，在不存在和完全存在之间的某个地方滚动。——这就是我们已经发现的。——我们先前同意，如果有任何诸如此类的东西出现，那必须称之为信念的对象，而不是知识的对象；既然它在存在和不存在之间游移，那么它就属于居间的能力。——是的，我们同意这一点。——因此，我们要肯定的是，那些看到许多美的东西，但看不到美本身，并且不能跟随别人的引导去达到它的人，那些看到许多正义的事物但看不到正义本身的人，等等——我们会说，这类人对任何事物都具有信念，但他们对于他们所信的任何事物没有知识。——一定是这样

---

[54] nomima，与 nomos 同源。参见本章注释 [51]。

的。——相反，那些在每种情况下都能看到总是处于同一状态的事物本身的人又如何呢？我们不会说他们具有知识而没有信念（能知而不信）？——肯定也是这样。

知识的成长

214 即使柏拉图已经表明关于美德、正义等的知识要求非感性的理念的知识，但他尚未表明这种知识是可能的。他对知识与信念的进一步探讨证明，我们能够从对观察性信念的非批判接受前进到对知识的合理申言。他区分了两个层次的信念和两个层次的知识，并将它们归入"划分线段"的四个部分（215）。他勾勒了从线段的较低阶段到较高阶段的递进步骤。

我们始于"想象"（*eikasia*/imagination），即对习惯信念的非批判接受。当我们意识到基于简单观察的信念和基于这些信念的道德法则是不充分的时候，我们就前进到"确信"（*pistis*/confidence）。我们最初可能相信（如苏格拉底的对话者们那样），坚守岗位是勇敢或有借有还是正义；但苏格拉底的探究表明这些规则并不完全澄明相关美德。

我们抵达"线段"的第三阶段，"思想"（*dianoia*/thought），即经由"假设"（*hupothesis*）的使用，达到苏格拉底的定义所要求的一种合理的——尽管并不完全的——回答。在《斐多篇》（216）中，柏拉图建议我们依靠那个在审查中显得最强的假设；苏格拉底的某些探究暗示了我们如何可能发现这个假设。承认（例如）正义总寻求受影响者的利益是合理的，这可能与我的最初的信念——有借有还总是正义的——相冲突，但是，如果它与更深入并在反思之下看起来更为合理的信念相冲突的话，我们就必须拒斥这一信念。这样一来，假设就在此限度内被证明为正当。我们现在具有一类知识，因为我们具有一种为我们的基础良好的信念辩护的解释；我们的情况比苏格拉底及其对话者更好。

这些假设尚未算作完全的知识。在"线段"的第四阶段"理性"（noêsis/intelligence）阶段，我们经由辩证法（即苏格拉底的交叉反诘）[55]到达好的知识；好的理念的知识是其他理念的根源和基本原则。有关美德的追问透露了柏拉图引入好的原因。不同的美德全都应该有贡献于某种善好；如果一个所谓的正义的行为最终证明具有在总体上会被视为更坏的各种后果，那么它（在柏拉图看来）根本不是正义的行为。对美德的充分解释必须将它们与一种由它们所引生的充分的善好的概念相联系。[56]

按照柏拉图的观点，对这种善好的发现显露了一条解释并辩护我们的假设之充分的第一原理。如果我们已经抵达"线段"的第三阶段，那么我们仅仅审查了假设之后果以及我们的观点的一致性；我们尚未考虑这些假设是否相互支持。如果它们最终是相互支持的，那么它们就不仅是假设了，每一假设都给予我们进一步的理由来接受其他的假设，当把它们全部接受下来时，我们也就得到了合理的辩护。我们在到达"线段"的第四阶段时发现了这种相互支持。

在描述"线段"各阶段的进展时，柏拉图暗示，如果我们信任我们的某些信念并反思它们，我们就能获得一个融贯的、相互支持的合理信念的结构。这是苏格拉底探究的目标，正如柏拉图在他的回忆说中对它解释的那样。与怀疑主义的主张相反，对我们初始信念的审查允许我们清除明显的冲突，以发现对我们的某些初始信念的解释与辩护。柏拉图似乎断定融贯性是辩护之源；这是他对阿格

---

[55] 辩证法与 dialegesthai（对话）：96，142，189-190，220，317，321。

[56] 柏拉图对好的关切不限于道德问题。在他看来，它也是理解作为一个整体的宇宙的关键。见 96，590-592。

里帕"三难推理"(trilemma)(参见 169, 171)的隐约回应。

某些读者不同意说柏拉图将融贯性视为辩护之源。⑰ 他们力辩"线段"的最高阶段隐含了对阿格里帕的另一种回答;它意在达到一个自明的起点,而这正是柏拉图声称第一原理不是假设的原因。但是,如果这是柏拉图的观点,那就难以看清为什么他会如此强调作为一条知识路径的苏格拉底辩证法,因为这看起来是一种确保融贯性与相互支持的方法,而非发现自明原理的方法。

215 柏拉图《理想国》509E-511E [苏格拉底:]……把一条线分成两个不相等的部分,然后把每一部分按同样的比例再分成两个部分——亦即,可见事物的部分和可理知事物的部分,以表示它们相对的清晰性和不清晰性。在可见的区域中,一部分将是影像。我所谓的影像,首先是指阴影,然后是水中的倒影,还有稠密、光滑和明亮质地的物体表面上的倒影,以及所有诸如此类的东西,你懂我的意思吗?[格劳孔:]我懂。——至于第二部分,是第一部分影像所相仿的实物——我们周围的动物、所有的植物和一切人工制品。——我同意,他说。——你是否愿意说,这一划分在真实性或不真实性方面的关系是这样的:恰如被相信者之于被认识者,同样,仿本之于仿本之所模仿者?——我当然愿意。——现在接着考虑我们该如何划分可理知的部分。——如何呢?——是这样的:有一个部分,灵魂被迫通过把前一划分中被模仿的实物当作影像去研究,研究从假设出发,不是走向原理,而是走向结论。在另一个部分中,它达到了一个非被假设的原理,它是从一个假设出发的,无须

---

⑰ 这些读者尤其依赖于 218。

在另一部分中用过的影像，而仅依靠理念本身，通过理念来完成其探究之路。——我不完全理解你的意思，他说。——那么我再试一次，我说；因为经过这些预习之后你会理解得更好的。我想你明白，几何、算术和这类科目的学生在每一条探究路线中都会假定奇数、偶数、各种图形、三种角以及其他与这些有关的东西。他们把它们视为已知的，并使它们成为假设；他们并不认为应该给自己或其他人做任何进一步的解释，把它们视为对每个人都是显而易见的。他们从这些开始，从这一点开始探究，并得出一个与其出发点一致的结论。——当然，这我知道，他说。——你不也知道，此外，他们使用可见的图形，并做出有关它们的论证，尽管他们不是在思考它们，而是在思考它们所模仿的那些东西，他们的论证是为了正方形本身和对角线本身，而不是为了他们所画的对角线？所有情形都是如此。他们所塑造和描绘的东西，在水中有自己的影子和影像，他们接着又把这些东西视为影像。他们试图看到那些只有通过思想才能看到的东西……——我明白，他说，你指的是属于几何学以及与之相关的技艺的东西。——那么，我说，要明白，我所说的可理知区域的另一部分，是指理性本身通过辩证法的力量来把握的那一部分，它不把假设当作原理，而是当作真正的假设，像起点和跳板一样，这样它就可以上升到非假设的东西，上升到万物的原理，并且在把握到原理之后，又能回过头来把握那些随原理而来的东西，这样一直下降直到终点，不使用任何可感的东西，而是使用理念本身，从理念走到理念，并以理念告终。——我明白了，他说，但不太充分，你似乎在描述一项很长的任务，不过我明白你的意思是要区分出辩证知识所研究的存在和可理知者的部分，它比那些被称为技艺的学科所研究的东西更清楚。在这些技艺中，假设是原理，那些看它们的人不得不通过思想而非通过感觉来看它们;但是,因为他们在审查过程中不上升到原理,而是从假设出发进行审查,所以你就不会认为他们具有关于它们的理性智能,尽管当用原理来理解事物本身时,它们是可理知的。我认为你是把几何学家等人的状态称为思想(thought),而不是理性(intelligence),因为你把思想视为介于信念和理性之间的东西。——你已经很充分地阐述了它,我说。现在,相应于这四个部分,我们认为灵魂中有四种状态:理性相应于最高的部分,思想相应于第二个部分,信念相应于第三个部分,想象相应于最后部分。把它们按一定比例排列,就可以看到它们所分有的清晰性程度与其对象所分有的真实性程度是一致的。

216 柏拉图《斐多篇》100A-101E ［苏格拉底:］我在每一场合都确认一个我断定是最强的论述;那些在我看来与这相合的东西,我就视为真的……[101D] 如果有人攻击这个假设本身,你会对他毫不在意,也不会回答,直到你检查了这个假设的各种后果,看看它们是否彼此一致。而当你需要对这个假设本身给出解释时,你也会以同样的方式给出,层层依次确定在你看来最好的更高的假设,直到你达到某个充分的东西为止。但你不会像那些辩论家那样把事情搞混,同时讨论原理及其后果。如果你想找到关于存在者的任何东西的话,你就要避免他们所做的事情。

217 柏拉图《理想国》518D ［苏格拉底:］……一定有某种使灵魂转向的技艺,尽可能容易而有效地改变其方向。其目的不是在我们心中产生视力;相反,我们认为视力已经存在,但是转向了错误的道路上,没有看它应该看的地方。我们的目标就是要纠正它。[58]

---

[58] 灵魂转向:191。

218 柏拉图《理想国》533B-D ［苏格拉底：］这一点无论如何不会有人和我们唱反调，认为除了辩证法之外，还有任何其他的探究途径，做到在任何情况下都能系统地把握一个所与事物之所是。所有其他的技艺要么指向人的信念和欲望，要么指向生成和构造，要么指向对生成和被组合的事物的照顾。我们所描述的对存在——几何学及其衍生研究——有所把握的人，正如我们所看到的，只是梦见存在，却不能清醒地看到存在，只要他们使用假设并且让它们不受干扰的话，〈因为〉他们不能对它们给出一种解释。因为，如果一个人不知道原理，而结论和达到结论的中间步骤是由他所不知道的东西组成的，那么这种〈前提和结论〉之间的一致又怎么能变成知识呢？［格劳孔：］不可能，他说。——那么，我说，唯独辩证法的探究以这种方式，摒弃假设，直达原理本身，去证实〈它们〉，不是吗？……它轻拽灵魂的眼睛，并在我们提到的各种研究和科学的帮助下引导它，用它们作为助手和同事来使它转向。

对理念论的反驳

219 虽然柏拉图认为知识需要理念的知识，但他的理念观并没有回答一些重要的问题。例如，我们可以假设理念（例如正义本身）和属性或共相（正义）是完全相同的东西；这就是苏格拉底在探究关于"单一的虔敬"等东西的解释时所寻找的。然而，柏拉图的某些评论在许多读者（包括亚里士多德）看来，他不能始终如一地将理念与属性等同起来。因为当他把 F 的理念与那些既是 F 又非 F 的可感 F 对立起来时，他并不是说理念既不是 F 也不是非 F，而是说它是完满的 F。按照这种观点，正义的理念是完满的正义的，而不是不正义的,大的理念是完满的大的,等的理念是完满的等的,等等。显然,在这种情况下,理念必是它所对应的属性的一个实例,而不是属性本身。

理念的这一特征被现代批评者描述为"自谓述"。更确切地说,它基于这样一个假设,即每个理念都有它对应的谓词。相信柏拉图认真对待自谓述的一个理由是,他说感性的事物通过某种程度上相似于理念而"分有"理念(205)。理念被说成是感性事物某种程度上模仿的"模型"(即范式;144)。

尽管柏拉图的某些评论表明他接受自谓述,但也许他不应该接受它。自谓述似乎很难适用于每一个理念:大的理念必须有多大?等的理念等于什么?事实上,这些问题的产生表明,自谓述基于一个错误。

在《巴门尼德篇》中,柏拉图本人似乎也认识到对其立场的某些反驳的合理性。巴门尼德对理念论提出了一系列反驳;有几个反驳似乎集中在作为所有理念之特征的自谓述的困难上。

对理念的一个著名反驳出现在通常以"第三人"而周知的论证中(这个名称源于亚里士多德;见221-222)。它的确切解释和意义一直存在争议。一种表述是这样的:

(1) 既然苏格拉底和柏拉图都是大的,那么有一个理念,"大",通过分有它,他们都是大的。

(2) 既然苏格拉底、柏拉图和"大"都是大的,那么还有一个理念,"大 –2",通过分有它,它们都是大的。

(3) 既然苏格拉底、柏拉图"大"和"大 –2"都是大的,那么还有一个理念,"大 –3"……这样以至于无穷。

结论意味着,无穷多个理念对应于每种属性;因此,为了理解是什么使得苏格拉底和柏拉图是大的,我们必须理解无限数目的理念。既然我们不可能完成这个无限的任务，那么我们就不能理解是什么使得任何东西是大的。

目前的论证显然是不完整的。通过巴门尼德那个导致苏格拉底相信任何属性都有理念的推理，步骤（1）被认为是合理的。步骤（2）和（3）据说也由同样的推理来保证。需要添加几个步骤来做成一个有效的论证；然后我们需要问柏拉图关于理念的主张（在其他对话中）是否使他接受这些步骤。

按照亚里士多德，第三人论证确认了柏拉图的一个基本错误。接受自谓述要求柏拉图把属性当作更高程度上的个物来对待（仿佛"高"是一个高的东西，"白"有某种颜色，等等）。这个关于柏拉图理念的主张为亚里士多德自己的共相和形式理论提供了一个比较点。尽管亚里士多德拒绝柏拉图的理念概念，但他相信柏拉图坚持物质性殊相之外的某种东西的实在性是正确的（223）。在捍卫柏拉图的一些方面并拒绝另一些方面的过程中，亚里士多德发展出了自己的形而上学立场，我们将在下一章中考虑。

220 柏拉图《巴门尼德篇》130A–135C ［巴门尼德：］苏格拉底啊，他说，你对辩论的渴望是令人钦佩的。现在告诉我：你是否如你所说的那样分吗，一边是某些理念本身，另一边是分有它们的事物？你认为有类似本身，与我们所拥有的类似分离吗？还有一与多以及芝诺所提到的其他东西？［苏格拉底：］我这么认为，苏格拉底说。——巴门尼德说：你是否也会说，还有例如正义、美、善以及诸如此类的一切东西的理念自身？——是的，他说。——还有一个与我们以及所有像我们的

㊴ 芝诺：80。

人相分离的人的理念,或火的理念或水的理念吗?——巴门尼德啊,关于这一切和其他情形,我经常困惑于是否应该说同样的话。——苏格拉底啊,关于这些看起来可笑的东西——比如头发、污泥、秽物,或任何其他可鄙和微不足道的东西,又如何呢?你困惑于是不是该说这些中的每一个都有一分离的理念,与我们所遇到的东西不同?——当然不,苏格拉底说;这些只是我们看到的东西。我担心,如果认为它们也有理念,那将是荒谬的。但我有时还是会感到不安,开始认为在所有情形中都有某个理念,它是单一且相同的。但后来,当我再次陷入这一困境时,我就逃跑,因为我怕我会掉进愚昧的深渊而毁灭。因此,我就回到刚才我们所说的有理念的东西那里,忙于研究这些东西。——是的,苏格拉底啊,巴门尼德说;那是因为你还年轻。我相信哲学还没有像它将来会的那样牢牢地抓住你;那时你就不会轻视哪怕最卑微的事物了。在你这个年纪,人们的偏见太容易打动你了。但请告诉我:你是否如你所说的那样觉得有理念,所有这些其他的东西都分有理念并由此具有理念的名称?例如,相似的事物,通过分有"相似"而变成是相似的,大的事物通过"大"而变成是大的,正义和美的事物通过分有"正义"和"美"而变成是正义的和美的吗?——是的,当然,苏格拉底说……[132A]——我想你认为每个理念都是一的理由是这样的。每当许多事物在你看来是大的时候,大概看起来就有某一种型式(idea),[60]与你统观它们全体时所看到的是相同的,从而你认为"大"是一。——没错,他答道。——但现在考虑"大"自身和其他大的事物。假设你在你的心里以同样的方式看所有这一切;岂不又出现一个大者来,由于这

---

[60] 或"特征"(character)。

个，所有这一切看起来是大的？——似乎是这样。——如果是这样的话，那么，除了大本身和分有它的诸物之外，第二个大的理念将会出现，再在这一切之外又还有另一个，由于它，这一切是大的。因此，你会发现每个理念不再是一，而是在数目上无限的了。——但是，巴门尼德啊，苏格拉底说，也许这些理念仅仅是思想，因此，除了在心里，它们不可能存在于任何地方？因为在这种情况下，每个理念仍然可以是一，你提到的结果就不会发生。——好吧，每个思想是一，一个无所思的思想吗？——不可能，他说。——那么它是一个有所思的思想吗？——是的。——以存在者（是者）还是不存在者（不是者）为对象？——以存在者（是者）为对象。——这岂不是某一个东西，这东西是那个思想认为在一切事物里的，就是某一个型式？——是的。——那么，这被认为是一个的东西不就是理念吗，既然它在一切事物里总是同一的？——这看起来也是必然的。——在这种情况下，巴门尼德说，如果你说其他一切都分有理念，你岂不必须说：要么一切都是由思想组成的，所以一切都思想，要么一切都是思想，却不能思想？——巴门尼德啊，这后一种观点绝不比前一种更合理。在我看来最可能的是：这些理念仿佛模型一样确立在自然中，而其他事物与它们相似，是它们的仿本。那么，其他事物对理念的分有无非就是被制造得与它们相似。——但是，他说，如果某物与理念相似，那么岂不是理念必也像它，因为它已经被制造的像这个理念了？或者说，一个东西像第二个东西而第二个东西却不像第一个东西，可能吗？——不可能。——当两个东西相像的时候，它们岂不必须分有那同一的东西吗？——它们必须的。——而这两个东西所分有且由之而相像的那个东西不就是理念本身吗？——当然。——那么没有任何东西能像理念，理念也不能像其他任东西;因为如果它们是相像的,那么除了〈第一个〉理念之外,永远会有另一个理念出现;如果这一个也和其他东西相像,另一个理念接着出现;新的理念总是会出现的,如果理念变得像它的分有者的话。——对极了。——那么其他的事物并不是通过相像来分有理念的,我们必须寻找它们分有理念的某种其他方式。——似乎如此。——那么,苏格拉底啊,你看到了吗,如果有人通过理念自身区分出理念自身,这个困惑有多大?——是的,确实……[135B] 但是苏格拉底啊,巴门尼德说,如果有人如此专注于这些和类似的困难上,拒绝承认事物的理念存在,不辨别每一类事物的一个理念,那么他将没有任何地方可以调转他的心灵,如果他拒绝承认每一种存在着的事物都有一个理念,总是同一的;从而,他将彻底摧毁辩证法的能力。[61] 在我看来,你似乎已经更清楚地注意到了这一点。——非常正确,他说。——但是,那么你将如何对待哲学呢?如果理念未被认识,你会转向哪里呢?——我不认为我现在看清楚了。

221 亚里士多德《形而上学》$990^a 34 – ^b 17$ ……对于那些设置理念的人,第一个反驳是,在试图把握这个世界上的事物的原因时,他们引入了不同的东西,与事物数目相等。仿佛有人想数东西,以为少了就数不出来,多加点就可以数了。因为他们在寻找这个世界上事物的原因时所归因之形式,在数目上实际上等于或至少不少于这个世界上的事物。因为,就拿每一种具有一个"多上之一"(one over many)的事物来讲,无论实体还是非实体,无论是这个世界上的事物,还是永恒的事物;在每种情况下,都有某个"多上之一"〈one over many〉者与多个事物〈many〉同名。此外,我们用以表明理念存在的证明似乎都不成

---

[61] 辩证法:214。

功;因为其中一些是无效的,而另一些则为我们[62]认为没有理念的东西产生理念。因为来自科学的论证产生一切有科学的事物的理念;"多上之一"甚至产生否定的理念;来自对灭亡了的事物的思想的论证产生灭亡了的事物的理念,因为存在关于这些事物的显像(phatasma)。此外,在更准确的论据中间,有些产生了关系[63]的理念,而我们却否认这些关系是一种依其自身而存在的东西;另一些则引入了"第三人"。

222 亚历山大《〈形而上学〉评注》84.21–85.3[64] "第三人"是……这样证明的。假定某个真实谓述多个事物的东西,也是某种不同于且外在于被它所谓述的事物的东西,与它们分离;因为这就是那些设置理念的人认为他们所证明的——这就是为什么,按照他们,存在着诸如"人本身"这样的东西,因为"人"真实地谓述诸个别的人,诸个别的人是多,所以它("人")不同于诸个别的人。现在,如果是这样,就会有一个第三人。因为,如果行谓述的"人"不同于被它所谓述并独立自存的事物,而这"人"既谓述诸个物,也谓述理念,那就意味着除了个物和理念之外,还会有一个第三人。同样地,也会有一个"第四人"⟨man⟩谓述这个"第三人"⟨third man⟩,谓述理念,谓述诸个物,相似地,还会有一个"第五人"……这样以至于无穷。

223 亚里士多德《形而上学》1040^{b}25–34 此外,一个东西不会同时存在于多个地方,但共同的东西却同时存在于多个地方。

---

[62] 亚里士多德认为自己属于柏拉图学派,尽管他不认同他们的立场。
[63] 关系包括大、小、等。
[64] 亚历山大(对刚才所引的段落)的评注,包含出自亚里士多德批评柏拉图理念论的佚著《论理念》的残篇。

因此，很明显，共相绝不与个别的东西分离存在。但是那些说理念存在的人，将它们分离，在一种意义上是对的，如果它们的确是实体的话；但在另一种意义上他们是错的，因为他们说，这个多上之"一"是理念。理由是，他们无法描述这些在个别可感的实体之外的不可毁灭的实体，从而他们就把它们弄成与可毁灭的事物（因为这些是我们知道的实体）在种类上相同；他们谈到人本身和马本身，〈仅仅〉把"本身"这个词加在可感事物上。

6 形式与质料：亚里士多德和斯多亚主义

变化和主体

224 像柏拉图一样，亚里士多德批评前苏格拉底的自然主义者，因为他们对质料因的排他性关注和他们对形式的忽视。然而，他不同意柏拉图的理念之为与日常具体的物质对象相分离的自谓述的范例的概念。在他看来，无论前苏格拉底诸家（特别是赫拉克利特和原子论者）还是柏拉图都忽视或误解了我们关于变化和持续的主体通常所说的和假设的东西。前苏格拉底诸家忽视了形式在变化中作为稳定要素的角色，因此他们仅仅考虑构成（composition）。① 柏拉图忽视了质料的角色，因此引入声称既是普遍属性又是非质料主体的理念（223）。

亚里士多德用有条件的生成（qualified becoming）（苏格拉底变得胖或瘦、白或黑）和无条件的生成（unqualified becoming）（苏格拉底出生或逝世）的简单例子来批评前苏格拉底诸学派和柏拉图的变化观念。这些简单的例子引入了亚里士多德关于实体、形式和质料的基本主张；在他看来，它们显示了他的前辈们所错过的那些原则。

根据亚里士多德，每一种变化要求一个持存的主体（或"基体"）和两个非持存的对立面——缺失（privation）和形式。个体的

---

① 亚里士多德论赫拉克利特主义：168。

人，例如，苏格拉底，从是无音乐教养的（亦即，不懂音乐）变得有音乐教养的（当他学习音乐时）。在这种情况中，这个人是主体，无音乐教养是缺失，音乐是形式。这个主体——那个个体的人——在变化之前和之后都存在，而那两个对立面并不持存；缺失消亡，形式生成。

这两种类型的生成都需要主体、缺失和形式。在有限的生成中，在变化中保持不变的主体是一个日常实体——一个人，一匹马，等等。在绝对的生成中，在变化中保持不变的主体是其质料（hulē）②——我们用来制作面包片的面粉，我们用来制作雕像的青铜，等等。但是在这种情形中，当质料获得形式的时候，一个新的实体（一片面包，一具雕像）就生成了。

根据亚里士多德，前苏格拉底诸家隐约把握到了这一变化分析的一部分（83）。他们中的一些人承认有条件的生成，因为他们承认质料是一个变化其性质的持续主体。但是他们错误地把质料当作唯一真正的持续主体，而且错误地认为形式的变化并不标志一个新的主体。他们的假设在有条件的生成的情形中是合理的。在这种情形中，"有音乐教养的"或"白的"仅仅指称一直存在着的那个同一主体的一种特征；没有任何新的主体生成。然而，他们的假设对于无条件的生成来说却是错误的；在这种情形中，生成的东西是一个被它的形式所界定的新的主体——面包片或雕像。

因此，亚里士多德承认两种主体。雕像和青铜都是主体，但青铜是雕像的主体，反之则不然。而且，雕像既有形式的一面，又有质料的一面，但青铜缺乏形式的一面（因为它就其自身而言不是一具雕像）。雕像对于青铜是巧合（因为青铜在雕像被制成之前存在，在雕像被再次熔化掉之后仍然存在），但它不仅仅是青铜的一种特征；

---

② hulē 最初被用作木料。亚里士多德推广了它的用法，应用到其他种类的原材料。

它就其自身而言也是一个主体。

225 亚里士多德《物理学》188^{a}31-^{b}8　我们必须首先把握这一事实：没有任何存在的事物自然地以一种随机的方式作用于一个随机的东西或被它所作用；除非巧合，某物不从一个随机的东西生成为一个随机的东西。因为，除非有音乐教养的东西碰巧又是非白的或黑的东西，否则某物如何可能从"有音乐教养的"变成"白的"？毋宁说，某物从"非-白的"变成"白的"，不是从随便什么"非-白的"，而是从"黑的"或从处在黑和白之间的某东西变成"白的"。类似地，某物从"非-有音乐教养的"变成"有音乐教养的"，也不是从随便什么"非-有音乐教养的"，而是从"没有音乐教养的"或从处在"有音乐教养的"和"无音乐教养的"之间的"某东西"（如果有任何这样的东西的话）变成"有音乐教养的"。另一方面，也没有任何东西消逝首先变为一个随机的东西。例如，"白的东西"不会消逝变为"有音乐教养的东西"（除非巧合），而是变为"非-白的东西"，并且不是变为一个随机的"非-白的东西"，而是变为黑的东西或变为某个黑和白之间的东西。以同样的方式，"有音乐教养的东西"消逝成为"非-有音乐教养的东西"，不是变成一个随机的"非-有音乐教养的东西"，而是变成一个无音乐教养的东西，或变成某个"有音乐教养的"和"无音乐教养的"之间的东西。

226 亚里士多德《物理学》189^{b}30-191^{a}12　那么，让我们以如下方式给出我们自己对生成（coming to be）的解释……当我们说某物从"另一个东西"变成一个东西，以及，某物从"一个不同的东西"变成另一个不同的东西的时候，我们或者指涉单一的东西或者指涉复合的东西。我的意思是：人可能变成有音乐教养的,"无音乐教养者"可能变成"有音乐教养的",以及"无音乐教养的人"可能变成"有音乐教养的人"。我用"生成着的单一事物"(simple thing coming to be)意指那个"人"和"无音乐教养的";我用"所生成的单一事物"(simple thing that comes to be)意指"有音乐教养的"。我用"复合物"(compound)既意指这个生成了的东西,也指生成这个生成之物的东西,每当我们说"无音乐教养的人"变成"有音乐教养的人"。在一类情形中,我们不仅说某物生成,而且说它从一个东西变成另一个——例如,从"无音乐教养的"变成有音乐教养的。但我们不说所有事物都是这样的;因为这个人不能从"是一个人"(being a man)变成有音乐教养的,而是这个人变成有音乐教养的。当某东西变成某东西(在我们说"一个单一的东西变成某东西"的意义上)的时候,在某些情形中,当它变成某东西的时候它依然保持,而在其他情形中,它并不保持。例如,这个人,当他变成有音乐教养的时候,他仍然是人并还是一个人,相反,非-音乐教养的和无音乐教养的东西,或单一的或复合的,并不保持不变。

既然我们已经做出了这些区分,那么,如果我们以那种描述过的方式来考察它们全部,这就是我们从生成的所有情形中能够把握的东西。在所有情形中,必定存在某个主体(subject),它生成某种东西;即便它在数目上是一,但在形式上却不是一(我用"在形式上"意指与"在论述上"(in account)相同的东西)——因为"是一个人"与"是一个无教养的东西"不同。生成的东西一个保持不变,一个并不保持不变。那个不是对立面的东西保持不变,因为这个人保持不变;但是那个非-有音乐教养的东西或无音乐教养的东西,并不保持不变。由这两者复合而成的东西(例如,无音乐教养的人)也不保持不变。

在某东西并不保持的情形中，我们更为经常地说"某东西从一个东西变成另一个东西"（与说"一个东西生成为另一个"相反）；例如，我们说一个人从"无音乐教养的"变成"有音乐教养的"，而不说"无音乐教养"从"人"变成"有音乐教养的"。在一个东西保持不变的情形中，我们有时也以相同的方式言说；例如，我们说，一座铜像由青铜生成，而不说，青铜变成铜像……

我们在多种意义上说事物生成变化（come to be），一些事物我们说它们并不生成，而是变成这样那样；只有实体我们说是无条件地生成（come to be unqualifiedly）。在其他情形中，显然必定存在某个主体，它变成是某东西；因为事实上，当某东西变成具有某种量或质或关系或位置的时候，这东西就是主体，因为实体是唯一不述说任何其他主体的东西，而其他所有东西则述说实体。然而，实体——绝对地存在的东西——也从某个主体生成。如果我们考察它，这将变得清晰；因为在所有情形中，都有某个东西作为主体，生成的东西从它而生成出来，恰如植物和动物从种子生成……因此，从上所述，显然，在所有情形中，生成的东西都是复合而成的：有新生成的某物和变成这个事物的某个东西。而后面这东西有两种：或者是主体，或者是对立面。我意思是，例如，"无音乐教养"是对立面，"人"是主体；无形、无状和无序是对立面，青铜、石头或黄金是主体……作为主体的自然基质是可以通过类比来认识的。就像青铜之于雕像，木料之于床，或如未获得形状之前的无形状的东西之于任何有形状的东西，作为主体的自然基质之于"实体"、"这一个"和"存在者"，也是如此。

实体和非实体

227 那种在变化中持存的能力使得一个个体的人成为一个第一"实体"(*ousia*;232);他是对立面的主体,它们不是他的主体。③ 这些对立面被分派给一个或另一个非实体"范畴"④——质量、数量等(228)。在称某物是一个 *ousia*(实体)时,亚里士多德暗示,它在某种意义上是一种基本的实在。第一实体是被变化之可能性所预设的主体。

在把某些东西视为实体(*ousiai*)时,其他人赞同亚里士多德,但在实体是哪些事物的问题上,他们就不同意了。亚里士多德认为德谟克利特曾经主张原子是实体(84)。柏拉图称理念为实体,这意味着它们是基本的实在,解释其他事物的特征。亚里士多德把个体的人和马等看作第一实体,因为它们是变化中的基本要素;变化发生于它们,因此任何有关变化的论述都必先预设它们。在这一点上,关于哪些事物是基本的实在,他不同意柏拉图;在把质料主体当作基本的实在时,他更接近于原子论的观点。

然而,他也像柏拉图那样使用 *ousia*(实体)表示本质(essence)——就是我们在回答苏格拉底的问题"这是什么?"中所提到的东西(142)。*ousia*(实体)的这种用法也可理解为辨识出基本实在。如果我们问三角形的基本实在是什么,三角形的定义回答了我们的问题。

---

③ 实体(*ousia*)是由动词"to be"而来的一个抽象名词;最好的翻译可能是"是"(being)或"实在"(reality),然而"实体"(substance)或"本质"(essence)("the *ousia* of x")在亚里士多德的讨论中是惯用的。柏拉图的 *ousia*:181 的脚注,193,202,586。

④ *katēgoria*(范畴),字面意思是"谓述"(predication)。

用亚里士多德的术语，这一定义告诉我们三角形的"本质"（*ti esti, ti ên einai*），而且他经常互换着使用"本质"和实体（*ousia*）。

因此，亚里士多德的实体观念，同时包含主体（subject）的观念和本质（essence）的观念。关于这两个要素之间关系的各种问题，属于关于亚里士多德 *ousia*（实体）观点的最困难的问题之列。如果我们考虑亚里士多德用他的 *ousia*（实体）观念所要完成的某些不同任务，并考察 *ousia*（实体）与质料和形式的关系，那么这些问题可能就较为容易了。

为了表达第一实体的基础地位，亚里士多德宣称它是"主体"（或"底层的东西"underlying thing，*hupokeimenon*）。我们能够通过回忆"主体"的三种不同但有关联的用法，粗略地把握这一主体概念：

（1）一个句子的主体（主语）是名词，动词和形容词附属于该名词。
（2）一篇演说的主体（主题）是这个演说首先关切且寻求解释的论题。
（3）一个变化的主体是这个变化发生于它的那个东西、那个经历变化的东西。

这个其他事物所关乎的基础事物的一般观念，有助于说明为什么亚里士多德把第一实体等同于一个主体。主体是各种各样的属性和特征之所关，或之所归属。这个人既是作为种（species）的人的主体，又是作为属的（genus）动物的主体（本质性地归属于他），也是白和80公斤体重的主体（偶然地、非本质性地归属于他）。

第一实体不仅仅是主体，而且是基本主体。恰如亚里士多德所言，它们既不会"述说"（said of）一个主体，也不会在一个主体之中（in a subject），然而其他东西要么述说作为主体的它们，要么在作为主体的它们之中（**229**）。"其他东西"分为两类：

(a) 作为种的马和作为属的动物是我们所提及的用来述说一匹个体的马是什么的东西（个别的马之所是）；它们因此是第二实体，述说个体的马。

(b) 属性，诸如白的，或活泼的，或六英尺高，全都在一个作为主体的个体的马之中，但是不述说它。这些属性不会告诉我们这一个个体是什么，因为它们不会把它置于它的种（species）中；但是它们描述它。它们属于多种非实体的范畴（231）。

这些述说第一实体的东西是"共相"（katholou/universals；或"一般/general"）而非"殊相"（particulars）；它们同时在很多地方存在，而"殊相"仅仅在一个地方（230）。⑤ 于是，亚里士多德肯定共相的实在性，它们不能被还原为殊相、或语词、或概念。在他看来，柏拉图正确地意识到共相的实在性，但错误地认为它们仿佛独立于那些它们所述说或将它们包含其中的殊相（221，223）。

述说一个第一实体的东西和在这个第一实体之中的东西之间的划分，大致对应于"本质的"（或"内在固有的"）属性和"巧合的"（或"偶然的"/accidental）属性之间的划分（233–234）；⑥ 因此亚里士多德有时认为"是一匹马"（being a horse）是这匹马的本质属性，而"是白的或黑的"（being pale or dark）是碰巧具有的属性之一。

这两种区分（述说-在之中/said of-in；本质的-偶然的 essential-coincidental）都反映了有关变化的事实：苏格拉底在没有停止存在的情况下不可能不再是一个人；因此，一个来自"是一个人"（being a man）的变化，不会是作为主体的苏格拉底的变化，因为他不会在变

---

⑤ 绝大多数解释者相信，殊相与非实体范畴中的共相一样，是在第一实体之中的。

⑥ 这一对应是不精确的，因为"特性"（distinctive property）（233）是必然的，但不是本质的部分。

化后仍持存。这是为什么"是一个人"(being a man)是苏格拉底的一个本质属性,从而"人"述说他。然而,他能够在没有停止存在的情况下不再是白的;因此一种从"是白的"(being pale)到"是黑的"(being dark)的变化将是一种作为主体的苏格拉底的变化。这是为什么"是白的"(being pale)是苏格拉底的一种偶然的属性,从而"白"是"在第一实体之中",而不是"述说"(said of)第一实体。

※

228 亚里士多德《范畴篇》1^{b}25–2^{a}11　每一个非联结的表达式,或指称实体、或数量、或性质、或关系、或何处、或何时、或姿态、或具有、或施为、或遭受。为了简要描述这些东西,这里有一些例子。实体:人、马。数量:两尺长,三尺长。性质:白的,文雅的。关系:两倍、一半、较大。何处:在吕克昂、在市场。何时:昨天、去年。姿态:躺着、坐着。具有:穿着鞋、披着盔甲。施为:切割、点燃。遭受:被切割、被点燃。刚才言及的东西,无一能够由其自身而在任何肯定中被述说,相反,肯定来自这些东西的相互联结。因为每一个肯定看起来要么是真的要么是假的,而非联结地被述说的东西——例如,人、白、跑、赢——无一是真的或是假的。

229 亚里士多德《范畴篇》2^{a}11–19　那最严格、最首要、最重要地被称为实体的东西,是既不述说任何主体也不在任何主体之中的东西——例如,一个个体的人或一匹马。第二实体既包括首要地被称为实体的东西所归属的种(species),也包括这些种之属(genera)。例如,一个个体的人,他属于人之种,而动物则是这个种(species)之属(genera);因此这些东西(例如,人和动物),被称为第二实体。

230 亚里士多德《解释篇》17^{a}38–^{b}1　某些东西是共相,其他的是殊相。我用共相意指那种自然地要谓述多个事物的东西；我用殊相指的不是这样的东西。例如，"人"是共相，而卡利亚斯是殊相。

231 亚里士多德《范畴篇》$2^b29\text{-}36$　在第一实体之后，只有它们的种和属被认为是第二实体，这并不令人惊讶；因为它们是仅有的揭示第一实体的谓述者。因为如果有人说一个个体的人是什么，那么恰当的说法要么言及种要么言及属，尽管言及人要比言及动物信息更多。相反，言及其他任何东西——例如，白或跑或其他任何诸如此类的东西——都将是不恰当的。

232 亚里士多德《范畴篇》$4^a10\text{-}21$　实体的最显著的特征似乎是，在数目上为一且同一个东西能够接受对立面……例如，一个个体的人，作为同一个东西，此一时变白，彼一时又变黑，既热又冷，既坏又好。

233 亚里士多德《正位篇》$101^b37\text{-}102^b14$　因此我们必须说明，定义、特性、属和偶性是什么。定义是一种表示本质的论述。⑦人们要么用论述来替换名称，要么用论述来替换论述——因为给某些由论述表示的东西下定义也是可能的……如果我们能够辩证地证明事物是相同的以及它们是不同的，那么我们将以同样的方式充分地获得定义；因为，一旦我们表明两个事物并不是相同的，那么我们将损害定义。反之则不然；表明两个事物是相同的，还不足以确立一个定义，然而表明两个事物并不是相同的，却足以摧毁一个定义。特⑧性不显示本质，而仅仅归属于那个主体并且相应地谓述它。例如，接受语法知识是人的

---

⑦ 或"〈主体〉是什么"。
⑧ 或"具体的"（peculiar）。参见 236，246，409，558（但是这些段落中，特性不与本质对立）。

特性；因为，如果某某是一个人，那么他就是语法知识的接受者，而如果他是语法知识的接受者，那么他就是一个人……属是本质性地谓述诸多种（species）上有差异之物的东西。当我们被问到一个既定事物是什么时，任何恰当地被言及的东西，都可算作本质谓述；例如，当我们被问到人是什么的时候，说它是动物，是恰当的……偶性乃是任何不是所有这些东西——既非定义也非特性也非属——但归属于主体的东西。而且，它是任何既容许属于也容许不属于同一个主体的东西。例如，坐着（being seated），既容许属于也容许不属于同一个主体；"是白的"（being pale）也是如此，因为同一个主体很容易此一时是白的、彼一时是不白的。偶性的这两个定义中的第二个是更好的。因为，如果第一个定义被陈述，那么仅当我们首先知道定义、特性和属是什么，才会理解它；然而，第二个定义就其自身就足以让我们知道它就其自身所说的东西……

234 亚里士多德《形而上学》1025^{a}14-24 我们把归属于某物并且能真的谓述它——但既非必然地也非经常地——的任何东西称为偶性……一个乐手可能是白的，但由于这既非必然地也非经常地发生，所以我们称白为偶性。因此，既然这些归属于一个主体，并且其中的一些在一个特定地点、特殊时间属于它，因此任何东西在这一时间或这一地点属于一个主体——而非因为它是这个主体，都将是偶性。

有多少实体？

235 如果亚里士多德对变化的分析是对的，那么我们关于所发生的变化的种类的观点与我们关于所存在的实体的种类的观点就会有关联。亚里士多德相信，当苏格拉底变白或黑时，没有任何新的实体生成，因此这种变化是有条件的生成。如果我们不赞同他，那么我们将比他承认更多无条件的生成；我们就会承认"苏格拉底不再是白的并变黑"是"白–苏格拉底"的消失和"黑–苏格拉底"的无条件的生成。在这种情况下，我们将拒绝亚里士多德在真正的主体和仅仅偶性复合物（诸如"白–苏格拉底"，由一个真正的主体与其偶性之一复合而成）之间所做的区分。

按照亚里士多德，当苏格拉底死亡时，这是消逝的情形，而非仅仅有条件生成的情形。如果我们不赞同他，我们就会比他承认较少的无条件的生成，从而较少的真正主体。我们会说苏格拉底不是一个真正的主体；唯一真正的主体是那个从他生成前的时间到在他消失后的时间持续存在的主体。

亚里士多德的前辈们有时（在他看来）承认了太多的无条件的生成，有时又太少。对复合体的持存标准的接受，要求在亚里士多德仅发现有条件生成的地方相信无条件的生成。这是赫拉克利特的观点（45）。这也是原子论者的观点，就他们把诸如桌子、树木等物质的集合看作变化的主体而言。

其他的前苏格拉底自然主义者允许比亚里士多德少得多的无条件的生成，因为他们并不把个体的人、马等视为（用亚里士多德的术语）第一实体。亚里士多德用安提丰的例子来阐明这一立场（236）。当我们考虑表面上无条件生成的情形时，我们注意到有某种基础性的质料在变化中持存；因此我们可以得出结论说，我们以为是一种无条件生成的东西，在更为基础的主体中，实际上不过是一种有条件的生成。

原子论者也接受这种消除论的观点，[9] 因为他们相信那些我们通

---

[9] 消除论的原子论：90，312，351。

常视为树和狗等的无条件的生成与消逝的过程,其实不是无条件的生成,因为它们只不过是原子的局部重组。他们相信(用亚里士多德的术语)习惯上公认的主体不是真正的主体,从而只有原子是真正的主体和实体;因此他们把质料当成唯一的实体,而且否认存在任何以形式(与其各种成分对立)为其本质的真正的实体。

在亚里士多德看来,原子论者对无条件的生成既具有过于宽大的观点(依据亚里士多德归于他们的第一个标准,成分的任何变化都是无条件的生成),又具有过于严苛的观点(按照第二个标准,一切变化都只是原子的重组)。因此,他认为他们的立场既是内在矛盾的,也无法在有条件的生成和无条件的生成之间做出恰当的区分。

一个原子论者可能回应说,在或宽或窄的标准之间的选择是任意的。或许它们仅仅是描述相同事实的两种方式;如果是这样,那么它们未能捕获我们在生成的类型间的日常区分并不重要,因为这种区分根本没有抓住实在的任何真正特征。为了考察亚里士多德对原子论立场的这种辩护的回应,我们必须更切近地考虑他关于形式的观点。

236 亚里士多德《物理学》193ᵃ9-28⑩　有人认为一个自然物的自然本质(nature)和实体(substance)是出现在它之中的首要成分,就其自身而言毫无秩序,从而,例如,床的自然本质是木头,雕像的自然本质是青铜。依据安提丰,对此的指示是这样一个事实:如果你要掩埋一张床而且腐烂的残留物能够生根发芽,那么会生成的东西将是木头,而非床。他认为,这是

---

⑩　亚里士多德论自然主义者;参见43。

因为习惯的[11]安排，亦即，技艺的结果，是这木头的一种偶性，而实体，以这些方式被施为，却仍然持续存在。如果这些东西中的每一个都以相同的方式与某个更远的东西相关联（例如，青铜和黄金与水，骨头和木头与土，等等其他任何东西），那么那个更远的东西也是它们的自然本性和实体。这就是为什么不同的人说火或土或空气或水、或这些当中的一些、或所有这些，是存在着的事物的自然本性。因为每当这些人中的任何一个人认为，这些东西中的一个或多个是首要成分时，他把这一个或这一些视为存在的全部实体，并且他把所有其他的东西视为这些东西的属性、状态和条件；而且，这些东西中的每一个都被认为是永恒的（既然它们并不从其自身发生变化），但其他东西则无限次地生成和被毁灭。

237 亚里士多德《**生成和毁灭**》314^{a}6–^{b}8　某些早期思想家说，所谓的无条件（*haplen*）的生成是变化（*alloiosin*/alteration），而其他人则认为变化不同于生成。因为，那些说整个宇宙是某一个东西并让万物从一个东西生成的人，不得不说生成是变化，而在〈所谓的〉严格意义上生成的东西〈其实只是〉被改变而已。相反，那些说质料多于一个东西的人——例如，恩培多克勒，阿那克萨戈拉，留基波——则必定说生成和变化是不同的。然而，阿那克萨戈拉误解了他自己的陈述。至少，他说生成和毁灭与变化是一回事，即使他像其他人一样说存在很多元素……[314^{b}1] 因此那些从某一个东西构造出一切事物的人，必定说生成和毁灭都是变化。因为在他们看来，在所有变化中主体始终保持为一且相同；这就是我们所谓的被改变了的那种东西。然而，那些承认多种事物的人必须将变化和生成区分开来；因为

---

⑪ *nomos*：125。

当事物被结合的时候,就有生成,而当它们被分解的时候,则有毁灭。这就是为什么恩培多克勒也以这种方式说,"没有任何东西产生,而只有已混合的东西的混合和分解"。

形式作为原因

238 为了回应原子论者,亚里士多德需要说明为什么苏格拉底或狗的消逝实际上是一种无条件的消失,以及为什么苏格拉底在白之后变黑或狗在瘦之后变胖不是"白‒苏格拉底"或"瘦‒狗"的无条件消逝,而仅仅是一种变化。为了回答这些问题,亚里士多德必须说明为什么苏格拉底和那条狗是实体,而"白‒苏格拉底"和"瘦‒狗"不是。

按照亚里士多德,我们应该拒绝一种关于复合体的同一性和持续性的强式标准,这个标准使得主体中的每一个变化都被看作主体的毁灭;这是他与赫拉克利特的区别之所在(45)。但是他也拒绝其他的前苏格拉底学派的观点:如果在一变化中有任何东西幸存,那么就没有任何真正的主体失去存在。即使这条狗的质料在这条狗死后幸存,亚里士多德也还是相信一个实体已失去存在。按照这种持续性标准,这条狗是一个从它的出生到死亡持续着的实体。持续性要求同一形式的持存,而非同一质料的持存。

为什么同一形式的持存标志了一种重要类型的持续着的主体?诚然,常识依赖于形式;但是为什么我们要接受常识?按照前苏格拉底诸家的观点,事物的自然本质(nature)——它们的基础的实在——是它们的质料(41-44)。亚里士多德否认事物的自然本质是纯粹质料性的。形式像质料一样,也是自然本质,因为形式解释了形式所是之主体的独特属性和行为。因此某些实体本质性地具有它们所具有的形式。

有关形式的这一主张依赖于亚里士多德的这样一个概念：一个东西的自然本质（nature）乃是其变化与稳定性的内在"起源"或"原理"（archê）。既然一个东西的形式说明了为什么这个东西在某些方面变化，但在其他方面是稳定的，那么它的形式就是它的自然本质。形式的解释性方面使得它成为亚里士多德的四因之一（97-99）。

为了表明形式是一种原因，亚里士多德诉诸人工制品的生产和一般的意向性行为。假设我们问为什么这把椅子的所有腿儿是同样长的，或者为什么只在这把椅子坚硬的、竖直的和水平的部分上才给予衬垫，而在椅子腿上没有。我们能够通过描述椅子是如何被制造的，并且指出这一过程的一个部分涉及让椅子腿儿齐长等来回答这一问题。但是这答案不会让我们满意；我们仍旧可能问："但既然它也能够以其他某种方式被容易地制造出来，那么为什么它是以这种方式被制造？"为了回答这一问题，我们必须提及这一事实：椅子是用来坐的，因此，如果它具有这些特点，那么对坐来说会更好。

于是，在这里，我们指涉了形式，既然我们认为椅子是用来坐的。我们指涉了椅子的定义，给出一种本质属性。这个本质属性是形式的而非质料的。它不是指涉用来制造椅子的质料——木材、金属或塑料，而是指涉对质料的安排。我们能够写出音节"CAT"，通过恰当的顺序来写出正确的字母，不论我们用墨水还是泥巴来书写它们；但是书写"TCA"或"ATC"不会形成音节"CAT"（参见259）。

在人工制品的例子中，形式因也指明了目的因；设计者以生产某物用来作为目的，而这一目的引导了椅子的生产。再者，对那些以十分不同的方式、用不同的质料来生产的椅子，我们能够给予相同的解释；如果我们想要理解为什么它们全以它们所是的那种方式被制成，那么我们必须提及形式因和目的因；提及质料成分是不够的。

239 亚里士多德《物理学》192ᵇ8-193ᵃ1　有些存在物是自然的，而另一些则由于其他原因。那些自然的东西就是动物及其部分、植物以及简单物体（土、火、气和水）；因为我们说这些东西和这一种类的物体都是自然的。所有这些东西显然有别于那些非自然地构成的东西，因为它们每一个都在其自身内具有变化和稳定的本源——对某些东西来说，是位置的变化和稳定；对另一些来说，是量的增长和缩减；对另一些来说，则是质的变化（*alloiosin*/alteration）。与这些相反，床或斗篷或任何其他人工制品，就这对于它为真且它是技艺的产品而言，不具有变化的内在冲动；但是就其碰巧被石头或土或这些东西的混合物制成而言，具有变化的内在冲动，但也仅仅在此范围内。这是因为，一种自然本质是一类内在于那些就其自身首要地且非偶然地归属之事物的变化与稳定的起源和原因。（我用"非偶然地"意指：某人是医生，他可能导致其自身之为健康的，但这并不是就他被治愈而言他具有医术；相反，同一个人是医生并且被治愈，是偶然巧合，而这就是为什么这两个特征有时被相互分离的原因）……因此，自然本质就是我们已经说过的；而具有一种自然本质的东西就是具有此种起源的那些东西。所有这些东西都是实体；因为〈一个实体〉是一种主体，而一种自然本质不可避免地在一个主体之中。合乎自然的东西既包含这些也包含任何本身就属于它们的东西，恰如向上升起属于火——因为这既不是一种自然本质也不具有一种自然本质，但却是自然的且合乎自然。

自然中的原因

240 于是，要表明形式是人工制品的原因是相当容易的。亚里士多德看到，要表明形式是自然有机体的原因是更加困难的。人工制品是由设计者的有意向的行为产生，但是——在亚里士多德看来——没有任何智能设计者意图或生产具有其目标指向特征的自然有机体。不过，他否认这一区别影响了关于自然中的形式因和目的因的各种主张的真理性。

他通过否认一切自然过程仅仅"由于必然性"（by necessity）而发生，来为自然中的目的因（目的论 [teleology]，源自 telos，"目的"或"目标"）辩护。他提及恩培多克勒是必然性的信奉者，但他的评论也适用于原子论者，他们把所有实体和事件解释成原子按照必然地决定其行为的诸规律而结合的结果（351，353）。

在亚里士多德看来，植物和动物中的器官的功能就是其目的因。器官发挥有利于整个有机体的功能；他主张它们就是为了实行这些有利的功能而存在。如果我们要理解各部分中的不同过程，我们必定参考整个有机体的利益。这些过程如它们所发生的那样发生，是因为它们为了整个有机体的利益契合在一起。

于是，形式在有机体中具有与在人工制品中相同的目的因作用；通过引征目的和功能，它解释了它们的变化和稳定性。属于一个有机体之形式的各种功能解释了为什么这个有机体以它特有的方式发生变化和是稳定的（例如，为什么心脏像它所做的那样供血，为什么消化器官像它们所做的那样工作）。在此限度内，人工制品和有机体应以相同的方式被理解，除了有机体不要求任何设计和意图之外。自然有机体的过程和活动应该从功能上、通过引征它们对作为一个整体的有机体的善好（good）的贡献来予以解释。有机体作为一个整体，是某种为了以某种方式活着而被组织起来的东西。质料的功能性组织安排就是形式；因此形式解释了为什么有机体以它所是所为的方式被构造出来的。形式是有机体的本性。⑫

这些关于目的因果性和形式的主张引生了进一步的问题。当亚里士多德主张心脏是用来供血以利于有机体的时候，他暗示在有利于有机体和心脏的供血之间存在某种因果关系。但是他没有确切说明是什么使得这个因果主张为真。一方面，他没有说有机体是理智设计的产品（如柏拉图和斯多亚学派所相信的那样）。⑬ 另一方面，他也不相信有机体源自任何进化过程。

那么，我们应该如何理解目的因和其他种类的原因之间的关系？两种答案得到辩护：

(1) "不相容论"（248）。每一个有目标指向的过程都要求某种质料的过程（例如，营养要求涉及消化食物的多种过程），但是有目标指向的过程不能完全由任何一个或多个质料过程构成。如果它完全由这类过程构成，那么它就能够借助质料因和动力因得到充分解释，从而不会有任何目的因。

(2) "相容论"：即使一切有目标指向的过程都是完全由质料过程构成的，且其中每一个都可由质料因、动力因予以解释，但目的-因果的解释仍将是对那个作为一个整体的过程的唯一充分的解释。目的因不可还原为质料因-动力因，因为目的因所给出的解释不能够被仅涉及这些其他原因的同等好

---

⑫ 亚里士多德的论述关注具体有机体的特定过程的利益，而非一个有机体对另一个有机体而言的利益。然而在自然界，他也肯定了他对后面这种目的论的信念。见 596-598。

⑬ 设计：589，591-593，614-615。从关于理智设计中而来的目的论的独立性在理解伦理学中的"功能论证"中是重要的。见 407。

的解释所替换。有时，在有机体的利益与一个具体的器官或过程的结构或功能之间存在一种系统的因果联系；这个器官或过程在不同的环境发挥不同的作用来维持对有机体的利益（例如，与消化碳水化合物相比，消化脂肪花费更长时间）。在诸如此类的情形中，器官或过程本身就是为了有利于有机体。

这两种有关目的因果性的观点之间的差异，可以从恩培多克勒对表面上的目的论的解释中得到阐明（242-243）。根据恩培多克勒，动物获得所有种类的牙齿——包括合适的和不合适的——因为随机的而非指向任何目标的过程。我们遇到的那些动物具有合适的牙齿，仅仅因为那些具有不合适牙齿的动物已经灭绝。这一解释对有目的指向的过程的表面基础给予了一种非目的论的解释；因此，从不相容论的观点看，它排除了任何真的目的论解释。

然而，从相容论的观点看，这一论述给予目的论一种因果基础。如果，因为这些牙齿对那些前一代的成员来说具有幸存的价值，后代具有它们所具有那种牙齿，那么，这些后代就因为它们的幸存价值而具有了它们。因此，在这些后代当中，这些动物因为这些牙齿是有益的而具有它们所具有的牙齿，从而目的因果性的信念就得到了证实。

关于亚里士多德目的因果性理论的这些解释的问题引起了更为一般的问题，亦即，他关于形式的主张是否与不同版本的唯物主义冲突，他与前苏格拉底哲学家们的基本分歧何在。一种版本的唯物主义仅仅主张存在的一切物体都是由质料做成的，而且一切事件就在于质料的交互作用（249）。亚里士多德关于形式和目的因的主张没有断言或蕴含这一主张为虚假，如果这些主张允许相容论的解释的话。在那种情况下，他从根本上不赞同原子论，不是因为唯物主义的真或假，而是因为原子论寻求排除而不是证实那种本质上引征

6 形式与质料：亚里士多德和斯多亚主义

形式而非物质成分的解释。⑭

亚里士多德的目的论主张影响了他对植物和动物的细致探究；他对象鼻的讨论提供了一个生动的例子（246）。在这个例子中，像在其他例子中一样，他为动物的不同方面同时提供了目的论的解释和非目的论的解释。他没有宣称自然有机体的结构和行为的所有方面都能够从目的论上得到解释；某些质料因和动力因的运作无须形式因和目的因。

塞奥弗拉斯特，作为吕克昂的首脑，亚里士多德的继任者，强调了目的论解释的局限（21）。塞奥弗拉斯特提到了某些困难和某些例外（247），这些都促使伊壁鸠鲁学派完全放弃诉诸目的因。但是他并不为伊壁鸠鲁学派的反动背书。

241 亚里士多德《论动物的部分》639^{b}14-21　第一因显然是我们所谓的为了某某之故的那一种。因为这就是形式，而形式又是起源，这在技艺产品和在自然构成的事物中是一样的。因为医生和建筑师一开始先在思想或感知中确定健康或房子的定义，接着提供他所制造的每一个东西的形式与原因，以及它为什么应该以这种方式被制造的原因。此外，某物为何之故（以之为目的的东西）——亦即，美好——在自然产物中呈现较之技艺产品为甚。

242 亚里士多德《物理学》198^{b}10-199^{a}30　我们必须首先说明自然本质为什么在目的因中间，然后说明必然性如何应用于自然物，因为每个人都把事物与必然性相关，他们说，既然热、冷以及每一种元素都有某种自然本质，那么某些其他东西也都

---

⑭ 原子论的辩护和消除：90。

必然地存在和生成。如果他们提到了任何不同于必然性的原因（例如一位思想家⑮提到爱与憎，另一位⑯提到心灵），他们也仅仅触及一下，然后就任由其溜走……

为什么不假定自然的运作并非为了某个目的或因为它是更好的，而是出于必然性，恰如宙斯降雨⑰不是为了让谷物生长而是出于必然性？因为已被凝聚的气被冷却、被冷却变成水就落下来，是必然的，而当这发生时，谷物生长，却是偶然巧合。相似地，如果某人的谷子在打谷场上腐烂，那么也不是为了腐害谷子而下雨，这一结果是偶然巧合。那么，何不假定这对自然有机体的诸部分来说也同样为真呢？例如，按照这种观点，前牙长得锋利、适用于撕咬，后牙长得宽阔、于咀嚼食物有用，都是由于必然的，因为这是偶然巧合，而非它们以之为目的。这对于所有其他看似为了某目的的部分来说，同样为真。那么，按照这种观点，每当所有各部分碰巧发生却仿佛是为了某个目的而发生时，这些动物幸存下来，因为它们的构造，尽管由于机遇而产生，使得它们适于生存。然而，其他动物是以别的方式被构造并因此被毁灭；诚然，它们仍处于被毁灭状态，就像恩培多克勒提到的"人面牛"。⑱

因此，这一论证，以及其他与它类似的论证，可能令一些人困惑。但事实上，像这样的事情是不可能的。因为这些以及所有自然物，其实都或者总是或者经常地生成，而运气（luck）和机遇（chance）的结果却无一或者总是或者经常地生成。（因

---

⑮ 恩培多克勒。
⑯ 阿那克萨戈拉。见 91，96，588。
⑰ 雨：参见 581。
⑱ 恩培多克勒：243。

为我们把夏雨或冬天的热浪而非频繁的冬雨或夏日的热浪视为运气或巧合的结果。）因此，如果这些现象看起来要么是偶然的结果要么是为了某目的，而它们不可能是巧合的或机遇导致的，那么，它们就是为了某目的的……

[199ª17] 如果……技艺的产品是为了某个目的，那么显然，自然的产物也是为了某个目的；因为，在技艺的生产和在自然的生产中，在较后阶段与较前阶段之间存在相同的关系。这在人以外的动物的情况中最为明显，因为动物在产生东西的过程中既不使用技艺也不使用探究或慎思——诚然这就是为什么有些人对于蜘蛛、蚂蚁和其他这类东西是否通过理智或某种其他方式来运作感到困惑的原因。如果我们沿着相同的路线一点一点地推进，显然，甚至在植物中，也产生了促进目的的东西——例如，叶子为了保护果实而生长。因此，如果燕子筑巢，蜘蛛织网，都既是自然的，也是为了某种目的，并且，如果植物为了果实之故而长叶子，为了营养之故而向下而非往上扎根，那么，显然可以得出结论说，这类原因在由于自然而生成和存在的事物中被发现了。

243 依良《论动物的本性》xvi.29＝DK 33 B61　自然哲学家恩培多克勒，那个也言及某些动物的独特性征的人，认为某些杂交物种被产生，其形式的混合有别，但由于身体的合一而联结。这是他的话："许多长成双面、双胸的生物——如出现的人面牛和牛头人——其混合部分来自雄性的形式、部分来自雌性的形式，混合而成，并配有黑色的肢体。"

244 亚里士多德《论动物的部分》642ª31–ᵇ2⑲　我们的证明应该沿着这些路线：例如，呼吸是为了这，但这是因为这些东西出

---

⑲ 紧跟 99。

于必然性而产生。必然性有时意指：如果那个目的要达到，那么这些东西的存在是必然的。有时意指事物由于自然而如此这般。例如，热的流失、热遇到阻挡之后的返回，以及气的流入，都是必然的。这全是必然的；当内部的热因为持续冷却而对抗的时候，外部的气就进入或者离开。

245 亚里士多德《论动物的部分》658^{b}2-10　没有哪种动物像人一样在头上有那么多毛发。首先，这是由于必然性，因为人脑的液体性和颅骨中的许多缝隙；因为凡是最湿和最热的地方，最大量的生长就是必然的。不过，这也是出于保护的目的：遮挡过多的热和冷。既然人脑比任何其他动物都更大和更湿，那么它也需要更多的保护。因为液体越多也就越易于被加热和被冷却，而处于相反状态的东西受影响较小。

246 亚里士多德《论动物的部分》658^{b}33-659^{a}23　大象具有最特别的[20]鼻子，因为它是格外硕大和强壮。它的鼻子仿佛手一样被使用，把食物——无论液体的还是固体的——送入嘴里。它也用它的鼻子把树缠绕起来后连根拔起，因此就仿佛它是一只手一样使用它。因为大象具有陆生动物的自然本质，又是沼泽的居民。它从水中获取它的食物，但它也需要呼吸，既然它是陆生动物又有血液；此外，因为其过重的体重，它不能快速地从水中移动到陆地，就像某些别的能呼吸的、多血的胎生动物能够做的那样。因此以相同的方式与水和干燥的陆地打交道，对它来说是必然。这就像潜水者，他们有时配备一件供呼吸的器具，从而通过使用这器具来吸入水外面的气，他们能够在水下长时间停留。这是自然给予大象的那个长鼻子的特征。这就是为什么，每当它们必须在水中开道的时候，它们把它们的鼻

---

[20] 特性：233。

子高举出水面并且通过它来呼吸；因为象的大长鼻，如前所说，就是它的鼻子。现在，这个鼻子，如果它是僵硬的和板结的，做所有这一切就将是不可能的。因为它的长度将妨碍这种动物从外部获得食物，就像人所说的"倒走–食草"公牛的角，这些牛据说为了进食不得不倒退几步。因此，象鼻是柔软而易弯曲的；因此，除了通常的功能，自然还用它来完成一项额外的任务，代替前足的功能……

247 塞奥弗拉斯特《形而上学》10^a21-11^a15　万物都是为了某个目的，从而没有什么东西是无意义的——目的的规定作用，关于这种观点，如通常所述的，一般而言并不容易。（我们该在哪里开始，我们又该把终点设在哪里？）尤其是，某些东西看起来并非为了任何目的，但却发生了，其中有些是由于巧合，另一些则由于某种必然性，恰如天上和大多数地上现象的情形……[10^b21] 在植物以及较少生命的东西的情形中，它们的形状、形式和能力似乎具有某种特定的自然本质，有人可能就会追问这些都是为了什么目的……如果它们不是为了任何目的，我们必须为此——为了某个目的的东西和朝向最好状态的倾向——设定界限，而非在所有情形中都无限制地假定它。因为甚至以下陈述都引发了某种怀疑，无论它们是无限制地被做出的，还是指涉了某些具体情形；例如，当人们无限制地陈述时，就期望，自然在所有情形中都以最好（the best）为目标，并且，只要可能，自然就让事物分有永恒和秩序。当关于动物的相似陈述被做出的时候，这同样为真；因为我们被告知，在较好的东西（the better）是可能的地方，它就从未缺席，因此，例如，气管在食管的前面，因为这是更光荣的，血液的混合在心脏的中间心室是最好的，因为中间是最光荣的；那些以装饰为目的的诸部分也与此类似。因为，即使这是自然的目的，但仍有事实至少表明，还有很多东西并不服务于好或接受善好（the good）……

248 乔纳森·李尔《亚里士多德：理解的欲求》,[21] 第36页　在20世纪，哲学家们做了很多工作来表明目的论解释与机械论解释是可相容的。例如，人们能够说蜘蛛拉起蛛网是为了保证营养，但人们也能够通过蜘蛛的神经生理构造和基因遗传来说明它的有序活动。这就是说，实际物理结构为目的论行为建基。重要的是要意识到，亚里士多德不相信任何诸如此类的相容论。对亚里士多德来说，人们必须引征在其最终实现了的状态中的形式，其理由就在于，人们只有指涉那个形式，才能理解目的论行为。

249 理查德·波伊德《无还原论的唯物主义》,[22] 第85页　唯物主义者断言，所有自然现象，所有事件、过程、对象，等等，事实上都是物理的：所有对象都仅由物质构成，所有事件和过程也仅在于物质的东西之间的相互作用。特别是，心灵的事件、状态和过程，仅在物质的安排或构型以及实现它们的物质性力量方面，无可争议地区别于物理的事件、状态和过程。例如，痛苦与地震截然不同，但差异是构型上的（configurational），而非构成上的（constitutional）。它们由相同的材料构成。

形式和同一性

250 亚里士多德把形式视为自然本质（nature）的诸理由也支持他反

---

[21] 剑桥：剑桥大学出版社（CUP），1988。
[22] 出自《哲学心理学读本》，N.J.布洛克编（剑桥，马萨诸塞州：哈佛大学出版社，1980），第67—106页。

对有关无条件生成的范围的自然主义观点（90）。一件人工制品在变化中幸存，即使相同的质料集合并不幸存。一把椅子能够被重新上漆，或毁坏，或修理，而不停止存在（对比55）。质料的功能性组合持存；因此形式持存；因此这把椅子持存。亚里士多德指出，关于变化和生成的各种简单和明显无争议的判断都预设了他在关于形式的主张中总结出的那些一般观点。

于是，对人工制品来说，亚里士多德对纯粹复合体的同一性标准有一个好的反驳。如果形式是稳定的，即使复合体变化，同一个事物始终持存。如果形式是自然有机体的自然本质，只要它们的形式持存，它们也就持存，即使它们以其他的方式变化。形式属性是自然有机体的本质属性；如果它们持存，有机体虽经历其偶然属性的变化仍然持存。

因此，必定存在比原子论者所假设的更多的无条件的生成。关于无条件生成的范围，原子论者是错的，因为他们具有错误的原因观念。如果一个个别的变化主体，只要它的形式持存，它就持存，那么相同的形式因和目的因原则就解释了这个质料的活动。这一主体具有相同的目标指向结构，即使其复合体不是严格相同的（参见334）。于是，原子论者必定错误地假设了物质微粒是唯一真正的实体（84）、唯一真正持存的变化主体。如果日常实体仅仅是集合，那么复合体的持存标准将适用于它们；但既然它们的持存不依赖于复合，那么它们就不只是集合。

形式对于理解持存的重要性在营养和生长的情况中是显而易见的。亚里士多德指出，有机体生长并持存，即使它没有任何具体的质料部分持存。在那个让人想起赫拉克利特论河流的比较中，他强调，即使质料总在变化，就像水以同样的尺度流进流出，相同尺度的持存蕴含了一个持续的主体（252）。这一比较有助于我们理解一个具有持续变化质料的有机体的持存。

251 亚里士多德《论动物的部分》640^{b}22–641^{a}14　　因为，只说明动物的每一部分都是由什么构成——例如，由火或土构成——是不够的。如果我们谈论的是一张床或其他任何人工制品，我们会试着定义其形式而非质料（例如，青铜或木头），或者至少，我们会把质料定义为复合体的质料。因为一张床，或者是在这种质料中的这种形式，或者是这种形式的这种质料。因此我们应当提到这东西的质料、形式以及它具有的那种特征，因为与形式相对应的自然本质要比质料的自然本质更重要。于是，如果一只动物及其各部分通过具有其形状和颜色而具有其本质和存在（being），那么德谟克利特将被证明是对的，因为这似乎就是他的假设。[23] 至少他说过，每个人都清楚人的形式是什么，他认为人是由其可见的体形与肤色而被认识的。然而，这是错的；死人也具有与活人所具有的、同样可见的身材和体形，但不再是个人了。再者，某物要成为一只手，如果它的物质条件不对——例如，如果它是一只青铜或木质的手——那么也是不可能的；在这种情况中，它仅仅能够同名异义地是一只手，[24] 就像画中的一位医生仅仅同名异义地是医生一样。因为它将不能

---

[23] 德谟克利特的唯物主义：312。
[24] 亚里士多德把"banks（银行／河岸）"（例如）看作是同名异义的，因为在"银行开门营业"和"河岸由于洪水决口"两个句子中，"bank"具有不同的含义。他在这里主张（大致来说）我们在不同的意义上使用"医生"当我们说在画中的医生正在带着一个药箱；我们只是把"医生"应用到医生的一个相似（likeness）上去。因为同样的原因，一只死掉的手在严格的意义上不再是一只手，而仅在一种衍生的意义上是，因为它只是一只手的相似物。参见252, 257, 336, 558。

发挥一只手的功能，恰如画中的医生或石雕的长笛不能发挥医生或长笛的功能一样。类似地，死人的任何部分都不再是那种真正意义上的部分——例如一只眼或一只手。因此德谟克利特的主张缺乏恰当的条件限制；它不比木匠主张木手是手更好。因此自然哲学家就是这样描述生成与动物体形的诸原因。请假设我们追问，"何种能力产生这个？"。大概木匠会提到斧子或钻子，而自然哲学家会提到气和土。不过，木匠给出了更好的回答。因为他不会认为说"当他的工具击打木料时，这一部分变中空，另一部分变平整"是充分的。他也会提到那个说明为什么和出于什么目的他打了这一击的原因——亦即，为了产生这种或那种形状。因此显然，自然哲学家错了，而且我们必须说一只动物具有我们已经描述过的那种特征。无论关于动物自身还是它的每一部分，我们都必须说明它是什么以及它是何种东西，恰如我们也提到的床的形式。

252 亚里士多德《生成与毁灭》$321^b16\text{-}32$ 为了把握生长的原因，我们必须做出一些区分。首先，一个非有机同质的部分通过诸有机同质的部分的生长而生长，因为它由它们构成。其次，肌肉、骨骼和每一个有机同质部分，像那些在质料中具有形式的其他事物一样，都有两个方面，因为无论质料还是形式都被称为肌肉或骨骼。于是，对某物来说——就它是形式而言——通过添加某东西，所有部分都生长，这是可能的；但就它是质料而言，这是不可能的。因为我们必定认为这类似于用相同的尺度测量水，在那里，生成的东西总是彼此一个接着一个。类似地，肌肉的质料生长，并非它的每一个单独部分被添加，毋宁是，一个流出，另一个被添加；但形状和形式的每一个部分都被添加了。在非有机同质的各部分——例如一只手——的情形中，它成比例地生长，这是更清晰的；因为质料有别于形式这个事实，相比肌肉和其他有机同质的部分的情形，在这种情形中是更清晰的。这就是为什么，当一个动物已经死掉的时候，我们更倾向于认为肌肉和骨骼仍然存在，手或手臂则否。㉕

形式作为实体

253 在《形而上学》第七卷的复杂和常常晦涩的论证中，亚里士多德总结和发展了他对实体和相关问题的某些反思。他的讨论过于复杂，难以用一些摘录来充分地呈现。而且，有关其立场的解释上的分歧甚至使得摘录的选择也极富争议；它可能会遗漏那种有些人视为亚里士多德的解决方案中关键部分的内容（当然，如果他提供了的话）。但值得提及在其讨论中的某些要点，看看它们如何与那些已经提出的问题相关。

亚里士多德讨论了质料是实体的主张（256）。这个主张是模棱两可的，他也意识到它可能表达三个主张：

（i）质料是仅有的实体。
（ii）它是首要类型的实体。
（iii）它是实体的一个类型，或在某种程度上是实体。

亚里士多拒绝前两个主张，但是接受第三个。

亚里士多德所偏爱的实体候选者是形式。他为此论证说，自然有机体在本质上是形式的，不能被简单地等同于它们的质料（257）。这一主张部分可以从质料的单纯堆积与由其形式统一起来的真正的

㉕ 死去的有机体及其部分：257，336。

实体之间的对比中得到理解（258）。形式，包括有机体的生机功能，是历时性持存的标准，因为它是在某一时刻的统一性的标准。它使得一堆物质成分——例如肌肉和骨骼的集合——成为单一的活生生的有机体。生机功能是各个不同部分的运动的目的因。有机体经历质料的变化始终持存，只要它保持其形式的和功能的属性。

关于亚里士多德如何把这些观察发展成一种关于形式和质料以及它们与实体之间的关系的理论，我们可以给出两种不同的论述：

(1) 他把形式看作种的所有成员都分享的普遍本质，质料则是其特殊性（particularity）的来源。苏格拉底和柏拉图分有同一个形式，因为每一个都是一个人。每一个都因为其形式而是其之所是，因为只要他是人，他就保持存在。但就种层次上的属性（是人）在两个不同的质料中出现而言，他们是两个不同的人。这同一种形式就是那两个特殊个物的实体，亦即本质（227）。

(2) 他不仅承认普遍的形式，而且承认那些作为诸特殊实体的特殊形式。特殊的形式本身就是一个主体，不只是质料的偶合者。既然它是一个实体在变化中持存的标志，而且既然一个有机体的形式在变化中持存，那么形式本身就是一个持存着的主体。按照一种观点，亚里士多德把一个有机的实体——例如这个特殊的狗或马——视为等同于其形式，而非等同于在不同时间包含形式的质料成分。按照另一种观点，他把形式视为一个殊相，而这条狗则是更进一步的殊相，形式和质料的复合物。

在这两种对亚里士多德观点的解释（以及它们的各种变体）之间做出抉择是困难的。每种解释都表达了亚里士多德可能合理地从我们已经讨论过的关于形式和质料的主张中推导出来的某些东西；

每种解释也都引生了关于不同段落的理解的各种困难和关于亚里士多德一般立场的融贯性的各种困难。㉖

对作为实体的形式的讨论与亚里士多德有关灵魂和身体的关系问题的处理密切相关。既然他把形式等同于灵魂,那么他就相信——按照一种形式观念——一个有机的实体严格上就被等同于其灵魂(334-337)。我们对有机体与其灵魂之间关系的解释将依赖于我们如何看待形式之为实体的方式。

亚里士多德实体主张的进一步应用是他的神圣实体概念。这些是纯粹的形式,因为形式是现实。我们能够通过考虑日常实体来理解亚里士多德的意思。人工制品或有机体的形式就在于功能,也就是把成分性质料的潜能现实化之状态和活动(铁能够被削尖用来切割,而刀就是铁中的这种潜能的实现)。因此,亚里士多德把质料等同于潜能,把形式等同于现实(参见334-335)。神圣存在者是恒久现实的,因此不包含任何潜能或潜在性的要素;因此它们是无质料的形式(601-603)。在它们的情形中,如在人工制品和有机体中那样,形式就是实体。

254 亚里士多德《形而上学》1017^{b}10-26　那些被称为实体(ousia/substance)的东西首先是简单物体(土、火、水和所有这类物体)以及一般的物体和由它们组成的东西(动物和神圣的东西及其诸部分)。所有这些东西都被认为是实体,因为它们不谓述一个主体,而其他东西谓述它们。在另一种意义上,任何通过内在于一个主体,作为不谓述主体的东西的存在的原因的东西——例如灵魂之于动物——被称为实体。此外,内在于这类

㉖ 尤其见 257, 259。

东西中的所有部分，界定并指示其个体性，它们的毁灭导致整体的毁灭，被称为实体；例如，体随着面的毁灭而毁灭（如某些人所说的那样），面随着线的毁灭而毁灭。而且通常，在一些人看来，数就是这种东西，因为，如果它被毁灭，那么无物存在，它界定万物。再者，本质（*to ti en einai*/essence）——其表述（*logos*/account）就是定义——也被说成是事物的实体。因此结果是，实体有两种意义：它既是终极主体，不能谓述任何别的东西，又是任何具有个体性、可分离的东西——这对于一个物体的形状（亦即形式）来说是真的。

255 亚里士多德《形而上学》$1028^{a}10-^{b}7$ "是"（Being）有多种意义……因为它或者意指"所是"（*to ti esti*/what-it-is）和"这一个"（*tode ti*/a this），或者意指质、或量、或任何其他以这种方式谓述的东西（*ton houto kategoroumenon*/ 范畴）。[27] 但是，当"是"（being）以这许多方式被言说的时候，显然，在这些方式中间，第一位的"是"（being）是"所是"（what-it-is），它意指实体。因为每当我们说这［个东西］有什么性质时，我们称它为好的或坏的，而非六尺长或者一个人，然而，每当我们说"它是什么"（what it is）时，我们称它为一个人或一位神，而非白的或热的或六尺长；而其他东西通过属于这类"是 / 存在"（being）而被称为"是者 / 存在者"（beings）——一些为量，一些为质，一些为遭受，另一些以其他诸如此类的方式……因此，显然，正是因为实体，那些每一个别的东西也才是一个是者 / 存在者（a being），从而，以第一位的方式"是 / 存在"的东西——它不是某东西而是无条件地是"一个是者 / 存在者"（a being）——是实体。现在，"第一"（the primary）也有多种意义，但是同

---

[27] 范畴：288。

样，实体在所有意义上——在定义、认识和时间上——都是第一位的。㉘因为，除了实体，其他范畴无一能够分离独立。实体在定义上也是第一位的，因为其定义必然出现在每一个给定事物的定义之中。此外，我们认为我们认识一个事物，最重要的是我们认识某物之所是——例如，人或火是什么，而非认识它的质或量或处所；诚然，仅当我们也认识了量或质是什么时，我们才认识了所有这些东西。事实上，那个古老的问题——从遥远的过去直到现在总是被追问且总是引发困惑——"存在是什么"（what is being）？恰恰就是"实体是什么"（what is substance）？的问题。一些人说实体是一，另一些人说多于一，一些人认为它在数目上是有限的，另一些人则认为是无限的。因此我们也必须把研究这种意义上的"是"之"所是／是什么"（*tou houtos ontos ti estin*/what it is that is in this way）作为我们主要的、第一位的、实际上（我们可以说）是我们唯一的任务。

256 亚里士多德《形而上学》1028^{b}36-1029^{a}33 ……主体（*hupokeimenon*/subject）是那样一种东西：其他东西谓述它，但它自身不谓述任何其他东西；因此我们必须首先确定它是什么，因为第一位的主体看似是最严格意义上的实体。被如此言及的东西，一种意义上是质料，一种意义上是形式，第三种意义上是由这二者合成的东西。（质料，我指的是，例如，青铜；形式，我指的是形状的构造；它们的合成体，我指的是，雕像，亦即那个复合物。）因此，如果形式先于质料，而且更加实在，那么基于同样的理由，形式也将优先于由形式与质料这两者合成的那个东西。那么现在，我们已经概述了实体是什么：它不谓述一个主体，但是它由其他东西来谓述它。

㉘ 文本可疑。[按洛布丛书希腊原文：*logoi kai gnosei kai chronoi*。——译者]

但我们不能就此了事,因为尚不充分的:首先,它自身是不清晰的,而且,质料也证明为是实体。因为,如果质料不是实体,那么很难看出还有什么别的实体;因为当其他东西都被剥除的时候,显然,(除了质料),没有任何东西保存下来。因为其他东西是物体的遭受(pathê/affections)、产物和能力;而长、宽和高是三种量,而非实体(因为量不是实体),但这些东西所归属的那个第一位的〈主体〉,与它们相比,更是实体。但是当长、宽和高被抽取掉之后,我们看到,除了它们所规定的那些东西之外,没有任何东西留下。因此,如果我们以这种方式考察,那么质料必然显现为是唯一的实体。我用质料意指:就其自身而言,既不是某一个东西(ti),也不是量或任何其他规定存在的东西(范畴)。㉙所有这些东西(范畴)都谓述某个东西,它的"是/存在"(being)不同于被用来谓述的每一个东西(范畴)的"是/存在";因为其他东西都谓述实体,而实体谓述质料。因此,终极的东西(the last thing,主体),就其自身而言,既不是某一个东西(ti),也不是属于某个东西的量或任何其他(范畴);它〈就其自身而言〉也不是这些东西的否定,因为否定也〈与肯定的属性一样〉将〈只是〉偶然地属于它。

因此,如果我们从这种观点研究它,那么结果是,质料是实体;然而这是不可能的。因为"是可分离的"(being separable)和"是这一个"(being a this)似乎最严格地属于实体;这就是为什么形式以及形式和质料的复合物,相比质料,似乎更是实体。因此,两者合成的实体,我指的是由质料和形式合成的实体,应被搁置一旁,因为它后于其他两者,是清楚的。质料在某种

㉙ 范畴:255。

意义上显然也是这样。那么，我们还得考虑第三种类型的实体，因为它是最令人困惑的。

257 亚里士多德《形而上学》1035^{a}1–^{b}27　于是，如果……质料、形式及其混合物全都是实体，那么这得出，在一种意义上，质料也被称为某物的一个部分，但在另一种意义上它不是，在这第二种意义上，只有组成形式之表述的诸要素才是部分。例如，肌肉不是"凹"（concavity）的一个部分（因为它是凹在其中生成的那种质料），但是它是"翼"（snubness）的一部分。再者，青铜是这座复合的雕像的一个部分，但不是作为形式而被言及的雕像的一个部分。因为，正是这雕像的形式——亦即就其具有形式而言的雕像——而绝不是质料方面本身，应作为雕像而被言及。这就是为什么圆的论述不包括诸断弧的论述，而音节的论述却包含诸字母的论述；因为字母不是质料，而是形式的论述的部分，然而断弧却是圆的形式在其中生成的诸质料部分……[1035^{b}11]因此所有的质料部分——亦即整体分解为其质料的那些部分——是后于整体的，但是，论述（account）的诸部分以及与此论述相应的实体的诸部分，或者全部，或者其中一些，是先于整体的。

现在，动物的灵魂——被赋予灵魂者的实体——是与这种论述相符的实体；它是那种特定种类的身体的形式和本质。无论如何，每个部分的恰当定义都需要参考其功能，而这一功能又要求感知。因此，灵魂的诸部分，或者全部或者其中某些，先于复合成的动物，这同样适用于个别的动物。而且相同的东西也适用于个物。身体与其各部分后于这实体〈亦即灵魂〉，并且，其各部分是复合体——而非这实体——分解成的质料。在一种意义上，它们先于复合体，但在另一种意义上，它们不是，因为当它们被分离的时候，它们不能存在；因为手指并非在所有条件下都是动物的手指,当它死了,它仅同名异义地^㉚是一根手指(仅仅与活的指头具有相同的名称而已)。〈复合体与〉某些部分是相互依赖的,如果它们是起控制作用的部分,那么论述和实体就主要依赖这些部分——例如心脏和大脑(至于究竟是两者中的哪一个,则无关紧要)。

258 亚里士多德《形而上学》1040^{b}5-14　显然,即使公认的实体中间,绝大多数是能力(潜能/capacities)。这些东西包括动物的诸部分(因为〈只要它们依然是动物的部分〉,它们无一是分离的;每当它们被分离,它们全都作为质料而存在),土、火和气也是如此。因为这些东西都不是统一体,相反,在它们逐步发展并有某个东西从它们生成出来之前,它们每一个都只是一种堆积。人们很容易假设,与灵魂有密切关联的有灵生物的各部分,既是"现实上的存在者"(beings in actuality),又是"潜能上的存在者"(beings in capacity);因为它们从其诸关节中的某个源头,具有了变化的起源,这是当一些动物被分解时仍然存活的原因。虽然如此,所有这些东西都〈只是〉以潜能存在。

259 亚里士多德《形而上学》1041^{a}9-^{b}33　……那么,既然实体是某种起源和原因,我们应该从这里推进。在所有情形中,我们都通过问"为什么一个东西属于另一个东西"来问缘由……我们可能……问为什么人是这样一种动物。那么,在这里,我们显然不是在问"为什么一个人的某物是一个人?"我们是在探究"为什么一个东西属于另一种东西";它属于那种东西必定已经是清晰的,因为否则的话我们就是在探究无。例如,当我们探究为什么打雷的时候,我们问云里为什么有声音;在这里我们探究"为什么一个东西属于另一个东西"。类似地,我们问

㉚　关于同名异义这一学说,可参见 252,336,407,558。

为什么这些东西——例如,砖块和石头——是一座房子。那么显然,我们在探究原因;而这就是本质(从逻辑的观点来说)。在某些情形中——例如,或许,一座房子或一张床——其原因是事物以之为目的的东西;有时它是那个最初发动变化的东西,既然这也是一种原因。在生成和毁灭的情形中,我们探究后一类型的原因;在存在和生成的情形中,我们追问前一类型的原因……显然,我们问为什么这质料是某东西。例如,我们问"为什么这些东西是一座房子?"因为房子的本质属于它们。类似地,为什么一个人是"这(形式)",或更确切地说,为什么是具有"这(形式)"的这个身体。因此,我们探究质料由此而成为某东西的那种原因,亦即探究形式;而这个原因就是实体……

现在,一个复合物是由某物以这样一种方式构成的:整个东西是一,不像一个堆积体,而如一个音节。音节不是字母——例如,B和A与BA不是一回事,火和土与肌肉也不是一回事。因为,当那些构成要素被分散开的时候,肌肉或音节不再存在,即使字母或火或土仍然存在。因此音节不仅仅就是元音和辅音,而是还有另外的东西;相似地,肌肉不仅仅就是火和土,或热和冷,而是还有另外的东西。现在假定,这另外的东西必定要么是一种元素,要么是由几种元素合成的。如果它是一种元素,那将重复同样的论证;因为肌肉将由这种新元素加上火和土,再加上某种另外的东西构成,从而这将无限地继续下去。如果这种另外的东西是由一种元素构成,那么它显然不是由单纯一种元素构成(否则它自身将是这一种元素),而是由多种元素构成;那样一来,关于它,我们将重复关于肌肉或关于音节的相同论证。但看起来,这另外的东西是某种不同于元素的东西,它是使得一个东西是肌肉、另一个东西是音节的原因，其他情形也类似。现在，这就是一个给定之物的实体；因为这是这物是其之所是（being what it is）的最首要的原因。某些东西不是实体，是实体的东西都是自然地构成（并合乎其自然本质的）；因此这种自然本质——它不是元素而是起源——显然会是实体。元素是事物被分解成的、作为质料呈现于事物中的那种东西——例如，音节中的 A 和 B。

斯多亚学派论持存的主体

260 斯多亚学派似乎发展了对亚里士多德关于形式、主体和实体的观点的第二种解释（253）的某些方面。[31] 因为他们赞同亚里士多德的这一主张（依据那个第二种解释）：某物的形式的属性标志着一个具有其自身持存和消亡条件的独特主体。在他们看来，一个有机体的存在要求两种主体在同一地方和同一时间的存在。"第一"主体是纯粹质料主体，而"第二"主体是形式主体。如果我们想要捕获有关生长和持存的事实，那么我们必须承认这两种主体。唯独形式主体有能力生长。纯粹质料主体没有能力生长，因为它没有能力经历任何量的变化而保持存在。

斯多亚学派的两种主体的理论阐明了：赫拉克利特有理由相信我们不能两次踏进同一条河流，以及与赫拉克利特相反，亚里士多德有理由相信因为相同的形式属性在质料的变化中持存，所以同一个主体持存。在斯多亚学派看来，赫拉克利特在某些主体上是对的、在另一些上则是错的，而亚里士多德在赫拉克利特所误解的那些主体上，却是对的。

---

[31] 斯多亚学派是否知道那些我们看作是亚里士多德文集的作品，这不确定。见22。

"第一"主体也被称为"质料"。与亚里士多德正相反,斯多亚学派为这种纯粹质料主体保留了"实体"地位。其持续性标准是纯粹复合体的;仅当它由完全相同的成分、以完全相同的方式组成,它才持存。这是赫拉克利特考虑日常对象的方式。

"第二"主体,他们称为一种"有性质规定性的东西"(qualified thing/*poion*),[32] 甚至以不同的合成体历时地持存,因为它保持相同的性质(quality)。斯多亚学派的性质概念对应于亚里士多德的形式概念;斯多亚学派宣称,"苏格拉底"这个名称实际上不是一种特殊的质料的名称,而是一种"特有的性质"的名称,那种他所特有的性质。这种特有的性质是一种持存的主体,经历其少量质料的替换仍保留苏格拉底的独特属性。第一主体在第二主体存在的所有时间中都存在(因为苏格拉底一直需要某种质料),虽然没有第一主体,这种第二主体就不能存在,但是,这并不要求同一个第一主体在第二主体存在的所有时间中都存在(因为苏格拉底替换他的质料,也始终能够存在);它在不同时间构成它的诸多第一主体的消亡中幸存。

261 普鲁塔克《共同概念》1083cd=LS28A 斯多亚学派——显而易见的事物的那些辩护者,主张确定共同观念的标准——强调了什么?他们说……我们每个人都有两重主体。一种是实体,另一种是性质。[33] 第一主体总是处于流变和被带走的状态中,既不被增加,也不被减少,也完全不保持如其所是的那样;而第二主体,虽然与第一主体联合、结合和混合在一起,并且绝不允许感觉来把握差异,但是它保持、增加和减少,并且以和第

---

[32] 亚里士多德的性质(quality):228。
[33] 文本不确定。

一主体完全相反的方式被影响。

262 斯托拜乌斯《选集》i.178.10-179.5 = 波塞多纽，残篇 96=LS28D　通过加或减，实体既不被增多也不被减少，而仅仅是被改变，如发生在数目和尺度上的那样。但随着具有独特的性质，诸如狄翁和忒翁，增多和减少就发生了。因此，从生成直到毁灭，每个人的性质保持不变，如在动物和植物以及跟它们一样容许毁灭的事物中那样。在具有独特性质的事物的情形中，有两个接受性的部分，一个对应于实体的持存，另一个对应于这个具有独特性质的事物的持存。对后者而言，正如我们常说的，它容许生长和消亡。那个具有独特性质的事物与那个构成它的实体不是同一的；然而，它们也不是不同的，而仅仅不是同一的。因为实体是那个具有独特性质的事物的一个部分，并且具有同一处所；但是如果某个东西被说成是不同于另一个东西的，那么它必定既在处所上与另一个分离，也不被视为它的一个部分。

斯多亚学派论形式和质料

263 斯多亚学派不仅承认形式主体不同于具有纯粹复合体的持续性标准的主体，他们还试图说明形式主体的形式属性在质料上如何被实现。在他们看来，亚里士多德与原子论者相反，既相信质料的实在性，也相信形式的实在性，他是对的。反过来，原子论者作为唯物主义者，他们的观点也是对的，因为每个实在的事物都是物质体（material body）。斯多亚学派相信，存在稳定的、统一的、连贯的物体，它们的属性和活动方式由其作为整体的本性来说明，而非仅仅参考组成它们的原料。水池，岩石，木块，全都具有某种程度的统一性和稳定性；而且，斯多亚学派把所有这些都分析为形式和质料。那些具有一种形式的物体，通过以恰当的"张力"㉞具有其质料，而被保持在某种"状态"中㉟。甚至那些最基础的物体也能够被分析成无性质的纯粹质料和赋予质料以其性质之形式。

斯多亚学派因此拒绝原子论否认复合体和整体的属性具有任何基础性的说明作用的立场，从而他们接受了亚里士多德承认形式的实在性的理由。亚里士多德的实体——人工制品和有机体——属于斯多亚所承认的本质上形式的东西。

然而，作为唯物主义者，斯多亚学派论证说，既然形式是实在的，而只有物体是实在的，那么形式必定是一个物体。他们的论证如下：

(1) 当且仅当某东西能够作用或被作用，它是实在的。
(2) 当且仅当某东西是一个物体，它能作用或被作用。
(3) 因此，当且仅当某东西是一个物体，它是实在的。
(4) 形式是实在的。
(5) 因此，形式是一个物体。

这一论证表明斯多亚学派强调形式作为形式因的角色。他们赞同柏拉图和亚里士多德认为对自然过程的纯粹质料因的解释是不充分的。但是，既然他们认为只有物体能够作用于任何事物，而且只有能够作用于某物的东西才能是一个原因，那么，他们就推断形式必定是一个物体。

斯多亚学派关于实在就在于物体存在的论证的有效性如何？他们的前提 (1) 得到广泛接受；但是非唯物主义者将会拒绝 (2)，例

㉞ 或"平衡"（tonos，由此有"与……协调（tone）"）。
㉟ 或"情状"；字面上为"保持（holding）"，hexis。

如，如果他们相信（如柏拉图就相信）非物质的心灵产生物体的运动。㊱或许这样一种信念是假的；但是在我们有理由接受（2）之前我们需要被说服它是假的；（2）本身并不是一个反对它的强式论证。

斯多亚学派把形式等同于普纽玛（pneuma，"呼吸""风"），一种非常精致的和巧妙的物体，它在不同方向上的运动使得质料保持恰当的统一和张力。这个普纽玛解释了岩石中的微粒的凝聚性，而且在一个更为复杂的层次上，解释了植物的生长、动物的活动方式以及人的理性行为；灵魂和理性只是普纽玛的具体表现。

对唯物主义的一般论证的怀疑并不反驳形式和普纽玛的等同；但是亚里士多德为形式所做的论证中有一个看起来隐约地挑战了它。他辩称形式不能是有形体的元素。我们并不认为仅仅通过多加个字母就能使几个字母变成音节，还需要某个其他东西来统合新旧字母的集合。如果形式是构成统一整体的诸元素中的一个，那么它不能解释整体的统一性（259）。如果亚里士多德是对的，那么斯多亚学派似乎把形式设想为这种错误的东西。物体的组成并不等同于其日常质料部分加上其普纽玛，因为这一集合（甚至包括普纽玛）要构成一个有机体的话，必须适当地被安排。亚历山大从这种亚里士多德的观点批评了斯多亚学派的立场，认为斯多亚学派不可能解释形式作为物体中的统一性原则的角色（345）。

拒绝斯多亚学派的有关形式的唯物主义主张，并不必然相信形式是任何事物的非物质的成分。亚里士多德把灵魂等同于形式，但他并不把灵魂设想为一种被附加于物质体之上的非物质的成分，以产生作为一个人的灵魂和身体的复合体（334-337）。他不否认活的有机体及其形式完全是由其质料构成的，如房子由砖块构成、印章由蜡构成一般。相比亚里士多德，斯多亚学派更明确地承诺一种唯

㊱ 柏拉图：329。

物主义观点。但是，他们为之辩护的特殊的、非还原的唯物主义观点，似乎掩盖了亚里士多德形式观点的某些可信的方面。

<hr />

264 第欧根尼·拉尔修《名哲言行录》vii.134-9　他们相信有两种宇宙原则：主动的和被动的。被动的是无性质的实体，亦即质料，而主动的则是质料中的理性（reason），亦即神；这个主动的原则是永恒的并且渗透一切质料，塑造万物……[138]有序世界（the cosmos）是具有独特性质的〈主体〉，属于宇宙（the universe）之实体……有序世界由心灵和天意管制，……因为心灵渗透其每一部分，恰如灵魂渗透我们。但相比于其他一些事物，它渗透一些事物多于另一些事物。因为它渗透一些作为条件的东西，例如骨头和肌腱，但它又渗透另一些作为心灵的东西，例如灵魂中的主导部分。以这种方式，整个有序世界，作为一只有灵魂和理性的动物，也有以太为其领导部分。㊲

265 普鲁塔克《斯多亚学派的矛盾》1053f-1054b　在《论状态》诸卷中，克律西波斯说状态无非就是少许的气。因为物体由这些状态保持在一起，而正是气保持在一起，并且气也为由状态保持在一起的每个事物负责。他们把这种气称作铁中的硬度，石头中的密度，白银中的白。

266 ［盖伦］《导论》697.6=SVF 2.716=LS 47N　根据早期作家，有两种普纽玛，自然的和灵魂的。斯多亚学派加入了第三种，即状态的普纽玛……[726.8]把事物保持在一个状态中的普纽玛，是使石头凝聚的东西，而自然的普纽玛是为动物和植物提供营养的东西。灵魂的普纽玛则是那种在有灵魂事物中、使得动物

㊲　宇宙作为动物：615-616。

能够有感觉和各种运动的东西。它居于动物之中；因为动物由三种普纽玛构成。

267 柏拉图《智者篇》246A-247D　爱利亚访客：因为有关存在（being/*ousia*，是）的争论，他们中间似乎有一场诸神与巨人之战。泰阿泰德：何种样子的战争？——一方试图把一切从天上和不可见的领域拽到地上。他们坚称"存在者"仅仅是那种能够被碰到和摸到的东西……他们把"存在"（being）定义为与物体相同的东西，一旦对方某个人断言任何无体的东西是一个存在者，他们完全鄙视他，拒绝再听任何东西……因此他们的对手在捍卫其高不可见的立场时，是非常小心的。他们有力地强调，真实的存在就在于某些可理知的和无形体的理念……[247D] 我认为，任何具有作用于他物或被他物作用的能力的事物……是真正的存在者……我建议辨别存在者（beings）的标志，它们无非是能力（*dunamis*）。

268 西塞罗《学园派哲学》i.39　芝诺不赞同［学园派和漫步学派］，因为他认为任何东西由缺乏形体的东西所产生是完全不可能的；……诚然，他主张，任何产生了某物或被某物所产生的东西，都必须是物体。

斯多亚学派论原因

269 斯多亚学派有形体的形式的概念基于这样一个主张，即，形式必是原因，而原因必以某种方式作用于事物。这一关于形式如何是原因的主张反过来又依赖于斯多亚学派的原因学说。

他们相信一种"自足的"或"完备的"或"完满的和主要的"原因，他们将它区别于其他可能有助于一个事件的解释的东西。为了阐明不同原因的不同的解释角色,斯多亚学派举例,一个圆柱被推动,从而从一个斜坡上滚下来。如果我们问,什么东西开启了这个圆柱的移动,答案是我推了它。如果我们问,什么东西使得它以它被移动的特定方式而移动,那么我们必须提到它本身的性质和形状。本性和形状是主要原因,我推动它仅仅是一个在先的原因。相似地,当我们说纵火是灌木丛着火的原因时,我们隐然将在先的诸原因和周围环境(风以特定的速度吹,这个区域树木丛生,木材干燥,火柴干燥,等等)区别于主要原因(某人点燃灌木的决定)。如果某个故意纵火的人声称他不应被指责,因为,如果火柴不干燥,就不会起火,而且如果木材不干燥、风不吹的话,火也不会扩散,那么这是欺骗性的说法。我们可以说,某些原因为肇事者的决定提供了条件,但决定本身是主要原因。

因此,对于一个事件的"定"因("the" cause)的通常要求,是对主要原因的要求。斯多亚学派承认其他的原因,因为仅凭主要原因并没有回答所有相关问题。如果我们想要完整地解释一个事件,那么,例如,在先的原因,也须被提及。通常我们仅提到主要原因,因为我们把其他原因视为理所当然的。

亚里士多德没有像斯多亚学派那样,说一种类型的原因是主要原因。但是,如果考虑到动力因的核心地位,那么他也许暗示了这一点。[38] 斯多亚学派让这一隐含主张变得清晰;主要原因非常符合亚里士多德的动力因。从斯多亚学派的立场来看,如果亚里士多德的形式因真的是一个原因,那么它必定是主要原因,从而也是动力因和主动的原因;因此,如果他们关于行为的观点不假,那么它(形式)必定是一个物体。

这种原因学说是斯多亚学派宇宙决定论和命运信念的重要部分,

---

[38] 亚里士多德论原因:97-99,238-246。

其解释的一个同样重要的部分是,他们的决定论观点如何与人的自由和责任相容。后面我们将转向其立场的这些面相(375-377)。按照斯多亚学派,原因学说的合理性独立于对其立场的其他各部分的这些应用;其独立的合理性是对其立场的这些其他部分的重要辩护。

270 克莱门《杂记》viii.9.25.1-33.9　在原因中间,有些是"在先的",有些是"自足的",有些是"协同性的",有些是"必要条件"。在先的原因最先为某物的生成提供一个起点,就像美在无节制的人中为欲望提供起点(当美被看见时,它就产生了一种欲望的条件,但非必然)。自足的原因,是与所谓的自成同义的原因,因为它们凭借自身自足地产生结果。以初学者为例可以依次表明所有原因。父亲是学习的在先因,教师是自足因,学习者的本性是协同因,而时间算作必要条件。原因,在最首要的意义上,乃是主动地产生某个事物的东西。我们说铁是一种切割物,不仅在它切割的时候这么说,而且在它不切割的时候也这么说。因此,产生性的东西既指现在正主动施为的东西,也指并未主动施为却拥有主动施为能力的东西……[97.8]……产生者是活动的指示。不是说产生者属于一个东西,原因属于另一个东西;而是说,它们属于相同的东西,例如一件斗篷或一所房子;因为,就某人是某物之生成的原因而言,在相同的意义上他也是其生成的产生者。因此,原因和产生者是相同的东西。而如果某物是原因和产生者,那么它也总是缘由(that because of which);但如果某物是缘由,它却并不总是原因(the cause/定因)。因为许多东西朝一个目的共同发生,并且因为它们,这目的才产生,但它们不是全部原因。如果美狄亚不愤怒,她就不会杀死她的孩子;如果她不嫉妒,她就不会愤怒;如果她不陷入爱河，她就不会嫉妒；如果伊阿宋没有航海去科尔喀斯，她就不会坠入爱河；如果［伊阿宋的船］阿尔戈号没有被装备好，伊阿宋就不会航海去科尔喀斯；如果来自皮利翁山的原木没有被砍倒，［伊阿宋的船］阿尔戈号就不会被装备好。在所有这些情形中，缘由被发现了，但它们并不全都被认为是杀手的原因；只有美狄亚是原因……（101.17）当诸在先因被排除时，结果继续存在。原因就是自足因，仅限以下情形：（ⅰ）如果它出现，结果继续存在，（ⅱ）如果它被排除，结果就被排除。他们把自足因同名同义地称为自成因，因为它凭借自身就自足地产生结果。如果自成因是自成活动的标志，那么协同因则指对另外某个东西的服务和协助，因此，如果它不能提供任何东西，它也就不被称为协同因；而如果它确实提供某个东西，那么它总是它所提供的那个东西的原因，亦即，通过它而生成的那个东西的原因。协同因是，因为它的出现，结果生成……共因（co-cause）是诸原因的属，恰如老士兵是士兵，老学员[39]是学员。协同因协助自足因强化那些由它生成的东西，但不能以这种方式去设想共因；因为即使没有任何自足因，共因也能出现。

271 西塞罗《论题篇》58　存在两种原因。一种是，它借助其自身的力，确定地产生服从这力的东西；例如，火燃烧。另外一种，不具有产生性，然而没有它，某个东西就不能被产生出来——例如，有人想称青铜为雕像的原因，因为没有青铜，雕像就不能被产生出来。在这类原因中间——无此，则某个东西就不被产生出来——有一些可以说是安静的、不活跃的和惰性的，如地点、时间、质料、工具和其他诸如此类的东西；然而，

---

[39] 在军事训练中的一位年轻人。

另一些则为产生某个东西提供了某种准备,并且带来了一些本身有帮助的东西,尽管它们不是必需的——例如,相识为相爱提供原因,相爱为犯罪提供原因。从这类原因,形成一个来自永恒的序列,斯多亚学派编成命运。而且,恰如我已经区分那些无它们某个东西就不能被产生之原因的各种类型,同样,产生性原因的类型也能得到区分。因为有一些原因,显然无须任何帮助地产生,另一些则需要被帮助。例如,智慧由其自身并通过其自身就产生有智慧的人;但关于它是否由其自身就产生了幸福的人,却有问题。[40] 因此,当一个产生某个东西的原因必然进入论证中的时候,你可以毫无疑虑地推断由那个原因所产生的东西的存在。但是,当有一个原因存在,却没有任何产生结果的必然性时,也就得不出任何必然的推论。

---

[40] 美德:508-515。

7 知识与信念；对怀疑主义的各种回答

亚里士多德：原理的知识

272 柏拉图对探究、信念和知识的反思构成了对怀疑主义的一种精巧复杂却相当含蓄的回应。在一些对话中，他的论证依赖于他关于理念（212-218）的主张；在另一些——尤其是《泰阿泰德篇》——中，他的认识论论证没有提到理念（161-167）。在所有这些对话中，他回应了对知识之可能性的攻击。他对怀疑主义的讨论是相当含蓄的，因为怀疑主义的观点尚未得到详细阐述——虽然我们已经在德谟克利特那里（134-137）发现了它的某些要素。

对怀疑主义引发的问题的讨论，亚里士多德的贡献也部分地是含蓄的。他没有提到我们在塞克斯都（108，169）那里发现的那种精致的怀疑主义观点，但是他考虑了一些使得怀疑主义看起来具有吸引力的假设，并辩驳了这些假设。他在不同作品中提供了不同的反怀疑主义的论证。他的论证启发了在希腊化时期的争论中所提出的各种反怀疑主义策略。

在《后分析篇》中，亚里士多德讨论了科学理论的结构，以及为了成为真正的科学知识所必须满足的标准。他论证说，它必须可以表达在证明——亦即演绎推理——中，在那里，结论被表明为是必然地真的，因为它是从本身必然为真的诸前提中必然地得出的。虽然亚里士多德没有主张我们必须通过证明达到真理，但是他相信我们所达到的真理必定能够以这种方式被呈现出来，如果它获得真正的知识的话。

在考虑我们如何知道科学中构成证明基础的基本原理时，亚里士多德考虑了三个后来被包含于阿格里帕三难困境中的选项（169，171-172，214）。他强调基本原理本身不能通过证明被证实。如果 p 的证明需要 q 的证明，q 的证明又需要 r 的证明，如此等等，以致在每一步，我们都总是能够对我们用来引证其他东西的任何原理要求进一步的证明，因此，在亚里士多德看来，我们永远不能发现任何证明，因为我们给自己布置了一项无穷的任务。① 他还论证说，如果任何所谓的对 p 的证明都要诉诸 q 来证明 p，诉诸 r 来证明 q，又诉诸 p 来证明 r，那么这个处于循环中的论证永不会产生出对 p 的真正证明（273）。

因此，亚里士多德似乎排除了阿格里帕讨论的三个可能证明策略中的两个，因为他既反对循环论证也反对无穷后退。他似乎乐意采纳阿格里帕的第三个选项：诉诸"假设"，亦即某个未被任何其他东西证明的原理。按照阿格里帕，如果对采用这个未经证明的假设而不是它的对立面我们给不出任何理由的话，那么这种诉诸是任意的；如果我们给出一个理由，我们又面临循环论证或无穷后退。

亚里士多德不相信对第一原理的采用是任意的。在他看来，我们通过理性领悟（understanding/*nous*, 274②）把握基本原理；我们把它们看作是基本的，不是从更为基本的原理中衍推出来的（因此我们避免了无穷后退）。但是，作为对更为具体的信念的经验和推导的结果，我们接受这些原理而非其他原理。对原理的这种解释是否避免了阿格里帕的反驳，是成问题的。如果我们用"作为……结果"来

---

① 关于无穷任务的论证：79，219。
② 努斯（*nous*）；参见柏拉图对同源词 *noêsis* 的使用，119。赫拉克利特论努斯：116。

指称一种纯粹的因果联系,不涉及辩护(justification),那就不存在任何循环辩护。但是,追问为什么这种因果联系会让我们信任从经验凸显的原理,似乎仍然是恰当的。对这个问题的任何回答看起来都很可能引来阿格里帕的问题。

273 亚里士多德《后分析篇》71^{b}9–73^{a}6　每当我们认为我们知道一个事物之所以如此这般的原因、知道它是这个事物的原因,并且知道它不可能是别样……我们认为我们对这个事物具有无条件的科学知识。显然,科学知识就是这样一种东西;因为无论那些缺乏它的人还是那些拥有它的人都认为他们处于此种状态,但是只有那些拥有这类知识的人才真正地处于此种状态。因此,任何被绝对科学地认识到的事物不可能是别样。

　　科学知识是否还有另外某种形式,我们稍后再说;但现在我们可以肯定我们通过证明拥有它。我用"证明"(demonstration)意指一种表达科学知识的演绎推理;我以此意指拥有演绎构成拥有知识。因此,如果拥有科学知识就是我们所假定的那种东西,那么证明的知识(demonstrative knowledge)必定也是从真的、最先的、直接的、比结论更好地被认识的、先于结论的、解释结论的东西推衍而来的。因为在这种情况中,原理只适合于被证明的东西。因为这些条件对于演绎推理不是必要的,但它们对证明是必要的,因为没有它们,演绎推理将不会产生科学知识。因此结论必定是真的,因为我们不可能知道不是〈真〉的东西(例如,正方形对角线可为边所公度)。它们必定衍推自最先的和不可证明的前提,因为,除非我们对它们拥有一种证明,否则的话我们将不拥有任何知识——因为对可证明的东西拥有非偶然的知识就是拥有对它的证明。它们(前提)必定是解释原因的、更好地被认识的和在先的。它们必定是解释原因的，因为每当我们知道了③原因，我们就拥有科学知识。而如果它们的确是解释原因的，那么它们必定是在先的。而且，它们必定不仅在我们把握它们的意义上，而且也在我们知道它们是〈真的〉的意义上，已经被认识。事物在两种意义上是在先的和更好地被认识的；因为由于自然而在先的东西不同于相对我们而在先的东西，〈由于自然〉更好地被认识的东西也不同于相对于我们更好地被认识的东西。我用"相对于我们而在先的和更好地被认识的"意指与感觉较近的东西，我用"无条件地在先的和更好地被认识的"意指与感觉较远的东西。最普遍的东西与感觉最远，而个别的东西与它最近；个别与共相彼此对立。从最先的东西出发的推导乃是从适当的原理出发的推导。（"最先的东西"和"原理"我指的是同一个东西。）证明的原理是直接的前提，而一个前提，如果没有其他东西先在于它，就是直接的……

[72ª25] 既然我们关于某个东西的确信和知识必定基于我们拥有我们称之为证明的那种演绎推理，而且既然当它的前提有效的时候我们才拥有这种演绎推理，那么我们不仅必定已经认识所有或某些最先的东西，而且我们必定也更好地认识它们。因为如果 x 使 y 成为 F，那么 x 比 y 更 F；例如，如果我们因为 x 而爱 y，那么 x 比 y 更为我们所爱。④因此，如果最先的东西产生了知识和确信，那么我们必定具有更多关于它们的知识和确信，因为它们也产生关于从属的东西的知识和确信。现在，

---

③ *eidenai*，与在"科学知识"（*epistasthai*）中的动词并不相同。
④ 在这一段中的虚拟字母不是亚里士多德的。在本节（273）的最后一个段落中，虚拟字母是他的。

如果我们认识q,那么,除非我们要么认识p,要么处于某种比认识p更好的状态中,否则,我们所拥有的关于p的确信不可能大于关于q的确信。然而,除非〈对原理的〉在先知识是由证明所产生的确信的基础,否则这种情况不会出现;因为,我们所拥有的关于全部或部分这种原理的确信,必定大于关于结论的确信。如果我们要通过证明来拥有科学知识,那么我们不仅必须更好地认识这些原理并且拥有关于它们的确信大于关于被证明的东西的确信,而且我们绝不可能发现任何与原理对立并且导致我们得出错误结论的东西是更为确信的或更好地被认识的。因为具有绝对的科学知识的人是不可能被说服而动摇的。

有些人认为,因为证明要求关于最先的东西的科学知识,所以不存在任何科学知识;另一些人则认为有科学知识,而且一切〈可被科学地认识的〉东西都是可证明的。这两种观点要么不是真的,要么不是必然的。前一派——那些认为根本不存在任何知识的人——宣称我们面临无穷后退。他们假设,如果不存在任何最先的东西,那么由于没有在先的东西,我们也就不可能拥有在后的东西的任何科学知识;而且,因为穷尽一个无限的序列是不可能的,所以他们的假设是正确的。相反,如果后退终止,有原理存在,那么,在他们看来,这些原理也是不可认识的,因为这些原理不可能被证明,而且,在这些人看来,证明是科学知识的唯一形式。但是,如果我们不能认识最先的东西,那么,我们也就不可能在无条件的和严格的意义上拥有从它们中衍推出来的东西的科学知识;按照我们能够认识最先的东西的假设,我们仅仅是有条件地认识它们。后一派同意科学知识仅仅源自证明,但他们却宣称一切都是可以证明的,因为他们把循环证明和交互证明也视为可能的。

我们的答复是，并非所有的科学知识都是可证明的⑤，事实上，直接前提的知识是不可证明的。的确，这很显然且必定如此；因为，如果我们必须认识在先的东西（亦即，从它们证明被衍推出来），而且，如果后退最终停止，那么这些直接前提必定是不可证明的。除此之外，我们还说，不仅存在科学知识，而且存在关于它们的某种原理，我们借此认识定义。

　　无条件的证明显然不可能是循环的，鉴于它必定是从在先的和更好地被认识的东西中衍推出的。因为同一些东西不可能在相同的时间既先于又后于同一些东西，除非是在不同的意义上（例如，一些东西是相对于我们而在先的，另一些则是无条件地在先的——这是归纳使事物被认识的方式）。如果是这样，那么我们关于无条件知识的定义将是错误的，从而会有两种知识；或者〈毋宁说〉也许第二种证明不是绝对的证明，因为它是从〈仅仅〉对我们来说是更好地被认识的东西中推导出来的。那些允许循环证明的人必定不仅承认前面这一点，而且他们无非是说，如果某物是如何，那么它就如何如何；在此基础上就可以很容易地证明任何东西。如果我们考察三个词项，这是清晰的——因为我们说循环证明是通过较多的还是较少的词项，甚至少到两个词项，这都无关紧要。假设如果 A 存在，那么 B 必然存在，且如果 B 存在，那么 C 必然存在；这得出，如果 A 存在，那么 C 将存在。再假设，如果 A 存在，那么 B 必然存在，且如果 B 存在，那么 A 存在（因为这就是循环论证所是的东西），并且让 A 是 C。在这种情况下，说如果 B 存在，那么 A 存在，就是说〈如果 B 存在〉，那么 C 存在；这〈就是说〉如果

---

⑤ 亚里士多德的"科学知识"（*epistêmê*）比通常的用法更宽泛。在 274 中，通过说"理性领悟"（*nous*）不是 *epistêmê*，他表达了相同的主张。

A 存在，那么 C 存在。但既然 C 与 A 是相同的，这就意味着，那些允许循环论证的人仅仅说如果 A 存在，那么 A 存在。用这种方法不难证明任何东西。

274 亚里士多德《后分析篇》99^{b}17-100^{b}17　但是我们如何来认识原理，何种状态认识它们？这将从后面的论证中得到澄清，如果我们先陈述困惑的话。前面我们说过，不认识最先的和直接的原理，就不可能通过证明拥有科学知识。但是，人们可能困惑于：直接的原理的知识与从它们中推导出的真理的知识是不是一回事？是每个都有科学知识，还是一个有科学知识，另外一个有其他的东西？这些状态是被获得的而非与生俱来的，还是与生俱来的却未被我们注意到？⑥

现在，如果说我们〈天生〉拥有原理，那将是荒谬的；因为在那种情况下，我们拥有比证明更加精确的知识却未察觉。然而，如果我们获得原理，而非此前拥有它们，那么，我们如何可能不是从在先的知识中认识和学习它们的呢？这是不可能的，就像我们在证明的情形中也曾说过的。那么显然，如果我们是无知的并且不具有任何〈知识的〉状态，我们就既不可能与生俱来地拥有原理，也不可能获得它们。因此我们必定拥有某种适当的能力，但在精确性上绝不比我们所获得的东西更高。

所有动物显然都拥有这样一种能力，因为它们具有那种被称为感觉的天生辨别能力。某些有感觉的动物（尽管不是它们中的全部）也把它们所感觉到的东西保存在记忆中；那些不保存它的动物不具有感觉之外的任何知识（或者根本没有，或者没有关于不被保存的东西的知识），但那些保存它的动物把它们所感觉到的东西保存在它们的灵魂中。当这发生过多次之后，

---

⑥ 对原理的与生俱来的把握；亚里士多德暗指柏拉图的《美诺篇》，参见 183-186。

差异产生：在某一些而非所有情况中，一种理性解释从感觉的记忆保存中产生了。

因此，正如我们所说的，从感觉中，记忆产生，而从对相同事物的重复记忆中，经验产生；因为大量的记忆构成一种经验。从经验或从在灵魂中固定的整个共相——不同于多的一、任何作为所有多中之一而出现的东西——产生出技艺的原理（如果它是关于生成者的）或科学的原理（如果它是关于恒在者〈what is〉的）。因此，相关的状态不是以任何确定的特征天生内在于我们，也非从具有比知识更好头衔的状态中产生；毋宁是，它们产生自感觉。这就像在一场战斗中撤退时发生的事情：最初，一个士兵站住，然后第二个，然后另一个，直至他们达到一个起点。⑦ 灵魂具有一种以这种方式被影响的能力。

那么，让我们把前面说过但不太明白的话再重复一遍。当未分化的东西中有一个驻立，这就是灵魂中的第一个共相；因为，虽然人们感觉个别的东西，但感觉是关于共相的——例如人，而非卡利亚斯这个人。然后，在这些东西中又有某个东西驻立，直到没有任何部分的且是普遍的东西驻立——例如，首先一个特殊种类的动物驻立，直到动物驻立，而在这之中另外某个东西以同样的方式驻立。那么很显然，我们必须通过归纳来认识最先的东西；因为这也是感觉长出共相的方式。⑧

在我们把握真理的理智状态中，一些——科学知识和理性领悟⑨——总是真的，而另一些——例如信念和推理——允许出错；理性领悟（nous）是唯一比科学知识更精确的状态。既然证

---

⑦ archê，也译作 principle（原理，本原）。
⑧ 关于知识的增长，参见 106。
⑨ nous，见 272 注释。

明的原理，较之从它们得出的结论，是更好地被认识的，而且既然所有科学知识都要求一种解释，那么我们就不可能具有任何关于原理的科学知识。既然唯独理性领悟能比科学知识更真，那么我们必定拥有对原理的理性领悟。从这个进一步的观点得出的相同结论是：既然证明的原理不是证明，那么科学知识的原理也不是科学知识。于是，如果科学知识之外总是为真的唯一状态是理性领悟，那么理性领悟必定是科学知识的原理。那么，原理将把握原理，并且相似地，所有〈科学知识〉将把握其对象。

275 亚里士多德《尼各马可伦理学》1140^{b}30–1141^{a}8　科学知识乃是对共相——由于必然性而存在的东西——的把握。而且，既然科学知识包含推理，那么所有可证明的东西和一切科学都具有原理。因此，关于被科学地认识的事物的原理，既不可能有科学知识，也不可能有技艺性知识或明智（*phronêsis*/intelligence）。因为被科学地认识的事物是可证明的，而技艺和明智则关乎允许变化的东西……因此，剩下的可能性是，关于原理，我们拥有理性领悟。

亚里士多德：为感觉辩护

276 在《形而上学》中，亚里士多德讨论了怀疑主义者提出的另一个关于感觉的可靠性的问题。在这里，他首先关心的不是科学的高度理论化的陈述，而是日常观察。然而，他再次想到了阿格里帕的三难困境所概括的怀疑主义者对辩护的怀疑。他对这些怀疑的回答看起来不同于他在《分析篇》中的回答。

亚里士多德反对源自冲突着的现象（conflicting appearances）的

论证（125），他强调，在相关情形中，冲突着的现象并非是等值的（277）。我们依靠近景来反对远景，依靠健康的人或专家的现象来反对与它们冲突的现象。怀疑主义者会回应说，我们需要某种方法来确认健康的人，需要某种方法知道我们是清醒的而非沉睡的，从而知道哪些现象是可靠的。亚里士多德没有认真地对待这个回应。他暗示，在确认可靠的现象时，我们不会面临任何严峻的困难，从而无须诉诸某个需要通过诉诸另一个标准来辩护的标准。

就他反对怀疑主义者要求让一切"被证明"——亦即从某种更为基本的原理中得到证明——而言，亚里士多德对有关辩护的怀疑的回应类似于他在《分析篇》中提供的回应；在他看来，这种要求暴露了一个关于辩护的基本错误。然而，在为感觉辩护时，他并没有如他在捍卫科学知识的原理时所做的那样明确地诉诸"假设"。

诚然，我们可能想知道，他对日常知觉判断的可靠性的辩护是否暗地里没有诉诸一致性。如果我们假定我们的感觉通常给予我们可靠的信息，而我们的梦（比方说）不会，那么我们就能够预测我们经验中许多方面的稳定性和变化，否则我们无法预测；正如赫拉克利特所说，我们认为自己是在一个服从永恒规律的"共同的"世界之中（114，119）。但对怀疑主义者的这种回应却假设了：我们能这样来为一套信念辩护，亦即通过表明它们有助于解释和辩护其他信念，而这些其他信念本身最终是由起先的那套信念所解释和辩护的（如果我假设我真的正在看一把椅子，那么在相信如果我坐上去、它将提供支撑中我就得到了辩护；如果在我看来椅子在我试图坐上去时提供支撑，那么这就辩护了我真的正在看一把椅子的信念）。在这种情况下，我们否定了亚里士多德在《分析篇》中所明显接受的怀疑主义主张：循环论证不可辩护。

277 亚里士多德《形而上学》1010^{b}1-1011^{a}13 ……我们认为，并非显现出来的一切都是真的。首先，即使感觉——至少对其恰当对象的感觉——不是假的，现象（phantasia/appearance）与感觉也不是一回事。再者，如果有人被这样一些问题难住的话，他们是有理由吃惊的："大小和颜色是如它们显现给远观者那样的呢，还是如它们显现给近观者那样的呢？是如它们显现给健康者那样的呢，还是如它们显现给病人那样的呢？重的东西对虚弱的人比对强壮的人显得更重吗？事物对沉睡者显现为是真的呢，还是对清醒者显现为是真的呢？"⑩ 很显然，无论如何他们并不真的认为做梦者的现象是真的——当然没有人当他在利比亚时，晚上做梦，却以为他真的身在雅典，向着峨德昂音乐厅走去。此外，对于未来，正如柏拉图⑪所说的，例如，关于某人是否将要康复，医生的信念和无知之人的信念肯定不具有同等的权威性……

　　如果只存在可感觉的事物，那么除非有生命的事物存在，否则将无物存在，因为没有它们，将不存在任何感觉。现在这大概是真的，即，〈没有有生命的事物〉既不会有可感觉的事物，也不会有感觉活动，因为这是感觉者受感的方式；此外，必定有引起感觉并且无论是否被感觉到都存在的主体⑫。因为感觉当然不是对其自身的感觉；相反，还有某种不同于感觉且必然先于感觉的东西。因为引起变化的东西自然先在于被改变

---

⑩ 醒着和睡着：119。
⑪ 柏拉图：164。
⑫ 主体（subjects），亦即外在于感觉的事物：参见150。

的东西,而且即使引起变化的东西和被改变的东西是在相互关系中被言说的,这也丝毫不假。

然而,一些人,包括一些真的被这些关于感觉的困惑所说服的人和一些只是提出这些论证的人,深感困惑。因为他们追问该由谁来辨别健康的人,并且更一般地,该由谁来正确地辨别任何事物。但是,为这类问题所困惑就像为我们现在是清醒的还是睡着的问题所困惑。所有这样的困惑都具有相同的力量。那些提出它们的人要求对一切事物给予论证,因为他们寻求原理并且试图通过证明来达到它;他们的行为表明,他们无论如何未被其困惑所真正地说服。但正如我们说过的,这是发生在他们身上的事情;他们在为不可能有任何论证的东西寻找论证。因为证明的起点[13]不是证明。

伊壁鸠鲁对怀疑主义的回应

278 伊壁鸠鲁赞同怀疑主义的心无纷扰的目标(173-174,414),他也承认德谟克利特对感觉的批判态度导致了怀疑主义。但是他拒绝把怀疑主义看作保障心无纷扰的手段。怀疑主义者让我们在由等值的现象所支持的两种观点之间无法抉择,并由此声称这种寡断不决和中止判断产生心无纷扰。然而,在伊壁鸠鲁看来,寡断不决令我们焦虑和不安;仅当我们拥有判断和决定的基础的时候,心无纷扰才产生。

为了避免寡断不决,伊壁鸠鲁像亚里士多德那样为感觉的可靠性辩护。但他拒绝亚里士多德对感觉的选择性辩护,而是就其地位

---

[13] 或"原理/本原",archê。

提供了一种"或全或无"（all or nothing）的论证。他的论证看起来是这样的：

（1）如果我们相信感觉有时是错误的，那么我们就没有正当理由相信它们是永远可靠的。
（2）如果我们承认我们没有正当理由相信感觉是永远可靠的，那么我们就是关于感觉的怀疑主义者。
（3）因此，如果我们拒绝关于感觉的怀疑主义，那么我们必须相信感觉永远是正确的。

我们可能对第一个步骤感到惊讶。为什么我们不应相信（就像我们一般的确相信）虽然感觉有时是错误的，但通常却是可靠的呢？伊壁鸠鲁可能回答说，如果我们要把感觉在其中是错误的场合和感觉在其中是可靠的场合区分开，那么我们将需要诉诸某种更深层的标准，而（出于塞克斯都建议的理由，171）这种诉诸将把我们引入无穷后退或循环。

为了避免这条通向怀疑主义的道路，伊壁鸠鲁为感觉的正确性辩护。我们通常相信，当我们把一根笔直的木棒插入水中且它看起来是弯曲的时候，它其实不是弯曲的。我们相信这一点，因为我们认为，当我们把木棒从水中取出的时候，木棒仍然是直的，从而，当诸多木棒浸没在液体中时，它们不会改变其形状。伊壁鸠鲁辩解说，既然这些假设依赖于感觉，那么，除非我们总是能够依赖感觉，否则我们不能依赖这些假设中的任何一个（参见 67）。

为了表明我们从来无须拒绝感觉，他区分了木棒现在是弯曲的现象和木棒将持续弯曲的错误假设。我们之所以错误地拒绝这现象，是因为我们拒绝那错误的假设。既然这现象本身并不包含那一假设，那么我们做出这一假设的倾向毫无理由拒绝这现象。

为了说明当下呈现的现象何以能够是真实的，伊壁鸠鲁诉诸原子论。弯曲的木棒的现象是真的,就它符合木棒发射出的且最终到达眼睛的诸原子的弯曲构型而言。后来笔直的木棒的现象也是真的,因为它符合诸原子的笔直构型。如果我们期待在水中弯曲木棒的现象之后跟随的是出水后弯曲木棒的现象,那么我们通常是错误的。但错误在于我们,在于我们的草率推论和虚假信念,而非感觉本身。

因此,依据伊壁鸠鲁,不受源自冲突着的现象的论证(125)的影响,我们也能够依赖感觉。这一论证不可能被开启;因为虽然表面上冲突着的现象的确是等值的,但并不冲突,因为它们都是真的。在这一点上,伊壁鸠鲁赞同普罗泰戈拉(158),但他拒绝普罗泰戈拉得出的主观主义结论。

为了维护现象的真理性,伊壁鸠鲁付出了太高昂的代价了吗?如果我们要接受水中木棒的弯曲现象为真,那么我们必定不会认为我们的真实现象是相当稳定的;我们不可能认为现在看起来弯曲的木棒将持续看起来是弯曲的。因此,我们不也得拒绝我们通常的假设——一条出水看起来笔直的木棒出水时将继续看起来是笔直的,因为这一假设(依据伊壁鸠鲁)也不被感觉严格地保证?如果我们必须怀疑我们真实的感觉现象的稳定性,那么我们显然必定是怀疑主义者(159)。

伊壁鸠鲁可能回答说,我们能够依赖我们的感觉,因为原子论是真的,而它说我们的感觉通常是可靠的。既然原子论本身依赖于感觉的准确性,那么通过一种针对阿格里帕对循环论证的反驳的论证,伊壁鸠鲁看起来避免了来自冲突着的现象的论证。如果他答复说循环论证有时是合法的,那么他对选择性依赖感觉的最初反驳,是值得怀疑的。

279 伊壁鸠鲁=第欧根尼·拉尔修 x.146-147   如果你反对你的

所有感觉,那么甚至在判断你说是虚假的那些感觉时,你都不会有任何标准可以参考。如果你无条件地拒绝任何感觉,而且不把信念和有待确认的东西,与现在出现于感觉、感受以及思想对现象的全部应用中的东西区分开来,那么你也会用你空洞的信念扰乱你的其他感觉,以至于你将拒绝一切标准。另一方面,如果在你的由信念形成的观念中,你肯定一切有待证明的东西和没有任何证明的东西⑭,那么你将无法摆脱错误,以至于在一切关于什么是正确的或不正确的判断中,你会坚持每一种有争议的观点。

280 塞克斯都《驳数学家》vii.205-206 [伊壁鸠鲁:] 因此,所有现象均证明是真的……但是一些人被好像来自感觉对象——例如,可见事物——的现象之间的差异所欺骗。这一差异使得对象显现出在颜色、形状或其他某个方面的多样变化。因为他们已经假定认为,当诸现象以这种方式有差异并冲突的时候,它们中的一个必定是真的,而与之对立的另一个必定是假的。这是愚蠢的;这是对事物的本质没有全面把握的人们的观点。

281 塞克斯都《驳数学家》vii.208-209 [伊壁鸠鲁:] 我不会因为从一个远的距离来看塔是小的和圆的、但从近的距离看塔是较大的和方的,而说视觉是错误的。相反,我会说视力是真实可信的。当感觉的对象对视觉显现为小的和这样一种形状时,它其实就是小的并有这样一种形状,因为影像的边界被经由气的运动所打破。但是,当它显现为大的并有不同形状时,那么,相似地,它是大的并有不同的形状,不过它与具有各种大小和形状的东西不是同一个东西。因为,以为正是同一个东西既显得在近处又显得在远处,乃是错误的信念。

---

⑭ 文本不确定。

原子论与感觉

|282| 除了这些关于循环论证的问题,伊壁鸠鲁还面临一个更为普遍的问题:诉诸感觉支持原子论吗,原子论证实感觉吗?他的原子论的主要观点来自德谟克利特,但他对原子论的辩护却是极为不同的,因为他试图避免一种似乎从德谟克利特的论证得出的怀疑主义结论。

德谟克利特注意到原子论似乎依赖于两种不可相容的关于感觉的主张。他辩解说原子论乃是理性取代感觉的产物;对感觉的冲突着的现象的反思表明,实在不可能由具有颜色、味道等的事物构成,而必须由不可摧毁的原子构成。不过,当德谟克利特试图说明原子如何相互作用以产生出复合物体的时候,他使用了与日常可观察情境的对比;如果这些对比给出了一种有关原子的真实解释,那么在告诉我们(例如)锋利的物体易于撕裂柔软的物体时,感觉必定是可靠的。因此原子论似乎既依赖于对感觉的拒绝,也依赖于对感觉的接受(134-137)。

为了解决德谟克利特的这种冲突,伊壁鸠鲁抛弃了第一种类型的论证,专门依赖于第二种类型。在他看来,我们无须完全拒绝感觉,既然它们支持原子论。他对颜色的处理例示了他的策略。甚至从宏观的例子,我们都能看到,颜色的变化必由某种关于物体而非颜色的东西来解释;因为当另一种颜色生成时,消失了的那种颜色不能解释变化。因此感觉本身使我们确信,构成颜色变化基础的基本元素不可能被着色(284-287)。这曾是德谟克利特信以为与感觉对立的那种结论。与德谟克利特相反,伊壁鸠鲁得出结论说,原子论者无须拒绝感觉。

283 伊壁鸠鲁=第欧根尼·拉尔修 x.46-47 此外还有轮廓，在形状上类似于立体，但比所显现的事物更为精微。因为，这类流射物在周围的环境中生成，或者中空和稀薄的薄层的产生应有适当的环境，或者流射物保持它们在固体对象中具有的位置和次序，都不是不可能的。这些轮廓我们称之为"影像"……现象绝不证伪影像具有一种无与伦比的精微性的观点；这也是它们具有无与伦比的速度的原因……

284 伊壁鸠鲁=第欧根尼·拉尔修 x.54-55 此外，人们肯定认为，原子不带有所显现的事物的任何性质，除了形状、重量、大小和任何必然伴随形状的东西……即使在被观察到通过消除〈质料〉来改变形状的事物的情形中，我们把形状把握为内在于那个发生变化的事物中的，但颜色却不内在于它……因此，变化之后遗留下来的东西足以在复合物中产生差异，因为某些东西必须被保留下来，以便事物不被摧毁而成为不存在者。

285 卢克莱修《物性论》ii.112-124 这种原子运动的影像和相似者……在我们眼前持续地运动和通过。当太阳光线进入一座建筑物并将阳光倾入其黑暗角落的时候，观察一下发生了什么。你将看到许多细小的微粒，以多种方式混合，穿过光线照亮的真空位置，仿佛在无休止的战争中战斗，一支军队毫无迟疑地冲入战斗对抗另一支军队，却被快速的分分合合所压制。由此你可以描绘，事物的始基如何在巨大的虚空中被不停折腾。在某种程度上，小的东西可以给我们例示大的东西及其观念的踪迹。

286 卢克莱修《物性论》ii.308-322 在这件事上，你不应该惊讶，即使事物的始基全都在运动着，但整体显得完全静止不动，除了有时某物用它自己的身体开启运动。这是因为原初物体的整个本性远在我们的感觉范围之外。因此,既然你不能看到它们,那么它们的运动必定也对你回避,尤其因为,甚至我们能看见的事物,被距离隔开时,也常常隐藏它们的运动。譬如,常常地在一个山坡上,毛茸茸的绵羊,啃食着繁茂的牧草,缓缓地向上爬行,每一只羊都被闪耀着新鲜露珠的嫩草召唤和邀请至任意地点,而小羊羔吃得饱饱,活蹦乱跳,玩耍嬉戏,互抵羊角。但是,当从远处显现给我们观看的时候,所有这一切都是模糊不清的;它显现给我们的像是静静地躺在绿色山坡上的白色斑点。

287 卢克莱修《物性论》ii.731-833　　不要以为,你看到的在你眼前闪烁的白色对象是由白色的元素做成的,或者黑色的对象来自黑色的种子。一般也不要相信,被任何其他颜色染色的任何东西具有它的颜色,是因为组成物质的原初物体被相同的颜色着色。因为组成物质的原初物体不具有任何颜色,既不具有与它们所组成的对象相同的颜色,也不具有不同的颜色。如果你认为心灵不能把握这样的物体,那么你就完全错了……⑮[826]任何东西,它越被分解成细小的部分,你越能够看到颜色逐渐褪去和被消解掉。例如,当红色的布,被一条一条地撕成碎片,它的深红或猩红的颜色,迄今为止最亮的颜色,被完全摧毁。从这你能够意识到,甚至在其微粒被分解成事物的种子之前,它们就褪去了它们的全部颜色。

---

⑮　卢克莱修提供了一系列的论证和说明,在此引述其中一个。

经验的等值性

288 伊壁鸠鲁就原子论做了两个论断:

(1) 感官的证据与原子论的真一致。
(2) 感官的证据支持原子论的真,反对寻求解释相同现象的其他理论。在他看来,虽然一些问题允许几种与感觉的这类证据一致的答案,但在宇宙的解释上,原子论是唯一与这种证据一致的解释。

第一类问题(包括天文学的问题,例如关于太阳的大小,**289**)的产生,起因于相关观察的不可行。在这种情况下,现象具有许多不同的,但与感觉证据同等一致的解释,而我们不应该试图在"经验上等值的"各种理论和解释之间做出选择。然而,这并不意味着原子论也是众多经验上等值的理论之一。我们希望它把我们从对世界和死亡的焦虑中解放出来;如果(比方说)死后惩罚的信念可同等地相容于观察,那么原子论将消除不了焦虑。

然而,伊壁鸠鲁的论证似乎仅表明原子论与观察是一致的,而没有表明它是唯一的这样一种理论。例如,原子必定不可毁灭的原理,被认为基于更为基础的原理:消逝于无和从无中生成都是不可能的。德谟克利特或许把这当作一个可为理性而非感性所通达的原理,但伊壁鸠鲁却主张仅仅通过诉诸感觉来证明它。赞同他是困难的。无论这个基本原理是真的还是假的,它似乎不是唯一与感官的证据相一致的原理。

在这种情况下,原子论似乎仅仅是诸多在经验上等值的理论中的一种,从而伊壁鸠鲁自己的原理禁止我们偏爱原子论胜于那些同等地与观察一致的竞争性理论。即使我们把感觉看作可靠的,它们似乎也没有特别支持信奉原子论（参见 338）。

289 伊壁鸠鲁＝第欧根尼·拉尔修 X.91　太阳〈和月亮〉和其他与我们有关的星体的大小就是如其所显现的那样……就其自身而言，它或者是比我们所看到的〈稍微〉更大些，或者稍微更小些，或者相同大小；当地上的火被感官从远处看到的时候，也是如此。如果我们注意显而易见的事物，那么对这一点的所有反对都将易于消解。

290 伊壁鸠鲁＝第欧根尼·拉尔修 X.85-87　……不要以为，就像在其他科学中一样，从天上事物的知识——无论它们与一般物理学一起被讨论，还是单独被讨论——能够达到除心无纷扰和坚定信念之外的任何其他目标。我们抓不到不可能的东西，也找不到这样一种观点，亦即它在各个方面或者类似于我们对生活方式的讨论，或者类似于我们对其他自然问题的澄清——例如，一切都是体和不可触的本质，以及元素是原子式的，所有事物都只以一种方式与现象相符合。但天上的东西却不是这样的；它们允许多种生成原因，也允许以多种与我们的感觉一致的方式阐明它们的本性。因为我们必不可借助空洞的假设和约定探究自然，而是以那种所谓的通过现象的方式探究自然。现在，我们的生活无须任何非理性和空洞的信念，相反，我们必须毫无烦恼地生活。现在，就每一个能以多种与现象一致的方式被阐明的事物而言，每当人们留下有关它们的长期有效的、看似合理的解释时，一切都不被打扰地运行着。但当一个人接受一种理论而拒绝另外一种与现象同样完美相符的理论时，那么很显然，他抛弃了对自然的研究，陷入神话中了。

对感觉的选择性辩护：斯多亚主义

291 斯多亚学派赞同伊壁鸠鲁针对怀疑主义的挑战为感觉的可靠性辩护，但是他们拒绝他的极端经验主义。他们论证说，我们能够区分出可靠的现象和不可靠的现象，从而他们拒绝那个同时为伊壁鸠鲁和怀疑主义者所接受的"或全或无"的论证。怀疑主义的批评主要集中在斯多亚学派试图确定可靠的现象。依据卡尔尼亚德，斯多亚学派自己的原理迫使他们陷入一种怀疑主义的立场（参见 292）。

通过区分单纯现象与信念，斯多亚学派开始对可合理辩护的信念的论述。他们坚称，源于外部对象的感觉现象，对于有关这个对象的信念来说，是不充分的。如果我对（例如）一堵红墙具有一个现象，但我有其他的理由相信这堵墙是白色的，并且一束红光正照在这墙上，那么我就不会相信我看到了一堵红墙。为了相信这堵墙是红色的，我还必须"认可"（assent）这个现象；而认可是一种思想和理性的行动，不仅仅是感觉的产物。⑯

因此对斯多亚学派来说，标准的问题在于："什么样的现象使得我们有正当理由认可它们？"他们的回答是，真（truth）之标准是"把握"或"领会"（*kataleptike*）现象，亦即把握实在⑰。这是一种如其所是地呈现实在对象的现象，它不会来自不实在的对象并强迫我们认可。

从这样一种现象的定义，可以得出它是可靠的。但是，我们如何能够说一个特殊的现象算得上或算不上把握了实在？斯多亚学派不可能说，只要有任何人感到不得不认可一个现象，那么这现象就

---

⑯ 斯多亚学派论认可：参见 375–379，526–530。

⑰ 认可和把握真：参见 514–515，519。

把握了实在；因为很多人错误地感到不得不认可一个后来被证明是虚假的现象。在斯多亚学派看来，那种可靠地识别出把握了实在的现象的人是"贤哲"（*sophos*）——对世界拥有完备知识、经验丰富、见多识广的斯多亚学派哲学家。

但是，如果我们为了把握实在的诸现象的可靠来源而必须求助于智者，那么斯多亚学派对标准问题的回答似乎会引来怀疑主义更深入的反驳。既然贤哲是那个对相关问题具有可靠的真信念的人，那么仅当我们能够确认真信念的时候，我们才能够确认她。但我们是在寻找一位贤哲作为确认真信念的标准。如果在我们能发现一位贤哲之前我们必须首先确认真信念，那么我们就没有任何标准。

这种怀疑主义反驳假定斯多亚主义者想要一种完全自足的标准，这种标准全凭其自身并且在没有任何更多的信息或推论的情况下，让我们看到一种被给予的信念是真的，从而为各种知识申言提供了自明的基础。斯多亚学派没有提供任何这样的标准。

他们应该尝试提供怀疑主义者想要的那种标准码？怀疑主义对一种自足的标准的要求本身似乎不是自明地正确的；何种进一步的论证会说服我们接受它，这并不清楚。如果我们不要求一种自足的标准，那么斯多亚学派诉诸把握实在的现象和作为这类现象的可靠来源的贤哲，似乎是更加合理的。斯多亚学派认为，为了解释和理解感觉，我们必须依赖这个理论的其余部分，它寻求把现象作为一个整体来解释。

292 第欧根尼·拉尔修 iv.62　卡尔尼亚德……仔细地阅读了斯多亚学派的著作，尤其是克律西波斯的那些著作。通过对它们的完美反驳，他变得如此出名，以至于他常常会说，"如果没有克律西波斯，我将什么都不是"。

293 西塞罗《学园派哲学》i.40　芝诺……关于感觉本身说过些新东西，他认为感觉本身是由一种自外呈现的撞击构成的。他称这为 phantasia，让我们称之为现象……对于这些显现出来的、从而可以说被感觉接受的东西，他添加我们心灵的认可，他想把认可置于我们的能力和意愿中。他并非所有现象都信任，而仅信任那些对所显现之物具有某种为其本身所特有的明示（manifestation）的现象，……当它被接受和证实的时候，他把这称为把握，类似于那些被手握住的东西。

294 西塞罗《学园派哲学》ii.145　芝诺首先展示了他的五指伸直的张开的手掌，说"现象是这样的"。然后他稍微收拢他的手指，说"认可是这样的"。然后，他把手指完全地收紧形成一个拳头，说这是把握——他甚至出于这种相似性给那个东西一个它先前没有的名称 katalêpsis[18]。然后，他移动他的左手来紧紧有力地握住右手的拳头，然后说知识[19]就是这样，这是唯独贤哲才有的——但连斯多亚学派自己也说不出现在或过去谁是贤哲。

295 塞克斯都《驳数学家》vii.151-152　因为斯多亚学派说，三种东西是有联系的[20]——知识、意见，以及被置于二者之间的领会[21]。在这三者中，知识是那种不可被理性改变的、准确无误的和牢靠的领会；意见是一种微弱的和虚假的认可；领会在这两者之间，属于对可领会的现象的认可。根据他们，所有可领会的现象都是真的现象，而且是不会被证明为是假的现象。在这三者中，他们说，知识只在贤哲中被发现，意见只在贱人中被

---

[18] 亦即"把握"（grasping）和"领会"（apprehension）。
[19] 或"科学"（science）。
[20] 它们是被联系起来的，因为它们全部与认可有关。
[21] 或"把握"（grasping / katalêpsis）。

发现，而领会是为贤哲和贱人所共有的，而这就是真之标准。

296 塞克斯都《驳数学家》vii.257　可领会的现象并非无条件地是真之标准，除非它没有任何障碍。因为这种现象，明晰而显著，如他们所说，实际上通过头发抓住我们，并把我们拽向认可，无须任何其他东西使得它如此这般吸引我们或使得它高于所有其他东西。这也是所有渴望准确领会一切事物的人看起来自己主动地寻找这种现象的原因。例如，在我们看到的事物的情形中，每当我们获得该对象的一个晦暗不清的现象时，这就发生了。因为人们专心地看并走近那个对象……直到对他正试图做出决定的东西，获得一个清楚而显著的现象，因为他认为领会的可靠性依赖于这种现象。

怀疑主义、信念和行动

297 即使对标准的这些积极辩护无法令怀疑主义者信服，但我们可以论证说怀疑主义的结论是不可接受的，从而我们不应当中止判断。我们已经看到为什么怀疑主义者试图回应对怀疑主义生活方式的反对（173-175）；我们现在必须考虑那些回应是否令人满意。

首先，我们可以质疑怀疑主义的目标。既然怀疑主义者声称已经找到心无纷扰的状态，那么怀疑主义的探究应该吸引我们，如果我们确信心无纷扰比我们回避怀疑主义所能获得的其他任何结果更值得欲求的话。但是为了确定这一点，我们显然必须相信最终的好——幸福——只是心无纷扰（174）。或许伊壁鸠鲁主义者可能被期待在这一点上赞同怀疑主义者，尽管在达到心无纷扰的手段上有分歧（414）。但其他人——柏拉图、亚里士多德和斯多亚学派——显然不同意（495-496，499-500，508-515）。因此，幸福就是心无纷扰这一主张本身受制于来自冲突着的现象的论证。如果我们一定要对它的真中止判断,那么显然,我们就不知道我们是否应该参与怀疑主义的探究。

即使我们不赞同一种与怀疑主义者对心无纷扰的偏爱相冲突的幸福观念,我们也可能不满于怀疑主义者的过正常生活(减小来自独断信念的焦虑)的主张。一些批评者论证说,一旦怀疑主义者中止了判断,他就根本不可能行动。这就是"无为"(inaction/*apraxia*)论证。塞克斯都回应说,甚至在他已经对烦扰独断论者的各种问题中止判断的时候,怀疑主义者仍具有强烈的倾向。

为考察这一回应是否是令人满意的,我们必须更为仔细地审查怀疑主义者的倾向。它们可用以下两种方式中的任何一种来理解:

(1) 它们依然是我们持有的信念,即使我们意识到我们不能通过诉诸无异议的标准来证明它们。
(2) 我们必须把基于证据和理性的真正信念和一个不参考理性和信念就能影响行动的现象区别开来。

即使怀疑主义者没有任何信念,但他们依然有现象。这是普鲁塔克从怀疑主义观点给出的、用来击败无为论证的回答(**298**)。

不把他的中止判断视为比他所宣称的更为严苛,就难以理解对怀疑主义者倾向的第一种解释。如果我们持有的信念并不基于任何无可置疑的标准,那么我们必定意识到它们可能遭到反对,或至少意识到它们受到反对是可能的,不是吗?无论哪种情形,我们似乎都没有完全摆脱焦虑。

第二种解释避免了这一反驳。当我们看到一条蛇时,我们可能不相信它是危险的,但是它可能依然使我们感到危险,并可能不得不去躲避它。如果我们把我们的手靠近火,那么我们就可能具有一个生动的危险现象,即使我们没有任何信念;这一生动的现象可能导致我们移走我们的手。相似地,怀疑主义者发现,其社会公认的道德是生动地显现于他们的,无论他们是否相信它。这些生动的现象将使得他们像独断论者一样行动。

对怀疑主义者的倾向的这一解释留下了一些未被回答的问题。即使怀疑主义者响应现象而行动,他们能像其他人那样基于诸现象之间的区别而行动吗?怀疑主义者毫无理由说水中的桨显现为弯时其实是直的,而且对于他以这个判断〈桨是直的〉而非以桨是弯的判断来行动,怀疑主义者也没有任何解释。如果怀疑主义者突然觉得口渴,那么为什么当他意识到面前瓶子里是伏特加酒和他必须开车回家的时候,他就克制着不饮用瓶子里的东西?怀疑主义者可能回答说,他有更多的现象,并且以后来的现象而非早先的现象行动。但是他能够解释这是如何发生的吗?除非他把某些考虑视为是比其他考虑更好的行动理由。

要看到怀疑主义者在抛弃信念时失去了什么,还要注意到他的"非教条的"态度并未使他的心灵更加开放,或更乐于认真对待其他观点,或更愿意借助别人的合理反对来修改他自己的观点。所有这些态度都依赖于这样一个假设,即我们能够通过形成基于更佳理由的信念来提升我们对真的把握;但怀疑主义者拒绝这个假设。他不相信别人的观点值得被认真对待或者他能够从中学到任何东西。

298 普鲁塔克《驳科洛特》1122a–f 对一切中止判断,这甚至连那些勤奋起草反对它的文章和论证的人也难以撼动。最终,这些人[22]从反对它的斯多亚学派那里产生出像蛇发女怪一般的

---

[22] 普鲁塔克在这里讨论的是伊壁鸠鲁学派。

"无为"论证,然后停止。㉓ 虽然他们努力扭曲一切,但是冲动没有屈从他们而变为认可,它也没有接受感觉㉔作为倾向之源。显然,它全凭自身引起行动,无须任何添加……对那些注意到并遵从这个论证的人来说,㉕它是这样的:灵魂有三种运动——现象、冲动和认可。我们不可能消除现象的运动,即使我们想要这样做;当我们遇到要被它们所影响和施加印记的事物的时候,这是必然的。被现象的运动所引起的冲动的运动促使我们主动朝合适的东西运动,这时它的重量使得灵魂的主导部分倾斜㉖。因此那些对一切中止判断的人,也不会消除这种运动;他们跟随一种把他们自然地引到显然合适的东西上去的冲动。

那么,怀疑主义者唯一要避免的运动是什么?错误和欺骗在其中生长的那种运动——相信、落到我们身上的认可、因软弱而屈服于现象、无任何有用的东西。因为行动需要两种东西,合适的东西的现象和朝向已显现为合适之物的冲动,两者均不与中止判断冲突;因为支持中止判断的论证消除了我们的信念而非冲动或现象。因此,每当合适的东西显现,我们无须任何信念要被朝它推动和运载;冲动立刻到来,作为灵魂的一种运动和运载……

"但是,当一个中止判断的人想去市场的时候,他没有逃跑到山上而是去洗澡,也没有站起来走到墙边而是走到门口,这

㉓ 蛇发女怪把人变成石头。通过表明中止判断排除了行动,无为论证被认为是做相同的事情。

㉔ 斯多亚学派把感觉(*aisthēsis*)定义为包含认可。

㉕ 亦即,表明此的论证:(与斯多亚的无为论证相比)我们能够中止判断且仍然能够行动。

㉖ 就像在天平中一样:参见299。

又是怎么回事呢？"[27] 既然你说感官是准确的、现象是真实的，你怎么还能这么问？大概是因为，不是那山而是那浴盆对他显现为一个浴盆，不是那墙而是那门显现为一扇门，其他一切，也都类似。因为支持中止判断的论证并不误用感觉，而且不会在非理性的感受和运动本身中，产生任何扰乱现象运动的变化；它仅仅消除信念，却以自然的方式遵从其他。

299 西塞罗《学园派哲学》ii.37-39　当我们在说明呈现在感觉中的能力的时候，还弄清楚了这样一点，即许多东西被感觉所把握和感知到，没有认可，这是不可能发生的。因此，既然动物和某种无生命的东西之间的最大差异是，动物做某些事情——因为一个什么也不做的动物是不可想象的——那么，我们或者必须不承认它有感觉，或者必须把我们能力中的认可也归于它。但实际上，心灵在某种意义上从那些或者不愿意感觉或者不愿意认可的人中被消除了；因为就像重量被施加到天平的盘子上的时候，天平的盘子必然被压低一样，同样，心灵向清晰的东西妥协也是必然的……没有认可，无论记忆或事物的观念或技艺都不能产生；而且最为重要的一点是，什么也不认可的人将什么也掌控不了……因此，任何消除了现象或认可的人就从生活中消除了一切行动。

---

[27] 这个问题是怀疑主义的反对者提出的：参见 277。

8 灵魂与身体

荷马：灵魂与生命

300 荷马认为，只要人活着，就有灵魂，而当他们死亡时，他们的灵魂才离开。灵魂（*psuchê*）与呼吸密切相关；死亡时它如一缕青烟般离去。我们或许由此推断人被杀时灵魂毁灭，但这不是荷马的观点。他呈现了逝去英雄的灵魂回来劝诫他们的朋友。他甚至描述了奥德修斯在冥间与死者的灵魂交谈。灵魂有某种影子般的存在，但它们需要饮血才能与奥德修斯交谈。

从荷马关于灵魂的这些不多的评论中，我们可以为希腊哲学思想收集某些背景。

(1) 灵魂的信念被认为是无可争议的；人有灵魂如人活着一样是自明的。

(2) 灵魂是生命的原则；它标识了有生命的东西和无生命的东西之间的区别。

(3) 灵魂与那个具有这个灵魂的人密切相关。当奥德修斯在地狱里向阿基里斯的灵魂说话时，他称呼它为"阿基里斯"，而且它带有阿基里斯的记忆和态度。

(4) 虽然对灵魂的信念并不必然是对任何不朽的事物的信念，但对来世的信念却被自然地表达为对死后灵魂幸存的信念。

既然灵魂是生命和人格的承载者,那么它也是不朽性的恰当承载者。

这些有关灵魂的假设有助于解释为什么泰勒斯——按照亚里士多德——认为灵魂存在于所有种类的事物之中,包括那些我们通常不认为是活着的事物。在人或动物身上,灵魂是"变化的本源"(origin of change),① 因为只要人和动物活着并且有灵魂,就能变化。泰勒斯进一步推广这种看法,建议我们在身体中具有变化的本源的任何地方,都应该提到灵魂。按照这种建议,磁石如人和动物一样也应有灵魂。

我们不清楚泰勒斯把这种建议发展到什么程度。它暗示了在有机体和诸如磁石这样的无机体之间的划分,根本上不是一个重要的划分。在拓展灵魂的范围方面,他的后继者中无人走得如此之远。

301 荷马《奥德赛》xi. 36-564　那时逝者们的灵魂从黑暗处聚集环绕于我——新娘,年轻单身汉,劳苦不堪的老人,在爱情中受挫且精神伤痛仍历历在目的年轻温柔女性,披着带血盔甲的被青铜镶尖的长矛刺穿的勇士。他们从各个方向而来,并在周围飘荡……伴随着奇怪的尖叫;我陷入了苍白的恐惧……[152]我一直坐在原地,直到我的母亲上来喝掉乌黑的牲血。然后她立即认出我,悲伤地对我说:"我的儿啊,你怎么活着就来到了迷雾与黑暗之下?活人很难看到这些地方;因为在我们和他们之间有巨大的河流和可怕的水域,首先是奥克阿诺斯,没有人能够徒步穿越,旅行者需要一艘精造的船只来运载他们。

---

① *archē kinēseōs*,这是亚里士多德指称动力因的术语;98。

你是在从特洛伊回家的旅途中,经年漂泊,带着你的船只和同伴?你从未回过伊萨卡岛,也不曾见过在你自己房子里你的妻子?"……至于我的死——阿耳特弥斯没有用她温柔的箭迅速地把我从房间里带走,我也没有患那些慢慢地把人折磨致死的疾病。是我期望知道你在做什么以及我对你的爱——夺走了我甜蜜的精气神儿。"她这样说;我心中思索。我试图拥抱我死去母亲的灵魂。我试了三次,我的精神驱使我去抱住。它从我的双臂间滑脱三次,像一个影子或一个梦,钻心的悲伤不断涌现。我说,"母亲,当我试图拥抱你的时候,你为什么不原地不动,以便借助拥抱我们或许能在冰冷的哀歌中获得慰藉,即便在地狱里?难道是傲慢的珀尔塞福涅只给我遣来一个影像,让我更加悲痛和伤心?""我的儿子,"她答道,"全人类最不幸的一个,不是珀尔塞福涅在阻止;有死者死亡时都是这样的。筋腱不再连接肌肉和骨骼;一旦精神离开身体,这些在烈火的强力中毁灭,然后灵魂有如梦幻般飘出飞走。现在你尽快地回到阳世,记下所有这些事情,以便日后你能对你的妻子述说。"……[471]捷足的阿基里斯认出我,悲伤地对我说:"奥德修斯,高贵的拉厄耳忒斯之子,接下来做什么?在你心里计划的行动还有比这更大的吗?你怎么敢来到这无知死者和劳苦凡人的影子居住的地狱?"于是我回答,"……至于你,阿基里斯,没有人曾经如你一样有福,将来也没有;因为当你活着的时候,我们全部的希腊人给予你和神等同的荣誉,现在,你在这里是亡者中的强大统治者。因此,阿基里斯,不用为死亡悲伤。"他答道:"不要为死亡的好处说一个字。我宁愿成为家徒四壁的卑微的体力劳动者,几乎没有什么东西可以过活,如果我能留在尘世,而不是当所有这些亡者灵魂的王"……[541] 其他死者的灵魂站在我旁边,每一个都告诉我他自己的关切;但是特拉蒙之子埃阿斯的灵魂独自站在一边避而不语——仍然因我曾经在关于阿基里斯的盔甲的争论中获胜而愤怒……当我看到他，我温和地对他说："埃阿斯，甚至在死后你也忘不了对我的愤怒，因那可恶的盔甲？这是诸神给希腊人的一个诅咒，因为我们希腊人失去了你这样的一位中流砥柱。我们如哀悼珀琉斯的儿子阿基里斯一样哀悼你。除了宙斯，没有人是起因，他极为痛恨希腊人的军队，把这种命运安排于你。② 请过来，埃阿斯王，请听我不得不说的话；请克制你的力量和高傲的精神。"他没有回复，而是跟在其他的灵魂之后动身走向黑暗——死亡之屋。

302 亚里士多德《论灵魂》405^{a}19-21　从有关他的记载来判断，泰勒斯似乎还主张灵魂是变化的某种启动者，鉴于他说过磁石有灵魂，因为它使铁运动。③

303 亚里士多德《论灵魂》411^{a}7-8　有人说灵魂被混合于整个世界，这大概就是连泰勒斯也认为万物充满神的原因。

304 亚里士多德《论灵魂》403^{b}20-29　在我们对灵魂的考察中，我们必须既要摆出后面应予解决的诸多难题，也要列举所有先前的思想家关于灵魂所表达的观点，从而能够接受其中任何正确的观点、避免任何错误的观点。我们探究的正确的出发点是去摆出那些看起来最常见的、自然地属于灵魂的那些特征。那么，有灵魂的东西以变化和感觉这两种最独特的方式不同于无灵魂的东西。这大体上也是从我们的前辈流传下来的灵魂的两个特征；因为有人说灵魂是最突出和最首要的引起变化的东西。

---

② 诸神的责任：346-348。
③ "因为"可能暗示亚里士多德所提供的一种解释。

赫拉克利特

305 赫拉克利特与泰勒斯的区别在于:他注意到了灵魂的超出其作为变化之本源的那些特征。他接受在阿基里斯的存在和灵魂在阿基里斯身体内的出现之间的传统联系。但他比荷马更为广泛地利用了这一联系。他把灵魂同那个具有这个灵魂的人等同起来;这是他探究他的灵魂就是他探究他自身的原因(306)。

赫拉克利特相信探究他自身是困难的。虽然灵魂对于我们来说是熟悉的,但我们容易误解它的特征,部分是因为我们把灵魂与感觉相混淆。把我们自身简单地等同于我们的感觉,就是犯了那些有"异邦"灵魂的人的错误,从而不能正确地解释感觉所告诉他们的东西(114)。

探究他的灵魂不只是赫拉克利特对他自身的探究;它也是对宇宙的探究。因为他把灵魂等同于引导宇宙的宇宙理性(logos;113的注释)。这是他把灵魂当作火并且让火成为宇宙的首要成分的原因。灵魂是宇宙的基本元素,而宇宙则被赫拉克利特等同于变化和流变的有序过程(61-64)。

残存的关于赫拉克利特的证据并不允许我们精确地判定,他会认为,在个体理性,物理宇宙的基本规律,和主导这个物理宇宙的理性之间,具有何种关系。他可能没有准确地理清它们的关系。但他的观点暗示了一条得到斯多亚学派更为详细研究的论证路线(342,616,618)。

306 普鲁塔克《驳科洛特》1118C 我们越过科洛特嘲笑和妄言苏格拉底的地方,因为,如科洛特宣称的那样,苏格拉底追问人是什么，并扬言他甚至不认识他自己。显然，科洛特从没关注过这个问题。赫拉克利特说"我探究我自己"，仿佛他达到了某种伟大而惊人的东西。书写在德尔斐神庙上的东西，最神圣的被认为是"认识你自己"。正是这句话使苏格拉底开始困惑而去探究，如亚里士多德在他关于柏拉图的著作中所说的。④

307 第欧根尼·拉尔修 ix.7＝DK 22 B B45　［赫拉克利特：］即使你走遍每一条道路，也不会找到灵魂的界限；它的道理（logos）是如此深奥。

308 克莱门《杂记》ii. 2. 8. 1＝DK 22 B 17　［赫拉克利特：］绝大多数人不理解他们所遇到的事物；学了也不知，但他们自以为知。

309 经院哲学家希多索斯⑤＝DK 22 B 67A　赫拉克利特卓绝地将灵魂比作蜘蛛，把身体比作蜘蛛网。他说，蜘蛛在蛛网中央等待着，一旦苍蝇撞破任何蛛丝，她就立刻注意到并迅速地赶往破损点，好像蛛网的损坏让她痛苦；同样，当人的身体的任何部位受伤，灵魂就急忙赶到那里，仿佛被身体的伤所扰动，灵魂与身体牢固且适切地联结在一起。

310 克莱门《杂记》vi.17.2＝DK 22 B 36　［赫拉克利特：］对于灵魂来说，变成水是死亡，对于水来说，变成土是死亡。水从土中生成，灵魂从水中生成。

311 斯托拜乌斯《选集》iii.5.8＝DK 22 B 118　［赫拉克利特：］干燥的灵魂是最智慧和最好的。

---

④ 柏拉图中的灵魂和自我：316，321-323。普鲁塔克参考了亚里士多德的一部佚著（见 19 注释）。

⑤ 这一报告有时被认为是把斯多亚学派的观点错误地归于赫拉克利特：参见 342。

德谟克利特

312 和赫拉克利特一样,德谟克利特把灵魂等同于身体的某种恰当的质料成分。既然灵魂无须任何明显的外部刺激而引发变化,并且在身体中也没有任何可察觉到的扰动,那么德谟克利特就认为灵魂是由处于持久运动中的极精微的球形原子构成的。因为它们尺寸小且外形光滑,它们自身的持久运动和它们对身体运动的引发都极易被忽略。

将灵魂等同于特定类型的原子的集合,意味着,当我们把身体的运动解释为是感觉或思想或欲望的结果时,我们的解释在逻辑上类似于我们用投入湖中的石块来解释涟漪。在这两个情形中,我们都提到了始发性的碰撞以及由这种碰撞所造成的运动的扩散。

亚里士多德反驳说:以这种方式理解涉及灵魂的诸解释是误导性的,因为灵魂通过决定和思想推动身体,而不是以德谟克利特所描述的那种方式(313)。他可能认为德谟克利特的原子论使他自己承诺了一种关于原子复合物的消除论概念。⑥ 按照这种概念,除原子的运动之外,严格说来没有什么是实在的,任何非排他地引征原子运动的解释都不可能是正确的。

这种消除论的原子论立场暗含了形式的非实在性,以及那些引征形式因和目的因的解释的虚假性。既然思想和决定在引征形式因和目的因的解释中都被提到了,那么,如果形式因和目的因是非实在的,它们在解释中就毫无立足之地。因此——亚里士多德可能推测——德谟克利特不可避免地否认,我们实际上是以那些由思想和决定来正确解释的方式行动。

---

⑥ 消除论的原子论:90,234,331,351。

灵魂还在德谟克利特的伦理学中占有核心位置。他认为幸福等同于一种自制和不被扰动的状态；这里，他预示了后来某些把幸福等同于心无纷扰（tranquillity）的理论（参见 173）。德谟克利特或许已经把灵魂的这种不受扰动状态当作了构成灵魂的原子的特殊状态；适度安宁的灵魂并不"过大间隔"地被推动。如果这就是德谟克利特所意向的东西，那么它表明他是多么认真地在为关于灵魂的真相提供一种原子论的解释。⑦

313 亚里士多德《论灵魂》406^{b}15-25　有人说，灵魂用它本身所具有的相同的运动，来推动它所归属的那个身体。这是德谟克利特的观点，用语非常类似于喜剧诗人菲利普斯，菲利普斯说过，代达罗斯通过注入水银让阿芙洛狄忒的木质雕像运动。德谟克利特说了同样的东西；他认为不可分的球体处于运动之中，因为由于自然本性它们从不静止，从而它们一直拖拽并推动整个身体。作为回应，我们将追问，这同一个东西是否导致身体趋于静止；我们很难说，甚至不可能说它将如何做到这一点。总之，灵魂看起来不是以这种方式推动动物，而是通过某种决定和思想。

314 斯托拜乌斯《选集》iii.1.210=DK 68 B 191　[德谟克利特：] 因为人通过有节制的享乐和有度的生活获得好的精神，过度和不足都易于变成其对立面，在灵魂中产生大的扰动。相反，那些经受大间隔运动⑧的灵魂却既不安然平和，也无好的精神状态。

---

⑦　快乐和灵魂的运动：392，415-417。
⑧　亦即，构成灵魂的原子的运动。

苏格拉底论灵魂

315 苏格拉底同意德谟克利特强调人的灵魂状态的道德上的重要性，但他没有关于灵魂构成的任何理论或假设。他既未肯定也未否定灵魂是由在前苏格拉底思辨中出现的任何一种物质材料构成的。实际上，他认为有关灵魂的这类问题与他关于灵魂的本性和重要性的主张不相干。灵魂对伦理学是重要的，因为伦理学是关于使我们自己成为好的或坏的，而成为好的或坏的自我与灵魂是同一的。苏格拉底鞭策雅典人关心他们自身、他们的真实自我的福祉而非他们的外在财富。为关心我们自身，我们必须关心我们的灵魂，让灵魂尽可能地有德性；没有任何其他福利能够补偿我们因自身拥有邪恶的灵魂而对自己造成的损害，当且仅当我们的灵魂是有德性的，我们的福祉才得以保全（316）。

在这些评论中，苏格拉底认为他的灵魂就是他自身。他把被理解为灵魂之健康的美德（virtue），与身体的健康相对比，并且力辩灵魂比身体更为重要，因为与那些属于我的东西相比，我自身更为重要。他不加说明地认定，与我的心脏、双臂或者体重相比，我的信念、选择、目标和品格更是我自身的内在固有的部分。

从赫拉克利特有关灵魂的观点去看，苏格拉底对灵魂的特殊关切是可以理解的。苏格拉底可以合理地宣称，如赫拉克利特所做的一样，探究他自身。但是苏格拉底进一步强调，相比于我们的任何其他东西，灵魂具有无上价值，尤其是其道德方面（参见453）。既然他的灵魂就是他自身，那么他就通过保全他的灵魂的福祉来保全他自己的福祉，而他的灵魂的福祉则是通过获得美德来保全的（492）。贫穷、监禁和疾病等发生在苏格拉底的身体上而非他的灵魂上。如果假设他的幸福要求他的美德之外的东西，那就会有一种错误的关于他自身的观念。

在《申辩篇》中，苏格拉底对不朽不置可否（317），但在《克里同篇》中，他肯定了不朽（318）。他认为死后他将被要求解释他曾有过怎样的生活。《高尔吉亚篇》末尾的"神话"假定了这种死后审判（319）。苏格拉底本人并不完全相信这个从希腊传统宗教抽离出来的神话的诸多细节。但他似乎接受了关于不朽和责任的核心主张。

316 柏拉图《克里同篇》47C-48A　苏格拉底：当我们考虑正义与不义、可耻与光荣、善与恶时，如我们现在所做的，我们应当跟从多数人的信念并畏惧它吗？抑或跟从一个人的信念，如果有任何这样的人，他理解这些东西？与所有其他人相比，他是我们最应当惧怕与敬畏的人，抛弃他的代价将是毁灭和损害被正义所改善、被不正义所摧毁的东西。抑或根本不存在这种东西？克里同：当然存在，苏格拉底。——好吧，如果我们由于遵循了那些根本不理解的人的信念，摧毁了被健康改善、被疾病毁灭的东西，那么，随着它被摧毁，人生还值得过吗？难道那东西不就是身体吗？——是的。——那么，以一个糟糕的且毁坏的身体，人生还值得过吗？——当然不。——如果这个被正义所改善、被不正义所破坏的东西被毁灭了，那人生还值得过吗？难道我们会认为，我们中任何与正义和不正义相关的东西，比身体卑贱吗？——当然不。——那么，更有价值？——远远更有价值。⑨

317 柏拉图《申辩篇》40C-41C　如果我们以这种方式来把握，

---

⑨ 灵魂的健康：470。

那就更有理由希望死亡是好的。因为死亡的状态有两种可能。死亡或者是无,对任何东西都毫无意识,或者,如人们所说的,它事实上是灵魂从这里到另一个地方的变化或迁移。现在,如果你假设,没有意识,只有一种在睡梦中也一无所见的睡眠状态,那么,死亡将是一种惊人的收获。因为,如果某人不得不挑选他睡得如此安好以至于在梦中也一无所见的夜晚,然后不得不把它与他生命中的其他日日夜夜相比,而且告诉我们在他的生命历程中,与这个夜晚相比,他更好地和更快乐地度过了多少个日日夜夜,我相信没有一个人——不用说普通人,即便大王⑩也如此——会找得出许多这样的日日夜夜。现在,如果死亡就像这样,那么我认为死亡就是收获;因为全部的时间看起来只不过是一个夜晚。

但是如果死亡是一种从这里到另外一个地方的旅行,而且人们说的是真的,所有的亡者都在那里,那么,还有什么善好还能比这更伟大,各位陪审员?如果真的有人到达了地狱,摆脱了那些宣称是尘世这里的法官的人,找到据说在那里主持审判的真正法官,米诺斯、拉达曼堤斯、爱考士、特里普托勒摩斯,以及其他在其生时是正义的半人神(demigods),那旅行将是值得尝试的。我们中有谁不愿意与奥菲斯、穆赛俄斯、赫西俄德和荷马交谈呢?如果这是真的,我乐意多次赴死。我也将在那里有一个美好的逗留,在那里我能遇见帕拉墨迪斯,特拉蒙之子埃阿斯,以及其他过去被不正义地判处死刑的故人;把我的遭遇同他们的相比,我想会有莫大的乐趣。

最重要的是,我将在那里用审查和盘问他人来打发时间,正如我在这里对他人所做的那样,审查和盘问他们中间谁是有

---

⑩ 波斯国王。

智慧的，谁自认为有智慧其实没有智慧。各位陪审员，有谁不愿意去审查伟大的特洛伊远征的领导者，或奥德修斯或西绪福斯，或无数的其他人，男人和女人？遇到他们，与他们交谈⑪，审查他们，这将是多么惊人的幸福啊！因为在那里他们大概不会因为这样做而置人于死地；如果传说属实，那么除了在那里比在这里更幸福之外，它们还会在其余的时间里不朽。

因此你们，陪审员们，也必须对死亡怀有良好希望，并且把这一件事情想成是真的：无论活着还是死后，对好人来说没有什么是坏的。他的事迹诸神不会忽略；发生在我身上的也非纯属运气。不；我很清楚，现在去死，然后获得解脱于我更好。这就是神的征兆绝不阻拦我的原因。⑫基于同样的原因，对于我的控告者或我的宣判者，我不愤怒。然而这种善好，并不是他们在宣判和指控我时他们心中为我所想的；他们以为他们在伤害我，而为此谴责他们是对的。

318 柏拉图《克里同篇》54BC⑬ 那么，苏格拉底，请听我们这教养你的法律吧。别把孩子或生命或其他东西看得比正义更重，这样当你到了地狱，你才会有申辩呈给那里的统治者。因为，如果你做了克里同敦促你做的这些事情，那么对你和你的亲属来说，都不会更好，或更神圣，或更正义，而且对你生前和死后都不好。如果你现在赴死，那么你是作为不正义的受害者而死，不是出于我们法律之手，而是出于人类之手。相反，如果你逃走，从而以恶报恶，以不正义报不正义，违背你与我

---

⑪ 论辩（*dialegesthai*），用于苏格拉底的反诘。参见 96，142，189-190，220，321，583。
⑫ 苏格拉底的"征兆"：540，582。
⑬ 这是苏格拉底归因于雅典的法律劝阻他逃跑的言说的部分。也见 454，542。

们法律的契约和协议,伤害那些最不应受到伤害的人——你自己,你的朋友,你的国家和我们法律——当你活着的时候,我们将愤怒对你,而且我们的兄弟,地狱那边的法律,也不会善意地容纳你,因为他们会知道你曾想尽办法毁灭我们。那么,听从我们,而不是克里同。

319 柏拉图《高尔吉亚篇》522E-527C 因为,任何不是十足的傻子和懦夫的人都不害怕死亡本身,但他害怕做错事情。因为带着充满不正义行为的灵魂去往地狱,是所有恶中终极的和最坏的……[524B] 死亡,在我看来,仅仅是两个东西——灵魂和身体——的分离。在它们被分开之后,各自都几乎保持着当人还活着时它所曾具有的状态……当灵魂被从身体中剥离出来,所有其天生的或后天习得的状态都是公开可鉴的。当它们见到法官,就像那些从亚洲来的人碰到拉达曼堤斯(Rhadamanthys),⑭他把他们安置在他自己的身边并且检查每一个人的灵魂,在这一过程中他不知道这是属于谁的灵魂。通常,他抓住波斯大王的灵魂,或某个其他国王或统治者的灵魂,发现灵魂中没有什么是健康的,相反,灵魂完全变形,布满了由玷污灵魂的行为所带来的背信弃义和不正义的伤痕,并且它被谎言和吹嘘彻底扭曲,毫不正直,因为它的生活无真理为伴。拉达曼提斯发现他的灵魂满是各种由权力、奢侈、傲慢和放纵造成的畸形与无耻,就直接把他屈辱地投进监狱,去经受各种尺度的恰当惩罚。每一个被其他人恰当惩罚的人,应该要么变得更好而且从中受益,要么被当作其他人的例子,以便当他们看到他所遭受的东西,他们会恐惧并变得更好。被诸神或人类惩罚之后得到改善的那些人,是那些其错误可被改正的

---

⑭ 关于拉达曼堤斯的功能,见 317。

人。然而，无论在这个世界还在地狱里，他们都是通过痛苦和遭受不幸而受益。因为没有其他的方法可以把他们从不正义中解脱出来。但那些做了最不正义的事情的人，由于他们变得无可救药，被当作了范例。既然他们是无可救药的，那么他们不再能使自己受益，但是当其他人看到他们因为自己的过错而永久遭受最可怕的、最痛苦的、最令人恐惧的折磨时，就会受益。……[527A] 现在或许你⑮认为这一切仅是一位老妇人的传说，于是你将鄙弃它。如果我们的探究已经将我们引向更好的或更真的东西，那么你的鄙弃不会令人惊讶。但实际上，正如你看到的，你和波卢斯，还有高尔吉亚，我们时代最智慧的希腊人，并不能证明，除了这种无论现世中还是地狱里都明显惠及我们的生活之外，我们还应当过何种生活。在我们的讨论中，其他都已被驳斥，仅剩这样一个主张坚定不移：行不正义比遭受不正义更应该被避免；无论在私人生活中还是在公共生活中，一个人应当首先践行真是善好的（being good）而非貌似善好的（appearing good）事情；当任何人以任何方式变坏的时候，他应当纠正改过；因此，对于正义，第二好的事情就是通过惩罚而被纠正，最终变得正义。

从苏格拉底到柏拉图

320 在这些关于灵魂、自我和不朽的主张中，苏格拉底留下了一些悬而未决的形而上学问题。例如，他没有说，灵魂是不是一种物质材料（如德谟克利特所认为的那样），苏格拉底的哪些方面是不朽的

---

⑮ "你" = 卡里克里斯。

（他的身体特征？他的品格？他的情绪？他的理性？），或者，不朽的东西是如何从他身体的消亡中幸存的？这些都是柏拉图试图回答的问题。他论证说，每个人与他的理性和思想能力是同一的，从而，既然理性智能是不朽的，那么每个人都是不朽的。

《阿尔西比亚德前篇》很可能不是柏拉图所著，但它为我们考察柏拉图这些关于灵魂的观点如何从苏格拉底的伦理学关切中发展而来提供了一条很好的理路。⑯它认为，灵魂，如按苏格拉底所理解的那样（美德与恶行的主体），一定是非身体性的。正如晚期柏拉图主义者普洛克鲁斯所言，这篇对话特别关注苏格拉底对自我知识的探索；这一探索导致了对一种不同于身体的灵魂的重新认识（322）。

在《斐多篇》中，柏拉图全力以赴为这样一种灵魂观念做论证，它既辩护苏格拉底关于灵魂的道德重要性的主张，也解释了灵魂不朽是如何可能的。在对话的末尾，苏格拉底告诉克里同，他将埋葬的尸体不是苏格拉底。苏格拉底，他自身，从他的死亡中幸存，即使他的身体腐烂。他把他自身等同于一个能够脱离身体而存在的不朽灵魂。对话的其余部分力图更完整地描述那种人们能合理地申言其不朽性的灵魂。

321 [柏拉图]《阿尔西比亚德前篇》129A–130C　苏格拉底：现在来告诉我，谁是你的对话⑰伙伴？确定是我吗？——阿尔西比亚德：是的。——我是你的伙伴？——是的。——那么苏格拉底在谈话？——是的。——阿尔西比亚德是听者？——是

---

⑯ 《阿尔西比亚德前篇》可能被当作研究柏拉图哲学的导论来写作，无论如何，它都被后来的柏拉图主义者用作此目的。

⑰ *dialegesthai*：317。

的。——苏格拉底不是用言语[18]在交谈?——当然。——你把交谈和使用言语当作一回事?——的确。——使用者与他使用的东西不是有区别吗?……——是的……一个人不是使用整个身体吗?——当然。——我们刚才同意使用者不同于被使用者?——没错。——那么一个人与他的身体不是同一的啰?——看起来是这样的。——那么他是什么?——我说不上来。——你肯定能够说他是身体的使用者。——是的。——身体的使用者是灵魂吗?——是的,是灵魂。——那么灵魂在统治?——是的。——这里另外还有一点也是没人会反对的。——是什么?——人是三者之一。——哪三者之一?——灵魂,或身体,或二者合在一起的整体。——当然。——但我们不是说过统治身体的是人吗?——是的,我们说过。——现在身体统治它自己吗?——当然没有。——因为正如我们现在所说,它是被统治的?——是的。——那么它不是我们正在寻找的东西了?——看起来不是。——难道是两者的联合体统治身体,而这就是人?——可能吧。——然而,并不是。——最不可能了;因为,如果它们中的一个不是一个联合的统治者,这联合体就不可能统治。——没错。——但既然无论身体还是两者的联合体都不是人,那么剩下的就是,要么人什么都不是,要么,如果人是某个东西,它无非就是灵魂。——正是如此。

322 普罗克鲁斯《〈阿尔西比亚德篇〉述评》4.21–5.12　无论对于全部哲学来说,还是对于柏拉图学说来说,我们认为最恰当的出发点是……关于我们自身的纯粹无杂的知识,它用表述科学知识的术语来定义,被"关于原因的推理"[19]牢固地缚系。因

---

[18] logos:见113的注释。
[19] 引自《美诺篇》,107。

为哪里还有比在德尔斐之神敦促我们开始的地方更适于开始我们自身的净化和完善？因为，恰如箴言告诉那些进入依洛西斯神庙的人，如果他们未得启发和完善，就不要进入神龛，同样，德尔斐神庙前"认识你自己"的箴言指示出上升到神圣者的道路和最有效的净化方式，直截了当地说，对那些能理解的人而言，那个获得了有关他自身的知识的人已经在正确的起点处出发，从而能够与那揭示全部真理并且在净化我们的生活中指导我们的神相通。

323 柏拉图《斐多篇》115C-116A ［克里同：］……我们该怎么葬你呢？［苏格拉底：］随你们怎么葬，抓住我，别让我跑掉就行。然后他转向我们，微笑地补充道：我还没有说服克里同，现在正在说话和进行论证的苏格拉底就是我。他认为我是那具他马上要看到的尸体，于是他问该如何埋葬我。我长篇大论来向你们表明，一旦我饮下毒药，我就不再守候你们，而是离开你们去享受有福者所享有的各种幸福。但在说这一切、同时鼓励你们和我自己时，我似乎没有成功说服克里同。你们其余的人必须为我向他担保……我不会逗留，而是离开前往彼世。那么，他会比较容易接受我的死亡，当他看到我的身体被焚化或埋葬时，不会为我的任何所谓的苦难而悲哀。他也不会在葬礼上说他是在永别苏格拉底，或跟随苏格拉底到坟墓，或埋葬苏格拉底。卓越的克里同啊，你可以相信，错误的说法不仅本身不恰当，而且对灵魂造成伤害。你们一定要有信心，说你们正在埋葬的只是我的身体；以你们最喜欢、认为最合法的方式，这样做吧。[20]

---

[20] *nomos*：125。

灵魂的诸面相

324 柏拉图对灵魂和身体的差异性和可分性的信念依赖于它们的能力、功能和活动之间的几个对立。我们需要追问柏拉图主张哪些对立？这些是真正的对立吗？它们是身体和灵魂之间的对立吗？它们支持柏拉图的没有身体灵魂也能存在的观点吗？

(1) 在《美诺篇》中，柏拉图认为，探究是一个"回忆"的过程，当我们获得知识，这一过程就完成（183-186）。如果这是对我们出生前所知道的东西的原原本本的回忆，那么，柏拉图就承诺了，我们的灵魂在与身体结合之前就已存在。他在《斐多篇》中重申了他对回忆的信念，并用它来论证灵魂不朽（205）。

(2) 柏拉图考虑了心灵在人的行为的因果解释中的作用（96）。按照苏格拉底，他待在原地不动的原因是他相信这将是最好的。心灵的状态解释了人的行为；它们解释了苏格拉底做了什么而非他的身体发生了什么。心灵是作为人的特征的理性的、有目的的行为之源。[21]

(3) 这一主张指涉心灵、特别是理性心灵，而非灵魂。但柏拉图有时似乎就把灵魂等同于理性心灵。他把灵魂与感觉对立，将感觉归于身体，而把灵魂等同于理性的、反思的理智（intellect）。感觉分散灵魂的注意力，因此使得我们从把握真理中分心（195-196）。灵魂，如柏拉图在《斐多篇》中所设想的那样，似乎不包括所有那些我们所谓的"心理

---

[21] 灵魂作为运动的原因：594。

的"或"意识的"状态。非理性的欲望和感官-印象是意识性和心理性的；但柏拉图把它们归于身体而非灵魂。他发展了赫拉克利特的观点（114），把灵魂等同于我们反思和检查我们的感官输入者的能力；在发现这种能力的过程中，我们也发现了我们自身（306）。

(4) 柏拉图在实践语境中回到了这个问题。他考虑了这样一种观点，即，灵魂应被等同于组成身体的各种元素的"和谐"或"谐调"（325；参见 333）。苏格拉底反驳说，如果和谐理论是对的，那么我们永远不会发现灵魂统治身体或灵魂反对身体的各种感受（affections）；但是我们发现灵魂恰恰在做这些事情。苏格拉底引用了荷马史诗中奥德修斯面临困境自言自语的一个段落；他告诉他的激情（thumos）只对"忍耐"让步。柏拉图在《理想国》第四卷中引用了这一段来支持灵魂的三分（438）。在《斐多篇》中（326），他引用它去支持身体与灵魂的二分。在这里，正如在灵魂与感觉的对立中那样，柏拉图也把灵魂——批判和反思的能力——等同于自我。如果我问"我真正想要什么？"或"我真正相信什么？"，我不仅仅依赖于我的第一印象或我的第一反应；我试图形成一种作为对最好结论的批判反思的结果的观点。这是柏拉图的人类行为的因果解释理论特别关注善好（good）的另一个原因。他把心灵和善好联系起来，因为他把我们等同于批判的、反思的能力，这种能力允许我们把我们真的认为是最好的东西与我们发现当下有吸引力的东西区分开来。

(5) 在逐渐认识理念和培育美德的过程中，我们减少对身体的关心。有些人仅当他们看到由勇敢的或节制的或正义的行为所带来的某些附加的物质利益和感官快乐时，才会做出这些行为；这些人仅有美德的外表（327）。然而，哲学家却毫不保留地信诺美德，因为他不关心任何可能与他们有关的世俗损失。柏拉图并不认为，哲学家对日常世俗的计较漠不关心，会让他对日常社会生活的美德也漠不关心。然而，这一观点却出现在普罗提诺关于哲学家放弃世俗关怀的论述中（607）。

325 柏拉图《斐多篇》85E-86D　　［西美尔斯：］你或许说……和声是调好音的竖琴中的某种不可见的、无形体的、崇高的和神圣的东西，而竖琴自身和它的琴弦都是物体，具有物体的特征，在种类上是复合的、尘世的和可朽的。现在假设某人打破竖琴，或切断或撤下琴弦。如果某人要坚持你的论证，那么和声一定仍然存在，未受损坏；因为我们不可能说，当琴弦被扯下时，具有可朽本性的竖琴和琴弦自身仍然存在，而具有神圣和不朽的本性和特征的和声却已经先于可朽的部分被摧毁和消失。他会说，和声一定仍旧如过去一样存在于某个地方，而木料和琴弦则会在任何事情发生于它之前腐烂。苏格拉底啊，我这么说，是因为，我认为你自己也明白，我们㉒认为灵魂或多或少就是这样一种东西。我们的身体是由冷、热、干、湿等伸展和维系在一起的，因此我们的灵魂就是这同一些东西的混合和谐调，当它们以恰当的比例被混合的时候。现在，如果灵魂真的是某种谐调，那么，显然地，一旦我们的身体由于疾病和其他麻烦而变得太松或太紧，那么灵魂必定立刻被摧毁，不管它

㉒　西美尔斯作为毕达哥拉斯主义者发言。

是如何神圣,就像其他或者音乐中的谐调或者人工制品中的协调一样,无论哪种情况下,身体的残余都会持续很长时间,直到它们被烧尽或烂掉。如果某人主张,因为灵魂是身体中的元素的混合,所以它是在所谓的死亡中最先被摧毁的东西,那么考虑一下我们该对这种论证说什么好呢。

326 柏拉图《斐多篇》94B-E　［苏格拉底：］在人的所有东西中,除了灵魂——尤其是有智慧的灵魂——之外,你还能提出任何统治的东西吗?——［西美尔斯：］不,我不能。——它通过屈服于身体的各种感受还是通过反对它们来统治?我的意思是,例如,当身体感到热和渴的时候,灵魂拽向相反的方向,不饮,当饥饿出现的时候,不食,我们或许能在无数其他方式中看到灵魂反对身体中的东西,难道不是吗?——当然。——我们稍前不也同意,如果它是一种谐调,它绝不会发出一种与紧张或放松或震动或其他发生于其成分的东西相冲突的音,而是必须总是跟随它们且从不领导?——是的,我们确实同意过。——无疑,我们现在可以看到灵魂产生了恰恰相反的结果。灵魂指挥所有那些被认为是构成它的元素,纵其一生几乎事事反对它们,方方面面控制它们。有时它通过苛刻痛苦的手段纠错,如体育和医疗,有时借助较温和的手段,有时使用威胁,有时给予命令;它与欲望、冲动和恐惧交谈,仿佛是一个东西与另一个不同的东西交谈。这也正是荷马在《奥德赛》中所描述过的,他在那里说,奥德修斯"于是拍打自己的胸部,责令自己的心:忍耐,我的心;你忍耐过比这更糟糕的"。你认为当他这么写的时候,他认为灵魂是谐调,是那种能被身体的感受所动摇的东西?他肯定把它视为领导和控制它们的那种东西,某种过于神圣而不能与谐调并列的东西?——在我看来确实是那样的,苏格拉底。

327 柏拉图《斐多篇》68B-69C ［苏格拉底：］因此，如果你看到任何人临死悲痛，苏格拉底说道，这将足以证明他不是爱智慧者，[23] 而是爱身体者。大概他实际上也爱财富和名声——或者只爱其中之一，或者两者都爱。［西美尔斯：］是的，你说得太对了。——西美尔斯啊，他继续说道，难道不能从这得出，那所谓的勇敢岂不最为爱智慧者所独具吗？——是的，无疑是这样的，他说。——节制也如此——许多人称节制为，面对欲望保持冷静，保持一种不看重欲望的有序性情——这岂不是那些比任何其他人都更不看重身体而只投身于哲学的人所独具的吗？——当然……——你知道，除了哲学家，每个人都把死亡视为最大的恶？——是的，实际如此。——当非哲学家中的勇敢者面对死亡而不害怕，是由于害怕更大恶事，不是吗？——是的，这是真的。——因此，除了哲学家之外，所有人都因害怕而勇敢，尽管某人因为某种害怕和懦弱而被视为勇敢是不合理的？——十分正确。——非哲学家中的有节制的人又怎么样呢？难道相同的事情不会发生在他们身上，他们由于某种不节制而是节制的？……他们害怕失去其他他们有所欲望的快乐，因此他们克制一种快乐，因为他们被另一种快乐战胜……——是的，看起来是这样。——有福的西美尔斯。这不是与美德（的标准）相关的那种正确的交换方式——把较小的快乐或痛苦或恐惧像硬币一样交换成较大的。无疑，对所有这些要被交换的东西来说，唯一正确的货币是智慧……当〈快乐、痛苦和恐惧〉相互交换，而与智慧分离，那种美德是幻觉，一种其中没有任何好的或善的东西的真正盲从的德性。节制、正义和勇敢其实是对所有这一切的净化，而智慧本身则是净化的手段。

---

[23] *philosophos*，以下译为"哲学家"（philosopher）；参见 **388**。

柏拉图的二元论论证

328 在把这些不同的特征归于苏格拉底的灵魂,并把苏格拉底的灵魂等同于苏格拉底自身时,柏拉图论证说,我们把我们自己等同于我们批判的、反思的能力而非我们的直接印象是正确的。他推论说,作为这些能力之主体的灵魂能够无须任何身体而存在,因此也无须其他因我们拥有身体而产生的能力。他还主张,当灵魂没有这些其他能力而存在时,它仍被等同于灵魂所属的那个人。如果柏拉图想要证明我们灵魂的不朽构成了我们的不朽,那么这一主张必须为真。

在捍卫其灵魂不朽的信念时,柏拉图力辩一种二元论;身体和灵魂是两种不同的东西,灵魂是非物质的、不可感知的和不朽的,而身体是物质的、可感知的和有死的。没有感觉,灵魂也能认识理念,而且像理念一样,它是不可感知和不可毁灭的;它在任何和所有它曾归属的身体死后继续存在。

这些为不朽所做的论证旨在支持哲学家的生活方式。在柏拉图看来,真正的美德要求我们培养独立于身体的需求和冲动的品质。美德的这一要求规定了哲学家的生活方式;恰如苏格拉底所建议的,他专注于关心灵魂。为说明为什么美德施加这种要求,以及为什么这种要求是合理的,柏拉图诉诸二元论和不朽的信念。对我们而言,如果身体不是我们的任何部分,而且它的状况不会影响我们维持生命所必须的各种利益,那么我们漠不关心身体的需求就是合理的。如果身体不是我们的任何部分,那么我们一定能够无须身体而存在。因此,哲学家的美德实践应被理解成为死亡做准备,那个时候他将摆脱那些因为与身体相关联而产生的烦恼。

柏拉图主张(1)我们把我们自己等同于超越感觉和身体的直接印象之批判和反思的能力。但他还主张(2)即使它们无须感觉和身体的直接印象而存在，我们把我们自己等同于这同一些批判和反思的能力。即使我们认为第一个主张是合理的，但我们可能对第二个主张犹豫不决。我满可以同意我是某个超越我的各种特殊感情和印象的东西，但我并不因此就同意，没有它们，我还是那个我。柏拉图的论证的读者有必要追问他是否为接受他的第二个主张提供了任何好的理由。

329 柏拉图《斐多篇》79A-80B[24]　[苏格拉底：]那么，苏格拉底补充道，让我们假设有两种存在者（beings）[25]——可见的（seen）和不可见的（unseen）[26]。[齐贝：]让我们这样假设。——不可见的总处于同一状态，可见的从不处于同一状态？——我们也能这样假设。——于是，进一步，我们的一〈部分〉是身体，另一〈部分〉是灵魂，不是吗？——当然是。——那么我们认为身体与哪一部分更为相似和近缘？——显然是可见者，没有人能够怀疑这。——那么灵魂又如何呢？可见的或不可见的？——无论如何，不被人的视觉可见，苏格拉底。——当我们提及什么是可见的或什么是不可见的，我们指人的视觉？——是的，人的视觉。——那么我们关于灵魂说了什么？它是可见的还是不可见的？——不可见的。——不可见的，你确定？——是的。——那么灵魂比身体更类似于不可见者，身体更类似于可见者？——这是必然的，苏格拉底。——我们不是早就说过，当灵魂使用身体去检查某物时，通过视觉或听觉

---

[24] 上接 206。
[25] 柏拉图经常把"being"限用于理念（Form），但这里也包括感性事物。
[26] 或"可见的（visible）……不可见的（invisible）"。

或某种其他感觉（因为通过身体检查就是通过感觉检查），灵魂被身体拖向那些从不处于同一状态的东西，以至于灵魂在困惑中徘徊，变得像酒鬼一样昏乱，因为它接触了这类东西？——非常正确。——但是，当它通过其自身去检查时，它转向纯粹的东西，恒在的、不朽的、处于同一状态的东西；与这种东西近缘，灵魂也总是处于同一状态，只要它由其自身而存在并且不被阻碍，也不再漫游，总是处于同一状态，既然这就是它所把握到的那种实在（性）。而灵魂的这种状态就被称为智慧？——说得好，对极了，苏格拉底啊，他回应道……——当灵魂和身体在一起，自然命令灵魂去统治和控制，而身体像奴隶一样被统治。在这些方面，你认为哪一个与神圣者相似，哪一个与可朽者相似？你是不是认为神圣者自然地适于统治和领导，而可朽者适于像奴隶一样被统治？——不假。——那么，灵魂像哪一个？——显而易见，苏格拉底啊，灵魂像神圣者，身体像可朽者。——那么，齐贝啊，考虑一下，从我们已讲的一切是否可以得出：灵魂最类似于那神圣的、不朽的、可理知的、齐一的、不可分解的、总是处于同一状态的东西；而身体是最类似于凡人的、有死的、多样的、不可理知的、可分解的、从不处于自身同一状态的东西。这能被否认吗？亲爱的齐贝。——不，不能否认。——但是，如果这是真的，那么身体快速分解、灵魂完全或几乎不可分解，不是很自然的吗？——当然。

330 柏拉图《斐多篇》104E-107B[27]　［苏格拉底：］那么，让我们回到那些在其中一物与另一事物并不对立，但仍然不容纳另一物的例子，比如……三，虽然不与偶数对立，但仍不容纳偶数，因为三总是引进偶数的对立面，正如二引进奇数的对立

---

[27]　此处接 207。

面，火引进冷的对立面，其他很多例子也都同样如此。看看你现在是否同意，不仅一个对立面不容纳另一个对立面，而且任何引进一个对立面的东西也不容纳另一个对立面……[齐贝:]是的，他说，我完全同意，在这一点上与你同行。——……如果你问我"什么东西的出现让身体变热？"，我不会提及热……却提及火……或者，如果你问我什么东西的出现使得身体生病，我不会说是疾病，而说是发烧……——是的，他说，我很理解你。——那么，告诉我，什么东西的出现使得身体活着？——灵魂，他回答。——情况一直如此吗？——是的，他回答，当然。——那么，无论灵魂拥有什么，它一直给它带来生命？——是的，当然。——生命有没有对立面呢？——有，他回答。——是什么？——死亡。——那么灵魂将绝不会容纳它所引进的东西的对立面，正如我们前面同意的。——完全正确，齐贝回答。——那么，他说，不容纳偶数的东西，我们刚才叫它什么？——奇数。——那些不容纳教养或正义的东西是什么？——无教养或不正义，他说。——不容纳死亡的东西，我们叫它什么？——不朽㉘，他回答。——灵魂容纳死亡吗？——不。——那么灵魂是不朽的喽？——是的，他说。——于是我们可以说这已被证明了？——是的，充分地证明了，苏格拉底啊，他回答。

——好，齐贝，如果奇数不灭㉙是必然的，那么，三会是不灭的吗？——当然。——如果不热也是必然不灭的，那么每当有人把热带给雪，雪就完整和未融化地离开，因为它不能消

㉘ 正如接下来的论证表明，苏格拉底在这里加入"不朽的"或"不死的"的意义仅仅意味着：如果 x 是不朽的，那么对 x 来说存在和死亡是不可能的。

㉙ 或"不消亡的"（unperishing）。

亡，也不能保持原样和容纳热？——是的，他回答……——那么，关于不朽，这么说肯定也是必然的：如果不朽也是不灭的，那么，当死亡降临它时，灵魂消逝是不可能的；因为由先前的论证，灵魂不会容纳死亡或死去，恰如三或奇数不会容纳偶数，或者，火或火中的热不会容纳冷。但有人可能说："即使，正如我们同意的，当偶数接近时，奇数不会变成偶数，那么，为什么不能是奇数消失、偶数取代奇数的位置呢？"如果有人这么说，那我们不能通过强调奇数不灭来反驳；因为奇数不是不可消灭的。而如果我们同意了奇数是不可消灭的，那就可以通过强调偶数接近时奇数和三离开，来轻松地反驳；而且相同的论证也会适用于火和热和任何别的东西。——非常正确。——不朽不也是这样吗？——如果不朽也是不可消灭的，那么灵魂将既是不朽的，又是不可消灭的。但如果不是，那就得给出某个其他证明。——就这问题而言，不需要任何其他证明，他说；因为，不朽是永恒的，如果它容纳消亡，那就没有什么能是不可消亡的。——是的，苏格拉底回答，我认为所有的人都会同意，神、生命的理念自身，以及任何其他不朽的东西，都绝不消亡。——是的，人们会同意，他说；而且我认为，诸神也会同意。

——那么，既然灵魂是不可毁灭的，而如果事实上它是不朽的，那么灵魂岂不也是不可消逝的吗？——肯定的。——那么，当死亡降临到一个人，他的有死的〈部分〉，看起来会，死掉，但不朽的部分在死亡到来时离开了，并且完好无损？——是的。——那么，齐贝啊，毫无疑问，灵魂是不朽的和不可消亡的，那么我们的灵魂将真实存在于地狱里吗？——我没有更多的怀疑，苏格拉底啊，齐贝说道，并且我没有更多要说的东西……——我也丝毫不怀疑到目前为止的论证，西美尔斯说道。但当我意识到这一论证讨论了多么伟大的主题，并对人的弱点做了恰当的解释，我势必对已经说过的东西存有某种疑虑。——是的，西美尔斯，苏格拉底回答，你是对的。而且，我们的主要假设，即使我们对它们有信心，也必须得到更严明的审查。如果我们充分阐述了它们，那么，就它对人是可能的而言，你将遵从这一论证；而且如果这变得清晰明白，那你就不用进一步探究了。——你是对的，他说。

亚里士多德：灵魂和身体的问题

331 亚里士多德将他的灵魂解释视为事物的形式是其本性这一他的一般性主张的一个特例（239）；在他看来，灵魂是活着的身体的形式。如果我们明白它意在回答什么问题，而且，特别地，它意在纠正什么，那么理解这一解释将是最容易的。在他的著作《论灵魂》的开篇，亚里士多德反对片面地强调形式，排斥质料；他把这种强调归于"辩证法家"。他也反对片面地强调质料，他把这种强调归于"自然学家"（332）。在《论灵魂》第一卷的其余部分中，亚里士多德反对各种不同的片面观点，为陈述他自己的观点做准备。

在那些重视质料而排斥形式的人中间，他批评德谟克利特。正如他在其他地方批评德谟克利特对形式的不充分认知一样，他也反对德谟克利特对灵魂的纯唯物主义解释。在德谟克利特看来，常识试图依照灵魂来说明活的生物的行为，但只有通过把灵魂等同于高度易动的原子，我们才能找到对行为的正确解释。亚里士多德认为，这种未遂的解释过于简单了。

为表明德谟克利特过于简单化，亚里士多德论证说，如果我们仅仅依照构成性原子的运动，那么我们不能说明为什么行动者开始和停止一种蓄意的行为；对原子的指涉并不向我们表明行为的目的

(99，241-242，245)。亚里士多德似乎同意柏拉图在《斐多篇》中的主张，即，对我们有目的的行为的说明要求涉及思想和信念，质料的状态只是必要条件（96）。他也同意柏拉图否认灵魂只是身体各部分的谐调（333）。

然而，亚里士多德批评柏拉图对德谟克利特的错误反应过激；柏拉图专注形式，忽视质料。从他反对唯物主义的论证中，柏拉图推论（326）灵魂是一个完全非物质的实体，能独立于任何身体而存在。亚里士多德反对道，这种二元论立场无法解释一个特殊类型的身体和相应的灵魂之间的密切联系。他问道，如果灵魂能够脱离任何适当的质料而存在，那么为什么我们没在许多不同种类的身体中发现某种特殊类型的灵魂呢？为什么我们没在老鼠的身体中发现猫的灵魂呢（333）？

亚里士多德用来解释质料和形式关系的例子也解释了他在二元论和唯物主义中所看到的错误。他指出，一个音节既非只是其组成字母的总和，也非这些字母之外的某种附加成分。音节"CAT"是catastrophe 的第一个音节，但是这些字母的总和，不考虑它们的排列（TAC，TCA，ACT），不是 catastrophe 的第一个音节。因此，音节并不等同于字母的总和。而且，音节也不是原有字母之外附加的一个字母；为了产生音节 CAT，不需要任何字母被添加于字母 TCA 中（259）。

相似地，亚里士多德的形式因和目的因的信念并不意味着，关于由它们来解释的各种过程，有任何非物理的东西。他的意思不是说，例如，仅仅因为质料因的解释是不充分的，某个非物理的灵魂就卷入了椅子的生产中。关键仅在于，多种物理过程以系统的、常规的方式契合在一起；这是我们在谈到形式时所捕获的东西。他关于形式如何是原因的论述（240-246）应该也解释了灵魂如何是原因。

332 亚里士多德《论灵魂》403^{a}28-^{b}9　自然学家和辩证法家会给这些感受中的每一个——例如，愤怒——都做出不同的定义。辩证法家会把它定义为一种以痛报痛的欲望，或某种诸如此类的东西，而自然学家会把它定义为血液和心脏周围的热元素的沸腾。在两者中，自然学家描述质料，而辩证法家描述形式和定义：例如，欲望是这东西的形式㉚，但如果它要存在，那它必须在这种质料中存在。相似地，一座房子的定义是这样的：一个防止风、雨或热的损害的庇护所。另外某个人会说，房子是石头、砖块和木材，还有其他人会说房子是这些石头等东西中的形式，为了达到这一目的。那么，这些人当中哪一个是自然学家？他是那个考虑质料而忽视定义的人吗？或是那个仅仅考虑定义的人？或者他更合适地是那个同时提到形式和质料的人。

333 亚里士多德《论灵魂》407^{b}13-408^{a}5　这个论述㉛和对灵魂的大多数论述都有一个荒谬的结果，因为它们把灵魂附系于身体并把灵魂安放在那里，没有进一步详述为什么这会发生以及在何种身体状态中发生？然而，进一步的详述是必需的，因为，正是由于这种联系，一物作用，另一物被作用，一物引发变化，另一物被改变；在一随机的灵魂和身体之间这些交互作用无一发生。然而，这些人自限于尝试说明灵魂是何种东西，而关于容纳灵魂的身体的种类，他们没有给出进一步的详述。他们的说法如同毕达哥拉斯学派故事中的那样，仿佛一个偶然的灵魂被插入一具偶然的身体是可能的，但实际上，每一个身体似乎

㉚ 这里的"形式"（form）和稍前的"定义"（account）都是翻译 logos 的。
㉛ 亚里士多德刚讨论了柏拉图在《蒂迈欧篇》中的论述。

都有其自身的特殊的形式和形状。他们的说法和说木艺被插入长笛一样荒谬；因为技艺必须使用适当的工具，同样地，灵魂也必须使用适当的身体。

关于灵魂，还有另一种被传承下来的观点……人们认为它是某种谐调（harmonian/attunement）；因为他们说，谐调是对立面的混合和联结，身体由对立面构成。然而，谐调是混合在一起的事物的某种比例或联结，因此灵魂不能是这两者中的任何一个。进一步讲，谐调不能引起变化，但实际上，所有人都把这作为最重要的而归于灵魂。在健康和身体卓越的情形中提及谐调，一般要比在灵魂的情形中更符合事实。如果有人试图把灵魂的行为与感受赋予某种谐调，那么这将是最为明显的；因为难以把它们与它相谐调。

灵魂的定义

334 亚里士多德对唯物主义和柏拉图二元论的批评暗示，有关灵魂的错误观点源于对形式和质料的特征及其关系的误解。他自己的灵魂论述澄清了这一暗示。他的主要论证如下：

(1) 灵魂是使得身体活着的东西。
(2) 使得某物活着的东西不是其质料，而是其形式。
(3) 形式是使得质料活着的东西。
(4) 因此灵魂是形式，身体是质料。
(5) 灵魂是实体。
(6) 因此灵魂是那种作为活着身体之形式的实体。

在（1）中亚里士多德表明他打算把他的灵魂解释扩展至所有活

着的东西，包括植物。在荷马和柏拉图那里，我们已发现了灵魂和生命之间的一种联系，柏拉图论证说，一旦苏格拉底的灵魂离开他的身体，苏格拉底的身体不再活着。亚里士多德将这种传统联系做了普遍化和推广，把灵魂归于所有有生命的东西。

亚里士多德解释（2）的方式是说，他用"生命"特指经由某物自身的营养和生长。这些种类的变化依赖形式而不是质料。如果一棵树苗长成一株参天大树，或稚童长大成人，那么，质料、形状和大小都发生了变化。唯一连续不变的东西是形式。以活着（being alive）为特征的活动，历经质料方面的变化还是连续的；这些活动本质上属于形式。例如，心脏连续发挥它供血的功能，即使心脏的质料发生变化。即使我们的质料发生变化，我们仍旧存在，因为形式是连续不断的（252，参见 260-262）。

因此，亚里士多德在（5）中总结，由于形式构成了活的有机体的连续性和同一性，形式是使得有机体活着的东西，因此，灵魂是形式。他把形式等同于现实，把质料等同于由形式所实现的潜能或能力（253）。质料具有多种活动的潜能，而形式是质料被组织起来去实现这些活动的方式。活动本身（吃饭，呼吸，行走，看见，等等）是亚里士多德所谓的"第二"现实。如果某物让它的质料为这些活动而被组织起来，那么它就有灵魂；这是亚里士多德称灵魂为"第一"现实的原因（参见 408）。

亚里士多德相信，他的灵魂之为形式的理论解释了柏拉图观点中的真理性，但避免了柏拉图的二元论。他认为柏拉图反对一种强版本的唯物主义是正确的；如果我们把一个人仅仅视为其质料的集合，那么我们就不能理解他的行为（96）。柏拉图正确地宣称（用亚里士多德的术语）灵魂是实体。按照亚里士多德，灵魂是实体，因为它不依赖任何独立于它的物质性身体；这就是灵魂不只是质料成分的谐调的原因（333）。有机体的身体不是独立的实体；由于它的灵魂，活着的身体活着，失去灵魂，它不能存活（336）。

然而（依据亚里士多德），柏拉图错误地认为，既然苏格拉底是一个不可还原为其质料的实体，那么他是一个能够独立于其身体而存在的非质料实体。在说灵魂是形式时，亚里士多德强调它不仅仅是质料。在说灵魂是身体的形式时，他强调它不是某种本质上无质料的形式。

335 亚里士多德《论灵魂》412ª11-28　物体似乎最是实体，并且，在这些中，自然物体又是最中之最，因为它们是其他东西的本原。有些自然物体是活的，有些不是；我用"生命"指的是经由它自身的营养、生长和衰微。因此，每一个分有生命的自然物体都是实体——更准确地说，是作为混合物的实体。但既然这也是特定种类的物体，亦即，有生命的那种，所以灵魂不能是身体，因为身体〈是实体〉作为主体和质料，并且不述说主体。那么，灵魂必是实体，作为一个潜在地活着的自然身体的形式。现在实体是现实；因此灵魂将是这种特定种类的身体的现实。现实以两种方式被提及——一种对应于认识的状态，另一种对应于对某人之所认识的注意。那么，显然，灵魂与认识活动是同一种现实；因为无论是睡着还是醒着都需要灵魂的在场。——醒着与注意一致，睡着和不活跃的认识的状态一致。而且，在相同的主体中，认识状态先于活动。因此，灵魂是潜在地活着的自然物体的第一现实。

336 亚里士多德《论灵魂》412ᵇ10-27　那么，我们已经一般地说过灵魂是什么了：它是与定义（account）㉜相对应的实体，并

㉜　logos；亦即，描述形式的定义。

且这类实体是这类身体的本质。就好像某种工具——例如斧头——是自然物体；在这个例子中，是一把斧头（being an axe）将是它的实体和灵魂；如果这被从它中分离，那么它将不再是一把斧头，同名异义除外。但实际上，它是一把斧头；因为灵魂不是这类物体的本质和形式，而是那种在它自身中具有变化和停止的起因的特定种类的自然物体的本质和形式。我们必须通过把它应用于各个部分来研究这一点。[33] 例如，如果眼睛是一只动物，那么视力将是它的灵魂。因为视力是与定义相对应的眼睛的实体，而眼睛是视力的质料；如果视力离开，它将不再是眼睛，仅仅同名异义的是眼睛，如一只石头眼睛或被画出的眼睛所是的那样。[34] 我们必须把关于部分的这个观点应用到整个活的身体；因为那些适用于〈感觉官能的〉部分与〈身体的〉部分的关系的东西，同等地适用于感觉的全部〈官能〉与整个感觉性身体之间的关系，只要在感觉的范围内。那种潜在地活着的身体不是那种丢失了灵魂的身体，而是拥有灵魂的身体；种子或水果潜在地是这类身体。

337 亚里士多德《论灵魂》414^{a}28-^{b}6 ……某些东西具有先前提到的灵魂的所有能力；某些具有其中的某几种，某些仅具有一种。我们提到的能力是营养、感觉、欲望、位移和理解部分[35]。植物只有营养的部分，其他东西具有营养和感觉的部分，而且如果它们拥有这些，它们也具有欲望部分。因为欲望包括食欲、激情和意愿，但所有动物都至少具有其中一种感觉，触觉，并且任何有感觉的东西都有快乐和痛苦，并发现引起快乐

---

[33] 从人工制品和器官到有机体的论证，参见 408。
[34] 这一关于同名的主张，参见 252，257。
[35] 或"方面"（aspect）；见 438 的注释。

或痛苦的事物。任何发现引起快乐或痛苦的事物的东西，它也具有食欲，因为这是对快乐的欲求。㊱

原子论和灵魂

338 伊壁鸠鲁想要表明灵魂是原子的集合，就像树木和椅子那样，从而肯定将分解成它的组成要素。如果伊壁鸠鲁是对的，那么柏拉图相信非物质的和不朽的灵魂必定错了。如果我们不相信不朽，那么我们也不会相信我们死后会受到伤害，因此，伊壁鸠鲁认为，我们没有理由害怕死亡。如果我们看到我们没有理由害怕死亡，那么（根据伊壁鸠鲁的灵魂理论）我们也就不会害怕死亡（421-426）。

为支持这一结论，卢克莱修收集了 29 个有关灵魂的有死性的论证。这些论证引起了一些因伊壁鸠鲁试图通过诉诸感觉来为原子论辩护而产生的问题。按照伊壁鸠鲁，我们应当接受原子论，因为它是对经验的唯一可能的解释；但是，所有他似乎表明的只是：它是对经验的许多可能解释中的一种解释（288-290）。相似地，卢克莱修找到了大量的证据表明灵魂被发生于身体的东西所影响：击打头部引起我疼痛，我的心灵随着身体衰退，如此等等。对这些事实的一种可能解释会说，灵魂是物质的和可破坏的，而且依赖于身体而存在。但这只是一种可能的说明，某个同意柏拉图的观点——灵魂是非物质的和不朽的——的人，能够提供其他的说明。

为了清除这些其他解释，唯物主义者或许主张，物质性的身体只能被物质性的身体所影响（参见263）。如果这一主张是对的，那么灵魂就不能是非物质的；但我们如何知道这是正确的呢？伊壁鸠

㊱ 灵魂的类型：408。

鲁将难以使我们相信没有任何其他观点与感觉的证据相一致；为了辩护他的唯物主义，他必须依赖一个没有经验论根据（如他理解它们的那样）保证的主张。既然他相信，除非有经验论根据的保证，否则关于实在的申言是非法的，那么他的论证面临严重的冲突，甚至从伊壁鸠鲁主义的观点看也是这样。

伊壁鸠鲁对灵魂的处理引起了一个更广泛的、涉及他与亚里士多德的分歧程度的问题。他不仅想要表明灵魂是有死的，而且表明它仅是原子的集合。因此他拒绝主张形式（从而，灵魂）是任何有别于原子集合的东西。

339 卢克莱修《物性论》iii.161-176　这一相同的推理表明心灵和灵魂的本性是物体性的。因为我们看到它用力推肢体，从睡梦中唤醒身体，变化面部表情，以及引导和转动整个人。但是我们看到，没有接触，这些事情都不可能发生，而接触，反过来，离开身体也不可能发生。那么无疑，我们必须承认心灵和灵魂是由物体的本性形成的？而且，你看到我们的心灵跟着身体一起受苦受难，并且在身体中同等地受感。如果一件具有令人震撼的力量的武器刺入身体中，引起骨骼和肌腱外露，并未危及生命，即使这样也导致眩晕，愉快地晕倒在地，心灵的混乱随晕倒而来，有时还有一种想站起来的不确定的意愿。因此，心灵的本性必是物体性的，既然它因物体性的武器的打击而受苦。

现在这心灵是何种物体，是由什么部分构成的？我将在我说的东西中继续给出对此的论述。首先，我说它在结构上非常精致，是由非常细小的粒子构成。如果你留心注意，你就能从以下论述中学知事实就是这样。我们看到没有什么东西发生得如心灵自行谋划并开始自己行动一般迅捷。因此，比起任何其本性可为我们眼睛所见的东西，心灵更为迅速地激发它自己。但因为它是如此易动，它必须由最圆最细小的种子构成，以致轻轻一打，它们就能运动。

340 卢克莱修《物性论》iii.417-458　来吧，现在我将向你表明，有生命事物的心灵和轻柔灵魂都有生有死……首先，我已表明灵魂的结构非常精致，由细小的物体——远小于云或烟的水流湿气的元素——构成……当罐子被打碎，你看到水朝各方流走，液体向四处分离；相似地，云和烟散入气中。因此，你必须相信，灵魂同样也被打散，并且更加迅速地消失，很快分解成它的原初物体，一旦它离开人的肢体而出走……[445]另外，我们觉察到，心灵伴随着身体一起生成，然后与其一起长大，与其一起变老……当身体被时间的强力击碎，由于力量缺乏，身体框架开始下垂，于是理性受损，舌头胡言乱语，心灵迟钝，所有一切顷刻间垮塌和失败。因此，很恰当地，心灵的所有本质被打散，像烟雾散入高空气的微风，因为我们看到，它与身体一起生成，与身体一起长大，而且，如我已表明的，与身体一起随着年龄同时变得疲劳和憔悴。㊲

斯多亚学派的唯物主义和灵魂

341 和亚里士多德一样，斯多亚学派把灵魂与形式以及质料的组织

㊲ 卢克莱修补充了进一步的论证。他抓住机会强调生活的令人沮丧和痛苦的方面，由此认为伊壁鸠鲁主义会给予我们某种宽慰（503）。这一系列"证明"的结论是在425。

结构紧密地联系起来。与亚里士多德不同，他们把形式等同于某种物体，他们也持有一种物质性的灵魂观念。他们把灵魂等同于有机体中维持"精气"（普纽玛，pneuma）的某种条件（263-268）。

他们比亚里士多德更为狭窄地限制灵魂的范围。亚里士多德允许植物有灵魂，但没有感觉和欲望。然而，斯多亚学派接受了灵魂与知觉之间的传统联系，从而否认植物有灵魂。植物拥有一种使它们能够自我营养和生长的"自然本质"（nature），但它们没有灵魂（266）。

为了捍卫其物质性的灵魂观念，斯多亚学派诉诸柏拉图和亚里士多德都接受的关于灵魂的主张；但他们从这些主张中论证出了柏拉图和亚里士多德都反对的结论。和柏拉图一样，他们把死亡当作灵魂和身体的分离；但他们断定，没有什么非物质的东西从身体中被分离出来，因此他们推断灵魂一定是物体。或许，他们认为分离必定产生在两个不同地方的两个分离的实体，而只有物体能占据一个地方；如果它们被分离，那么它们曾有接触，而只有物体能够相互接触。

斯多亚学派也以一种常见的亚里士多德的言说方式来论证。亚里士多德常说，有机体是由形式和质料组成，从而形式和质料是其部分。如果灵魂和身体是形式和质料，那么灵魂也是这动物的一部分。既然动物是一个物体，那么灵魂就是一个物体的一部分；但是，任何是物体的部分的东西也是物体；因此灵魂是物体。

正如亚历山大所指出的（345），斯多亚学派违背亚里士多德的意图运用亚里士多德的术语，显示出他们的哲学假设与他的最明显的不同之处。虽然亚里士多德提到形式是复合物的一部分，但他无意让它成为物理上可恰当分离的部分，更不要说是物质性的部分；如果他以那种方式思考形式，他的关于字母和音节的论证将是不恰当的和无法理解的。

在斯多亚学派的体系内,最接近于满足亚里士多德形式标准的那类物体是精气(264-266)。通过把灵魂当作散布于全身的精气,斯多亚学派化解了亚里士多德反对把灵魂排他地安置于身体中的某个位置,仿佛身体仅是其容器。灵魂不只是某种混杂于身体材料中的材料,而是完全地渗透整个身体材料。

342 卡尔西迪乌斯《〈蒂迈欧篇〉评注》220 = SVF ii.879　斯多亚学派的确论证说心脏是灵魂的最重要部分的居所……因为芝诺论证说灵魂是精气[38],方式如下:如果当某东西离开身体时,动物死亡,那么这东西当然就是灵魂;当自然的精气离开时,动物就死亡;因此,自然的精气就是灵魂。克律西波斯以相同的方式说:当然,我们借助同一个东西呼吸和活着;我们通过自然的精气呼吸;因此我们也通过自然的精气活着;我们依靠灵魂活着;于是我们发现自然的精气就是灵魂。他说,我们发现这东西可以分成八个部分。它是由主导部分和五种感觉组成,也由产生声音的实体和播种与生殖的力量构成。现在灵魂的部分从它们在心脏中的位置上流淌下来,就好像从源头流出一样,遍及全身,用维持生命所必需的精气充满肢体各处,并且借助无数的不同力量来统治和引导——它们营养、助长、移动、用位移命令、经由感觉迫使行动。整个灵魂分散出作为其功能的感觉,灵魂仿佛是树干,感觉仿佛是主导部分的树枝,是它们所感觉到的东西的信使;而且主导部分,如同君王,判断它们带来的消息。现在被感觉到的东西是复合的,诸如物体,而每一感官各自只感觉一种东西——这种辨识颜色,另一种声响,

---

[38] *spiritus*,亦即 *pneuma*。参见 300。

第三种饮料的味道,这种辨识气味,那种通过触摸辨识粗糙和光滑。所有这一切都适用于当下;因为单一的感觉既不能记下过去的事情也不能预期未来。理解每一感官如何受感,从它们带来的消息收集整理出那个东西是什么——把握当下在场的东西,记住不在场的东西以及预见将来的东西,这些都属于内在的慎思和反思。克律西波斯以这种方式定义内部的心灵慎思:心灵的内在运动是理性的力量。因为连不会说话的动物都有灵魂的主导部分,由此它们辨认食物、想象、规避陷阱、跨越高陡的障碍,认识必然性;可是这部分不是理性的,而毋宁是自然的。人是有死生物中唯一使用心灵的这种主导的善好的,那就是理性。

克律西波斯重申:正如一只在蛛网中间的蜘蛛[39]用它的脚牵住了所有蛛丝的线头,以便不管什么时候,任何小的野兽落入陷阱,它立马就能感觉到——灵魂的主导部分也是如此,被置于心脏的中心位置,牵着感觉的起点,从而当它们带来任何消息,它立刻就辨识它。斯多亚学派还说声音是从心的深处发出的,亦即从心脏发出。精气挤压心胸;被肌肉包裹的心脏是把精气从两侧肺和其他的维生器官分离开来的界限;从这,当舌头和其他声音的器官撞击形成声音的狭小的喉咙通道,清晰的声音——话语的元素——就产生了;有了这话语作为解释者,心灵的隐秘的运动得以显露。他称这为灵魂的主导部分。

343 内梅修斯《人性》2,22.3-6=SVF ii.790 克律西波斯说:死亡是灵魂从身体的分离。现在没有任何非物体的东西从身体分离;因为也没有非物体的东西接触身体。但是灵魂既接触身体也从身体分离。因此灵魂不是非物质的。

---

[39] 参见 309。

344 亚历山大《附论灵魂》117.1-118.2 = SVF ii.792[40]　相似性谓述灵魂，这一事实并不意味着它是一个物体；因为相似性并不单属于物体〈正如斯多亚学派所相信的那样〉……[9] 而且，下面这一论证是错的："非物质的东西不能与身体一起受苦，从而灵魂不是非物质的。"……[30] 下面这么说也不是真的："由于某东西我们呼吸精气，由于那东西我们是有精气的，由于灵魂，我们是有灵魂的。"即使动物离开天生的精气就不能存在，也不能得出这就是灵魂。

345 亚历山大《灵魂》18.10-19.6=SVF ii.793　〈斯多亚学派说〉："物体的各个部分必然是物体，因为线的部分是线，面的部分是面，时间的部分是时间；一个动物——它是一个物体——的各个部分，是形式和质料；因此形式和质料是物体。"这一论证是错的。因为这些东西作为部分，不是如一个物体被切出来的部分那样。因为这物体的那些被切出来的部分对该物体的量有贡献，并在被切时持存和保留。但形式和质料不是这种意义上的物体的部分，而类似于青铜和形状之为一座雕像的部分。雕像不被分割成头和胸和腿那样的部分；但质料和形式的复合物也是由作为部分的质料和形式构成的，虽然不是以相同的方式。因为形状是雕塑的一部分，但不是对雕像的量有所贡献，而是对雕像的质有贡献，也不是从质料分离还能够被保存……

说"其部分是物体的东西本身也是物体；但是感觉，作为灵魂的一部分，是身体；因此灵魂本身也是身体"，这论证也没有证明任何东西。因为，如果感觉被理解为感官，那么这样来理解，感官是身体，但不是灵魂的部分。相反，如果它被理解为感官的能力，那么这样来理解，它就不是物体。因为实际上，

---

[40] 亚历山大评论斯多亚学派对灵魂的有形物体性的论证。

如果灵魂是身体，而且并非如质料那样存在的身体，那么，它将由形式和质料构成，因为，按照斯多亚学派，每个物体都是因为某种不同于质料的东西而是如此这般的。[41] 但如果真是这样，那么该物体中的形式将是灵魂。

---

[41] 文本可疑。

9 自由意志

行为、责任和命运

346 希腊思想从一开始就意识到,人类可以因他们的行为而受到赞扬和谴责。建议、警告、惩罚和奖赏他们,以及向他们表达感激与怨恨,都是合理的。以这些态度对待岩石、树木或暴风将是不恰当的和无意义的,不管它们可能造成多大破坏;这些态度中的全部或绝大多数也不适用于猫和马。在荷马史诗中,人们不对大海发怒,但对海神波塞冬发怒,他被认为是有理智的行动者。这些态度预设了人能够以某种方式控制他们的行为,他们的所作所为取决于他们自己,而建议、警告、赞扬和谴责则赋予他们各种影响其行为的理由。

　　这些预设并没有涵盖所有的人类行为。当一位荷马的英雄被某位神所打倒,他无法避免,恰如他不能避免被一阵强风吹倒。一般说来,我们相信,如果我们的行为全然由某个我们无法控制的过程所造成,那么我们就不对它负责,也不为此而受赞扬或指责。

　　荷马表明我们不能控制的范围可能大到包含了我们本以为我们曾控制的许多行为。荷马的角色们都相信,诸神不仅用不可阻挡的自然力量进行干预,而且通过干涉行动者的思想、信念和计划来影响行动者的行为。诸神把它置入某人的心灵中,使他以一种特殊的方式行动;在这个意义上,我们可以说,那种特殊的行为可归因于神而非那个行动者。

阿伽门农利用这种"内在的"神圣干预的信念,来撇清与阿基里斯争吵的责任。在《伊利亚特》早期,他似乎承认了他要为引发争吵负责。但后来,他声称他不是原因;"宙斯、命运和奔行于黑暗中的复仇女神"才是原因(347)。

阿伽门农的听众既不明确接受,也不明确拒绝他的自我开脱。这对评估人类行为可能具有根本性的意义;有多少行为能借助"神让我做的"这一借口而获得开脱?这一借口似乎并不仅限于那些令人惊讶的、或不寻常的、或出格的行为;它似乎同等地适用于任何我们的行为是由某些我们不能控制其起源的过程所引起的情形。我们如何知道我们全部行为的起源不都是被神控制的呢?

虽然荷马的例子引发了这种可能性,但是荷马和他的角色们并未探究它。神的作用,尤其是至高无上的宙斯神,仍旧晦暗不明。有时人类和诸神似乎阻挠宙斯的意志,有时荷马认为宙斯的意志最终得以实现。有时宙斯自己在命运面前显得无能为力。① 他权衡不同个体的命运,在天平上谁的命运更重谁就是那个不得不死的人——(这似乎)独立于任何神或人的意志。个体的生与死似乎是被某种独立于神和人的意志的不可避免的过程所决定的。但如果,例如,赫克托尔今天的死亡是不可避免的,那么阿基里斯如何能为杀死赫克托尔负责?荷马没有说明有多少事件是服从命运的,或者服从命运又如何影响人的责任。

后来的希腊作者更加公开地面对这些问题。在埃斯库罗斯的《阿伽门农》中,歌队和克鲁泰涅斯特拉之间的争论揭示了有关泰涅斯特拉是否要为杀死阿伽门农负责的不同观点。首先,克鲁泰涅斯特拉努力把责任推托给本应施加于阿伽门农父亲身上的世袭的诅咒。

---

① 斯多亚学派关于宙斯和命运的观点:617。

歌队认为这种解释并不能从她身上移除责任；但他们承认，如果宙斯造成了一切，那么他们也对她如何可能真正负责感到困惑。

关于命运和不可避免性的问题出现于希罗多德的波里克拉忒斯的故事中。他害怕他的富足可能危及自身，因为他和希罗多德笔下的其他人一样相信，诸神嫉妒和摧毁人的富足（388；参见591）。他采取未雨绸缪的行为去躲避他的命运；但无论怎样，命运最终抓住他。他未能避免的糟糕的结局仿佛是他的富足引起的，并不是他的任何错误所致。富足自身引发了神的嫉妒，无关他努力做的其他任何事情；他似乎既经不住富有，又不能避免为此遭难。

无论如何，这就是波里克拉忒斯和他的朋友阿马西斯理解诸神行为的方式。但他们似乎误解了它。希罗多德随后表明，尽管波里克拉忒斯乐意献出一件他的所有物，但他并未放弃他的轻率行为；他冒险的外交政策最终毁了他。

347 荷马《伊利亚特》xix. 85-138　阿开奥斯人（雅典人）常常向我诉说这件事情，而且批评我。但我不是那原因，而是宙斯、命运以及奔行于黑暗中的复仇女神。②他们在那天的大集会中给我的心带来一种狂热的错觉，使我从阿基里斯那里抢夺他应得的奖品。我能怎么办？神让一切实现；该被诅咒的阿特，宙斯的长女，欺骗了每一个人。她优美地行走，不是在结实的地面上，而是从男人们的头上掠过摧毁他们。事实上在我之前她已经战胜了其他人。是的，她甚至欺骗过宙斯自己，他，据说，是在神和人中最伟大的神；赫拉，作为一个女性，就在阿尔克墨涅在防御坚固的忒拜城中生育强大的赫拉克勒斯那天，

---

② 宙斯的责任：301。

通过诡计欺骗了他。③……宙斯感到切骨之痛。在愤怒中，他抓住阿特闪亮的头发，并且立下重誓：绝不允许欺骗所有人的阿特重返繁星璀璨的天堂和奥林匹斯山。然后，他转动她，把她从星光灿烂的天堂中扔下去，不久她就到达了有死人类的家园；宙斯一直余恨未消，每当他看见爱子遭受欧律斯透斯施加于他的艰苦的劳动。我也是这样，当头戴闪亮头盔的伟大的赫克托尔正在阿哥斯人的船尾击杀他们的时候，一直不能忘记阿特，是她首先欺骗了我。既然我是被欺骗的，而且宙斯夺走了我的心智，现在我愿意弥补过错，付给你大量的礼物作为赔偿。

348 荷马《伊利亚特》xvi. 431–461　当宙斯，狡谲的克洛诺斯的儿子，看到他们，他同情他们，然后对亦妻亦妹的赫拉说，"可怜啊，命运注定我最亲近的萨耳珀冬将死于帕特洛克勒斯之手。在我的胸腔里的我的心脏，动摇于两个决定之间：是把他活着带出令人悲伤的战场，送往他在利西亚的肥沃故土安顿，还是让他被墨诺提俄斯之子杀死"。牛目天后赫拉回答，"克洛诺斯最残暴的儿子，你在说什么？你真的想要一个早就命里注定要死的凡人免除悲惨的死亡？那么请按你的意愿去做，但我们所有其他诸神都不会同意。而且我还要告诉你一点，你记在你的心中：如果你把萨耳珀冬活着救出送回家，注意，其他的神难道不会也想要把他亲爱的儿子从这激烈的战斗救出？因为有许多的神的儿子也在特洛伊城的周围战斗，因此你将引起强烈的不满……"诸神和人的父亲赞同，但他向大地降了一场血雨，来祭祀他亲爱的儿子，在远离家乡的肥沃的特洛伊平原上就要被帕特洛克勒斯杀死。

---

③ 阿伽门农叙述了赫拉的诡计如何导致宙斯把 12 种艰巨的劳动强加于他的儿子赫拉克勒斯。

349 埃斯库罗斯《阿伽门农》1498-1512　克鲁泰涅斯特拉：你确定这是我做的。但是不要想象我是阿伽门农的妻子。不；是那个古老的凶恶的报冤鬼，为了向阿特柔斯——残暴的宴客者——复仇，假装这死人的妻子，把他这个足长的活人杀来祭献，叫他赔偿孩子们的性命。④……[1505] 歌队：你在这次谋杀中是无辜的——谁将是你的见证？怎么会有人这么做？然而，复仇精灵可能与你合作。在家族血液的溪流中，黑暗的战争激烈地向前推进，直到它提供了对被吞食孩子的凝固血液的恰当报应……[1465-1468] 歌队：哦，一切都因为宙斯，他引起了这一切，他产生了这一切。因为，没有宙斯，有死者能实现什么？这些事件中的哪一个不是神定的（god-ordained）？

350 希罗多德 iii.40-43　阿马西斯注意到波里克勒忒斯发了大财，他对此颇为忧心。当波里克勒忒斯甚至拥有更多的好运财富时，阿马西斯给他写了这样一封信，寄到萨摩斯："阿马西斯致波里克勒忒斯。很高兴听说朋友和盟友一切皆顺。但是你的巨大财富没有给我任何快乐；因为我知道神是嫉妒的……考虑一下什么是你最为珍视的东西，什么东西是你丢掉时最心痛的，然后把它丢掉。"……于是波里克勒忒斯在他的宝库中四处寻找他认为失去后他将最为伤心的财宝。最终他想到这个：他有一枚曾经佩戴过的、一块绿宝石镶嵌在黄金中的戒指，……他决定这是要丢弃的东西，就配备了一条 50 名桨手的船，登上船，下命令离港出海。当船距离海岸非常遥远的时候，他把戒

---

④ 克鲁泰涅斯特拉杀死了她的丈夫阿伽门农。她暗指阿伽门农的父亲阿特柔斯的罪行，阿特柔斯杀死了他的兄弟梯厄斯忒斯的孩子，然后把他们用来招待梯厄斯忒斯食用。克鲁泰涅斯特拉表明，因阿特柔斯的罪行来惩罚阿伽门农的"复仇精灵"通过她而实施。

指从手指上摘下来,在甲板上众人的注目下,把它扔进了水中。然后,他划船返回萨摩斯岛,回到他的住宅,哀叹已经发生的事情。五六天后,发生了这样一件事情。一个渔民捕获了一条好大的鱼,于是想到这将是呈给波里克勒忒斯的合适礼物。他把它带到门外接受接见;当被允许后,他献出了鱼……波里克勒忒斯的仆人切开鱼,然后在鱼腹中发现了这枚戒指。在他们看到它的那一刻,他们捡起它,高兴地把它拿给波里克勒忒斯,告诉他戒指是如何被找到的。但此时他已明白这是一个神圣的事件,波里克勒忒斯写信给埃及的阿马西斯,把他所做的一切以及结果如何都告诉他。阿马西斯读了这封信,立刻回复说:让一个人从注定要发生的事情中拯救另一个人是不可能的,波里克勒忒斯将不得善终,既然他事事好运,甚至找到了他曾经丢弃的东西。

原子论和必然性

351 由埃斯库罗斯和希罗多德提出的关于自由和命运的问题在幸存下来的前苏格拉底的文本中没有被明确地讨论。实际上,直到伊壁鸠鲁和斯多亚学派,它们才得到彻底和自觉的讨论;这也是本章主要关注希腊化哲学的原因。当然,某些相关的问题早就产生,尤其是在原子论者和亚里士多德那里;他们的观点引发了某些问题,这些问题激发了希腊化哲学对自由的争论。[5]

对必然性的信念似乎随自然主义关于因果解释的各种假设而

---

[5] 柏拉图有关责任问题的极为分散的评论在这里被省略了。他的最全面的处理是在《法律篇》第九卷。

来（33）。如果我们假设有关某物之行为的所有原因来自它的自然本性和基本成分，正如前苏格拉底的自然主义者所假设的那样，那么，我们似乎暗示，某物的所有行为都是从其成分的基本规律中必然地得出的。⑥ 基于这个理由，自然主义者拒绝各种包含神圣干预的解释，因此，他们反对在荷马看来能干涉人的选择的力量之一（40, 352）。但如果他们使得一切都成为某物的基本成分的结果，那么他们岂不是使得一切都成为必然的、从而排除人的自由吗？

这个关于人的自由的问题未被大多数前苏格拉底哲学家提出。但它似乎为原子论者所暗示，他们接受了我们刚才描述的从自然主义到必然性的论证路线。原子论者承认，必然性学说得自他们对基本实在和控制其运动的规律的解释。当他们强调万物由于必然性而发生时，他们的意思是：

(1) 原子的运动只由它们的属性和它们先前的运动决定。宇宙中没有任何其他的因果力量，也没有任何推动原子的常规因果力量被中断。

(2) 发生的一切只是原子在虚空中的运动，因为除了原子和虚空，没有任何别的东西真实存在。

第一个主张隐含"决定论"——认为每一个事件都是作为其充分条件的在前的诸多事件的不可避免的结果。从这一观点来看，不存在任何运气或随机事件，也不存在任何完全独立于任何先在因果序列的新的因果序列。第二个主张是消除论的（90）；它意味着只由原子和虚空的属性来解释世界中发生的因果序列。按照消除论的立场，有关自由和责任的主张要求有意图的选择的存在，原子论对此不留余地。

---

⑥ 参见对"必定存在／是的东西"（what must be）和命运的参考，44, 65, 77。

一切由必然性而发生的观点似乎蕴含我们从不为我们的行为负责（366）。如果发生的一切都是决定原子运动的因果力量的不可阻挡的结果，那么一切似乎都服从于独立于人的选择的规律。命运控制事件，独立于任何神或人的意志，荷马的这一建议对原子论宇宙的规律似乎也为真。

那种认为原子论的必然性学说损害了责任的观点，或许为后来有关德谟克利特的故事打下基础，这些故事把他呈现为嘲笑的哲学家，嘲笑人的生命的无意义和漫无目标。以原子论的观点来看，如果发生于我们的东西并不真正受到我们所控制的选择和行为的影响，那么我们的生命似乎就缺乏我们通常赋予它的意义。如果我们无关紧要，那么我们努力去做这件事而非另一件事，似乎也毫无意义了。

在后来的哲学家当中，不同的人抓住原子论立场的这些不同特征，从而沿着不同的论证路线，反驳原子论者对责任的隐然否定。

352 普鲁塔克《流亡者》604a＝DK 22 B94　［赫拉克利特：］太阳将不会逾越它的尺度；否则复仇女神，正义的帮手，会把它找出来。

353 斯托拜乌斯《选集》i.4.7＝DK 67 B2　留基波认为万物由于必然性而发生，必然性等同于命运。因为他在《论心灵》中写道："没有什么随机地发生，⑦ 万物的发生都是合理的和由于必然性。"

354 琉善《待售的哲学》13　［德谟克利特：］它们当中没有什么被认真对待，相反，它们全是无结果的和空的，原子的运动和无限。

---

⑦ 或者"徒劳的"（in vain）。

亚里士多德论必然性

355 亚里士多德有时似乎假定原子论暗含对有机体及其特性的消除论处理（90）。他认为德谟克利特只承认质料因，从而不承认由形式属性来定义且能够做出有目的行为的实体（99，242，251）。此外，德谟克利特对灵魂的原子论解释蕴含了（按照亚里士多德）对"思想、欲望和决定驱使我们行动"这一日常观点的拒斥（313）。如果这是对德谟克利特立场的公正评价，那么德谟克利特显然不能为选择和责任找到任何位置。

亚里士多德对德谟克利特必然性信念的态度并不明朗。他肯定持有一种必然性学说，按照一种解释，这种学说削弱我们的自由信念并控制我们的行为。一种"宿命论"（这是一个现代术语，不是亚里士多德的）立场超越对命运的单纯信念（它使得我们仅信诺决定论）而得出进一步的结论：我们的行为都是以一种排除我们能够对它们做任何事情的方式被预先决定了的。亚里士多德对"海战"（356）的讨论第一次呈现了宿命论的论证，然后又拒斥了宿命论。

宿命论者从有关我将要做什么的陈述的真，论证出结论：我的行为是必然的，在我不能不做与我实际上将做的相同的事情的意义上。这一论证如下：

(1) 我今晚将寄信，这是真的。
(2) 因此，我今晚将寄信，在过去（既包括昨天，又包括一千年之前）曾是真的。
(3) 如果我今晚将寄信在过去曾是真的，那么，必然地，我今晚将寄信。
(4) 因此，必然地，我今晚将寄信。

(5) 因此我今晚不能避免寄信。

宿命论者认为，无论我们是否接受德谟克利特的原子论，我们都承诺宿命论，因为某些关于真（truth）和时间（time）的极简单的事实蕴含了宿命论。既然我将做我实际上将做的事情，在过去曾是真的，那么我实际上所做的每一件事情，都是由过去强迫的（necessitated），因此对于它我不能做任何事情。亚里士多德主张，如果宿命论者的结论是真的，那么，关于应该做什么的慎思都是无意义的。

既然亚里士多德拒斥宿命论，那么他必须拒斥这一宿命论论证的某个部分。但是，他拒斥什么呢？两种答案已经被给出。

（i）他拒斥前提（1），因此他否认存在任何有关具体人类行为的将来时态真理。直到我今晚寄出信，我将寄信才是真的，但是，在我寄过信之后，我曾寄信才成为真的。在我寄信之前，要么我将寄信、要么我将不寄信，为真；但是这一析取式的任何一部分都不是真的。

（ii）亚里士多德接受（1），但主张（3）是有歧义的。这可能指：（3a）必然地，如果（2）是真的，我今晚将寄信；或者（3b）如果（2）是真的，那么我今晚将寄信是必然的。

这种歧义性削弱了宿命论的论证；因为仅仅（3a）紧随（1）和（2），但（3b）为（4）和（5）所需。

难以判定亚里士多德到底意向哪种答案。诚然，在他对由宿命论引起的困惑的解决方案中，某些重要段落可被视为表达两者之中的任何一种回答。[8] 如果文本所要求的无非是第二种回答中的看似有

---

[8] 见 356 的注释。

理的主张，那就需要某种进一步的理由以防我们把第一种回答中的更有争议的主张归于他。

356 亚里士多德《解释篇》17^b26-19^b4　有关普遍者的矛盾的普遍命题，其中一方或另一方必然要么是真的，要么是假的；如果它们是有关具体者的矛盾命题，亦类似——例如，"苏格拉底是白的"和"苏格拉底不是白的"。但如果它们是关于普遍者的，却不是普遍命题，那么并不总是一个是真的，另一个是假的。因为以下说法同时为真：人是白的和人不是白的，人是美的和人不是美的；因为如果它是丑的，它就是不美的；如果某物正生成为 F，那么它还不是 F。乍看之下这可能显得奇怪，因为"人不是白的"可能同时表示没有人是白的；但这不指称相同的东西，也必然不同时成立……

[18^a28]-19^b4 对于现是／现在者（what is）和已是／已在者（what has been），肯定或否定要么是真的要么是假的，这是必然的。而在关于普遍者的普遍命题的情况中，一个是真的，另一个是假的，这总是必然的；对于具体者亦然，正如我们已经讲过的那样。但在未被普遍地言及的普遍者的情况中，这不是必然的；我们也曾经讨论过这个。⑨但在那些将要发生的具体者的情况中，并不是这样。

因为如果所有肯定或否定要么是真的要么是假的，那么所有事物要么是事实要么不是事实，也是必然的。因此，如果有人说某物将是／将在，另一个则否定这同一情形，那么显然，他们中必然有一个说了真话，如果所有肯定都是真的或假

---

⑨ 见先前的段落。

的。在这类情况中,两者不会同时成立。因为如果说某物是白的或不是白的是真的,那么必然地,它要么是白的,要么不是白的。而如果它是白的或不是白的,那么对此的肯定或否定都为真。如果情况不是这样的,那么有人说了假话;而如果有人说了假话,那么情况就不是这样。因此对肯定或否定来说或者为真或者为假,是必然的。⑩因此,没有任何事物由于机遇(by chance)而存在或发生,或者碰巧有之;将来也不会以这种方式存在或不存在。毋宁说,一切从必然性而发生而非碰巧有之,因为要么肯定者要么否定者说的为真。否则,它可能同等地发生或不发生;因为随机发生的事情既不更是、也不更将是这样而非那样。

进一步说,如果某物现在是白的,那么先前提到它将是白的,曾是真的,从而对任何已经发生的事物,说它将是,始终曾是真的。但是,如果说它曾是或将是始终曾是真的,那么它曾不能不是,或它不能不将要是。但是,如果某物不可能不发生,那么对它来说不发生是不可能的;于是不能不发生的事物必然发生。于是,每一个将是的事物都必然地将是。因此,没有任何东西由于机遇或随机地将是;因为如果它由于机遇而是,那么它并非出自必然性而是。

但是,认为两者都不为真,是不可能的——例如,它既非将是也非将不是。因为,首先,如果这是可能的,那么,即使肯定是假的,否定也是不真的;而且即使否定是假的,关于这一观点结果是:肯定是不真的。而且,如果说它是白的且黑的

---

⑩ 先前的那个段落(和某个后来的论证)可能被两种方式中的其中一种来对待。(1)如果 p 是真的这是必然的,那么被 p 描述的那个事态继续存在。(2)如果 p 是真的,那么被 p 描述的那个事态是必然的。

都是真的,那么两者必定都是实情;如果两者明天将是这种情况,那么两者明天都必须是实情。但是如果明天没有一个将是或者将不是,即便如此,例如海战,将不会随机凑巧地发生;因为在这一情况中,海战会必然地既非发生又非不发生。

这些和类似这些的其他东西都是荒谬的结果,如果在每一个肯定和否定(要么关于普遍地被言及的普遍者、要么关于具体者)中,必然地,对立面中的一方是真的,另一方是假的,并且没有任何东西随机偶然地发生,相反,所有事物皆出自必然性而存在和发生。因此,没有必要去慎思或者不辞辛苦地思考,如果我们做这个,那个将是(或将在),而如果我们不做,它将不是(或将不在);因为很有可能是,一万年之前一个人曾说这将是(或将在),而另一个人则否认它,所以在那时肯定为真的,无论哪一个,都将出自必然性而是如此这般。是否有任何人做出了矛盾的陈述,也不重要;因为很显然,事情就是这样的,即使一个人不肯定它而另一个人否定它。因此,它将是或将不是这种情况,不是因为肯定或否定,对一万年之前来说,相比于任何其他时间,也不更多的是这种情况。因此,如果在整个时间中,事情是这样的,从而一个或者另一个陈述是真的,那么对这的发生来说是必然的,并且每一个已发生的事情总是这样出自必然性而发生。如果有人曾经真实地说过某物将要发生,那么它不能不发生;因此对已经发生的某物,说它将是,就总是真的。

但确定地,这是不可能的。因为我们看到慎思和行为启动将是(或将在)的事物;而且,一般来说,在并非总是处于现实性之中的事物中间,我们看到可能是(或在)的东西和可能不是(或不在)的东西;在这些情况中,无论是(或在)和不是(或不在),从而无论发生和不发生,都是可能的。我们发现这对许多事情来说显然是真的。例如，这件外套被剪碎是可能的，虽然事实上它不会被剪碎而是先被穿破。同样地，它的不被剪碎也是可能的；因为除非它不被剪碎曾是可能的，否则它的首先被穿破将不会是实情。因此，其他发生的事情，只要源自这种可能性，也是这样。那么，显然，不是所有的事物都出自必然性而发生。相反，有些事情随机凑巧发生，而且肯定绝不比否定更真。在其他的情况中，某一选项比另一个发生得更多，更频繁，但是，其他选项的发生或前者的不发生，也是可能的。

存在（或是）者，每当它存在（或是）时，存在（或是），不存在者，每当它不存在时，不存在，这是必然的。但是，并不是所有是（或在）的事物必然地是（或在）；而且，并不是所有不是（或不在）的事物必然地不是（或不在）。因为每一件事情，当它是（或在）的时候，它出自必然性而是（或在），不同于绝对地出于必然性而是（或在）；而且这对不在者（或不是者）同样为真。[11]同样的论证也适用于矛盾命题。一切事物要么是（或在），要么不是（或不在），而且要么将要是（或在），要么不将要是（或在），这是必然的。但是一个人不能分解开矛盾命题，然后说一个或另一个是必然的。我的意思是，例如，明天将有或者没有海战都是必然的，但是海战明天发生却不是必然的，海战明天不发生也不是必然的。然而，它要么发生，要么不发生，却是必然的。因此，既然命题的真与事物如何是（或在）相符合，那么很显然，无论有多少事物随机凑巧地存在

---

[11] 先前的两个句子可以以两种方式中的一种方式来理解。(1) 说必然地（当 x 存在时，x 存在），是真的；但这并不得出，当 x 存在时，x 必然地存在。(2) 当 x 存在（亦即呈现在场）时，那么 x 必然地存在。

(或是)、从而承认矛盾命题,矛盾命题的真是同样必然的。这恰好是发生于那些既非总是(或在)也非总不是(不在)的东西。因为在这些情况中,矛盾命题中的一个是真的,另一个是假的,这是必然的,但不是这个或者那个。毋宁说,它是随机而有的,或者其他某个比另外一个更真,但不因此是真的或是假的。那么显然,就对立面的每一个肯定和否定来说,一个是真的,另一个是假的,这不是必然的。因为那些支持存在的事物的东西并不也支持那些不存在、却有能力存在(或是)或不存在(或不是)的事物;这些情况则是如我们讲过的那样。

亚里士多德论责任

357 亚里士多德对责任的讨论支持他拒斥任何把我们的行为从我们的控制中移除出去的必然性学说。他声称正常人控制他们的行为并且适当地为他们的所作所为负责(赞扬、指责等)。当我们基于我们自己的信念和欲望、不受外界驱迫并清楚我们在做什么而自主自愿地行动时,我们正当地接受赞扬和指责。[12]

在亚里士多德看来,我们的责任延伸至我们的行为之外。他否认我们不由自主地成为了我们所是的那种人,从而(既然我们是哪种人决定了我们做什么)不由自主地做了我们所做的事情。他回应说,我们通过自愿的行为形成和维持我们的品格,因此,我们也因有美德或恶行而受到公正的赞扬或指责。我们的行为和品格都在我们的控制中并取决于我们。

在论证我们的信念和欲望乃是赞扬、指责和担负责任的适当基

---

[12] 值得指责的行为:400,402。

础时,亚里士多德暗示,它们是造成我们的行为和品格的原因序列中的一部分。他没有追问这一原因序列的所有成员是否如德谟克利特所认为的那样本身是必然地被决定了的(necessitated)——就是说,它们是否不可避免地源于某些先前的事件。因此,对于德谟克利特决定论的真或假(在351解释的意义上),他保持沉默。

我们或许能通过不同的方式来解释亚里士多德在这个问题上的沉默:

(1) 他没有注意到德谟克利特的决定论主张威胁到责任。
(2) 德谟克利特的决定论主张与责任无关,从而亚里士多德无须提及它们。

这两个回答中的第一个支持伊壁鸠鲁对责任的解释;第二个支持斯多亚学派的解释。

358 亚里士多德《尼各马可伦理学》1109^{b}30-1111^{a}24　那么,美德是关于感情和行为的。当它们是自愿的时候,它们获得赞扬或指责,但是,当它们是非自愿的时候,它们获得原谅,有时甚至是怜悯。因此,在考察美德时,我们必须界定自愿(the voluntary)与非自愿(the involuntary)。这对立法者给人们授予荣誉和纠正性处罚也很有用。

被迫或者因为无知而产生的行为似乎是非自愿的。被迫的行为有一个外在的始因,行动者,或毋宁说受害者,对此始因毫无贡献,例如,人被飓风裹挟或者受他人胁迫。但是,某些行为被做,是因为对较大的恶的恐惧,或者因为某种光荣的事情;例如,一个暴君,告诉你去做某件羞耻的事情,在那时他控制住了你的父母和儿女,而且如果你做,他们将活下来,否则,他们将死去。这些例子产生了关于它们是否是自愿的或非自愿的争论。然而,同样的事情也发生在风暴中向船外抛弃货物的例子中;因为没有人愿意无条件地向船外抛货物,相反,任何稍有理智的人都会抛弃船上的货物来拯救他自己和其他人。因此,这种行为是混合的,但它们看起来会更像自愿的行为。因为当它们被做出时,它们是值得选择的,而且一个行为的目标符合时机场合;因此我们也应该参考他做的时间,来称这一行为是自愿的或非自愿的。现在实际上他乐意做它;因为在这类行为中,他在他自己内部拥有作为行为工具的肢体的运动的始因,而在行为的始因内在于他的情况中,做或不做它们也取决于他。因此这类行为是自愿的,尽管或许无条件地被考虑的行为是非自愿的,因为没有人会因行为本身而选择任何这类行为……

[1110^{b}25] 由无知造成的行为似乎有别于处于无知状态中所做出的行为。如果行动者喝醉或者生气,他的行为好像是由醉酒或者愤怒引起,不是由于无知,虽然它是在无知而非有知的状态中做出的。当然,所有邪恶的人对于他必须做或必须避免的行为是无知的,而这种错误使人不正义,总之会变坏。但是,谈到非自愿的行为并非旨在将它应用于对有益事物的无知。因为非自愿行为的原因并非决定中的无知,后者引起恶行;它不是对共相的无知,因为那是受指责的原因。毋宁说,这原因是对行为之所构成和所关切的那些殊相的无知;这些既允许怜悯又允许原谅,因为一个行动者,如果他对这些殊相中的一个无知,就非自愿地行动……[1111^{a}22] 于是,既然非自愿的行为是被迫的或由无知造成的行为,那么自愿的行为似乎就是在行动者自身中有其始因、知道构成行为的那些殊相的行为。

359 亚里士多德《尼各马可伦理学》1113^{b}30-1114^{b}25 我们已经

发现，我们对目的抱希望，就促进它的东西慎思和抉定；因此，与促进目的相关的行为将是合乎抉定（decision）的，从而将是自愿的。现在美德的活动关涉这些事情〈促进目的（the end）〉；因此美德也取决于我们，恶行也取决于我们。因为当行动取决于我们时，不行动也取决于我们，而且当"不"取决于我们时，"是"也取决于我们。因此，如果行动（acting），当它是光荣的时候，取决于我们，那么不行动（not acting），当它是可耻的时候，也取决于我们。如果不行动，当它是光荣的时候，取决于我们，那么行动，当它是可耻的时候，也取决于我们。因此，如果做或不做光荣的或者可耻的行为都取决于我们，而且正如我们看到的，如果这就是做好人或者做坏人，那么意味着，做好人或者做坏人取决于我们。

无人有意作恶或无意享福，这一主张看起来部分为真、部分为假。因为很显然，无人无意享福，但作恶却都是自愿的。如若不然，我们必须推翻刚才得出的结论，即一个人开启或成为其行为的"父亲"，就如同他成为其孩子的父亲那样。但是如果我们的结论看起来是真的，并且我们不能把行为回溯至其他超出我们自身的始因，那么这意味着，任何在我们之中具有其始因的行为，本身都取决于我们，是自愿的。这一点不仅在我们每个人作为公民私人所做的事情中，而且在立法者本身所做的事情中，得到见证。因为他们对任何做出邪恶行为的人都施加纠正性处置和惩罚，除非他的行为是被迫的或者由无知造成，从而他可以不为其负责；而且他们尊崇任何行为高尚的人；他们假定他们会鼓励一些人，遏制另一些人。但是，没有人鼓励我们去做任何不取决于我们的事情、非自愿的事情；人们相信要说服我们不觉得热、不觉得痛或不觉得饿等都是徒劳的，因为说服阻止不了它发生于我们……

[1114ᵃ31] 但是有人可能说,"每一个人都以对他显现的善为目的,但控制不了它如何显现,而毋宁说是他的品格控制了目的如何对他显现"。那么,首先,如果每个人在某种意义上都对他自己的品格状态负有责任,那么他本身也在某种意义上对目的如何显现负有责任。另一方面,假设没有人为恶行负责,相反,某人这么做,是因为某人对目的无知,并且以为这是获得对他自身来说最好的东西的方式。某人以目的为目标不会是某人自己的选择,相反,某人需要一种自然的、天生的视觉以正确判断和选择那些真正善好的东西。任何自然地让这种感觉处于美好光荣状态的人都有一种好的自然本性。因为这种感觉是最伟大和最美好光荣的东西,人们不可能从别人获得或习得它;毋宁说,其自然品格决定了一个人后来的状态,而且,当它自然地是善的和美好光荣的时候,那就是真正的和完全善好的自然本性。如果这一切不假,那么,美德怎么会比恶行更为自愿的?因为目的如何显现,是通过自然或以任何方式被确定的,对好人或坏人来说也都一样,并且,他们把所有其他事情都回溯到其一切行为的目的。

那么,假设使得目的如其对每个人所显现的那样显现的东西,不是自然,而是另外某个取决于他自己的东西;或者,假设目的是自然的,而美德是自愿的,因为有美德的人也自愿地做其他事情。无论哪种情形,恶行都不比美德更少地是自愿的;因为坏人,和好人一样,即使不对目的负责,也要对他自己的行为负责。现在,美德,正如我们已经说过的,是自愿的,因为实际上我们自己要对我们的品格状况部分地负责,而且正是通过具有我们所具有的那种品格,我们才确定我们行动的目的。因此,恶行也将是自愿的,因为对它们来说情况是相同的。

伊壁鸠鲁：必然性和自由之间的冲突

360 像亚里士多德一样，伊壁鸠鲁考虑并拒斥宿命论；但和亚里士多德相反，他明确论证说，如果我们想要拒斥宿命论，那么我们必须拒斥决定论。他攻击的具体学说就是决定论，这种观点认为每一事件都是被先前的事件和自然规律所必然地决定了的。早期的原子论者接受决定论，因为他们把所有的自然过程都看作不受诸神干涉而只服从原子运动的统一规律的原子过程的必然结果。因为相同的原子力量在运作，并且其运作必然产生相同的结果，所以，相同的模式在自然中不断被重复。

伊壁鸠鲁相信，决定论与责任不可相容。如果决定论为真，那么，鉴于固定的自然规律，我们的选择和抉定被一些事件所决定，这些事件自身又被先前的事件决定，如此等等。由于较早的事件必然导致后来的事件，因此我们的行为是被那些我们不能控制其较早阶段的过程所必然导致的。因此，看起来，我们不能真正地控制我们的行为，从而我们不能对它们负责。他的论证如下：

（1）无论发生什么，都完全被遥远的过去和自然规律所决定。
（2）我不控制自然规律。
（3）我不控制遥远过去所发生的事情。
（4）因此我不控制决定我的行为的东西。
（5）如果我不控制决定我的行为的东西，那么我不控制我的行为。
（6）因此，我不控制我的行为。

既然伊壁鸠鲁相信德谟克利特的原子论必须接受这一论证，那么他就相信德谟克利特的原子论排斥自由和责任（366）。这一论证类似于对亚里士多德有关未来真理的论证的第一种解释。伊壁鸠鲁和亚里士多德（按这一解释）都相信，如果我的行为的充分条件在我选择去做它之前就存在，那么它就超出了我的控制，我也就不能对它负责。伊壁鸠鲁推断，相信决定论相当于相信抓住了波里克勒忒斯的那种命运，人的行为对之不可能有任何影响。

事实上，他认为，相比于那些我们至少能够施加影响的爱管闲事的诸神来说，如果一切都服从于不可阻挡的命运，这对自由来说是更具灾难性的（361）。正如波里克勒忒斯对那些注定独立于他的掌控的东西无能为力一样，对于因为那些依据不变的自然规律发生在遥远过去的事情而被注定的东西，我们也无能为力（362）。如果我是自然的一部分，那么似乎可以得出，亚里士多德主张有任何东西真地取决于我或在我的控制之中，就是错误的。因为如果我是自然的一部分，而且我的行为完全地被自然规律所支配，那么是那些甚至在我出生前发生的事件导致我去做我所做的事情。

我们或许期望伊壁鸠鲁得出结论说，既然我们应当相信原子论，而且既然原子论承诺了排斥自由的决定论，那么我们就应当否认自由。然而，他拒绝了这种结论。他敦促我们去相信原子论，仅仅因为他假定，获得不怕死的人所应有的诸美德是在我们的权能之内的。在给我们这个建议时，他假定我们控制我们的选择和行为。

如果伊壁鸠鲁的原子论使他信诺决定论，那么他的立场似乎是矛盾的。伊壁鸠鲁主义者预设了一种关于我们如何生活的真正选择。如果我们相信原子论，那么我们能够选择让我们的生活解脱焦虑，伊壁鸠鲁据此为原子论辩解。但是原子论——像德谟克利特理解的那样——似乎蕴含排斥自由的决定论。因此，伊壁鸠鲁，必须既要肯定自由，又要否定自由；原子论消除了我们对行干预的诸神的恐惧，但是让我们面对同等令人沮丧的恐惧：关于我们的生活我们不能有任何作为。

361 伊壁鸠鲁＝第欧根尼·拉尔修 x.134　听从有关诸神的故事，要好于成为自然哲学家的宿命的奴隶。因为前者暗示一种通过敬神的方式、在祈祷中成功摆脱坏事的希望，但后者包含一种祈祷者所不能摆脱的必然性。

362 西塞罗《论命运》21　……如果我在这儿更乐于同意伊壁鸠鲁而否认每一个命题要么是真的、要么是假的，那么我将宁愿接受那种打击而非赞同一切皆由命运而发生。因为前一主张至少容许讨论，后一主张却不可容忍……伊壁鸠鲁害怕，如果他承认这〈主张每一个命题要么是真的、要么是假的〉，他必须也承认，任何发生的事情都是由于命运而发生。因为，在他看来，如果一个给定命题的肯定或者否定从永恒来看都是真的，那么它也是确定的，而如果是确定的，那么也是必然的；他就以这种方式把必然性和命运视为应予肯定的。

伊壁鸠鲁的解决方案

363 既然伊壁鸠鲁既相信我们应为我们的行为负责，又相信德谟克利特的原子论不能承认这个事实，那么他不得不修改德谟克利特的原子论。然而，如果他抛弃了原子论的主要原则，他就破坏了他自己的自然哲学和以原子论真理为基础的伦理学论证。因此，为确保自由所采取的修改必须足够小，以免触动原子论的主要原则。

在伊壁鸠鲁看来，修改原子论的正确方法在于拒绝德谟克利特的决定论。伊壁鸠鲁主张，原子从它们通常的运行轨道"偏斜"，而且偏斜的时机场合不被任何自然规律所决定（364-365）。由于这些

348 古典哲学

偏斜的发生,事件不是完全被遥远过去和自然规律所决定。我们仍旧能够认为,原子论是对基本实体以及这些实体通常遵循的规律的真解释;德谟克利特错误地相信它们始终遵循这些规律。因此,原子论并不要求决定论。

在伊壁鸠鲁看来,对原子偏斜的信念,并不违反依赖感觉之原则(参见 278-281)。既然我们自由且负责任地行动,对我们来说是显然的,那么我们必须把解释自由所需要的任何属性和运动都归于原子。为表明自由对于我们是显然的,伊壁鸠鲁论证说,即使你论证你不是自由的,你也预设了你是自由的;因为在努力劝服你自己和你的对手相信你的立场的真理性时,你必须假定,接受这个论证而非那个论证,恰恰取决于你,也取决于他们。因此,你不可能在不损害你的论证的情况下反驳自由(366)。

既然决定论是虚假的,那么,按照伊壁鸠鲁,关于人的具体行为的将来时态陈述,既非真也非假。他似乎认为,如果我们允许这类陈述要么真要么假,那么我们就蕴含了,未来是独立于我们的选择而确定的。他对将来时态陈述的态度与亚里士多德对海战论证的解决方案的第一种解释一致(362)。

364 西塞罗《论命运》22-23　伊壁鸠鲁认为命运的必然性通过原子的偏斜得以避免,从而,当原子经由最小距离(他称之为"最小值"[minimum]⑬ 的东西)而偏斜时,除了重量和碰撞之外,还有某个第三种运动产生。他被迫承认——由事实本身而非靠说辞——这偏斜无原因地发生了。因为一个原子并不作为被另外一个原子撞击的结果而偏斜;如果不可分的物体都如伊

---

⑬　西塞罗使用了希腊文术语。

壁鸠鲁所相信的那样由于其重量而垂直下降，那么，一个原子如何能被另一个原子撞击？如果一个原子从未被另一个原子推至一边，那么一个原子甚至从未触及另外一个原子。由此导致：即使有一个原子，而且它偏斜了，那么它也是无原因地偏斜了。伊壁鸠鲁引入了这一推理路线，因为他害怕，如果原子总是被自然的和必然的重量所推动，那么对我们来说没有什么是自由的，因为心灵也会被原子的运动所驱迫而以这样一种方式被推动。德谟克利特，原子论的创始者，更愿意接受一切皆由必然性而发生的结论，而不是消除不可分物体的自然运动。卡尔尼亚德更尖锐地教导说：伊壁鸠鲁主义者无须这种想象性的偏斜，也能为他们的观点辩护。因为，既然伊壁鸠鲁曾教导说可能存在某种自愿的心灵运动，那么与其引入偏斜，还不如为自愿的心灵运动辩护，尤其考虑到他们不能为偏斜找到一个原因。

365 卢克莱修《物性论》ii.251-293 ……假设所有的运动总是相互链接着的，新的运动以一种确定的次序从旧的运动中产生，而原初物体也不以它们的偏斜产生出运动的某个开端，来打破命运的法令，从而使原因不会无限时地紧随另一个原因而来。在那种情况下，大地上一切生物的这种自由意志的来源是什么？我追问，这种从命运中夺来的意志的来源是什么，通过这种意志，快乐把我们每个人领向哪里，我们就向那里运动，而且，相似地，通过这种意志，我们在我们的运动中偏斜，既不在固定的时间，也不在固定的地点，而是在我们的心灵已带领我们去的地方？无疑，一个人的自己的意志将给自己一个这种运动的开端，并且从这种意志，运动传递，流遍肢体。你有没有看到，当起跑闸门被猛然打开之时，赛马的热切力量如何能不瞬间突然爆发，像它们的心灵自身欲望的那样？……你难道没有看到，即使一种外来力量推动许多人，并且常常逼迫他们违背其意志前进，驱使他们一直向前冲，我们胸中依然存在能够反对或抵御它的东西？……因此，你必须承认那些种子也包含除撞击和重量之外的运动的另一种原因，而这就是我们的内在力量的来源，因为我们看到无中不能生有。因为重量阻止万物经由撞击而发生，仿佛某种外部的力量一样。但是，心灵自身就其所拥有的一切来说，没有任何内在的必然性，也非像一个消极的受害者一样，被迫去承受和经历——这源于元素的细微偏斜，不在固定的空间，也不在固定的时间。

366 伊壁鸠鲁《论自然》= Arr.34.26-30=LS 20C　自开端起，我们始终有种子指引着我们中的某些人朝向这些，某些人朝向那些，某些人朝向这些和那些——行动、思想和品格的种子，有的多，有的少。因此，这样或那样的结果首先无条件地取决于我们，而那些从周围事物中经由我们的通道必然地流入的东西，在一个阶段也依赖于我们和来自于我们的信念……

我们相互指责、反对和改正，也是因为我们假设：我们也在我们自身当中，而非仅仅在我们最初的构造中或在围绕和进入我们的事物的任意必然性中，具有原因。假如有人宣称，相互指责和被指责与任何碰巧在某一时刻对自身呈现的东西具有相同的任意的必然性……那么，他仍未触及这一在我们自己的情形中产生了原因的先行概念的行为……而且，即便他继续不停地说明他的这一行为反过来是被迫的，且始终诉诸论证，他也得不出进一步的结论说⑭：他仍把已经正确论证的原因留给自己，而把错误论证的原因留给了他的对手……

最先给出关于原因的令人满意的论述的人，不仅比他们的前辈伟大，而且比他们的继承者们伟大许多倍。然而——即使

---

⑭ 意思不确定。

在许多事情中他们已经使我们从大恶中得到缓解——他们忽略了他们自己〈在寻找原因时〉，以致让必然性和随机成为万事万物的原因。诚然，当那个伟大的男人[⑮]忽略了其行为与其信念之间的冲突时，阐明这种观点的论述就崩溃了。〈由于他没有注意到〉如果在他的行为中，他不曾忘记他的信念，那么他本身会困惑不已；在信念控制他的任何情形中，他将陷入严峻的灾难之中，而在信念不控制他的任何情形中，他会因为其行为与其信念之间的矛盾而被冲突填满。

367 伊壁鸠鲁＝第欧根尼·拉尔修 x.134-135　贤哲不认为承载着幸福生活的任何善的或恶的东西是运气带给人的，虽然他认为它提供了大善之物和大恶之物的开端。他认为，与合理行动且具有好运气相比，合理行动却遭受不幸是更好的。

368 伊壁鸠鲁＝第欧根尼·拉尔修 x.144　运气对贤哲具有微弱的影响。因为对他生命的整个过程来说，理性过去、现在和将来都在指导着最伟大和最重要的事情。

对伊壁鸠鲁的反驳

369 即使伊壁鸠鲁的非决定论不违背原子论的主要原则，但它诉诸偏斜就使它有理由相信自由和责任了吗？原子发生偏斜的概率有多大？如果影响 S 的仅有的偏斜在 S 生前发生了，那么它们似乎并不保证 S 的行为是在 S 的控制之中。如果最近的偏斜是在 1900 年，但 S 出生于 1901 年，那么，S 的行为由发生于 S 出生之前的事情决定（根据伊壁鸠鲁的原则），因此 S 不为它们负责。而且，某个进一步

[⑮] 德谟克利特。

的偏斜发生于1930年，而且从那以后在S的人生中再无发生，那么S在1929年或1960年做的事情就不在S的控制之中。因此，很显然，伊壁鸠鲁需要说，偏斜经常发生，其实，每当S做一种S应该为其负责的行为时，偏斜就发生。

然而，无论偏斜如何频繁，它都解释了为什么S应该为S的行为负责吗？我们通常认为，我们的行为是我们的品格和在过去形成的我们的计划、意图、性情的结果。亚里士多德就是这样理解它们的。但如果一个自由的行为源于一个无因由的选择（如伊壁鸠鲁强调的），它就不可能是因为我过去的选择和我的品格的状态而产生的。与我的过去和品格无关的行为不是我们认为我们要负责任的行为；因为，诚然，我们更愿意把它们视为过失。如果我们相信一个人的行为完全"不符合品格"并且根本不是由其过去的选择与决定所导致的，那么我们就可以怀疑她是否还要对此行为负责。⑯

伊壁鸠鲁的解决似乎忽略了针对原子论的反驳的另一来源。他认为，仅当德谟克利特的原子论接受决定论时才威胁到责任。他似乎没有考虑亚里士多德的反驳：既然德谟克利特否认形式因和目的因的实在性，他甚至就不可能承认思想与决定在行为中的因果作用。如果思想与决定并不影响我的行为，那么它们就不可能让我对它们负责任；但难以看出，非思想与决定的随机的原子事件如何可能让我对我的行为负责。如果这种反驳是公平的，那么伊壁鸠鲁引入非决定论并没有使原子论与责任可以相容。

370 D. J. 弗利《希腊原子论的两个研究》⑰，第232页　亚里士

---

⑯ 伊壁鸠鲁对这类反驳的反驳：370。
⑰ 普林斯顿：普林斯顿大学出版社，1967。

多德的自愿的标准是消极的；自愿行为的来源是在行动者自身中，因为它不能被回溯至超出行为者自身之外。[18] 卢克莱修说，必须把意志（voluntas）[19] 从可被无限回溯的原因的相继中拯救出来。[20] 他满足亚里士多德标准所需要的一切乃是此种原因相继中的一个中断，以至于一个行为的来源不能被回溯至某件在行为者出生之前发生的事情。对于这个目的，个体的灵魂中的单个原子的单一偏斜就足够了……因此，偏斜……从必然性中拯救了意志，正如卢克莱修认为它所做的那样，但它不在所有有意志的行动中起重要作用……[第 234 页] 灵魂的运动……并非从一开始就被决定了的，因为原子的偏斜产生了中断。灵魂中一个原子或诸多原子的偏斜意指，继承性的运动被扰乱，而这允许新的、不能由偏斜的初始结构来解释的运动样式得以确立。

斯多亚学派论命运和决定论

371 斯多亚学派因为其自然哲学和神学而接受了决定论。他们相信一个遵从不变规律的、单一的、目的论地安排的宇宙秩序（372，614，620）。因此，他们相信，每一个事件都是由一个先前的事件根据迫使每一事件发生的规律所产生的。他们接受并重新解释了希腊传统命运信念的一个方面，他们还不加区分地引征宙斯和命运；他们清除了我们在荷马有关宙斯和命运的评论中所注意到的模棱两可（617）。

---

[18] 有关亚里士多德的这一主张可对比 358-359。
[19] 亦即意志（will）。
[20] 见 365。

按照伊壁鸠鲁，这种命运信念比传统的诸神信念更为糟糕，因为它摧毁了自由和责任（361）。伊壁鸠鲁认为，这种命运信念（按照斯多亚学派的理解）相当于"宿命论者"对那种波里克勒忒斯所面对的、确定的和不可改变的秩序的信念（见355）；不管我们做什么，未来似乎都是独立于我们的选择而被确定的。

斯多亚学派拒绝伊壁鸠鲁从命运（如他们理解的那样）推导出这种宿命论的结论。在他们看来，强调命运的同时逃避必然性是可能的。他们的命运信念只是一种决定论信念。他们用"必然性"意指的是亚里士多德所持的与自由不可相容的那种必然性，因为这种必然性使得我无能力通过我的选择和决定来影响我的行为。斯多亚学派否认决定论蕴含这种无能为力。紧随亚里士多德海战论证的第二种解释（355-356），他们相信，关于我的行为的将来时态陈述的先在真理，并不能消除我的自由。

斯多亚学派相信，从决定论到否定自由的论证建立在以下主张之上：(1) 如果我的行为是命定的，那么我就不能对之有任何作为。在他们看来，仅当 (2) "如果我的行为是命定的，无论我选择做什么，它都将发生"也为真，(1) 才为真。既然他们拒斥 (2)，那么他们也拒斥 (1)。

为驳斥 (2)，斯多亚学派考虑"懒人论证"：

(a) 要么我明天将要通过考试是命中注定的，要么我将通不过是命中注定的。

(b) 如果我将通过（或通不过）是命中注定的，那么无论我学或不学我都将通过（或通不过）。

(c) 因此我的学习毫无意义，因为无论我学或不学将没有差别。

如果这个懒人论证是合理的，那么命运将蕴含宿命论；由此可推，如果某物是注定的，那么无论我做什么它都将发生，因此我于它不能做任何事情。然而，斯多亚学派拒绝这一论证，因为（b）是错误的。在提到某物是注定的时候，斯多亚学派仅意指存在一系列的原因，每一个对其结果来说都是充分的（因为不变的自然规律）；这一系列回溯到遥远过去且不被打断地延续到未来。但是，这个原因序列并不使因果链条上的不同环节成为不必要的。

我们不涉及有关命运的问题就能看到斯多亚学派的要点。设想，例如，我们正在打一行十柱的保龄球，然后我们足够地用力击倒中间的两个柱以至于它们撞到相邻的两个，这两个撞倒了与它们相邻的两个，如此等等，直到十柱全部倒下；这并不意味着，通过撞倒中间的柱子我们将会让处于外端的柱子倒下，即使居间的那些未被击中。相似地，即使某个原因的序列不可避免地导致我们或者通过考试或者通不过考试，但这并不意味着，我们的学习行为或未能学习的行为对这样那样的结果来说是不必要的。

这是为什么斯多亚学派认为某些事件是"共同-命定的"（co-fated）。他们的意思是，如果自然的规律和过去是其之所是，那么，如果结果是注定的，某些居间的事件也是注定的。例如，如果明天你将从伦敦开车去格拉斯哥是注定的，那么，明天在你的车中将会有燃料也是注定的。

按照斯多亚学派，一旦我们发现懒人论证中的缺陷，我们也会看到从我们的行为是注定的事实得出我们缺乏自由的结论这个推导中的缺陷。如果我学习的选择影响我是否通过考试，那么，如果我将通过考试是注定的，我将选择学习，然后作为学习的结果我将通过考试也是注定的。因此，我的选择对我是否通过考试产生了影响。

372 狄奥多勒《希腊疾病疗法》vi.14 = 狄尔斯 DG 332-334 斯多亚学派的克律西波斯认为,必然发生的东西无非就是命中注定的东西,因此命运是一种永恒的、连续的和有秩序的运动。季蒂昂的芝诺称命运为一种驱动事物的力量,而且称它为天命(providence)和自然。他的后继者认为,命运是对在宇宙中由天命规定的东西的一种理性的解释㉑。在其他的论著中,他们又称命运为原因之链。

373 西塞罗《论命运》27-30 有一个论证,哲学家称之为"懒人论证"㉒;如果我们听从它,那么我们将在我们的生活中毫无作为。他们主张:"如果对你来说从这种疾病中康复是命中注定的,那么无论你是否找来医生你都会康复。同样地,如果对你来说不能从这种疾病中康复是注定的,那么无论你是否找来医生你都不会康复。但总有一个是命中注定的。因此在找来医生方面不存在任何意义。"这一论证被恰当地称为懒惰的和不主动的,因为通过同样的推理,所有的行为都要从生活中消除。我们甚至能够改变它以便不用附上命运的名称而依然保持相同的观点,如下:"如果从永恒来看是真的,㉓'你将从这种疾病中康复',无论你是否找来医生,你都会康复。同样地,如果从永恒来看这是假的,'你将从这种疾病中康复',无论你是否找来医生,你都不会康复。"然后其余的和以前一样。

克里西波斯攻击这一论证。他说,某些事物是简单的,某

㉑ logos。

㉒ 西塞罗给出了希腊文,*argos logos*。

㉓ 来自永恒的真:356。

些是复合的。"苏格拉底在那一天将会死去"是简单的；对他来说他死去的那天是被决定的，无论他是否做了某事。但如果"俄狄浦斯将为拉伊俄斯所生"是命定的，[24]那就不能说无论"拉伊俄斯是否与一个女人在一起"。事情在这儿是复杂的和共同命定的——他这么称呼它，因为这两者都是注定的：拉伊俄斯将与一个女人共眠，然后通过她，他将成为俄狄浦斯的父亲。同样地，如果有人说"米洛将在奥林匹克运动会中摔跤"，并且有人回答，"因此无论他是否有一个对手他都将摔跤"，那么他将会是错误的。"将要摔跤"是复杂的，因为不存在没有对手的摔跤。因此所有这类惑人的论证都将以相同的方式被驳斥。"无论你是否找来医生，你都不会康复"是惑人的；因为你找来医生和你康复同样地都是命中注定的。如我所言，这些事情他称为共同命定的。

374 亚历山大《命运》xxii.191.30–192.28 = SVF ii.945　　斯多亚学派认为这个宇宙是一。它包含所有存在的事物于其中。它被有生命的、理性的和有智能的自然主宰，因此它具有对存在者的永恒的统治，在某一链条和秩序中进行。最初的事物成为在它们之后生成的事物的原因，然后所有的事物都以这种方式相互联系在一起。于是，在宇宙中没有什么事物的生成不是有另外某个事物紧随于它、把它作为原因而缚系于它。任何紧随的事物也不能从在先的事物那里脱离关系，从而不再如缚系般紧随其中之一。毋宁说，已经生成的任何事物都有其他的东西跟随，由必然性如依赖其原因般依赖它；而发生的一切也有某东西在它之前，后来者如依赖其原因般依赖先在者。

宇宙中没有什么东西无原因地存在或生成，因为其中没有任何东西与先前发生的所有事物脱离和分离。因为，如果无原

---

[24] 俄狄浦斯：400-402。

因的变化被引入的话，宇宙将会被撕裂、分割，不再始终如一、按照一种秩序和统治机制被指引。如果所有存在和生成的事物不曾具有那些先前已经生成的、它们由必然性而紧随的原因，那么无原因的变化就会被引入。他们认为，事物无原因地生成，类似于无中生有，同样不可能……

但是在他们摆出的原因之间有一种区别。他们列出了一整群的原因——有的是创始因，有的是共同因，有的是包含因，等等㉕。有了这么多原因，他们认为，具有所有这些原因是同样不可能的——如果关于原因和由此原因引起的事物的所有情况都是相同的——那么它就不可能这一次不以这种方式发生，下一次却以这种方式发生。如果它以这种方式发生，就会有某种非由原因造成的变化。但他们说，命运、自然和指引万物所依据的理性，乃是神；它存在于所有存在和生成的事物中，并且使用适合于所有存在物之自然来统治全体。

命运和因果性

375 这个关于共同命定的事件的论证表明，即使一切都是注定的，我仍然能对所发生的事情做些什么，因此我有某种影响未来的能力。但这是我为了自由和责任所需要的能力吗？斯多亚学派表明，如果注定的事件要发生，那么我的选择是需要的。但同等为真的是：如果我要通过考试，我需要纸张书写；但我们不能仅仅因为它在因果过程中发挥着某种重要的作用，就把自由意志归于纸张。我们可以说纸张自身不能控制它在因果过程中的位置。我们通常认为我们能

㉕ 原因：269-271。

对我是否在纸上写字做些什么,然而纸张却不能对它是否被写字做任何事情。

斯多亚学派宣称要为在我的有能力和纸的无能力之间的这种区分辩护。他们论证说,我不仅对所发生的事情有贡献,而且是作为一个自由行动者做贡献的。他们依赖于他们的原因分类学说(269-271)。正如我们已经看到的,这一学说被认为本身就是可能的,不依赖于任何有关决定论和自由的问题。在斯多亚学派看来,一旦我们发现什么种类的原因牵涉其中,我们就能解决这些关于自由的问题;我们能够正确地归属于我们自己的各种因果性,正是那些维护我们的自由的因果性。我们的认可和选择的因果作用意味着,我们要对它们所引发的行为负责。

376 奥卢斯·格利乌斯《阿提卡之夜》vii.2.6=SVF ii.1000　克里西波斯说,尽管由于命运万事万物被必然的和首要的理性所限制和链接,是真的,但是我们心灵的品格仍然以一种合乎其适当性质的方式服从命运。因为,如果我们的心灵最初由自然健康而有益地形成的,那么它们十分容易地和没有任何障碍地接受所有外在施加的命运的力量。然而,如果它们是粗糙的、无知的和粗鲁的,未受任何良好训练的培育,那么,即使任何命定不利的影响很少或没有,这些人,因为其自身的笨拙和意愿的冲动,将自陷于持久的作恶与犯错。但事实上,以这种方式发生,本身就是事物的自然的和必然的序列的结果,也就是所谓的命运。因为,坏的品格免不了作恶和犯错误,乃是一种由于其自然本性的命定的结果。

于是克里西波斯为这种境遇提供了一个非常合适和清晰的例子。他说,如果你从陡峭的斜坡上推下一块圆柱体的石头,你实际上是它向下运动的原因和起因。但很快，它不停向下滚动，不是因为你仍然在推它，而是因为它的自然本性和它的形式的滚动能力使它那样。相似地，命运的秩序–理性–必然性启动原因的一般类型和开端，但每个人自己的意志和他的心灵的品格指引我们的慎思和心灵的冲动以及我们的行为本身。

377 西塞罗《论命运》41-43 然而，克里西波斯既拒绝必然性，又想要任何事物的发生都有在先的原因。因此他区分了多种原因，从而能够既逃避必然性又紧紧抓住命运。他说："因为在原因当中，有些是完美的和主要的，其他的是辅助的和最接近的。因此我们说，一切由命运通过先在的原因而发生，但由此我们指的不是完美的和主要的原因，而是辅助的和最接近的原因。"因此他回答我早先提出的论证说，如果万事万物都由于命运而发生，那么由此得出，它们全部由于先前的原因而发生——但不是由于主要的和完美的原因，而是由于辅助的和最接近的原因。因此，姑且承认辅助的和最接近的原因不在我们的掌控之中，并不意味着欲望也不在我们的掌控之中。但如果我们想要说万事万物是由于完美的和主要的原因发生，那就意味着，假如这些原因不在我的掌控之中，欲望也不会在我的掌控之中。

因此，对那些以附系必然性的方式引入命运的人来说，这一结论将是适用的；但对那些不认为在先的原因是完美的和主要的原因的人来说，它将根本不适用。因为，斯多亚学派认为他们不难解释认可从先前的原因发生。因为，不可否认地，除非被一个现象激发，否则认可不能发生；但当它把这个现象当作它的最接近的原因、而非其主要原因时，它就以一种克里西波斯想要的方式——也就是我们刚才所描述的方式——得到了解释。这并不意味着没有任何外在力量的刺激，认可也能发生——因为认可必须被现象所激发。

他转向了滚轴和陀螺，它们仅在被击打后才能开始运动；但是当这发生时，他认为，除此之外，滚轴滚动和陀螺旋转都出于其自身的自然本性。他说："推动滚轴的那个人给了滚轴一个运动的起因，但他没有给它滚动的能力。因此还有一个现象，当它触动我们时，真的会烙上印，仿佛在心灵中印上它的特征；但我们的认可将在我们的掌控之中，因此，正如我们关于滚轴所说的，一旦从外部被击打，然后就将被它自己的力量和本性所驱动。因此，如果某物无须一个先前的原因而受影响，那么说万事万物皆由命运而发生，就是错误的。但假如万事万物的发生都有一个在先的原因是可能的，那么什么东西能被用来表明我们无须承认一切都由命运而发生的理由？我们只需理解各种原因的区别和差异是什么。"

认可和自由

378 当我行动时，我的认可和选择是最主要的原因。我的所作所为取决于我的选择，而我的选择取决于现象和认可。斯多亚学派主张，既然我的行为由我的认可引起，那么我的行为取决于我，于是我要为它负责。现象可能不取决于我：我是否看到一个番茄，这一现象可能取决于环境中是否存在一个像番茄的对象。但是，我是否认可这一现象并判定存在一个番茄，取决于我以及我对这一现象的理性评估。既然这个行为是由认可造成的，那么这个行为取决于我；我合理地为此负责，赞扬和指责也恰当地适用于我，因为它们影响了我的认可和理性判断，而这些决定了我的行为。[26]

---

[26] 认可和行为，291-296；认可和激情，526-530。

在主张认可是自由的基础时,斯多亚学派并不认为认可是未被决定的。认可对自由很要紧,因为它依赖于我们对处境的评估,取决于我们所认为的我们拥有更好的理由去相信或行动的东西。斯多亚学派的主张不只是说有关我们的这样那样的东西导致了我们对外部处境的反应,而是说,我们对某一处境的判定造成了我们选择对该处境的这样或那样的回应。

为什么这种判定与责任相关?正如亚里士多德和伊壁鸠鲁所同意的,如果我们正确地因为人们的所作所为而赞扬和指责他们,那么我们是正确地主张人们应该为他们的行为负责。赞扬和指责的意义在于引导人们有区别地看待事物,或引导人们肯定自己看待事物的方式。如果我如何看待事物和我如何解释处境对我的所作所为没有任何影响,那么这一实践将是不合理的和徒劳的。但是,如果它确实产生了影响,那么,为我所做的好事而赞扬我,为我所做的坏事而指责批评我,就是合理的。

根据斯多亚学派,如果认可起决定性作用,那么赞扬和批评就是合理的。如果他们表明认可发挥着一个决定性的因果作用,那么他们就解释了为什么赞扬和批评是合适的。如果他们解释了这一点,他们也就表明了我们要为我们的行为负责。

379 斯托拜乌斯《选集》ii.349.23 = SVF ii.74 斯多亚学派没有把知觉只放在现象中。他们使得它的存在依赖于认可;因为知觉是对知觉现象的认可,并且这种认可合乎人们的冲动。

380 爱比克泰德《手册》53 在所有的场合我们都应当让这些想法时刻在手:"指引我,宙斯,指引我,命运之神,去你已为我安排的任何地方。我将遵从,毫不畏缩;如果我不愿意,并变得邪恶，但我仍将遵从。"㉗ "不管是谁恰当地听凭必然性决定，他被视为我们中间的聪明人，而且知道诸神的方式。"㉘ "好的，克里同，如果这是让神愉悦的东西，就让它以这种方式出现。"㉙ "安尼托和美勒托能杀死我，但不能伤害我。"㉚

㉗ 引自克里安提斯（Cleanthes）的一首诗。
㉘ 欧里庇得斯（Euripides）的一个残篇。
㉙ 柏拉图《克里同篇》43D。
㉚ 柏拉图《申辩篇》。在 317 中，苏格拉底说明了他的死亡观点。

10 善好、快乐与幸福

终极善好*

381 根据苏格拉底,伦理思想的起点是人类对于"过得好"的普遍欲望。在他看来,我们全都以"做得好"(*eu prattein*)或"幸福"(*eudaimonia*)为目标。绝大多数其他希腊道德学家都赞同这一起点。例如,亚里士多德就通过罗列某些关于幸福的一般性描述(384),开启了他对伦理学通常观点的讨论。据此,他总结了关于幸福"诸部分"的流行观点——一般认为会产生幸福的各种各样的状态和活动。伦理探究就在于寻找幸福的真实部分或成分,以便我们能以这些为目标,避免那些使得我们从我们真正的"做得好"中偏离的行为和嗜好。幸福或"做得好"是终极目的,它使得关心我们的更具体的目的是合理的。

通过论证我们必须承认一个终极目的、某种我们因其自身而追求的东西(385-386),亚里士多德阐明幸福在伦理探究中的作用。他的论证如下:

---

* 无论希腊语 *agathon*,还是英语 good,都没有汉语"好"与"善"的微妙区分,后者的伦理学术语意味更重;为了使得译文尽可能统一并贴近希腊原义,我们主要用"好"或"善好"来对译;如是,"the good"(善好),"good"(好的),"final good"(终极善好),"the highest good"(最高的善好),"goods"(好物,诸好),"external goods"(外在好物),等。——译者

（1）就我们能够回答问题"为什么你那么做？"或者"那么做的意义是什么？"而言，一个特殊的行为是理性的。对这个问题的回答告诉我们这个行为的目的或目标。
（2）我们的目标形成链条：我打开前门走上街道踱到商店购买食物做晚餐，如此等等。在这类情形中，我们的较直接的目的是我们的长远目的的手段，如果我们不关心长远目的，却试图达到较直接的目的，将是愚蠢的。
（3）然而，如果我们总是在为了另一个东西而追求一个东西，那么我们对这些长远目的的关心将是不可解释的，从而关心这些长远目的绝不会说明我们更直接的目的。因此，必定存在某种目的，我们把它自身作为目的来追求，而不是为了任何长远的东西。

通过洞见我们如何努力协调我们的各种更直接的目的，我们确认我们的单一终极目的。如果我们只有一系列我们因其自身而关心的事物，但就它们对于我们的相对重要性却毫无概念，那么，关于在多大程度上去追求其中的任何一个，或如果我们必须牺牲一个去获得另外一个，我们应当做什么，我们就不能做出合理的决定。如果我们因为新车的花费将使我们没钱支付房租而决定不购买新车，那么，与驾驶新车相比，我们更关心拥有某个地方来生活。如果，除非我们诈骗朋友，否则买不起新车，从而决定不买，那么，相比于新车，我们更关心我们的朋友。在亚里士多德看来，这些决定表明我们隐然相信，在我们的幸福概念中，友爱比新车更重要。

这个非常一般的描述并没有告诉我们幸福究竟是什么，或如何获得幸福，但它有助于我们理解关于幸福的各种争论的性质。就我们阐明了我们生活中的终极目标是什么，以及哪些目标使得我们所指向的其他目标成为有价值的目标而言，我们揭示了我们的幸福观念。不同的人争论,我们之所以幸运,是通过我们自我享乐或通过投身于其他人的善好,还是通过追求我们自己理智的或艺术的发展。这些争论是关于幸福之特征和成分的争论。

希罗多德讲述的吕底亚(非希腊的)国王克罗伊斯与希腊诗人和立法者梭伦会面的故事,讨论了幸福的某些不同要素(388;参见409,531)。克罗伊斯认为他的财富和权力确保了他的幸福,但是梭伦警告他不要忽视人的幸福的其他要素。他提到了不如克罗伊斯富裕,却拥有得以善终的好生活的人。后来的结果证明,克罗伊斯的生活不得善终;希罗多德暗示,克罗伊斯忽视了好生活的某些本质要素。

382 约翰·斯图亚特·密尔《功利主义》第一章 从哲学的拂晓开始,关于"最高的善好"(summum bonum)的问题,或者,同样的东西,关于道德的基础,已经成为思辨思想中的主要问题,让最有天赋的知识分子忙碌其中,并且把他们分成了彼此激烈交战的宗派和学派。在两千多年之后,相同的讨论继续,哲学家们仍旧被归类于同样的竞争旗帜之下,而且,无论思想家还是普通人,似乎都比年轻的苏格拉底听了老普罗泰戈拉的话,断言(如果柏拉图对话基于真实会谈的话)与这位老智者的大众道德相反的功利主义理论时,更接近于在这个问题上达成一致。

383 柏拉图《欧绪德谟篇》278E–279C [苏格拉底:]我们所有人都想过得好(fare well)*吗?……提这样的问题显然是愚蠢

---

* 希腊语 *eu prattein* 一语双关,既指"兴旺发达""过得好"从而"幸福",也指"做得对""做得好"。——译者

的；什么人会不想过得好？……既然我们全都想要做得好，那么我们怎么能做得好？也许如果我们有很多好东西？或者与第一个相比，这甚至是一个更愚蠢的问题？因为我认为这显然是真的，不是吗？——[克利尼亚：]他赞同。——非常好，在所有存在的事物中，什么种类的事物对我们而言实际上是好的？这是一个不需要任何大人物来提供答案的简单问题，不是吗？因为人人都会告诉我们说富有是好的。你说是吗？——确实如此，他回答。——健康、英俊以及其他身体上的好处应有尽有，也都是好的？——他也这么认为。——再者，在某人自己的城邦中好的出身、权力和荣誉，这些显然也是好的，不是吗？——他赞同。——那么，我们还发现其他好的东西了吗？节制、正义和勇敢又如何呢？① 以神的名义，克利尼亚，你怎么想？如果我们把这些当作好的东西，我们是对的还是错的？因为或许有人可能为此争吵。你认为呢？——我认为它们是好东西，克利尼亚说。②

384 亚里士多德《修辞学》1360^{b}4-29　实际上，无论个人还是所有人，有一个目标是他们在其选择和规避中所指向的。这个目标，概而言之，就是幸福及其各部分。那么，为了有一个例子并无须深入细节，就让我们抓住幸福是什么、什么东西构成了幸福的各个部分……那么，让我们把幸福视为与美德相结合的过得好；或生活之自足性；或与安全相结合的最快乐的生活；③ 或与守护和使用能力相结合的财富和奴隶的兴旺。因为每个人或多或少都同意幸福是这些当中的一个或多个。那么，如

---

① 这一系列美德参见 430-432。
② 这一讨论在 497 中被继续。
③ 快乐：389。

果幸福是这类东西,它的部分必定是好的出身,众多的朋友,好的朋友,财富,好的孩子,众多的孩子,顺遂的晚年。它们必定还包括身体上的卓越④(例如,健康、美丽、力量、体形、运动能力),名声,荣誉,好运和美德。因为对某人来说,通过拥有内在于他的好物和外在好物,乃是他成为最自足的方式,因为除此之外不存在其他任何好物。内在好物是灵魂和身体中的那些好物,而外在好物是好出身、朋友、金钱和荣誉;我们也认为拥有权力和好运是合适的,因为人们以那种方式生活是最安全的。

385 亚里士多德《尼各马可伦理学》1094ª1—22　每一种技艺和每一种探究,以及类似的,每一种行为和决定,似乎都以某种善好为目标;因此有人已正确地宣称,善好是所有事物的目的。然而,目的中间存在一种明显的差异。有些是活动,有些是活动之外的产品;而且在目的与行动相分的情形中,产品自然地就比活动更好。既然存在许多行动、技艺和科学,那么目的也会是多个;因为健康是医术的目的,船舶是造船术的目的,胜利是将军之术的目的,财富是理财术的目的。在某些情形中,这些科学中的一些科学从属于某一种能力;例如,缰绳制作和所有其他生产马具的科学都从属于骑术,而骑术以及战争中的一切行为,又都从属于将军之术,以相同的方式,其他科学从属于进一步的科学。在所有这些情形中,占统治地位的科学的目的相比从属于它们的[科学的]全部目的,是更值得选择的,因为居上位的主导的目的是从属的目的也追求的那些目的。行动的目的是活动自身,还是活动之外的某物,在这里是无关紧要的,恰如我们提到的科学中那样。

---

④ *aretē*,接下来译为"美德"。

如果事物有某个可以通过行动达到的目的，我们因其自身之故而想要它，因为它我们想要其他东西，而我们不会因为别的某物而选择所有事物——因为如果我们那么做，就将无限地进行下去，使欲望变得空洞且徒劳——显然这目的将是善好，亦即，最高的善好。⑤

386 亚里士多德《尼各马可伦理学》1095^{a}14-30　既然每一种知识和决定都追求某种善好，那么我们视为政治科学的目标的那种善好是什么呢？行动中可达到的所有好中的最高的善好是什么呢？就它的名称而言，绝大多数人其实有一致意见；因为无论多数人还是有教养的人都称它为幸福，并认为生活过得好和做得好与幸福是一回事。但他们对幸福是什么意见不一，而且多数人没有给出与有智慧的人相同的答案。因为多数人认为它是某种显而易见的东西——例如，快乐、财富或荣誉——一些人认为是这一种，另一些人认为是另外一种。诚然，同一个人也不断变化他的想法，在疾病中他认为是健康，在贫穷中他认为是财富。而当他们意识到自己的无知时，他们就羡慕任何高谈宏大且超越他们的东西的人。然而，有些人曾认为除了这些众多好物，还有另外某种善好，是某种在其自身中的东西，并且是使所有这些好物成为好的原因。⑥那么大致上，审查所有这些信念毋宁是徒劳的，审查那些最流行的或者看似有论证支持的信念就足够了。

387 密尔《功利主义》第四章　幸福的组成要素是非常多样的，其中每一个就其自身而言就是值得欲求的，而非仅当它被认为增加了幸福的总量的时候才是值得欲求的。功利的原则不

---

⑤ 在 405 处继续。
⑥ 柏拉图的好的理念（或"善的理念"）。见 214-215。

意味着任何所予的快乐,例如音乐,或任何所予的从痛苦中的豁免,例如健康,要作为某个称为幸福的集合物的手段来被看待,并基于那种理由来被欲求。它们是在自身之中并为了它们自身而被欲求和值得欲求的;除了是手段,它们也是目的的一部分。⑦……曾经作为获得幸福的工具而被欲求的东西成了因其自身之故而被欲求的东西。然而,在因其自身之故而被欲求时,它作为幸福的部分而被欲求。人们只要拥有幸福的手段就被变得——或者以为他会被变得——幸福;并且由于没能获得它而变得不幸福。对它的欲求和对幸福的欲求是一回事,恰如它与对音乐的爱或对健康的欲求没什么差异。它们被包含在幸福当中。它们是构成幸福的欲求的某些要素。幸福不是一个抽象的观念,而是一个具体的整体;而这些就是其某些部分。

388 希罗多德《历史》i.30-32　当梭伦来到萨迪斯,克罗伊斯在他的官殿中款待他,在他到达后的第三天或第四天,仆人们在克罗伊斯的命令下,带着梭伦围绕着财宝四处转,向他展示他们是如何的发达和富有。当他看过且考察过它们全部后,克罗伊斯抓住机会问梭伦:"我的来自希腊的朋友,有关你的智慧和游历的绝大多数传说已经到我这;他们说你对智慧的热爱⑧导致你遍游天下来见证它。因此现在我满怀希望地问你,在所有你见过的人中,是否有任何人是最为发达的。"他这么问就是期望他会被认为是那个最发达的人。

但是梭伦根本不奉承他,而是在他的回答中较真。他说:"是的,陛下。是雅典人特勒斯。"克罗伊斯对此感到惊讶,并固执地追问。"那么你认为是什么让特勒斯成为最发达的人?"

---

⑦　手段对比目的的部分:407。
⑧　philosophia:参见327。

梭伦说:"当他拥有美好和善良的儿子们时,他的城邦处于一种良好的状态,他看到孩子又生出孩子,并且全部存活下来。而且,在他的生命进展顺利之后——正如我们认为的那样——又到达了一个最辉煌的终点;因为当雅典人在伊洛西斯和他们的邻邦作战时,他去帮助他的伙伴,击溃敌人,最为光荣地死去。希腊人在他倒下的地方给他办了一场公共葬礼,非常敬仰他。"⑨……

[32] 克罗伊斯被激怒了,他说:"我的雅典朋友,你如此鄙视我的幸福以至于你认为我甚至连普通个人的水平都达不到?"梭伦回答:"克罗伊斯,你是就人的财运询问我,而我知道神圣的东西是完全地嫉妒的⑩,而且易于折磨我们。在整个漫长一生中,人们能看见许多他宁愿看不见的东西,经受许多他宁愿不经受的事情……因此,克罗伊斯,一个人完全是其环境的生物。你对我显现得非常富有,是统治许多人的国王;但是我不能回答你问我的问题,直到我听说你的生命得以善终。相比于足够满足日常需要的人来说,富有的人不是更加发达富有,除非财富追随于他,而且他的生命得以善终,一切都很美好……如果……他的生命得以善终,那么他就是那个你正在寻找的人,那个配称发达的人。但是在他死之前,请等待;不要称他为发达的,而称其为幸运的。"

---

⑨ 梭伦附加了另一个例子,这个例子是关于那些不依靠巨额财富或权力而幸福的人。

⑩ 或者"一切神圣的事物是嫉妒的"。关于嫉妒(*phthonos*),参见 350,532,536,591。

幸福作为快乐

389 用"幸福"（happiness）翻译 eudaimonia 是标准的做法。这是合理的，但也可能有误导。我们倾向于假设幸福应被等同于感到幸福，从而等同于感到愉快，从而等同于快乐。然而，这一倾向给了我们一个关于 eudaimonia 的错误印象。幸福就是快乐，这不是一个明显的真理（正如我们想到英文单词"happiness"时，就可能这么认为）；这样一种观念必须得到论证。事实上，希腊伦理学的一大争论就是关于快乐与 eudaimonia 的关系，或（相当于）关于快乐与终极善好的关系。支持和反对把快乐等同于善好的各种论证暴露了有关 eudaimonia 的某些主要问题。

幸福全然在于快乐，对这一快乐主义（hedonist）[11]观点的各种论证在日常信念中具有稳固的基础；诚然，亚里士多德提到的"与安全相结合的最快乐的生活"（384）是一种广为接受的对幸福的描述。按照快乐主义观点，获得幸福的任何手段都只是通过增进快乐来增进幸福。

某些支持或反对快乐主义幸福概念的论证出现在了柏拉图的不同对话之中。[12] 在《普罗泰戈拉篇》中，苏格拉底似乎把幸福等同于快乐，把不同的美德等同于获得快乐的手段。我们可以找个理由来质疑苏格拉底或柏拉图对快乐主义论证的信诺程度。但是，论证本身表明了为什么快乐主义看起来是对好的一种可能解释。

苏格拉底通过分析我们在诸好之间的选择来为快乐主义辩护。他论证道，当我们因为认为较为痛苦的行为过程是较好的，而表面

---

[11] 来自希腊语 hēdonē，"快乐"（pleasure）。
[12] 对话的次序，以及苏格拉底和柏拉图的关系：17-18。

上放弃某种快乐时，我们其实是为了一种较大的快乐而放弃一种较小的快乐。苏格拉底推论说，如果放弃某种快乐或者接受某种痛苦的行为过程是合理的，那么，从长远来看，较不直接的快乐过程必定产生出较多的快乐。因此，接受危险和困苦的勇士并没有为了某种不同于快乐的善好而放弃快乐；他们只是为了以后的较大快乐而放弃现在的较小快乐。

在《高尔吉亚篇》中，卡利克勒斯肯定幸福就在于极度快乐的快乐主义论点。在他看来，既然我们从满足一种较大的欲望中获得较大的快乐，那么，幸福就要求我们形成大的和强烈的欲望，然后寻找资源来满足它们。这些大的且强烈的欲望包括对食物、饮料和性的身体性欲望，因为这些是特别强大和顽固的。这些欲望也是昂贵的；他们需要大量的物质资源。为获得这类资源，我们常常需要与他人竞争稀有的资源，从而，对满足这些欲望的追求迫使我们违反公认的道德标准。

卡利克勒斯推论，如果公认的道德标准限制了我们追求我们自己的快乐和幸福，那么它们就只是一种惯例。它们属于约定的惯例而非自然，因为它们并不表达那些被要求去遵守它们的个人的真正利益和需要，而只是表达了设置这些行为规则的人的要求。[13] 按照卡利克勒斯，我们毫无理由去认真对待这种约定的道德。

卡利克勒斯呈现的快乐主义与苏格拉底在《普罗泰戈拉篇》中呈现的截然对立。《普罗泰戈拉篇》表明，快乐主义的终极目的概念支持日常道德所鼓励的各种美德。然而，《高尔吉亚篇》却暗示快乐主义排除了对公认美德的任何敬重。

追求快乐和公认美德之间的这一冲突是苏格拉底应对卡利克勒斯的基础。尽管他贬斥节制和正义为单纯约定，卡利克勒斯却称赞

---

[13] 这是在463中阿尔西比亚德向伯里克利表达的观点。自然和惯例：125。

勇敢，因为正是这一美德使得人们在追求他自己的目标时坚决果断，不因害怕而分心。苏格拉底则论证，勇敢和果断并非总是确保快乐的最佳手段，因为有时候，怯懦能比勇敢确保更多的快乐。因此，卡利克勒斯的快乐主义与他赞扬属于勇敢的理性计划和果断相冲突。

我们可以用不同的方式说明《普罗泰戈拉篇》和《高尔吉亚篇》中苏格拉底对快乐主义的不同态度：

(1) 或许，苏格拉底或柏拉图改变了他的想法。
(2) 或许，他在《普罗泰戈拉篇》中仅出于论证的目的而接受快乐主义。
(3) 或许，他在《普罗泰戈拉篇》中所接受的快乐主义主旨不同于他在《高尔吉亚篇》中所拒斥的那一个。

无论如何，在这两个有关快乐和善好的对话中，柏拉图的两种论述定义了希腊道德家对待快乐主义的两种主要立场。柏拉图（在后期对话中）和亚里士多德更接近《高尔吉亚篇》的立场，而伊壁鸠鲁则复活了《普罗泰戈拉篇》的立场。

390 柏拉图《普罗泰戈拉篇》353C-355A[14] ［苏格拉底：］我们对你说……例如，你经常被食物或饮料或性征服，它们都是令人愉悦的东西，而且，虽然你认识到它们是坏的，却仍以这些方式行动……在什么方面你称它们是坏的？是因为此刻它们各个都提供了这种快乐且是令人愉悦的，还是因为它们将来产生疾病或让这类事情将要发生？如果它们没有让这类事情将要

---

[14] 苏格拉底和普罗泰戈拉正在讨论"多数人"的观点。普罗泰戈拉对多数人的认可在节选中被省略了。

发生，而仅产生了享乐，它们仍将是坏的，不管它们是为了什么或如何给出快乐的？普罗泰戈拉，我们所能期待的回答无非是，坏的东西是坏的，非因它们产生直接的快乐，而是因为它们的结果，疾病和其他类似的东西等等？……在引起疾病和贫困时，它们不就引起了痛苦吗？……因此，为什么这些快乐在你看来是恶，唯一的原因是……它们导致痛苦且剥夺我们长远的快乐……

你还说痛苦可以是好的。我理解为，你意指诸如体操、征战和医生的包含烙术或手术或药物或节食的治疗。你说，这些是好的，却又是痛苦的吗？……你是在它们现在引起极端的疼痛和苦恼这方面称它们为好的，还是因为在将来它们引起健康、身体舒适、城邦的安全、统治他人以及财富，才称它们是好的？……除了因为它们引起快乐和中断或阻止痛苦之外，它们因其他任何原因而是好的吗？你能说出，在称它们是好的时候，你能注意到除了快乐或痛苦外其他任何目的吗？……因此你把快乐作为好来追求，而把痛苦作为坏来避免？……

于是，这，亦即痛苦，你当作坏的，快乐你当作好的……[335A] 如果你能发现任何方式去说好是任何不同于快乐的东西，或者坏是任何不同于痛苦的东西，那么你依然可以收回你说过的话。或者，如果你无痛苦地愉快地度过了一生，你满足吗？如果你满足，并且你只能说，好的和坏的东西不过就以产生快乐与痛苦告终，那么请听接下来的东西。⑮

391 柏拉图《普罗泰戈拉篇》359D–360A⑯ ［苏格拉底：］勇士们急切地面对的东西是什么？他们急切地面对可怕的东西——

---

⑮ 接下来是苏格拉底反对无节制的论证。见 436。
⑯ 上接 436。

明知它是可怕的？［普罗泰戈拉：］你自己的论证已经表明那是不可能的。⑰……但是所有人，无论懦夫还是勇士，都趋向于他们所确信的东西；在这方面，懦夫和勇士都趋向于相同的东西。——但是，苏格拉底啊，恰恰相反，懦夫所趋向的恰是勇士所趋向的对立面。例如，勇士愿意上战场，懦夫却拒绝。——上战场是光荣的还是可耻的？——光荣的。——那么，如果它是光荣的，我们早先已同意它是好的，因为我们同意所有光荣的行为都是好的……但是，你认为哪些人拒绝上战场，即使那是去做一件光荣的和好的事情？——懦夫……——好的，如果这是光荣的和好的，那么也是令人快乐的。——我们当然同意。——那么，当懦夫拒绝上战场时，他们是明知上战场是更光荣的、更好的和更快乐的，却还那么做吗？——如果我们这么说，……那么我们将使得我们先前的结论混乱不堪。

392 柏拉图《高尔吉亚篇》491D-495C⑱ 苏格拉底：无须统治自身？我们仅需统治他人？卡利克勒斯："统治自身"，你指什么？——没什么微妙的，无非是多数人所说的：要节制并成为自己的主人、成为自己的快乐和欲望的统治者。——多迷人啊！"有节制的人"你指的是傻瓜。⑲——当然不是；任何人都能说那不是我的意思。——但这正是你的意思，苏格拉底啊。当一个人被任何东西奴役时，他怎么可能快乐起来？相反，自然地美好的和正义的东西是我现在极为坦率地告诉你的：任何想要正确生活的人必须允许他的欲望尽可能大地滋长，不限制它

---

⑰ 普罗泰戈拉指的是那个反对无节制的论证，436。
⑱ 此处紧随卡利克勒斯对正义的抨击（458）以及他的这一主张：强者应该统治弱者，在这里激起了苏格拉底的第一次追问。
⑲ 节制：445。

们，而当它们尽可能大的时候，他必须有能力来服务它们——因为他的勇敢和智慧——并且满足它们随时的任何欲望。但我认为多数人对此无能为力。因此他们就责备这类人；他们被羞耻所驱动，想遮掩自己的无能；所以他们说不节制才是可耻的，……他们奴役那些自然本性上最好的人，并且，当他们没有力量找到实现其快乐的途径时，由于其自身的怯懦，他们就赞扬节制和正义……[492C] 但其实，苏格拉底啊，……这才是实情：奢侈、无节制和自由，如果被充分满足，就是美德和幸福；而那些其他的东西，那些虚饰，那些与自然对立的人为约定，都是毫无价值的垃圾。

——卡利克勒斯，在提出你的立场时，你说得高贵坦率；因为你说的是其他人所想的、却不愿意说出来的东西。因此我要你无论如何都说下去，从而搞清楚我们应该如何过我们的生活。那么请告诉我：你说过，如果有人要如其所应该的那样存在，他必定不能限制他的欲望，而是必须让它们尽可能大地成长，然后从这里或那里去满足它们，而这就是美德，不是吗？——是的；那是我所说的。——那么，说那些无所欲求[20]者是幸福的人是错误的？——完全错误；因为如果他们是对的，那么石头和尸体将是万物中最幸福的了……[493D]——现在看看你是否这么说那些有节制的人的生活和不受控制的人的生活。有两个人，各有几个罐子。第一个人让他的罐子完好无损且装满东西，一罐装酒，另一罐装蜂蜜，而第三罐装牛奶，还有其他罐子装满其他液体。装入罐中的原料是稀有罕见的，他付出大量辛劳和困苦来获得它们；但是一旦他的罐子被装满，他不需要再提供它们，而且关于它们他毫无焦虑，就它们而

---

[20] 或"需要"（need）或"缺乏"（lack）。关于这种幸福的观念，见 501。

言，他是静止的。另一个人，以同样的方式，能够发现供应的来源，虽然有困难，但他的罐子是漏的和有破损的。他被迫日夜不停地去填满它们，否则要经受最为极端的痛苦。那么，这就是他们的生活；你说不受控制的人的生活比有秩序的人的生活更幸福吗？由此，我让你相信了有秩序的人的生活要比不受控制的人的生活更好，或者，我并没有让你相信？——你没有让我相信，苏格拉底。因为那个已经填满其自身的人不再有任何快乐遗留；正如我刚才说过的，这是石头的生活，每当他被填满，就不再有任何享受或悲痛。相反，快乐地活着却依赖于此：有尽可能多的流入。——但是，流入这么多，流出必定也多，而且那些漏洞必大的足以承担这些流量，不是吗？[21]——当然。——那么你正在描述石鸻鸟[22]的生活，而不是尸体或石头的生活。告诉我：你是指饥饿，饥来即食吗？——是的。——口渴，渴来即饮吗？——是的，那是我的意思；拥有人的所有其他欲望，并且能够快乐地满足它们，从而幸福地活着……

[495A]——现在再告诉我，你认为快乐的和好的是相同的吗，抑或，有某个令人快乐的东西却不是好的？……请考虑无限制的享乐是不是好事情；如果是，那么许多可耻的结果，刚才提到的，明显就紧随而来，而且还有许多别的。——是如你所想的那样，苏格拉底。——那么，卡利克勒斯，你真的坚持这些吗？——当然。——那么，假设你是认真的，我们还要继续论证吗？——是的，当然。[23]

393 柏拉图《高尔吉亚篇》497E—499B　苏格拉底：由于好物

---

[21]　快乐和灵魂的不安：314，415-417。

[22]　一种进食与排泄同样迅速的鸟。

[23]　393给出了苏格拉底用来反对卡利克勒斯的快乐主义立场的论证的结论。

的呈现你就称好人为好的，正如你称那些有美呈现的人为美的？卡利克勒斯：是的。——那么，你称傻子和懦夫为好人吗？不管怎么样，你刚才没有；你说的是，勇敢和智慧的人是好的。难道这些不是你称为好的人吗？——是的。——你见过自得其乐的傻孩子吗？——我见过。——你见过自得其乐的傻瓜吗？——我想我见过。这又怎么了？——没什么。请直接回答。——我确实见过一个。——那么，你见过有理智的人处于悲痛和享乐中吗？——我见过。——哪种人具有更多的悲痛和享乐，智慧的人还是傻子？——我不认为他们区别那么大。——这就足够了。那么你在战争中见过懦夫吗？——当然。——当敌人撤退时，你认为谁会对此感到更快乐一点？懦夫还是勇士？——我认为他们都对此感到快乐；或许懦夫更快乐，如果不是相同的话。[24]——这不要紧。无论如何，懦夫也为此感到快乐？——确实如此——……[498B]——但是现在，有智慧的和勇敢的人是好的，怯懦的和愚蠢的人是坏的。——是的。——那么，好的人和坏的人具有相同的快乐和痛苦？——我同意。——于是，好的人和坏的人是同等地好的和坏的，或者坏的人甚至更好？……[499B]基于先前的那些陈述，如果有人认为快乐的东西和好的东西是一回事，那么结果不就是这样吗？

快乐作为幸福的一部分

394 在后来的对话《理想国》和《斐莱布篇》中，柏拉图如苏格拉底在《高尔吉亚篇》中所做的那样，力辩有些快乐本身就是好

---

[24] 文本不确定。

的,有些则本身就是坏的(不单单因为它们产生了较少量的后续快乐)。他推论说幸福不能被定义为最大的快乐。有些快乐——那些在恰当的对象中被获得的快乐——是幸福的必要部分,但单单快乐对幸福来说是不充分的。幸福必须是快乐与理性理解(或"理智"intelligence;*phronêsis*)的恰当结合。

柏拉图考虑了快乐主义对《高尔吉亚篇》论证的反驳。不同的人在不同的事物中获得快乐;勇士在一种事物中获得快乐,懦夫则在另一种事物中获得快乐。然而,这一变化(在快乐主义看来)并没有驳倒快乐主义。它所表明的无非是,不同的人以不同的方式发现他们的幸福,有德性的人在有德性的行动中,恶人在恶行中(395)。

在柏拉图看来,这个反驳错失了幸福(*eudaimonia*)的一个基本特征(396)。在说某人是幸福的(*eudaimon*)时,我们暗指他的状况值得祝贺和模仿。但是,在愚蠢或邪恶的活动中获得快乐,且从不因其自身之故而关心任何东西的人,应该得到怜悯,而非被祝贺或模仿。这样一个人不能是过得好或幸福的;我们是否过得好,并非仅取决于我们如何感受我们的所作所为,而且取决于我们的所作所为。

快乐对于幸福是不充分的,亚里士多德赞同柏拉图的这一主张。如果我们只关心快乐和满足,而不关心快乐的来源,那么我们就不能(根据亚里士多德)获得好。仅当我们追求好的快乐而非坏的快乐之时,我们追求那些对于我们的好真正有贡献的快乐。这些快乐的好必须由不同于快乐和痛苦的标准来衡量。单单快乐是不完备的,因为我们能给它附加进一步的好物来生成更好的善好(398-399)。

如果快乐的种类不同,而且一种所与快乐的好依赖于我们从中获得快乐的那个对象的善好,那么,快乐之外的另外某个东西(亦即,我们从中获得快乐的那个对象)必定是好的。因此,亚里士多德推论,一种包含这种进一步的好和快乐的"混合的"生活(用柏拉图《斐莱布篇》的术语),要好于那种只包含快乐的生活(398)。

395 柏拉图《斐莱布篇》12C-E　苏格拉底:快乐,如果人们只跟着语词走,它是个单一的东西;但实际上,它有许多不同的类型,在某些方面彼此极不相似。考虑一下:我们说行为不节制的人得到快乐,但我们也说行为节制的人从有节制的行为本身中得到快乐。此外,我们说愚蠢的与充满愚蠢信念和希望的人得到快乐,但我们也说运用理性智能的人在那种运用本身中得到快乐。现在,如果有人说这些成对的快乐中的每一个成员都与另一个相似,那么他无疑应当被认为是愚蠢的吧?普罗塔库斯:这些快乐确实来自对立的东西,苏格拉底啊,但它们本身并不相互对立。快乐如何能不最像快乐、能不最像其自身呢?

396 柏拉图《斐莱布篇》21A-D　苏格拉底:普罗塔库斯啊,你会接受一种全部用于享受最大快乐的生活吗?普罗泰戈拉:当然。——那么,如果你得到最完满程度的享乐,你认为你还需要添加任何其他东西吗?——我确定我不会。——现在考虑一下:关于应该做什么的洞察、思想和推论等,又如何呢?这些你也根本不需要吗?——为什么需要呢?如果我拥有快乐,我就会拥有一切。——那么,如果你长期像那样度过你的全部人生,你会是在享受最大的快乐,对吗?——当然。——但是,如果你没有思想、记忆、知识和真信念,你必然甚至连你是否自得其乐都不知道,因为你将缺乏全部理智?——必然地。——类似地,如果你没有任何记忆,那么我想,你必然会甚至记不得你曾自得其乐;发生于那一刻的快乐不会留下任何记忆。再者,如果你没有任何真信念,那么你不能相信当你是快乐的时候你是快乐的;如果你缺乏推理的能力,那么你甚至不能推测你以后还会自得其乐。你过的将不是人的生活,而是某种海参的生活,或是那些身体被包裹于贝壳中的有生命的海洋生物的生活。我说得对吗,或者我们还能以不同的方式设想它?——不,我们不能。——那么,那种生活值得选择吗?——苏格拉底啊,你的论证现在已经把我逼至全然词穷的地步了。

397 亚里士多德《尼各马可伦理学》1095^{b}14-22　看起来,人们极为合理地从他们的生活中获得他们的善好的观念,亦即幸福的观念;大致存在三种最受欢迎的生活——满足的生活,政治活动的生活,以及,第三种,沉思研究的生活。最平庸的多数人,似乎把善好和幸福视为快乐,因此他们也喜欢满足的生活。这里,他们显现出彻头彻尾的奴性,因为他们抉择的生活是一种食草动物的生活。但他们也以某种论证来自我辩护,因为多数有权位的人都像撒达那帕罗那样来反应。㉕

398 亚里士多德《尼各马可伦理学》1172^{b}9-34　欧多克索斯认为快乐就是善好。这是因为他看到所有动物,无论有理性的还是无理性的,都追求快乐。他说,万事万物中值得选择的东西是善好的,最值得选择的东西是最高的善好。而且,每个东西发现它自己的善好,就像它发现它自己的食物一样。因此,当万物都被吸引到相同的东西时,这表明它对万物是最高的善好;对万物是善好的东西,万物都以之为目标的东西,是善好。欧多克索斯的论证被认为是可信的,是因为他的有德性的品格,而非基于论证本身的优点。既然他似乎是以节制著称,那么他

㉕ Sardanapallus,亚述王,是一位因奢华的生活方式而著名的国王。亚里士多德在 **403** 处继续。

看起来并非因为他是快乐的朋友才这样说;相反,他说的似乎是实情。

他认为从对立面来考虑,这同样是明显的。痛苦就自身而言是被万物所规避的;那么,相似地,其对立面是值得选择的。现在,最值得选择的东西是那些我们非因为别的东西而选择或者不为其他东西之故而选择的东西;这被公认是快乐的特征,因为我们从来不追问任何人得到快乐时他的目的是什么——我们断定快乐因其自身就是值得选择的。而且,当快乐被添加于任何其他的善好——例如,正义的或节制的行为——之上时,它使得那种善好更值得选择;善好则通过自身的添加而被增多。

无论如何,这一论证似乎把快乐表象为在其他好物中间的一种善好,一种不比任何其他善好更好的善好。因为其他任何善好的添加都使得一种善好比它完全由其自身更值得选择。诚然,柏拉图[26]在颠覆"快乐是善好"的主张时就使用了这种论证。他认为,快乐的生活有理智相结合,比没有它,是更值得选择的。而且,如果混合的善好是更好的,那么快乐不是善好,因为不可能通过添加任何东西来使善好更值得选择。显然,任何其他东西,如果是通过添加任何本身是好的东西而使它更值得选择,也不可能是好。

399 亚里士多德《尼各马可伦理学》$1173^b31-1174^a11$　朋友与奉承者[27]之间的区别似乎也表明快乐不是一种善好,或者快乐在种类上不同。因为在与我们的相处中,朋友似乎以好的东西为目标,而奉承者以令人快乐的东西为目标;假设他们在相处中有不同的目的,那么奉承者受到责备,而朋友受到表扬。进一步

---

[26] 柏拉图:396。
[27] 奉承:179,546-548。

讲，没有人会选择以孩童的思想水平来过他的整个人生：从取悦孩童的东西中获得尽可能多的快乐，或者通过做完全可耻的行为来让自己快乐，即使他永不会为此遭受痛苦。此外，还有许多东西是我们所渴望的，即使它们不曾带来任何快乐——例如，看，回忆，认识，拥有美德。即使快乐必然地跟随它们而来，那也不要紧，因为，即使它们不产生任何快乐，我们也会选择它们。那么，似乎清楚的是：快乐不是善好，不是每一种快乐都是值得选择的，有些快乐就其自身而言就是值得选择的，它们在种类和来源上都不同。

超越快乐

400 如果幸福不只是快乐，那么它的其他构成要素是什么？希罗多德和亚里士多德所举的例子（384，388）表明，我们的幸福不仅取决于我们如何感受我们的生活，而且取决于我们实际所获得的东西。财富、权力、名望、荣誉或它们的某种联合，乃是成功的不同方面。既然它们常常标志着有价值的和艰难的奋斗之后的成功，那么它们常常是钦佩的恰当对象，从而也是幸福的恰当尺度。亚里士多德称这些为"外在的好物"或"幸运的好物"，因为它们标志着某种在我们的选择和行为之外的成就。我们成功地获得这些好物，使得我们在我们的生活中成为幸运的。

这种幸福概念使得一个幸福的人的状况是不稳定的，好运总易于逆转。希罗多德讲述的克罗伊斯（388）和波里克勒忒斯（350）的故事，许多希腊悲剧，尤其是索福克勒斯的《俄狄浦斯王》和欧里庇得斯的《赫拉克勒斯》与《赫卡柏》，都例示了这种危险。《俄狄浦斯王》中的歌队将俄狄浦斯的好运的根本逆转视为解释了，没有人能够幸福,直到他死亡,超越了人生的多变命运。

在《诗学》中,亚里士多德评论了悲剧伴随有运气逆转的这种陈见。俄狄浦斯和阿伽门农[28](别的且不说)遭受了与其道德品格不相称的不幸。尽管他们并非完全无可指责,但其行为的后果却远比他们所能合理预期到的更糟。他们过度深重的苦难经历是同情和恐惧的恰当对象。因此最优种类的悲剧,引生恰当种类的同情和恐惧,呈现了相当好的人——那些既不是特别坏,也不是特别好的人——的不幸。在亚里士多德看来,对一个遭受运气逆转的好人的呈现,简直"令人厌恶",不是悲剧最恰当的主题。[29]

外在好物的不稳定性可能意味着幸福本身是不稳定的,因为它就在于获得这些好物。柏拉图和亚里士多德得出了一个不同的结论:幸福不能就在于这些好物,因为它不能像它们那样不稳定。他们有两个主要理由:

(1) 我们的幸福概念应为我们的整个人生的目标和计划提供一个基础;但把我们所有的计划都投入到获得某种容易失去的东西上,却是不合理的。
(2) 在说某人是幸福的时候,我们暗指有关这个人自身的某个东西值得祝贺和模仿。但是如果幸福就在于幸运的好物(goods of fortune),那么称某人是幸福的仅仅说了某种关于其环境的东西,而非关于这个人自身。

这两个论证蕴含着,如果我们仅仅把幸福设想为对从属于运气的好物的获得,那么我们就太低估了主动的行为。既然我们是主动的行

---

[28] 阿伽门农:347,349。莎士比亚的《奥赛罗》和《麦克白》展现了一个真正的过错和诸多恶的结果之间的那种相同的不均衡。

[29] 柏拉图论悲剧:439。

动者,而且我们能够通过我们的理性的主动行为来控制发生于我们的东西的某些方面,那么一种真正的幸福概念应该考虑到这一事实,即,它是施为的理性行动者的幸福,而非仅仅环境的受害者的幸福。

这种对主动行为的重视必须通过对外在成功的恰当重视来加以平衡。亚里士多德把那种声称外在成功对幸福无关紧要的观点,视为荒谬的悖论(403)。他不仅想要表明无论主动行为还是外在成功都重要,而且想要表明它们在多大程度上重要和为什么重要。有必要把他的观点与苏格拉底和斯多亚学派的观点进行比较,后者认为他低估了主动行为的地位。当我们深入到亚里士多德自己的幸福观时,我们就能理解这一争论(498-500)。

401 索福克勒斯《俄狄浦斯王》1186-1204[30]　有死凡人的子孙啊;我把你们的生命看作接近于无。除了仅仅够让他看似幸福,然后消逝无踪的幸福,人们得到了什么?可怜的俄狄浦斯,拿你的命运做我的范例,我不把任何属于有死凡人的东西当成福祉。你成功得超出预期,射中目标,得到了最终证明是不完全幸福的荣华。[31]你摧毁了长弯爪[32]的女妖,挺身做了我邦抵御死亡的堡垒。因为那,你被称为我的王,被给予最高荣誉,统治着强大的忒拜。但现在谁的故事比你更可怜?

402 亚里士多德《诗学》1452^{b}34-1453^{a}17　首先,悲剧不应表现有德性的人从好运到厄运的转变;因为这不是恐惧或怜悯的对象,而是憎恶反感的对象。其次,也不应表现坏人从厄运到

---

[30] 就在听到忒拜国王俄狄浦斯杀父娶母之后,歌队吟唱这段歌词。
[31] 文本不确定。
[32] 斯芬克斯(Sphinx)。

好运的转变。因为这一过程是最反悲剧精神的；悲剧所要求的特征它一点没有，既不能引发我们对人性的同情，也不能引发我们的怜悯或恐惧。再者，不应表现极恶的人由好运到厄运的转变。虽然这种建构可能会引发我们的同情，却不能产生怜悯或恐惧。因为怜悯的对象是遭受了不该遭受之不幸的人，而恐惧的产生是因为遭受不幸者是和〈我们自身〉相像的人；因此其结果既不引发怜悯也不引发恐惧。剩下的情况是在这两者中间的那种人。他在美德和正义上并不出类拔萃，却转入厄运，不是因为本身的恶劣或邪恶，而是因为犯了某种过错[33]——这些人显赫且好运，如俄狄浦斯、梯厄斯忒斯和其他有类似贵族背景的名人。因此一个构思精良的故事必须……必须包含从好运到厄运的转变，而不是相反，并且这必须是由于某个行动者的巨大过错而发生——这个行动者要么是我们已经描述过的那种人，要么更好些，但不能更坏。

403 亚里士多德《尼各马可伦理学》1095^{b}22-1096^{a}2[34]　那些有教养的和在政治生活中活跃的人，把善好设想为荣誉，因为荣誉或多或少是政治生活的目的。然而，这显得过于肤浅，所以绝不是我正在寻找的东西；因为它似乎更多地取决于授予荣誉者而非接受荣誉者，而我们直观上却相信善好是属于我们自己的、难以夺走的东西。[35]此外，似乎是，他们追求荣誉以使得他们自己相信他们是好的；至少，他们寻求在有智慧的人和认识他们的人那里得到荣誉，并且是因美德而得到荣誉。那么，很

---

[33] 一种该受指责的过错，虽然这不必然是恶的结果。关于该受指责（blameworthiness），见 358-359。

[34] 上接 397。

[35] 幸福作为"属于我们自己的"；518-519。

显然，至少在活跃的人看来，美德高于荣誉。诚然，人们或许会认为美德而非荣誉更是政治生活的目的。然而，这显然也是极不完备的。因为，某人可能拥有美德，但嗜睡，或一生都不活跃，或者，比那更糟，他可能遭受最大的恶和不幸；如果这就是他所过的生活，那么没有人会认为他是幸福的，除了作为一个哲学的练习。㊱

亚里士多德：幸福的标准

404 亚里士多德对片面强调快乐和外在好物的反对，表明了一条不同的进路。片面的观点失败了，因为幸福必须是一种完备且自足的善好，而且它必须是对作为理性行动者的人来说的善好。他辩护和澄清了有关幸福的这些要求。

完备性要求排除了片面的幸福观念。如果我们关于人的好生活的观念缺乏某种值得选择的东西，那么我们尚未描述出一种幸福的生活。一种完备的生活（406 的注释）必须包含所有值得包含在个人生活中的好物。为了决定一种特殊的幸福观念是否描述了一种完备的善好，我们依靠我们关于什么使得个人生活变得更好的信念；如果我们发现它忽略了某种我们认为能让个人生活变得更好的东西，那么它就尚未描述出一种完备的善好。亚里士多德借助完备性标准来检测快乐和荣誉，并证明它们未能通过。无论快乐还是荣誉都缺乏某种使人生变得更好的特征。

如果这就是关于完备性我们能说的全部，那么我们可能有一种似是而非的消极的标准，却不会有任何积极的标准来确定幸福的要

㊱ 也见 499。

素。为了找到一种积极的标准,亚里士多德论证幸福是作为理性行动者的人类的一种完备的善好。要明白他如何理解这一标准,我们必须检查他对人类本性和理性的主动行为的论述。

405 亚里士多德《尼各马可伦理学》1094ᵃ22–ᵇ11㊲　那么,确定地,这种善好的知识对范导我们的生活也是极为重要的,而且如果我们像弓箭手一样有一个目标来瞄准,我们就更有可能击中正确的标的。如果是这样,我们就应当尝试至少扼要地把握善好是什么、哪种科学或能力以它为对象。它似乎涉及最具控制力的科学,比其他任何科学都更是统治的科学。政治科学显然具有这种特征。因为正是它规定了哪些科学应该在城邦中被研究,城邦中的每一阶层应该学习什么、学到何种程度;再者,我们看到甚至那些最受尊崇的能力——例如将军之术、理财术和修辞术——也都从属于它;此外,它使用其他涉及行为的科学,而且立法规定什么该做、什么不该做。因此它的目的将包含其他科学的目的,从而将是人的善好。虽然这种善好对城邦和个人来说是一样的,但城邦的善好显然是一种应予获得和保持的更大和更完备的善好;尽管为个人获得和保持这种善好是令人满意的,但是既为个人又为诸城邦去获得和保持这种善好是更光荣和更神圣的。因此,既然我们的探究以这些好物为目标,那么它是一种政治科学。㊳

406 亚里士多德《尼各马可伦理学》1097ᵃ28–ᵇ21　最高的善好

㊲　上接 385。
㊳　城邦和人的好:558。

显然是某种完备的东西。㊴因此，如果只有一个目的是完备的，那么这将是我们在寻找的东西；如果不只一个目的是完备的，那么这些当中最完备的将是我们在寻找的东西。我们说，一个因其自身而被追求的目的，相比一个因它物而被追求的目的，是更加完备的；而且，一个从不因它物而值得选择的目的，相比那些既因其自身也因它物而值得选择的目的，是更加完备的；因此，一个总是因其自身而从不因为它物而值得选择的目的，是绝对完备的。现在，幸福较之任何其他东西都更像是绝对完备的，因为我们总是因其自身、从不因为它物而选择它。荣誉、快乐、理性领悟（understanding/nous）和每种美德，我们当然都因其自身而选择它们——因为，即使它们没有任何进一步的结果，我也会选择它们；但我们也为幸福之故而选择它们，因为我们假设通过它们我们将是幸福的。然而，幸福，从未有人为它们之故、或因为任何别的东西而选择幸福。

　　从自足性似乎可以得出同样的结论，因为完备的善好似乎是自足的。㊵我们所说的自足不是为一个离群索居者自己所满足，而是也为父母、儿女、妻子和（一般地）朋友和同邦公民所满足，因为人本性上是政治的〈动物〉。然而在这里，我们必须做出某种限制；因为如果我们把这种善好扩展到父母的父母、儿女的儿女以及朋友的朋友，那么我们将无限地继续下去；不过这个问题还是以后考察吧。不管怎样，我们把自足的东西看作任何完全因其自身使得一种生活值得选择且无所缺失的东西；而且那就是我们认为的幸福之所在。此外，我们认为幸福是所

㊴ 这个被译为"完备的"（complete; *teleion*）的词语也可被译为"完美的"（perfect）和"最终的"（final）。这些不同的翻译可能影响我们的解释。完备的生活：423。
㊵ 自足性（self-sufficiency）：606。

有好物中最值得选择的，不可被视为众多好物中的一种好物。[41]如果它被视为众多好物中的一种，那么很显然，随着最微小好物的添加，它会变得更值得选择；因为所添加东西成了好物的额外的量，而两种好物中的较大者总是更值得选择。那么，幸福显然是某种完备和自足的东西，因为它是可通过行动来获得的事物的目的。

幸福和人的功能

407 为了解释对幸福论有影响的人性论，亚里士多德引入了人的"功能"（或工作，或特有的活动：*ergon*；参见 428）。他以工匠、人工制品和器官为例阐明他的功能概念（参见 336）。这些东西中的每一个的功能就是带有目标指向、使它成为它所是的那种东西的活动——这一活动对它作为那一种类的东西来说是本质性的。某物，就它具有切割的功能而言，是一把斧头；当它不再切割，它就不再是一把斧头。[42]亚里士多德的意思不是说，凡有一种功能的事物都已被设计用来提供那种功能。[43]他的意思是，它有某种界定其形式与本质的、带有目标指向的有机组织。这就是为什么他把他关于功能的主张从工匠和器官扩展到自然有机物。

根据亚里士多德，人的功能是一种特殊种类的生命，不同于植

---

[41] 这个句子或许可表达为"既然不"（since it is not）或"如果不"（if it is not）。在接下来的句子中也类似，我们可用"如果它是"（if it is）替换"如果它要是"（if it were），用"它会"（it is）替换"它将会"（it would be）。

[42] 参见亚里士多德对同名异义的评论：252，257，336，558。

[43] 有关目的论对于涉及理智设计的各种主张的独立性，见 240。

物和动物的生命。这一功能是灵魂表达理性的那种活动。在《论灵魂》中，亚里士多德论证说，灵魂是活的身体的形式，从而它是使得活的身体活着的东西。在寻找活的有机物的形式和功能时，我们发现了它的灵魂。《论灵魂》描述了与不同种类的灵魂相对应的不同种类的生活（生命，life）（337）。人的善好，就它被人的形式——与其他事物对立的人类所特有的生命和活动的样式——所规定而言，是由人的功能规定的。

有人攻击亚里士多德武断地专注于作为人的独有属性的理性。为什么（批评者问）我们应该专注于理性而不是别的也能把人和其他动物区分出来的特征？为什么假设独有的东西必是特别重要的？难以看出，为什么我们在思想能力上不同于其他动物这一事实（如果这是一个的话）表明我们应该花费尽可能多的时间用于思想（410）。

为考察这些反对在多大程度上是有保证的，我们应该铭记于心：按照亚里士多德，人的理性不是仅仅碰巧为人所独有的一种特征。他是在寻找一种对人来说本质性的特征。他声称，与其他动物相对照，对人来说本质性的是，人由理性引导其行为。当他说人的善好必在于某种"表达理性"的生活的时候，他想到的首先是实践理性而非理论理性。他的意思不是说，人的善好首先在于思想或推理，而是说，它就在于一种在控制和引导我们的生活中表达理性的生命。⑭

在说明具有一种幸福观念所包含的东西时，他阐明了"控制和引导"。当我们为了几个事物自身的目的来关心它们的时候，我们能够形成某种关于它们中的每一个对我们来说有多重要的看法。在这样做的过程中，我们运用了实践理性。在把这种理性活动当作对人

---

⑭ 然而，理论理性在幸福中具有一个重要的位置。见606。

的主动行为来说是本质性的时候,亚里士多德并不否认推理之外的其他人类活动的重要性;他仅仅强调由理性反思来引导这些其他活动的重要性。

人的善好不能仅仅在于理性行为的实施而对它如何实施却无任何进一步的限制;因为我们能够以那种明显伤害到行动者的方式恶劣地或不当地运用理性。为了排除这类情况,亚里士多德主张善好就在于理性的好的运用;这就是为什么幸福必在于合乎美德的活动。

在主张幸福是合乎美德的活动时,亚里士多德不单单指有德性的活动通过产生某种是幸福的进一步状态——例如,快乐——来增进幸福。他意指幸福应被等同于有德性的活动自身;有德性的活动是幸福的一种构成要素,而非仅仅达到幸福的手段(参见387)。这是因为有德性的活动本身就实施理性的主动行为。接下来的问题必定是,哪些理性的主动行为的形式构成理性的最好运用?对这一问题的回答给了我们一种美德理论(440)。

408 亚里士多德《尼各马可伦理学》1097^{b}22-1098^{a}20[45] 尽管大致上,"最高的善好是幸福"的说法显然是某种公认的东西,但我们依然想获得一种对最高的善好是什么的更为清晰的陈述。如果我们首先发现人的功能,那么或许我们会发现最高的善好。对一个横笛吹奏者、雕塑家和所有工匠,以及一般的任何具有一种功能和行动的人来说,善好,亦即做得好,似乎取决于其功能。如果人具有某种功能,那么这对人来说似乎同样为真。于是,木匠和皮匠具有他们的功能和行动,而人却没有,且自然地就是无用的,没有任何功能吗?或者,就像眼睛、手、脚,以及

---

[45] 从406处继续。

一般地,身体的每一部分显然都具有其功能,那么我们可以同样把所有这些功能之外的某种功能归于人吗?那么,这会是什么呢?活着明显是与植物所共有的,但我们所寻找的是人的独特[46]功能;因此我们应该把营养和生长的生命放在一边。接下来的生命是某种感官知觉的生命;但这也明显地与马、牛和所有动物所共有。那么,剩下的可能性,是某种具有理性行为的生命。现在它一部分服从理性,另一部分自身就具有理性和思考。[47]而且,生命也是以两种方式被言及,我们必须把人的功能看作作为活动的生命,因为这似乎是在更完整的意义上被称为生命。[48]于是我们发现了,人的功能是灵魂的表达理性或要求理性的活动。现在,我们说,例如竖琴师的功能,在种类上与卓越的竖琴师的功能是一样的,而且当我们把表现美德的至高成就添加于功能上的时候,在每一个情况中这同样是无条件地为真的;因为竖琴师的功能是弹竖琴,所以好的竖琴师的功能是弹好竖琴。现在我们把人的功能视为一种确定种类的生命(或生活),然后把这种生命(或生活)视为灵魂的要求理性的活动和行为;因此卓越的人的功能是把这做得美好和完好。既然每一种功能,当它的完成表现出恰当的美德时,才完成得好,那么人的善好结果就是那种表现美德的灵魂活动;如果有不止一种美德,那么这种善好将表现最好的和最完备的美德。而且,它将是在一个完整的生命之中。因为,孤燕不是春,或一日不是春,或,相似地,一天或一段短的时间并不使我们有福和幸福。

409 亚里士多德《尼各马可伦理学》1100^{a}5-^{b}22 我们说过,幸

---

[46] idion:参见233,246,558。

[47] 具有理性的两种方式都包含在人的功能中。见441。

[48] 能力和活动:335-336。

福既需要完备的美德又需要整个人生。因为生命（或生活）包含许多变化和各种运气，连最发达的人都有可能在晚年落入一场可怕的灾难，就像特洛伊的故事所讲的普里阿摩斯那样。如果有人遭受了这种种不幸并且结局悲惨，那么没有人会认为他是幸福的。那么，我们是否不应该认为任何其他人活着期间是幸福的，而是听从梭伦⁴⁹的建议等着看最终结果？……如果我们必须等着看最终结果，并且认为某人之为有福的，不是在那个时候是有福的，而是因为他先前是有福的，那么，当他是幸福的时候，我们将不把他具有的幸福真实地归于他，这肯定是荒谬的。我们犹豫而不情愿地称他活着期间是幸福的，因为生活中的各种变化，又因为我们认为幸福是持久的和确定地不易波动的，但同一个人的运气常常来回反复。显然，如果我们受他的运气的引导，我们会说这同一个人常常是幸福的，又常常是悲惨的，从而我们会把这个幸福的人表象为一种没有任何稳定根基的好变之人。那么无疑，由某人的运气引导是完全错误的。因为他过得好和过得差并不依赖于它们；虽然人生，就像我们说过的，需要添加这些东西，但正是表现美德的那些活动控制幸福，相反的活动控制幸福的对立面……人的成就丝毫没有这种属于表现美德的活动的稳定性，因为这些活动看起来甚至比我们的科学知识更持久；而且最值得尊崇的美德本身是更加持久的，因为有福的人把他们的生命更完全和更持续地致力于这些而非其他——这似乎是我们不会忘记它们的原因。由此可得，幸福的人具有我们正在寻找的东西，而且尽其一生保持他所具有的品格。因为他将总是或更多地研究表现美德的东西，而且他将以所有方式并在所有恰当的条件中最光荣地担负运气，因

---

⁴⁹ 梭伦：388。

为他是真正"好的、坚定的和无可指责的"。⁵⁰

410 伯纳德·威廉姆斯《道德》⁵¹ 第 75-77 页　从人性的标志性特征中引出无可置疑的道德目的或理想,这一程序遭到了更为一般的反对。我们可以提到三种。首先,一定程度的评估已经进入到了对被赋予这一角色的标志性特征——诸如合理性或创造性——的选择中。如果一个人,在没有偏见的情况下,接近寻找把人和其他动物区分出来的特征的问题,那么他也同样能基于这些原则,以一种劝说人花费尽可能多的时间去生火的道德来收场;或者专门发展人的体质特征;或者不顾时节地行房;或者掠夺环境和扰乱自然平衡;或者杀生取乐。第二种,很基础地,这一进路证实了人的独有特征的道德上的模棱两可(虽然亚里士多德对此有所关注,但不完全成功)。因为如果说运用理智和工具以改变其环境是人的标志,那么运用理智为所欲为和运用工具摧毁他者同样是人的标志……第三种,如果我们回到理性作为人的标志性特征那个特殊情形;这一进路有一种倾向……以所有其他为代价强调理性自我控制的美德……如果合理性和不矛盾的思想是人的更受偏爱的标志性特征,那么,即使人们承认,人类作为一个整体也有激情,理性思想对于激情的至高无上似乎满可以是一个无可置疑的观念。这一点格外突出,因为很明显,获得某种这样的控制是长大的基本条件,甚至更为极端地,是心智健康的基本条件。但是从这摆脱出来转而使得这种控制成为理想,就先天地排除了绝大多数自发性形式。而这似乎是荒谬的。

---

⁵⁰　下接 500。
⁵¹　剑桥:剑桥大学出版社(CUP),1976。

伊壁鸠鲁对快乐主义的辩护

411 伊壁鸠鲁复活了快乐主义。他接受亚里士多德的标准,要求幸福是完备的和自足的,但是他声称这些标准表明快乐就是善好。即使幸福要求合乎美德的理性活动,但这种活动的角色严格来说是工具性的。按伊壁鸠鲁的设想,美德不是幸福自身的任何一部分;但是他证明了使快乐最大化要求运用理性和美德。

为表明快乐是幸福,伊壁鸠鲁提醒我们幸福是终极目的,因此是某种纯粹因其自身之故,而非为了任何长远目的之故而被选择的东西。当我们达到终极目的时,"但你为什么追求那?"的问题应该不会产生。快乐似乎满足这一条件。如果你用"因为我很享受它"来回答我的"你为什么做那个事情?"的问题,那么问"你为什么做你享受的事情"似乎是不合适的。我对享乐的追求似乎是可以自我说明的。

欧多克索斯(398)和伊壁鸠鲁似乎依赖于快乐的这种自我说明的特征。他们从快乐是有感觉生物的原始的、基本的和自然的目标这一事实开始论证。所有的动物都直接意识到快乐是善好的,并把它作为它们的目的去追求;孩子们在获得关于善好是什么的任何其他信念之前,就自发地追求它。伊壁鸠鲁推论说,快乐是终极目的;它是有感觉生物的所有行动的共同目的,这目的使得它们的所有行动都是可理解的。

412 伊壁鸠鲁 = 第欧根尼·拉尔修 x.128-129　……我们认为快乐是有福生活的始因[32]和目的。因为我们承认这是我们最初的和

---
[32] 或"开端"(beginning)或者"原则"(principle, archê)。

内在的善好，我们从此开始每一个选择和规避，通过把我们的感觉当作判定每一种好的标准，我们获得快乐。

413 西塞罗《论善恶之极》i.30　一旦每个动物出生，它就寻求快乐，而且把它作为最高的好来享受它，把疼痛作为最大的恶来拒绝……它这样做的时候，它还未被毁灭，与此同时，自然本身下判断，却不腐败或毁灭。因此，伊壁鸠鲁说，关于为什么要避苦趋乐，我们无须任何理由或讨论。他认为快乐与痛苦被感觉到，就像我们感觉到火是热的，雪是白的，蜜是甜的。这些东西无一必须由复杂的理由来支持，相反，注意它们就足够了；……这是自明和显而易见的东西的标志。

快乐主义的变式

414 虽然伊壁鸠鲁以这些理由来捍卫快乐主义，但是他拒斥卡里克勒斯对快乐主义之蕴含的看法（392）。他否认最大化的快乐要求越来越多高要求的欲求——这些欲求为了它们无限制的满足永远需要更大的物质资源。卡利克勒斯的生活方式使得我们依赖于丰饶的物质资源，但是自然——根据伊壁鸠鲁——并不要求满足永不知足的欲望。与此相反，对超出我们控制的外部资源的依赖造成了头脑清醒的快乐主义者必须避免的焦虑。卡利克勒斯的生活方式加剧了恐惧和焦虑，而且未能消除某些在伊壁鸠鲁看来我们必须消除的东西。与卡利克勒斯相反，伊壁鸠鲁宣扬"静态的"快乐高于"动态的"快乐。他主张，与在满足欲求和消除痛苦的过程中所包含的动态快乐相比，开明的快乐主义者更偏爱欲求满足和心无纷扰的静态快乐。因此，开明的快乐主义者不能被指责为宣扬粗俗的感官快乐或追求它们所导致的不道德（420）。

快乐主义的这一特殊的版本与伊壁鸠鲁关于绝大多数人的生活错在何处、哲学如何能够纠正它的观点密切相关；实际上，他的善好之为摆脱焦虑的概念乃是哲学探究本身的出发点（290）。他相信我们最坏的恐惧和焦虑的来源是对死亡的无根据的恐惧；因此他试图说服我们死亡丝毫不可怕。伊壁鸠鲁哲学——无论自然哲学还是道德哲学——的目标是要把我们从恐惧和焦虑中解放出来，尤其摆脱对死亡的恐惧。在把摆脱纷扰或安宁（tranquillity, *ataraxia*）作为终极善好来评价时，伊壁鸠鲁同意德谟克利特和怀疑主义者（174，278，297，314）。但是，怀疑主义者把对独断信条的真理性的焦虑视为纷扰不安的来源，伊壁鸠鲁却把纷扰不安追溯至一种特殊的焦虑——对死亡和紧随死亡的东西的焦虑。

一旦我们看到终极善好就是摆脱焦虑，我们就会看到，无须追求越来越多的快乐，我们也能达到终极善好（290，339-340）。相似地，一旦我们看到死亡并不引向死后的惩罚，我们也就看到其中并无任何纷扰之威胁；因此我们不该贪生，也不该把生命的终结视为对我们来说是坏的。按照伊壁鸠鲁，某个20岁死去的人的人生，与某个一生善举直到80岁的人的人生相比，丝毫不差。

既然伊壁鸠鲁的自然哲学意在通过消除焦虑来确保我们的善好，那么他必须表明我们的好仅在于摆脱焦虑。于是，他必须基于纯粹快乐主义的理由辩护他对安宁和摆脱纷扰的偏好。如果他必须为了偏好某些快乐而引入某些非快乐主义的理由，那么单单快乐不可能是善好。然而，如果伊壁鸠鲁坚持纯粹的快乐主义的理由，那么他也为快乐主义的反驳留下了空间。卡利克勒斯也许承认，他关心的那些"动态的"快乐产生了比他具有更多适度快乐所可能产生的更多的痛苦和焦虑。但如果这些快乐给与他更多的享乐，为什么这种享乐不值得额外的焦虑呢？

很难看出某种快乐主义的计算——尚未致力于评价卡利克勒斯

274 的快乐或伊壁鸠鲁的快乐——如何能够解决这一争论。伊壁鸠鲁没有彻底回应《高尔吉亚篇》和亚里士多德对快乐主义的批评（394，399）。他可能有理由拒斥卡利克勒斯的立场并证明具有适度欲望的伊壁鸠鲁式生活是可取的。但是如果这些理由并未通过诉诸最大化快乐而获得充分支持，那么他仅仅通过抛弃快乐主义而避免了卡利克勒斯的立场。

即使伊壁鸠鲁正确地取摆脱纷扰、舍卡利克勒斯的快乐，但他找到了一种令人满意的幸福观念了吗？柏拉图和亚里士多德反驳说，我们甚至能从愚蠢和邪恶的活动中确保快乐。我们不也能以这种方式确保安宁吗？如果我们能，那么我们的生活依然缺乏某种有价值的东西；单凭安宁，不考虑其来源，不能构成幸福。

伊壁鸠鲁可能尝试以下两个回应中的任一个：

(1) 他或许强调，安宁，无论怎样被获得，对幸福来说是全部。
(2) 他或许同意不是每一种安宁均可看作幸福，而且把他的主张限制在理性主动行为的恰当实施所导致的那种安宁。

第一种回答表明如果（例如）怀疑主义者也获得安宁，那么我们没有更好的理由成为快乐主义者而非怀疑主义者。在那种情况下，幸福并不要求我们接受伊壁鸠鲁的观点。伊壁鸠鲁可能回答说，怀疑主义者事实上没有获得安宁。

或者，他可能转向他的第二个回应，声称，当他似乎把幸福等同于安宁的时候，他仅仅意指把幸福等同于源自对世界和好的真正的理性理解的那种安宁。但如果这就是他的回答，那么他不再是一位快乐主义者，因为他不把快乐本身当作目的。

415 伊壁鸠鲁＝第欧根尼·拉尔修 x.128　我们必须从身体的健

康和灵魂的安宁中导出每一种选择和规避（avoidance），因为这是有福的生活的目的。我们为此之故做一切事情，从而我们将既不遭受痛苦也不遭受恐怖。㊱

416 普鲁塔克《反对伊壁鸠鲁式的幸福》1088c　伊壁鸠鲁已经为快乐分派了一个共同限制，亦即消除一切痛苦的东西。在他看来，自然已经把快乐增加到它消除痛苦的程度，但是自然不允许快乐在量上进一步增长；一旦快乐达到没有悲痛的程度，它就只接纳某些不必要的变式。

417 普鲁塔克《反对伊壁鸠鲁式的幸福》1089d　肌肉的稳定状况和对这种〈稳定性〉的〈持续性的〉值得信赖的期望，对那些能够对它进行推理的人来说，包含了最高的和最安全的快乐。㊲

418 伊壁鸠鲁《梵蒂冈谚语》33＝阿里格蒂，第147页　肉体的哭喊不是饥饿的或者口渴的或者寒冷的。因为如果有人避免了这些东西，而且期望在将来避免它们，那么他甚至可能与宙斯竞争幸福。

419 西塞罗《论善恶之极》i.37–38　因为我们并不仅仅追求这样一种快乐：它用一种适意来推动我们的本性自身，而且被感官愉快地感觉到。相反，我们认为最大的快乐是，我们在一切痛苦被消除时所感觉到的那种快乐。因为当痛苦被消除时，我们在这种释放中、在烦恼的消失中感到高兴，而且，既然我们感到高兴的一切是快乐，……那么所有痛苦的消除就被正确称为快乐。

420 密尔《功利主义》第二章　现在这样一种生活理论在许多

㊱ 下接502。关于幸福的人是一无所需的人的论述，参见392。
㊲ *epilogismos*；参见424。

心灵中激起了……根深蒂固的反感。他们认为，如果以为生活（如他们所说）没有任何比快乐更高的目的——欲望和追求没有更好和更高贵的目标——那是一种十足低劣和卑贱、仅对猪猡有价值的学说，在非常早的时期，伊壁鸠鲁的追随者就被比作猪猡……当这样被抨击时，伊壁鸠鲁学派始终回答说，不是他们，而是他们的抨击者，用一种令人羞耻的色调来描绘人性，因为这一指责假定，除了那些猪猡也能有的快乐之外，人不配有任何其他快乐……把伊壁鸠鲁式的生活比拟成牲畜的生活，是一种贬抑，恰恰因为牲畜的快乐不能满足人的幸福观念。

死亡和恶

421 这些关于善好、快乐和摆脱焦虑三者之间的关系问题将影响我们关于伊壁鸠鲁的道德哲学和他的自然哲学之间的关联的观点。他认为仅仅通过消除对死亡的恐惧，我们便能够从我们的生活中消除焦虑。他论证我们无须惧怕死亡，因为当我们死的时候我们不会感到痛苦，痛苦是唯一的恶。

难以看出，基于纯粹的快乐主义理由，为什么我们要把伊壁鸠鲁的哲学视为通向安宁的唯一路径。为什么我们不能通过怀疑主义对死亡中止判断来达到安宁？

如果伊壁鸠鲁论证说，怀疑主义的安宁不是最好的安宁，而且某种非快乐的价值属于基于正确信念的安宁，那么他的立场就面临另一种反驳。我们似乎具有非快乐主义的理由来否定他的长寿绝不比短命更可取、从而死亡对于我们绝非坏事的主张。如果一位画家正满怀热情地忙于一件伟大的画作，但在他完成之前他却死了，那么某件坏事似乎已经发生于他，因为他被阻止完成他的计划。

如果这是一个好的反驳，那么伊壁鸠鲁的观点——没有什么坏事发生于死亡当中——是基于其道德理论中的一个弱点。仅当我们同意摆脱焦虑是我们全部的善好，我们才能同意说死亡不是一种恶。如果关于我们的善好的这一主张是错误的，那么他没有给予我们任何充分的理由不去害怕死亡。

422 **伊壁鸠鲁＝第欧根尼·拉尔修 x.124** 养成认为死亡对我们没什么的习惯，因为所有的好和恶都在感觉中，而死亡是对感觉的剥夺。因此正确认识到死亡对我们没什么，使生命的有死性变得也有快乐可言——不是通过添加无限制的时间，而是通过消除对不朽性的渴望。

423 **伊壁鸠鲁＝第欧根尼·拉尔修 x.145** 肉体把快乐的限制视为无止境的；〈仅仅〉一个无限的时间会提供它。但是理智抓住一种对目的和肉体限制的合理论述，并且它消解了对永恒〈生活〉的恐惧。因此，它提供给我们完备的生活，(55)绝不再需要无限的时间。

424 **［柏拉图］《阿克西奥丘斯篇》365C–E**(56) 阿克西奥丘斯：一种恐惧抵制〈我关于死亡的信念〉。以下这些以各种各样的方式刺痛我的心灵：我将要失去光和这些好物，我将躺在不可见的和被遗忘的某个地方腐烂，然后变成尸虫和野兽。苏格拉底：阿克西奥丘斯啊，那是因为你被悲伤如此牵扯以至于你不加推

(55) 完备性（completeness）：406。

(56) 这是《柏拉图全集》中一篇伪造的对话，年代不确定。苏格拉底正在安慰阿克西奥丘斯，他面对死亡显得恐惧和悲伤。这篇对话把来自柏拉图《申辩篇》的主题（见 317）与伊壁鸠鲁的主题结合在一起。

理就把感觉和感觉的缺失结合在一起。你所做的和你所说的是自相矛盾的,因为你不明白,在同一时间你哀叹感觉的阙如,又在想到快乐的衰退和丧失时遭受痛苦——仿佛你死后进入另外一种生活,而且不曾变为你出生前具有的相同的无感觉状态。在德拉古和克里斯提尼当政时,你没有卷入任何坏事,因为你实际上不在能被卷入其中的那个地方。同样地,你死后也不会卷入任何坏事,因为你将不在那个能被卷入其中的地方。

425 卢克莱修《物性论》iii.830–903[57] 那么,死亡,对我们来说是不算什么,也跟我们毫不相关,因为心灵的本性被视为有死的。在过去,当迦太基人在战斗[58]的冲击中从四面八方而来,当整个世界被可怕的混乱战争所骇震,在高耸的天国的微风之下发抖和战栗,谁都不知道谁将是陆上和海上所有人的主宰者的时候,我们没有遭受任何苦难。将来也是这样,当我们不再存在的时候,当身体和灵魂——我们从它们组成一个整体——瓦解的时候,无疑地,没有什么能够影响我们、那时将不再存在的人,或激起我们的感情,即使甚至陆地不与海相接,海不与天相连……因为,如果有人要在将来经历悲哀和痛苦,他也必定在那时存在以遭受罪恶。既然死亡消除了这,并且阻止了那个不幸可能聚集于他的人存在,那么我们可以知道我们在死亡中没什么可以害怕,而且那个不再存在的他也不可能是不幸的,他在任何时间从来没有出生,与不朽的死亡曾带走他的有死的生命,是没有区别的……[894][59] "现在将再也没有欢乐的家

---

[57] 此处紧跟着卢克莱修对灵魂道德性的尝试性证明;见 **340**。

[58] 卢克莱修指称第二次布匿克战争(the Second Punic War),在那个时候汉尼拔(Hannibal)入侵意大利,大约在他的时代之前150年。

[59] 卢克莱修引用了哀悼者的传统挽歌,然后(在"但是对此……"中)回答他们。

和善良的妻子来欢迎你,再也没有可爱的孩子们跑过来争抢第一个吻,然后用无声的欢乐触摸你的内心。你也将不再具有力量以你的方式去成功,或者去保护你心爱的人。你是可怜的人,一个不吉的时日已经抢走了你生命的全部馈赠"。但是对此他们没有加上:"你不再对这些东西中的任何一个有丝毫的想念。"但是如果他们在心中把这看得很清楚,而且用他们的语言表达它,那么他们将使他们自己免于心灵的巨大痛苦和恐惧。

426 伊壁鸠鲁 = 第欧根尼·拉尔修 x.142　如果给挥霍者带去快乐的东西也消解了理智对天上事物、死亡和〈死后〉痛苦的恐惧,而且,如果它们教过欲望的界限,那么我们就没什么可指责它们的了……

11 美德中的知识与欲求

为什么是美德?

427 亚里士多德论证了,对幸福的正确解释必须给予美德一个突出的位置(407-408)。我们能够用极为一般的术语把诸美德描述为属于一个人自身的、作为其幸福之要素的诸特征,而非其他人或外部环境影响她的诸方式。但是我们应该尝试更准确地说明美德是什么。

关注美德并非希腊伦理学所特有;它也是我们自己描述和评价人的一个熟悉部分。如果我们问孩子应该如何被养育,或我们想要什么样的人成为我们的朋友或同事或同僚,我们常常说(例如)我们希望他们是体贴的、可靠的、诚实的、有同情心的,如此等等。我们把所有这些特征统称为美德。

关于美德,希腊道德哲学家主要追问两大问题:

(1) 美德是何种东西?
(2) 哪些东西是美德?

在追问第一个问题时,我们是在追问一种状态(state;性格特点,trait;特征,characteristic)必须满足什么条件才能成为一种美德。在追问第二个问题中,我们是在追问哪些现实的状态(品质、特征等)满足了回答第一个问题的那些条件。一旦我们回答了这两个问题,我们就具有了对"好人"的描述。

为了回答第一个问题，我们必须注意美德的两个方面。第一个方面是美德之为做（virtue as doing）：例如，我们期待一个慷慨的人以一种特定的方式行动。即使你具有充足的财富，而且你相信这些是好的事情，你的金钱将被适当地使用，但如果你从未给出任何慈善的动机，那么这就是怀疑你是否是慷慨之人的一个理由。某个做出具有不同美德的行动的人做出人们期望好人所做的事情。第二个方面是美德之为是（virtue as being）：单单做那些正确的行动对美德来说似乎是不够的。如果有人为适当的慈善事业给出了适当的金额，但他这么做仅仅因为能惹人注意并且由此获得某种进一步的收益，那么他做了一个慷慨之人的一些行动，但他不是一个慷慨之人；他缺乏慷慨之人的动机、目的、关切和见解。

苏格拉底的"勇敢（节制等）是什么"的问题和他的更为一般的"美德是什么？"的问题寻求一种既包含正当行为又包含正当见解的美德论述。他向其对话者表明，不能仅仅通过列举那些期待于有美德之人的行为来定义美德（142，144-145，181，457）。美德论述应当既描述美德的第一个方面（"做"，doing），也描述第二个方面（"是"，being）。希腊道德学家尤其争论第二个方面——争论应当被归于好人的那种信念和动机。特别是，关于认知状态（知识、信念等）和感受状态（欲求、感情、情绪）在美德中的作用，他们存在分歧。

为发现有多少种美德、哪些状态是美德，我们可以尝试一种关于善好（goodness）的功能解释（428；参见 407-408，443）。一般来说，如果 x 是好的，那么 x 是对于某东西是好的；一把好刀对于切割是好的。我们可以同样的方式设想一个人中的某些种类的善好；一个好士兵或一个好警察是对于士兵或警察的任务来说是好的。但是当我们走出这些特定的角色，追问好人的特征，而不是追问好木匠或好士兵的特征，功能解释依然有效吗？我们能够说一个好人对于什么是好的呢？

对这个问题，希腊哲学家考虑了两种答案：

(1) 一个好人是对其他人或对作为一个整体的社会来说是好的；因此我们可以说一个好人就是一个共同体或社群中的好成员（558）。

(2) 一个好人是对其自身来说是好的；她具有为保全她自己的好所必需的那些品质。

第一种"他人指向的"（other-directed）的答案好像十分可信。仁慈、慷慨和可信赖均有益于其接受者；这些品质寻求有益于他人，而非有益于有德性的行动者自身。希腊哲学家辨认出大量他人指向的美德。他们把正义当作主德，恰恰因为正义尤其关涉他人的好（451，478）。

第二种"自我指向的"（self-directed）的答案在希腊哲学中也很突出。这种美德概念说明了为什么美德是幸福的必要成分。希腊哲学家公认，一切理性行动都必须专注于被等同于幸福的行动者的终极好（381）。为了表明一种品格特征是我们有好理由去培养的美德，我们必须表明（按照从幸福出发的理论家）这样一种特征增进了行动者的幸福。

他人指向的概念和自我指向的概念很可能出现冲突。他人指向的诸美德增进有美德的行动者的善好，这一点并不明显。事实上，某些他人指向的美德的全部意义似乎在于，当某人的自身利益与他人的利益冲突时，限制对某人自身利益的追求。然而，如果不能表明一个人的他人指向的美德增进了某人的自身利益，那么，对一个首先关心她自身幸福的理性行动者来说，这些美德就不能被理性地辩护。因此道德学家必须表明美德，包括他人指向的美德，如何增进了行动者的幸福（456）。

11 美德中的知识与欲求

关于某些算作美德的品格特征或状态,希腊道德学家有一致意见。尽管他们承认许多美德,但他们倾向于给予四种美德——智慧、勇敢、节制和正义——一种特殊的地位。这些美德有时被称为"主要的"美德。这四者(与虔敬一起)是《普罗泰戈拉篇》关注的焦点,在《理想国》中被认为是核心美德。它们在亚里士多德那里也很突出。斯多亚学派承认它们是属层次上的美德,其他的美德是其种(433)。那么,我们必须考察这些主德如何满足了美德的一般条件,以及在多大程度上它们各自能够参照他人利益和行动者自身利益来得到辩护。

428 柏拉图《理想国》352E-353C 〔苏格拉底:〕那么,告诉我——你认为马有一种功能吗?〔色拉叙马霍斯:〕我认为有——那么你会把马的功能或任何其他东西的功能当作那种人们只能用它来做或者能用它来做得最好的东西?——我不理解,他回复道。——那好,请你以种方式思考。你能不用眼睛而用别的东西看吗?——当然不能。——你能不用耳朵而用别的东西听吗?——绝不。——那我们不是可以正确地说看和听就是眼睛和耳朵的功能吗?——当然可以。——那么好,你能用匕首或刀或许多别的东西修剪葡萄藤吗?——当然。——但是我想,没有什么东西能比专为整枝而制作的剪刀更好使?——这是真的。——那么我们把这看作它的功能,不是吗?——我们必须这样。——那么现在,我想你可以更好地理解我刚才这么问的意思了,我想知道一样东西的功能是不是只有用它才好使或者用它最好使的那种能力。——是的,他说,我明白了,而且我认为这就是一样东西的功能。

——非常好,我说。你不是也认为,任何被赋予了一种功能的东西也具有一种美德？让我回到相同的东西。我们说眼睛有一种功能吗？——它们有。——那就也有眼睛的美德喽？——有。——耳朵不也有一种功能吗？——是的。——那么同样也有一种美德喽？——也有一种美德。——所有其他东西又如何呢？不是也一样吗？——是的。——现在请注意。如果眼睛缺乏其自身特有的美德，反而有一种恶（缺陷①），那么眼睛还能很好地发挥其功能吗？——怎么可能？他说。你指的是失明而不是视力吧。——无论何种美德都可以。不过我还没有进行到那个问题。我只是问，那些发挥一种功能的事物是否由于它们自身的美德而很好地发挥功能，是否因为缺陷而糟糕地发挥功能。——他说，当然是这样。

429 柏拉图《普罗泰戈拉篇》318D–319A② ［苏格拉底：］当普罗泰戈拉听到我说的话时，他说：……当希波克拉底来我这儿，我不会让他遭受其他智者会让他遭受的那些事情。因为其他智者虐待年轻人。这些年轻人刚逃避了种种技艺③，但是智者们违背他们的意愿，通过教授他们算术、天文学、几何学和音乐（他在这时瞥了希庇亚斯④一眼），引导他们回到技艺。然而，作为我的学生，他将仅仅学习他来这儿该学的科目。那个科目是善谋——既关于他的家庭事务，以便他能最好地安排他自己的家事，也关于城邦的事务，以便他在城邦中，不管是在演说还

---

① 或"坏"（badness）或"缺点"（defect, kakia）。
② 苏格拉底和年轻人希波克拉底正疑惑，如果希波克拉底成为智者的学生，他将学到什么（参见 8，551）。普罗泰戈拉：156-160。
③ 或"专业知识"（expertise），technai；参见 179。随后的例子表明普罗泰戈拉所想到的对比。
④ 另一个参加对话的智者。

是在行动方面，将是最有能力的⑤。——我懂你的话吗？我问道。我认为你在说政治技艺，许诺让男人们成为好公民。——是的，苏格拉底啊，他说。那正是我声言要做的事情。⑥

430 柏拉图《普罗泰戈拉篇》324D-325A　[普罗泰戈拉：]如果有城邦存在的话，那么有没有某种所有公民都必须分有的东西？如果有任何地方，那么就是这儿有你的困惑的解决方案。⑦……这东西不是建造或铸造或制陶的技艺，而是正义、节制、虔敬，总之，我称这东西为人的美德。这是所有人必须分有的东西，而且这是每个人必须如何行动的方式，无论他想要学什么或做什么。

431 柏拉图《普罗泰戈拉篇》329C-330A　[苏格拉底：]你⑧说宙斯赋予人类正义和羞耻；⑨再者，在你演说中的几个要点处，你提到了正义、节制、虔敬以及其余诸美德，认为总起来说它们是一个东西，即美德。现在，请在你的论述中为我更准确地重温这些东西。美德是一个东西，而正义、节制和虔敬全都是它的部分吗？或者后面这些全都是同一个东西的各种名称吗？那是我依然急切想知道的。[普罗泰戈拉：]好的，那是容易回答的，他说。美德是一，你所问的那些东西是它的部分……——[329E]那么人们分有美德的方式是不是有些人取这一部分，另一些人取另一部分吗？或者，如果有人获得其中一部分，他就必然拥有全部了吗？——当然不是，他说。因为许

---

⑤ 或"最强大的"（powerful）。
⑥ 下接 541。
⑦ 苏格拉底在 541 中提出这个困惑。
⑧ 普罗泰戈拉，在包含 430 的长篇演说中。
⑨ 亦即，为违反美德的行为感到羞耻。参见 512，534。

多人勇敢却不正义,其他人正义却不智慧。——那么这两者也都是美德的部分?我说。我指智慧和勇敢。——绝对地;而且智慧确是所有部分中最大的。

432 亚里士多德《修辞学》1366ᵃ23-ᵇ22　现在我们不得不考虑美德和邪恶,光荣的东西和可耻的东西,因为这些是赞赏和责备的对象……光荣的东西是那种既因其自身值得选择,又值得赞扬的东西。如果这就是光荣的东西,那么美德必定是光荣的,因为它既是一个好的东西,又是值得赞赏的。按照通常的观点,美德是一种提供和保持好物的能力,或是一种带来许多巨大好处以及在各种场合带来各种好处的能力。美德的部分是正义、勇敢、节制、大方、大度、慷慨、和蔼、明智和智慧。

如果美德是一种利他的能力,最高种类的美德必定是那些对他人最有用的美德,因为这个缘故,人们最尊崇正义和勇敢,因为勇敢在战争中对他人有用,正义既在战争中也在和平时期对他人有用。其次是慷慨;慷慨的人乐善好施,而非为金钱争斗,相反,其他人关心金钱胜过其他一切。正义是这样一种美德,每个人通过它合法地拥有他自己的[⑩]东西;它的反面是不正义,人们通过它不合法地占有属于他人的东西。勇敢作为美德,使得人们在危险的处境中去做光荣的行为,合乎法律且服从其命令;怯懦是其对立面。节制作为美德,使得我们在涉及身体快乐的地方服从法律;放纵是其对立面。慷慨使得我们为他人的好花费金钱;吝啬是其对立面。大度作为美德,使得我们大量地对他人行善;它的对立面是吝啬。大方是那种在涉及花钱的事情上产生伟大的美德。这两者的对立面分别是狭隘和吝啬。[⑪]明智是理智的美

---

⑩ 有关这种正义概念,见 469。

⑪ 文本不确定的。

德，它使得人们能够对先前提到的诸好与诸恶和幸福的关系有智慧的决定。

433 斯托拜乌斯《选集》ii. 59.4=LS 61H ［斯多亚学派的观点：］有些美德是主要的，其他的从属于它们。主要的美德有四个：明智、节制、勇敢、正义……好的慎思、好的推理、急智、慎重、足智多谋从属于明智。好的纪律、好的秩序、适当的羞耻、自制从属于节制。坚忍、自信、大度、愉快、勤奋从属于勇敢。虔敬、诚实、平等、公平从属于正义。⑫

美德和知识

434 苏格拉底审查了其他人寻找美德定义的尝试，暴露了他们的不足。但是关于美德的特征，通过将它与技艺（*technê*，生产性的技艺或技能形式）进行系统比较（105-106，177，179，547-548），他也提供了他自己的建议。无论苏格拉底实际上是否把美德等同于技艺，这种比较对于理解他面临的某些困难和他提供的某些解决方案是有用的。⑬

如果我们试着通过参考功能来理解美德，那么美德和技艺间的这种类比似乎是合理的。一个好的木匠善于制作家具，因为她知道如何制作家具；使得一个木匠成为好的木匠的东西就是木匠的技艺。苏格拉底表明，同样地，使得一个人成为好人的东西，是那种与生活有关的技艺。

---

⑫ 这四种主要的美德，也见 383。
⑬ 有关苏格拉底的这些主张指称柏拉图早期对话中的"苏格拉底"，经常被看作历史上的苏格拉底。见 17-18。

依据苏格拉底，这种技艺是关于增进人们的终极善好——幸福——的知识。他关于美德的一般概念是自我指向的。一旦我们知道幸福是什么，我们就能够把美德定义为关于如何获得幸福的知识。为了变得有美德，我们需要学习关于如何获得幸福的相关知识。

对这种美德概念的一种反对，源于知识和行动间的表面上的鸿沟。某人可能是一个技术熟练的木匠，却不想用他的知识制作家具。相似地，有人可能表面上知道美德要求他什么，却不关心有德性地行动。即使美德以某人自己的好为目标，这似乎也是真的；表面上我们能够知道什么东西增进了我们的好，但仍不太在意就此做任何事情。我们似乎能知道，全面地考虑，x 比 y 是更好的，但仍旧选择 y 而非 x。在这些情况中选择 y（明显不好的选项）展现了那种通常被称为意志的脆弱性的状态；在希腊哲学中它被称为"放纵"或者"缺乏控制"（akrasia），而对立的状态被称为节制（enkrateia）。如果放纵是可能的，那么单单知道什么东西是好的，并不确保行为。

恰恰在这一点上，美德似乎不同于知识。如果我们不关心做有德性的行为，那么我们就不认为我们能够是有德性的。既然单凭知识不能确保行动，那么美德必须明显地包含一种独特的情感要素。因此它不可能是单纯的知识。依据苏格拉底，有德性的人和无德性的人对幸福有共同的欲求，只是其知识有区别。但是，放纵的可能性似乎表明，美德必定也包含一种独特的情感要素。

苏格拉底通过否定放纵的可能性来回答这一反驳，正如人们通常理解的那样。[14] 他为那些似乎表现出放纵的行为提供了一种不同的解释。按照苏格拉底，这类行为仅仅源自对比较利益的无知。因为 y 的短期利益将比 x 的长期利益更快出现，我们就错误地推出 y 必定比 x 更好，因此我们选择 y。一旦我们纠正了这一错误，我们将反过

---

[14] 至少，这是亚里士多德在 448 中理解他的方式。

来选择 x。

如果这一点不假，那么所谓的放纵的情形并没有对苏格拉底造成任何特殊的困难，因为它们并不违背他的我们总是选择我们信以为更好的东西的主张。因此，对于他的建议，即美德仅是有关增进人自身幸福的东西的知识，这类情形也产生不了任何困难。

435 柏拉图《美诺篇》77B-78B　　美诺：那么，苏格拉底，在我看来，美德，用诗人的话说，乃是"欣赏美好的东西并具有能力"。我认为美德是这样的：欲求⑮美好的东西并且能够提供它们。苏格拉底：当你提到某人"欲求美好的东西"时，你指的是"欲求好的东西"吗？——当然。——那么你认为有些人欲求坏的东西、有些人欲求好的东西？难道你不认为人人都欲求好的东西吗？——不，我不认为。——在你看来，他们认为坏的东西是好的吗，或者，他们承认它们是坏的，却仍然欲求它们？——我会说两者都是。——什么？你真的认为有人承认坏的东西是坏的，却仍然欲求它们？——是的。——你用"欲求"意指什么？欲求得到它们？——当然。——他欲求它们时认为坏的东西有益于获得者，还是承认坏的东西有害于获得者？——有些人欲求它们时知道坏的东西有益，有些人则知道它们有害。——现在你认为那些假定坏的东西有益的人承认坏的东西是坏的吗？——不，我完全不那样认为。——那么，这些不知道坏的东西是坏的的人不会欲求坏的东西，而是欲求他们以为是好的东西，即使实际上它们是坏的，难道这不是显而易见的吗？因此，那些不知道坏的东西是坏的而是认

---

⑮　*epithumein*：经常被译为"appetite"及同源词。参见 **438**。

为它们是好的人,显然欲求好的东西?——我认为他们是这样的。——现在根据你,那些欲求坏的东西并且认为它们有害于任何获得者的人,大概知道他们会被它们伤害吗?——他们肯定知道。——这些人不认为,任何被伤害的人,就他被伤害而言,是可怜的⑯吗?——他们也必定这么认为。——而可怜的人是不幸福的?——是的。——那好,有人愿意要可怜和不幸吗?——我不这么认为。——那么,没有人愿意要坏的东西;还有什么比欲求坏的东西和获得它们更可怜的呢?——这看似你是对的,苏格拉底啊,没有人愿意要坏的东西。——现在,你刚才不是说美德是欲求好的东西并具有能力吗?——我说过。——在你说的东西中,这种愿望不是人人所共有的吗?因此,在那个方面,显然没有哪个人比其他人更好吗?——看起来是这样的。——因此,如果一个人比另一个人更好,他显然必定在能力方面更好。——对极了。那么美德,按照你的解释,是那种提供好的东西的能力。——是的,我的观点和你现在提出的一模一样。

436 柏拉图《普罗泰戈拉篇》355A–357E⑰ [苏格拉底:]你们⑱说,常常有人承认坏的事情是坏的,然而,当他可以不做它们时,他却做了,因为他被快乐所引导和分心。你们又说,某人意识到好事情,却因为当下的快乐,依然不愿意去做它们。如果我们⑲停止使用所有这些名称——"快乐的"、"痛苦

---

⑯ 关于"可怜的"(miserable)(或"悲惨的",wretched)。参见 500。
⑰ 上接 390。普罗泰戈拉是回应者。苏格拉底把其呈现为一篇在"多数人"(many)(他们认为放纵是可能的)和一个"发问者"之间的对话。
⑱ "你们"(you)是"多数人"(the many),亦即,相信放纵的人。
⑲ "我们"=苏格拉底和多数人。

的"、"好的"和"坏的",那么这将明显是荒谬的。既然这些东西已被证明是两种,那么我们用两种名称来称呼它们——首先是"好的"和"坏的",其次是"快乐的"和"痛苦的"。在此基础上,让我们说:某人意识到坏的事情是坏的,却仍然做它们。如果有人问为什么,我们会说因为他被征服了。"被什么征服了?",他会追问我们。我们不能再说"被快乐",因为它已经被给予名称"好"代替"快乐"。因此让我们回答他说"被征服"。"被什么征服了?",他会追问。"被好征服",我认为我们会这么回答。我害怕如果我们的追问者是傲慢无礼的,他会嘲笑和反驳说:"你描述的是一件荒谬的事情:如果有人做了坏的事情,他知道它们是坏的,也非必须做它们,却因为他被好事情所征服而做了。(他会问)是你当中的好东西不足以征服坏东西,还是相反?"显然我们会答复说:"它们不足以征服坏东西;因为如果它们足以征服坏东西,那么,那个我们提到的被快乐征服的人就不会是在犯错误了。""(他可能说)在什么意义上好东西不足以征服坏东西,或者坏东西不足以征服好东西?难道不是比谁更多或更少、更伟大或更渺小吗?"我们将不得不同意。"那么在提及被征服时,你是在描述选择较大的坏东西来替换较小的好东西。"……

[356C][20] 是不是同样大的东西,在眼中,就显得近的大些,远的小些?[普罗泰戈拉:]他们会说是这样。——这对厚度和数目来说也是如此吧?还有,相同音量的声音近的就比在远的更大些?——他们会说是这样。——现在,如果我们事情做得好就在于抓大放小,那么生命中的安全在哪里显现呢?在测量

---

[20] 苏格拉底在这用他自己的声音来言说和对多数人说话。普罗泰戈拉回复("他们"指称多数人)。

的技艺中,还是在现象的力量中?我们不是已经看到,现象使我们误入歧途并把我们置于困惑之中,从而在践行和选择大和小的事情时,我们不断地接受又拒绝相同的东西,而测量的技艺却会推翻这种现象,并通过揭露真理,使得我们的灵魂在真理中不被扰乱和稳定,从而会拯救我们的生命?面对这些考虑,人们会同意测量的技艺拯救我们吗?……[357A] 既然我们生命中的安全已经证明就在于对快乐和痛苦的选择中——更多或更少,更大或更小,更近或更远——那么,它岂不首先是测量相对的过度或不足或相等吗?——必定是的。——既然它测量,那么它必是一种技艺和知识啦?——他们会同意的……——[357D] 你们自己知道,一个没有知识而被做的错误行为是由于无知而被做的。所以,那被快乐所征服者其实是最大的无知。[21]

理性的欲求和非理性的欲求

437 在《理想国》第四卷中,柏拉图回到关于欲求和行为的关系问题。他的讨论表明了对放纵的不同处理,因此也提供了对美德的不同于《普罗泰戈拉篇》中苏格拉底的处理方式。他论证了,欲求之间的某些冲突意味着有不同种类的欲求,这些不同种类的欲求是通过它们与关于好和坏的信念的不同关系而得到区分的。不同种类的欲求标志着灵魂中的不同的"部分"或"种类"。

通过确认诸欲求之间的冲突的相关种类,柏拉图论证了这些不同部分的存在(438)。假定我口渴,想要喝,但我也拒绝满足我的喝的欲求,因为我认为这是不健康的,从而喝对我是坏的。在这个

---

[21] 下接 **390**。

例子中，柏拉图区分了两类欲求：

(1) 我不喝的欲求建立在我关于什么东西在总体上对我是好的信念之上。如果我基于反思断定毕竟对我来说喝是好的，那么我不喝的欲求将被喝的欲求所代替。既然这个欲求响应关于我的善好的推理，那么它就是一种理性的欲求。

(2) 我现在的喝的欲求可能在理性反思之后没有消失；即使我意识到更多的威士忌将使得驾驶危险，我可能仍然想要它。既然这种欲求并不响应关于我的善好的推理，那么它就是一种非理性的欲求。

柏拉图依据它们与善好的关系，把非理性欲求与理性欲求区分开来，而且他把它们分配给灵魂的不同部分。为了描述灵魂的非理性部分，他考察了我们易受感觉幻象的影响，甚至当我们意识到这种幻象时，这种影响仍然持存（439）。柏拉图把这与我们易受欲求的影响进行比较，这种易受欲求的影响，甚至当我们意识到不满足它们将是更好的时候，仍然持存。在这两种情况中，我们的非理性倾向都能受到理性的抵制，但它不会因此丧失其全部影响力。

我们的非理性倾向有助于说明我们易受多种多样对情感的诉诸的影响，即使与我们的更好判断冲突。柏拉图提到了戏剧的影响，戏剧诉诸我们的情感来引起我们对那些我们认为是恶的人的同情。柏拉图的观点能够容易地被理解为适用于（例如）诉诸直接的显像和生动的图像来影响信念和行动的大众传媒。因为这个缘故，关于我们对悲剧的日常响应的可欲性，柏拉图比亚里士多德更持怀疑态度（参见 402）。

在一些地方，柏拉图承认灵魂的两个部分——响应关于善好的推理的理性部分，和不响应关于善好的推理的非理性的部分。在另一些地方，他又区分两个非理性的部分，"激情"部分和"欲望"部分,各自既能与另一个非理性的部分冲突,也能与理性的部分冲突。激情的部分包括愤怒、怨恨、骄傲、羞耻以及对荣誉的热爱。与基本的欲望(饥饿、口渴、性欲)相反,这些并不对好和坏的全部考虑都无动于衷。与理性的欲求相反,它们可能与对于所有被考虑的东西中最好的东西的理性欲求相冲突。为了例示第二个冲突,柏拉图描述了勒翁提俄斯的愤怒,其激情部分与欲望部分对立,和奥德修斯的愤怒,其激情部分与理性部分对立(参见326)。在奥德修斯那里,愤怒引发了立刻复仇的欲求,与他的最好再等等的判断相冲突。

把灵魂划分成具有潜在欲求冲突的诸部分似乎解释了放纵。这一解释拒绝苏格拉底把表面的放纵消解成关于比较性的善好事物与恶事物的错误信念。如果我们具有的欲求不响应关于善好的推理,那么无怪乎它们有时驱使我们违背我们关于善好的信念去行动。

如果柏拉图接受这种欲求划分,那么他就有理由否认美德只是一种知识。为了有德性地行动,我们不仅需要正确的信念,而且需要非由正确的信念保证的、正确排序的欲求。柏拉图把欲求的划分用作美德论述的基础。每一种美德不仅包含正确的信念,也包含非理性欲求的恰当状态。为了获得每一种美德,我们需要让我们的非理性欲求得到恰当的训练。

三种主德很容易契合灵魂的划分。当理性的部分得到适当训练时,我们就有智慧;当激情部分被适当训练以跟从理性部分时,我们就有勇敢;当欲望的部分被适当训练以跟从理性部分和激情部分时,我们就有节制。既然我们从属于非理性的欲求,那么我们为幸福所需要的美德不仅包括关于善好的知识,也包括对非理性欲求的正确指引。柏拉图的美德概念拒绝苏格拉底的某些论证所依据的假设。

柏拉图也讨论了第四种主德,作为对灵魂的不同部分的恰当整秩的正义。围绕这个讨论所产生的各种具体问题,在与正义的他人指向的各方面的结合中,得到最好的考虑(**468**)。

438 柏拉图《理想国》439A—441C　［苏格拉底:］……你不把渴置于那些通过相关于某物而是其之所是的事物中间吗。大概,它就是渴。——［格劳孔:］是的,他说,渴望饮。——那么,如果饮属于某一特定种类,渴也是如此;但是渴本身既不渴望多也不渴望少或好或坏,总之,不渴望任何特定种类的饮。毋宁是,渴本身自然地只渴望饮本身。——绝对是。——那么,渴的人的灵魂,就〈它〉[22]渴而言,只想要饮,而非任何别的东西,对此有一种冲动,并向此而行。——显然是的。——如果当灵魂渴时,有任何东西把灵魂拉回,那么它必须是在灵魂中的另外某个东西,不同于那个感到渴并牵引着它像牵引着牲畜一样去饮的东西。因为我们说过,同一个东西不能用它自身相同的部分[23]在相同的时间就同一事物以相反的方式行动。——我们必须承认不能。——相似地,我认为,说弓箭手的手同时既拉弓又推弓是不对的。我们应当说,拉弓的是一只手,推弓的是另一只手。——绝对是这样的,他说。

　　——现在我们可以说某些人有时渴了却不愿意饮吗?——事实上是的,他说;许多人经常这样。——那么,我说,关于他们我们应该说什么?我们是否该说,灵魂里既有某种促使他们去饮的东西,又有某种阻止他们去饮的东西,后者是不同的

---

[22] 或者"灵魂"或者"那个人"可能是那个被理解为"渴"和其他动词的主体。

[23] 在很多地方(希腊人在那里仅有一个中性的形容词),"部分"(part)或"方面"(aspect)被补充。

且主宰那种促使他们去饮的东西？——我认为是这样的。——而且，阻止这些行动的东西，每当它产生的时候，是从推理产生的，而引导和拽回的方面则经由各种感受和疾病而来，难道不是吗？——显然是。——那么，我认为，主张它们是两个且彼此不同，这不是不合理的。我们会把灵魂中灵魂通过〈它〉推理的那个部分称为理性部分，把通过〈它〉灵魂爱、饿、渴并感觉到其他欲求的颤振和瘙痒的那个部分称为非理性的和欲望的部分，这一部分与满足和快乐相关联。——这么想对我们来说不仅完全合理，而且十分自然，他说。

——那么让我们确定下来灵魂中有这两种东西。但是，激情，我们借以发怒的那个东西，㉔ 又如何呢？它是第三个部分吗？抑或，它在本性上会等同于其他两个部分中的哪一个吗？——或许是与第二种，欲望的部分，相同，他说。——但是，我说，我听说过一个我相信的故事，勒翁提俄斯，阿格莱翁的儿子，在他从比雷埃夫斯港北面城墙的外侧下边往上走的路上，注意到㉕ 有许多死尸躺在公开处决的地方。与此同时，他有一种观看它们的欲望，但又强烈反对这一欲望，就转过脸去。他抵抗了一会儿，而且把头蒙了起来；但还是被他的欲望所主宰，他跑到尸体旁边，睁大眼睛，大喊："看着那，你们这双可怜的眼睛！尽情享受这美景！"——我也听说过这个故事，他说。——现在，我说，这个故事确切地表明愤怒有时对抗欲望，就像一个东西对抗另一个东西一样。——是的，是这样，他说。——我们不是还注意到许多其他种类情形：每当某人的欲望迫使他反对他的理性，他就痛斥他自己，并对逼迫他的那

㉔ 或者"通过它我们感到愤怒"。

㉕ 或者"感觉到"（perceived）。

个部分发怒,在这个类似于城邦内斗的冲突中,他的激情是他的理性的盟友?……稍早我们认为激情部分是欲望部分的一种,但是现在我们的看法刚好相反;因为在灵魂的冲突中,它让自己与理性部分结盟。——最确定地。——那么激情部分也不同于理性部分,抑或只是理性部分的一种?……我们可以引用荷马的话:"他㉖击打他的胸,责备他的内心"。因为在这儿,荷马明确地认为一个东西正在攻击另一个东西;那种就更好和更坏做推论的东西攻击那种非理性地发怒的东西。——非常正确,他说。㉗

439 柏拉图《理想国》602C-604D ……[苏格拉底:]模仿具有的能力与人的什么部分相关?[格劳孔:]你指的是何种东西?——我指这:同样大小的东西,我假设,由眼睛近看和远看显得并不相等。——不相等。——同一个东西对那些在水中和离开水来看的人显得曲直不同,并且由于类似的视觉对颜色的错误,显得凹凸也不同,因此在我们的灵魂中显然存在种种诸如此类的混乱。㉘所以景物画利用了我们以这些方式受影响的自然倾向,以至于它无非是巫术。魔术和许多其他诸如此类的机巧也是这样。——真的。——测量,计数,称重,不已经证明是反对这些东西的最有益的辅助者,从而我们内在的统治者不是那种显得或大或少或多或重的东西,而是那种已经推理㉙、计数甚或称重的东西?——当然。

——但这无疑是灵魂的理性部分的功能。——当然是那

㉖ 奥德修斯。
㉗ 下接 469。
㉘ 透视的错误:436。
㉙ 或者"计算"。

个部分的功能。——但是，当它这已经测量并指出了某些东西比别的东西更大或更小或相等时，同样的东西常常同时显得相反。——是的。——我们不是说过，同一个东西同时就同一个事物相信相反的东西，是不可能的吗？——我们这么说是对的。——那么，我们灵魂中的那个相信某物有违测量结果的部分，与那个相信某物符合那些结果的部分，不可能是相同的。——的确不……

[603C]……我们说，模仿性的诗歌模仿在被迫或自愿的情况下行动的人，以及作为其行动的结果，认为他们做得好或做得糟，且在这一切中感受悲痛或快乐。这不就是我们所发现的吗？——就是这。——那么，某人在这一切中同意他自己吗？或者就像在视力的领域内一样，他被划分，关于同样的事物他在自身中同时持有相反的信念，在行动中也一样，他也被划分且与他自己冲突，不是吗？……[604D]我们不是还会说，我们中的那个引导我们回忆起我们的痛苦和悲伤并且不能用这些事情满足它自身的部分，是我们的非理性的和无意义的部分，怯懦的伙伴？——是的，我们会这样说。

亚里士多德：美德中的理性要素和非理性要素

440 亚里士多德接受柏拉图把灵魂划分成理性部分和非理性部分，并且相信美德同时涉及灵魂的两个部分。为了表明美德如何涉及这两个部分，他声称美德是在两个极端之间的"中道"或"居间的"状态（444）。美德是居间的，因为它排除了处理非理性欲求的某些错误方式。

(1) 对我们非理性冲动的一种惰性反应让它们完全不受控制，没有尝试借助我们关于好的信念来规范它们。

(2) 一种过渡狂热的反应试图将它们一举消除；在亚里士多德看来，这种反应基于美德就在于"不受情感影响"的虚假观点。

(3) 一种不太明显的错误把美德等同于理性部分对非理性部分的控制。自我控制的、"节制的"人避免了某人的由反乎理性欲求（desire）之欲望（appetite）所推动的放纵的行为。在亚里士多德看来，节制比恶好（因为某人的理性部分拒绝邪恶的观点并推动他做正确的行为），但比美德差（因为某人的非理性部分不认可有德性的观点）。

因此对美德的正确论述必须阐明，有德性的人的非理性欲求不只是从属于和受控于理性的欲求。它们也必定与理性的欲求和谐。这种和谐并不源自单纯的认知训练（436 中苏格拉底所描述的那种知识）。它必须同时包含理性的理解和对某人情感的恰当训练。亚里士多德试图描述恰当的道德教育。

亚里士多德在他对不同美德的论述中阐明了他关于中道的主张（445-446）：

(1) 勇敢并不完全消除恐惧。它纠正和塑造了非理性的部分以至于我们的恐惧被导向值得恐惧的东西。

(2) 节制控制和塑造了对食物、饮品和性的基本生物学欲望。它没有消除它们，也没有阻止我们享受它们；它规范和塑造了我们的享乐方式，以至于我们能在正确的场合拥有它们。

(3) 好人应当对某些事情（例如，不正义或恶意虐待）愤怒，但是，如果没有什么可愤怒的，或当我们的愤怒打败了我们自己的目的时，那么发脾气将是不合适的。

在每种情况中，亚里士多德证明，有德性的人能够控制和塑造一种特殊的情感反应，以致它契合于我们有理由关心的其他事物。作为对抗非理性冲动的结果，有德性的人不会不情愿地做有德性地行动。在面对勇敢的人必须面对的危险中，在避免有节制的人所避免的误导性的快乐中，他们甚至获得快乐。这是美德和单纯节制之间的差异当中的一个重要方面。

441 亚里士多德《尼各马可伦理学》1102^a27–1103^a7　灵魂的一部分是非理性的，一部分有理性。就目前的目的来说，这两个部分的区分，是像身体的诸部分和可分成诸部分的任何事物那样，还是像一个曲面上的凸面与凹面那样仅仅在理论上是两个部分，而在本性上是不可分的，是无关紧要的……〈灵魂的部分〉将会……看似是非理性的，却以某种方式分有理性。[30]因为在有节制的和无节制的人中，我们赞扬他们的理性，亦即灵魂的有理性的那个部分，因为它规劝他们正确地并向着最高的善好而行动；但是他们内在地也有某个由其本性与理性分离、并与理性冲突和斗争的另一部分。就像身体的麻痹部分，当我们决定向右移动它们时，它们却反过来向左移动，灵魂也同样如此；因为无节制的人具有反向的冲动。诚然，在身体中，我们看到那个部分反向行动，然而在灵魂中，我们不会看到这种情况；然而，我们或许要假设灵魂也有某种与理性分离、与理性对立和对抗的东西……我们说过，这个部分似乎也分有理性。

---

[30] 这两个部分见 408。

至少，在自制的人中，它遵从理性；在有节制的和勇敢的人中，它甚至可能更好地听从理性，因为在那里，它在一切事情上都赞同理性……它以听从父亲或者朋友那样的方式"听从理性"……它被理性以某种方式说服，恰如通过纠正和通过各种指责和规劝所表明的。那么，如果我们必须说这个部分也有理性，那么有理性的这个部分也将有两个部分：一部分，严格来说，通过在其自身中具有它而拥有理性，另一部分则通过像听从父亲一样听从理性而拥有理性。

美德之间的区分也反映了这一区别。因为一些美德被称为思想美德（virtues of thought），其他的被称为品格美德（virtues of character）；智慧、理解和明智都是思想美德，慷慨和节制是品格美德。

442 亚里士多德《尼各马可伦理学》$1104^{b}19\text{-}26$　　灵魂的每一个状态都自然地关涉和关切任何自然地使之更好或更坏的东西；快乐与痛苦使人变坏，源于在错误的时间、以错误的方式或论述中所需的任何其他这类区分，追求和避免那些错误的东西。这是为什么人们实际上把美德定义为不被影响和扰乱的方式。[31] 然而，他们是错的，因为他们提及无条件地不受影响，而非以正确的或错误的方式、在正确或错误的时间以及其他附加限制而不受影响。

443 亚里士多德《尼各马可伦理学》$1105^{a}17\text{-}^{b}12$　　然而，人们可能困惑，我们在什么意义上说，要变得正义，我们必须做正义的行为，要变得有节制，我们必须做有节制的行为。因为〈似乎是〉如果我们做正义的行为或有节制的行为，我们必定因而是正义的或有节制的，恰如倘若我们做文法的或音乐的行为，

---

[31] 美德作为摆脱情感：参见 527-528。

我们必定是文法家或音乐家。但是很显然，即便技艺也不是这样的；因为，由于运气或通过听从别人的指导而产生某种文法的东西，也是可能的。于是，要成为一个文法家，我们必须产生某种文法的东西，并且是以文法家的方式——亦即，合乎某人自己的文法知识。[32]

而且，对技艺为真的，对美德却不为真。因为一门技艺的产品是通过其自身的特征来确定它们是否被造得好；因此当它们被造出时处于正确的状态，就足以说明造得好。但是，对合乎美德而被有节制地或正义地做的行为来说，它们本身处于正当的状态之中，还不够；行动者在做它们的时候也必须处在正确的状态之中。首先，他必须有知识地行动；其次，他必须决定做它们，并且是为它们自身而决定做它们；[33]再次，他也必须处于一种坚定的和稳定的状态做它们。[34]就技艺而言，除了纯粹的认知之外，这三个条件都不重要。但是就美德而言，这种认知什么也算不上，或者〈毋宁说〉算作很少的一点，而其他的两个条件却是非常重要的，事实上是最重要的，而且其他的这两个条件可以通过频繁地做正义和有节制的行为而达到。因此，当行为是正义的人或有节制的人会做的那种行为时，就被称为正义的或有节制的，但是正义的人和有节制的人不是那个〈仅仅〉做这些行为的人，而是一个也以正义的人或有节制的人做它们的方式来做它们的人。那么，说一个人从做正义的行为中变得正义，从有节制的行为中变得有节制，是正确的；因为不做这些行为，人们甚至连变好的希望都没有。

---

[32] 技艺和知识：106。
[33] 决定（prohairesis）：514。
[34] 美德的稳定性：107，506。

444 亚里士多德《尼各马可伦理学》1106ª15–1107ª2 ……每一种美德都导致其拥有者处于一种好的状态并很好地发挥其功能。[35]例如,眼睛的美德,使得眼睛及其功能卓越,因为它使我们看清楚;相似地,马的美德使得马卓越,从而善于飞奔,擅长驮载它的骑手以及在面临敌人之时稳稳站立。如果这在所有情况中都是真的,那么一个人的美德将同样地是使一个人成为好人并让他很好地发挥其功能的状态。我们已经说过这如何可能是真的,而且,如果我们考虑美德的本性,那么在我们接下来的评述中,这也将是显而易见的。

在所有连续的和可分的事物中,我们都能够取出或多、或少或相等的部分,而且其中每一个,要么在对象自身中、要么相对于我们而是多的或少的或相等的;而相等是在过多或不足之间的某个居中者。对象中的居中者,我指的是那个与每个极端都等距的东西;这对所有人来说都是一样的。但是相对于我们的居中者,是那种既不过多也非不足的东西;它不是一,也非对所有人都是一样的。例如,如果10是多,2是少,那么我们就把6当作对象中的居中者,因为通过相等的量4,它超过了2,又被10超过;这是那种通过数的比例而居中间的东西。但我们不可以此方式取得相对于我们的居中者。因为,例如,如果10磅的食物让某人来吃是太多,2磅又有点少,那么这并不能够得出教练将规定6磅,因为这对要进食的人来说可能太少了、也可能太多了——对运动员米洛来说太少了,对体育锻炼的初学者来说又太多了;这对跑步和摔跤来说同样为真。每一位科学专家都以这种方式避免过多和不足,并寻求和选择居中者——相对于我们的居中者,而非在对象中的居中者。那么,

---

[35] 功能:408,428。

通过关注居中者并且把产品往那个方向引导,每种科学就这样很好地生产其产品。因此人们通常评论做得好的产品为:没有什么可以被增加或被减少;他们认为过多或不足摧毁好结果,而中道则保全它。我们认为,好的工匠工作时也关注居中者。因此,既然美德,像自然一样,比任何技艺都更好、更精确,那么它也将以居中者为目标。

我用美德意指品格美德;因为它处理感情和行动,而这些接纳过多、不足和居中者。例如,我们可能害怕,或自信,或有欲望,或发怒,或伤感——总之有快乐或痛苦——既太多又太少,而这两种方式都不好;但是,在正确的时间、就正确的事物、朝正确的人、为了正确的目的并以正确的方式,具有这些感情,则是居中者和最好的,这是美德的特征……[1106^{b}36]那么,美德,作为一种做决定的状态,就在于中道,相对于我们的中道,它通过参照理性而被定义,亦即,参照明智的人定义它所要参照的那种理性。它是两种恶——一为过多、一为不足——之间的中道。

445 亚里士多德《尼各马可伦理学》1115^{b}7-24　可怕的东西并非对所有人都一样。然而,我们说,某些东西对人来说太可怕了以至于无法抵御;那么,这些就是对所有人来说都是可怕的,至少对每个有感觉的人来说是这样。那些可怕但对人来说并非不可抵御的东西,在严重性和程度上有变化,那些激发自信的东西也一样。现在,勇敢的人是镇定的,达到了人能达到的最大程度的镇定。因此,虽然甚至连他也会害怕那类并非不可抵御的东西,但他将以理性所规定的正确的方式、为光荣之故——因为这是由美德所指向的目的[36]——坚决反抗它们。或

---

[36] 美好光荣的事物(the fine):**449**。

多或少地害怕这些令人恐惧的东西是可能的，害怕那些不是恐惧的但好像是恐惧的东西也是可能的。过失的原因可能是对不该害怕的东西、以错误的方式、或在错误的时间感到害怕；那些激发自信的东西也是这样。因此，任何为了正确的目的、以正确的方式、在正确的时间坚定反抗该反抗的东西、害怕该害怕的东西并且在任何方面都是自信的人，是勇敢的人；㊲ 因为勇敢的人的行为和感情符合行动的价值、符合理性所规定的东西。每一种活动都以那些符合恰当品格状态的行动为目标，而对勇敢的人来说，勇敢是光荣的；因此它以之为目标的目的也是光荣的，因为每一个事物被它的目的所定义。那么，在既立场坚定又以合乎勇敢的方式行动时，勇敢的人是以光荣的东西为目标的。

446 亚里士多德《尼各马可伦理学》1119^{a}1-20　放纵的人……对所有快乐的东西或其中最快乐的东西有欲望，所以他的欲求导致他以其他一切为代价而选择这些。㊳ 这就是为什么当他得不到某物和当他对它有欲望的时候，他都感到痛苦，因为欲望包含痛苦；尽管因为快乐而经受痛苦似乎是荒谬的。缺乏快乐且不以快乐为乐的人也很少见。因为那种冷漠是非人的；别的动物也在食物中做区分，喜欢这、不喜欢那的，而如果有人找不到任何令他快乐的东西，或者不能偏好任何东西，那么他很难说是人了。他（这种人）没有任何名称的原因是他没有被大量发现。有节制的人相对于这些东西有一种居中状态。因为他在那些最能取悦放纵之人的东西中得不到任何快乐，相反他发现它格格不入；他在不适当的东西中找不到任何快乐，而且他在

㊲　立场坚定：145。

㊳　放纵（intemperance）：392。

任何身体的快乐中也没有发现任何强烈的快乐，在这些快乐的缺失中他也不会感到任何痛苦，并且对它们没有任何欲望，或仅有一种适度的欲望，但不会以错误的程度或在错误的时间或任何其他诸如此类的偏颇。如果某个东西令人快乐并对健康或健美有益，他将适度地、以正确的方式欲求它；他会以相同的方式欲求任何别的令人快乐的东西，只要它不妨碍健康和健美，也不违背光荣的东西或超出其手段。因为放纵的人喜欢这些快乐超出其应得；有节制的人则不同，他如正确的理性所规定的那样喜欢它们。

意愿的脆弱性、欲求和知识

447 在描述了品格美德之后，亚里士多德回到那个由苏格拉底和柏拉图提出的放纵的问题。苏格拉底似乎否认放纵的可能性，把明显放纵的行为解释成对善好的无知的结果（435-436）。相反，柏拉图对灵魂的划分，似乎肯定真正的放纵是可能的，并且给出了一种不把它还原为无知的解释（437-439）。亚里士多德的论述同时包含苏格拉底和柏拉图的要素。他对这些要素的复杂结合使得他的立场变得极为费解。

起初，亚里士多德批评苏格拉底否认放纵的可能性。苏格拉底的错误（按照亚里士多德）在于把所谓的放纵之人的错误当成只是对何为更好和何为更坏的无知，因此根本没当成真正的放纵。对苏格拉底的这一批评导致我们期待亚里士多德将会赞同柏拉图的路径。他当然在某种程度上赞同柏拉图；因为他通过诉诸理性的和非理性的欲求来解释放纵。

在他自己的解决方案中，亚里士多德再次诉诸无知，并且指出苏格拉底的解释部分是正确的。他似乎要证明（ⅰ）相关种类的无知是由紊乱无序的非理性的欲求引起的，而且（ⅱ）它不是对一般原则（例如，我们不应当偷盗）的无知，而是对这些原则应用到具体情形（某人认为："拿走这钱或许是完全正当的；没有人会错失它"）的无知。

因此，亚里士多德好像赞同苏格拉底的这一观点，即，放纵之人的认知状态在放纵行为的时刻必定是有缺陷的。它赞同柏拉图相信非理性的欲求对放纵来说是必要的；因为它们导致放纵之人的无知。

448 亚里士多德《尼各马可伦理学》1144^{a}35—1147^{b}17 现在我们必须讨论放纵、软弱和自我放任，以及节制和坚强……如在其他情形中一样，我们必须摆出现象，首先考察各种疑难。我们必须以这种方式证明关于这些受影响方式的共同信念——理想上包括所有共同信念，但如果不是所有的，那么至少包括它们中的绝大多数和最重要的。因为，如果反驳得到消解，共同信念就被留下，那么这将是一个充分的证明……有节制的人与遵守他的理性计算的人似乎是同一个人，而放纵的人则与抛弃理性计算的人似乎是同一个人。放纵的人知道他的行为是卑鄙的，但是由于他被影响的方式而做这些行为；节制的人知道他的欲望是卑鄙的，但因为其理性而并不跟随它们……

我们可能对某人放纵地行动时所具有的那种正确的假设感到困惑。首先，有人说他不用知识行动。苏格拉底曾认为，知识在某人之中，却被别的东西主宰，像奴隶一样被拽来拽去，那是糟糕的。因为苏格拉底完全反对放纵论，他相信不存在放纵；因为他认为，没有人在假设他的行动与最好的东西相违背时行动，而是仅仅由于无知，他的行动与最好的东西相违背。那么，这一论证与明确显现的东西矛盾。如果无知使得放纵之人如其所是的那样被影响，那么我们必须探究这究竟是何种无知；因为无论如何，显而易见的是，在他被影响之前，那个做放纵行为的人并不认为〈他应该做它〉……

[1147ª11] 我们看到，拥有知识却不使用知识，这种拥有包括不同类型的拥有；因此，有些人，例如那些睡着的或疯癫的或喝醉的人，既以某种方式拥有知识又不拥有知识。而且，这是那些被强烈地影响的人的情况；因为愤怒的感受、性欲以及某些诸如此类的情状，也明显地扰乱身体，甚至在一些人中造成癫狂。那么，显然，我们应该说，放纵的人以类似于这些人的方式具有知识。言说来自知识的话语，也非有知识的任何证明；因为以这些方式被影响的人甚至吟诵恩培多克勒的证明和诗篇。另外，那些刚刚习得某东西的人尚未知它，即使他们把这些语词串在一起；因为它必定植入其中，而这需要时间。因此我们必须认为，那些正在放纵地行动的人像演员那样说话。

进一步讲，我们还可以如下参照人性的方式来考察原因。一个信念是普遍的；另一个是关于个别的东西的，而且因为它们是个别的东西，所以感觉控制它们。在这两个信念产生一个信念的情形中，灵魂必然在一种情形㊴中肯定已被得出的结果，而在有关生产制作的信念中，则直接对已被得出的结果作出行动。例如，如果所有甜美的东西必须被品尝，而这——某个个别的东西——是甜的，有能力且也不受阻碍的人必然在同一时间对此作出行动。那么，假设某人具有阻止他品尝的普遍信念；他具有第二个信念，即所有甜的东西是令人快乐的，而这

㊴ 亦即，在纯粹理论信念的情形中。

东西是甜的，并且这个信念是主动的；那么他也具有欲望。因此这个信念告诉他规避这东西，但欲望却把他引向这东西，因为它有能力驱动〈身体的〉每一部分。那么结果是，以某种方式，理性和信念使得他放纵地行动。这个信念与正确的理性对立，但仅仅巧合地，而非就其自身而言的。因为对立的是欲望，而非信念……既然后一前提是一个关于某个可感觉的东西并控制行为的信念，那么这必定是放纵之人受影响时所缺乏的东西。或者〈毋宁说〉他具有它的那种方式不是知识，而是，如我们所见，像醉汉说恩培多克勒的语词那样说话。此外，既然最后的词项看起来不是普遍的，或不以与普遍词项同样的方式表达知识，那么甚至苏格拉底所寻求的结果似乎也会出现。因为，那种在某人被放纵影响时所呈现的知识和因为他受影响而被拖拽扭曲的知识，不是看起来是知识的那种知识，严格地讲，只是感觉的知识。

12 他人之善好

道德和正义

449 柏拉图和亚里士多德对美德的论述说明了幸福如何包含有德性的行为作为其一部分,而非仅仅作为到达某个外在目的的手段。在亚里士多德看来,对人来说的善好基于人作为理性行动者的自然本性。通过划分灵魂来解释美德,阐明了美德在控制和纠正非理性欲望中如何主动实施理性的作用。

这种论述不难契合三种主德:智慧、勇敢和节制。但它不那么明显地契合正义。因为正义引入了一种在对其他美德的描述中缺失的要素;它格外关切他人的善好。"道德的"(moral)和"道德"(morality)的现代通常用法,把与道德价值相关的原则和标准,区别于那些与(例如)商业的、美学的或宗教的价值相关的原则与标准。我们有时可能说某个人轻举妄动,但并非不道德——如果他的举动没有伤害他自己以外的任何人,或者,他的偏好和品位是糟糕的,但并非不道德——如果它们没有影响他对他人负责任的态度。依据这种道德观念,道德的要求(ⅰ)在其目标和指涉上本质上是社会性的;(ⅱ)是独立于这个或那个特殊个体的目标和偏好的;(ⅲ)施加一种独立于个体欲望和目标的义务。

对道德和道德原则的这一描述,尽管不严格,但适合与希腊人的观点作比较。刚才描述的"道德的"和"道德"的用法,并不严

格对应于希腊语中所做的任何明确划分。然而,这并不意味着希腊道德学家不承认道德。人们可以证明他们以两种方式承认它:

(1) 有时具体的美德和行为被当作"光荣的"或"令人敬佩的"(*kalon*,也被译作"美的";145,445,455,485,490,508)。光荣的行为被认为是有益于他人的,但是它们不被认为明显地有益于行动者;这是争论的焦点。
(2) 正义被当作一种核心美德;它本质上关涉他人的善好,因此也关涉道德的领域。

我们已经看到(427),功能性的善好的概念的一个方面指的是,作为共同体成员的一个人的善好。美德的这一他人指向的方面在正义中尤其明显。为了表明自我指向的美德和他人指向的美德都是幸福的要素,我们必须专注于正义。

450 G. J. 沃诺克《道德的对象》①,第26页 现在,我(谨慎地)想要提出来供考虑的一般建议是:道德的"一般对象",对此的理解可以使我们有能力理解道德评价基础,主要地和根本上通过寻求抵消"有限同情"和它们潜在的最具破坏性的结果,有助于人的困境的改进,或不恶化。这是道德的正当事务,也是道德评价的一般对象……扩大我们的同情,或更好地,在它们被严格限制的自然倾向中,降低内在固有的伤害的可能性。

451 亚里士多德《修辞学》1358^{b}38-1359^{a}5 那些赞扬或责备某人的人,并不考虑他的行为〈对他自身〉是可取的,还是有害的。诚然,他们通常为实际赞扬提供的根据是,看淡自身利益

---

① 伦敦:梅休因(Methuen),1971。

而做光荣的事情。例如,他们赞美阿基里斯,因为他保护他的同伴帕特洛克勒斯,即使他知道他将不得不死,即使对他来说活着是可能的。对他来说,这样一种死亡是更光荣的,而活着只是苟且。②

苏格拉底论正义

452 在他为他的生活和品格的辩护中,苏格拉底自称是正义的热忱支持者。他强调对何为正义和光荣的考量优先于其他任何东西这样一个一般原则。他还宣称自己的行为遵循了这一原则。他拒绝为民主政府和替代它的寡头政制的行为背书,因为他相信公民大会和三十僭主热衷于非法的和不正义的行为(540)。类似地,他告诉陪审团,如果他被命令去放弃他的哲学探究,那么他将违抗任何这样的不正义的命令,因为神要求他从事哲学(453)。

《克里同篇》中的苏格拉底面对一个更深层的关于正义的问题。苏格拉底被判有罪,但是他有机会逃走,从而避免极刑。在他看来,唯一相干的问题是,逃走是正义的还是不正义的?他劝服克里同说,不服从法律,他将因为城邦对他的伤害而伤害城邦,从而就会是不正义地行动。既然人绝不应当不正义地行动,那么苏格拉底得出结论说,他必须服从判处他死刑的法律。

有关正义的这些主张和争论表明了为什么苏格拉底的"它是什么?"的问题常常是重要的(142);因为正义要求什么并非总是对所有人都是清晰的。在《克里同篇》中,苏格拉底论证说,如果他违反了法律,那么他是不正义地行动。然而,在《申辩篇》中,他却

---

② 阿基里斯和普特洛克勒斯:453。

暗示，如果他被法律禁止从事哲学，那么他将不服从任何这样的法律。他也拒绝以恶报恶是正义的这一通常观点；在他看来，报复绝不是正义的。虽然苏格拉底把自己作为一个显著地正义的人向他的公民同胞自荐，而且从他们关于正义的一些假设出发展开论证，但他似乎并不赞同他们关于正义要求什么的许多观点。

即使苏格拉底说服我们，在关于正义要求什么的问题上他是正确的，但是他给自己提出了一个更深层的问题。正义的行为似乎是通过参考城邦的善好而非个人的善好而得到确认的。苏格拉底暗示，正义地行动的义务是清楚和紧迫的，独立于他自己的偏好。那么，他如何可能合理地宣称他从"是正义的"中获益？这个问题在《克里同篇》中尤其清晰。苏格拉底和克里同讨论苏格拉底应该服从法律留在监狱里，还是应该尝试逃跑。苏格拉底证明，对他来说遵守法律是正义的。因此，在"应该"的道德意义上，他不应该逃跑。然而，在"应该"的自利意义上，这一结论似乎并不蕴含苏格拉底不应该逃跑。克里同似乎建议，从自利的观点看，苏格拉底应该逃跑，无论是否正义。

在回应克里同时，苏格拉底强调，没有什么东西对他来说是好的，如果它也不是光荣和正义的。他没有为他的道德和自我利益相吻合的信念辩护。然而，在《高尔吉亚篇》中，他通过反诘波卢斯而为这一信念辩护。首先，波卢斯采取了表面上合理的观点，即，一些行为是光荣的、在道德上值得赞扬，但对行动者却是坏的，而另一些行为是可耻的和在道德上值得谴责的，但对行动者却是好的。苏格拉底论证，这种把光荣与善好分离的尝试与波卢斯的其他信念冲突。

453 柏拉图《申辩篇》28B-30A　但是，苏格拉底，或许有人会说,你忙于把你置于死刑危险中的一系列行动,你不为此感到羞耻吗?我可以公平地回答他:你错了,我的朋友,如果你认为一个有价值的人应当把他的时间浪费在权衡生与死的预期上。在做任何一个行动时,他仅考虑一件事——亦即,他是否像一个好人或坏人那样正义地或不正义地行动。因为,按照你的说法,在特洛伊被杀害的诸神的儿子们是无价值的,尤其是西蒂斯的儿子阿基里斯。与令人羞耻的行为相比,他完全轻视死亡的危险。当他渴望杀死赫克托尔的时候,他的女神母亲这样对他说,我认为是:③"我的儿子,如果你为你的同伴帕特洛克勒斯的死复仇,你自己将会被杀死;因为赫克托尔之后,死亡(就像她说的一样)等待的下一个就是你。"但当阿基里斯听到这些的时候,他不在乎死亡和危险,却更害怕像坏人那样活着、不为他的朋友复仇。"让我立刻去死(他说),一旦我从那个行不正义的人那里索取到正义,我就不会在有桨的船旁边徘徊逗留,成为嘲笑的对象,大地的负担。"你认为他对死亡和危险有过任何考虑吗?④

先生们,这就是事情的真相。一个人一旦在哪里采取他的立场,要么因为这看起来对他来说是最好的,要么因为服从他自己的命令,我相信在那里他一定留下并面对危险,在耻辱面前不考虑死亡或任何其他的事情……[29B]如果我要宣称,在任何方面,要比我的邻居更智慧,这将是在这个方面——不拥有对死后到来的事情的任何真实的知识,我也意识到我不拥有。

---

③ 苏格拉底把意译和阐发与来自荷马《伊利亚特》第十八卷的引语结合在一起。阿基里斯:451。

④ 苏格拉底在这儿结束了他为自己想象的演说,以回应想象中的反对者。

但我确实知道不服从我的上级，无论是神还是人，⁵是邪恶的和可耻的，因此相比于那些我知道是罪恶的罪恶，就我知道的全部而言，对那其实可能是好的事情，我绝不会感到更恐惧或厌恶。

那么，假设，你们……对我说："苏格拉底啊，在这一场合，我们将不理会阿尼图斯并且释放你，但有一个条件，即，你必须放弃花费你的时间来探究，并且停止你的哲学思考。如果你被抓到仍然做同样的事情，那么你将被判处死刑。"于是，假设，就像我说过的，你们要用这些条件来提议释放我。我将回应："先生们，我是令你们感激的仆人和朋友，但是我将听从神而不是你们。只要我活着，有能力做它，我绝不会停止研习哲学、规劝你们、向我见到的每个人澄清事情。我将以我通常的方式继续说：'我的杰出的朋友，你是雅典人，隶属于一个在世界上因其智慧和力量而最伟大、最著名的城邦。那么，你费心去获得你能得到的所有金钱、名声和荣誉，但丝毫不关心或思考理智和真理，让你的灵魂尽可能的善（好），你不为此感到羞耻吗？'如果你们中的任何人对此有异议且宣称关心这些事情，我绝不会立刻让他走开或丢下他。不，我将追问他，仔细审查他，盘问他，而且如果他看起来没有任何美德，而是仅仅自诩拥有美德，我将为此责备他：把最不重要的东西附系于最有价值的东西上，把最重要的东西附系于低劣的东西上。"

454 柏拉图《克里同》46B-50C　苏格拉底：……不仅现在而且所有时候，我是那种只倾听我心中由推理得来看似最好的论证的人。我不能因为面对这些情况就抛弃我用过的论证；它们在我看来非常一致。……那么，让我们先回到你就众人意见所给

---

⑤ 服从诸神：380，582。

出的这个论证吧。我们不是向来都正确地主张有些意见应该被认真对待、有些则不必?……那么,请考虑,你不认为一个人不应该尊重人们所持的所有意见、而是仅仅尊重其中一些、其他则否,也是正确的吗?……一个人应该尊重那些好的意见、坏的则否,难道不是吗?克里同:是的……

[48B]——现在考虑我们是否仍然坚定主张,一个人最为看重的东西不应该是活着,而是好好地活着。——当然是的。——好好地活着与光荣地、正义地活着是一回事吧?——是的。——那么鉴于这种一致意见,我们必须考虑,未被官方释放而试图逃跑,这对我来说是否是正义的……[48E] 我们不是说一个人绝不能故意行不义吗?……不管流行的观点是什么,以及与现在的那个观点相比,可供选择的选项是否是更轻微的或更严重的,行不义对那个做它的人来说,仍然在所有方面都是坏的和可耻的。这是我们的观点,是不是?——是的,这是。——那么一个人必须不能以任何方式行不义。——不能。——在那种情况中,一个人甚至不能,像大多数人认为他该做的那样,为了报复遭受不义而行不义,因为一个人必须不能以任何方式行不义。——显然不能。——请告诉我另一件事情,克里同。一个人该不该作恶?——当然不该,苏格拉底。——再告诉我:有人作恶来报复作恶,是像绝大多数人认为的那样是正义的,还是不正义的?——不正义,永不正义。——因为,我认为,在错待人和对他们行不义之间没有任何区别。——完全正确。——克里同,现在请小心回答,以便你不会违背你的信念作答。因为我知道很少有人相信这,或者会相信它。因此,对那些相信它和不相信它的人来说,没有任何共同的考虑;当他们看到彼此的考虑时,他们必定总是相互鄙视……

假如契约是正义的，一个人应该完全履行他的所有契约，还是打破它们？——应该履行它们。——那么考虑接下来的事情。——如果我们在没有首先说服城邦的情况下离开这个地方，我们是或者不是错待那些我们最不应当错待的人呢？我们是在或者不是在遵守我们的正义契约呢？……假设我们正在准备从这里逃跑——或者不管人们如何描述它——雅典的法律和全体公民⑥就要和我们对质并追问："现在，苏格拉底，你想做什么？就你正在做出的举动取决于你而言，难道你打算摧毁我们的法律和整个城邦吗？或者，如果一个城邦中公布的合法判决毫无强制力，而被个人私自取消和摧毁，那么你认为这个城邦还能存在、不被颠覆吗？"……我们要回答法律："是的，我打算摧毁法律，因为城邦在我的审判中通过了一个错误的判决来对我行不义"？……那么，要是法律说，"这些不是我们与你的契约中的条款吗，苏格拉底？或者，你不是同意遵守城邦宣布的任何判决了吗？"⑦，那怎么办呢？

455 柏拉图《高尔吉亚篇》474C-475E⑧　苏格拉底：你认为这两个中哪一个是更坏的，波卢斯？行不正义或遭受不正义？波卢斯：我认为遭受不正义是更坏的。⑨——行不正义还是遭受不正义是更可耻的？请回答。——行不正义。——如果它是更可耻的，难道不是更坏的？——当然不是。——我明白了。你似乎并不认为光荣与好是同一的或者可耻与坏是同一的。——我

---

⑥ 字面意思，"共同的"（the common）。
⑦ 更多的有关法律的谈话：318，542。
⑧ 上接 187。那些被翻译成"光荣的"（kalon）和"可耻的"（aischron）的语词在某些语境中也可译为"美的"和"丑的"。
⑨ 波卢斯的意思是，相比行不正义对那些不正义的施加者来说，遭受不正义对遭受者来说是更坏的。

当然不。——怎么会这样呢？当你称身体、颜色、图形、声音或制度是光荣的时候，难道你不是参照某个东西来称它们为光荣的吗？例如，你不认为身体就它是有用的、与任何利用它的东西相关，或者就它的视力给予观看者快乐而言，是光荣的？就身体的光荣而言，你能说出任何不同于此的东西吗？——不，我不能。——法律和制度仅仅因为它们是有用的或令人快乐的或者两者都是，而是光荣的？——是的。——[475B] 于是，如果行不正义比遭受不正义更可耻，那么它必定是更痛苦的，因此它因过分痛苦必定是更可耻的，或者它因过分的恶必定是更可耻的，或者两者都是。这不也紧跟着吗？——当然。

——那么，首先，让我们考察行不正义是否在痛苦方面超过遭受不正义。那些行不正义的人比那些遭受不正义的人经历更多的痛苦，是吗？——不，苏格拉底；当然不是。——那么行不正义在痛苦上不超过？——不。——那么行不正义将有过多的恶，因此将比遭受不正义更坏？——显然。——但是你和多数人不是已经赞同：行不正义比遭受不正义更加可耻吗？——是的。——那么它已经被证明是更坏的？——对的。——那么，相比于不那么坏和可耻的东西，你会选择更坏和更可耻的东西吗？……我会说不。——别人会吗？——不会，按照这一论证，没人会的，苏格拉底。——波卢斯啊，在那个情况中，我这样说是正确的：无论你，还是我，还是任何其他人，都不会选择行不正义而不是遭受它，因为行不正义实际上是更坏的。——看起来是这样。

对正义的各种反驳

456 即使我们接受那个反对波卢斯的论证,但我们可以通过否定正义要么是光荣的要么是好的,来攻击苏格拉底有关正义的主张。柏拉图呈现了对正义的三种攻击——《高尔吉亚篇》中的卡里克勒斯、《理想国》第一卷中的色拉叙马霍斯、以及(更为精心设计地)《理想国》第二卷中的格劳孔和阿德曼托斯的攻击。这些攻击产生了关于正义的特征的三种明显不同的主张:

(1) 根据卡里克勒斯,关切他人的正义是弱者反对强者的阴谋。
(2) 根据色拉叙马霍斯,正义是弱者之上的强者团体的利益。
(3) 根据格劳孔和阿德曼托斯,正义是为了互利所做的约定。

关于正义的这三个主张中的每一个都可能显得与其他两个冲突。如果正义是弱者限制强者的阴谋,那么它如何可能也是为了强者的利益反对弱者团体。而如果正义对强者和弱者同样都是相互有利的,那么它如何可能是这两者中的任何一个?

卡里克勒斯使用在自然(nature)和约定(convention)之间的对立来攻击关切他者的正义(458)。在他看来,正义的各种规则——要求尊重他人的利益,阻止他以牺牲他人利益来满足自身欲望——仅仅是约定的产物。它们源自那些害怕被像他那样强大和坚定的人侵犯的弱者的阴谋。这些弱者为其自身利益而联合,但他们还尝试欺骗强者相信关切他者的正义是真正地可敬的和善好的。事实上,强者是真正更好的,如果他们牺牲他人去满足其自身的欲望。这就是为什么关切他者的正义的规则仅仅是约定的事;如果我们能够通过违反它们而获得某种利益,我们就没有理由去尊重它们。我们将没有任何理由去关心我们社会中的他人的善好,除非弱者已经形成了这样一个普遍的观点：关切他者的正义应当被鼓励。因此，我们具有的任何关心它的理由完全依赖于弱者已经决定的东西。

按照色拉叙马霍斯，城邦中的强者团体以它自己的利益制定正义的规则；因此民主政体和僭主政体具有不同的正义观念（459；参见 559）。在每种情况中，那些规定尊重他人利益的规则，都势必维护既定的政权。于是，如果我有不同于维护既定政权的其他目标，那么我就有好的理由来违反正义的规则。

格劳孔表明，就每个人都因受到他人的侵犯而受损而言，正义的规则符合每个人的利益（460）。因此，接受一种确立那些规定尊重他人利益之正义规则的约定，符合每个人的利益。对正义规则的起源和基础的这样一种论述十分类似于霍布斯的论述，他影响了现代道德和政治哲学中的一大趋势。从一种旨在限制相互侵犯的社会契约中，霍布斯衍推出了正义。依据与格劳孔给出的类似理由，霍布斯证明，建立一个主权（或一个"强者"，如色拉叙马霍斯称呼的那样）来强化正义的规则，符合每个人的利益。

按照这种正义观念，如果某个他人有权力强迫我，那么我就有理由去遵守正义的规则。如果无人有这种权力，那么我就没有任何理由不去追求我自己的利益。格劳孔用古阿斯的戒指的故事阐明了这种观点（参见 486-487）。古阿斯偶然发现一枚可让他随意隐身的戒指；他用这去引诱国王的妻子，杀死国王，然后自己成为国王。格劳孔表明，如果能行不义却无殃及自身的恶果，那么绝大多数人都会像古阿斯那样行动。通常情况下，绝大多数人都以这种方式行事，仅当他们可能被发现并受惩罚的时候，他们才避免不正义。他们认为对正义规则的服从必须依赖于至高的强力。

修昔底德把类似的有关正义的假设归于和米洛岛人争论的雅典人（461）。公元前 416 年，米洛岛在针对斯巴达的战争中拒绝加入雅典联盟；作为报复，雅典人决定处死米洛岛的成年男性并且使女人和孩子沦为奴隶。在与雅典使者的一场争论中，米洛岛人证明雅典人谋划的行动将是一种无缘无故的侵犯行为，因此是不正义的。雅典人回应，在处理强者与弱者之间的争端时，利己（expediency）是唯一恰当的规则。人们可能会认为他们把卡里克勒斯和格劳孔的原则付诸实践。这一对话可能代表了修昔底德的正义观念，而非雅典人当时所说的任何内容。那种认为雅典人的态度是无情的和不道德的观点不只是一种现代反对。哈利卡纳苏斯的狄奥尼索斯在他对这一对话的评论中也表达了古代世界中的类似的反对（462）。

一种类似的正义观念出现在色诺芬所记录的伯里克利和阿尔西比亚德之间的对话中（463）。我们可能认为，我们遵守法律和正义规则的理由，有别于那种屈从强力威胁的纯粹以自我为中心的理由。有关正义的这一假设被约定惯例（convention, *nomos*）所认可（125）。阿尔西比亚德力辩这只是约定惯例的事情，不符合关于法律和正义的任何事实。

这些论证意味着，如果我理解了正义的本质，而且遵守正义规则的方式与环境有利于不同的人，那么我也将明白为什么我没有充分的理由去成为一个正义的人。在那些我做不正义的行动仍能侥幸逃脱的情况中，正义是"另一个人的"好，而非为我的好。霍布斯也承认对其正义论述的这一反对；他把它归于一个"傻子"（464），但他为傻子的立场举了个好例子。因此，在更仔细的检查之下，对正义的这三种攻击与它们最初看起来相比具有更多的共同点。一旦我们理解了色拉叙马霍斯和格劳孔，我们就会看到，他们赞同卡里克勒斯反对关切他者的正义的某些要点。

457 柏拉图《理想国》328B–331D　我们跟着玻勒马霍斯到他家……克法洛斯，玻勒马霍斯的父亲，也在那里。我想他非常老了；我很久没有见到他了。他正坐在带靠垫的椅子上，头上还戴着花环——因为他刚才一直在庭院里献祭……[330D] 我问他：你认为你从你的财富中获得的最大的好处是什么？［克法洛斯：］当我告诉你的时候，他说，我不太可能说服许多人。让我来告诉你，苏格拉底啊，当一个人想到他将要死去时，以前从未发生在他身上的恐惧和关切进入他的内心。那些关于地狱的故事，讲述了任何在这里行不正义的人必定在那里接受正义的惩罚——他曾经嘲笑它们，但现在害怕它们可能是真的而备受折磨，或者因为年老体弱，或者因为自己现在更加临近另一个世界了，从而把这些事情看得更加清楚了。⑩他满怀疑虑和惊慌，开始扪心自问他是否对任何人做了不正义的事情。那个发现自己这辈子行了很多不正义的人，会像孩子一样常常在睡梦中吓醒，他怀着可怕的预感生活……就一个正派的人而言，虽然当然不是就所有人而言，财富的最大用处是他不会有意地或无意地欺骗或欺诈他人；因此，当他离开前往另外一个世界的时候，他不担心仍旧亏欠神的祭品或他人的钱财。现在就此而言，拥有财富助益极大……——说得好，克法洛斯，我回答。但我们可否无条件地说这东西，正义，就是讲真话和归还某人从别人那里借来的东西吗？这么做会不会有时是正义的，有时是不正义的？我的意思是，例如，我假设，所有人将会认为，如果一个人从他头脑清楚的朋友那里借来武器，而出借人疯了并且要回武器，那么这个人不应当归还它们，任何归还它们的人将是不正义的——那个愿意对处于疯狂状态的人说真话的人也是不正义的。——你是对的，他回答。——那么，讲真话和归还某人已借的东西，这不是正义的定义。

---

⑩ 对死后惩罚的恐惧：参见 584，608。

458 柏拉图《高尔吉亚篇》482e-483d[11]　卡里克勒斯：……苏格拉底啊，真相是，你装作投身于真理的追求，但现在你却诉诸流俗的废话，它们并非根据自然而是美好的，而仅仅根据约定惯例而是美好的。因为约定惯例和自然一般相互对立，因此，如果某人羞于说出他的想法，那么他就被迫自相矛盾。你已经注意到这一聪明的计谋，所以你在论证中耍滑。如果有人诉诸约定惯例来论证，你就溜到一个基于有关自然的假设的问题上去；而如果他诉诸自然，你就诉诸约定惯例。这是你在关于行不正义和遭受不正义的讨论中干的事；当波卢斯提到根据约定惯例是可耻的东西时，你通过诉诸自然继续进行论证。因为根据自然，遭受不正义是更可耻的，因为它是更坏的；但是根据约定惯例，行不正义是更可耻的。没有人遭受不正义；这是发生于奴隶的事情，他生不如死，因为他不得不遭受不正义和虐待，没有能力保护自己和他所关心的人。然而，在我看来，那些制定法律[12]的人是弱小的大多数；他们制定法律并且着眼于他们自己和他们的利益来奖惩。他们试图恐吓这些有能力获得更多的强者。为了阻止他们多得，他们说，多得多占是可耻的和不正义的，行不正义就在于试图比其他人多得多占；因为他们知道自己的低劣，所以我认为他们满足于平等。这就是为什么企图比多数人拥有更多根据约定惯例被说成是不正义的和可耻的，甚至被称为行不正义，然而，在我看来，自然自身表明，较好的人比较坏的人拥有更多是正义的——换言之，强者比弱者拥有更多是正义的。[13]

---

[11]　这紧跟 455。
[12]　本段中的"约定惯例"（convention）和"法律"（laws）都是翻译 nomos。见 125。
[13]　卡里克勒斯反对正义的例子的后一阶段：392。

459 柏拉图《理想国》343B—344A ［色拉叙马霍斯：］……你离了解正义的人和正义、不正义的人和不正义还差得远哪，以至于你不知道正义和正义的人其实是另一种人的好，亦即是强者和统治者的利益，而对那个服从和效劳的主体来说，则是个人自身的损害。⑭ 不正义正好相反；它统治那些正义的傻子，被统治者所做的都是为了作为强者的统治者的利益，通过服务他，使他而非他们自己变得幸福。因此你必须这样看事情，头脑简单的苏格拉底啊：正义的人总是处处吃亏。先拿做生意来说吧，它们牵涉正义的人和不正义的人合伙经营；到分红的时候，你绝不会发现正义的人比不正义的人多得，相反，他总是少得⑮……［343E］但是不正义的人完全相反，利益大增。当然，我指的是有能力占大便宜的人。如果你想判断，对于个人私利，不正义比起正义能多捞多少，那么，就考虑这类人吧。

460 柏拉图《理想国》357A—359C ［格劳孔：］……苏格拉底，你说正义在任何意义上都比不正义更好，你是想貌似说服我们，还是想真正说服我们？［苏格拉底：］真正说服你们，我说，如果这取决于我的话。——可你没在做你想要做的事情。请告诉我，你是否同意有这样一种善好，我们之所以选择它，不是因为我们以它的各种后果为目标，而是因为我们因其自身之故而欢迎它——例如享乐和无害的快乐，它们并没有什么后果，就是快乐而已？——我认为有这种善好，我说。——是否还有一种我们既因其自身之故、也因其后果而喜爱的善好吗，例如明智、视力好和身体健康？对于这些，我推测，我们因两方面而欢迎。——是的，我说。——你见过第三种善好吗，一般包括

---

⑭ 柏拉图对这种统治者观念的回答：556。
⑮ 色拉叙马霍斯添加了更多的不正义的人是更好的（如他所设想）例子。

锻炼、生病时被治愈、医疗和赚钱？我们会说所有这些都是费力和痛苦的，却也有利；我们偏爱它们不是因其自身之故，而仅仅是为了后续的回报和其他利益。——是的，我说，我也认为有这第三种。那又如何？——你把正义放到哪种里了？他说。——依我看，我说，它属于最好的那种，一个想要幸福的人必定既因其自身之故、也因其后果而喜爱它。——这不是绝大多数人的想法，他说。他们认为它属于费力的那种好，必定是为了回报和名声之故而被践行，相反，因其自身之故，是要作为令人讨厌的而被规避的……

现在过来，……听听我必须要说的话，看看你是否同意我……因为，我想听到正义和不正义各是什么——当它们出现在灵魂中的时候，每一个就其自身而言具有什么能力，先不管它们的回报和后果。那么，这是我所计划的事情；如果你同意，我把色拉叙马霍斯的论证复述一遍。首先，我会说人们把正义当作何种东西，以及他们认为它如何产生。其次，我会说所有践行正义的人都不是自愿这样做的，他们把它视为某种必要的东西，而非一种善好。第三，我会说期望他们这样做是唯一合理的，因为，根据他们，不正义之人的生活比正义之人的生活好太多……

[358E] 根据自然，他们认为，行不正义是好的，遭受不正义是坏的，但是遭受不正义所得的相对坏处要大于行不正义所得的相对好处。因此，当人们彼此之间行不正义并且遭受彼此之间的不正义、两种味道都尝到的时候，那些没有能力避免遭受不正义和选择行不正义的人，得出结论，彼此之间订立一个契约，既不行不正义也不遭受不正义，符合他们的利益。这是立法和契约的开端，他们称法律所规定的东西为合法的和正义的。这是正义的起源和本质；它是在最好（行不正义而不受惩

罚）和最坏（遭受不正义却没有能力去复仇）之间的一种妥协。正义，他们告诉我们，作为两者之间的中间道路，它之被大家所接受和赞成，就不是作为一种善好，而是作为一种被尊崇的东西，因为人们过于弱小以至于不能行不正义……

至于第二个要点，那些践行正义的人并非自愿这样做，而仅仅因为没有能力行不正义，对此我们最容易把握，如果我们像这样去设想的话：我们应该允许正义的人和不正义的人具有他们想做任何事情的自由，然后跟随他们中的每一个，看看他的欲望会把他引向哪里。我们将逮到正义之人的犯罪现行，为了多得，他做出了和不正义之人相同的行为；因为，多得作为一种善好，是所有人的本性所寻求的，虽然这被法律强行转向尊崇平等……⑯

461 修昔底德 v. 89-105　雅典人：对我们自己来说，我们不会用好话来烦恼你们。因此，我们既不会因为我们击败了波斯人而宣称我们在正义地维护我们的帝国，也不会因为你们已经对我们行不正义而对你们宣战；我们不会做出任何有损我们信用的长篇演说。反过来，我们希望你们也别指望我们被这样的借口——虽然你们是斯巴达派出来的殖民者，但你们没有加入斯巴达人，或者，你们没有对我们行任何不正义——所说服。而是，我们希望你们将以可行的东西为目标，牢记你我彼此的真实观点。你们和我们一样都知道，正义的标准，据人描述，是从一种同等强迫的立场去判定的；强者做他们有能力做的一切，弱者服从它。⑰……[104] 米洛斯岛人：你们可以确定，我们像

---

⑯ 隐秘的不正义：482，584，605。格劳孔使用古阿斯的戒指的故事继续（在456中被概述）。

⑰ 参见狄奥尼索斯的评论，462。

你们一样清楚明白,如果不是依靠平等的条约,与你们的力量和财富对抗是有多困难。虽然如此,我们相信神[18]会保佑我们,也和保佑你们一样;因为我们是敬畏神、反抗不正义的〈侵略者〉的人,而且我们相信,我们的力量不足,将通过与斯巴达人结盟而得到弥补,仅仅出于那份羞耻,他们一定来帮助他们自己的同族。因此,我们的信心,终究不是那样完全不合理的。
雅典人:当你提到神的庇佑,我们可以有和你们一样多的理由来希望得到。因为无论我们的主张还是我们的行为,既不与人们关于神的习俗观点相左,也不与人间的习俗实践对立。我们对于神的信念和对于人的知识,都使我们相信,根据其本性的必然性,他们统治任何他们能够统治的地方。[19]我们没有制定这样的法律;当它被制定的时候,我们也不是最早依据它行动的人。相反,我们发现它在我们之前就存在,而且我们将让它在我们之后永远存在。我们只不过依赖于它,我们知道你们和所有其他人,如果具有和我们一样的力量,也会做我们正在做的事情。所以谈到神,我们毫无理由害怕我们会处于任何不利的地位。但是谈到你们对斯巴达人的信念,它导致你们相信他们会为着荣誉来帮助你们,我们在此祝贺你们的头脑简单而不嫉妒你们的愚蠢。斯巴达人,涉及他们自身的利益或他们城邦的利益时,以最高的美德行动。谈到他们和别人的关系,可以说的很多,但以最清晰的方式概而言之,在我们知道的所有人中,斯巴达人最显著的特征是,把令他们自身快乐的东西视为光荣的,把合乎其自身利益的东西视为正义的。但是,这一观点对于你们现在不合情理的安全要求是没有用处的。[20]

---

[18] *to theion*:参见 388。
[19] 见狄奥尼索斯的评论,462。
[20] 论战时的不正义,也见 536。

462 哈里卡纳的狄奥尼索斯《修昔底德》39[21] 就那些野蛮人的国王向希腊人讲话来说,这些词语将是恰当合适的。但是就雅典人向那些从波斯人那里获得自由的希腊人讲话而言,认为正义是〈仅是〉彼此之间的平等以及强力是强者用来在与别人相处中使用的东西,这都是不合适的……[40][22] 结论是像这样的某物:在信仰的基础上人们全部发现了关于神圣的事情,但是借助自然的普遍规律来判定与彼此相关的正义。这个规律是,一个人统治任何一个他能控制的人。这一观点紧随那个更早期的观点,而且对雅典人或希腊人来说是不适于表达的。

463 色诺芬《回忆苏格拉底》i. 2.39–46[23] 我冒险断定,人们从他们所不赞同的老师那里是学不到任何东西的。现在,一直以来,克里提亚斯和阿尔西比亚德与苏格拉底交游,他们并不赞同他;从一开始,他们就渴望政治上出人头地。当他们还和他在一起的时候,他们就竭尽全力与政治领袖们交谈。据说,在阿尔西比亚德不到20岁的时候,他和他的监护人、城邦元首伯里克利,就法律做了如下的讨论:

〔阿尔西比亚德:〕告诉我,伯里克利,他说,你能指教我法律是什么吗?……因为每当我听到人们被称赞为守法时,我就想,如果一个人不知道法律是什么,那么他就不可能正义地受到赞扬。〔伯里克利:〕阿尔西比亚德啊,你欲求的东西并不难于[24]提供,如果你想知道法律是什么。因为,法律是在公民大会中被大多数人通过而制定的一切,宣布了什么应当做和什

---

[21] 这一评论适用于脚注 17 的文本。
[22] 这一评论处理脚注 19 的文本。
[23] 一般认为本段非色诺芬所撰。
[24] 谈话者的自信,参见 181。

么不应当做。——它们认为一个人应当做好事呢，还是做坏事呢？——当然是好事，不是坏事，年轻人。——但是如果，就像在僭主统治下那样，不是多数人，而是少数人，聚在一起规定应当做什么，那么，这些条例是什么呢？——城邦的最高权力在慎思之后为决定公民应当做的事而制定的任何条例，就被称为法律。——那么，如果一个僭主[25]控制了城邦，并且为公民规定他们应当做什么，这些东西也是法律吗？——是的，作为统治者的僭主所规定的任何东西也被称为法律。——但是暴力和非法又是什么呢，伯里克利？当强者不是通过说服，而是用暴力强迫弱者去做强者认为合适的任何事情，暴力和非法不就发生了吗？——我认为是这样的，伯里克利说。——那么，僭主不通过说服就制定条例强迫公民去做的任何事情，都是非法的？——我认为是这样：为此，我把我先前说的僭主不经说服就规定的任何东西是法律那句话收回。——当少数人不是通过说服大多数人而是运用权力制定条例，我们是否该称之为暴力呢？——我认为一个人不加劝说地迫使另一个人所做的任何事情，无论是否用明文制定出来，都不是法律，而是暴力。——那么，由此得出，如果公民大会的多数人控制了富人，他们不加说服地制定的任何东西，也不是法律，而是暴力？——阿尔西比亚德啊，我可以告诉你，伯里克利说，我们在你这般年纪时，也非常擅长这类事情。我们的话语练习和辩论技巧正像是你现在似乎正在实践的。——啊哈，伯里克利，阿尔西比亚德喊道，要是我在你当年擅长这些事情时就认识你，该多好啊！

于是，当他们自认为比政治家们强时，他们就不再与苏格拉底交往。因为，撇开他们对他的一般的不赞同之外，他们常

---

[25] 僭主：531-532。

因为他们的过错受到苏格拉底的反诘审查而感到恼火。他们为政治生活而来，这一直是他们与苏格拉底交往的目标。但克里同是苏格拉底的真正伙伴，而且，克瑞丰、查赖克拉泰斯、赫摩根尼、西米亚斯、齐贝、费宗达斯以及其他的人也是。所有这些人与他交往，不是为了成为法庭中或集会中的主讲者，而是为了成为光荣的好人，有能力很好地经营他们的家庭、朋友、城邦和公民。这些人中没有一个，无论年轻时还是年老时，做过坏事或受到任何指控。

464 霍布斯《利维坦》第 15 章　傻子心中默语，有时也用舌头吐露，不存在正义这样的东西；他严肃地断言，每个人的自我保存和满足都由他自己照管，大家就没有理由不按照他认为有助于这一方面的方式行动；因此立约或不立约；守约或不守约，只要它有助于个人利益，就不违反理性。他在其中没有否认契约的存在，契约有时候被破坏、有时候被遵守，对它们的破坏可被称为不正义、对它们的遵守则为正义；但是他追问，不正义，在消除了对上帝的恐惧之后，（因为这同一个傻子在心中说不存在上帝，）是否有时可能不与那个把每个人自己的善好指派给他的理性站在一起；那么，特别是，当不正义有助于导致这样一种利益的时候，就像我们将把一个人置于那种不但不顾指责和辱骂，而且也顾其他人的权势的情况中。

关于正义的问题

465 从下述论证可以捕捉到对正义的这些攻击的一个共同的主题：

（1）正义以他人的善好为目的。

(2) 有利于他人的东西并不总是有利于我。
(3) 因此我的正义行动并不总是有利于我。
(4) 考虑了一切，我有理由只做增进我个人幸福的事情。
(5) 因此，我并不总有充分的理由去正义地行动。

这个论证中的每一步骤都难以拒斥：(1) 似乎表达了关于正义的核心真理；(2) 从实例来看似乎很明显。那么，我们可能挑战 (4)；或许对正义的攻击仅仅表明我们不应当通过诉诸自利来捍卫正义。然而，这一回应对柏拉图无效，因为他像苏格拉底一样相信一个人自身的幸福是所有理性行为的最终目的（**381**）。那么，显然，柏拉图必定拒斥 (1) 或者 (2)。如果他拒斥 (1)，那么他不像是在讨论正义。如果他拒斥 (2)，那么他好像否认明显的事实；似乎不难看清，例如，有时我能够通过欺骗或者撒谎或者回避正义的义务，牺牲别人为我自身获得某种利益。

通过强调对正义的辩护必不能纯粹诉诸其后果，柏拉图似乎让他的任务变得对他自己更为困难；对正义的好的后果的指涉似乎最有希望证明我们成为正义的人是值得的。然而，柏拉图拒绝对正义的这样一种辩护。他让格劳孔和阿德曼托斯来表明，如果我们仅诉诸正义的后果，那么我们就不可能说明我们为什么应当是正义的；因为，正义的好的后果能够仅仅通过显似正义而实际却不正义而被获得。

因此，在柏拉图看来，关于正义，我们必须表明两件事情。（ⅰ）正义总是因其自身之故而被选择，无关乎其后果。（ⅱ）正义之人总比不正义之人更好和更幸福，无论不正义之人通过不正义获得任何其他利益。

柏拉图把这两个主张中的第二个看作从第一个中得出的；但是我们可能不同意。诚然，我们甚至可以怀疑这两个主张是否一致。他何以能够不矛盾地同时主张拒绝诉诸后果又力辩我们从"是正义的"获益？为什么有关利益的主张不直接引入对后果的指涉？另一方面，如果正义真的是因其自身之故而被选择的，那么，一个真正正义之人，甚至在有违其自身利益时，是否也应该做正义的行为？

466 柏拉图《理想国》367BC[26]　［阿德曼托斯：］你可别仅仅通过论证向我们展示正义比不正义更好就完了。你还得向我们表明，正义和不正义，因为其自身，对它的所有者，正义有什么好处，不正义有什么坏处。但请丢掉人们关于这两者的意见，如格劳孔所敦促的。除非你从每一者丢掉真意见〈有人是正义的或不正义的〉，又给每一者附加假意见，否则我们会说你赞扬的东西并非真是正义的，而是貌似正义的，而且你责备的东西并非真是不正义的，而是貌似不正义的；你其实是在敦促我们成为不正义的、却不要被发现；因此你赞同色拉叙马霍斯，正义是他人的好，强者的利益，不正义对自身是有利的和划算的，但对弱者是不利的。

467 H. A. 普里查德《道德义务》[27] 第 208 页　但是如果我们设法去思考柏拉图客观公正地反驳智者[28]的努力，最触动我们的东西不是他不赞同智者的观点，他们的观点涉及人们认为是正义的和不正义的那些行为的比较利益——当然，他的异议是巨大的——而是作为两种立场之基础的原则的同一性。在得出其结论时，智者预设，就一个行为真的是正义的来说，它必须是

---

[26] 阿德曼托斯（Adeimantus）正在向苏格拉底说话。
[27] 牛津：克拉伦登出版社，1968。
[28] 普里查德认为（有讨论余地）色拉叙马霍斯、格劳孔、和阿德曼托斯辩护了一种被智者广泛接受的观点（见8）。

有利的；仅仅依据这一理由，他们得出结论说，我们通常认为是正义的东西其实是不正义的。而最终最为触动我们的是：在《理想国》中柏拉图没有在任何场景中采取甚或预示一种可能性说，智者论证的预设是错误的，从而某个人们认为是正义的行为是否对行动者有利的问题，其实与它是否正当的问题毫无关系……然而，这个预设，一旦我们考虑它，就像悖论一样触动我们。虽然我们可能发现自己无力陈述那种给行为赋予一种义务的东西是什么，但我们通常认为，不管它是什么，它都不会有助于我们的利益；而且我们也认为，尽管一种义务行为可能是有利的，但它不需要这样。

正义作为灵魂中的一种美德

468 在柏拉看来，关切他人的正义和自利之间冲突的现象，源于虚假的正义概念和虚假的自利概念，这两者又来自一种虚假的自我概念。一旦我们理解了一个人的灵魂像什么，我们就会看到，我们恰恰从具有一个正义的灵魂受益，而非仅仅从拥有正义灵魂的后果中受益。

正义的论述，是对衍生自灵魂划分的主德的论述的一部分（437-439）。三种主德——勇敢、节制和智慧——是一个良序灵魂的不同方面。它们属于一个理性明智的人；因为它们保证了我们跟随我们对于我们总体的好的理性欲求，而不会被非理性欲求的激情部分和欲望部分所干扰。

按照柏拉图，对良序灵魂的完备论述，必须把这三种主德和正义都归于它。为了表明为什么正义是必要的，他考虑了最好城邦的结构。这个城邦是由三个阶级构成——统治阶级、卫士阶级和生产阶级。柏拉图认为，这样一个城邦是为了整体和每个部分的共同的善好而被组织起来的；而且，这种组织安排——每个阶级通过发挥其自身的功能为之做贡献——乃是城邦中的正义。㉙ 既然灵魂也具有为了它们的善好和整体的善好而需要被组织起来的诸部分，那么每一部分在其中发挥其自身功能的那种秩序，乃是灵魂中的正义（"灵魂的正义"）。没有某种合理程度的身体健康，生活是不值得过的，相比之下，没有灵魂的正义，生活就更不值得过了，因为没有它，我们将不能追求我们自己的利益。

我们不清楚柏拉图是否认为这其他三种主德可与灵魂的正义分离（从而，例如，一个人能够有勇敢而无正义），还是仅仅把正义当作每一个具有任何其他三种主德的良序灵魂的一个方面。无论如何，他宣称一个正确地以其自身的善好为目标的良序灵魂，必定是一个正义的灵魂。

对灵魂正义的这一讨论回答了关于正义的原始问题了吗？格劳孔和阿德曼托斯追问作为"他人的善好"的正义，因为它似乎本质上指向他人的利益——称这为"日常的正义"。没有日常正义我就不能有灵魂的正义了吗？假设我坚定地依照我的理性计划行动，不被非理性的冲动所动摇，那么还会形成要求我为了自己的利益而欺骗他人的理性计划吗？如果我能够是这样一个理性骗子，那么，没有日常正义，我就会没有灵魂的正义吗？为了回答这一反驳，柏拉图必须说明为什么这个理性骗子其实缺乏灵魂正义。他必须表明，灵魂的正义导致我们去做能被视为正义的行为，并避免那些明显看似不正义的行为。那些看起来有利于理性骗子的不正义，提供了以他人为代价的不正义的收获。但是，仅当我过度发展了非理性的冲动时，不正义的收获才吸引我：我想要通过奉承、暴力和欺骗获得丰

㉙ 最好城邦的组织框架：555-556。作为"拥有某人自己的东西"（having one's own）的正义：参见 432。

富和昂贵的食物、或不受限制的性快乐,或者我想要我的财富令人羡慕,以及,如果因贫困而被鄙视我将感到羞耻。我具有这些强烈的欲求并按它们行动,因为我的非理性部分是不受控制的。如果它们受到理性控制,那么我就不再有这些不合理、难满足的欲求。

这个回答把证明的义务抛回给正义的反对者们。他们对于正义与人自身利益相冲突的确信基于他们对一个人的真正利益的看法。柏拉图强调他们的观点是虚假的;一旦我们用一个真实的观点取代它,那么在"是正义的"(being just)和追求某人自身利益之间,我们不会看到任何原则上的冲突。

如果柏拉图是对的,那么他对主德的论述就能有理由声称描述了道德美德。例如,我们假设,勇敢是一种道德美德,因为勇敢的人不仅仅为其自身之故,也为他人之故而面临危险。如果为柏拉图所承认的诸美德,全都是在不关心他人利益的意义上纯粹地自我关切的,那么我们可能反驳说它们未能抓住道德的一个核心方面。然而,如果柏拉图关于自我利益和他人利益的主张是正确的话,那么这个反驳就是可疑的。尽管正义是使得柏拉图的道德关切最为明显的那种美德,但所有四种主德都体现出理性人对道德的关切。

469 柏拉图《理想国》441C–443B [苏格拉底:]因此,我说,……我们已经完全同意:在城邦中存在的东西和在我们每个人灵魂中存在的东西种类相同、数目相等。[格劳孔:]是这样。——那么这必然得出,个体的人之为智慧的,和城邦之为智慧的,具有相同的方式和相同的部分㉚,不是吗?——确定无疑。——那种使个人变得勇敢的部分和方式也使城邦变得勇

㉚ 关于"部分"(part),见 **438** 的注释。

敢，无论城邦还是个人都以相同的方式具有美德的所有其他方面？——必然地。——那么，格劳孔，我认为，我们会以同样的方式说一个人是正义的和一个城邦是正义的。——那也是必然的。——但是无疑地，我们不要忘了，城邦的正义就在于这三个部分各自都实现其自身的功能。——我不认为我们已经忘记，他说。——那么，我们必须记住，每当我们每个人中的各部分实现其自身的功能，㉛这个人将是一个实现他自身功能的正义的人。——我们确实应该记住，他说。——理性是智慧的，而且为整个灵魂做事先谋划，适合于统治，而激情的部分适合于服从理性部分且协助它，不是吗？——当然。——……当这两个部分受到训练和教育去实现它们自己真正的功能的时候，它们将控制欲望部分，这是我们每个人灵魂的最大的部分，具有对财富的贪得无厌的欲求……

[442E] 我说，如果我们心中对它还有任何争议的话，那么，通过把常见的测试应用于它，我们就可以完全证实你的回答和我们自己的结论。——这些是什么？——例如，以这个城邦和那个出身和教养都适合于它的人为例，假设我们必须就这样一个人是否会侵吞交给他管的金银财宝达成一致意见。你认为有谁会相信他比别人更像干这种事的呢？——没有人会这么认为，他说。——他会远离渎神、偷盗、在个人生活中背叛伙伴或者在公共生活中背叛城邦，不是吗？——他会。——而且，他在恪守他的誓言和其他契约协议中绝不会是不值得信任的。——他何以能是这样？——而且确定地，通奸，无视父母，怠慢于神，将是除了这样一个人之外的其他任何人的特征。——非常

㉛ "实现某人的功能"翻译 *ta hautou prattein*，字面意思为"做某人自己的事情"，有时可能被翻译为"管好自己的事情"（mind one's own business）。

正确，他说。——而且，这一切的原因不就在于这样一个事实：他灵魂中的每个部分在统治和被统治中实现了其自身的功能？——是的，正是这样。

470 柏拉图《理想国》445AB ［苏格拉底：］我们剩下的任务似乎是要探究这个：做正义的行为和践行光荣的行为和成为正义的人，对我们有利吗，无论人们是否相信某人是正义的？或者行不正义和成为不正义的人有利于我们吗，只要能逃脱惩罚和纠正？［格劳孔：］但是苏格拉底啊，他说，我认为在这个阶段，我们的探究变得可笑了。我们承认，不论我们拥有如何多的食物、饮料、财富和权力，如果身体的本质坏了，人生就不值得过了。但是如果那个使得我们活着㉜的东西的本性是紊乱的和腐败的，人生还怎么可能是值得过的，即使有人能做任何他想做的事情，只是不做这一件消除他的邪恶和不正义、为自己赢得正义和美德的事——既然这两者已经被表明是与我们所描述的一样？㉝

471 柏拉图《法律篇》660E-661B 雅典的访客：你们㉞强迫诗人说：一个好人，因其是节制和正义的，是幸福的和有福的，无论他是魁梧强壮的，还是瘦小羸弱的，是富有的，还是贫穷的。但是如果一个人是不正义的，即使他比弥达斯和塞普勒斯更加富有，他也是不幸的，他的生活是可怜的……那些绝大多数人当作好东西提到的事物其实提得并不准确。因为据说，健康是最大的好东西，其次是美貌，第三是财富。还有不可胜数的其他事物被称为好东西，诸如敏锐的视觉和听觉，以及所有

㉜ 亦即，灵魂，见 316。
㉝ 实际上苏格拉底继续了一个更长的论证来支持正义和反对不正义（《理想国》第八卷至九卷；部分结论引用在 556）。
㉞ 雅典的访客、一个克里特人和一个斯巴达人正在为克里特岛设计一种理想政体。

敏锐的感觉。而且，据说成为一个僭主并且实现他的全部欲望是好的；诚然，完备的幸福被认为就是拥有所有这些东西，同时变得不朽。但是你们和我却说，所有这一切对正义的和虔敬的人来说是最好的财富，对不正义的人来说，从健康开始，是最坏的。㉟

友爱

472 柏拉图认为，关心他人的善好增进了正义之人的自身利益。但他没多谈把我的利益和他人的利益结合起来。亚里士多德对友爱的讨论论证了这种结合。

亚里士多德区分了三种友爱——分别涉及利益、快乐和善好。前两种从纯粹自利的观点去理解，相对简单。如果我们能依靠来自他人的帮助，那么我们常常更有效地推进我们的自身利益；我们可能为了我们相互的利益与他们讨价还价。我们也可能在其他人中获取利益，因为我们享受他们的陪伴；我们的关心取决于我们喜欢什么，而非取决于对其他人本身的任何关心。第三种友爱与其他两种不同，因为它所包含的对他人的关心，是因其自身和为其自身之故，而不单单作为利益或者快乐的来源。亚里士多德证明，这种对他人的关心也增进了某人自身的善好。

他论证，一旦我们理解了自爱和自利的意谓，我们就能够看到自爱如何要求关心他人的善好。我们认为什么东西符合自我利益，取决于我们认为自我是什么，以及为了获得其利益，哪些种类的欲望需要被满足。亚里士多德论证说，人的自我自然地就是社会的，

㉟ 参见 495-497。

从而，如果我们所有的关心都是纯粹自我关切的，那么某种东西正从我们的善好中溜走（406，558）。

这个论证基于这样一个一般性的主张：在我具有我能满足的更大范围的目标和关切的意义上，我过得好多了。如果某人关心很少的事情，那么他也就很少从中获利，从而他对幸福的期望也相应地缩减了。在关心其他人的过程中，我们变得对那些在其他情况下不会引起我们兴趣的目标和活动产生了兴趣，并且变得能够胜任那些在其他情况下将超出我们能力的活动。除非我们关心作为整体的演奏团队或管弦乐队的演奏有多好，否则我们不太喜欢在团队或管弦乐队中演奏。我们甚至将不能在团队或管弦乐队中演奏，除非我们对于这些团体合作活动的成功有某种关切。这些例子表明，当亚里士多德说朋友（最好的那种）对一个有德性的人来说是"另一个自我"的时候，他的内心想法（477）。如果我们是有德性的，我们以我们关心自身的方式来关心朋友；于是，我们能够获得一种在其他情况下我们不会从朋友的所作所为中获得的利益。关心他人不会妨碍我们的利益，而是扩大它们。

诚然，关心他人有时可能与我的其他关切冲突；但是这并不表明它不符合我的利益。因为，同样为真的是，我跑步的利益可能与我进食和饮用的利益冲突（如果我有时为了跑得更好而不得不减少进食和饮用）；这不意味着追求我在跑步中的利益不符合我的利益。相似地，如果我对他人的关心扩大了我的利益，那么它有时可能与我的其他关心相冲突的事实并不表明它在全面考虑之下违背我的利益。

人类的社会本性也是正义的基础。亚里士多德赞同色拉叙马霍斯主张正义是"另一个人的善好"（478）。诚然，他强调，一种正义的形式不是一种可分离的美德，相反，就它向着他人被践行而言，它是美德的整体。既然有德性的人为他人自身之故而看重他人的善好,那么他们也为其自身之故而选择有德性的行为。通过论述有德性的人"因为它们是光荣的"或"为了光荣的目的"而选择它们,亚里士多德描述了对于有德性的行为的这样一种态度(449)。

473 亚里士多德《尼各马可伦理学》1155ª1–31 友爱是一种美德,或包含美德,而且对我们的生活来说是最必要的;因为,即使拥有所有其他的好东西,也没有人会选择过没有朋友的生活。诚然,富人和当权者,甚至比其他人似乎更需要朋友。因为,在与朋友的关系中,有好东西给朋友是最多见和最受赞誉的,如果一个人没有机会行善,他如何能够从这些财富中获益?而且,既然财富越多越危险,那么一个没有朋友的人何以能够守卫和保护他的财富?在贫困和其他的不幸中也是这样,人们认为朋友是唯一的庇护者。而且,年轻人需要友爱来让他们远离过错。老年人需要朋友来关心他们和支持因衰弱而无能为力的行为。而且中年人需要朋友帮助他们做光荣的行为;因为"当两个人走在一起……",他们更有能力理解和行动。进一步讲,父母似乎对孩子具有自然的友爱,孩子对父母也是,这不仅仅存在于人类当中,而且也存在于鸟类和绝大多数种类的动物中。同一个种族的成员,人类尤甚,彼此之间具有一种自然的友爱;这是我们赞扬人类友爱的原因。在旅行时,我们能够看到,每个人是如何相亲相爱的。另外,友爱将似乎会让城邦团结一致,因此,相比于正义,立法者似乎会更加关心它;因为协和似乎会与友爱类似,他们以协和为目标,同时竭尽全力消除作为敌对状态的内部冲突㊱。进而,如果人们是朋友,那么

㊱ 内部冲突(*stasis*):536,552。

他们不需要正义,但是如果他们是正义的,却还需要附加友爱;而最正义的正义似乎属于友爱。而且,友爱不仅是必要的,也是光荣的。因为我们赞扬爱朋友的人,拥有许多朋友好像是一件光荣的事情。㊲ 而且,人们认为,朋友必定也是好人。

474 亚里士多德《**尼各马可伦理学**》1156^{a}2–^{b}12　相应于爱的三种对象,友爱有三种。因为,爱的每一对象都具有一种结合了对其觉识的、相应的互爱类型,而且,就他们彼此互爱而言,那些互爱的人彼此祝愿。那些出于有用彼此友爱的人不是爱对方本人,而是因为他们能从他那里为他们自己获得某种好处。那些为快乐而友爱的人,也是这样;他们喜欢一个智慧的人不是因为他的品格,而是因为对他们来说,他是令人快乐的……因此这些友爱也是偶然的,因为被爱者被爱不是就他是其之所是而言,而是就他提供某种善好或快乐而言。所以,当那些朋友不能保持如故时,这种友爱容易破裂;因为如果有人不再是令人快乐的和有用的,其他人就不再爱他……[1156^{b}7] 但是完备的友爱,是在美德方面彼此相似的好人的友爱;因为他们相互间都因对方自身之故而希望他好,而他们自身也都是好人。现在那些因朋友自身之故而希望朋友好的人,是最重要的朋友;因为他们由于朋友自身而具有这种态度,不是偶然巧合地。因此只要他们是好人,这些人的友爱就持久;而美德也持久。㊳

475 亚里士多德《**尼各马可伦理学**》1168^{a}28-1169^{a}15　还有一个难题,亦即,一个人应该最爱自身还是最爱他人;因为那些最喜爱他们自己的人被当作自爱的人而受到批评和谴责,好像这是某种令人羞耻的事情。诚然,坏人似乎做任何事情都只考虑

㊲ 许多朋友:384。
㊳ 斯多亚学派论有德性的人的友爱:566。

自己，而且他越这样就越坏；因此，人们抱怨说这样的人从来不会想到为别人做些什么。好人则相反，为了光荣的事情而行动，做得越多他就越好，而且只为朋友，不顾自己的好处……那么，或许，如果我们把握了每种说法在怎样使用自爱，这一点就会变得明朗。

那些认为自爱是一件值得责备的事情的人，把它归于那些把最大份额的金钱、荣誉和身体的快乐分给他们自己的人。因为这些乃是将其视为最好的东西的多数人所欲望和急切追求的好东西；因此它们也是争夺的对象。那些贪婪于这些好东西的人满足他们的欲望、他们的各种感情㊳和灵魂的非理性部分；既然这是多数人喜欢的东西，那么，"自爱"这个术语的应用，就来源于这种最常见的自爱，它是坏的。那么，这类自爱者有理由遭到指责。因此明显地，正是这种奖赏自己好东西的人，被许多人通称为自爱者。因为，如果有人一直渴望在做正义的或有节制的行为中、或在其他任何符合美德的行为中超越所有的人，并且总的来说，他一直为他自身获得光荣的东西，那么没有人会称他为自爱者或为此责备他。

然而，正是这种人，比起任何其他人，似乎更是自爱者。至少，他给予他自己所有一切中最光荣的和最好的东西，并且使得他自身的最重要的统治部分满意，事事都服从它。就像一个城邦和所有其他的复合系统似乎就在于其最重要的统治部分，这对一个人来说同样是真的；因此，如果某人喜欢和满足这个部分，他就最爱他自己……因此他才是自爱者，但不同于那种受指责的自爱者；两种自爱者的差异相当于合乎理性的生活之不同于合乎情感的生活，也相当于对光荣的欲求不同于对利益

㊳ 或者"激情"，参见 S26。

的欲求……因此好人必定是自爱者,因为他将通过做光荣的行为既有助于他自身也有益于他人。但恶人必定不爱他自身,因为,由于服从他的低劣情感,他将伤害他自己和他的邻人。

476 亚里士多德《尼各马可伦理学》1169^{b}16-1170^{a}7 把一个有福的人变成孤独的,无疑是荒谬的。因为没有人会选择拥有所有〈其他的〉好东西却是孤独的,因为人是政治的,自然地就倾向于与他人生活在一起……[1170^{a}5] 孤独的人的生活是艰难的,因为完全靠他自己很难进行持续活动;但是在与其他人的关联和在他们的陪伴中,这是更容易的,因此他的活动就会更为持久。

477 亚里士多德《尼各马可伦理学》1170^{b}3-19 生活值得选择,对于好人尤甚,因为存在对他来说是好的和快乐的;因为他完全乐于〈连同他自己的存在一道〉去感知某种本身是好的东西。卓越的人与他的朋友的关系方式和他与他自己的关系方式是相同的,因为朋友是另一个自我。因此,恰如他自己的存在对他来说是值得选择的,他的朋友的存在以同样的或相似的方式对他来说是值得选择的。我们同意,某人自己的存在是值得选择的,因为他感知到他是好的,而且这种感知本身是令人愉快的。那么,他必须连同他自己的存在一道感知他的朋友的存在,因此,当他们一起生活并分享谈话和思想的时候,他就会这样做。因为在人类的情况中,那些算作一起生活的东西,就是分享谈话和思想,而非如食草动物那样,分享同一个牧场。那么,如果,对享福的人来说,存在是值得选择的,因为它自然地是好的和令人愉快的,而且如果他朋友的存在是十分类似于他自己的,那么他的朋友也将是值得选择的。任何对他来说值得选择的东西他都必须拥有,否则他将在此限度内缺乏某东西。那么,要做幸福的人,就必须拥有卓越的朋友。

478 亚里士多德《尼各马可伦理学》1129^{b}11–1130^{a}5　既然……不法之人是不正义,守法之人是正义的,那么显然可得出,任何合法的东西都在某种方式上是正义的;因为立法科学的诸多规定是合法的,而且我们说它们每个都是正义的。现在,在它们处理的所有事务中,法律以所有人共同的利益为目标,或者以那些统治的人的利益为目标,而他们的统治依赖美德或某个其他这样的基础。因此,我们在一种意义上称为正义的东西,是为一个政治团体来产生和保持幸福及其部分的任何东西。[40]现在法律命令我们去做那些勇敢的人的行为(例如,不擅离前线,或不逃跑,或不丢弃我们的武器),做有节制的人的行为(不行通奸之事或不肆意侵犯),以及做一个温和的人的行为(不去击打或辱骂别人)。类似地,这要求行为符合其他美德,并且禁止符合恶。正确建立的法律正确地这样做,不仔细设计的法律做得糟。那么,这一类型的正义是完备的美德——不是无条件地完备的美德,而是在与另一个人的关系中的完备美德。而这就是为什么正义常常看起来在诸美德中是最高的,"暮星和晨星都不会是如此地令人惊叹的",而且谚语说"一切美德同归于正义"。

而且,正义是最高程度上的完备美德,因为它是完备美德的完备运用。它之所以是完备的运用,是因为具有正义的人不只在与他自身有关的事情中运用美德,而且在与另一个人的关系中能够运用美德;因为许多人能在其自身的关切中运用美德,但不能在与他人相关的事情中运用美德。因此,拜厄斯似乎很正确地说,统治将暴露那个人,因为统治者自动地与另一个人相关,并且是在某个团体中的。因此,由于同样的原因,正义是唯一看起来是另一个人的善好的美德,因为它与另一个人相

---

[40] 或"共同体"。见 557–558。

关；因为它做了有利于另一个人的事情，这个人要么是统治者，要么是这一团体的成员。

伊壁鸠鲁论美德和正义

479 柏拉图和亚里士多德试图表明诸美德是幸福的诸部分，因为他们相信我们有充足的理由成为有德性的，一个有德性的人必须为了有德性的行为自身之故选择有德性的行为。在他们看来，如果我们不能证明美德是幸福的一部分，那么，我们就不能证明美德其实因其自身之故而值得选择，从而我们不能证明我们有充足的理由成为有德性的。正如格劳孔所言（466），任何单纯因为正义的后果而选择正义的人仅仅显似是正义的，而非真是正义的。

伊壁鸠鲁拒绝这一论证。既然他把被理解为消除了痛苦和焦虑的快乐当作终极的善好，那么任何其他的善好只能具有工具价值；它必须增进或维持这一状况，或在它之中提供快乐的各种变式。因此，他试图表明，即使我们对美德采取一种纯粹工具性的态度，我们也能够为美德辩护；他鄙视地提到那些人——包括柏拉图、亚里士多德和斯多亚学派——把美德和好的行为当成本身就是有价值的，且看作独立于它们产生的快乐（481-485；参见 387，407）。

格劳孔和阿德曼托斯所给出的正义解释提供了对伊壁鸠鲁关于美德和幸福的主张的一种检验。柏拉图拒绝这种解释，理由是：如果我们局限于通过诉诸正义的后果来为正义辩护，那么我们就不能捍卫对正义的任何可靠信诺。在他们看来，一个正常社会中的一个适度聪明的人将常常面临诸多有理由行不义的处境。伊壁鸠鲁论证，即使我们局限于被格劳孔和阿德曼托斯考虑过的那类后果，我们也有好的理由坚定地信诺正义。[41]

既然伊壁鸠鲁把终极的善好等同于安宁和无忧无虑,那么他就建议我们规范我们的欲求以便我们不依赖于外在条件;因此,伊壁鸠鲁主义者重视节制的结果。他们不惧怕失去世俗的善好,因为他们不需要太多,因此他们不可能会成为懦夫。他们发现了朋友组成的社会中的互助和快乐,因此他们培植友爱。他们不渴望权力或统治他人,因为那将是严重的焦虑和不安全的来源。

具有这种观点的人理解相互帮助和身体安全的益处。因此他们具有全部理由来订立那种被格劳孔和阿德曼托斯视为正义之基础的契约。[42]然而,与格劳孔和阿德曼托斯相反,伊壁鸠鲁相信,导致伊壁鸠鲁主义者乐于接受社会中的正义的那些动机,也导致他们服从正义的规则。既然伊壁鸠鲁看重免于焦虑的自由,那么他们想要避免察觉和惩罚的风险——一种不可避免的惩罚不正义的风险,即使它不会导致任何进一步的惩罚。导致国家形成的那些需要也给了伊壁鸠鲁式的享乐主义者遵从正义的理由。

诚然,如果我们像格劳孔和阿德曼托斯所认为的那样关心财富、权力等(呈现色拉叙马霍斯的例子),那么,当我们能够避免正常的惩罚时,我们将会有好的理由来违反正义规则。然而,如果我们赞同伊壁鸠鲁关于这些外部利益相对不重要的主张,而且我们把它们视为不受欢迎的焦虑的来源,那么我们就不会想要遭受那种来自不正义行为与惧怕惩罚的深层焦虑。

480 伊壁鸠鲁＝第欧根尼·拉尔修 x.140　　不能审慎、体面和正

---

[41] 伊壁鸠鲁的政治理论:564。
[42] 社会契约:557,559。

义地活着，就不能快乐地活着，或者，不能快乐地活着，也就不能审慎、体面和正义地活着……

481 伊壁鸠鲁＝第欧根尼·拉尔修 x.141　有些人想要变得出名和显赫，他们认为以这种方式就会从其他人那里获得安全㊸。因此，如果这类人的生活是安全的，那么他们已经获得自然的善好。但如果并不安全，那么，按照自然地合适的东西，他们没有获得在他们的欲求中一开始就以之为目标的那个目标。

482 伊壁鸠鲁＝第欧根尼·拉尔修 x.150-151　自然之正义是对利己的一种约定，既不彼此伤害也不被伤害。相对于所有那些没有能力就相互不伤害和不被伤害而订立相关契约的动物来说，没有什么东西是正义的或不正义的。同样，对所有那些没有能力或不愿意就彼此不伤害和不被伤害订立契约的民族来说，这同样是真的。正义不是某种自在自立的东西，而是依赖于相互交易，而且它存在于任何订立不彼此伤害也不被伤害的契约的地方。不正义就其本身而言不是坏的，它的坏依赖于这样一种恐惧，它产生自对于一个人会被那些掌管惩罚这些行为的人察觉的疑虑。如果有任何人偷偷违反了人们就避免彼此伤害或被伤害而达成的协议，那么他不能确信他将不被察觉，即使眼下他逃避了一万次的侦查。因为他是否会继续逃脱侦查，这是到死也不会清楚的。

483 普鲁塔克《反对伊壁鸠鲁式的幸福》1091B　伊壁鸠鲁说："因为那产生无与伦比的快乐的东西，是与已经被避免的大恶的比较。如果你把你的想法正确地应用于它，然后坚定不移，不徒劳游走㊹、对善好唠叨不休，那么这就是善好的本性。"

㊸ 安全：384，417。
㊹ "四处游走"（walk around），*peripatein*，可能指称漫步学派（Peripatetics），亚里士多德的追随者。

484 普鲁塔克《驳科洛特》1108C　伊壁鸠鲁主义者大喊道，好是在肚子里被人发现的，如果他们得不到任何快乐的话，他们不会以一个破了洞的便士的价格来打包购买全部美德。

485 阿忒纳乌斯《餐桌上的智者》547A　再者，在他的著作《论目的》中，伊壁鸠鲁说："我唾弃美好高贵的东西和那些无益地羡慕它的人，每当它不产生任何快乐时。"

486 西塞罗《论责任》iii. 39　然而，在这一点上，某些哲学家（他们一点也不邪恶，而是缺乏理解力）宣称柏拉图的故事[45]仅是虚构——但他仿佛已经捍卫了它的真实性或可能性！然而，戒指所例示的要点是：假设，当你为了获得财富或权力或统治或者满足肉欲而做任何事情的时候，没有人会知道甚或怀疑其真实性。那么，如果你的行为始终不被神和人知道，你还会做它吗？他们说这种情况是不可能的。当然是。[46]但是我的问题是：如果那种据说是不可能的事情是可能的，他们会做什么？……因为当我们问，如果他们能够逃避侦查，他们会做什么的时候，我们不是在问他们是否能够逃脱侦查。毋宁说，我们正在迫使他们回答关键的问题。如果他们回复说，倘若他们能够期望避免惩罚，那么他们将做有利的事情，那么他们承认他们是罪犯。如果他们说他们不会做它，那么他们承认所有可耻的东西应该因其自身之故而被避免。

487 拉克坦提乌斯《论圣职制度》v.12.5-6 = 西塞罗《国家篇》iii.27[47]　假设有两个人，其中之一是人中最好的，在公平、正义和诚信方面杰出，而另一个人则因他的极度邪恶和鲁莽而臭名

---

[45] 古阿斯的戒指：456，460。

[46] 文本不确定。

[47] 这是卡尔尼亚德有关正义的怀疑主义论证中的一部分。参见 22，292。

昭著。现在假设有一个城邦也是如此的错误，以至于它相信好人是邪恶的、奸诈的罪犯，相反，最邪恶的人却是具有最杰出的好和诚信的人。那么，让我们想象一下，按照其所有公民的这种信念，好人被侵扰、攻击和拘禁，他的双眼被剜掉，他被判刑、监禁、烙铁烙、驱逐，一无所有；最终，所有人，完全合理地，把他当作最邪恶的人。相反，让邪恶的人被所有人赞扬、讨好和爱戴；让他得到各种来源的、所有种类的荣誉、军权、财富；最终，让我们把他视为所有人中最好的人、最值得拥有全部最好财富的人。现在，我问你，谁能够如此疯狂以至于不确定他宁愿是这两者中的哪一个？

伊壁鸠鲁美德辩护中的困难

488 伊壁鸠鲁于是论证伊壁鸠鲁主义者将是有德性的，因为他们缺乏让他们做坏事的通常诱惑。然而，接受这一关于有德性的人的动机的论述，是困难的。例如，一个勇敢的人，面临对他本人的某种明显的重大伤害（例如死亡或监禁），其理由是为了比这种伤害更重要的某种明显的善好（例如他的城邦同胞的安全）。如果我们信服伊壁鸠鲁的论证，我们就不会把美德行为的表面代价看作真正的伤害；因此，对这些伤害的恐惧不会阻止我们做勇敢的人所做的事情。然而，我们也还是明显缺乏任何理由来关心勇敢的人所关心的原因。尽管我们没有理由害怕危险，但我们也没有任何理由面对它。伊壁鸠鲁主义者对外部条件的漠不关心显然会使他对勇敢的人本应该在乎的善好漠不关心。

出于相似的理由，我们可能怀疑伊壁鸠鲁主义者对正义和友爱的信诺。即使惩罚的威胁阻止他做全部和绝大多数不正义的行为，但他似乎没有任何积极的理由来为其自身之故关心他人的善好。为其自身之故而关心它，会把它看作是一种自在的善好，而不仅仅是达到某种其他善好的手段；但是，伊壁鸠鲁主义者不允许将这一地位赋予快乐之外的任何善好。如果伊壁鸠鲁主义者不关心作为自在之善好的他人的利益，那么，他似乎没有任何理由对他们做任何好事，除非它是达到他的某种进一步利益的手段，并且最终是达到其自身快乐的手段。

某些伊壁鸠鲁主义者将友爱与正义区别对待。他们宣称，聪明的人将在他的朋友的陪伴中找到快乐，而不管任何进一步的手段性的利益。单凭伊壁鸠鲁主义者的理由，难以理解这样的快乐如何能够被辩护。如果一个伊壁鸠鲁主义者的幸福本质上就在于从朋友那儿得到快乐，对此，没有任何其他通达安宁的手段能够被替换，那么，一种严格的伊壁鸠鲁主义者的幸福观念必定是虚假的。而且，友爱似乎带来了伊壁鸠鲁主义者所拒斥的恐惧和焦虑——关于他的朋友的福祉的恐惧和焦虑；如果我们没有任何这样的恐惧和焦虑，那么我们似乎不具有那种通常期待于朋友的态度。

于是，如果，我们想要为友爱的非手段价值挖掘伊壁鸠鲁主义情形的后果，那么，对伊壁鸠鲁主义者的观点——快乐之外的所有的善好只有手段价值——我们会明显地发现反驳。在那种情形中，伊壁鸠鲁将不得不抛弃他对柏拉图和亚里士多德的这一主张的反驳，即，美德为其自身之故而被选择，不管它对快乐和痛苦的进一步的影响。

489 西塞罗《论善恶之极》ii. 69–71　你会对克里安西斯过去常常在他的演讲中所做的非常贴切的描画感到害臊。他会引导听众设想一幅把快乐表象为女王的图画……美德会伴随她，就像什么事都不做、不承认任何义务、只提供快乐的仆人。它们将单纯通过私语来提醒她……避免任何可能冒犯公众意见的欠考虑的行为、或任何可能导致痛苦的东西……但是伊壁鸠鲁,你要告诉我,……任何活得不光荣的人也不能活得快乐。好像我关心伊壁鸠鲁肯定的或否定的东西!我这么问:对那个把最高的好置于快乐中的人,谈何一致?……伊壁鸠鲁自己说,如果这些人不是十足的傻子——这就是说,如果他们既没有渴望也没有恐惧,那么满足的生活就不该被批评……因此,一旦你们伊壁鸠鲁主义者以快乐为参照指导一切,那么你们就不能抓住和保持美德。因为一个人必定不能被认为是善的和正义的,如果他因为惧怕任何〈对他来说〉坏的东西而克制做不正义的事情……只要他〈避免不正义,因为他〉害怕,他就不是正义的,而且确然地,一旦他不再害怕,那么他将不是正义的……以这种方式你们伊壁鸠鲁主义者无疑在教授虚假的正义,而非真正的和可靠的正义。

490 西塞罗《论责任》iii. 116-118　亚里斯提卜的居勒尼学派[48]追随者和那些以阿尼刻里命名的哲学家,把所有的好置于快乐之中。他们认为,仅仅因为美德产生了快乐,才应该得到赞扬。现今这些学说已经过时;但伊壁鸠鲁尚在流行,他支持并且实际上提出了同样的观点……但是这类利益——他们眼里的最高利益——肯定会与正当(the right)[49]冲突。首先,留给审慎的将是什么角色?从什么资源寻找快乐?美德的多么不幸的劳苦、快乐之奴隶。……因此,如果有人说痛苦是最大的恶,那么勇敢能担当什么角色,既然它鄙视痛苦和麻烦?的确,伊壁

---

[48] 居勒尼学派:22。
[49] 或者"光荣的",*honestum*(=kalon)。参见449。

鸠鲁常常勇敢地谈论痛苦。然而，重要的事情不是他说了什么，而是对一个把快乐视为诸好的目的和把痛苦视为诸恶的目的的人来说，什么说法是融贯一致的？他关于自制和节制的许多评论也是这样；常言道，"溪流不自由地流淌"。因为，如果他把最高的善好置于快乐中，他如何能够赞扬节制？因为激情是快乐的追随者，而节制是它们的敌人……正义摇摆，或垮塌，所有在社会生活中以及在人与人的联结中被注意到的美德也一样。因为，善好，慷慨，谦恭，同友爱一样，如果它们非就其本身而是参照快乐和用途而被追求，就不能存在。

491 西塞罗《论善恶之极》i. 66–69　某些伊壁鸠鲁主义者说，我们朋友的快乐不应该在其自身中、以那种我们追求我们自身快乐的方式[50]被追求……既然一种没有朋友的孤独生活是充满危险陷阱和恐惧的，那么理性本身就建议我们形成朋友关系；当我们这样做的时候，我们的心灵得到强化，而想要获得快乐，就不能没有友爱……这是为什么一个有智慧的人在情感上待友如待己，并且他将为了朋友的快乐之故而从事同样的繁苦劳动，就像他会为了他自己的快乐之故而从事的一样……然而，某些伊壁鸠鲁主义者……害怕，如果我们相信，要为了我们自身的快乐之故追求友爱，那么所有的友爱似乎都可能是残缺的。因此他们说，人们首先为了快乐之故相遇、结合并且愿意形成社团，但是，日益增长的经验导致了亲密，爱成熟到这样一个程度，即使友爱产生不出任何利益，朋友本身也因他们自身而被爱。

---

[50] 或者可能是"在某种限度内"。

13 美德与幸福

好人能受伤害吗?

492 柏拉图论证说,不管选择正义有什么代价,也不管选择不正义有什么好处,我们选择正义总是比选择不正义更好。这是在《理想国》第二卷"生活的选择"中所表达的主张(**466**)。在他看来,美德是幸福的成分,而不只是获得幸福的工具性手段(参见 **387**,**407**)。而且,它是决定性的成分,对它的选择优先于其他成分的任何结合。

斯多亚学派主张美德等同于幸福,为此他们给出了最完满的辩护。他们论证说,如果我们适当理解了美德在幸福中的支配地位,那么我们必定接受这一主张。无论他们的立场乍看之下可能如何令人惊讶,斯多亚学派在一种包含美德、利益和理性行动的完备性理论语境中为它辩护。他们的理论,作为一个整体,旨在证实其关于美德的各种悖反主张。在我们接受或拒绝个别主张之前,我们应当在整个理论的语境下考察它们。于是,本章的大部分将关注斯多亚学派;但是我们必须了解其他道德家说了什么,以及为什么斯多亚学派发现对美德和幸福的其他论述是不能令人满意的。

斯多亚学派宣称为苏格拉底的立场辩护。苏格拉底相信,正义的生活("光荣地活和正义地活")与有利于行动者自身的幸福生活("活得好":**454**)是一回事。没有什么东西能够引诱他违背正义的要求而不计后果（453）。他不希望因为正义行动之故而遭受严重的伤害。因为他宣称，有德性的人不能遭受任何伤害；不管其他一切可能变得多坏，他的幸福绝不会有任何损失。如果美德对于幸福是充分的，那么发生在正义之人身上的任何事情都不会伤害到他们，如果他们始终是正义的话。一种真正的伤害必定会剥夺他们的幸福；但既然监禁或死亡不能使苏格拉底的美德变少，那么这也不能剥夺他的幸福（315）。

苏格拉底关于美德和幸福的主张有助于说明为什么美德保证了幸福（参见 317）。既然美德单独确保了其他假定的好东西的正确使用，那么美德自身就是唯一实在的善好。即使我们拥有健康、财富、安全和除了美德之外的其他假定的好东西，如果我们是邪恶的并且为了邪恶的目的使用它们，我们将用它们伤害我们自己。苏格拉底既相信（ⅰ）唯独有德性的人正确地使用这些假定的好东西，因此它们有利于她，也相信（ⅱ）她对它们的正确使用总是造成她的幸福。苏格拉底推断（ⅲ）美德保证了幸福，而且其他假定的好东西对幸福来说，既非必要也不充分；因此（ⅳ）美德是唯一实在的善好。他相信（ⅱ）和（ⅲ）的理由需要仔细审查。

493 柏拉图《高尔吉亚篇》470E① 波卢斯：苏格拉底啊，显然，你会说你甚至不知道那个大王②是幸福的。苏格拉底：是的，我会。因为我不知道他在教养和正义方面进展到什么程度。——什么？全部幸福在那之中吗？——是的，我是这么认为，波卢斯。因为我认为，光荣的和好的男人和女人是幸福的，

---

① 上接 187。
② 波斯国王。

不正义的和坏的男人和女人是悲惨的。

494 柏拉图《高尔吉亚篇》504E-505B　苏格拉底：卡里克勒斯，给予可怜的病体大量的最令人快乐的食物或饮品或其他任何东西，其好处是什么，因为它们比相反的治疗对它的帮助，不会更多，甚至更少，如果正确考虑的话？是这样的吗？卡里克勒斯：就这样吧。——是的；因为我假定，对某人来说，拖着可怜的病体生活是没有任何好处的；在这种情况中，你也必定过得悲惨。难道不是这样吗？——是的……——而且，卓越的人啊，对灵魂来说，不也是这样吗？一旦它由于无感觉、无节制、不正义和不虔敬而败坏了，我们必须抑制它的欲望，除了使它变得更好的事情之外，不允许它做任何事情。你是否这么认为？——是的。——因为，按我的理解，那种治疗对于灵魂本身是更好的。——极是。——通过不让它满足其欲望，我们不就使它变得有节制了吗？——是的。——那么，对灵魂来说有节制比无节制更好，而你刚才却认为无节制是更好的。

495 柏拉图《高尔吉亚篇》507A-E　苏格拉底：③有节制的人会做无论对神还是对人都是恰当的事情。无疑，如果他做了不恰当的事情，他就不会有节制地行动？——必定如此。——现在，通过做对人恰当的事情，他就会做正义的事情，通过做对神恰当的事情，他就会做虔敬的事情。而那个做了正义和虔敬的事情的人必定是正义和虔敬的。——没错。——而且，他必定也是勇敢的。因为，一个有节制的人不会逃避或追求任何不合适的东西；他将逃避或追求那些他应当逃避或追求的东西、人、快乐和痛苦，而且在他应当抵制和忍耐的地方抵制和忍耐。因

---

③ 卡里克勒斯暂时拒绝回答苏格拉底的问题，因此苏格拉底既问问题也代表卡里克勒斯回答。

此，卡里克勒斯啊，既然有节制的人是正义、勇敢和虔敬的，如我们所描述的那样，那么他肯定也是个完完全全的好人；而好人必定做任何他做得好且光荣的事情；做得好的人必定是有福的和幸福的，做得坏的坏人必定是悲惨的……[507E] 这样一个人不能够被其他人或者神以朋友的方式对待；因为他不可能是一个伙伴，而哪里没有伙伴关系，哪里就没有友爱。④

496 柏拉图《高尔吉亚篇》508A–E　或者，我们必须反驳这一论证来表明幸福的人是通过拥有正义和节制而变得幸福的，可怜的人是通过拥有恶而变得可怜的，或者，如果这是真的，那么我们必须思考后果会是什么。它们将是所有那些我先前得出的，卡里克勒斯，当时你曾问我是否真的意指它们：任何人应当指责他自己、他的儿子和他的朋友，如果他行不正义，出于这个目的他应该使用他的修辞术。进一步的后果是你认为波卢斯出于羞耻而让步的观点：行不正义不仅要比遭受不正义更坏，也更可耻。还有一个进一步的后果是波卢斯认为高尔吉亚出于羞耻而接受的观点，即，任何正确地运用修辞术的人必定是正义的且知道正义。现在，既然这一点不假，那就让我们继续思考你对我的指责是否正确：你指责我没有能力帮助我自己或任何朋友或亲属，或者不能把他们从最大的危险中拯救出来，或者因为，像那些被剥夺公民权力的人一样，怜悯任何一个想要抽我耳光的人（恰如你如此有力地表达的那样），或者想要没收我的好东西或驱逐我，或者甚至想要做最坏的事且杀死我；在你看来，这是最可耻的可能情况。我对你的回答已经重复多次，不妨再重复一次。卡里克勒斯啊，我告诉你，被不正义地抽耳光，或者我的钱袋或身体被切开，不是最可耻的事情。不：不

---

④　伙伴关系（或"联盟"，*koinônia*）：557。友爱：472–474。

正义地击打和杀死我以及我的所有物是可耻得多、坏得多的事情……与那个行不正义的人相比遭受不正义的我是可耻得多、坏得多的。⑤

497 柏拉图《欧绪德谟篇》281DE　就所有那些我们首先说是好的东西来说，⑥这个论证的目的不是表明它们就其自身而言、由于自然而是好的，相反，真相毋宁是这样的。如果无知引导它们，它们是比它们的对立面更大的恶，因为它们更能够为邪恶的领导者服务；如果明智和智慧引导它们，它们就是更大的好；但是，它们就其自身而言，两者都毫无价值……那么，我们谈话的结论是什么呢？对于其他东西，它们无一是好的或坏的，但对于这两者，智慧是好的，无知是坏的。

幸福，美德与外在利益

498 在《理想国》（第二至第四卷）的主要论证中，柏拉图只为美德在幸福中总是支配性的主张做辩解。他既没有断言也没有捍卫更强的主张，即，单单美德对于幸福就是充分的（470-471）。他强调，第一个主张并不辩护第二个主张。

亚里士多德证明美德对于幸福是不充分的，因为那些不被美德所保全的"外在的"利益对我们的幸福至关重要（403）。即使美德的价值超过了其他利益的合起来的价值，这些其他利益的损失仍然伤害我们。因此，如果正义的人是贫穷的、生病的、饱受折磨的，等等，即使他们的正义使得为此付出这种代价是值得的，他们还是

---

⑤ 下接178。

⑥ 见383。

遭受真正的损失。

因此,美德的生活缺乏幸福的一些本质特征,因此是"不完备的"。那个缺乏其他好东西的有德性的人,因为他是贫穷的、生病的、饱受折磨的等等,也就缺乏一些明显值得拥有的东西。这种生活不可能是幸福的,因为它不是一种"无须添加任何东西的"生活。

能被添加于美德上的有价值的东西是不受我们控制,却受或好或坏的运气支配的好东西;亚里士多德有时称它们为"外在利益"。它们是作为悲剧主题的好东西(400-402),其丧失是怜悯和恐惧的适当对象。就其屈服于运气而言,幸福是不稳定的。唯独它的一个成分——美德——是稳定的。

有人可能论证说,亚里士多德关于美德的某些主张有违这个结论。他主张,有德性的人绝不会变得不幸福(或"可怜"),因为他们绝不会做任何卑鄙可憎的事情。它们似乎表达了他自己的善好是"我们自己的且难于从我们夺走"的观点(403)。美德满足这一条件。因此,基于亚里士多德的理由,我们似乎可以论证美德全凭自身构成幸福。亚里士多德本人并不为任何诸如此类的论证背书,但它有助于表明,为什么苏格拉底的或斯多亚学派的立场可能显得比亚里士多德自己的立场更合理。

499 亚里士多德《尼各马可伦理学》1153^{b}14–25[⑦]　所有人都认为幸福的生活是令人快乐的,所以他们把快乐编织成幸福——十分合理,因为没有任何一种活动如果被阻止还是完备的,而幸福是某种完备的东西。因此,幸福的人需要拥有身体上的各种好处,外在利益。再加上运气,那么他就不会以这些方式被

---

⑦　比较 403, 511。

阻止。相反，一些人实际上强调，一个人，只要他是好人，即使他在轮子上受折磨或落入可怕的厄运的时候，也是幸福的。无论他们有意还是无意，这些人说的都是废话。因为幸福需要运气的加持，所以有人就认为好运与幸福是一回事。但它不是。因为当好运过多时，它实际上妨碍幸福；这样一来它大概不再正确地被称为好的运气了，因为好坏的界限是参照幸福而被确定的。

500 亚里士多德《尼各马可伦理学》1100^{b}22-35[⑧] 然而，许多事件受运气的左右，有些较小，有些较大。因此，虽然微小的好运或厄运显然不会影响好人的生活，但又多又大的好运会使好人的生活变得更有福，因为它们本身自然地为其增添光彩，而且他使用它们的方式终究是光荣的和卓越的。反过来，如果它们是巨大的厄运，它们就压制和破坏他的福分，因为它们带来悲伤并阻止了许多活动。然而，即使在这些情况中，光荣美好的东西仍闪耀着光辉，每当有人以好的性情承受许多重大厄运时就是这样，倒不是因为他感觉不到任何悲痛，而是因为他是高贵的和宽宏大量的。因此，如果实际上活动主宰着生活，如我们说过的，那么有福的人绝不可能变得悲惨，[⑨]因为他绝不会做卑鄙可憎的行为。

伊壁鸠鲁：美德和自足

501 幸福必须是尽可能稳定并受我们控制，独立于任何外部环境，

---

⑧ 上接 409。
⑨ 悲惨（misery）：参见 435。

伊壁鸠鲁赞同亚里士多德的这一观点。这样一种幸福观念出现在《高尔吉亚篇》中（392）。苏格拉底建议，什么也不缺（或"需要"）的人是幸福的；他满足了他的欲求，因为他已使得它们适应现有可用的资源。卡里克勒斯却不同意，他主张，幸福不仅仅要求对欲求的完全满足，而且要求对膨胀的欲求的最大程度的满足。

伊壁鸠鲁用苏格拉底的建议（无论他是否直接从《高尔吉亚篇》得出的）来解释何以美德对于幸福是充分的。要拥有伊壁鸠鲁的诸美德就是要知道我们需要什么来让我们自己摆脱痛苦和焦虑。如果我们回忆过去的快乐并避免任何的干扰和焦虑，那么我们始终免于焦虑，从而我们始终是幸福的，无论我们的外部条件可能是什么。伊壁鸠鲁甚至主张，在他遭受严重痛苦的时候，他仍然是幸福的，因为它们不会扰乱他的这一信念，即，他已经使他的生活尽可能稳定。既然他还记得经历过的免于焦虑的安全生活，那么回忆就补偿了现在的痛苦，因此他的生活总体上仍然是快乐的，而不是痛苦的。

于是，这一论证，支持了苏格拉底的好人根本不能被伤害的主张。对有德性的人来说，如果伊壁鸠鲁关于幸福的本性的论断是正确的，那么幸福就是稳定和有保证的。然而，如果我们的福祉部分在于我们以某种方式行动，而不仅仅在于（与我们的行动无关的）我们以某种方式感觉，那么伊壁鸠鲁就未能证明美德对于幸福是充分的。

502 伊壁鸠鲁＝第欧根尼·拉尔修 x. 130-131[⑩]　再者，我们把自足看作一种伟大的好，并非是想在任何情况下我们都会仅有少量东西可供我们支配，而是想，如果我们不拥有很多，我们却

[⑩] 上接 415。

会发现少量就够了,既然我们真正信服,那些具有最悦人的奢侈享乐的人是那些最不需要它的人,并且,一切自然的东西都是容易获得的,而不容易获得的东西是虚无。因此,一旦所有源自需求的痛苦都被消除,普通的食物与奢侈的食物给我带来的快乐是相等的;当人们按需取食时,面包和水就带来了最高的快乐……因此,当我们说快乐是目的的时候,我们指的不是肆意挥霍的人的快乐和那些由满足构成的快乐,恰如一些无知的、或不赞同我们的、或错误地理解我们的人所认为的那样。⑪我们指的是身体无痛苦、心灵无纷扰地存在。

503 伊壁鸠鲁＝第欧根尼·拉尔修 x. 22⑫ 当我写这封信给你的时候,我正度过了幸福的一天,也是我的人生的最后一天。我被超强的尿路阻塞和痢疾折磨。但与所有这些东西相对立的是我的灵魂在回忆我们过去讨论时的快乐。

斯多亚学派:幸福和自然

504 斯多亚学派拒绝亚里士多德的外在利益对于我们的幸福是必要的观点。但他们也承认,捍卫美德对于幸福的充分性,必须考虑亚里士多德反驳的明显的合理性;一个表明美德对于幸福是充分的令人信服的论证也必须解释为什么重视外在利益似乎是合理的。

斯多亚学派认为,对人来说的好生活是一种合乎自然的生活,他们论证有德性的人按照自然生活。以自然为出发点,他们赞同亚里士多德通过诉诸人的功能来为他的幸福观念辩护(**407-408**)。他

---

⑪ 或"不诚实地"。

⑫ 伊壁鸠鲁在他生命的最后一天写给伊多梅纽斯(Idomeneus)的那封信的片段。

们也赞同伊壁鸠鲁从自然出发，但是拒绝伊壁鸠鲁的结论。他们的立场更接近亚里士多德的，尽管他们在一个关键问题上与他分道扬镳。

按照伊壁鸠鲁，自然告诉我们善好应等同于快乐；他诉诸动物和婴儿的行为。斯多亚学派回应说，我们不仅应该考虑生命的最早期阶段，而且也应该考虑成长和发展的自然过程。伊壁鸠鲁本人相信，随着我们成长并反思我们的需求，我们会看到静态快乐的好处（414）。斯多亚学派则主张，这同一种反思性审查向我们表明快乐并不是我们所关心的全部。

在斯多亚学派看来，我们不只重视满足我们的冲动；我们也重视理性选择在满足冲动中的运用。理性的行动者用理性组织和安排对其欲求的满足。当他们看到，当对不同欲求的满足相互冲突时，实践理性修正其欲求。一旦我们习惯于理性的这种工具性运用，我们也会逐渐因其自身之故重视它的运用。理性选择作为达到我们已经想要的东西的手段不只具有工具性的价值。如果我们被剥夺理性选择，却被提供我们想要的所有其他东西，那么最终结果是我们不会更好。

505 第欧根尼·拉尔修 vii. 85–86　斯多亚学派认为动物的第一冲动是自保，因为自然使它从一开始就与其自身亲和，就像克律西波斯在《论目的》第一卷中所说的那样。他认为，对所有动物来说，最先亲和的东西是它自身的体质和对此的意识。因为没理由指望自然会使一个动物与其自身疏远，或者，造了这个动物后，自然却使它既不亲和自身也不疏远自身。因此，余下的可能性应该说是，自然，造了这动物后，使它与其自身亲和。它以这种方式排除有害的东西，并且准许进入亲和的东西……[86] 而且自然……在植物和动物中以相同的方式运作；因为它也主宰没有冲动或感觉的植物的生命，甚至在我们中，一些过程类似植物。就动物而言，它们用被添加的冲动去追求亲和的东西；因此对它们来说，被合乎冲动的东西所主宰是自然的。有理性的动物被赋予了作为一个更完备的主宰者的理性，所以，合乎理性正确地生活对它们来说是自然的；因为理性作为冲动的工匠而起作用。

506 西塞罗《论善恶之极》iii.16–20　斯多亚学派肯定这种亲和性的学说，理由是，在快乐或痛苦影响他们之前，婴儿寻求有利的东西而拒绝相反的东西，而除非他们爱护自身的体质和害怕死亡，否则这不会发生。然而，除非他们对其自身有觉识，从而爱自身，否则他们不可能欲求任何东西。由此，人们应当明白出发点源于自爱……[20] 斯多亚学派说，有价值的东西……要么本身合乎自然，要么产生合乎自然的东西，因此，它是值得选择的，因为它有某种应被重视的分量……于是，出发点被如此构成，以致符合自然的东西要为其自身之故而被获得，而与自然对立的东西，相应地，要被拒绝。因此，动物的最初的恰当的行为[13]……是自保其自然体质；然后保持合乎自然的东西、拒绝违背自然的东西。在这种选择和拒绝被发现之后，恰当的选择紧随而来；接着是持久和恰当的选择；最后是合乎自然的稳定选择。[14] 在这里，第一次，真正能被称为好的东西开始出现，并且我们开始理解它。

507 西塞罗《论善恶之极》iii. 23　[斯多亚学派：] 经常发生的是，如果有人被引介给另外一个人，那么他会更多地考虑他而

---

[13] *Officium*，经常被译作"责任／义务"（duty）。
[14] 稳定性：107，443。

非那个引介他们的人。类似地,丝毫不令人惊讶的是,我们最初由自然的出发点引介给智慧,但后来,我们更关心智慧本身而非那些把我们带给智慧的东西。

斯多亚学派:只有光荣的东西是好的

508 斯多亚学派关于实践理性重要性的论证,并没有表明幸福应被等同于依照实践理性行动。即使诸美德是实践理性的多样形式,有德性的行动也无需是幸福的全部。

斯多亚学派论证说,我们应该把我们的善好等同于某种稳定的且受我们控制的东西。亚里士多德本人承认这一幸福标准;但是——从斯多亚学派的观点看——他自己的幸福观念并不满足这一标准,因为他得出结论说,幸福是不稳定的且受运气的影响。如果幸福应是稳定的且受我们控制的,那么我们必须把它等同于一种有德性行动的生活。有德性的行动者掌控他们的生活,并且通过他们的理性选择来引导它们;他们试图以一种恰当的态度对待他们的生活,并且在他们的行动中表现正确的品格。实现这个目标,是在其作为理性行动者的控制中的,因为不管什么样的外部灾难可能降临于他们,他们都能实现它。

这种幸福观念支持苏格拉底的好人不能遭受任何伤害的主张。斯多亚学派声称,人的善好就在于理性活动;我们通过把我们的生活置于理性控制之下而获得这种善好。既然幸福就在于为其自身之故而被选择的光荣和有德性的活动,那么,斯多亚学派主张"只有光荣的东西是善好的"。⑮

---

⑮ 光荣的(fine):449。

509 西塞罗《斯多亚学派的悖论》4　斯多亚学派的这些观点是令人吃惊的,而且与所有人的意见对立——以至于斯多亚学派自己称它们为悖论(paradoxa)。因此我想知道它们能否被理解……我愈加容易地写作,因为他们称为悖论的这些观点,在我看来在最高程度上是苏格拉底式的,而且绝对是最真实的。

510 西塞罗《论善恶之极》iii. 26-28　既然目标是持久存在的,并且合乎自然,这必然得出,所有贤哲永远过幸福、完美和幸运的生活,他们不被任何东西妨碍,不被任何东西阻挠,也不需要任何东西。这个不仅包含了我正在提及的学说而且包含了我们的生活和运气的原则,是断定只有光荣的东西是善好的(only the fine is good)的原则……斯多亚学派的论证以此为形式:所有善好的东西都是值得赞扬的;但所有值得赞扬的东西都是光荣的;因此,善好的东西是光荣的……人们通常反对这两个前提中的第一个,理由是,并非所有善好的东西都是值得赞扬的——他们承认值得赞扬的东西都是光荣的。但是,极为荒谬的主张是,某东西是善好的却并不被欲求,或者,被欲求的却不令人快乐,或者,是令人快乐的却并不也被爱,从而并不也被认可,从而并不也值得赞扬;但是值得赞扬的东西是光荣的。以这种方式得出的结果是:善好的东西也是光荣的。

511 西塞罗《论善恶之极》iii. 42-44　[斯多亚学派:]再者,在那些把痛苦当作恶的人看来,当贤哲被痛苦折磨的时候,他不可能是幸福的,还有比这更确定的事情吗?[16]相反,那些不把痛苦看作恶的人的观点却坚定地证明贤哲在任何痛苦折磨中都

---

[16] 受到折磨的幸福:430,499。

保有其幸福生活……[44]我们断定健康具有某种价值，但我们不把它当作一种善好。而且，我们不认为有任何价值大到超越了美德。这不是漫步学派的观点；他们必定会说，如果一种行动既是光荣的又没有痛苦，那么与具有痛苦的相同行为相比，它是更值得欲求的。

512 第欧根尼·拉尔修 vii. 127　斯多亚学派说美德是因其自身而值得选择的。因为我们耻于做那些我们做得恶劣的事情，[17]仿佛我们知道只有光荣的东西是善好的。

513 西塞罗《图斯库路姆论辩集》v.80-85　[斯多亚学派：]……没有幸福生活，诸美德不可能结合在一起，没有美德，也不可能有幸福生活。因此他们不会允许它回头；他们将带着它与它们一起去往他们可能被引向的任何痛苦和折磨。因为，对贤哲来说恰当的是：不做任何他可能后悔的事情，不做任何违背他的意愿的事情，高贵、一贯、清醒、高尚地做一切事情，不预期任何好像确定要发生的事情，不因他认为出乎意料和奇怪的事情的发生而惊讶，把一切归于他自己的判断，坚持他自己的决定。而我肯定想不到还有什么能比这更幸福的。因为实际上，对斯多亚学派来说，结论是简单的。他们把终极的善好看作合乎自然并按照自然生活，因为这不仅属于贤哲的责任，而且也在他的控制之中。因此这必然得出：如果有人在他的控制中具有最高的好，那么他也在他的控制中具有幸福的生活；因此贤哲的生活是永远幸福的……[85]因此除了斯多亚学派之外，漫步学派的观点也被阐明了。除了塞奥弗拉斯特[18]和任何跟他一样胆小怕事、憎恶痛苦的人之外，他们中的其他人，至少，被允许去做他们通常做的事情，

---

[17] 羞耻：431。
[18] 某些塞奥弗拉斯特对亚里士多德观点的其他怀疑，见247。

以提升美德的尊严和价值。当他们把美德提升到天上时，……容易把其他一切踩于脚下，并在与美德的对比中贬低它。如果他们说，赞扬必须被寻求，哪怕以痛苦为代价，那么他们就不能说那些获得那种赞扬的人是不幸福的……

514 爱比克泰德《论说集》i. 22.1-10　前概念（preconceptions）是人人所共有的，而且一种前概念不会与另一种冲突。我们哪个人不认为好是有益和值得选择的、从而我们必须在一切环境中寻找和追求它？我们哪个人不认为正义是光荣和恰当的？那么冲突从何而来？它源于把前概念应用到个别存在者中，例如，一个人说"他做得光荣，他是勇敢的"，而另一个人却说"根本不是；他疯了"。人类彼此间的冲突由此而生，这是犹太人、叙利亚人、埃及人和罗马人之间的冲突，无关乎神圣的东西是否永远被无上地尊崇或在万物中被追求，而关乎食用猪肉是虔敬的还是不虔敬的……[9] 于是，什么是应被教授的东西呢？是学习把自然的前概念合乎自然地应用于个别存在者。进一步讲，是要辨识，有些存在物取决于我们，有些不取决于我们。取决于我们的是决定，[19] 一切行为取决于决定。不取决于我们的是身体、身体各部分、财产、父母、兄弟、孩子、祖地——简言之，我们的所有关联物。[20]

515 爱比克泰德《论说集》iii. 8.1　正如我们训练自己以应对各种诡辩问题，同样，我们也应该天天训练我们自己以应对现象；因为它们也向我们提出问题。"某某人的儿子"死了。答：无关乎决定；非恶。"某某人的父亲没有任何遗产留给他的儿子。你怎么看？"无关乎决定；非恶。"凯撒谴责他。"无关乎决定；非

---

[19] 或"理性的选择"，*prohairesis*，参见 443。
[20] *koinônoi*，见 472，557。

恶。"他对此感到痛苦。"关乎决定；是恶。"他高贵地忍受它。"关乎决定；好。如果我们使自己习惯于这种训练方式，我们就会进步。因为，除了我们通过把握现象㉑而知道的东西之外，我们绝不会认可任何东西。"他的儿子死了。出了什么事？"他的儿子死了。"没别的事了？"没有了。"他的船丢了。出了什么事？"他的船丢了。"他被关进了监狱。出了什么事？"他被关进了监狱。每个人还可补充说他运气坏。

反对斯多亚学派对幸福的论述

516 如果美德对于幸福是充分的，那么其他被我们视为好的一切，必定如斯多亚学派提出的那样是"中立的"，从而既不是好的也不是坏的，因为这类东西并不影响幸福。结果，对我们自身或对其他人来说，健康绝不比疾病好，富有绝不比贫困好。

因此，无论有意还是无意，斯多亚学派似乎承诺了以下所有这些主张：

（1）外在的利益或罪恶对于我们无一是好的或坏的（因为它们不影响我们的幸福）。
（2）如果某东西对于我既不是好的也不是坏的，那么我就没有任何理由宁愿它在场而非不在场。
（3）因此我就没有任何理由，或者为了我自身或者为了其他任何人，宁愿健康（等等）而非疾病（等等）。

然而，这个结论看起来是荒谬的，因为它意味着，关于我们应该如

㉑ 把握现象：291-296。

何过我们自己的生活,或关于我们应该为他人做什么,斯多亚学派不能给出任何合理的建议。比如说,如果暴力不对人们造成任何伤害,那么试图让他们免于身体暴力又有什么意义呢?对于分有我们日常的伦理关切,斯多亚学派似乎毫无基础。他们不能同意亚里士多德所谓的外部利益的损失是怜悯和恐惧的适当对象的主张(400,402);诚然,如果他们承认除了美德和恶行之外没有任何利益和罪恶,那么他们似乎没有为悲剧、怜悯和恐惧留下任何位置。我们用情感表达的、似乎适合于他人之不幸的那种对他人的关切与同情,在他们那儿似乎也没有任何基础。

斯多亚学派似乎拥抱被其批评者视为荒谬的后果。他们宣称,有智慧和德性的人已经摆脱情感获得自由(apatheia)。在他们看来,情感(或激情;pathê)源于一种关于何为好、何为恶的错误意见。既然有德性的人把日常不幸视为中立的东西,他们对它们就没有任何情感。斯多亚学派似乎没有任何动机去分有人的日常目标或分有关于这些目标之成败的日常反应。但是在那种情况下,他们好像没有践行美德。因为我们如何可能把正义或勇敢归于某个关于他人的福祉(如我们通常所设想的)看不到任何好东西的人?

517 西塞罗《为穆瑞娜辩护》61② 有一个具有杰出智慧的人,芝诺,其学说的追随者被称为斯多亚学派。他的意见和箴言如下:贤哲从不为喜好所动;他绝不会原谅任何人的冒犯;除了愚蠢可笑的人之外,没有人是仁慈的;一个真正的人绝不会被借口所驱动或安抚;只有贤哲是英俊的,就算被毁容;只有他

---

② 加图(Cato),著名的斯多亚派学者,在法庭上提供证据反对卢修斯·穆瑞娜。西塞罗,穆瑞娜的辩护人,嘲笑加图的斯多亚主义。

们是富有的,就算陷入乞讨;只有他们是王,就算陷入奴役。相反,不是贤哲的我们,在他们看来是亡命徒、流放者、敌人、疯子。所有的过错都是相等的;所有的冒犯都是惊人的犯罪,不必要地闷死一只公鸡和闷死某人的父亲是同样重大的冒犯。贤哲没有任何意见,不后悔,不犯错,从不改变他的想法。

518 爱比克泰德《论说集》iii. 24.1-4　　对别人来说违背自然本性的东西,对你来说,不必变成坏事。因为你具有的自然本性并非要与他们一起蒙羞,或与他们一起遭受不幸,而是与他们一起分享好运。因为神要让所有人幸福与安详。为此,他给出了出发点,让一些东西成为某人自己的,让另一些异在于他。能被妨碍的、或能被剥夺的、或能被逼迫的东西,都不是他自己的,而不被妨碍的东西是他自己的。神把好和坏的本性作为我们本己的东西给予我们,因为他像父亲一样关心我们、看护我们,对他来说是恰当的。"但是我离开了某某,他很悲痛。"那么,为什么他把异己的东西看作他自己的呢?当他见到你并且很高兴的时候,他就没想到你是有死者、迟早要过世的?因此他为他自己的愚蠢接受惩罚。

519 爱比克泰德《论说集》iv.1.68-71　　那么,你没有任何东西在你的控制之中且只取决于你,还是有这样的东西?"我不知道。"那么,就以这种方式看它并审查它。有人能让你认可虚假的东西吗?"没人。"那么,在认可的领域内,你是不被妨碍、不受限制的吗?"没错。"那么,现在,有人能够强迫你拥有一种做你不想做的事情的冲动吗?"是的;当有人用死亡和牢狱来威胁我的时候,他就强迫我拥有一种冲动。"那么,如果你蔑视死亡和牢狱,你还会听从他吗?"不。"蔑视死亡,是你的行为吗,或者不是你的?"我的。"那么,拥有一种冲动也是你的

行为吗，抑或不是？"没错，它是我的。"㉓

520 西塞罗《论善恶之极》iv. 26　鉴于你们斯多亚学派是从与漫步学派相同的原则出发的，你们究竟如何设法得出最高的善好是高尚地活的结论的，因为这和由美德而活或合乎自然地活是一回事？你们如何以及在哪一点上突然抛弃了身体和所有那些合乎自然但不在我们的控制中的东西，并最终抛弃了恰当的行为本身？然后，我还问，这些源于自然的如此强烈的提议突然被智慧所抛弃，又是如何可能的呢？

521 亚历山大《〈正位篇〉评注》211.9-14=SVF iii.62　如是，我们将表明，每一个被后来的哲学家们㉔称为受偏爱的中立物的东西都是值得选择的和善好的。当它们每一个都被添加于美德之上时，就使得整体对有德性的人来说是更值得选择的。一种符合美德的生活是更值得选择的，如果它结合了健康、富足和好名声的话；因为值得选择的东西和要被避免的东西是通过有德性的人的选择和规避来被判定的。

522 亚历山大《附论灵魂》163.14-19　给予我们灵魂的自然也已给予了我们身体，并且调节㉕我们直到完满实现并提供它们各自都需要的东西。从而，某个按照身体或灵魂的自然本性而被剥夺完满性的人，也不会合乎自然地生活——因为合乎自然的东西被理解为合乎自然的意愿的东西；如果他不以这种方式生活，那么他也不会幸福地生活。

㉓ 论幸福之为"我们自己的"，参见 403。
㉔ 亦即斯多亚学派。亚历山大作为亚里士多德的一个追随者来演说。
㉕ *oikeioun*，与 *oikeion* 同源，通常被译作"亲和的"（congenial）。

斯多亚学派论中性物

523 依据斯多亚学派,这类批评建立在误解之上。他们并不仅仅重申被亚里士多德拒斥的苏格拉底立场。他们看到,任何相信美德对于幸福是充分的人都应该回应亚里士多德对苏格拉底的反驳(403,499)。

斯多亚学派观点的关键是可取的和不可取的中性物(indifferent)的地位。"中性"并不意味着"中立于所有观点",而仅意指"中立于幸福的观点"(525)。有些中性物是可取的,有些是不可取的;可取的中性物有价值,不可取的中性物有反面价值。按照斯多亚学派,在美德允许的范围内,我们具有好的理由来追求可取的中性物,避免不可取的中性物。有德性的人,既为了自身也为了他人,选择健康而非疾病、安全而非危险等。

斯多亚学派论证说,一些中性物,因为它们更合乎自然,而比其他一些更可取。人的自然本性和人的能力的恰当发展需要这些东西。如果有德性的人——斯多亚学派的"贤哲"——遭受了某种痛苦的疾病,或陷于穷困潦倒或被折磨,那么他同意他失去了某种他有理由偏爱的东西。但是他看到他的幸福丝毫没有丧失,因此他没有以任何方式受到伤害,因为他仍然是有德性的。

这种立场试图调和以下关于幸福的、可能容易出现冲突的合理主张:

(1) 幸福是稳定的且受我们的控制。
(2) 幸福就在于符合人的自然本性的行动。
(3) 以在符合人类自然本性的行动方面成功为目标是合理的。
(4) 在这类行为上的成功依赖于运气,不受我们的控制。

从亚里士多德的观点要点来看，（3）和（4）意味着幸福不能仅在于有德性的行动。因此他不能完全接受（1），因为他允许不稳定的外在利益作为幸福的成分。斯多亚学派论证说，一旦我们把真正的利益与可取的中性物区分开来，我们就既能够接受涉及可取的中性物的（3）和（4），还能够接受涉及利益的（1）和（2）。

524 西塞罗《论善恶之极》iii. 50-53　接下来[26]是对事物之间差异的阐述；如果我们认为万物全无分别，那么整个生活将会陷入混乱之中，如阿里斯顿*所做的那样，既然与生活行为相关的一切事物彼此毫无差异，而我们也无须在它们中间做任何取舍，那么智慧也不可能有任何功能或任务。因此，在决定性地确立只有高尚的东西是好的、只有可耻的东西是坏的之后，斯多亚学派肯定，在那些不影响幸福或不幸的东西中间，也仍然存在着一定的差异，因此有些东西要被重视，有些不被重视，还有的两者皆非……[53] 实际上，中间的东西不可避免地应该包含某种或者符合自然本性或者不符合自然本性的东西，因此，这些东西应该包含某些具有充分价值的东西，从而，这些东西中的某一些应该是可取的。

525 第欧根尼·拉尔修 vii.104-105　中性物以两种方式被提及。第一种中性物是那些不为幸福或不幸而合作的东西；这对财富、名声、健康、力量和类似的东西来说是真的。因为，即使没有这些东西，幸福也是可能的；对它们的好的或坏的运用属于幸福或者不幸。第二种中性物是不会促使我们产生冲动或规避的

---

[26] 在对斯多亚学说的论述中。

* 斯多亚学派的最极端分子。——译者

东西；某人头上具有奇数或偶数量的头发，或者伸缩手指，就是如此。第一种中性物并不以第二种方式而是中性的；因为它们促使我们产生冲动和规避。这就是它们中的一些被选择、一些不被选择的原因，而第二种中性物却让人在选择和规避它们之间保持平衡。在中性物中间……一些是可取的，一些是不可取的。可取的是具有价值的那些，不可取的是具有反面价值的那些。一种价值有助于约定的生活，适用于各种好。另一种价值是某种中间能力或用途，它有助于符合自然的生活；换句话说，这是生命和健康为符合自然的生活所提供的价值。

斯多亚学派论激情

526 斯多亚学派在好东西（利益，goods）和中性物之间的划分有助于说明他们的惊人学说，即斯多亚学派的贤哲没有激情。追随苏格拉底，斯多亚学派把每一种美德等同于一种知识（参见 434）；他们没有提及灵魂的非理性部分的任何状态，因为他们拒绝柏拉图和亚里士多德的划分（参见 437）。他们承认激情（愤怒、恐惧、羞耻等等），但把它们当作理性部分的状态，而非激情部分和欲望部分的状态，因为他们否认人的灵魂中这两个非理性部分的存在。

斯多亚学派拒绝这样一个建议，即，激情不可抵御，从而我们不能对源于激情的行动负责。柏拉图和亚里士多德的激情观可能看起来支持这一建议。[27] 如果只是我们非理性欲求的力量决定我们是否有节制地或无节制地行动，那么它似乎并不依赖于我们的理性选择，从而它似乎不受我们的控制。与此相反，斯多亚学派宣称，激情其

---

[27] 这不必然是对柏拉图或亚里士多德观点的一种正确解释。

实是对可取的或不可取的中性物是善好的或恶坏的的错误判断。和所有判断一样，它们既包含现象，也包含对现象的认可；认可取决于我们且是自愿的，因此我们对它负责。[28]

既然斯多亚学派否定柏拉图和亚里士多德所承认的那种非理性欲求的存在，那么他们必须解释似乎源自非理性欲求的选择和行动。并非每一个把中性物当成利益或罪恶的错误认可都是激情；激情是对利益或罪恶的现象的直接的和未反思的认可。当我不假思索地认可监禁或折磨是真正坏的或认可为侮辱复仇是真正好的等现象时，我就被恐惧或愤怒所推动。

斯多亚学派强调，他们的激情观为理解关于激情的两种看似可能冲突的主张提供了最好的方式。在他们看来，柏拉图和亚里士多德正确地主张（ⅰ）依照激情行动在某种意义上与依照理性行动对立，但是他们的解释未能表明（ⅱ）我们如何对依照激情的行动负责。斯多亚学派的观点解释了激情的这两个方面。

因此，按照斯多亚学派，有德性的人毫无激情。他们拒绝亚里士多德的美德包含训练有素的激情的观点（444），因为在有德性的人中，他们没有发现对中性物的错误评价的任何位置。某个相信可取的或不可取的中性物是好的或坏的人，不是有德性的人。

然而，从激情中解脱，并不意味着贤哲不关心那些驱使其他人走向激情的中性物。有德性的人与其他人共有某些现象。如果他们看到某种对其安全的直接威胁，那么他们就有一个即将发生的伤害的生动现象。他们不认可这个现象；但他们认可某个即将发生的不可取的中性物的现象，而且他们的认可通常增进一种规避那个即将到来的威胁的努力。贤哲所持的公认的非道德的利益和罪恶是中性的信念，不会使他对它们保持中立。

---

[28] 认可（assent）：291-296，378-380。

527 普鲁塔克《道德美德》441C-447A　斯多亚学派全都同意，美德是灵魂的主导部分的某种状态和能力，因理性而生成——或者毋宁说，它本身就是融贯、牢固和不变的理性。他们相信，激情和非理性部分并不通过任何自然差异而与理性部分相区别。相反，灵魂的同一个部分，他们称之为思想和统治的部分，在激情中被完全改变和更改，在那些因为状态或状况而产生的变化中被改变，变成美德或恶行。在它本身没有任何非理性的东西，而是，当它被某种已经变得强大并赢得控制的、具有过度冲动的东西带向某种荒谬的东西，而非选择理性的时候，就被称为非理性的。诚然，在他们看来，激情是从某种卑鄙和错误的判断中获得了暴力和力量的堕落的、无节制的理性……[446f] 斯多亚学派认为，激情不是某种不同于理性的东西，两者之间也没有争论和冲突；毋宁说，单一的理性向这两个方向转向，通过变化的突然和迅速而逃脱我们的注意。我们没有注意到，正是通过灵魂的这同一个部分，它具有了欲望和懊悔，发怒和恐惧，被快乐带向某种可耻的东西，并且在它被带走时，它又抓住了自己。事实上，欲望、愤怒、恐惧和所有这类东西都是堕落的信念和判断，不是在灵魂的某个部分中生成，而是在整个主导部分的爱好、让步、认可和冲动中以及易于迅速变化的一般活动中生成的……

528 塞涅卡《书信》116.1　人们常问拥有适度的激情或没有激情是否更好。我们，斯多亚学派，排斥它们，然而漫步学派却调和它们。我不明白，一种疾病的任何温和状态怎么可能是健康的或有用的。不要害怕；我不是在剥夺任何你不想被拒绝给你的东西。

529 奥卢斯·格利乌斯《阿提卡之夜》xix.1.17-18 = 爱比克泰德残篇9 〈贤哲变得苍白〉……不是因为对任何邪恶的任何信念已经被接受,而是因为一些迅速的、非预谋的且超出心灵和理性的功能的运动。然而,很快,贤哲不肯定——也就是说,不认可、不把他的信念添加于——这类现象,亦即这些骇人的印象,相反,他拒绝和否定它们,这些现象中似乎没有任何在他看来要被恐惧的东西。……当傻子的心灵第一次被震撼到的时候,他认为这些东西是真的如其对他所显现的那样残酷和严峻,而一旦他接受了它们,他也以认可为其背书,并把他的信念添加其上,仿佛它们应该被恐惧……然而,贤哲,尽管他的脸色和面部表情在很短的时间里和有限的程度上有变化,并不认可,而是立刻保持住其意见的力量。

530 爱比克泰德《手册》5 人类不是被事物本身,而是被他们关于事物的判断所扰乱。例如,死亡没什么可怕的;如果它是,那么它就会那样子对苏格拉底显现。[29] 死亡是某种可怕的东西,这个判断才是我们应当害怕的东西。因此,每当我们被阻止、扰乱或伤害时,让我们不要责备任何人,而是责备我们自己——就是说,责备我们自己的判断。

---

[29] 苏格拉底论死亡:317。

14 政治理论

政体之争

531 希腊政治思想是在希腊政治生活的发展中,尤其是在导致不同城邦的不同政体形式的建立的各种斗争中开始的。

希腊人把君主制视为最早的政体形式;在荷马那里,无论希腊人还是非希腊人的共同体,都由君王统治。在雅典,"君王"的头衔后来作为宗教官衔存留了很久;在斯巴达,世袭的君王作为军事领袖扮演重要角色。荷马的诗歌表明,君王听取共同体中其他主要家族的意见。在《伊利亚特》中,希腊军队的领袖在特洛伊举行议事会来明确向最高的指挥官阿伽门农建言;① 他们似乎没有做出约束他的决定。《奥德赛》描述了伊萨卡岛的领袖们的议事会议;会议的程序是非正式的,而它的作用似乎是向最高决策者提供建议。

无论在《伊利亚特》还是在《奥德赛》中,平民似乎都没有任何正式的政治角色;虽然他们的意见被提及,但没有任何具体的程序允许他们形成或表达一种集体意见。但是有时他们被召集去出席群众大会,听取其统治者的决定。

在不同的希腊城邦中,主要家族和平民的角色逐渐以不同的方式被界定,从而导致了不同的政体形式。斯巴达的政制在两个世袭

---

① 347 处阿伽门农的言说是其中一场议事会的一部分。

君王、主要家族的长老会和平民之间确立一种权力的划分。在雅典，世袭的君王被主要家族的世袭贵族制（aristocracy，来自 *aristoi*，"最好的人"）取代。后来在某些国家，包括雅典，以财富来确定统治阶级；这是一种寡头政体（oligarchy，来自 *oligoi*，"少数人"）。在雅典和某些别的希腊城邦中，贵族政体和寡头政体被一种把管理权交给公民大会的体制所取代。这一体制最终被称为民主制（democracy，来自 "*dêmos*"，"民众"）。

对政治生活产生重要差别的一种早期要求，是用成文法来要求政府，成文法会确定不同个体和集团的权力，在解决纠纷和裁定处罚方面约束法官，也约束公职人员使用其权力。在雅典（公元前594），梭伦②的法典在富裕公民的议会和普通平民的大会之间划分权力，后者也构成审理民事、刑事和宪法案件的大陪审法庭。克里斯提尼（Cleisthenes）后来的改革（公元前510—前506）强化了平民大会和法庭的作用。

公元前5世纪和前4世纪，雅典民主制将领导的角色给予了如下这些机构和公职人员：

(1) 全体公民（成年人、男性、自由民、本地出生）主权的公民大会。

(2) 议事会具有500名成员，从公民群体得以划分出的10个部族中的每族通过抽签各选出50人。来自每一个部族的成员，在一年的十分之一的时间内，被任命为"理事长"（*prutaneis*）；他们是常务委员，为公民大会和议事会准备议案。每一天都有一个成员（通过抽签）被选为"首席陪审员"，在他当值的这一天，他主持议事会或公民大会的任何会议。

---

② 梭伦：388。

(3) 一个由 9 名执政官（*archontes*，"统治者"）组成的委员会，通过抽签选出，任期一年，不能重复当选。

(4) 一个由 10 名将军（既有文官也有武官）组成的委员会，通过选举方式选出，任期一年，可以重复当选。

(5) 陪审法庭（常常很大，在某些情况下或许多达 1500 人）通过抽签从公民中选出。

这些制度机构在下面节选的许多段落中都已被预设。

这些不同体制的鼓吹者之间的冲突有时通过超体制手段来化解，这些超常手段常常包含一个不按既定法律来施政的单独个人的统治。希腊人称这种超常体制的统治者为"僭主"（*turannos*；463，544，584）。僭主既可能是寡头制一方的支持者，也可能是民主制一方的支持者，或者他可能是一个利用内部冲突造成的不稳定性的政治冒险分子。

希罗多德的《历史》描述了公元前 5 世纪 90 年代至 80 年代发生在希腊城邦和波斯帝国之间的战争及其他遭遇。其叙述的一个主题就是不同政体形式的特点——波斯人的世袭君主制，斯巴达的混合政体和雅典的民主制——以及每一种政体对它所治人民所产生的对照效果。通过波斯贵族领袖之间的一场所谓的关于不同政体形式优点的争论，希罗多德突出了这一主题。发言者呈现了被希腊不同政体支持者所使用的某些标准论证。

532 希罗多德 iii. 80-81　人们在会上发表了一些意见。一些希腊人不相信，但毫无疑问这些意见是发表了的。欧塔涅斯规劝他们把事情移交给波斯民众："我认为"，他说，"我们中的任何一个人都不应该再做独裁者③;因为那既非乐事,也非好事……鉴于君主独裁让某人不受任何监督、为所欲为,它如何可能是良序的呢?甚至最好的人,如果被提升获得这种统治形式,也势必会改变他的惯常观点。从他眼下的发达产生出蛮横,而嫉妒④自始就在人类中生长。这两者给他带来了一切形式的恶;蛮横和嫉妒令他自大,作恶多端。把这与民众的统治作对比。首先,它有所有名称中最好的来描述它:平等的法律。⑤其次,民众绝不做君主所做的任何事情。担任公职者都通过抽签选出,他们的统治受到监督;而且所有问题都容许公共讨论。"……

美伽比佐斯敦促他们把事情都托付给一个寡头政府:"就欧塔涅斯赞成废除僭主制而言,我同意他。但他要求我们把权力移交给大众却是错误的。因为没有比无用的暴民更无知或蛮横的东西了。逃脱了君主的蛮横,不料却成为无法无天的乌合之众的蛮横的受害者,这是不能容忍的。僭主至少知道他在做什么,民众却不能。事实上,当他们从未受教育从而不知道什么是高尚和恰当的时候,他们又怎么可能知道?……那么,就让民众统治波斯的敌人吧。相反,让我们自己在我们的国家中选择一批最好的人,把权力移交给他们吧。我们自己将在他们中间,而最好的人发现最好的政策,是再自然不过了。"

政治斗争

533 希腊政治史在很大程度上是由支持不同政体形式的社会各阶层

---

③ *monarchos*。
④ *phthonos*;参见 388。
⑤ *isonomia*;参见 535–536。

之间的斗争构成的。从富人的立场看,民主制代表了富人被穷人支配和剥削。从穷人的立场看,民主制确保了对其利益的正当保护,不被富人伤害。每一方通常都乐意从其他城邦呼叫支援,以实现对自己有利的平衡。因此,在富人和穷人之间的斗争常常旷日持久,有时还很暴力。

相对于希腊诸政体的普遍的不稳定,雅典和斯巴达算是例外(在公元前5世纪到前4世纪期间的多数时间内)。斯巴达人保留了他们具有强烈寡头政体元素的混合政体,这使得他们同情其他希腊城邦中的寡头政府。斯巴达的公民控制一个庞大的农奴("*helots*"与其他希腊城邦中的绝大多数奴隶不同,他们是土生土长的希腊人)阶层,而且,对内部安全的要求可能有助于解释公元前5世纪和前4世纪斯巴达政治和文化生活的严苛性。由城邦指导,对孩子进行严格和系统的教育与训练,以及给予妇女突出的社会的(但非政治的)地位,斯巴达因这些在希腊城邦中不同寻常。

与斯巴达相反,雅典是民主政治。雅典人的体制为富有公民留有作为政治领袖(通常担任将军,比如伯里克利就做了多年)的重要角色,从属于公民大会的最高权力。来自修昔底德论述伯里克利葬礼演说(在对抗斯巴达人长达一年的战争中死去的雅典人的葬礼上)的那个节录(excerpt),把雅典民主制描述成一个既承认天才和伟绩,也承认多数人权利的体制。尽管我们不知道这篇演说在多大程度上契合伯里克利实际所说的东西,但是它提供了对民主制的强有力的辩护(534)。

雅典和斯巴达之间的那场战争(通常被称为伯罗奔尼撒战争;公元前431—前404)是修昔底德的历史的主题(未完成,在色诺芬的《希腊史》中继续)。修昔底德常常描述那场战争对希腊人政治生活的影响。因为雅典人被认为是民主制的支持者,斯巴达人被认为是寡头制的支持者,任何城邦中的竞争派别常常能够依赖来自这两个在战争中彼此敌对的强大城邦的援助。在叙拉古，民主制的领袖阿特那哥拉斯批评那些想要在斯巴达的支持下引入寡头政治的人（535）。在科西拉，来自雅典的援助激励民主制的支持者对其政治对手实施了一场暴力清洗（536）。

最终，寡头制和民主制之间的紧张也扰乱了雅典的政治共识。当雅典人输掉了与斯巴达人的战争后（公元前404年），在一支斯巴达军队的帮助下，民主制被心怀不满的寡头们推翻。"三十僭主"领导的寡头们的统治在民主制恢复之前持续了仅仅两年（公元前403—前401）。

在三十僭主与民主派之间的这场斗争中，双方的领袖都是苏格拉底和柏拉图的同伴（9，139）。苏格拉底的审判发生在民主制恢复后不久的公元前399年。这些年的动荡可能（如果我们相信一封归于柏拉图的书信的话）已经影响了柏拉图对政体和政治生活的态度（538）。

534 修昔底德 ii. 37　我们的制度之所以被称为民主制，是因为政权属于大多数人而非少数人。在涉及私人纠纷时，每个人在法律面前都具有平等的地位。在一个人超越另一个人的领域内考虑某人的价值时，为了公共利益，我们不是通过轮流⑥，而是基于卓越⑦，赋予职衔。如果任何人有能力对城邦做好事，绝不会因为贫穷而湮没无闻、令其止步。正如我们的政治生活是自由的和开放的，我们与他人日常关联的私人生活也是如此。我们不会因为邻居自我取乐而对他发怒，我们也不会以各种不牵

---

⑥ 亦即，经由抽签（解释不确定）。
⑦ aretē，通常被翻译为"美德"（virtue）。

涉法律制裁但造成他人痛苦的方式来表达不快。我们在私人生活中轻松自在；但在公共事务上，我们因敬畏而守法，服从当权者，服从法律本身，尤其服从那些用来保护不正义的受害者的法律，以及那些违背它们就会带来公认的羞耻⑧的未成文法律。

535 修昔底德 vi. 38.3–39.2⑨ ……我们的城邦很少有安宁的时候；它遭受了持续的派系冲突，内斗甚于外战；有时，权力被僭主或统治集团不正义地攫取……你们年轻人真正想要的是什么？是马上做官吗？但那是不合法的；法律不排斥给有能力做官的人职衔，但你们还没有能力做官。你们不乐意与多数人一起接受平等的法律⑩？但是，如果否认平等的人们应得到平等对待，那么这如何可能是正义的呢？有人会说，被民众⑪统治既不明智，也不公平，⑫有钱人也是最好的统治者。但是我说，首先，民众⑬在此指称公民全体，而"寡头制"指称一小部分。其次，我说，富人最擅长照管金钱，明智的人是最好的建言献策者，多数人最善于听取建议并作出判断。在这，一切人都一样——无论全体一块还是个别阶级——在民主制中都有平等的权利。相反，寡头政体，让多数人分担危险，但是，面对利益，不仅自己多占多得，甚至独占全部。这就是你们中间的富人和青年

---

⑧ 羞耻；431。
⑨ 阿特那哥拉斯（Athenagoras）正在叙拉古演说，在那个关于希腊的入侵传言（后来被证实）已经促使寡头政体的支持者公然反对民主政体的支持者——（他们被怀疑为有亲雅典的观点）之后。
⑩ isonomia；参见 532。
⑪ dēmokratia。
⑫ ison。这也被表达为"相等的/平等的"，见 559。
⑬ dēmos。

现在以之为目标的东西……

536 修昔底德 iii. 81—85 欧利米登⑭带着他的六十艘舰船停在那里的七天中，科西拉人以阴谋颠覆民主制的罪名继续屠杀他们自己的公民中他们认为是敌人的人。一些人是因为私人恩怨被杀害，或者因为欠钱而被债务人杀害。有各种不同的死法。诸如在这种情势中所常发生的，人们走向一切极端，甚至还要坏。有父亲杀死儿子的；有些从神庙中拖出甚或就在里面被杀的；有的实际上是被围墙封闭在狄奥尼索斯神庙中，并死在那里。

内部的冲突到达了如此野蛮的程度，又因为这是第一批爆发⑮的革命之一，所以显得更为残酷。后来事实上整个希腊世界都被各自城邦中的冲突所扰乱；民主派领袖试图求助于雅典人，寡头派设法求助于斯巴达人……在各种各样的城邦中，这些冲突是许多灾难的原因——只要人的本性不变，这种灾难，现在发生了，将来永远还会发生的，尽管严重程度根据不同的环境和情势而变化。在和平和繁荣的时候，城邦和个人有更好的前景，因为他们不会被迫去做出那些他们不想做出的选择。但是战争，通过剥夺他们对日常所需的简易满足，是一位残暴的教师；它使绝大数人的激情与其当下的环境相匹配……

通过他们的辩护，他们改变了与行为相关的名称的通常评价。不理智的鲁莽被视为支持某人所属党派的勇敢；有远见的推迟被视为貌似正当的懦弱；有节制被视为懦弱的托词；而且，对一种处境的全面理解被视为无所作为。冲动急躁被视为特别有男子气概，而不冒险的深思熟虑被当作抛弃自身立场的借口……城邦中的每一方的领袖都使用最吸引人的话语。一方

---

⑭ 一位干涉科西拉国内战争的雅典将军。
⑮ 亦即，在伯罗奔尼撒战争期间第一批冲突中的一个。

为多数人捍卫平等法律[16]和公民权；另一方则宣扬一种良序的贵族政体。但是，尽管口头上他们支持共同利益，但实际上他们把它变成对私人利益的奖励。在为最高权力的斗争中，他们从不止步，而是无所不用其极……生活在这些环境中的混乱状态之下，人的本性，已经习惯于从事违背法律的不正义。[17]现在践踏法律，高兴地展现它的不受控制的激情，战胜正义的能力，敌视一切胜过它的东西。如果不是因为嫉妒[18]是如此强大和具有破坏性，他们不会偏爱复仇胜于虔诚，或偏爱利益胜于规避不正义。

537 色诺芬《希腊史》ii. 3.21–23　三十僭主现在认为他们可以为所欲为了，[19]而且他们开始大量地处死民众，有些是为了报私仇，有些是为了夺其钱财。他们也需要金钱来支付斯巴达的驻军；因此他们决定，他们每个人都应该拘禁一个外籍公民，处死他，并且没收他的财产。他们命令塞拉门尼斯也去抓住某个人并且拘禁他。塞拉门尼斯回答道："我认为，去行比告密者所行的更恶劣的不正义，这对宣称自己是最好的人的我们来说，是可耻的。告密者从他们的受害者那里获得金钱，但是至少还让他们活着。我们却仅仅为了夺取他们的钱财，就去杀死那些从未行任何不正义之事的人？这无疑在任何意义上都是更不正义的。"三十僭主现在把塞拉门尼斯看成是他们为所欲为的障碍，因此他们开始密谋反对他。[20]

---

[16] isonomia，参见 532，535。
[17] nomos，参见 125，149，462。
[18] phthonos，参见 388。
[19] 他们已经解除了公民的武装。
[20] 最终三十僭主在一场摆样子的审判之后处死了塞拉门尼斯。苏格拉底与他们的遭遇，见 540。

538 [？柏拉图]《书信》vii. 324B–325C[21]　很多人诋毁那时实行的民主制，一场革命爆发了。在这场革命中……三十僭主作为整个城邦的最高统治者开始掌权。其中的有些人恰好是我的亲戚和熟人，他们以为我契合这使命，就邀请我地立刻加入他们。那时我还年轻，我认为他们会带领城邦从一种不正义的生活走向正义的实践，并且如他们所说的那样"管理它"，这并不令人惊讶。于是，我特别想知道城邦会变成什么样子。当然，在短期内，我看到这些人使得民主制相比之下看起来像是一个黄金时代。除了别的事情之外，他们让一位长者，苏格拉底——我的一位朋友，我会毫不犹豫地称他为当时最正义的人——和其他人一起，对付一位公民，强行抓捕他并处死。[22]他们想让苏格拉底掺和到他们的统治之中，不管他是否愿意。他拒绝了，宁可冒承担任何后果的风险，也绝不参与任何邪恶的行动。当我目睹所有这一切——以及其他类似的重大事情——的时候，我厌恶并退出了当时的不正义的统治。在那之后不久，三十僭主及其整个政府垮台……那些回来的流放者表现出巨大的克制。但是，由于某个巧合，掌权者中有些人，以最不虔敬、最不该他得的罪名控告我刚才提到的这个同伴，苏格拉底。他们以不敬神审判他，然后民众宣判并处死了这样一个人：他曾拒绝参与非法拘禁流放者们的一个朋友，而当时，流放者们正被放逐且遭受不幸。

---

[21] 这封书信极有可能是伪造的（和许多被归于柏拉图的书信一样）。但是作者，不管是谁，可能知道的很多，因此可能保留了柏拉图生活的某些兴趣要点（关于他的动机却不一定准确）。

[22] 这指称那个涉及里昂（Leon）的那个事件：540。

苏格拉底与政治

539 苏格拉底、柏拉图和亚里士多德全都在雅典生活和工作——苏格拉底和柏拉图是雅典公民,亚里士多德是外籍居民。他们对政治的反思全都受到了雅典民主制的影响。苏格拉底很少谈到其他形式的政体。柏拉图的某些观点似乎受到雅典和斯巴达之间的对比的影响。亚里士多德从对不同希腊政体的更加广泛的了解出发进行论证。

苏格拉底没有任何明确的政治理论;他没有审查城邦的道德基础或合法政府的基础或最好的政体。然而,他的讨论具有某种政治意义。在把知识等同于美德时,苏格拉底纳入了那种使得一个人善于以城邦的共同利益进行思考和行动的美德。如果这种政治美德是一门能被教授和学习的技艺,那么——我们可以推论——其中可能有专家(106,179)。如果我们能确认那些知道每个人的利益是什么的政治专家,那么我们不就应该把政府托付给他们吗?

按照这个标准衡量,现存的诸政体似乎误入歧途了,因为它们把权力委托给那些看起来缺乏那种以共同的善好为目标的专门技艺的人。无论高贵的出身还是财富都不保证正确的政治知识;通过反诘那些富有的、出身良好的、在公共生活中显赫的雅典人,并且发现他们缺乏那种能够经受住他的反诘的知识,苏格拉底揭示了这一点(139)。民主制的主张看起来大可质疑,因为民主集会给予所有人话语权和投票权,不管他们可能多么无知或受人误导。

尽管苏格拉底的探究和论证含蓄地批评了现存的诸政体,但它们没有产生任何积极的理论。例如,他没有说,如果能找到政治专家,那么何种形式的政体将是最好的,或专家应当如何组建城邦。既然苏格拉底没有自称获得了相关知识,或在其他任何人身上确认了这种知识,那么这就毫不奇怪了。

苏格拉底对现行政体形式的含蓄批评并没有导致他背叛雅典民主制。他抵制非法的活动，无论它是什么政府从事的。阿吉纽西战役之后，雅典舰队指挥官未能找回阵亡雅典将士的遗体。民主制的领袖们想要以此罪行（尤其是与雅典宗教情感相抵触）而集体审判他们。苏格拉底把这种集体性的审判视为非法的和不正义的，因此拒绝合作。当他被勒令参与非法拘禁里昂时，他也拒绝与三十僭主合作。

然而，苏格拉底好像并没有在现存的政体形式之间保持完全的中立。在《克里同篇》中，法官们提醒他，他不仅一直是守法公民，而且他也偏爱雅典及其法律，甚至胜于他所描述的其他良序城邦。无论法官们还是苏格拉底，都没有表明他关于雅典和雅典的法律所发现的更可取之处。

540 柏拉图《**申辩篇**》31C-32E　　苏格拉底：这看起来或许有点荒谬：我私下里到处走动，忙于给其他人的关切给出建议，却不敢㉓来到你们中间在公共场合为城邦建言献策。我将告诉你们原因。你们在许多地方常听我说，某个神圣和超自然的东西㉔降临于我——这是梅雷托斯在他的控告中嘲笑我的事情。从我还是个孩子起，它就降临于我，一种声音降临于我。每当它到来，就禁止我去做我打算要做的事情，但它从来没有鼓励我去做任何事情。正是它反对我成为一位政治家。在我看来它是极为正确的。雅典人啊，你们懂的，如果我以前参与政治，那么我老早就该消逝了，无论对你们还是对我自己都没有好处。因此，在我告诉你们真相的时候，请不要感到被冒犯：因为真相

㉓　或"不想"。
㉔　苏格拉底的神启：317，582。

是，任何反对你们或其他大众、真诚地努力阻止城邦中的许多不正义和违法行为的人，都难保性命。如果有人真正为了正义而斗争，如果他想多活一段时间，那么他必须如普通公民一样私下行动，而不参与公共事务。

对此，我能够给予你们清晰的证明，不只是用语言，而是用你们更加尊重的行动。请听听在我身上发生的事情，这样你们就会知道对死亡的恐惧绝不会使我屈服、违背正义，而且，因为我不屈服，我将会立刻死去。我将告诉你们一个故事——或许庸俗和平凡，却是真实的。雅典人啊，我在城邦中担任过的唯一公职是议员。我的部族，安提奥齐斯族，作为主席㉕主持对阿吉纽西战役后没有带回死者尸体的十将军的审判；你们试图集体审判他们，这是非法的，正如你们后来全都承认的。当时我是唯一一个反对你们的主席，规劝你们不要做任何违背法律的事情。我投票反对这一提议；虽然那时演说家们准备好弹劾我，草率地拘禁和关押我，而你们呼喊着怂恿他们行动，但是我下定决心，我拥有法律和正义，应当冒险，而非出于对死亡和监禁的恐惧便苟同你们不正义的提议。

这发生在民主制期间。当寡头们掌权的时候，三十僭主传唤我和其他四个人去圆宫，㉖命令我们把萨拉米斯人里昂从萨拉米斯岛带来，以便他们处死他。他们常常给许多人下达这样的命令，因为他们想要把尽可能多的人牵连进他们的犯罪活动。㉗我再一次，不仅用语言、而且用行动表明，我丝毫不在乎死亡

㉕ 主席：531。苏格拉底指他是主席之一的那一次（187表明那时他是公民大会主席）；他想把那场集体审判十将军的动议作为非法的排除出议程。

㉖ Rotunda 是主席们碰面的建筑。

㉗ 参见塞拉门尼斯（Theramenes）的故事，537。

（如果这不是太粗俗而不能说的话），我全部的关切是避免做任何不正义或不虔敬的事情。因为，那个政权，虽然它很强大，但不能恐吓我去做任何不正义的事情。当我们从圆宫出来的时候，其他的四个人去了萨拉米斯岛捉拿里昂，我却回家了。如果不是那个政权在那之后不久就垮台了的话，或许我会因此被处死了。关于这件事，你们可以找到很多证人。如果我从事了公共事务，做一个好人该做的事，始终支持正义，并把这当作我的首要关切，你们认为我能活过这么多年吗？当然不能，雅典人啊，无论我还是其他任何人都做不到。

541 柏拉图《普罗泰戈拉篇》319B-D[28]　［苏格拉底：］现在，当我们开公民大会时，如果城邦必须解决有关建筑的某个问题，我注意到建筑师就被招来给出有关建筑的建议；如果是有关造船的问题，船匠就被招来；因此，相同的情况适用于一切被公民大会视为学习和教授的主题的东西。如果任何其他人着手给他们出主意，他们不把他当作专家，于是，无论他可能多帅气或多富有或出身多高贵，他们都会用喊叫和嘲笑拒绝他，直到要么他们大声喊叫轰他下去或他放弃尝试演说，要么警察奉主席之令把他拖走或驱离。[29]这是他们在那种他们认为存在技艺的领域内所做的事情。但是当他们必须商讨城邦政体的时候，任何人——建筑师、铁匠、鞋匠、商人或店主，富人或穷人、良好出身之人或平庸之人——站出来提意见。没有人会像在先前的情况中那样反对说，他从未学过这门技艺、也没有任何老师，却来出主意。显然，这是因为他们不认为这是可教的。[30]

---

[28] 上接 **429**。
[29] 主席是 *prutaneis*，参见 **531**。
[30] 在 **430**，普罗泰戈拉回应苏格拉底。

542 柏拉图《克里同篇》52E-53A[31] 在这七十年中，如果你对我们不满意，或者如果你签的协议在你看来是不正义的，你是可以自由地离开雅典的。但是你不偏爱斯巴达或克里特这两个你一直念及的良治城邦，也不偏爱任何其他希腊城邦或异邦。你比瘸子、瞎子和其他残疾人更少离开城邦。你比所有其他雅典人都更关心城邦和我们的法律——谁会只关心城邦而不关心城邦的法律呢？

柏拉图论现存的政体

543 柏拉图在其中超越了历史上的苏格拉底的观点的那些对话，也批评了雅典的民主制。[32]《高尔吉亚篇》因两种形成鲜明对比的罪恶而抨击了民主制。一方面，它只不过把蒙昧大众的欲求转化成了行动，并使政治领袖成为迎合当下一时兴致和偏见的"谄媚者"。另一方面，它把政治领袖确立为具有无限权力的僭主。这些领袖与大众一样对道德和政治鲜有理解，但他们通过修辞术和宣传操纵大众，直到大众厌烦他们并罢免他们。诸如伯里克利那样的政治领袖，只要能操纵大众的口味和偏好，就能为所欲为。但如果大众厌倦了他们，大众就抛弃他们而青睐新的"谄媚者"。

柏拉图对民主制的反对值得与伯里克利的两个同时代人（阿里斯托芬和修昔底德）的观点相比较。阿里斯托芬是喜剧作家，他的迪莫斯（Demos）的形象（一个被他的谄媚者包围的僭主），不应该

---

[31] 雅典的法律对苏格拉底所做的那场演说当中的部分。在 318 处继续。
[32] 柏拉图和苏格拉底：17-18。《高尔吉亚篇》和《美诺篇》常被认为标志着苏格拉底和柏拉图的观点之间的转换。

被看作完全严肃的政治评论,同样,他对苏格拉底的评论也不应该被视为具有准确和严肃的意谓。[33] 修昔底德否认诸如伯里克利那样的政治家仅是大众一时兴致和偏见的仆人,但是他承认,甚至伯里克利也依赖大众的偏好,而这种偏好有时转而反对他。柏拉图以更为极端的形式呈现了民主政治的不同方面。

这种民主体制错在哪里?按照《高尔吉亚篇》中的苏格拉底,无论大众还是领袖,对人的真正幸福都毫无概念。《高尔吉亚篇》强调,真正的幸福应该到美德的践行中去寻找(455,492—496)。因此,苏格拉底主张,在践行美德的过程中,他实践了真正的"政治技艺",这种技艺能够把有关人的好的真正知识应用于政治生活;这是现在的领袖们所缺乏的技艺。

544 阿里斯托芬《骑士》40—48 德摩斯梯尼:我们俩[34]有一个主人——一个好生气的粗人,一个易被激怒的爱嚼豆子的土包,普尼克斯[35]的迪莫斯,脾气暴躁,耳朵有点背的小老头。上月初,他买来了一个奴隶,帕夫拉贡,一个硝皮匠[36],最大的恶棍和诽谤者。帕夫拉贡,这个硝皮匠,识破了老头子的脾气,于是就在他的主人面前卑躬屈膝,讨好巴结,溜须拍马,奉承和欺骗他……

[1112—1130] 歌队:迪莫斯,你的统治真正伟大,像个僭主,人人惧怕。但是你也容易被人牵着鼻子耍。你喜欢被奉

---

[33] 阿里斯托芬论苏格拉底:9,581。
[34] 德摩斯梯尼和尼西亚斯(Nicias)是雅典的将军,被描绘成迪莫斯的奴隶。
[35] 雅典公民大会会场所在地。
[36] 他代表克里昂(Cleon),那个在剧中鼓动人心的政客。

承，上当欺骗。你老是张着嘴，羡慕地看着那些演说家；你有心但不在焉。迪莫斯：你们这些头发长见识短的人，以为我是个傻瓜。我不过是故意装傻。我喜欢天天酒饱饭足，设计养一个小偷当作管家；等他捞足了，我就举起我的手把他击倒……[1141-1149] 你们看看我，多么聪明地捉弄他们，那些自认为够聪明、骗得了我的人。他们偷窃时，我时时刻刻都在注意着他们，却假装什么也没看见。然后，我迫使他们把从我这里偷走的任何东西统统吐出来。

545 修昔底德 ii. 65.1-9 伯里克利试图以这种方式化解雅典人对他的愤怒，使他们的思想远离他们目前令人惊恐的处境。就公共政策而言，他们接受他的论证；他们没有再派出更多代表去斯巴达，并表现出与日俱增的进行战争的力量。然而，作为私人个体，他们因遭受的苦难而倍感痛苦。这些人的财产在战争初期就没有多少，现在甚至连那一点也被剥夺了；富人阶层失去了他们美好的地产和乡下富丽堂皇、设备优良的房屋；最为糟糕地是，他们生活在战争中而不是在和平中。事实上，他们对伯里克利的愤怒持久难消，直到他们判处他一笔罚款。然而，此后不久，他们像大众经常所做的那样，重新把他选举为将军，把一切都委托给他处理。这一次，人们对他们自己的私人创伤的感觉不那么厉害了，而且为了城邦作为一个整体的需要，他们把伯里克利当作那个值得他们信任的人。事实上，在伯里克利领导城邦的整个和平时期，他用好的判断领导它并保卫它的安全，他治下的雅典处于最强盛时期……因为他的权威，他的智慧，以及他被证实了的清廉，他有能力对大众保持控制，同时又让他们自由。是他领导他们，而不是他们领导他；因为他从来不通过任何不恰当的手段获得权力，他不用演说来取悦他们，相反，因为他的声誉，他能够发言反对他们的意愿，甚至激怒他们，不需要奉承他们。当然，当他看到过度的自信使得他们傲慢无礼的时候，他会让他们惧怕他们的危险；而当他们非理性地惧怕的时候，他会修复他们的自信心。虽然雅典名义上成为民主制，但实际上由城邦的第一人统治。

546 柏拉图《高尔吉亚篇》466A–C[37]　波卢斯：于是你认为好的演说家被当作[38]城邦中毫无价值的奉承者？[39]……苏格拉底：我认为他们一点也不重要。——你什么意思，他们不重要？他们不是在城邦中具有最大的权力吗？——不。——难道你不认为拥有权力对那个有权力的人来说是好的？——我认为是这样的。——那么我认为演说家在城邦中具有比任何人都少的权力。——什么？难道他们不像僭主吗？他们杀死任何他们想杀死的人，他们把任何他们认为合适的人剥夺财产并驱逐出城邦？[40]

547 柏拉图《高尔吉亚篇》517B–519A　我的朋友，与你相比，我没有更多地在指责作为城邦公仆的伯里克利、西蒙、忒米斯托克利。相反，我认为，与现在的人相比，他们已经证明是更好的公仆，而且更有能力满足城邦的欲望。但是，当提到改变大众的欲望，不是纵容他们，而是劝说和迫使他们趋向会让公民变得更好的东西的时候——他们在这方面实际上倒不如今天的人；这是对一个好公民来说唯一恰当的工作。但是船只、城

---

[37] 紧随179。
[38] *nomizein*，与 *nomos* 同源。参见125。
[39] 阿谀奉承：179，399。
[40] 苏格拉底接着论证演说家没有任何真实的权力，因为（1）真实的权力必定是那种得到我们想要的东西的权力；（2）人人都想要好；（3）演说家不知道好是什么（因为他们没有真正的技艺）；（4）因此，他们不能获得好；（5）因此他们不能获得他们想要的东西。对（2）的论证类似于435。

墙、造船所和许多其他东西——我也同意你说先前的人在供应它们方面要比现在的人更加聪明……[518E] 你在颂扬喂饱雅典人且纵容其欲望的人。据说他们使城邦强大；但是没有人注意到，因为这些早期的人们，它正肿胀和溃烂。没有正义和节制，他们让城邦布满港口、船坞、城墙、联盟的付款，[41]和诸如此类的垃圾。

548 柏拉图《高尔吉亚篇》521DE 我认为我是雅典人中少数从事真正的政治技艺的一个（不是唯一的一个），并且实践政治（现在的人中的唯一一个）。在我所说的东西当中，我不以满足我的听众为目标；我以最好的东西为目标，而非以让人快乐的东西为目标……这就是为什么我会不知道在法庭上要说什么……因为我将被审判，就像一个医生可能被一群孩子陪审团审判，控诉人是一个厨子。[42]

柏拉图的解决方案

549《理想国》（Republic 来自拉丁语 respublica，希腊语 politeia，"政体"）为消除现存政体中的缺点，提供了一系列大胆、极端且相当草率的提议。既然柏拉图相信，政治知识是关于共同体中个体的真正幸福的知识，那么他相信政治知识是可能的；因为《理想国》的主要论证描述了共同体中个体的真正的幸福。柏拉图试图表明，一个人的真正幸福就在于灵魂的理性部分的尽可能的控制。城邦统治者应当是那些本身就有恰当秩序、并且知道如何在他人中产生这种秩序

---

[41] 雅典帝国的成员国向雅典交岁贡。
[42] 对医生的审判：179。

的人。

《美诺篇》的末尾论证，当代政治家无人具有真正的知识。柏拉图沉思具备真正知识的政治家，应该是特别开明的政治领导人（553）。在《理想国》中，柏拉图描述了开明的领导人，和他们将设计的那种城邦。他意识到（以船为喻，550）现实的城邦尚未准备好接受开明政治专家所开的处方。智者的教育强化了流俗的道德和政治观念所支持的观点，他们不会质疑其社会的基本假设（551）。既然真正的道德和政治知识必须质疑流俗的假设，那么它就不会获得俗众的接受。柏拉图推论说，统治者必须将其付诸实践，并且这些统治者必不能依赖俗众的偏好。

在给出对政治知识的这种论述时，柏拉图回应了这样一种反驳，即，不存在任何能够决定政治目标和政治价值之选择的真正知识。既然这是知识的事情，因此能够存在专家，而这些专家应当是统治者。依据柏拉图，假定每个人都有同等的权利主张他自己的观点，乃是错误地假定我们不可能为有关人的幸福的本质的问题找到正确答案。一旦我们看到我们能够找到正确答案，那么，给予那些坚持错误答案的人平等的话语权，似乎是荒谬的。

柏拉图的政治处方依赖以下这些前提：

（1）对美德作为三分灵魂的状态的论述是正确的；个体的幸福根本上依赖于被灵魂的理性部分所控制，并且让其他两个部分与它和谐相处（437-439，468-471）。
（2）城邦的善好要求公民的不同性情之间的相同秩序与和谐。
（3）然而，这一秩序与和谐不可能就在于每个人中的理性部分的统治，因为一些人自然地没有能力被理性部分统治，不可避免地服从其激情部分或欲望部分。
（4）既然这些人不能依靠他们自身获得他们的幸福，那么他们必须由那些具有良序灵魂的人来统治；然后，他们将使得其自身的灵魂尽可能地接近良序。

因此，理想城邦必须由不屈从于其蒙昧同胞公民的一时兴致和偏好的"哲人王"来统治。蒙昧的人为其自身的好而被统治，从而他们能够尽可能地接近其自然本性所允许的美德。

按照柏拉图，绝大多数人的政治观点，不仅被理智的错误和无能所扭曲，而且被由不同的社会阶级、职业、教育和生活方式所形成的观点所扭曲。他试图在理想城邦中消除这些扭曲影响的不良后果。城邦被分成三个阶级——生产者（包含一切有产者，无论贫富），护卫者和统治者。每一阶级的所有成员都接受与他们的能力和角色相适应的教育。

理想城邦的严格的阶级划分表明，柏拉图没有试图通过废除社会的差异来阻止现实城邦的分裂和冲突（552）。他试图通过教育统治阶层恰当发挥其功能、排除统治者间分裂的源头，来阻止分裂和冲突。统治者个人没有私有财产，没有核心家庭，没有把他们彼此分开的不同的抚养方式或教育。男人和女人都被训练成为统治阶层（与希腊的习俗对立）；他们与其他统治者有共同的性关系，他们也共同抚养他们的孩子。按照柏拉图，这是消除由富人和穷人之间的阶级冲突所导致的分裂的唯一办法。按照他的设想，理想城邦的这种极端统一，将阻止它变成一个为冲突和不稳定提供持久场合的分裂的城邦。

理想城邦中的统一与和谐不能通过废除阶级之间的差异来得到保全，因为绝大多数人没有能力达到统治者们所达到的对善好的理解。绝大多数人既不理解共同的善好也不理解他们自身的个别的善好。如果让一个理性理解有缺陷的个体统治他自己，那么他不会根据其自身利益去行动。唯独开明的统治者能够根据非统治者个体的利益而行动。

柏拉图开了一个比疾病更加糟糕的处方吗？相比普通城邦中富人和穷人之间的分裂，理性城邦中开明统治者和蒙昧大众之间的心灵距离，似乎是更加严重的分裂。如果他的不同阶级没有一些共同的目标、关切和利益，那么他们如何可能组成一个稳定的共同体？

柏拉图回答说，理想城邦中的蒙昧大众，如果加以适当的培养和教化，就有足够的见识承认统治者的资格。他认为，如果我是生产阶级或卫士阶级的一员，我就能发现，统治者对我的利益的理解要好于我自身对它的理解。既然我看到他们不会通过统治来使得他们自己富有，而且实际上，他们没有任何通过压制非统治阶级而得到满足的目标或欲望，那么，我就明白我能够相信他们根据我的利益来统治。

550 柏拉图《理想国》488A-489A　想象一位船主，远比船上所有其他人更高大和更强壮，但是有一点耳聋，一点近视，而且类似地具有有限的航海知识。船员们就驾驶船只这事上有冲突；每个人都认为他应该是舵手，虽然他从未学过这门技艺，也不能指出他的老师是谁或什么时候学过航海。而且，他们还宣称这甚至不是可教的；如果有任何人认为这是可教的，他们准备把他撕成碎片。他们一直团团围住那个船主，千方百计迫使他把船舵交托给他们。有时候，如果他们失败，而其他人说服了他，他们就处死其他人，或把他们从船上驱逐，而后，在用曼德拉草*或用酒或别的方式绑架和麻醉了高贵的船主之后，他们控制了这艘船，享用船上库存，大吃大喝，并且如你们所

---

*　mandragora：该植物的根能用作麻药。——译者

预期的那样驾船航行。除那之外，他们还吹捧其中一人为航海家，称他是熟悉船上一切的舵手，因为这人是那个图谋说服或迫使船主让他们控制的聪明帮凶；他们指责任何不同类的人是无用的。他们对于真正的舵手缺乏起码的观念——他必须知道一年中的日期、季节、天空、气流、星座以及与他的技艺有关的一切事情，如果他真正适合管理一艘船的话。就他掌舵而言，不管其他人是否想让他掌舵——他不相信有这方面的训练能使他获得舵手的技艺。当船上发生了这些事情，你不认为真正的舵手实际上被那些受到如此管理的船上的乘客[43]称为天象观赏者[44]、唠叨者、无用的家伙？

551 柏拉图《理想国》492A-493D ［苏格拉底：］或者你如同多数人一样也认为，一些年轻人被智者败坏了，[45]智者派中个别人够得上说私下败坏了青年？难道不正是这么说的多数人本身就是最大的智者吗？不正是他们最彻底地教育大众？不正是他们在男女老少中塑造他们想要的那种品格？［阿曼尼德斯：］他们什么时候做的那些？他问。——当他们聚在一起，多数人在集会中，或在法庭中，或在剧院，或在军营，或在任何他们聚集的地方就座的时候，伴随着大声吵闹，他们吹捧某些言论和行为，责备另外一些，对两方面都大肆夸张，又是喊叫，又是鼓掌，从而，岩石和他们聚集的那个地方的回声成倍升高了赞扬或责备的音量。在这样的环境中，一个年轻人的内心将会像什么样子？……他接受什么样的个别教育会使他保持坚定，不被这种责备或吹捧击垮，也不被裹挟着他的这种潮流带走？他

---

[43] 与上面的"船员"（亦即政治家）相对。
[44] 这使想起一项反对苏格拉底的指控：583。
[45] 智者：8。

不也会附和多数人说什么是好的、什么是坏的？他不也会像他们那样做事并获得他们的品格吗？——是的，苏格拉底啊；必然性会迫使他……——所有那些受雇佣的私人教师，多数人称他们为智者，并且因他们的技艺把他们视为竞争对手，他们实际上没有教给人们任何东西，除了多数人在集会时主张的意见；而这就是〈智者们〉所谓的智慧。他们如同某人在设法弄清他所豢养的一头巨大、强壮的野兽的冲动和欲望，他必须弄清如何接近和抚摸它，在什么时间和出于什么原因它是更难或更易相处，什么东西引起它不同的声音，什么样的外界声音会让他温顺或狂野。当他通过不停地关注一段时间，知道了所有这些的时候，他称这为智慧，并把它设立为一门技艺，着手教授它。但是实际上，在这些意见和欲望中，关于什么是光荣的或可耻的、什么是好的或坏的、什么是正义的或不正义的，他一无所知，却按照最大野兽的意见把这些术语应用到事物上。凡是那只野兽喜欢的东西，他都称为好的，凡是它不喜欢的东西，他都称为坏的，他对它们也给不出其他任何解释。他称必然的东西为正义的和善好的，但是他自己从未发现在必然的东西的本质与善好的东西的本质之间存在如此巨大的差异，他也不能把这向其他任何人展示。你不认为这样一种人将是奇怪的教育家吗？——事实上，他将是。——那么，在他和那个认为在绘画或音乐甚至政治中、智慧是对多数人的冲动和快乐的辨识的人之间，有任何差异吗？

552 柏拉图《理想国》422D-423A　［阿曼尼德斯：］……如果所有其他城邦的财富被聚集到一个城邦，对那个没有任何财富的城邦来说是危险的，不是吗？［苏格拉底：］我说，你倒挺天真，居然认为得把别的什么地方称为城邦，和我们现在所建立的这样的城邦齐名。——那我们应该称呼它们什么？他说。——得用某个更大的名称来称呼其他那些地方。因为它们每一处都包含很多城市,而不是一个城邦……至少有两个彼此为敌的城邦,富裕的和贫穷的;而且每一个中有多个城市。如果你把其他所谓的"城市"中的每一个当作一个城邦去打交道,你就完全错了,但是,如果你把它当作多个来看待,把属于一方的财物、权力和人口交给另一方,你将永远拥有众多的盟友和寥寥无几的敌人。

553 柏拉图《美诺篇》98D-100B　苏格拉底:如果美德是智慧,那么,我们认为,它是可教的?[46] 美诺:是的。——如果它是可教的,那么它是智慧?——当然。——如果有教师,它就是可教的,如果没有教师,它就是不可教的?——对的。——但是我们一致认为没有任何美德的教师?——是的……[99B]——因此,忒米斯托克勒斯[47]和阿尼图斯提到的那些其他人,之所以统治城邦,不是由于任何智慧,也不是因为他们是有智慧的。这就是为什么他们不能使得其他人成为他们自己那样——因为他们不依赖知识。——看起来是这样的,苏格拉底。——但如果他们不依赖知识,唯一的替代是,他们依赖真信念管理城邦,并不比占卜者和预言家更有智慧;因为在其神启灵感时刻,这些人也会正确地说出很多东西,但不是因为他们有知识。——我相信是这样……——那么,如果我们的探究和讨论是正确的,美德就既不是自然的也不是可教的,而是在没有任何理智的情况下,通过神的分派到达它所到达的那个人——否则就有某些政治家能够让其他人也有政治智慧。如果真有这样一个人,那么他可以说是活人中间的特殊人物,就像荷马所说

---

[46] 或"被教的"。
[47] 有关这个雅典政治家,参见 547。

的死人中间的泰瑞西亚斯一样："唯独他有理智；其余都是转瞬即逝的影子"。㊽ 就美德而言，在这里他也将是影子中间的一个实在。——我认为你是非常正确的，苏格拉底。

554 柏拉图《理想国》473B-E ［苏格拉底：］接下来，让我试着寻找并指明城邦中的什么缺点造成它们现在坏的治理，又有什么最小的变动会允许一个城邦形成这种政体。㊾ 最好只需一个变动，或如果不行，就两个；或者无论如何选择尽可能少的东西的变动。［格劳孔：］当然，他回答。——我认为，我说，我能够表明，仅有这么一种变动，可以使城邦产生变革，虽然不是一种微小的或简单的变动，却有可能成功。——什么变动？他问道。——……好的，我会说，哪怕嘲笑和侮辱会将我淹没。请考虑我将要说的话。——说吧，他说。——我说：除非哲学家是城邦的君王，或者现在被称为君王和掌握权力的那些人真正地追求哲学到适当的程度，以便政治能力㊿和哲学在同一个人身上会合，那些相互分离着被人追求的本性将被强制排除——否则，我相信，无论城邦还是人类，罪恶将无休无止，而只有那时我们的城邦才会变成可能的并且看到日光。我亲爱的格劳孔，这就是那种让我踌躇不肯说出来的想法，因为它与通常的信念如此格格不入；因为，很难想象，在其他任何城邦中，不可能有任何人是幸福的，无论私人生活还是公共生活。�51

555 柏拉图《理想国》462A-C ［苏格拉底：］我们所知道的

㊽ 柏拉图引用自《奥德赛》中的片段，被摘录在301。
㊾ 那种刚被描述过的理性城邦的政体。
㊿ 或"政治权力"。
(51) 表明哲学家必须统治，因为仅仅他们具有必要的知识，这部分论证是在213，215，217-218。

对于城邦来说最大的恶,莫过于撕裂它且把它变成多个部分而不是一个整体吧?相反,最大的好,莫过于团结它,使它成为一个整体吧?——[格劳孔:]是的。——难道不是共有的快乐和痛苦团结人们,每当相同的东西生成或消逝,所有的公民尽可能地共同感到高兴和悲伤?——当然,他说。——每当对于发生在城邦和其中的个人身上的同一件事情有的人悲伤、有的人高兴,这一切的私人化瓦解了城邦,不是吗?——当然。——因此就产生了这样的事情:城邦中的民众并不一致地说诸如"我的"和"不是我的"这样的语词,"别人的"也类似?——正是如此。——因此,在其中最大多数的人以同样的方式就同样的事物说"我的"和"不是我的"的那个城邦,是治理得最好的城邦。——是的,治理得最好。

556 柏拉图《理想国》590C-592B[52]　[苏格拉底:]我们为什么认为卑贱的职业和体力劳动带来耻辱?当某人灵魂的最好的部分在本性上虚弱,以致不能统治他身上的那两头野兽,而只能伺候它们,只能学习谄媚它们的种种方式,这不就是原因吗?[格劳孔:]似乎是这样,他说。——因此,这样一个人可能具有一个统治者,类似于在最好的人中的统治者,我们不是说,他应当是那个最好的人的奴隶,因为这个最好的人在他自身中有神圣的部分统治他?显然,这不是因为我们认为奴隶应当被统治却让自身受到伤害,如色拉叙马霍斯在那个被统治者的例子中认为的那样,[53] 而是因为这对所有人来说是更好的:人人都被神圣的和智慧的东西所统治,最好在自身中有他自己的智慧,但如果他没有,拥有自外配置的智慧,这样一来,既然

---

[52] 这是苏格拉底为他在 470 做出的关于正义的主张进行辩护所得出的部分结论。
[53] 色拉叙马霍斯:459。

我们被同一个东西统治，那么我们全都尽可能地成为相似的并成为朋友？——是的，我们是十分正确的，他说。——显然，这就是法律的目标，因为法律是城邦中所有人的盟友。这也是管理孩子的目标：不给他们自由，直到我们在他们之中像在城邦中那样建立一个体系，而且通过培养一个人中的最好的部分，在个体中建立与城邦中的护卫者和统治者相似的那两个东西；(54)然后我们给他们自由。——是的，他说，那是明显的。——那么，格劳孔，以什么方式，基于什么论证，我们会认为，某人不正义地行动或不节制地行动或去做任何其他将使得他更坏的可耻事情却有利于他，即使他获得金钱或某种其他权力？——绝不可能，他说……——任何有理智的人都会全神贯注于他内在的体制，确保他的任何一个部分既未被财富也未被贫穷所扰乱。以这种方式管理他自己，他将尽其所能去获得或消耗财富。——非常正确。——对于各种荣誉也一样，他会把目光对准这同一目标，乐意接受和享受任何他认为将使得他更好的荣 363
誉，避免那些将损害他现在的状况的东西，无论私人的还是公共的。——于是，他不会从事政治，如果那是他的关切。——哦，但实际上他会；在他自己的城邦，也许尚未在他的母邦，除非某种神圣的运气来临。——我理解；你指的是那个我们在描述中创建的城邦，那个我们用话语建立的城邦，因为我认为它不属于大地上的任何地方。——但是，我说，这大概是一个在天上(55)屹立的典范，以便任何想看见它的人都能看见，并且，当看到它的时候，他能够让自己定居于此。它现在是否在某个地方或不在某个地方，这无关紧要；因为他将从事这个城邦的

(54) 文本不确定的。

(55) 天空之城：572。

政治活动，而非任何其他城邦。——这是有可能的，他说。

亚里士多德：城邦的自然基础

557 亚里士多德分有柏拉图关于政治共同体之适当目的和功能的许多观点，但是他强烈反对柏拉图关于获得它们的恰当方式的观点。他相信柏拉图严重贬低了民主制的一个方面——公民个体在认定城邦代表他们做决定时所扮演的角色。然而，这并不意味着亚里士多德赞同希腊民主制的预设。

在亚里士多德看来，仅当我们从有关城邦在人的幸福中的作用的正确观念出发，柏拉图的错误和民主派的错误才变得清晰。《伦理学》预示了《政治学》（405）；后者说明了为什么幸福不能通过孤独的个体而被获得，而是要求构成城邦的具体制度。

在亚里士多德看来，城邦对于个体的幸福来说是必要的，因它实现了人的自然本性；人是一种“自然地政治的动物”（406，476）。亚里士多德在他对友爱的讨论中解释了这一主张。在他看来，实践理性在友爱和协作中比在纯粹自我关切的行为中得到了更完满的表达。对某人自己及其朋友的共同利益的关心确立起一个利益“共同体”。那种在其中我们的整个生活服从于合作慎思的完备共同体，就是城邦。

既然对共同利益的合作性的关切为其自身之故就应得到重视，那么亚里士多德反对格劳孔和阿曼尼德斯版本的“社会契约”论。(56)根据这一版本，政治生活是有价值的，因为它提供了通达我们甚至

---

(56) 格劳孔和阿曼尼德斯：460。亚里士多德在 559 中把一个多少有点类似的观点归于吕哥弗隆。

在政治生活之外追求的诸目的的手段：我们都想要安全，而城邦提供了安全。在亚里士多德看来，对城邦的这一辩护（他把它归于智者吕哥弗隆）未能意识到城邦创造和达到了我们在城邦之外不可能达到的目的。在使得我们关心共同利益的过程中，城邦实现了我们自然本性。

亚里士多德赞同柏拉图把城邦视为保全公民的美德和幸福的手段。因此他反对城邦不应当干涉公民私人生活的观点（伯里克利在修昔底德《伯罗奔尼撒战争史》所记载的葬礼演说中提出的，534）。他赞同柏拉图的观点：城邦应当介入促进适当道德教育和道德品格的所有生活领域。

<hr />

558 亚里士多德《政治学》1252^{a}1–1253^{a}39　我们看到，所有城邦都是某种共同体，[57] 所有共同体都是为了某种善好之故而被构成的，因为每个人做任何事情都是为了看起来善好的东西。那么，显然，虽然所有共同体都以某种善好为目标，但那种首先以善好为目标的共同体——首先以控制全部其他好的那种善好为目标——是一种首先控制和包括其他共同体的共同体；这种共同体就被称为城邦，是一种政治共同体。[58] 那么，一些人认为政治家、君王、家长和奴隶主是一样的，就是错误的。人们之所以这样假设，是因为他们认为，差异不是在种类上的差异，而只是被统治者的数量上的差异，因此少数几个人的统治者是主人，较多些人的统治者是家长，再更多些人的统治者是政治

---

[57] *koinônia*：478，495。
[58] 亚里士多德经常暗示"城邦"（*polis*）与其形容词"政治的"（*politikos*）之间的联系。

家或君王；他们认为，大家庭与小城邦无异。对于君王与政治家的区别，他们只能说，事事自主的人是君王，而遵循政治科学的规则、轮流统治和被统治的人，是政治家。这些观点都不对……

如果有人从头开始观察某事物的生长，那么这是研究这个事物和其他东西的最好方式。首先，那些没有彼此就不能做的人必然形成配偶，如女人和男人为了生育后代必须结合。他们这样做不是因为任何决定，而是出自他们与其他动物和植物共有的、留下同类后代的自然冲动。统治者和被统治者为了自保而自然地产生。因为理性预见的能力使得一个人成为自然的统治者和自然的主人，反之，用身体劳动的能力使得另一个人成为被统治者和自然的奴隶；这是主人和奴隶的利益重叠的原因……因此从男人与女人、奴隶和主人这两种联合中产生的第一种共同体是家庭。……由大量的家庭为了长期的利益而形成的第一种共同体则是村庄……

[1252^{b}27] 由大量的村庄形成的完整共同体，是城邦。与其他共同体不同，它实际上具有所有种类的、完满的自足性；它是为了活着之故而形成，但为了活得好之故而持存。因为先前的共同体都是自然的，所以所有城邦都是自然的。因为城邦是它们的目的，并且自然是目的；因为我们说，一个东西的自然本性（例如一个人、一匹马、一个家庭的自然本性）乃是它完全生成时所具有的特征。某物之所为和它的目的，是最高的善好，自足既是目的，也是最高的善好。

由此可见，城邦由于自然而存在，人由于自然而是政治的动物。任何因为其自然本性而非其运气而没有城邦的人，要么是卑贱的，要么是比人类更高等的。……因此，显然，人比蜜蜂或任何群居动物，更是政治的动物；我们说，自然不做无目的之事，而人是唯一具有理性话语的动物。⁵⁹ 声音表达快乐和痛苦，其他动物和人一样都有声音，因为它们的自然本性发达到足以让它们感知并相互表达快乐和痛苦。但是理性话语是用来表明有利的或有害的东西，从而也表明正义的或不正义的东西。与其他动物相比，人类的独特之处⁶⁰ 在于，他们是唯一能够感知善与恶、正义与不正义等的动物；因此，正是这些人的联合产生了家庭和城邦。另外，城邦自然地优于家庭和个体，因为整体必然优于部分。如果整个动物死了，那么脚和手也活不了，除了同名异义，就好像我们正在谈论一只石质的手——因为那是死手所像的样子。现在一切事物通过它的功能和能力而被定义；因此任何失去它们的事物不应该被称作同一个事物，而是一个同名异义之物。⁶¹ 那么，显然，城邦既是自然的，也优于个体。因为，如果与城邦分离的个体是不自足的，那么，他与城邦的关系就类似于其他情形中部分与整体的关系；任何在一个共同体中不具有成员身份的人，或任何因为他是自足的而对此没有需要的人，就不是城邦的任何部分，因此，要么是野兽，要么是神。

所有人都有一种趋向于这种共同体的自然冲动，任何最先建立它的人是这种最伟大的好东西的原因。恰如一个人，如果他已经被完成，就是动物中最好的，同样，如果他与法律和正义的统治分离，他也是动物中最坏的。因为当不正义被武装起来时是最可怕的，而人自然地就装配有智慧和美德而长大，却又能为了与其相反的目的而最轻易地使用这种装备；因此没有

---

⁵⁹ *logos*：113 的脚注。
⁶⁰ *idion*：236，246，409。
⁶¹ 同名异义（homonymy）；252，257，336，407。

美德，他就是最肆无忌惮和野蛮的动物，在对性和食物的追求中最过度。然而，正义是政治的；因为正义的统治就是政治共同体中的秩序，而正义是对什么是正义的判决。

559 亚里士多德《政治学》1280^{a}8-1281^{a}10　首先我们必须理解对寡头制和民主制的公认的解释，以及寡头制和民主制的正义观；因为每个人都触及某种正义，但是他们仅仅取得有限的进步，并未严格而完整地描述正义是什么。例如，正义似乎是平等，诚然它是——但只就平等的人而言，不是对所有人而言。再者，不平等似乎是正义，同样，它是——但只就不平等的人而言，不是就所有人而言。然而，每一种观点的这些支持者都遗漏了这一点——对谁来说的平等或不平等——因此做出了坏的判断。原因在于，他们是其自身案子的法官，而绝大多数人实际上总是其自身案子的坏的法官……寡头制的支持者认为，如果他们在某些方面是不平等的——例如，财富——那么，他们是完全不平等的，反之，民主制的支持者认为，如果他们在某些方面是平等的——例如，自由身份——那么，他们是完全平等的。但是他们未能提及那个最重要的方面。因为，如果人们为了获得财产而结合和联合，那么某人在城邦中的份额将对应于他的财产，从而寡头制的支持者似乎会有一个强有力的论证；因为，他们说，如果A贡献了一百个米纳斯中的一个，B贡献了其他的九十九个，那么，对A来说，获得与B同样的回报（或者最初的总数，或者后来的收益），是不正义的。然而，事实上，政治共同体不只是以活着为目的，而是更多以好生活为目的。因为，如果它仅仅以活着为目标，那么奴隶和非人类的动物将组成城邦，但实际上它们并没有，因为它们不会共享幸福或一种由决定引导的生活。

为阻止任何一个人对其他人行不正义，城邦也不以联盟为目标，或者不以成员间的交流和交易为目标。因为如果这是目标，那么伊特鲁里亚人和迦太基人——以及其他任何有贸易条约关系的人——将全都算是单一城邦的公民了；无论如何，双方签署了关于进口的协定、禁止行不正义的条约和联盟的成文条款。然而，这些人没有共同的政府，而是各自有其自己的政府。而且，一个城邦的人既不关心另一个城邦的公民的品格，也不关心如何从那个通过缔约被绑在一起的另一个城邦中消除不正义或任何其他的恶；各自只关心如何阻止彼此之间行不正义。相反，那些关心好政府的人考虑公民的美德和罪恶。因此，显然，凡被准确地称为城邦的，不仅仅是为了论证的目的，都必须关心美德。否则，共同体结果证明是单纯联盟，仅仅在成员的亲近上，它与其他具有更加疏远的成员的联盟有区别。在这种情况中，法律也不过是一纸契约，正如智者吕哥弗隆所言，相互担保正义对待，但不能使公民变成好的和正义的……

那么，显然，城邦作为共同体不是为了在同一个地方生活，不是为了阻止成员彼此之间不正义的对待，也不是为了交易。所有这些仅是城邦的必要条件，它们的出现并不造就一个城邦。毋宁是，城邦作为共同体，是为了那些以完备和自足的生活（但这需要他们在同一个地方生活且通婚）为目标的家庭和家族活得好。这是血缘集团、兄弟会、宗教团体和对共同生活的爱好，在城邦中发展起来的原因；这些是友爱的产物，因为共同生活的决定是友爱。那么，城邦的目的是过得好，而这些爱好就是为了这个目的。城邦是具有完备和自足生活的家族和村庄的共同体。正如我们所言，这种生活是幸福和高尚的生活；因此我们应该假设，城邦以高尚的行为为目标，不仅仅为了共同生活。这是为什么那些对这种共同体贡献最大的人，与那些在自由身份上或在家族中平等或优越，但在公民美德上却不相称的人相比，他们在城邦中具有更大的份额，而且，与那些在财富上超越别人，但在美德上被别人超越的人相比，他们也具有更大的份额。那么，从我们说过的东西来看，显然，争议政治制度的每一方都只是在描述正义的一个部分。

亚里士多德：对柏拉图的批评

560 既然人类的善好需要合作慎思，亚里士多德就强调，政治统治本质上不同于对奴隶或家庭的统治（558）；城邦实现了我们共同地慎思我们的利益的能力，因此，在这个意义上，必定是自由平等的同伴的共同体，能够轮流统治和被统治。[82] 亚里士多德相信，柏拉图忽略了关于政治统治的这个事实。从亚里士多德的观点来看，柏拉图的理想城邦不是一个真正的政治共同体，因为它消除了绝大多数公民的所有主动性。

既然他把政治主动性当作公民权的一部分，亚里士多德就比柏拉图更加同情民主制。他论证说，普通公民可以有足够的集体理智来就影响其幸福的许多问题做出合理判断，因此政治主动性对他们来说不是坏事。然而，他对民主制的同情严格说来是有限的，因为他不相信典型的希腊民主制公民具有使他成为一名合格的政治统治参与者的那种慎思能力。

因此，他自己的理想城邦，与柏拉图的理想城邦和典型的希腊民主制城邦，都截然不同。就所有公民——而非仅仅有限的哲学家统治者阶层——都参与统治而言，它不同于柏拉图。就它否认穷人

---

[82] 这可能是误导性的，如果我们不考虑亚里士多德自己对相关种类的自由和平等的解释；见559。

和手工业者的政治主动性而言,它不同于民主制国家。在亚里士多德看来,这类功能不应由公民,而是由奴隶来完成,因为这种工作使人不能具备好公民所需要的美德。在公民身上,他要求政治自由、主动性和一定程度的政治和社会的平等。

561 亚里士多德《政治学》1261^{a}10-^{b}9　全部〈统治者的〉女人应该被共有,《理想国》中的这个提议招致了很多反对。尤其是,论证没有表明为什么苏格拉底认为这种立法是必要的。而且,从字面上看,他为城邦规定的目的是不可能的,他也没有说明我们应该怎样理解它。我指的是他的这个假设,即,如果整个城邦被尽可能地统一起来,那是最好的。相反,很显然,随着城邦在统一的方向上越走越远,它最终甚至将不是城邦……城邦是被构成的,不仅仅是由许多人构成,而且由那些不同种类的人构成——因为相似的人构不成城邦……正如我们在《伦理学》中所言,这是互惠平等维护城邦的原因。甚至自由和平等的人们大概也需要这,因为他们不能在同一时间全都统治,而是必须统治一年,或其他某个固定的时段。这样一种安排确保了他们全都统治——就好像修鞋匠和木匠要交换职业,而同一个人并不总是修鞋匠或木匠。既然技艺的正常实践在政治共同体中也是更好的,那么显然,如果相同的人,如果可能,一直是统治者,也是更好的。但是在某些环境中,这是不可能的,因为所有人是自然地平等的,而且所有人参与统治是正义的——无论这是一种好处还是一种负担。这种安排——相同的人轮流把官职让给彼此,而且当他们不掌权的时候是类似的——至少模仿了技艺的实践;一些人统治,其他人被统治,不断轮换,仿佛他们变成了其他人。以同样方式,在统治者自身中间,不同的人以不同的官职统治。那么,从我们已经说过的东西来看,显然,城邦不是以一些人所声称的那样被自然地统一起来,他们所谓的作为城邦之最大的善好的统一性实际上摧毁了城邦,而一个东西的善好维护这东西。

562 亚里士多德《政治学》$1281^a40-1282^a39$　判断谁正确应用医术的工作似乎属于那个也有应用医术并治愈病人目前的疾病的工作的人;而这就是医学专家。其他经验技能和技艺也是这样。因此,恰如一位医学专家应该让他的行为接受医学专家们的审查,其他的专家也应该接受其同行的审查……关于审判和选举,似乎产生了同样的困惑。因为选举对于掌握技艺的那些人来说严格上也是一项工作;例如,选举几何学家是几何学家们的工作,选举舵手是舵手们的工作……因此,基于这个论证,大众不应该被赋予掌控选举或审查统治者的权力。

然而,这个论证或许并不完全正确。首先,它被我们先前的论证所反驳,只要大众并不太盲目,那么,即使每一个人作为个体与那个知道技艺的人相比,是一个较坏的评判者,但全部聚集在一起却是较好的,或不是较坏的。其次,这个论证是错误的,因为在某些情况中,生产者既不是唯一的评判者,也不是最好的评判者;每当外行也知道一门技艺的产品时,就是这样。例如,关于房屋,不仅建造者知道它;其使用者——房主——甚至是更好的评判者……

然而,紧随这一个,还有另一个疑难。因为卑贱的人比高贵的人掌控那些更加重要的事情,似乎是荒谬的;但对行政官员的审查和选举是最重要的事情,因此在一些政治体系中,如我们说过的,这些功能被指派给普通大众,因为公民大会掌控所有这些事情。然而参与公民大会、议事会和陪审法庭,只需拥有少量财产，没有最小年龄限制[63]……相同的解决方案也适用于这个疑难。或许，这个引起疑难的政策也是正确的。因为统治者不是个体的陪审员或议员或公民大会成员，而是陪审法庭、议事会和公民大会；每一个个体的会员、议员或陪审员都是我们所提及的团体的一个部分……因此，大众掌控最重要的事情是正义的，因为普通大众、议事会和陪审法庭全都是由许多成员组成的。

563 亚里士多德《政治学》1328^b24–1329^a34[64] 既然所有这同一些人同时成为农民、工匠、议员和陪审员是可能的，那么人人都应该分有所有这些功能？或者应该让不同的人去发挥我们列出的那些功能中的每一个吗？或者，有必要把某些功能限于某些人，另一些则为所有人共享吗？这在每一个政体中都是不同的；……在民主政体中，所有人共享每一种功能，但在寡头政体中，则正好相反。然而，我们正在探究最好的政体，而这就是能够产生城邦最大幸福的政体；如我们所言，幸福不能与美德分离。由此看来，很显然，在一个具备最好政体、拥有绝对正义的人——不只是相对于这个城邦的假设而是正义的——的城邦中，公民必定不会过卑贱的匠人或商人的生活，因为这是可鄙的且与美德背道而驰；而如果他们要成为公民，他们必须不是农民，因为他们需要闲暇来发展美德和从事政治活动。我们已经发现，一支军事力量和一个权衡什么是有利的和判定什么是正义的团体出现在城邦中，而且它们显然最是城邦的部分；那么，在这种情况中，我们也应该把不同的功能指派给不同的人，还是应该把两种功能指派给相同的人？

---

[63] 亚里士多德指雅典制度的三种主要政体：见531。
[64] 亚里士多德正在描述那个理想城邦的政体。

对此的回答也是显然的，因为在一种意义上它们应该被指派给相同的人，在另一种意义上被指派给不同的人。就每一种功能适合于生命的不同时期来说，一种功能需要智慧，另一种需要力量，因此它们应该被指派给不同的人。但是，就那些有能力强迫且阻碍其他人的人不可能接受其他人的长期统治而言，它们必须被指派给相同的人，因为这些控制武装的人也控制政体的存亡。那么，对政体来说，剩下的选择是把这两种功能指派给相同的人，但不是在生命中的同一时期。而且，既然力量自然地存在于更年轻的人中，智慧存在于更年长的人中，给每个群体分派相应功能，似乎是正义和有利的——因为这种划分对应于每个群体的价值。而且，这些人也必须拥有财产，因为公民必须有财产，这些人也都是公民。因为低等阶层在政体中没有任何份额，不产生美德的任何其他阶层也没有。从我们的基本假设来看，这是清楚的。因为幸福必须包含美德；因此在称一个城邦是幸福的时候，我们必须考虑到城邦的全体公民，而不只是其中一部分。另外，既然农民必定是奴隶或外来农奴，那么这些公民必须有财产，这也是清楚的。

伊壁鸠鲁

564 伊壁鸠鲁为格劳孔和阿德曼托斯提出的正义论述辩护，偏爱它而非柏拉图的论述（479）。类似地，他的城邦和城邦功能的概念接近于柏拉图和亚里士多德所拒斥的那种概念。亚里士多德强调，政治活动在人类幸福中的作用排除了吕哥弗隆的城邦只是阻止相互侵略的观点（559）。然而，伊壁鸠鲁相信吕哥弗隆的论述是正确的。如果善好被等同于快乐和免于痛苦，那么它本质上就不包括合作活动和慎思。在伊壁鸠鲁看来，城邦的作用是工具性的；它为抵御袭击、饥饿和不幸的其他来源提供了安全保障。

卢克莱修用一种推测性论述——社会从前社会的需要和不幸中逐步发展——来支持这种城邦观念。由于人们本能地注意到那种源自非社会生活的苦难，以及意识到社会生活工具性的好处，他们形成了社会的最初形式，这反过来促进了使得对社会的欲求增加的那些特征。社会的演化既不应被解释为一种神圣设计的产物（参见609），也不应（紧随亚里士多德，558）被解释为人类固有的社会本性的表达，而只应被解释为对不安全和危险的特定回应的产物。

卢克莱修的意思不是说，社会生活和政治生活的发展是确然地好的。他的故事的某些部分是尤其悲观的。他指出，社会生活消除了痛苦和焦虑的某些来源，但产生了其他来源。他并未宣称，对伊壁鸠鲁学派的享乐主义者来说，社会生活显然是更可取的。

565 卢克莱修《物性论》v. 958-1006　他们不能考虑共同的善好，也不知道使用共有的习惯和法律。运气给谁提供任何战利品，谁就抢占它；因为每个人都学会了只为他自己的冲动或只为他自身生活和发达……但是，比起现在，那时候并没有多得多的凡人带着哀号，离开生命的快乐阳光。在那时候，更常会有人被野兽作为活生生的猎物捕获并且被它们的牙齿攫住吞食，从而他的叫喊声充满了树丛、山川和森林，当他看着自己鲜活的肌肉被埋进一个活坟墓的时候……但在那时候，从不会有成千上万的人被领向战场，一天工夫就被全部杀死；大海的汹涌波涛从来没有把船只和人都抛在礁石上……在那时候，是食物的匮乏把死亡带向他们无力的肢体；但是现在，是资源的富足摧毁他们。在那时候，他们因他们的无知常常给自己饮用毒药；

但是现在，人们使用他们的知识毒害他人。

后来，在他们自身获得茅舍、兽皮和火之后，女人和男人成对住进一个单独的家……⑥被学会，而且他们看到孩子由他们生出，于是人类第一次开始变温和。火的使用使他们瑟缩的肢体不那么能够忍受露天的寒冷；维纳斯也减弱了他们的力量；孩子的吸引力也容易摧毁父母的自我意志。于是，因为渴望不再行伤害之事和遭受暴力，邻居们也开始相互形成友谊。他们代孩子和女人向人乞求怜悯；使用哭喊和手势，他们以迟疑的表情传达：同情弱者对所有人都是公平合理的。他们不能处处达成和谐，但是仍有很多人，实际上是绝大多数人，忠实地遵守他们的契约；否则，人类早就该已经完全绝灭……

斯多亚学派

566 关于斯多亚学派政治理论的证据是支离破碎的，但我们能够基于斯多亚学派的伦理学、自然哲学和神学来描述它的某些特征。基本原则是斯多亚学派相信道德美德的至高无上和所有其他所谓的好和坏的中立性（在斯多亚学派术语的意义上）（508-513，523-525）。这一基本原则在不同的方向上被发展，产生了斯多亚学派理论的不同倾向。从可用的证据来看，这些倾向有多少呈现于个别斯多亚学派的理论家身上，或者不同的理论家如何寻求整合它们，并不总是很清楚。

芝诺写了一本《城邦政制（Republic）》，在很多观点上批评柏拉图的著作，但是他赞同柏拉图对现存城邦和政体的激进批判。芝诺

---

⑥ 一些词语在文本中丢失了。[可能是"夫妇生活所应遵守的习俗"。——译者]

或许论证，人们通常视为对正义的城邦和得体的生活方式来说是本质性的许多政体，其实是中性的，需要检验它们在特定的环境中是否真正达到了恰当的结果。他和克律西波斯可能建议，有德性之人的城邦不会需要在现实城邦中所发现的各种制度。

关于有德性之人的城邦的信念还可从斯多亚学派对友爱的处理中获得辩护。他们发展了亚里士多德所谓的最高形式的友爱存在于有德性的人之间的建议（474）。在他们看来，有德性的人彼此全都是朋友，只要他们共有由美德引导的共同生活方式，无论他们是否是同一个城邦中的公民。从这个观点来看，相比于我们生于其中的那个由特定的政治共同体组成的共同体而言，美德的共同体是更加重要的共同体；因此有德性的人彼此之间会以同胞公民相待，不管他们彼此相距多远。

这个有德性的人的共同体广泛扩展，甚至超出了人类。在斯多亚学派的神学中，神（或诸神）也是理性的，为整体宇宙的善好而施恩（providence）。既然有德性的人的意志与神的意志和谐一致，那么他们就属于一个延伸贯穿整个宇宙的共同体（619-623）。

这一共同体也有一种法律。人神共奉的理性原则构成自然法，是个体和社会生活的普遍有效的指导，我们能够基于它来审查现实的城邦，看看它们在何种程度上遵守或违反它。

斯多亚学派的政治理论中的某些这样的倾向可能导致我们得出结论说，斯多亚学派对政治生活不很感兴趣，就像通常所理解的那样，抛弃它，转而支持寻求个体完善；有德性的人的纯粹理论共同体和神圣有序的宇宙的纯粹理论共同体，看起来可以取代同胞公民之间的日常纽带。

然而，这一结论没有得到辩护。斯多亚学派对自然法的信念是对现存社会的道德批评和评价的基础；它谋求为那些最适合人性的社会生活形式提供基础。有智慧和美德的人的共同体超越而非取代对其他共同体的依附（568）。对两种共同体的依附是一个重现在奥古斯丁的"上帝之城"观念中的斯多亚主旨（573；参见 623-624）。尽管奥古斯丁强调基督教共同体首先关心"天国的和平"，但他也强调它会关心"尘世的和平"和特定人类社会的福祉。

567 第欧根尼·拉尔修 vii. 32-33　一些人，包括怀疑主义者卡修斯及其追随者，详细地抨击芝诺。这些批评者说，首先，他在《城邦政制》的开篇宣称日常的教育是无用的。其次，他认为所有那些没有德性的人都是另一个人的敌人，父母与孩子、兄弟与兄弟、朋友与朋友，彼此是战争中的敌人、奴隶和异邦人。再次，在《城邦政制》中他仅仅把有德性的人作为公民、朋友、亲戚和自由者，因此，在斯多亚学派看来，父母和孩子是敌人，因为他们没有智慧。据说他在《城邦政制》中这样安排：女人被共同拥有，并且（在 200 行）人们不应在城邦中建造庙宇、法院和运动场。于是关于货币他这样写道："我们不应该认为我们应当铸造货币，无论为了交换还是为了国外旅行。"

568 塞涅卡《论闲暇》4.1　让我们在心里把握住两种国家。一种是伟大的和真正共有的，包括诸神和人类，我们在其中看不到大地的这个或那个角落，我们与太阳的路径一起测量我们城邦的边界。另一种是我们因为出生的环境而已被裹挟其中的城邦。这是雅典人或迦太基人或某个其他城邦，属于某些特殊的人，而不属于全人类。[66]

569 迪翁·赫里索斯托姆 xxxvi. 20　他们说城邦是一大批定居在同一个地方的人，由法律统治。因此，显然，这个谓词不适

---

[66] 对两个城邦的忠诚：622。

合于任何愚蠢和无法律的所谓城邦……因为恰如一个缺乏理性部分的人不是人，同样，不遵守法律的城邦也不是城邦；而如果它是愚蠢和无序的，那么它不可能是遵守法律的。

570 西塞罗《论法律》i. 22–23　不用说在人类中，而是在全部天上和地上，有什么东西比理性更神圣？当这已经成长和完善的时候，就被恰当地称为智慧。既然没有什么东西比理性更好，既然它是在人类和诸神之中的，那么人类和诸神的第一个共同体是在理性中的。现在分有理性的这些人也共同地具有正确的理性；而既然正确的理性是法律，那么我们必须认为，我们人类和诸神通过法律构成一个共同体。现在那些有共同法律的人也有关于对错的共同标准；而那些共同地具有这些东西的人必被认为是同一个城邦的成员；如果他们服从相同的命令和统治权力，就更是如此了；诚然，他们确实服从这天上秩序、神圣心灵和最强大的神。因此，这整个宇宙必定被认为是诸神和人类共同的城邦。

571 拉克坦提乌斯《论圣职制度》vi. 8.6–9 = 西塞罗《国家篇》iii. 33　真正的法律是合乎自然的正确理性，扩散遍及每个人，持久，永恒。它通过命令要求履行责任，通过禁令阻止做坏事。它既不会徒劳地命令好人，也不会通过命令或禁令推动坏人。对这种法律的任何更改都不被允许，任何对它的部分废除也不被允许，它也不能完全被废除。我们不能借助参议院和民众摆脱这一法律，我们也不应该在我们自身之外寻找其他任何人来说明或解释它。也不会是⑰，罗马一部法律，雅典另一部法律，或者现在一部法律，以后又是另一部法律；相反，一部永恒的和不可改变的法律将在所有时间包括所有人。而神将是一切的

---

⑰ 或者"也将不存在"。

共同主人和指挥官——神,发现和宣扬这种法律并且是其法官。任何不服从它的人自我逃避,回避了人的自然本性,他将因此而受到最大的惩罚,即使他逃避了被公认为惩罚的其他事情。

572 克莱门《杂记》iv. 26=SVF iii. 327　我将向基督之灵祈祷,让我飞到我的耶路撒冷。因为斯多亚学派也说天堂是一个城邦,严格地说,在地上的事物不再是城邦。因为城邦是文明化了的东西,而且人民是文明化的联合,由法律统治的一大批人,恰如教会由《圣经》所统治,是一座坚不可破、摆脱暴政的世间城邦,神圣意志在尘世的产物,和天堂中的一样……而我们知道柏拉图的城邦,作为范型置于天上。⑱

573 奥古斯丁《上帝之城》xix . 17　因此,当天堂之城像位陌生人一样在尘世旅行的时候,它召集所有民族的公民,用所有语言聚集成一个异邦人的社会。它不关心达到或增进尘世和平的习俗、法律或制度中的差异是什么。它也不废除或摧毁它们中的任何一个;事实上它保留和遵守它们。因为,无论它们在不同的民族中可能如何不同,它们全都趋向于尘世和平这同一个目标,只要它不妨碍对至上的和真正的神的崇拜。因此,天堂之城也在它的旅途中使用尘世和平,并且在生命的必需品的获得上指导和寻求人的意志的一致。

---

⑱　柏拉图:556。

15 哲学与神学

自然哲学和神学

[574] 我们已经看到，前苏格拉底自然主义者的某些基本目标和进路为什么与传统的诸神信念的蕴含相冲突（33，36-38，40，101）。传统信念基于传统故事，特别是由荷马、赫西俄德和其他诗人所记录的那些故事。对这些诗人及其所讲故事的权威性的攻击，毫不奇怪地被解释为是对作为这些故事之主体的诸神的信念的攻击。

自然主义者们也否认诸神能够以传统故事所归于他们的那些方式在世界中行动。根据传统信念，自然过程是无常的，始终屈从于诸神的不可预测的干预。宙斯有时因为愤怒派来暴风雨，这种信念与自然主义者的观点冲突，他们认为，自然现象全都能够通过规律得到说明——这些规律涉及诸如热、冷、凝聚、稀散等等因果力量，而不涉及忙于各种争吵的许多不同神灵的一时兴致。

某些自然主义者意识到其立场与宗教传统之间的这些冲突。克塞诺芬尼既一般性地批评荷马和赫西俄德，又具体批评他们把诸神赋予人性地呈现为只不过是些具有荷马式英雄的一时冲动、情感和嫉妒的强大人类（575）。他提出埃塞俄比亚人必定信奉黑皮肤的诸神，而如果马也信奉诸神，那么它们信奉似马的诸神，他以此嘲笑希腊传统观念中的狭隘方面（576-577）。

赫拉克利特在他对传统信念的批评中甚至更加直言不讳。他拒绝接受荷马和赫西俄德的主张,并且公开指责传统的崇拜、献祭和仪式是令人厌恶的。他关于宇宙及其规律的观念没有为无常诸神的干预留下任何空间（352，580）。

对传统信念的这些批评并不意味着对诸神信念的拒斥。据报道,泰勒斯曾说万物都充满神（303）。阿那克西曼德把"无限者"描述为"支配万物",而且把对立面（the opposites）描述成是其相互侵犯"偿付应得的惩罚"（44）。很难确切说明他用这些暗含神圣心灵和宇宙伦理秩序的表达意指什么。①

克塞诺芬尼的立场更清晰。克塞诺芬尼之所以批评传统观点,不是因为它们表达了对诸神的信念,而是因为它们不配为神；神不应该被表象为具有人类的错误和局限。神完全不像人,而且毫不费力地主导着宇宙（576，578）。

赫拉克利特承认宙斯和复仇女神——正义的传统守护者——乃是自然秩序的守护者,不允许太阳跨越它的界限（352）。宙斯不是传统崇拜的狭隘观点所认为的那样；他是宇宙智慧。这是为什么宇宙智慧既愿意又不愿意被称为宙斯的原因（579）。诸神不是通过间歇性地干涉世界的日常进程起作用,而是在自然法则自身的基本结构中行动。

类似地,《希波克拉底文集》的作者否认那种所谓的"神圣的"疾病有任何特别神圣的东西可言,因为他相信它服从于能被用来说明其他疾病的相同种类的解释。但他不是在表达对神圣的东西的不信。当他说所有疾病是神圣的和属人的时候,他暗示自然秩序同样是一种神圣秩序（36-38）。

那种认为诸神呈现在自然规律和因果性的秩序之中的观点,在原子论者那里是没有的。与我们已经提到的较早的前苏格拉底诸家

---

① 参见 77 中巴门尼德提到的正义。

相反，他们不认为自然的必然性体现了宇宙正义。诸神完全在自然秩序之外，因此它们不能影响自然事件的过程。②

既然自然主义者拒斥传统的诸神形象，那么他们因否认传统诸神的存在而受到指责也就不足为奇了。阿里斯托芬戏称自然主义宇宙论已经驱逐了宙斯并且用"涡旋"（Vortex）取而代之，后者是某种决定天体活动的无意识和非人格的力量（581）。对绝大多数自然主义者的立场的这种夸张讽刺和歪曲，表达了一种可以理解的反动。

575 塞克斯都《驳数学家》ix.192-193 = DK 21 B11③　关于诸神，不同的人有不同且冲突的观点。因此，他们的信念不可能全是可靠的，因为它们冲突；某些与其他信念对立的信念也不可能是可靠的，因为它们全是等值的。神学家和诗人的神话故事证实了这一点；因为这些故事充满各种不虔敬。因此克塞诺芬尼在他对荷马和赫西俄德的批评中说道："荷马和赫西俄德把所有那些在人类中间是羞耻和可鄙的事情都归于诸神：偷盗、通奸和相互欺骗。"

576 克莱门《杂记》v.14.109.1-3 = DK 21 B23, 14, 15　克洛丰的克塞诺芬尼教导神是一和无形体的，他说："存在一个神，诸神和人类中间最伟大的，在形状和思想上都不类似于有死的凡人。"他又说："但是有死的凡人认为诸神有出生，有像他们自己一样的衣服、话语和形状。"④他又说："但是如果牛或马或狮子有手，或者能够用它们的手绘画并产生与人相同的作品，那么

---

② 德谟克利特的观点大体上类似于伊壁鸠鲁的观点：610-611。
③ 冲突的现象：108。
④ （赋予神、动物或其他事物人的特点的）拟人论（anthropomorphism）：611。

377　马将把神的形状画得类似于马，牛将把神画得类似于牛；它们将使得诸神的身体在形状上类似于它们自己。"

577 克莱门《杂记》vii. 4.22.1= DK 21 B16　希腊人认为诸神不仅有人的形状，而且有人的感情，恰如每个种族都把它们的形状描画得类似于他们自己；就像克洛丰的克塞诺芬尼所说："埃塞俄比亚人使得他们的神是黑色的和朝天鼻的，色雷斯人认为它们是红头发和灰眼睛的。"

578 辛普里丘《〈物理学〉评注》22.26-23.30=DK 21 B25　塞奥弗拉斯特认为，克洛丰的克塞诺芬尼，巴门尼德的老师，确定本原或者存在的一切是一，既不是有限也不是无限，既不变化也非不变化……克塞诺芬尼说这个一和一切是神。他从神是万物中最强大的这一事实表明神是一；因为他说，如果有不止一个神，那么它们必定都有同等的力量，但是万物中最强大、最好的东西是神……他废除了变化和不变……不变者是不存在者（what is not）；因为没有任何其他东西变成不存在者，它也不会变成任何其他东西。但是变化要求多个东西；因为一个东西会逐渐变成另一个东西。因此，当他说它保持同一状态且不变化的时候——"他永远保持同一状态，完全不变，对他来说一会这儿一会那儿的移动是不合适的"——他的意思是，神之所以保持不变，不是因为它具有与变化相对立的那种静止，而是因为具有既排除变化也排除静止的那种稳定性……他还说神思想万物，他写道："远离劳苦，他用他的心灵统治万物。"

579 克莱门《杂记》v.14.115. 1-3=DK 22 B32　［赫拉克利特：］唯一智慧的那一个既不愿意又愿意被称为宙斯。

580 奥利金《驳塞索斯》vii. 62=DK 22 B5　［赫拉克利特：］当他们被玷污的时候，他们把他们的时间浪费在用鲜血净化自身中；这就像是某个步入泥潭的人，试图用污泥清洗掉污泥……

他们不知道神和英雄是谁,像人们对着房子唠叨一样对着雕像祈祷。

581 阿里斯托芬《云》365-381　苏格拉底:这些云是仅有的诸神;其他全是垃圾。斯特瑞普西阿得斯:但是凭大地起誓,宙斯,奥林匹斯山的宙斯,难道他不是你的神吗?——你说什么,宙斯?不要再说废话。没有什么宙斯。——你什么意思?那么雨是谁下的?你先把这个给我解释清楚。⑤——当然是这些云下的雨。我会用强有力的证明来教授你这些。来,你在什么地方看见没有云就下起雨来了?叫那些云走开,让宙斯在晴空里下下雨看。——阿波罗做证!你把这一个与你的其他论证完美地结合在一起。想想我先前总相信是宙斯从筛子里撒尿呢!但是请告诉我,打雷且让我颤抖的是谁?——当这些云转动时它们就打雷。——你神经病!那如何发生?——每当它们充满大量水的时候,必然性使得它们四处游荡,因为必然性它们充满水,悬浮在空中,然后,当它们带着沉重的雨水彼此撞击时,就爆发一声巨响。——但是,是谁迫使它们因为必然性而移动的呢?难道不是宙斯吗?——根本不是!是天空中的涡旋。——涡旋?某种我闻所未闻的东西,没有什么宙斯,相反,现在是涡旋代替他为王了。

苏格拉底

582 阿里斯托芬对自然主义的嘲弄旨在再现苏格拉底的教导。苏格拉底自己评论说,阿里斯托芬的刻画使得人们更愿意相信很多年后

---

⑤　亚里士多德论雨:242。

针对他的冒犯宗教的指控。⑥ 苏格拉底被控不承认城邦诸神,引入新神,败坏青年。他的同伴之一克里提亚斯写了一个剧本,其中的一个角色表明,信仰诸神只是统治者设计的宣传的结果(584)。

苏格拉底否认宗教指控,并且表明为什么这些指控是无正当理由的,虽然并不完全似是而非。他相信诸神的存在;他相信阿波罗通过德尔斐的神谕言说,他也相信我们在道德上必须去做诸神命令我们的事情。⑦ 在《克里同篇》中,法官们告诉他,如果他违反雅典的法律,那么他必定预见到,在他死后,神的法律将因他的不正义而审判他。这些信念符合习俗的观点。然而,苏格拉底关于诸神的一些主张和假设并不完全是习俗的。在《欧绪弗洛篇》中他怀疑来自荷马和赫西俄德的习俗诸神刻画的几个方面。他反对这样一种观点,即,诸神能够在何为对错的问题上争吵或意见不一或持有不同的观点。质疑这样一种观点即是质疑关于诸神的许多传统故事。

苏格拉底对传统诸神观点甚至提出了更为广泛的质疑。他和欧绪弗洛一致认为,诸神必然因为它是虔敬的而肯定虔敬的东西;诸神并不仅仅通过命令或赞成它而使一种特定类型的行为成为虔敬的。我们必不可设想诸神具有任性的或反复无常的好恶;他们之所以赞同什么是正确的和什么是错误的,必定出于某种其他原因,而非因为他们赞同它。一个毫无同情心的批评者可能得出结论说,苏格拉底的诸神不是传统希腊宗教的诸神,而是他自己对它们的道德化替代物。这一结论将是错误的,但可以理解。

对苏格拉底引入新的超自然存在者的指控,可以从他提到"神迹"(精灵,daimonion;317,540)获得支持。他有时候声称收到来自那个通过神迹教导他的"神"的教导。他为他的许多最富有争议的

---

⑥ 《云》在公元前 423 年表演。苏格拉底的审判是在公元前 399 年。

⑦ 对诸神的服从:453。

行动引征神迹,从而引征神圣的权威。最为重要的是,他把它当作他投身哲学探究生活的神圣保证。

这种诉诸神迹看似支持对苏格拉底诉诸不被城邦认可的新神的指控。这看似也可能使他面临不一致的指控。苏格拉底宣称考察自身和其他人,而且基于通过检验看似对他来说最好的那种理由来行动(454)。如果他的行动诉诸由他的神迹所传达的神圣权威,那么他不就抛弃了这一自设的标准了吗?

苏格拉底对这项指控的回答,可以从他对德尔斐神谕宣告的"没有人比苏格拉底更有智慧"的回应中被推论出来。虽然他发现这一判断令人惊讶和难以置信,但是他不会把它作为错误的而予以抛弃。相反,他认为,神的言语需要某种解释。对其他人的审查表明神在某种意义上是正确的。当他"给出神迹"(如赫拉克利特提出它那样;139-140)的时候,苏格拉底已经找到很好的理由来相信神的意谓。

583 柏拉图《申辩篇》18A–19C 对我而言正确的方式是首先回应那些最初的控告和最初的控告者;然后我将回应后来的那些指控和控告者。因为许多人已向你们控告我;许多年前他们就控告我,他们虚假的指控已经持续了很多年;比起阿尼图斯和他的同伴,我更害怕那些人,虽然阿尼图斯他们也很可怕。更可怕的控告者是那些当你们还是孩子的时候就开始的人,而且一直试图用他们的谎言来说服你们……他们说,苏格拉底是在行不正义,并且表现出不恰当的好奇心;他探究地下和天上的事物,他把较弱的论证变为更强的论证,他还把这些东西教给其他人。那就是控告的特征;那是你们自己在阿里斯托芬的喜剧中已经看到的;有人称苏格拉底前摇后摆,在空中行走,对于我毫不知情的问题大说废话……雅典人啊，事实上，我与这些事情毫无关系。现在在场的人当中很多人——所有那些听过我对话的人⑧——都能给我做证。我呼吁他们：你们这些听过我对话的人，请你们相互告知，你们是否听到过我在对话中谈论这类事情，无论多少。⑨

584 塞克斯都《驳数学家》ix. 54-56　　克里底亚，在雅典当过僭主的这些人中的一个，看起来是一名无神论者，当时他说，古代立法者塑造一个神作为人类正确行为和罪行的监督者，以至于，因为害怕诸神的报复，没有一个人会秘密地对邻居行不正义。他的原话如下：⑩"曾经有一段时间，人类生活无序、残忍并服从强权，绝不存在对好的行为的奖励或对坏的行为的纠正。于是，在我看来，人们建立法律来纠正他们，从而正义将变成僭主⑪……并且会把傲慢无礼当成奴隶。任何犯了罪的人受到惩罚。但是既然法律通过暴力阻止人们从事会被查到的不正义行为，那么他们就继续秘密地从事它们。⑫因此，在我看来，接下来就有某个聪明和天才般的人最先为有死凡人发明了对诸神的恐惧，从而坏人也会害怕，即使他们秘密地做或说或想任何东西。于是，由于这个原因，他引入了神，说道："有一个超自然存在者活跃于不可毁灭的生命中。它通过心灵听、看和理解……它将听到有死凡人说出的一切东西，也将能看到他们所

---

⑧ dialegesthai。或许尤其适用于苏格拉底的盘问。见 142。
⑨ 下接 139。
⑩ 这是西绪福斯的演说，出自一部佚失的克里提亚斯所著剧本（另一种来源归于欧里庇得斯）。或许西绪福斯在戏剧的后面因为他的不虔敬而受到惩罚（与传统的故事相一致）。
⑪ 文本有缺漏。僭主：531。
⑫ 对惩罚不正义的恐惧：457。

做的任何事情。如果你秘密地谋划某种邪恶的行为，诸神会发现……"他用这些成卷的恐惧俘获了人类……而且他通过法律消灭无法律状态。……根据一些人，阿伯得拉的普罗塔哥拉赞同这些无神论者……他用许多这样的语词写道："关于诸神，我既不能说它们是否存在，也不能说它们是什么样的；因为很多东西阻止我。"基于这一指控，雅典人判处他死刑，但是他逃脱了，因船只在海上失事死去。⑬

585 第欧根尼·拉尔修 ii. 40　在此案中反对苏格拉底的宣誓证词如下——根据法伯里诺斯，它仍旧保存在梅特隆：⑭ "庇托斯的迈雷托士的儿子迈雷托士宣誓并控告阿罗匹斯的索弗洛尼斯科斯的儿子苏格拉底如下：苏格拉底行不正义，因为他不承认城邦承认的诸神，而是引入了新的超自然的存在者。他还通过败坏年轻人而行不正义。建议的刑罚是死刑。"

586 柏拉图《欧绪弗洛篇》10A-11E⑮　苏格拉底：考虑一下：究竟是虔敬的东西因为它是虔敬的，所以诸神所爱呢，还是因为诸神爱它，所以它是虔敬的呢？欧绪弗洛：苏格拉底啊，我不知道你是什么意思。——我会试着更清楚地表达它。我们提到携带的东西和被携带的东西，引领的东西和被引领的东西，看的东西和被看的东西。你知道在所有这些情况当中，一个不同于另一个，以及它们在什么方面不同吗？——我想我知道。——被爱的东西不是不同于爱的东西吗？——当然。——现在请告诉我，那个被携带的东西因为某东西携带它而被携

---

⑬　普罗塔哥拉：156。
⑭　梅特隆是雅典的一座用来存放官方记录的庙宇。
⑮　论证中的更早阶段：144，148。

带，⑯还是因为其他别的东西？——不；就因为它。——被引领的东西和被观看的东西也是如此？——是的。——因此某东西不会因为它被观看而观看到一个东西，而是相反，一个东西被观看到是因为某东西观看它。某东西也不会因为它被引领而引领某东西，某东西也不是因为它被携带而携带某东西，事实正好相反……于是，同样地，不是因为某东西被爱，爱它的东西爱它，而是因为他们爱它，它才被爱？——必然如此。

——欧绪弗洛啊，那么关于虔敬我们都说了什么？根据你的论述，不是所有的神都喜爱它吗？——是的。——因为它是虔敬的，还是因为某个别的东西？——不，因为这。——那么，因为它是虔敬的，他们爱它，因此，不是因为他们爱它，它才是虔敬的？——看起来是这样的。——但是，是因为诸神爱它，所以它为诸神所爱且深受他们喜爱？——当然。——那么，欧绪弗洛，为神所爱者不是虔敬者，虔敬者也不是为神所爱者，而是一个不同于另一个。——你什么意思，苏格拉底？——我的意思是，我们同意说，神之所以爱虔敬者，是因为它是虔敬的，而非，它之所以是虔敬的，是因为他们爱它。不对吗？——对的。——然而，为神所爱者之所以为神所爱，恰恰是因为诸神爱它，而非，他们之所以爱它，是因为它是为神所爱的。——你说得对。——但是，欧绪弗洛，如果为神所爱者和虔敬者是相同的，如果虔敬者之所以被爱，是因为它是虔敬的，那么诸神也会因为它是为神所爱的而爱为神所爱者，而且，如果为神所爱者之所以为神所爱，是因为诸神爱它，那么虔敬者会因为诸神爱它而是虔敬的。然而，正如你看到的，事实正好相反，因为它们是不同的。因为为神所爱者之所以要被爱，

---

⑯ 英译文试图传达苏格拉底通过使用希腊动词的不同部分来传达的要点。

是因为诸神爱它,而虔敬者之所以被爱,是因为它是要被爱的。实际上,欧绪弗洛,在我看来,当我问你虔敬是什么的时候,你不想对我表明它是什么,⑰ 而只是告诉我某种碰巧发生于它的东西,这也就是在虔敬者身上发生的东西,亦即,所有神都爱它。但是,因为什么原因这种东西发生在它之上,你还没有说过。因此,如果你乐意,请不要隐瞒,而是从头开始再告诉我一次,虔敬是什么,以至于所有神都爱它,或者任何别种东西发生于它——因为那不是我们的分歧之所在——但是,请立刻告诉我,虔敬是什么,不虔敬又是什么。

——苏格拉底啊,我真的不知道该如何表达我的想法。因为无论我们提出什么、以何种方式提出、以什么为基础,它都转来转去,不会原地不动。——欧绪弗洛啊,你谈到的东西看起来像是我们祖先代达罗斯*的作品。如果我是那个陈述和提出这些东西的人,你大概会嘲弄我,说因为我是他的后代,所以我的论证中的作品也四处乱跑,拒绝停留在它被提出的地方。但事实是,既然这些是你的假设,那么你将不得不发现某个别的以我为代价的笑话;因为就像你自己所允许的那样,它们拒绝为你静止不动。——好的,苏格拉底啊,我认为是你说过的东西招致同样的嘲笑。因为,不是我使得这些论证到处游走、从不待在同一个地方。在我看来,你才是代达罗斯;因为,就取决于我而言,它们会静止不动。——那么看起来我的技艺比代达罗斯的更可怕。因为他仅仅使得他自己的作品移动,而我既能让我的作品移动,也能让别人的作品移动。实际上,我的

---

⑰ 字面上,"表明其本质"(essence;*ousia*)。关于 *ousia*,见 **227** 的注释。

* Daidalos,希腊传说中的雕刻家,其作品栩栩如生;苏格拉底年轻时当过雕刻匠,所以打趣说他是代达罗斯的后代。——译者

技艺的最复杂的特征是，我明智地反对我的意愿。因为我会偏爱我的论证保持静止、稳定不动，胜过拥有代达罗斯的智慧和坦塔罗斯*奉送的财富。

宇宙目的论：柏拉图

587 在《斐多篇》的貌似自传的概述中，苏格拉底描写了他早期对自然哲学的兴趣（96）。他相信人的行为应被理解为以好为目标的理智思想的产物。他失望地发现，自然哲学家们没有尝试以相同的方式把宇宙解释成一个整体。阿那克萨戈拉接近于这种恰当的解释，因为他把心灵视为首要的原因；但甚至他也没有注意到，以最好的结果为目标是心灵的特征，因此他也未曾尝试把宇宙理解为一个理智设计的产品。

对世界的论述依赖于宇宙目的论的解释，这一要求可能受到了苏格拉底道德化的诸神观念的影响。在《理想国》中，柏拉图强调神必须被表象为完全善好的，完全没有罪恶或缺陷（590）。既然只是人的有限性和恶德阻止我们传播我们的善好，那么完满的神，必定想要尽可能广泛地传播祂们的完满性；因此祂们必定制造一种展示其善好的宇宙秩序。善好的理念不仅解释了人的行为和人的美德，而且也说明了宇宙的本性和其中的各种过程（214-215）。

这一建议在《蒂迈欧篇》中得到了最精致的发展（591）。自然世界被描述为一个由神圣"工匠"或"匠神"（dêmiourgos）所制造的活的有机体，匠神被理念的完满性所主导并且试图用他可得的物质原料复制它。植物和动物的有目标指向的行为以及它们对它们周围

---

* *Tantalos*，希腊神话中富有的吕底亚国王。——译者

环境的适应性，展现了我们通常视为设计心灵之证据的那种秩序。柏拉图推论它们是由一个神圣的心灵设计出来的。

虽然匠神是善好的和仁慈的，但祂不是全能的。祂不从无中创造事物，祂也没有选择祂的原材料。恰如人类工匠生产的人工制品既反映了工匠的技能，也反映了物质材料固有的限制，宇宙既反映了其设计者的善好，也反映了祂不得不与之打交道的物质材料的固有倾向和限制。因此世界并没有充分地反映其设计者的善好。

柏拉图在神的善好和部分拒不服从的质料之间的划分影响了他的因果观念和解释。他不仅承认终极因最终依赖于神圣设计，还承认一种次等的"游移着的"原因。在结果由质料的特征来说明而不涉及结果的善好的情形中，这种次等的原因有时候给予我们唯一可得的解释（95-99）。

从这种目的论的观点看，唯物主义（被原子论者接受的那种）至多是部分真理。对于参照质料合成和参照既非有意识的意向的结果也绝无任何目标导向之过程的解释，柏拉图承认其地位。但是他相信，非目的论的解释无法说明宇宙的那些展现设计的秩序特征的面相。

一旦我们意识到作为整体的宇宙显现出神圣理智和善好，我们就看到，在柏拉图眼里，诸神也是特别关心人的幸福的。诸神奖励和惩罚，这一传统信仰结果证明是部分合理的；因为虽然诸神不能被礼物和献祭所贿赂，[18] 但他们关心人类社会的福祉，因此他们奖励正义并惩罚不正义。在《法律篇》所描述理想城邦中，柏拉图把对这些神的信仰变成强制性的；他规定对否认这些神的存在的人进行再教育或惩罚。柏拉图把无信仰（unbelief）不仅仅视为一种理智错误，而且也视为是对道德要求的普遍接受的威胁，因此也是对城邦幸福的威胁。

---

[18] 在 457 中反对克法洛斯。

588 辛普里丘《〈物理学〉评注》156.13–23　关于心灵，阿那克萨戈拉⑲这样写道："心灵是某种无限的和自我控制的东西，它不混杂有任何东西，而是由其自身就是单一的……心灵控制一切有灵魂的东西，无论伟大的还是渺小的。心灵也控制整个旋转，以致它从一开始就旋转。"

589 色诺芬《回忆苏格拉底》i. 4.2–19　我首先要讲讲我曾经听到苏格拉底与绰号小人物的阿里斯托得摩斯关于超自然存在者的交谈。得知阿里斯托得摩斯不献祭或祈祷或使用占卜，而是嘲笑那些这样做的人，苏格拉底说：……"选取两种生物，然后假定其中之一的目的是不清晰的，而另一种是为了某种利益是清晰的。在你的评判中，哪一种是运气的产物，哪一种是理智的产物？""人们会期待那种为了某种利益而生成的生物是理智的产物。""那么难道你不认为，最初造人的那位因某种利益创造他们，赋予了他们多种感官——眼睛用来看可见的物体，耳朵听声音？如果我们未被给予鼻子，那么气味对我们有任何用处吗？如果我们口中没有舌头来辨别，又如何知觉甜、苦以及一切对味觉来说愉悦的东西？……当所有这一切是如此显然地有预见性，你还会困惑于它们是运气的产物还是理智的产物吗？""不，当然不。当我以这种方式看它们的时候，它们看起来非常像某个有智慧、爱生命的工匠的作品。""那么植入这些怎么样：生养孩子的欲望，母亲照看她的孩子的欲望，孩子对活着的强烈期望和对死亡的强烈恐惧？""毫无怀疑地，这些也像是那个设计生物存在的造物主的产物。""你认为你自己有任

---

⑲　阿那克萨戈拉：96，242。

何智慧吗?""请问我一个问题,然后从我的回答来判断。""你认为任何别的地方找不到智慧吗,虽然你知道在你的体内你仅有一点点土和一点点水,而且那些你获得的所有其他大量元素,我认为,仅仅是一些用来塑造你的身体的残余物?但是就心灵而言,它是单独的,似乎不成群成堆,你认为你是通过一个幸运的偶然事件捕获了它吗?[20]你真的以为,所有这些数目上无限的巨大的聚集物是因为某种非思想的过程而处于好的秩序中吗?""是的;因为我没有看到那个控制者,但我看到这个世界上生产物品的匠人。""但是,你也看不到你自己的灵魂,它控制着身体;因此,按照论证,你也可以说,你不用理智做任何事情,一切皆由于运气。"阿里斯托得摩斯说:"我不鄙视超自然的东西。相反,我认为它过于崇高以至于不需要我的侍奉。""既然它认为为你服务是恰当的,那么这个存在者越崇高,你必须越尊敬它。""我向你保证,如果我相信诸神为人类着想,我不会忽视它们。""那么你是认为它们不为我们着想吗?……难道你不能很清楚地看到,与其他动物相比,人活得像神,因为他们无论身体还是灵魂都是自然地最优越的?因为如果他们有人类的理智,却又有牛的身体,那么他们就不能做任何想做的事情;再者,拥有双手却毫无理性也是没有任何好处的。在获得了这两种最有价值的馈赠后,你仍然认为诸神丝毫不关心你吗?……我的好友啊,我已完全确信:在你之中的心灵如它想做的那样对待你的身体;同样地,你必须承认宇宙中的智慧也如它所愿地安排一切……通过侍奉神来验证神,看看它们是否愿意在那些对人类来说不清晰的事情上为你提供建议。然后你将明白,神的伟大和本性在于,它在同一时刻全视、全听、

---

[20] 这一段落在614中被引用。

全在，留心万物。"在我看来，通过述说这些东西，苏格拉底使他的同伴避免了不虔敬、不正义和可耻的行为，不仅是在其他人看得见他们的时候，而且也在他们不被发现的时候，因为他们认为他们所做的任何事情都逃不过诸神的注意。

590 柏拉图《理想国》379BC　［苏格拉底：］难道神不是实在地好的吗，难道我们必不能这么说吗？［阿德曼托斯：］当然。——而且，任何好的东西都不是有害的吗？——是的。——无害的东西能害人吗？——当然不会。——无害的东西能干出什么坏事吗？——也不会。——不干坏事的东西也能是任何坏物的原因吗？——怎么可能？——再者，好的东西都是有益的？——是的。——那么，它是幸福的原因啰？——那么，好的东西不是一切事物的原因。它只是处于一种好的状态中的事物的原因，而不为那些处于坏的状态中的事物负责。——十分正确，他说。——那么，我说，神是好的，神也不能是一切事物的原因，如多数人说他的那样。对人来说，他是少数事物的原因，有很多东西他不为其负责；因为对我们来说，好的东西远比坏的东西少。对于好的东西，我们必须让神自己为其负责，但对于坏的东西，我们必须寻找某种其他原因，而不是神。

591 柏拉图《蒂迈欧篇》27E-30B[21]　蒂迈欧：那么，首先，按我的判断，我们必须做出这种区分。什么是永恒存在、绝无变化的东西，什么是持久变化、从不恒在的东西？前者由理性用推理来把握；它总是处于同一状态。后者则是与非推理的感觉相结合的信念的事情；它总是在生成和消亡，从来不真正地存在。现在，凡是生成的东西都必然地从某个原因生成；因为没

---

[21] 苏格拉底在回应蒂迈欧时的简要观点被忽略了。

有一个原因，没有任何东西能够生成。当匠神紧盯那永恒地自身同一者，并用这样一种东西做模型，再造其外形与性能，那么必然地，凡是这样造成的都是美好的。然而，要是他紧盯一个生成变化的东西，使用一个被造的模型，那么他的作品就不可能美好。

那么，这个天宇或有序的世界……它是永恒存在的，没有任何生成的本原，抑或，它是生成的，肇端于某个本原？它是生成的。因为它是可见可触的，并且还有身体，因此是可感觉的。而如我们所表明的，可感觉的事物都由信念用感觉来把握；既然这样，它们就都是生成的东西或被造成的东西。现在我们说，生成的东西必然地是从某个原因而生成。但是，这整个宇宙的制造者和父亲难以发现；即使我们发现了他，我们也不能对任何人描述他。因此，我们必须回来重提关于宇宙的这样一个问题：匠神是照着两个模型中的哪一个来造它的，是照永恒同一地自持者还是照生成变化者？这里，如果这个宇宙（世界–秩序）是美好的且匠神是好的，那么显然，它直观那永恒的模型；反之，这是不敬的假设，㉒它直观那生成变化的模型。现在，所有人都知道他必定直观那永恒的模型；因为我们的宇宙是生成变化者中最美好的，而匠神也是原因中最好的……

[29D] 那么，让我告诉你们，因为什么原因，那个构造了生成与宇宙的匠神构造了它？因为他是好的，好的东西绝不会对任何东西产生妒忌㉓；没有妒忌，他就愿意一切都尽可能像他自己……匠神愿意万物尽可能地都是好的，没有任何东西是坏的，因此，当他发现整个可见的宇宙并不静止，而是处于混乱无序

㉒ 世界之好：对比 609。

㉓ *phthonos* 含有希望其他事物不如自己的意思。参见 350，388。

的运动中,就把它从无序状态导入有序状态,因为他认为这种有序状态在任何意义上都比无序状态更好。

592 柏拉图《蒂迈欧篇》48A ……这个世界的生成是必然性和心灵的构造工作的混合。心灵通过劝说必然性,将绝大多数生成的东西带入最好的状态,而统治必然性。从一开始以这种方式并根据这个原则,经由必然性被智慧的劝说所战胜,这个宇宙被构成了。

593 柏拉图《法律篇》889A-890A 雅典访客:如他们[24]所说,似乎所有最伟大和最美好的东西都是自然和运气的产物,只有很少的东西是技艺的产物……因此他们说,火和水,土和气,全部由于自然和运气,无一由于技艺;它们的完全无生命的运动产生了大地、太阳、月亮和星星。这些元素根据其各种能力的随机结果而四处运动。当它们在某个适当的安排中碰巧聚在一起时,……它们就产生了整个天宇和其中的一切……,所以他们说,不是因为心灵,或任何神,或技艺,而是……由于自然和运气。

594 柏拉图《法律篇》894E-896C 当我们发现一个东西发生变化成为第二个东西,第二个接着变成第三个,如此等等——那么,在这样一个序列中,会有变化的最初源头吗?如果某个东西被另一个东西所推动,那么它怎么可能是变化的第一原因呢?这是不可能的。但是当某个自己使自己运动的东西改变了第二个东西,第二个东西又改变了第三个,然后成千上万的东西被推动的时候,除了在自己发起的运动中的变化之外,全部运动会有任何其他起点吗?……[895E] 那么,好,名为"灵魂"的那种东西的定义是什么呢?除了我们刚才说过的"那种能够

---

[24] 无神论者,他们否认神的存在以及神对人类的关心。

自己推动自己的运动",我们还能找到别的定义吗?……因此,说灵魂在身体之前生成、身体是第二等的和派生的、由于自然灵魂统治而身体被统治,将是正确的、严格真的和完备的。

595 柏拉图《法律篇》899D-900B　现在我们必须说服那个认为诸神存在但不关心人类事务的人。我的好朋友,我们会说,至于你对神的信仰,大概是某种与神圣者的亲缘关系吸引你尊重并承认那个与你有共同本性的东西。另一方面,坏人和不义的人有私人的和公共的好运。虽然这些人其实并不幸福,却被流俗的信念大力却不恰当地颂扬为幸福的。当你听到他们在诗歌和所有种类的话语中被不正确地赞颂的时候,这些就引诱你走向不虔敬。……因为所有这些,你显然不愿意因为恶人的好运而去责备诸神,因为你与神的亲缘关系。因为你没有理由、也没有能力抱怨诸神,所以落到目前这种境况——你相信虽然诸神的确存在,但他们鄙视和不关心人类事务。

亚里士多德:宇宙目的论

596 柏拉图的宇宙目的论及其有神论解释影响了亚里士多德。然而,在一些非常核心的问题上他不赞同柏拉图。他论证柏拉图的设计信念并不是对原子论唯物主义的唯一替代。

亚里士多德首先在对个别有机体或有机体的种有益的事件或过程中发现了目的因果性(238-246)。他支持目的论解释的主要论证既不预设也不辩护跨物种的目的论。他也不曾论证,作为一个整体的世界构成了一个有单一目标指向的系统。

然而,亚里士多德有时为这些较宽泛的目的论主张背书。他把世界看作一个有单一目标指向的秩序,在其中,一个物种的行为有利于另外一个物种。但他并未推论说，这一秩序是由一个设计者在任一时间造出的。事实上，他坚决拒绝这种柏拉图式的推论，因为他否认世界有个开端。在他看来，自然的秩序是不变的，无始无终。他没有追问为什么世界包含那些容许目的论解释的有机体；他似乎把这看作一个不可进一步解释的终极事实。

597 亚里士多德《论动物的部分》696^{b}23-32　鱼类在它们的嘴上有差异。有些鱼的嘴在前面，正好在身体的前端；其他鱼类，例如海豚和鲨鱼，嘴在下面；这就是为什么它们要翻身以便进食。自然这样做似乎不仅为了保护其他的动物，因为捕食者翻身时降速，其他动物就逃走了（因为所有那些嘴巴在下面的鱼都吃其他动物），而且也防止这些鱼因贪食而吃得过多。因为如果它们能够比现在这样更容易获得食物，那么它们将很快因暴食而灭亡。

598 亚里士多德《政治学》1256^{b}10-26　自然本身显然已经把生活手段的意义上的所有物给予了所有生命，无论在它们最初出生的时候，还是在它们长大的时候。因为某些动物，与它们的后代一起，需要足够的食物来生存，直到它们能够供养自己。产蛆的或卵生的动物是这样的一个例子；胎生的动物到一定时间在它们自身中就有对其幼仔的食物供应——被称为奶。同样，很显然，我们必须认为，在动物出生之后，植物为了动物之故而存在，而其他动物则为了人之故而存在，驯养的动物是为了使用和食物，野生的动物——如果不是全部，至少绝大多数——是为了食物，并提供衣物和多样的工具。现在如果自然不造残缺不全之物，不做徒劳无益之事，那么，它必然是为了人类之故造了所有动物。因此，从一种观点来看，战争的技艺自然地是一种获得性技艺，因为这种获得性技艺包括打猎。我们应当用这门技艺来对抗野兽，也对抗那些自然地适合被统治却不想被统治的人；因为这种战争是自然地正义的。

亚里士多德的神

599 既然亚里士多德拒斥那种把自然理解成设计之有时限的产品的自然目的论解释，他对物种内和物种间的目的论的信念并不构成任何支持设计之神存在的论证的前提。然而，他相信，作为整体的自然具有某种关于它的神圣的东西。自然不是一个在特殊时间具有被实现之具体目标和意向的日常行动者。然而，他仍然用人称词项，像努力、成功或失败，来谈论自然。很难说亚里士多德在多大程度上把某种主动行为归于自然。

他的神存在的论证依赖于这个主张：对运动的解释要求我们承认一个第一推动者。这个第一推动者自身不能被别的东西推动（因为这会把我们引向无穷倒退），但必定引起所有其他被推动的东西运动。第一推动者的信念蕴含了对诸神之为自然过程和人类行为之原因的传统信念的部分接受。既然这个第一推动者不需要任何进一步的东西来将其引起运动的能力变成现实，那么它永远处于现实中。既然潜能属于质料，现实属于形式，那么这个神圣的第一推动者也是纯粹形式，因此是最完满的实体（601-602；参见253）。亚里士多德的自然、运动和实体的概念在他对神圣实体的论述中结合起来了。

在亚里士多德看来，神圣实体之为第一因的角色并不蕴含柏拉图关于设计的主张的真理性；因为他拒斥柏拉图关于神圣活动的特征的观点。尽管柏拉图相信创造应从完满诸神获得预期，但亚里士多德却认为创造与神的完满性不可相容。借用关于诸神的传统观点中的另一个要素，他论证诸神是完全幸福的，因此是不被打扰的、自足的和不被推动的。

600 亚里士多德《物理学》256ª4–259ª13 〈被推动的一切事物都是被某个事物推动的。〉这在两种意义上为真：或者B之所以推动A，不是因为B本身，而是因为某个推动B的另外事物C，或者B之所以推动A，是因为B自身。在第二种情形中，以下这是真的：或者因为B是直接在A之前的第一个事物，或者因为B通过一系列中介推动A，就像当棍棒撬动石头的时候，棍棒被手推动，手被人推动，人被推动，但不是被某个进一步的东西推动。我们说那个最后的和最初的推动者都推动那物体，但是那个最初的推动者在一个更高的程度上推动。因为那个最初的推动者推动了那个最后的推动者，但是最后一个不会推动第一个。而且，在没有最初的推动者的情况下，那个最后的推动者将不能推动物体，但最初的推动者，在没有最后的推动者的情况下，将推动物体；例如，那个棍棒，将不会撬动石头，除非有人推动这个棍棒。于是，对任何被推动的东西来说，它被某个推动者推动是必然的，要么被这样一个推动者（它被某个其他推动它的某物依次推动）推动，要么被那样一个推动者（它不被某个其他推动它的事物推动）推动。因此，如果它是被其他推动它的某物推动，那么必定存在某个最初的推动者，它不被任何其他事物推动；因此如果这是那个最初推动者的特征，那么不需要任何进一步的推动者。因为，具有一个无限的推动者序列（它们中的每一个推动某物和被其他某物推动）是不可能的；因为在一个无限序列中，不存在任何一个初始项。那么，如果，一切被推动的事物被某物推动，而且如果第一个推动者被推动，而不是被其他某物推动，那么必然得出它被自身推动……

[258^{b}10] 既然运动必定是永续的且必定永不中断，那么必定有一个或多个永续的第一推动者。每一个不被推动的推动者是不是永续的问题与这个论证不相干；但接下来将变得清楚的是：必定存在自身不被推动并且在所有变化之外（或者无条件地或者巧合地）、但能推动其他事物的某个事物。那么，让我们假设，如果你喜欢的话，在一些事物的情况中，对它们来说，一时存在、另一时不存在，却没有任何的生成和毁灭，是可能的——因为如果某物没有任何部分，却一时存在、另一时不存在，或许对它来说，没有任何变化地一时存在、另一时不存在是必然的。让我们再假设，在那些不被推动而是推动事物的本原中间，某个本原一时存在、另一时不存在是可能的。然而，这并非对于所有这种本原都是可能的；因为显然有某个东西导致自我推动者们一时存在、另一时不存在。因为，凡是自我推动者必然都有某种量（magnitude），如果缺乏部分的东西无一被推动；但是从我们刚才所说的来看，所有推动者并不必然都有量。

因此，在一个持续的序列中，一些事物的生成和另一些事物的消亡的原因不可能是任何不被推动却不永恒存在的东西中的一个；一些事物是序列的一些部分的原因、另一些事物是另一些部分的原因，也是不可能的；因为无论它们中的任何一个还是它们全体一起，都不是说明为什么这个序列是永存的和连续的原因。因为这个序列是永续的和必然的，而所有这些推动者是无限地多而且它们并不全在同一个时刻存在。于是，显然，无论有多少不被推动的推动者和自我推动者消亡并被别的所接续，以致一个不被推动的推动者推动一个事物，这个事物又推动另一个，另一个又推动另一个，仍然有某个东西包含它们全部并且不同于其中的任何一个，它是一些事物存在和另一些事物不存在的原因,也是变化的持续性的原因。它是这另一些推动者中的运动原因,而这另一些推动者又是另一些事物中的运动的原因。

于是,如果运动是永续的,那么最初的推动者也是永续的,如果仅有一个的话;如果不只一个,那就有不只一个的永续推动者。但是我们必须假定只有一个而非多个,数目有限而非无限。因为在两种假设结果是相同的所有情形中,我们都应该假定有限数目的原因;因为在自然物中间,有限的和更好的事物而非其对立面必定存在,如果这是可能的话。因此一个推动者就足够了,它在不被推动的事物当中是第一位的和永续的,而且也是其他事物运动的本原。

601 亚里士多德《形而上学》$1072^a 9$-27　于是,如果相同的事物永远循环地存在,那么某些东西必定总以相同方式保持实际远转。如果有生成和毁灭,你们必定有另外某个东西,它实际上总在运转,一时以一种方式,另一时以另一种方式。那么,它必定实际上因为其自身而以一种方式运转,因为其他事物而以另一种方式运转,因此,或者是因为某个第三推动者,或者是因为第一推动者。因此,它必定是因为第一推动者;因为否则,第一推动者将引起第二和第三者的运动。于是,如果第一推动者是原因,肯定是更好的。因为我们已经看到,它是那个永恒同一的东西的原因,而第二推动者是在不同的时间不同的事物的原因。显然,两者一起引发了这个永续的相继序列。那么确定地,这也是运动如何发生的方式。那么,为什么我们需要找寻任何其他本原?既然事物如我们说过的那样是其之所是是可能的,并且既然唯一的替代选项是,万物从暗夜、从所有混合的事物和从不存在的东西㉕生成,那么疑难就可算解决了。

㉕　诗人和前苏格拉底哲学家的各种建议。

那么，就有某个东西，总是被推动而处于不息的运动中，而且这种运动是圆圈形的（不仅从论证中来看，而且从实际所发生的来看，这都是明显的）；因此，第一层天宇*是永续的。因此也还有某个推动者。既然，既被推动也推动其他事物的任何事物都是中介物，那么就有一个推动事物而自身不被推动的推动者；这个推动者是永恒的，实体和现实。这是理智或欲求的对象推动某物的方式；它推动它，但它自身却不被推动。

602 亚里士多德《形而上学》1072^{b}13—30　那么，这是诸天和自然所依赖的那种本原。它的生命具有我们自己的生命在最好状态时短期拥有的那种特征。因为第一推动者总是处在这种完全现实的状态中，然而我们不能总是处于这种状态；因为其现实也是快乐（这就是为什么醒着、感知着和思考着是最快乐的，而因为这些，期望和回忆也是令人愉快的）。

理性领悟（*nous*, understanding）本身属于最好的东西本身，而最高程度的理性领悟属于最高程度的最好东西。因此理性领悟通过分有理性对象的特征领悟其自身；因为，通过与其对象接触并领悟其对象，它变成理性领悟的对象，因此理性领悟与其对象是同一的。因为理性领悟是有能力接受理性领悟的对象和本质的东西，当它拥有其对象时，它就在现实地领悟着；因此，是这种现实的领悟和拥有而非接受对象的能力，似乎是理性领悟的神圣方面，它对理性领悟的对象的现实关注是最令人愉快和最好的。

那么，如果神总是处于这种好的状态，我们只是有时处于这种状态，这值得惊异；如果他处于一个更好的状态，那就值得更多的惊异了。诚然，那正是他处于其中的那种状态。进一

---

*　恒星天，最远的一重天。——译者

步讲，生命属于神。理性领悟的现实是生命，而神就是那种现实；他的现实本身是最好的和永续的生命。那么，我们说，神是那个最好的和永续的生命存在，因此持续和永续的生命与绵延属于神；因为那就是神之所是。

603 亚里士多德《形而上学》1074^{a}38-^{b}14　一种传统已经从久远的过去传到后来的几代人：这些星辰是神，神包含整个自然。这一传统的其余部分是一些神话的累积，被加进来以劝说多数人，并用来支持合法和有利的东西；㉖ 因为那些传下它来的人认为，诸神具有人的形状或诸神相似于其他动物，而且他们添加了出自以上这些并与它们相似的其他特征。但是如果我们分离开第一点并且单独考虑它——他们认为第一实体是神——我们将把它视为神圣的洞见，依据的假设是：每一种技艺和哲学或许常常已被发现，就人们能够应对而言，但又常常再次消亡，而这种信念，像来自更早几代的遗留物一样，存活到现在。因此，来自最早时期祖先的信念的真理性，对我们而言，仅在此限度内，是显而易见的。

幸福：变得像神？

604 亚里士多德关于诸神及其生活的观念也影响了他的伦理学。在他看来，人的自然本性之为理性行动者的最高实现，是使得我们最接近于神的那种活动形式，因为这些神是最纯粹的理性存在者。

在从神的本性衍推出关于人的善好的主张时，亚里士多德听从了柏拉图的某些建议。在某些地方（尤其605）柏拉图敦促理性存在

㉖ 诸神信仰的政治运用：584。

者渴望变得像神一样（或"像神圣者"）。在这样一种状态中，我们尽可能地摆脱了身体和具身生命的其他方面的各种要求，包括他人的要求。通过规避我们当下存在的这些限制，我们逐渐接近纯粹理智的状态。既然这是诸神（gods）或神（God）㉗的恒久状态，那么我们就应当以这种状态为目标。

亚里士多德没有把纯粹理智的生活与摆脱了身体的灵魂的生活联系起来。但在其他方面，他关于人的最好生活的概念与柏拉图的概念相似。他有时认为理性活动的最高等形式是没有任何实践目标或应用的"沉思"或"理论研究"（theôria）。既然诸神是自足的，不需要任何东西，那么这就是其恒久的生活形式，而人类应该尽可能地接近它。

对柏拉图和亚里士多德的这一主张——幸福在于一种包含为其自身之故的伦理和社会美德的实践——来说，这些关于纯粹理智的主张又意味着什么呢？不同的回答已经被给出。

(1) 按照后期柏拉图主义者，柏拉图伦理学的超脱尘世的方面是他对人的善好的深思熟虑的观点。他宣扬伦理和社会的美德，仅仅作为在世自保的权宜之计，并且作为"净化"（327），把我们从全神贯注于那些与肉体相关的需求中解脱出来。类似地，人们可以认为亚里士多德的品格美德仅仅是确保沉思的有利条件的手段。

(2) 道德的和非道德的概念代表两种冲突着的关于人的善好的论述。其一建立在伦理的基础上，另一建立在形而上学的和神学的基础上，它们不可调和（参见 612）。

(3) 它们是两种可供选择的幸福概念。道德概念是为了那些不

㉗ 柏拉图和亚里士多德既用复数也用单数提及神。

可能希求达到沉思水平的人。那些有能力达到沉思水平的人必定丢弃道德的概念。

(4) 柏拉图和亚里士多德关于纯粹理智生活的主张与复合幸福观一致；无论理智的活动还是由伦理美德主导的活动，都是最好生活的部分。两位哲学家都把理智活动看作最好生活的最为重要的部分，但不是全部；尽管两人都没有详细说明我们如何处理在幸福的理智成分和道德成分之间的明显冲突，但他们没有把纯粹理智的幸福概念与纯粹道德的幸福概念对立起来。

这些不同的可能解释允许我们就柏拉图和亚里士多德提出某些相同的问题。我们可能不想在每一种情况中给出相同答案。可能相干的是，例如，柏拉图和亚里士多德从神的自足性中得出了不同的结论。亚里士多德推论神毫无理由对他者的幸福感兴趣。柏拉图推论神会想要通过创造善好的东西来传播他的善好。按照我们所接受的神的概念，努力变得"像神"可能导致不同的行动。

605 柏拉图《泰阿泰德篇》173C–177A 苏格拉底：既然这是你的愿望，那我就描述一下哲学的领袖们……首先，他们从小就不知道去市场、㉘或去法庭、或去议事会、或去任何其他城邦集会场地的道路。他们也没有看到或听到城邦被书写或宣读的法律或条例……哲学家甚至也不知道他不知道这些事情。因为他并不为了获得名声而规避它们。事实上，只有他的身体居住在城邦中。他的心灵把所有这些东西都视为琐碎的和不重要的；

㉘ 用来讨论的地点，不仅仅是为了买卖。

它鄙弃它们，然后飞走，……探究作为整体的每一个事物的全部本性，而不屈身去关注任何近在手边的东西。西奥多洛：苏格拉底，你什么意思？——好比关于泰勒斯的故事。据说他一直考察星象并且仰望天空，直到他跌落入一个水坑。某个聪明机灵的色雷斯女仆取笑他，说他急切想知道天上的事情，但是他没有注意到在他面前和脚下的东西。这个笑话适合所有那些把时间花在哲学上的人。因为哲学家对他隔壁邻居正在做什么一无所知，甚至几乎不知道他是一个人还是某种其他生物。他努力去发现人是什么，以及做什么或经历什么是这样一种自然物所特有的，以区别于其他东西……

[176A] 西奥多洛啊，罪恶永不可能消失；因为与好对立的某个东西必定始终持存。既然它们不可能居于诸神中间，那么它们必然出没于这个世界的有死凡人中间。㉙这是为什么我们应当尽可能迅速地从地上逃离到天上。飞升就是变得像神，只要这是可能的；变得像神就是变得正义、虔敬和智慧。但是，我的朋友，不容易劝服人们说，我们应当避免恶德和追求美德，但不仅仅是为了"看似是好的而非恶的"之故，这是绝大多数人给出㉚的理由——这个理由，在我看来，只不过是老妇人的奇谈怪论。真相是：神在任何方面、任何意义上都不是不正义的，而是最正义的；而那个最像他的人是那个在我们中间变得最正义的人……实际上有两种范式被建立：一个属于神和最幸福的人，另一个属于非神的东西和卑鄙的人。但人们不认为这是真相，也没注意到，因为他们的不正义行为，他们的愚笨和十足的蠢行使得他们像一个范式而不像另一个范式。对他们的惩罚

㉙ 参见 **607**。
㉚ 是正义的（being just）的理由：460。

是过一种与他们所相像的范式相契合的生活。

606 亚里士多德《尼各马可伦理学》1177ª12–1179ª32[31]　于是，如果幸福是表现美德的活动，那么对幸福来说，表现最高的美德是合理的，这最高的美德将是我们最好部分的美德。如果最好的部分是理性领悟（nous, understanding）——或任何其他看起来是自然统治者和领导者的东西，和任何因其自身是我们中神圣的或最神圣的要素而理解美好和神圣的事物的东西——完备的幸福将是它表现其适当美德的活动。我们说过，这种活动是沉思的活动……

沉思中首先可以发现我提到过的自足性[32]。智慧的人、正义的人和有其他美德的人全都需要生活的必需品，但当这些必需品供应充足时，正义的人还需要其他人作为他的正义行为的同伴和接受者，节制的人、勇敢的人和其他每种人同样如此。然而，智慧的人甚至是有能力靠自己沉思的，他越有能力这样，他就越智慧；虽然他与同伴一起做可能会更好，即使这样，他也是最自足的。

除此之外，沉思似乎是仅因其自身之故而被喜欢的，因为除了沉思之外它没有任何结果；但从与行动相关的诸美德中，我们试图或多或少获得某种超出行动自身的东西。幸福似乎是在闲暇中被发现的，因为我们是为了能有闲暇而接受忙碌，为了能有和平而参加战争。现在，与行动相关的诸美德在政治或战争中有其活动，而这里的行动似乎都忙碌。这对战争中的行动来说似乎一点都不假，因为没有任何人为了战斗的目的而选

---

[31]　这段节选来自亚里士多德对幸福和理论研究之间关系的长篇讨论，强调了他在理论研究和变得像神之间所看到的联系。

[32]　自足性（self-sufficiency）：406。

择战斗或备战——如果有人使他的朋友成为他的敌人以便能有战斗和杀戮，那么他似乎是一个十足的凶手。但是政治家的行动也需要忙碌。不同于政治活动自身，这些行动寻求有权力和荣誉的职位；或它们至少是为了政治家自己和政治家的同胞公民寻求幸福，这不同于对政治科学自身的研究，而且显然，这种寻求假设了它是不同的。因此在表现美德的行动中间，那些在政治和战争中的行动是极为光荣和伟大的；但是它们需要忙碌，以某种〈进一步的〉目的为目标，不是因其自身之故而被欲求的。但是理性领悟的活动在卓越性上似乎是最高的，因为它是沉思的活动，似乎没有任何超越其自身的目的，却有其自身独特的快乐，这种快乐增强了这种活动……

这样一种生活将高于人的层次。因为，如果有人将过这样一种生活，那么，不是就他是一个人而言的，而是就他具有某种神圣要素而言的。这种神圣要素的活动远高于表达其他美德的活动，恰如这一要素高于复合体。因此，如果理性领悟与人类相比是某种神圣的东西，那么同样，表现理性领悟的生活与人类生活相比也将是神圣的。我们不应当听从谚语作家说什么"既然你是人，就想人的事"或"既然你是有死者，就想有死者的事"。相反，我们应当尽可能追求不朽，竭尽全力过一种表达我们最高要素的生活；因为无论这种要素如何大量地缺乏，它在力量和价值上远远超过一切。而且，如果每个人就是他行控制的和更好的要素，那么他似乎就是他的理性领悟；于是，如果他不去选择他自己的生活，而是其他东西的，将是荒谬的……

表现其他美德㉝的生活在第二等的意义上是〈最幸福的〉，因为表现这种美德的活动是人的活动。因为正是在与其他人的

㉝ 亦即，品格的美德，与行为相关（444）。

关联中，通过在合同、服务、所有类型的行动和情感中坚持对每个人来说是恰当的东西，我们做出正义和勇敢的行为，以及其他表达美德的行为；因此所有这些看起来都是人的状态。诚然，一些情感实际上似乎产生于身体，而且在很多方面，品格美德好像适合于感情。而且，明智被归于品格美德，品格美德也包括明智。因为明智的原则表现了品格美德；品格美德中的正确性表现了明智。既然这些美德也与感情相关，那么它们也与人性复合体相关。既然复合体的美德是人的美德，那么表现这些美德的生活和幸福也是人的。但理性领悟的美德是被分离开的……然而，只要他是一个人，并与许多其他人一起生活，他就选择做那些表现美德的行为。因此，为了过一种人的生活，他将需要这些外在的好东西。

　　以另外一种方式也可表明，完备的幸福是某种沉思活动。因为我们传统上认为，神是最有福的和最幸福的；但是我们应当把什么样的行为归于他们？正义的行为？说神订立合同、归还借款等无疑是可笑的。勇敢的行为？他们仅仅因为这是高尚的，就临危不惧？慷慨的行为？他们会对谁慷慨呢？而且，说他们有货币或任何诸如此类的东西，肯定也是荒谬的。他们有节制的行为会是什么？说他们不具有低级的欲望，显然是庸俗的赞誉。如果我们逐条考察所有这些，就可以看到，与行动有关的任何东西对神来说都是琐碎渺小、毫无价值的。然而，传统上，我们全都认为他们是活的和主动的，因为他们肯定不是像恩底弥翁*那样睡着的。那么，如果某某是活着的，并且行

---

* 恩底弥翁（Endymion），希腊神话中的美少年。据说宙斯爱其美貌，把他带到天上，但他爱上了赫拉，宙斯大怒，让他永睡不醒；又说月神塞勒涅爱上了他，使他在卡利亚的拉特摩斯山谷永睡不醒，以便能亲吻这个美少年。——译者

为被排除掉，但产物甚至更多，那么除了沉思之外还剩下什么？因此神的最高福祉的活动将是一种沉思活动。因此人的最近缘于神的活动也将最具有幸福的特征……

那个其活动表现理性领悟并涵养其理性领悟的人似乎处于最好的状态中，并且最为神所爱。因为如果神像人们所以为的那样关心人类，那么，从最好的且与他们最相似的东西——亦即理性领悟——中获取快乐，对他们将是合理的，而且反过来惠及那些最喜欢和最尊崇理智的人，对他们也将是合理的，这基于这样的假设：这些人关注被神所爱的东西，并且正确和高尚地行动。显然，所有这一切对于智慧之人的真实性超过任何其他人；因此他最为神所爱。而且很可能，这同一个人将是最幸福的；因此，也由这个论证可得，智慧的人将是最幸福的。

607 普罗提诺《九章集》i. 2. 1，7　既然恶是在这里[34]，"必然地在这个世上游荡"[35]，而灵魂想逃离恶，那么我们必逃离这里。那么，什么是逃离？"像神"，柏拉图说。"如果我们变得正义、虔诚和智慧"，而且完全在美德中，那么这就发生[36]……显然，我们的好的秩序和我们的美德也来自那里。那么，可理知者有美德吗？无论如何不能说它有所谓的公民美德：与理性部分有关的智慧，与激情部分有关的勇敢，存在于欲望部分与理性部分的某种和谐一致中的节制，作为每一部分在统治和被统治中各司其职的正义。[37]于是，它不是公民美德，而是具有同样名称

---

[34] 普罗提诺，追随柏拉图，经常使用"这里"和"那里"来指可感觉的东西和可理知的实在。
[35] 引用自 605。
[36] 见 327。
[37] 正义：469。

的却使得我们像神一样的那种更伟大的美德?……(7.20)或许公民美德的所有者会知道它们,知道他将从它们中获得多少,并且他会随环境的要求按照其中的一些而行动。但是当他到达了更伟大的原则和不同的尺度时,他将按照这些来行动。例如,他不会让节制存在于先前的尺度中,而是将尽可能地完全自我分离,也不会过公民美德所要求的那种好人的生活。他将把这丢弃,去选择另一种神的生活;因为他变得类似于神,而非类似于好人。

伊壁鸠鲁论宇宙目的论

608 伊壁鸠鲁坚持一种被柏拉图在《法律篇》中攻击的观点;他主张,诸神存在,但不关心世界和人类。他有两大理由来拒绝把任何宇宙性活动归于诸神。

(1) 在他看来,不幸福来自对死亡的恐惧,因为死后惩罚的威胁,我们恐惧死亡。[38] 如果我们相信关心世界的诸神,那么我们就不能排除其奖惩的可能性;因此,相信这类神是恐惧和焦虑的根源。

(2) 对宇宙目的论的信念要求我们承认那些不只简单引征原子及其运动的解释。在个殊的有机体中,目的因要求形式的实在性,如亚里士多德所设想的那样。在作为整体的宇宙中,它们要求某种大规模的目标指向,这与伊壁鸠鲁学派的信念相冲突,后者相信,作为一个整体的世界本身只是

---

[38] 克法洛斯论对死亡的恐惧:457。

原子的无目的运动的产物。

为了削弱任何种类的目的论信念，伊壁鸠鲁收集了世界不完善的证据。如果这个世界是由目的因规定的，那么这些缺点就超出了我们的预期。塞奥弗拉斯特注意到对目的论解释范围的某些这类限制（247）。事实上，柏拉图和亚里士多德已经承认它们；柏拉图赋予《蒂迈欧篇》的"游移因"一种重要的解释功能，而亚里士多德则把一种相似的功能归于质料因（99，244-245，591-592）。

伊壁鸠鲁还想用他的不完善条目来削弱对宇宙目的论和神佑的信念。他论证，如果世界是一个理智和仁慈的设计者的产品，那么生命的恶劣状况（饥饿、疾病、自然灾难）就不会存在。既然我们的世界对动物和人类生活来说在许多方面是如此不适宜，那么它不可能是一个设计者制造的，除非那个设计者是恶毒的或无能的。

虽然伊壁鸠鲁用不完善性的论证来削弱对关心世界的诸神的信仰。但是他并不完全反对相信诸神。他把诸神的存在视为由我们在做梦、观看等等中的经验来保证的。这种经验证据被认为表明诸神具有人的形式，从而具有完满的幸福。然而，通过援用亚里士多德并反对柏拉图，伊壁鸠鲁相信神的完善和幸福排除对世界的关心。因此诸神不主导世界，也不对我们做道德要求；但祂们提供理想。诸神具有伊壁鸠鲁主义者应当以之为目标的那种完满的幸福。

609 卢克莱修《物性论》v.195-234　即使我不知道世界的基本元素是什么，但我仍将有足够的自信，从诸天的特征来肯定，并从许多其他事物来表明，世界的自然本性绝不是神为了我们而造的——那个损毁它的缺点是如此巨大。首先，天空的广阔覆盖之下，高山和野兽出没的森林夺取了贪婪的份额。它被岩石、广阔的沼泽和海洋（它把陆地的海岸线隔断）占有……为什么四季给他们带来疾病？为什么不合时宜的死亡到处都是？

610 伊壁鸠鲁＝第欧根尼·拉尔修 x. 123　……把神看作一种免于毁灭和有福的动物，如公认的观念所表明的那样。不要把任何与其免于毁灭不相容或与其有福不一致的东西归于神……神当然存在，因为我们对他们有清晰的认识。但是许多人承认的那种神却不存在……既然诸神与其自身的美德相适宜，而且把任何不同的东西视为不适宜的，那么他们永远欢迎与他们相像的人。

611 西塞罗《论神的本性》i. 46-54　［伊壁鸠鲁学派观点：］教导我们关于神的形状的，部分是自然，部分是理性。从自然，我们所有人，所有种族的人，搜集到的诸神的外表无非是一个人的形状；任何人在清醒或睡梦中曾碰到其他什么形状吗？但尽管并非所有事物都会从基本观念中被衍推出来，理性自身显示相同的东西。因为对最卓越的自然本性来说似乎恰当的是，之所以卓越，要么因为它是有福的，要么因为它是永续的，对那些最美丽的事物来说也是如此；什么样的肢体构造，或面相安排，或形状或外表，能比人更美？[39]……[52] 我们将有权称这个神为有福的。

但是你们，斯多亚学派，让神成为一个完全的苦力。因为如果神是世界自身，什么东西能比以一种惊人的速度绕着天轴毫不停歇地旋转更不安宁？……[53] 因为那个教导我们其他东西的同一个人[40]也教导我们：世界由自然产生，不需要任何工匠。你说的那个没有神的智慧就不可能被产生的东西，实际上

---

[39] 拟人论或人神同形同性论（anthropomorphism）：576-577。

[40] 亦即，伊壁鸠鲁。

是如此容易，以至于自然已经产生、正在产生或将要产生无限数目的世界。既然你们看到没有某种心灵自然如何能够产生它们，你们就求助神，就像悲剧作家所做的那样，[41] 当你们不能使悲剧达到一个令人满意的结论的时候……[54] 因此，你已经把一个永存的主人放在我们的脖子上，让我们日夜恐惧；那么，谁会不害怕一位预知一切、思考和关照一切并认为一切与他有关的好奇和忙碌的神呢？

斯多亚学派：自然和世界秩序

[612] 柏拉图对世界的论述把它视为一个技艺产品，由一个外在于它的工匠所设计和制造。与柏拉图相反，亚里士多德认为，没有设计，目的因果性也是可能的；他拒绝有机体是技艺产品、包含它们的世界是一个巨大的技艺产品的建议。斯多亚学派的宇宙观念结合了柏拉图和亚里士多德观点的诸要素。

斯多亚学派赞同柏拉图把宇宙视为理智设计的产品，但他们也赞同亚里士多德主张目的因果性并不要求一个外部设计者。他们把世界当作一个理性动物，而非设想为一件人工制品。他们论证，它展现了各种各样的自调节、选择适当的手段以达到有利的目的，等等，这都是我们能在一个个体的人身上发现的，因此他们推论，宇宙也是一个理性动物，一个包含特殊的理性的和非理性的动物为其子系统的系统。这些子系统的本性和适当目标是由它们在它们作为其部分的那个更大系统中的作用所决定的，恰如器官的本性和恰当

---

[41] 使用解围之神，这个神有时在希腊戏剧的结尾出现在舞台上，宣布一个幸福的结局。

目标是由它们在更大的有机体中的位置所决定的。

依据这种有机体的宇宙观念，宇宙神并不存在于世界之外，而是它的一部分。听从柏拉图在《蒂迈欧篇》中的建议，他们把灵魂赋予作为一个整体的宇宙；与柏拉图不同，他们并不明确承认神和宇宙灵魂的分离。因此，他们把神等同于那个激活宇宙有机体的宇宙灵魂。既然他们把灵魂等同于精气（普纽玛，342），他们就把神等同于宇宙中的精气。这就是宇宙秩序中的内在合理性。

斯多亚学派相信，这种关于神的概念相当于对传统诸神的接纳。因此，他们把宙斯作为宇宙的精气谈论，把其他传统诸神当作宇宙秩序的诸方面。在某些方面，他们声称的对传统诸神的谈论似乎是牵强的。斯多亚学派反对伊壁鸠鲁学派所主张的必须神人同形同性地设想诸神的观点，因为他们不认为神具有人的形状。他们也不把人的冲动和激情归于神。当他们像荷马那样谈论宙斯的意志的时候，他们并未指称一个具有人的激情和关切的极端强大的存在者的冲动。宙斯的意志被等同于命运，自然过程的决定性秩序（372-374，617）。

然而，这并不意味着斯多亚学派把谈论神仅仅看作谈论自然法则（natural law）的一种方式。在说到自然的秩序是一种神圣的秩序时，他们不只是说它是由法则支配的和齐一的，他们也在宣称它是一种神赐的秩序。他们期望我们看到，世界中的过程展现了我们期望从一个关心全体及其部分之善好的仁慈行动者身上得到的方向。在这一点上，他们能有理由宣称是在谈论诸神，而不是用某个截然外在于传统信念的东西来替换诸神。

因此，斯多亚主义者必须回应伊壁鸠鲁的世界不完善的论证，因为它们似乎威胁到了对神恩和仁慈的神的信仰。斯多亚主义者可能合理地回应说，我们对于神定秩序的理解比宇宙理性的观点更有限。我们不能指望在宇宙中发现万物的意义；它的某些特征，虽然从我们的观点来看可能是不受欢迎的和不方便的,却可能是一种从某个更大的观点来看是好的秩序的一部分。因此,这些表面上的不完满不能被视为与一种存在于仁慈的神的心灵中的神定秩序相冲突。

这一回答有时是合理的,但有时可能危及斯多亚学派的立场。如果神圣秩序的善好是我们所完全不可理解的,那么我们就不再有任何清晰的理由来相信它。因此,斯多亚学派必定宣称,伊壁鸠鲁对不完善性的论证被夸大了,而且,宇宙秩序的本质的善好是清晰的,足以辩护对内在于自然中的神恩的信仰。

613 斐洛《论特殊律法》i. 32-5 = SVF ii. 1010 在关于神的研究中,真正哲学家的心灵被这些最重要的问题所困惑。首先,关于神是否存在的问题——对那些践行无神论的人来说,最坏的恶。第二,关于它在本质上是什么的问题。[42] 这两个问题中的第一个不费太多努力就能看到,然而第二个问题不仅困难,而且或许是不可能的;不过,这两个问题都必须被考虑。

自然地,产品总是辨识工匠的方法。谁看到雕像或绘画而不立刻想到雕刻家或画家?谁看到衣物或船或房子而不获得编织者或造船者或房屋建造者的观念?如果有人进入一个良治的城邦,制度的事情在那里被安排得很好,那么显然他会推测出这个城邦是被好的统治者监管的?那么假设有人到达这个真正的大都市,这个宇宙,见到满是动物和植物的高山和平原,源自天然泉水和冬季降水的河流,海洋的落潮和流动,恰当混合的空气,每年四季的轮回,引领白昼和黑夜的日月,移动的和固定的物体的运动和过程以及整个天宇。如果他看到所有这一

---

[42] *ousia*:227 的注释。

切，那么对他来说，获得那个父亲、制造者进而领导者的观念，不是很可能甚或必然的吗？技艺的产品无一是完全由它自身生成的；作为全善和全知的工匠的作品，宇宙展示了最高级的技艺和知识。以这种方式，我们获得了神的存在的观念。

614 西塞罗《论神的本性》ii.16-19 ［克律西波斯：］如果在事物的本性中存在某种人的心灵、理性、力量和能力所不能产生的东西，那么产生它的东西肯定比人类更好。但是天上的事物和所有那些具有永久秩序的东西不可能是人造的；因此，产生它们的东西比人类更好。因此除了神，你还能称它什么呢？……［18］甚至从人类理智的存在，我们必须推断某种比人的心灵更敏锐且是神圣的心灵的存在。因为人类从何处"攫取"——如在色诺芬㊸那里苏格拉底所提出的那样——他们所具有的理智？如果有人问我们从哪里获得遍布于身体的湿与热、土般厚实的肌肉，以及最终在我们之内呼吸的灵魂——那么显然，我们从土、从湿、从火、从我们通过呼吸吸入的气中各获其一。但是超过所有这些的东西，我指的是理性，或者，如果你更喜欢用心灵、理智、思想和智慧这几个词说它，我们在哪里发现它，我们在哪里获得它？或者，宇宙不是要包含所有其他东西并且这个宇宙不是最有价值的吗？但是确定地，不存在任何比宇宙更高贵、更美丽的东西；不仅不存在任何更好的东西，而且更好的东西甚至不可能被设想。因此，如果没有比理性和智慧更好的东西存在，那么我们必须允许这些东西出现在我们认为是最好的那个东西中。事物的这样一种约定、阴谋、联系和亲近——谁不会被它所迫而赞同我说过的一切？大地能够一时花繁转而又荒芜吗？或者，从如许多自身变化的事物中

㊸ 色诺芬，引自 589。

还能注意到太阳在盛夏和隆冬的到来和离去吗？或者，大海和海峡中的潮汐能够被月亮的升降所推动吗？或者，群星的不同轨道能够被整个天空的旋转所维持吗？这些包含和谐宇宙所有部分的过程绝对不可能发生，除非它们被一个神圣的和无所不在的精神维系在一起。

615 西塞罗《论神的本性》ii. 22　克律西波斯用他常用的对比方法为他的立场辩护如下："如果演奏曲子的长笛长在一棵橄榄树上，那么你肯定不会怀疑某种演奏长笛的知识出现在橄榄树上吗？要是梧桐树产生曲调完美的鲁特琴又如何呢？显然，你会以同样的方式认为音乐的技艺出现在梧桐树上。那么，鉴于世界从它自身产生了活生生的和智慧的后代，为什么不认为它也是活的和智慧的呢？"[44]

616 第欧根尼·拉尔修 vii. 148–149　斯多亚学派用"自然"（nature）有时指把世界维系在一起的那个自然，有时又指让世上一切事物出生的那个自然。自然是一种被自身推动的状态，按照根本原理产生和聚拢它的产物，在确定的时间，产生与其来源类似的结果。他们说自然同时以利益和快乐为目标，如人类工匠的产品所表明的那样。

617 普鲁塔克《斯多亚学派的矛盾》1049f–1050b　在他的第一本书《论自然》中，克律西波斯说："既然宇宙整体的统治以这种方式进行，那么按照这种统治，必然的是：我们处在我们所在的任何情况中，无论我们病了——与我们的特殊本性对立——或受伤了，或成了文法家或音乐家。"稍后一点又说："与这种论述一致，关于我们的美德和恶行和我说过的一般的技艺和缺乏技艺，我们还会说相似的东西。"再往后，消除了所有模

---

[44] 宇宙之为活的：264。

糊不清:"任何个别事物,甚至最微小的东西,都不可能不按照共同的本性及其解释来生成。"共同的本性和本性的共同解释是命运和神命和宙斯——甚至安提波德斯也听过这,因为斯多亚学派一直对此喋喋不休;而且他们认为,荷马说"宙斯的计划被实现了"是正确的,[45]因为他是在指涉命运和宇宙整体的本性,万物按照这种本性被管理。

618 维吉尔《埃涅阿斯纪》vi. 724-732　在太初之时,内部的呼吸维持天宇、大地、寥廓的海洋、明珠般的月亮和太阳,提坦神的孩子;心灵激活整个物质,混合贯注其中,把它自身融入这巨大的物体。从这一根源,产生了人类和兽类,飞鸟的生命,以及海洋在它的闪亮表面下孕育的那些奇异的生物。它们全都从火中获得力量,它们的种子有天上的源头,就妨碍的物体不能使它们变慢、或土质的肉身和有死的肢体减弱火的力量而言。

宇宙论、伦理学和政治学

619 斯多亚学派对内在的、普遍的神意(providence)的信念,与他们的道德和政治理论有关。通过对比器官和整个有机体之间的关系,亚里士多德描述了个人和城邦的关系(558)。斯多亚学派利用了这种对比。他们论证个人是宇宙中的同胞公民(politai),而宇宙是由神统治的城邦(polis)。这是他们的世界主义观点的基础。

在伦理学中,世界主义的观点为斯多亚学派关于美德和幸福的主张提供了一种新的解释。如果我们践行美德,从而获得幸福(如

---

[45] 荷马:346-348。

斯多亚学派所理解的那样；508-515），我们也使得我们的目标和普遍的神意和谐一致。证明勇敢、正义和有节制的生活合理的实践理性，也是我们对普遍理性的分有，它为整个宇宙的好规定了这同一些美德。

这些关于道德观点与普遍神意观点之间的一致性的主张引发了某些问题：

(1) 我们如何能够确定有德性的行为总是促进神意的计划？为什么神意有时不该为其目的要求道德上可反驳的手段？
(2) 我们如何能够确定促进神意的计划总会促进我们个体的好？为什么不假设宇宙秩序为了整体的较大的好而要求牺牲某些个体的好？
(3) 恶人和恶行也促进神意的计划，因为发生的一切都是神定秩序的一部分。那么，为普遍神意之故，我们至少要建议一些人成为恶人啊？

通过诉诸个体理性和宇宙理性的同一性与和谐，斯多亚学派回答了前两个问题。这同一个宇宙理性是我们的道德信念和我们对神意计划的洞察的来源。如果它从这两个来源中给予我们相互冲突的指导，那么它将不是宇宙理性。

他们对第三个问题的回答，是通过论证它建立在对命运、神意和责任之间的关系的误解之上。神圣的心灵预见到作为宇宙神意的一部分而将要发生的邪恶的行为和选择。但是，既然它预见到某些人将自由地选择邪恶地行动，那么，这些行动是神意秩序的一部分的事实，并不改变行动者不应当做这些行动、否则正当地受到谴责的事实。

在政治理论中，斯多亚学派再次论证，我们的道德信念与我们对宇宙秩序的理解和谐一致。随着我们的发展，我们扩展了我们的兴趣和计划；我们把对自身的关心扩展到对他人的幸福的关心。最初，我们的关心可能仅仅扩展到我们的直系亲属和朋友；但是我们发现，我们的关心的这种限制是随意的，应该扩展到我们的同胞公民。

到目前为止，通过诉诸亚里士多德关于友爱和公民的论证，斯多亚学派的立场能够得到辩护（474，566）。然而，斯多亚学派用这些论证得出了一个会让亚里士多德惊讶的结论；他们论证说，将关心限于同胞公民（如通常理解的那样）是任意的；一旦我们意识到我们与其他人共有的人性，我们就不可能拒绝把我们的关心扩展到所有人。在扩展这种关心时，我们赞同斯多亚学派关于宇宙神意的论证的结论；因为这些论证向我们表明，我们与其他人实际上都是同胞公民。我们是单一宇宙系统的所有部分，每个人的幸福都依赖于与整体的恰当结合。这种神学世界主义在圣保罗的书信中有某些惊人的对应者，无论保罗是否受到斯多亚主义观点的直接影响。

620 马可·奥勒留 iii. 11.1-3　让我们把这个附加到那些已经被提及的帮助（aids）中。给那个出现在你面前的东西作出一个定义或概描，以致你能清楚地认识那个东西自身，它在本质[46]上、作为赤裸的和完全就其自身而言，是何种东西；而且告诉你自己它的恰当名称以及组成它的那些东西或它将分解成的那些东西的名称。因为没有任何东西能够像这种能力——有条不紊地和真实地考察你在生命中遭遇的每一个对象、并且一直审视这些东西以致你同时形成这是何种宇宙的观念的能力——一样如此大地有助于一种更广泛的观点；万物在其中有什么用处；

---

[46] 本质（ousia）：**227** 的注释。

相对于宇宙整体与人（他是最高城邦的公民，所有其他城邦都像家庭），万物有什么意义；每个事物是什么，它由什么构成，现在对我产生一个表象的这个东西自然地持续多久，我在与它的关系中需要什么美德，例如和善、勇敢、诚实、信任、质朴、自足等等。因此，在每一情形中，我们都必须说：这来自神；这符合命运的结构和转折，以及这种巧合和运气；这来自同胞、亲属和伙伴，虽然一个人不知道什么东西符合他的本性。但是我知道；这是我按照自然的联合律用善意和正义对待他的原因。

621 马可·奥勒留 iv. 3.2–4　什么使得你不满？人的恶？那么回顾一下对如下结论的论证：理性动物都以彼此为目的，忍耐是正义的一部分，人们无意犯错。那么，考虑一下，在相互的敌视、怀疑、仇恨和斗争之后，多少人已经躺下，归于尘埃；最终归于寂静。但是或许你对分配给你的那部分宇宙感到不满。那么请回想这个析取式：要么神意，要么原子。回忆一下有多少论证证明宇宙是一种城邦……[4] 如果我们的理智部分是共同的，那么使得我们成为理性存在者的理性也是共同的。如果是这样，那么命令我们做什么和不做什么的理性也是共同的。如果是这样，那么法律（law）㊼也是共同的。如果是这样，那么我们是同胞公民。如果是这样，我们分有一个公民体。如果是这样，那么世界是一种城邦。还有什么别的人人都会说是为全人类所共有的共同的公民体？因此，这个共同的城邦是我们自身理智和理性的能力以及守法的能力的来源；或者还有其他的东西是它们的来源吗？

622 爱比克泰德《论说集》ii. 5.24–29　那么，说某些外在的东西合乎自然或违背自然是什么意思呢？这仿佛说我们是与其他

㊼　或"the law"。

东西没有关系的〈诸个体〉。因为我将说,对脚而言,保持洁净是合乎自然的;但如果你把它当作一只脚,而非一个独立的东西,那么对它而言,踏入泥潭和脚踏荆棘,有时为了整个身体而被截掉,都是合适的——否则它不再是一只脚。[48]我们应该也以相同的方式思考我们自己。你是什么?一个人。如果你把你自己设想成独立于其他人,那么活到老、成为富人和保持健康都合乎自然。但是如果你把自己设想成一个人和某个整体的一部分,那么为了那个整体,对你而言,一时生病,另一时做一次航行和冒险,另一时没有生活资源,从而在某些情况中过早地死去,都是适合的。那么你为什么抱怨?难道你不知道,恰如一只独立的脚不再是一只脚,同样,如果你是独立的,你也不再是一个人?那么,人究竟是什么?一个城邦的一部分——是那个由诸神和人类构成的第一城邦的一部分,然后是那个据说是最接近第一城邦的城邦(宇宙城邦的渺小影像)的一部分。[49]"于是我必须被审判吗?",你问道。好,你是说该有人发烧、有人航海、有人死掉、有人被审判吗?因为在这样一个身体中,在这个包围我们的宇宙中,在如此多生活在一起的人中间,你想让这样的事情不发生在你身上,而是发生在这样那样的其他人身上,是不可能的。因此,你的职能是,站出来并说出你应当说的东西,安排整理这些降临到你身上的事情。

623 马可·奥勒留 iv. 23　宇宙啊,适合你的万物,也适合我。对你来说时间恰当的东西,对我来说也绝不会太早或太晚。自然啊,你的四季带来的一切,是对我的馈赠;来自你的一切,

---

[48] 个体之为部分:558。
[49] 两个城邦:568。

都在你之中，而且复归于你。他⁵⁰说"亲爱的西克洛普之城"；而我们当然会说"亲爱的宙斯之城"。

624 保罗《迦拉太书》3：26 ……在基督耶稣那里，你们因信仰而全是上帝的儿子……既没有犹太人，也没有希腊人，既没有奴隶，也没有自由人，也没有男人和女人；因为在基督耶稣那里，你们全是一个〈人〉。

625《以弗所书》⁵¹ 2：13 但是现在因耶稣基督，你们这些曾经疏远的人，已经在基督的血里靠近。因他自身是我们的和睦，因为他以自己的肉，使得两个群体合而为一，并且拆毁了仇恨的隔墙。

626《歌罗西书》3:11 ……不再有希腊人和犹太人，受割礼的和未受割礼的，野蛮人，西古提人，奴隶和自由人；但基督是一切，并在一切之中。

627《腓力比书》3:20 因为我们的国度是在天上的，而且从它之中，我们还期待一位救世主，主耶稣基督。

---

⁵⁰ 阿里斯托芬。
⁵¹ 以非所书（Ephesians）和歌罗西书（Colossians）的权威性是受争议的。

延伸阅读

该列表只是打算为读者提供一些入门建议。下面罗列出的许多作品都含有参考文献。至于本书中所摘录的绝大多数希腊语和拉丁语文本的译文,人们均可在洛布古典丛书的各卷中找到(英语与希腊语或拉丁语对照;文本和译文的质量参差不齐)。下面列出了一些其他的翻译。

缩写词

[T] translation(译本)

[C] commentary or explanatory notes(评注或注释)

[B] includes extensive bibliography(包含大量参考文献)

[E] collection of essays by several authors(多位作者的论文合集)

[I] introductory, especially suitable for beginners(导论,尤其适合于初学者)

参考文献

最为方便的一般性参考作品:

HORNBLOWER, S. and SPAWFORTH, S. (eds.), *The Oxford Classical Dictionary*, 3rd edn., Oxford, 1997.

一部更为注重文学的精简作品:

HOWATSON, M. C. (ed.), *The Oxford Companion to Classical Literature*, 2nd edn., Oxford, 1989.

一部涵盖哲学及哲学史的大百科全书：

Routledge Encyclopaedia of Philosophy, 10 vols., London, 1998.

历史

一部涵盖文学、哲学与宗教的可读性强的通史：

[I] BOARDMAN, J., GRIFFIN, J., and MURRAY, O. (eds.), *The Oxford History of the Classical World*, Oxford, 1986.

一部多卷本的希腊和罗马世界的历史：

The Cambridge Ancient History, 2nd edn., Cambridge, 1970–.

较短时期的历史：

[I] BURY, J. B., and MEIGGS, R., *A History of Greece*, London, 1975.

[I] POWELL, C. A., *Athens and Sparta*, London, 1988.

EHRENBERG, V., *From Solon to Socrates*, London, 1973.

HORNBLOWER, S., *The Greek World, 479–323 BC*, London, 1983.

STOCKTON, D. L., *The Classical Athenian Democracy*, Oxford, 1990.

WALBANK, F. W., *The Hellenistic World*, London, 1981.

SCULLARD, H. H., *From the Gracchi to Nero*, 2nd 3.edn., London, 1970.

文学
个人作者：

[T] Homer, *Iliad*, tr. R. Lattimore, Chicago, 1951.

[T] Homer, *Odyssey*, tr. R. Lattimore, Chicago, 1967.

[T] Hesiod, *Works and Days and Theogony*, tr. M. L. West, Oxford, 1988.

[T] *Complete Greek Tragedies*, ed. D. Grene and R. Lattimore, 4 vols., Chicago, 1959.

[T] Herodotus, *History*, tr. D. Grene, Chicago, 1987.

[T] Thucydides, tr. R. Crawley, London, 1876.

[TC] Aristophanes, tr. A. H. Sommerstein, 9 vols., Warminster, 1980–94 (Greek and English).

通史：

EASTERLING, P. E., and KNOX, B. M. W. (eds.), *Cambridge History of Classical Literature: Greek Literature*, Cambridge, 1985.

KENNEY, E. J. (ed.), *Cambridge History of Classical Literature: Latin Literature*, Cambridge, 1982.

LESKY, A., *History of Greek Literature*, New York, 1968.

一些关于特定主题的书籍：

LLOYD-JONES, H., *The Justice of Zeus*, 2nd edn., Berkeley, Calif., 1983.

GRIFFIN, J., *Homer on Life and Death*, Oxford, 1980.

GOULD, J., *Herodotus*, London, 1989.

HORNBLOWER, S., *Thucydides*, London, 1987.

TAPLIN, O., *Greek Tragedy in Action*, London, 1978.

MACDOWELL, D. M., *Aristophanes and Athens*, Oxford, 1995.

哲学：一般性文献

概览：

[I] IRWIN, T. H., *Classical Thought*, Oxford, 1989.

[I] LLOYD, G. E. R., *Early Greek Science*, London, 1970.

[I] —— *Greek Science after Aristotle*, London, 1973.

涵盖古代哲学几个时期的书籍：

GUTHRIE, W. K. C., *A History of Greek Philosophy*, 6 vols., Cambridge, 1962–81.

LLOYD, G. E. R., *Methods and Problems in Greek Science*, Cambridge, 1991.

[EB] EVERSON, S. (ed.), *Companions to Ancient Thought*, Cambridge, vol. 1: *Epistemology*, (1990); vol. 2: *Psychology* (1991); vol. 3: *Language* (1994); vol. 4: *Ethics* (1998).

FREDE, M., *Essays on Ancient Philosophy*, Oxford, 1987.

OWEN, G. E. L., *Logic, Science, and Dialectic*, London, 1986.

VLASTOS, G., *Studies in Greek Philosophy*, 2 vols., Princeton, 1995.

苏格拉底之前的哲学
资料合集：

DIELS, H., and KRANZ, W. (eds.), *Die Fragmente der Vorsokratiker*, 10th edn., Berlin, 1952. (Greek and German.)

[TC] KIRK, G. S., RAVEN, J. E., and SCHOFIELD, M., *The Presocratic Philosophers*, 2nd edn., Cambridge, 1983.

[T] *Early Greek Philosophy*, tr. J. Barnes, Harmondsworth, 1987.

[TC] MCKIRAHAN, R., *Philosophy Before Socrates*, Indianapolis, 1994.

[T] SPRAGUE, R. K. (ed.), *The Older Sophists*, Columbia, SC, 1972.

[T] *Early Greek Political Thought from Homer to the Sophists*, tr. P. Woodruff and M. Gagarin, Cambridge, 1995.

[T] *Hippocratic Writings*, ed. G. E. R. Lloyd, Harmondsworth, 1978.

关于前苏格拉底哲学家个体的多伦多系列丛书（多伦多：多伦多大学出版社），该丛书包含译文和注释：

[TC] Xenophanes, tr. J. H. Lesher (1992).

[TC] Parmenides, tr. D. Gallop (1984).

[TC] Heracleitus, tr. T. M. Robinson (1987).

[TC] Empedocles, tr. B. Inwood (1992).

[TC] Democritus, tr. C. C. W. Taylor (forthcoming).［最终成书为：*The Atomists: Leucippus and Democritus. Fragments: A Text and Translation with a Commentary*, 1999。——译者］

关于前苏格拉底哲学家的书籍：

[I] HUSSEY, E. L., *The Presocratics*, London, 1972.

BARNES, J., *The Presocratics*, 2 vols., London, 1979.

FURLEY, D. J., *The Greek Cosmologists*, vol. 1, Cambridge, 1987.

[EB] MOURELATOS, A. P. D. (ed.), *The Presocratics*, 2nd edn., Princeton, 1993.

[E] FURLEY, D. J., and ALLEN, R. E. (eds.), *Studies in Presocratic Philosophy*, 2 vols., London, 1970.

苏格拉底与柏拉图
全译本：

[T] Plato, *Complete Works*, ed. J. M. Cooper, Indianapolis, 1997.

克拉伦登柏拉图系列（牛津：牛津大学出版社），该丛书包含译文和注释：

[TC] *Protagoras*, tr. C. C. W. Taylor, 2nd edn., 1991.

[TC] *Gorgias*, tr. T. H. Irwin, 1979.

[TC] *Phaedo*, tr. D. Gallop, 2nd edn., 1986.

[TC] *Theaetetus*, tr. J. H. McDowell, 1973.

[TC] *Philebus*, tr. J. C. B. Gosling, 1975.

个别对话的一些其他译本，含有有用的注释：

[TC] CORNFORD, F. M., *Plato's Cosmology*, London, 1937 (*Timaeus*).

[T] *Laws*, tr. T. J. Saunders, Harmondsworth, 1970.

[TC] *Republic*, tr. P. Shorey, 2 vols., London, 1930-5 (Greek and English).

从几个方面论述柏拉图的书籍：

[IEB] KRAUT, R. (ed.), *Cambridge Companion to Plato*, Cambridge, 1992.

[E] BENSON, H. H. (ed.), *Essays on the Philosophy of Socrates*, Oxford, 1992.

[EB] FINE, G. (ed.), Plato (*Oxford Readings in Philosophy*), 2 vols., Oxford, forthcoming.

[I] TAYLOR, C. C. W., *Socrates*, Oxford, 1998.

VLASTOS, G., *Platonic Studies*, 2nd edn., Princeton, 1981.

―― *Socrates: Ironist and Moral Philosopher*, Ithaca, 1991.

―― *Socratic Studies*, Cambridge, 1993.

个别对话研究：

[I] ANNAS, J., *An Introduction to Plato's Republic*, Oxford, 1981.

BOSTOCK, D., *Plato's Phaedo*, Oxford, 1986.

BURNYEAT, M. F., *Plato: Theaetetus*, Indianapolis, 1990.

关于特定主题的书籍：

[I] VLASTOS, G., *Plato's Universe*, Seattle, 1975.

IRWIN, T. H., *Plato's Ethics*, Oxford, 1995.

WHITE, N. P., *Plato on Knowledge and Reality*, Indianapolis, 1976.

亚里士多德

全译本：

[T] *Complete Works of Aristotle*, ed. J. Barnes, 2 vols., Princeton, 1984.

选译本：

[TC] *Aristotle: Selections*, tr. T. H. Irwin and G. Fine, Indianapolis, 1995.

克拉伦登（牛津）亚里士多德系列，含有译文和详尽的注释。该丛书包括：

[TC] *Categories and De Interpretatione*, tr. J. L. Ackrill (1963).

[TC] *Posterior Analytics*, tr. J. Barnes, 2nd edn., 1993.

[TC] *Physics I-II*, tr. W. Charlton, 1970.

[TC] *De Generatione et Corruptione*, tr. C. J. F. Williams, 1982.

[TC] *De Partibus Animalium i*, tr. D. M. Balme, 1972.

[TC] *Physics III-IV*, tr. E. L. Hussey, 1983.

[TC] *Metaphysics IV, V, VI*, tr. C. A. Kirwan, 2nd edn., 1993.

[TC] *Metaphysics VII-VIII*, tr. D. Bostock, 1994.

[TC] *De Anima II-III*, tr. D. W. Hamlyn, 2nd edn., 1993.

[TC] *Politics I-II*, tr. T. J. Saunders, 1995.

[TC] *Politics VII-VIII*, tr. R. Kraut, 1997.

对个别作品的评注或注释：

[C] *Metaphysics*, ed. W. D. Ross, 2 vols., Oxford, 1924.

[TC] *Nicomachean Ethics*, tr. T. H. Irwin, Indianapolis, 1985.

[TC] *Poetics*, tr. R. Janko, Indianapolis, 1987.

从几个方面论述亚里士多德哲学的书籍：

[I] ACKRILL, J. L., *Aristotle the Philosopher*, Oxford, 1981.

[I] BARNES, J., *Aristotle*, Oxford, 1982.

Ross, W. D., *Aristotle*, London, 1923 (summary and description of Aristotle's works).

[EB] BARNES, J., SCHOFIELD, M., SORABJI, R. (eds.), *Articles on Aristotle*, 4 vols., London, 1975–9.

LEAR, J., *Aristotle: The Desire to Understand*, Cambridge, 1988.

IRWIN, T. H. *Aristotle's First Principles*, Oxford, 1988.

形而上学，自然哲学，心灵哲学：

[E] JUDSON, L. (ed.), *Aristotle's Physics*, Oxford, 1991.

[E] GOTTHELF, A., and LENNOX, J. (eds.), *Philosophical Essays on Aristotle's Biology*, Cambridge, 1987.

[I] WITT, C. *Substance and Essence in Aristotle*, Ithaca, 1989.

FURTH, M., *Substance, Form, and Psyche*. Cambridge, 1988.

WATERLOW, S., *Nature, Change, and Agency*, Oxford, 1982.

SORABJI, R., *Necessity, Cause, and Blame*, London, 1980.

[E] NUSSBAUM, M. C., and RORTY, A. O. (eds.), *Essays on Aristotle's De Anima*, Oxford, 1992.

伦理学与政治学：

HARDIE, W. F. R., *Aristotle's Ethical Theory*, 2nd edn., Oxford, 1980.

BROADIE, S. W., *Ethics with Aristotle*, Oxford, 1991.

KRAUT, R., *Aristotle on the Human Good*, Princeton, 1989.

[E] RORTY, A. O. (ed.), *Essays on Aristotle's Ethics*, Berkeley, Calif., 1980; similar volumes on the *Poetics* (Princeton, 1992) and *Rhetoric* (Berkeley, Calif., 1996).

[E] KEYT, D., and MILLER, F. D., (eds.), *A Companion to Aristotle's Politics*, Oxford, 1991.

亚里士多德与他的古代注释者：

[E] SORABJI, R. (ed.), *Aristotle Transformed*, London, 1990.

亚里士多德之后的哲学

资料合集：

[TC] LONG, A. A., and SEDLEY, D. N., *The Hellenistic Philosophers*, Cambridge, 1987.

[T] *Hellenistic Philosophy: Introductory Readings*, tr. B. Inwood and L. P. Gerson, 2nd edn., Indianapolis, 1998.

个人作品：

[TC] Theophrastus, *Metaphysics*, tr. W. D. Ross and F. H. Fobes, Oxford, 1929 (Greek and English).

[T] Sextus Empiricus, tr. R. G. Bury, 4 vols., London, 1933-46 (Greek and English).

[TC] Sextus Empiricus, *Outlines of Scepticism*, tr. J. Annas and J. Barnes, Cambridge, 1994.

[TC] MATES, B., *The Skeptic Way*, Oxford, 1996.

[TC] Cicero, *On Stoic Good and Evil* (*De Finibus III and Paradoxa Stoicorum*), tr. M. R. Wright, Warminster, 1991 (Latin and English).

[TC] Cicero, *On Fate*, and Boethius, *Consolation of Philosophy*, tr. R. W. Sharples, Warminster, 1991 (Latin and English).

[TC] Alexander of Aphrodisias, *On Fate*, tr. R. W. Sharples, London, 1983 (Greek and English).

[TC] Alcinous, *The Handbook of Platonism*, tr. J. M. Dillon, Oxford, 1993.

一般性研究：

[I] LONG, A. A., *Hellenistic Philosophy*, London, 1974.

[I] SHARPLES, R. W., *Stoics, Epicureans, and Sceptics*, London, 1996.

[E] GRIFFIN, M., and BARNES, J. (eds.), *Philosophia Togata I: Essays on Philosophy and Roman Society*, Oxford, 1989.

[E] GRIFFIN, M., and BARNES, J. (eds.), *Philosophia Togata II: Plato and Aristotle at Rome*, Oxford, 1997.

DILLON, J. M., *The Middle Platonists*, London, 1977.

知识与自然：

[I] ANNAS, J., and BARNES, J., *The Modes of Scepticism*, Cambridge, 1985.

[EB] *Doubt and Dogmatism*, ed. M. Schofield, M. Burnyeat, and J. Barnes, Oxford, 1980 (on epistemology).

STRIKER, G., *Essays on Hellenistic Epistemology and Ethics*, Cambridge, 1996.

MATES, B., *Stoic Logic*, 2nd edn., Berkeley Calif., 1963.

[E] *Science and Speculation*, ed. J. Barnes et al., Cambridge, Calif., 1982 (on natural philosophy).

[E] FREDE, M., BURNYEAT, M. F., and BARNES, J., *The Original Sceptics*, Indianapolis, 1997.

HANKINSON, R. J., *The Sceptics*, London, 1995.

心灵：

ANNAS, J., *Hellenistic Philosophy of Mind*. Berkeley, Calif., 1992.

[E] *Passions and Perception*, ed. J. Brunschwig and M. Nussbaum, Cambridge, 1993.

道德和政治理论：

ANNAS, J., *The Morality of Happiness*, Oxford, 1993.

[E] *The Norms of Nature*, ed. M. Schofield and G. Striker, Cambridge, 1986.

Schofield, M., *The Stoic Idea of the City*, Cambridge, 1991.

资料致谢

Richard Boyd, 'Materialism without reductionism', in N. J. Block (ed.), *Readings in Philosophical Psychology* (Cambridge, MA: Harvard University Press, 1980), reprinted by permission of the author.

F. M. Cornford, *Plato's Theory of Knowledge* (London: Routledge, 1935), reprinted by permission of Routledge.

D. J. Furley, *Two Studies in the Greek Atomists* (Princeton: Princeton University Press, 1967), reprinted by permission of Princeton University Press.

Jonathan Lear, *Aristotle: the Desire to Understand* (Cambridge: Cambridge University Press, 1988), reprinted by permission of Cambridge University Press.

G. E. L. Owen, 'The place of the *Timaeus* in Plato's Dialogues', in R. E. Allen (ed.), *Studies in Plato's Metaphysics*, p. 323, reprinted from *Classical Quarterly* 3 (1953), reprinted by permission of Routledge.

H. A. Prichard, *Moral Obligation* (Oxford: Clarendon Press, 1968), reprinted by permission of Oxford University Press.

Gregory Vlastos, *Plato's Universe* (Seattle: University of Washington Press, 1975), reprinted by permission of the University of Washington Press.

G. J. Warnock, *The Object of Morality* (London: Methuen and Co., 1971), reprinted by permission of Routledge.

Bernard Williams, *Morality* (Cambridge: Cambridge University Press, 1976), reprinted by permission of Cambridge University Press.

Ludwig Wittgenstein, *The Blue and Brown Books* (Oxford: Blackwell, 1958), reprinted by permission of Blackwell Publishers.

作者与文本索引

［条目末尾的数字对应贯穿全书各个部分的连续数字序列号（即小节号），而非本书页码。］

AELIAN 依良，演说家与智者，约公元170—230 之后
 On the Nature of Animals《论动物的本性》,
  xvi. 29 = DK 33 B 61　　　　　　243
AENESIDEMUS 埃奈西德穆，公元前 1 世纪，复兴了皮浪主义（Pyrrhonism）
AESCHYLUS 埃斯库罗斯，公元前 515—前 456，雅典悲剧剧作家
 Agamemnon《阿伽门农》
  1485–1512, 1465–1468　　　　　349
AETIUS 艾修斯，公元前? 1 世纪，（根据 Diels, DG）乃是后世作者重构的。基于塞奥弗拉斯特（Theophrastus），他写过一本哲学史
ALCINOUS 阿尔西诺乌斯，公元 2 世纪的柏拉图主义哲学家
ALEXANDER OF APHRODISIAS 阿弗罗迪西亚的亚历山大，盛年公元 200，漫步学派
 Soul (*De Anima*)《论灵魂》CAG Suppl. ii/1
  18. 10–19. 6 = SVF ii. 793　　　345
 Appendix on the Soul (*De Anima Mantissa*)《附论灵魂》, CAG Suppl. ii/1
  117. l–118. 2 = SVF ii. 792　　 344
  163.14–19　　　　　　　　　　 522
 Fate《命运》, CAG Supp. ii/2
  xxii. 191. 30–192. 28 = SVF ii. 945　374
 Commentary on the Metaphysics《〈形而上学〉评注》CAG i
  84. 21–lxxxv. 3　　　　　　　　222
 Commentary on the Topics《〈正位篇〉评注》CAG ii/2
  211.9–14 = SVF iii. 62　　　　　521
ANAXAGORAS 阿那克萨戈拉，约公元前 500—前 400
ANAXIMANDER 阿那克西曼德，约公元前 610—前 540
ANONYMOUS 佚名
 Commentary on the Theaetetus《〈泰阿泰德篇〉评注》，由一位所处年代不详的（很可能是公元前 1 世纪）且无法确认身份的古代注释者所作。文本收录在 *Corpus dei papiri filosofici greci*《希腊哲学纸莎草语料库》, iii (Florence:

Olschki, 1995)

 70. 5–26   201

Prolegomena to Plato's Philosophy《柏拉图哲学导论》，公元 5 世纪晚期，由奥林比奥道罗斯（Olympiodorus）的一位柏拉图主义继承者所作

 v. 209. 29–36   189

 x. 205. 3–206. 43   202

Antiochus 安提俄库，盛年公元前 100，拒绝怀疑主义时期的学园把柏拉图哲学、亚里士多德哲学和斯多亚哲学折中结合在一起

Antisthenes 安提斯泰尼，公元前 5 世纪中期—前 4 世纪中期，苏格拉底的追随者，昔尼克/犬儒学派哲学家（Cynic philosopher）

Arcesilaus 阿尔凯西劳，约公元前 316—约前 242，学园怀疑主义时期的首位领袖

Aristippus 阿里斯提普斯，公元前 5 世纪晚期，苏格拉底的追随者，昔兰尼学派（Cyrenaic school）的创始人，该学派由他的女儿阿雷特（Arete）和他女儿的儿子阿里斯提普斯（Aristippus）接续

Aristophanes 阿里斯托芬，约？公元前 450—约前 385。雅典喜剧剧作家

 Clouds《云》

  365–381   581

 Knights《骑士》

  40–48, 1112–1130   544

Aristotle 亚里士多德，公元前 384—前 322

 Categories《范畴篇》

  $1^b25–2^a11$ 228

  $2^a11–19$ 229

  $2^b29–36$ 231

  $4^a10–21$ 232

On the Soul = De Anima《论灵魂》

  $403^a28–^b9$ 332

  $403^b20–9$ 304

  $405^a19–21$ 302

  $406^b15–25$ 313

  $407^b13–408^a5$ 333

  $411^a7–8$ 303

  $412^a11–28$ 335

  $412^b10–27$ 336

  $414^a28–^b6$ 337

On Interpretation《解释篇》

  $17^a38–^b1$ 230

  $17^b26–19^b4$ 356

On the Heavens = De Caelo《论天》

  $298^b11–24$ 71

  $298^b25–33$ 51

Generation and Corruption《论生成与毁灭》

  $314^a6–^b8$ 237

  $316^a13–34$ 88

  $321^b16–32$ 252

Metaphysics《形而上学》

  $980^b25–981^b10$ 106

  $983^b1–984^a27$ 43

  $985^b4–20$ 85

  $987^a32–^b10$ 197

  $990^a34–^b17$ 221

  $1000^a5–22$ 101

  $1009^b1–1010^a1$ 126

  $1010^a7–^b1$ 168

1010^b1–1011^a13	277
1014^b16–35	34
1017^b10–26	254
1025^a14–24	234
1028^a10–$^b7$	255
1028^b36–1029^a33	256
1035^a1–$^b27$	257
1040^b25–34	223
1040^b5–14	258
1041^a9–$^b33$	259
1072^a9–27	601
1072^b13–30	602
1074^a38–$^b14$	603

Meteorology《天象学》

354^b34–355^a14	54

Nicomachean Ethics《尼各马可伦理学》

1094^a1–22	385
1094^a22–$^b11$	405
1094^b11–27	153
1095^a14–30	386
1095^b14–22	397
1095^b22–1096^a2	403
1097^a28–$^b21$	406
1097^b22–1098^a20	408
1100^a5–$^b22$	409
1100^b22–35	500
1102^a27–1103^a7	441
1104^b19–26	442
1105^a17–$^b12$	443
1106^a15–1107^a2	444
1109^b30–1111^a24	358
1113^b3–1114^a25	359
1115^b7–24	445
1119^a1–20	446
1129^b11–1130^a5	478
1134^b18–1135^a5	154
1140^b30–1141^a8	275
1144^a35–1147^a17	448
1153^b14–25	499
1155^a1–31	473
1156^a2–$^b12$	474
1168^a28–1169^a15	475
1169^b16–1170^a7	476
1170^b3–19	477
1172^b9–34	398
1173^a31–1174^a11	399
1177^b12–1179^a32	606

Parts of Animals《论动物的部分》

639^b14–21	241
640^b4–17	42
640^b22–641^a14	251
642^a1–32	99
642^a31–$^b2$	244
658^b2–10	245
658^b33–659^a23	246
696^b23–32	597

Physics《物理学》

188^a31–$^b8$	225
189^b30–191^a12	226
192^b8–193^a1	239
193^a9–28	236
194^b16–195^a8	98
198^b10–199^a30	242
233^a21–8	81
239^b5–240^a18	82
253^b9–12	52

256^{a}4–259^{a}13	600
Poetics《诗学》	
1452^{b}34–1453^{a}17	402
Politics《政治学》	
1252^{a}1–1253^{a}39	558
1256^{b}10–26	598
1261^{a}10–^{b}9	561
1280^{a}8–1281^{a}10	559
1281^{a}40–1282^{a}39	562
1328^{b}24–1329^{a}34	563
Posterior Analytics《后分析篇》	
71^{b}9–73^{a}6	273
99^{b}17–100^{b}17	274
Rhetoric《修辞学》	
1358^{b}38–1359^{a}5	451
1360^{b}4–29	384
1366^{a}23–^{b}22	432
Sophistical Refutations = Sophistici Elenchi《辩谬篇》	
183^{a}37–^{b}8	141
Topics《正位篇》	
101^{b}37–102^{b}14	233

ATHENAEUS 阿忒纳乌斯，盛年约公元 200

Sophists of the Dinner-Table《餐桌上的智者》= Deipnosophists (miscellany of quotations/语录杂集)

547^a	485

AUGUSTINE 奥古斯丁，公元 354—430，希波的主教，神学家

The City of God《上帝之城》= De Civitate Dei（一部为基督教辩护的长篇巨著，内含对异教哲学的论述）

viii. 3	14
xix. 17	573

AULUS GELLIUS 奥卢斯·格利乌斯，公元 2 世纪

Attic Nights《阿提卡之夜》（一部含有哲学论题的杂集）

vii. 2. 6 = SVF ii. 1000	376
xix. 1. 17–18 = Epictetus（爱比克泰德），残篇 9	529

CALCIDIUS 卡尔西迪乌斯，公元 4 世纪的基督教哲学家

Commentary on the Timaeus《〈蒂迈欧篇〉评注》

220 = SVF ii. 879	342

CARNEADES 卡尔尼亚德，公元前 214—前 129，学园怀疑主义时期的领袖

CHRYSIPPUS 克律西波斯，约公元前 280—前 207，斯多亚哲学家克里安提斯（Cleanthes）的继承者

CICERO 西塞罗，公元前 106—前 43，罗马律师，政治家和哲学写作者，依赖希腊语资源

Academica《学园派哲学》（论怀疑主义）

i. 39	268
i. 40	293
i. 44–46	170
ii. 37–39	299
ii. 145	294

Fate = De Fato《论命运》

21	362
22–23	364
27–30	373
41–43	377

Ends = *De Finibus*《论善恶之极》（论伊壁鸠鲁学派、斯多亚学派和安提俄库所推崇的终极之善的概念）

    i. 30   413
    i. 37–38   419
    i. 66–69   491
    ii. 69–71   489
    iii. 16–20   506
    iii. 23   507
    iii. 26–28   510
    iii. 42–44   511
    iii. 50–53   524
    iv. 26   520

Laws = *De Legibus*《论法律》

    i. 22–23   570

The Nature of the Gods = *De Natura Deorum*《论神的本性》

    i. 46–54   611
    ii. 16–19   614
    ii. 22   615

Duties = *De Officiis*《论责任》

    iii. 39   486
    iii. 116–118   490

Stoic Paradoxes = *Paradoxa Stoicorum*《斯多亚学派的悖论》

    4   509

For Murena《为穆瑞娜辩护》（一场讽刺斯多亚主义的演说）

    61   517

Topics《论题篇》

    58   271

Tusculan Disputations《图斯库路姆论辩集》（关注美德和幸福，尤其关注情感）

    v. 10   11
    v. 80–85   513

CLEANTHES 克里安提斯，公元前 331—前 232，芝诺的继承者，斯多亚学派的领袖

CLEMENT OF ALEXANDRIA 亚历山大的克莱门，约公元 150—约 215，基督教哲学家

Miscellanies《杂记》= *Stromata* = GCS xvii. 52（Berlin: Akademie, 1970）：比较了基督教和希腊哲学，内含许多引证

    ii. 2.8.1 = DK22 B 17   308
    iv. 26 = SVF iii. 327   572
    v. 14. 104. 2 = DK22 B 30   61
    v. 14. 104. 3 = DK22 B 31   63
    v. 14. 109.1–3 = DK21 B23, 14, 15   576
    v. 14. 115. 1–3 = DK22 B32   579
    vi. 2.17. 2 = DK22 B 36   62
    vi. 17.2 = DK 22 B 36   310
    vii. 4. 22. 1 = DK 21 B16   577
    Viii. 9. 25. l–33. 9   270

DEMOCRITUS 德谟克利特，约公元前 460—约前 360 ?，原子论者，留基波（Leucippus）的伙伴，很可能健康地活到了柏拉图时代

DIOGENES OF OENOANDA 奥依诺安达的第欧根尼，公元 2 世纪或 3 世纪的伊壁鸠鲁主义者，他树立了一篇巨大的铭文，内含伊壁鸠鲁学派的学说概要。Ed. C.W Chilton (Teubner, 1967)

    fr. 6, ii. 2–13   136

DIOGENES 第欧根尼，约公元前 400—约前 325，昔尼克哲学家（Cynic philosopher）

DIOGENES LAERTIUS (DL) 第欧根尼·拉尔修，公元 3 世纪？

Lives of the Philosophers《名哲言行录》，一部长篇的、未经批判的、通常为系列轶事的传记概述，常常含有重要的证据，尤其关于希腊化时期的哲学家

ii. 40	585
iii. 9–11	53
iii. 48	190
iv. 62	292
vii. 32–33	567
vii. 40	30
vii. 85–86	505
vii. 104–105	525
vii. 127	512
vii. 134–139	264
vii. 148–149	616
ix. 1 = DK 22 B40	116
ix. 5–6	46
ix. 7 = DK22 B B45	307
ix. 72	135
ix. 83–84	151

DION CHRYSOSTOM 狄翁，公元 1 世纪中期—2 世纪早期，演说家

xxxvi. 20	569

DIONYSIUS OF HALICARNASSUS 哈里卡纳的狄奥尼索斯，盛年公元前 30—前 10，历史学家和文学评论家

Thucydides《修昔底德》

39	462

EMPEDOCLES 恩培多克勒，约公元前 495—前 435

EPICHARMUS 爱比查姆斯，公元前 6 世纪晚期—前 5 世纪早期，喜剧诗人和哲学家（他的哲学残篇作品的真实性是存疑的）

EPICTETUS 爱比克泰德，公元 55—约 135，斯多亚学派

Discourses《论说集》，斯多亚学派文集系列，通常为对话体

i. 22. 1–10	514
ii. 5. 24–29	622
iii. 8. 1	515
iii. 24. 1–4	518
iv. 1. 68–71	519

Manual = Enchiridion《手册》：斯多亚学派伦理学说的简要陈述

5	530
53	380

EPICURUS 伊壁鸠鲁，公元前 341—前 270，复兴了德谟克利特的原子论，一些他的书信和短篇语录保存于第欧根尼·拉尔修 x；另有残篇存世

DL（第欧根尼·拉尔修）

x. 22	503
x. 39–41	87
x. 46–47	283
x. 54–55	284
x. 56	89
x. 68–69	92
x. 85–87	290
x. 91	289

x. 123	610
x. 124	422
x. 128	415
x. 128–129	412
x. 130–131	502
x. 134	361
x. 134–135	367
x. 140	480
x. 141	481
x. 142	426
x. 144	368
x. 145	423
x. 146–147	279
x. 150–151	482

Vatican Sayings《梵蒂冈谚语》，在梵蒂冈发现的一组简短评论

  33 = Arrighetti 阿里格蒂，147 418

On Nature《论自然》，纸莎草纸残篇

  Arr. 34. 26–30 = LS 20C 366

EUDOXUS 欧多克索斯，约公元前 390—340 398

EURIPIDES 欧里庇得斯，约公元前 485—前 407，雅典悲剧剧作家

EUSEBIUS 尤息比乌，约公元 260—约 340，凯撒利亚（Caesarea）的主教

Preparation for the Gospel = Praeparatio Evangelica《福音初阶》，一部对异教希腊哲学的长篇考察著作，内含许多全文引用

  xv. 20 = DK.22 B 12 47

FAVORINUS 法弗里诺斯，公元 85—155

GALEN 盖伦，公元 2 世纪，医学写作者和柏拉图主义哲学家

The Elements = De Elementis Secundum Hippocratem《论元素》，P. De Lacy 编辑和翻译 (Berlin: Akademie Verlag, 1996)

  i. 2. 12 132

Medical Experience《医学经验》，R. R. Walzer 译（牛津：克拉伦登出版社，1944），114

  xv. 7–8 = DK 68 B 125 137

[盖伦]，Introduction《导论》，C. G. Kuhn, Galeni Opera《盖伦作品集》(Leipzig, 1877), xiv

  697.6 = SVF ii.716 = LS 47N 266

GORGIAS 高尔吉亚，约公元前 483—前 376，教师和修辞理论家

HERACLEITUS，赫拉克利特，约公元前 500

HERODOTUS 希罗多德，? 约公元前 484—约前 420，他关于波斯人和希腊人之间的战争历史记录含有对埃及、波斯和希腊政权的详细记述

i. 30–32	388
ii. 68	35
iii. 38	149
iii. 40–43	350
iii. 80–81	532

HESIOD 赫西俄德，约公元前 750 ?

HIPPIAS 希庇亚斯，公元前 5 世纪中叶，智者，普罗泰戈拉同时代人

HIPPOCRATES 希波克拉底，约公元前 460

Ancient Medicine《古代医学》

  1 105

Sacred Disease《神圣疾病》

1	36
5	37
20	38

HIPPOLYTUS 希波吕托斯，公元180—235，罗马主教（废黜后被流放）

Refutation of All Heresies《反驳一切异端》，比较了基督教异端与（所谓的）异教哲学中的资源（内含许多引用）

ix. 9. 1 = DK 22 B 50	117
ix. 9. 2 = DK 22 B 51	118
ix. 9. 4 = DK 22 B 53	59
ix. 9. 5 = DK 22 B 54	115
ix. 9. 5 = DK 22 B 55	66
ix. 10. 2 = DK 22 B 57	102
ix. 10. 4 = DK22 B 60–61	58
ix. 10. 8 = DK22 B 67	60

HISDOSUS SCHOLASTICUS 经院哲学家希多索斯，公元11世纪，注释了卡尔西迪乌斯 (Calcidius) 的 Commentary on Plato's Timaeus《〈蒂迈欧篇〉评注》

DK 22 B 67A	309

HOMER 荷马，约公元前750？

Iliad《伊利亚特》

xvi. 431–61	348
xix. 85–138	347

Odyssey《奥德赛》

xi. 36–564	301

HORACE 贺拉斯，公元前65—公元8

JUSTIN 查士丁，约公元100—165

LACTANTIUS 拉克坦提乌斯，约公元240—320

Divine Institutions《论圣职制度》

v. 12. 5–6 = Cicero 西塞罗，Republic《国家篇》iii. 27	487
vi. 8. 6–9 = Cicero 西塞罗，Republic《国家篇》iii. 33	571

LEUCIPPUS 留基波，盛年公元前450?，原子论者，不同于德谟克利特，很难把任何一种具体的学说归属于他

LUCIAN 琉善，约公元120—185，讽刺作家，他的作品包含基于史实的概述

Sale of Lives= Vitarum Auctio《待售的哲学》：不同的哲学家在奴隶拍卖会上被出售

13	354

LUCRETIUS 卢克莱修，公元前1世纪，他的诗 On the Nature of Things (De Rerum Natura)《物性论》把伊壁鸠鲁学派的物理学和心理学融入到拉丁语史诗之中

i. 690–700	67
ii. 112–124	285
ii. 251–293	365
ii. 308–322	286
ii 731–833	287
ii. 747–756	93
iii. 161–176	339
iii. 417–458	340
iii. 510–519	94
iii. 830–903	425
v. 195–234	609
v. 958–1006	565

LYCOPHRON 吕哥弗隆，公元前4世纪？，智者

MARCUS AURELIUS 马可·奥勒留，公元

121—180，罗马皇帝，斯多亚学派哲学家，他的 Meditations《沉思录》(Eis Heauton, 字面义为 "to himself") 包含斯多亚学派的哲学反思，尤为强调伦理学和实用性的建议

    iii. 11. 1–3   620
    iv. 3. 2–4   621
    iv. 23   623

MELISSUS 麦里梭，盛年公元前 441

NEMESIUS 内梅修斯，盛年约公元 400，主教，基督教哲学家
   Human Nature (Morani)《人性》
    ii. 22. 3–6 = SVF ii. 790   343

ORIGEN 奥利金，约公元 185—约 250，基督教哲学家和柏拉图主义者
   Against Celsus《驳塞索斯》= GCS iii. 一部驳斥塞索斯 (Celsus) 抨击基督教的著作，经常涉及希腊哲学
    vi. 42 = DK 22 B 80   65
    vii. 62 = DK 22 B 5   580

PARMENIDES 巴门尼德，公元前 515—前 450 之后

PAUL 保罗，卒年公元 65—6
    Galatians《迦拉太书》3: 26   624
    Ephesians《以弗所书》2: 13   625
    Colossians《歌罗西书》3: 11   626
    Philippians《腓立比书》3: 20   627

PHILO JUDAEUS 斐洛·尤迪厄斯，约公元前 25—约公元 50，犹太哲学家，在柏拉图主义和斯多亚主义的影响下，解译了希伯来文圣经

   On the Special Laws = *De Specialibus Legibus*《论特殊律法》
    i. 32–5 = SVF ii. 1010   613

PHOTIUS 佛提乌，公元 9 世纪，君士坦丁堡的牧首
   Library = *Bibliotheca*《文库》，R. Henry 编辑和翻译（Paris: Les Belles Lettres, 1962）
    169b18–170a2   26

PLATO 柏拉图，公元前 428—前 347
   Apology《申辩篇》
    18A–19C   583
    19C–23B   139
    28B–30A   453
    31C–32E   540
    36A   10
    40C–41C   317
   Cratylus《克拉底鲁篇》
    385B–386E   193
    402A   48
    439C–440B   210
   Crito《克里同篇》
    46B–50C   454
    47C–48A   316
    52E–53A   542
    54BC   318
   Euthydemus《欧绪德谟篇》
    278E–279C   383
    281 DE   497
   Euthyphro《欧绪弗洛篇》
    5C–6E   144
    7A–8A   148
    10A–11E   586
   Gorgias《高尔吉亚篇》

464B–465A	179	130A–135C	220
466A–C	546	*Phaedo*《斐多篇》	
470 E	493	65A–C	195
473E–474B	187	66B–E	196
474C–475E	455	68B–69C	327
482E–483D	458	72E–74D	205
491D–495C	392	78C–79A	206
497E–499B	393	79A–80B	329
504E–505B	494	85E–86D	325
507A–E	495	94B–E	326
508A–E	496	96A–99D	96
508E–509B	178	100A–101E	216
517B–519A	547	100B–102D	207
521 DE	548	104E–107B	330
522E–527C	319	115C–116A	323
Laches《拉凯斯篇》		*Phaedrus*《斐德罗篇》	
181 AB	12	270C	6
190A–193D	145	*Philebus*《斐莱布篇》	
Laws《法律篇》		12C–E	395
660E–661B	471	21A–D	396
889A–890A	593	*Protagoras*《普罗泰戈拉篇》	
894E–896C	594	318D–319A	429
899D–900B	595	319B–D	541
Meno《美诺篇》		324D–325A	430
70A–72D	181	329C–330A	431
77B–78B	435	353C–355A	390
79E–80E	182	355A–357E	436
81A–E	184	359D–360A	391
84A–D	185	*Republic*《理想国》	
85B–86C	186	328B–331D	457
97A–98A	107	343B–344A	459
98D–100B	553	352E–353C	428
Parmenides《巴门尼德篇》		357A–359C	460
127B–128D	80	367BC	466

379BC	590	177C–179B	164
422D–423A	552	180DE, 183E–184A	78
439A–441C	438	181C–183A	167
441C–443B	469	188D–189B	74
445 A B	470	*Timaeus*《蒂迈欧篇》	
462A–C	555	27E–30B	591
473B–E	554	48 A	592
476B–479E	213	49B–E	199

[PLATO 柏拉图]

Axiochus《阿克西奥丘斯篇》

365C–E	424

First Alcibiades《阿尔西比亚德前篇》

129A–130C	321

Letters《书信》

Vii. 324B–325 C	538

PLOTINUS 普罗提诺，公元 204—270，晚期柏拉图主义的领袖哲学家，"新柏拉图主义"的创始人

Enneads《九章集》

i. 2. 1, 7	607

PLUTARCH 普鲁塔克，公元 46—120 之后，他写了成对的"比较列传"（每一个对子都比较了一个希腊人与一个罗马人），并且基于柏拉图主义立场，还写有一个长篇系列的哲学文集

Against Colotes = Adversus Colotem《驳科洛特》，抨击伊壁鸠鲁学派的科洛特（Colotes），指出伊壁鸠鲁学派的反怀疑主义论证是无效的，并且指出伊壁鸠鲁主义自身最终会走向怀疑主义

1108 c	484
1108f–1109b = DK 68 B 156	159
1118 c	306

485 A B	208		
488A–489A	550		
492A–493D	551		
508D	209		
509D–511E	215		
518D	217		
533B–D	218		
538C–539C	152		
590C–592B	556		
602C–604D	439		

Sophist《智者篇》

230B–D	188
236D–237E	75
237A = DK 28 B 7	123
246A–247D	267

Symposium《会饮篇》

207D–208B	200
221A–C	13

Theaetetus《泰阿泰德篇》

151E–152E	158
156A–157C	166
158E–159B	56
166D–167B	160
170A–171C	162
173C–177A	605

1122a-f	298

Camillus《卡米鲁斯》

183a = DK 22 B 106	103

Common Conceptions = De Communibus Notitiis《共同概念》，论证指出斯多亚学派违反了"共同的（亦即，广泛接受的）概念"，即便他们宣称基于这些概念开展论证

1083cd = LS 28 A	261

On the Decay of the Oracles = De Defectu Oraculorum《论神谕的衰微》

404de = DK 22 B 93	140

The E at Delphi《论在德尔斐的 E》

388e = DK22 B 90	64
392b-393a = DK 22 B 91	50

Exile《流亡者》

604a = DK22 B 94	352

Stoic Contradictions = De Stoicorum Repugnantiis《斯多亚学派的矛盾》，论证指出斯多亚学派的一些核心学说之间相互矛盾

1049f-1050b	617
1053f-1054b	265

Superstition《迷信》

166C	119

Moral Virtue《道德美德》

441c-447a	527

Against Epicurean Happiness = Non Posse Suaviter Vivere Secundum Epicurum《反对伊壁鸠鲁式的幸福》

1091b	483
1088c	416
1089d	417

Table Talk = Quaestiones Conviviales《会谈》

ix. 7. 746b = 21 B 35	111

Sulla《苏拉》

xxvi. 1-2	24

Theseus《忒修斯》

23	55

POSEIDONIUS 波塞多纽，约公元前 135—约前 50，他批判和修改了早期斯多亚学派的一些观点，尤其是那些关涉柏拉图和亚里士多德的观点

PROCLUS 普罗克鲁斯，约公元 410—485，新柏拉图主义者，柏拉图评注作者，他也写就了一些原创哲学作品

Commentary on First Alcibiades《〈阿尔西比亚德前篇〉评注》，A. P. Segonds 编，2 卷本。（Paris: Les Belles Lettres, 1985）

4. 21–5. 12	322
170. 11–171. 1	191

Commentary on the Timaeus《〈蒂迈欧篇〉评注》(Diehl)

i. 345. 18 = DK 28 B 2–3	72

PRODICUS 普罗迪科斯，盛年公元前 5 世纪晚期，智者，苏格拉底同时代的人

PROTAGORAS 普罗泰戈拉，约公元前 490—约前 420，智者

PYRRHON 皮浪，公元前 360—前 270，怀疑主义学派的创始人

SENECA 塞涅卡，约公元前 55—公元? 41，罗马政治家，剧作家，斯多亚学派哲学家

Letters《书信》

116.1	528

On Leisure = De Otio《论闲暇》
  4.1   568

SEXTUS EMPIRICUS 塞克斯都·恩披里柯，约公元 200，皮浪怀疑主义的最完整来源

Against the Professors=Adversus Mathematicos (M)《驳数学家》
 vii. 6-7   143
 vii. 46-52   112
 vii. 60-64   157
 vii. 89-90   109
 vii. 110-114   122
 vii. 111 = DK 28 B 7   123
 vii. 126-134   114
 vii. 135-140   131
 vii. 151-152   295
 vii. 205-206   280
 vii. 208-209   281
 vii. 257   296
 ix. 54-56   584
 ix. 192-3 = DK 21 B 11   575

Pyrrhonian Outlines (P)《皮浪学说概要》
 i. 8-10   128
 i. 12   174
 i. 23-30   175
 i. 145-168   150
 i. 165-172   172
 i. 203   129
 i. 226   27
 ii. 15-20   171
 ii. 63   127

SIMPLICIUS 辛普里丘，约公元 500—540，一位给亚里士多德写评注的新柏拉图主义者，这些评注含有大量对前苏格拉底哲学家的引用和讨论

Commentary on On the Heavens = CAG vii《〈论天〉评注》
 294. 33–295.22 = DK 68 A 37   86
 556. 25–30   70

Commentary on the Physics = CAG ix《〈物理学〉评注》
 22. 26–23. 30 = DK 21 B 25   578
 24. 13–25   44
 30. 14–19, 38. 8-12   124
 86. 27, 117. 4–13 = DK 28 B 6   72
 144. 25–8 = DK 28 A 21   69
 145. 1–146. 23 = DK 28 B 8   77
 156. 3–23   588
 161. 13–20   84
 163. 18–24 = DK 59 B 17   91

SOCRATES 苏格拉底，公元前 469—399，参见 §14

SOPHOCLES 索福克勒斯，公元前 496—406，悲剧剧作家

Oedipus Tyrannus《俄狄浦斯王》
 1186–1204   401

STOBAEUS 斯托拜乌斯，公元 5 世纪，大量辑录了早期希腊作者的作品，包含哲学家的重要短文，尤其是希腊化时期的文选，C. Wachsmuth 和 O. Hense 编，5 卷本，(Berlin: Weidmann, 1884–1912)
 i. 72. 11 = DK 67 B 2   353
 i. 94. 1–3 = 21 B 18   110
 i. 178. 10–179. 5 = Poseidonius 波塞多纽，残篇 96 = LS 28 D   262
 ii. 59. 4 = LS 61H   433
 ii. 349. 23 = SVF ii 74   379
 iii 129. 14–130. 3 = DK 22 B 114   120

iii. 176. 10 = DK 68 B 191	314			
iii. 257. 10 = DK 22 B 118	311			

STRABO 斯特拉波，公元前 64—约公元 25

Geography《地理学》

  xiii. 1. 55   23

THALES 泰勒斯，约公元前 625—前 545

THEMISTIUS 忒米斯提乌，公元 317—388，演说家，亚里士多德注释者

Orations《讲演集》，H. Schenkl 和 G. Downey 编，(Leipzig: Teubner, 1965)

  v. 101. 13 = DK 22 B 123   39

  xxxii. 90. 25–91. 2   16

THEODORET 狄奥多勒，约公元 393—约 466，赛勒斯（Cyrrhus）的主教，论述基督教和希腊哲学

Remedy for Greek Diseases = Graecorum Affectionum Cura《希腊疾病疗法》

  vi. 14 (Diels, DG 332–4)   372

THEOPHRASTUS 塞奥弗拉斯特，公元前 371—287，亚里士多德的继承者，吕克昂学园（Lyceum）领袖，他关于前苏格拉底哲学家的论述（仅间接性地被我们所知）是早期希腊哲学最为重要的资料

Metaphysics《形而上学》

  10^a21–11^a15 247

On the Senses《论感觉》

  65–67   133

  69–70   130

THUCYDIDES 修昔底德，约公元前 460—约前 400，他的历史涉及雅典和斯巴达之间的伯罗奔尼撒战争，是一部未完成的著作（色诺芬的《希腊史》始于修昔底德停下的地方）

  ii. 37   534

  ii. 65. 1 – 9   545

  iii. 81–5   536

  v. 89–105   461

  vi. 38. 3–39. 2   535

VIRGIL 维吉尔，公元前 70—前 19，罗马诗人：他的《埃涅阿斯记》(*Aeneid*) 受到荷马《奥德赛》(第 i—vi 章) 和《伊利亚特》(第 vii—xii 章) 的影响

Aeneid《埃涅阿斯记》

  vi. 724–32   618

XENOPHANES 克塞诺芬尼，约公元前 580—约前 480

XENOPHON 色诺芬，约公元前 428—约前 354，将军，历史学家，哲学写作者，接续了修昔底德的历史，写过几篇苏格拉底式对话

History of Greece = Hellenica《希腊史》

  ii. 3. 21–3   537

Memoirs of Socrates = Memorabilia《回忆苏格拉底》

  i. 2. 39–46   463

  i. 4. 2–19   589

ZENO THE ELEATIC 爱利亚的芝诺，约公元前 490—前？

ZENO THE STOIC：斯多亚学派的芝诺，公元前 344—前 262

一般索引

这些条目中的数字对应贯穿全书各个部分的连续数字序列号（即小节号），而非页码。

许多涉及到主题（例如，原因，美德）的条目应该参考查阅主要哲学家关于这些主题的条目。

如果条目涉及到注释部分，那么参考紧随注释部分之后的文本，这通常是有帮助的。

Academy, Academics 学园，学院派 15, 17, 19, 22, 26, 27, 31, 170, 202；另参见怀疑论（Scepticism）

Aenesidemus 埃奈西德穆 22, 25–26

Aetius 艾修斯 4

affections 感受／遭受，参见情感（emotion）

Agrippa 阿格里帕 22, 169, 214, 272, 276, 278

Alcibiades 阿尔西比亚德 9, 13, 18, 321, 456

Alcinous 阿尔西诺乌斯 31

Alexander the Great 亚历山大大帝 2, 19, 22

Alexandria 亚历山大里亚 2

Anaxagoras 阿那克萨戈拉 3, 11, 43, 83, 91, 109, 131, 170, 237；his book 他的书 96；on mind ～论心灵 96, 588；on principles 论原理 43；on the senses ～论感觉 109, 125；and teleology ～与目的论 587

Anaximander 阿那克西曼德 40–41, 44–45, 574

Anaximenes 阿那克西曼尼 43

Antiochus 安提俄库 31

Antiphon 安提丰 235–236

Antisthenes 安提斯泰尼 14

appearances 现象：conflicting 冲突的～ 125, 127, 134, 147, 156, 169, 173, 276；equipollent 等值的～ 125, 169；Protagoras on 普罗泰戈拉论～ 158, 161；and reason ～和理性 137；and sceptics ～和怀疑论者 112, 128；and Stoics ～和斯多亚学派 291, 293–294, 378, 515, 526；truth of ～的真 126, 159

appetite 欲望，参见欲求（desire）

Arabic thought 阿拉伯思想 2

Arcesilaus 阿尔凯西劳 22, 25, 169–170

Aristippus 阿里斯提普斯 14

Aristophanes 阿里斯托芬：on the gods ～论神 574, 581；on politics ～论政治 543–544；on Socrates ～论苏格拉底 9, 581, 583

Aristotle 亚里士多德：on animals ～论动物 106；on appearances ～论现象 126；and Atomism ～与原子论 83, 85–86, 88, 235, 240, 250；biology 生物学 19；bravery 勇敢 445；categories 范畴 227–228, 255；causes 原因 95–8, 106, 180, 224, 238, 240–241, 259, 331, 369；change, becoming 运动，生成 41, 52, 71, 83, 224–226, 235, 237–238, 600–601；circular argument 循环论证 273, 276；另参见阿格里帕（Agrippa）；city 城邦 406, 476, 557–559, 606；coincident 偶性 227, 233–234, 242；commentaries on ～评注 31；on conflicting appearances ～论冲突的现象 276；on constitutions ～论体制 559, 562–563；on convention and nature ～论习惯与自然 153–154, 236；on Cratylus ～论克拉底鲁 194, 197；on craft ～论技艺 104, 106, 443；on decision ～论决定 443, 514；on definition ～论定义 251, 332；on Democritus ～论德谟克利特 86, 126, 227, 251, 312–313, 331；on demonstration ～论证明 272–273, 276；on desire ～论欲求 440–441；and determinism ～与决定论 357；on dialectic ～论辩证法 141, 143, 331, 332；his dialogues 他的对话 19；on divine substance ～论神圣实体 253, 599；division of his works 他的作品划分 20；on dualism and materialism ～论二元论和唯物主义 331, 334；on Empedocles ～论恩培多克勒 99, 242；on essence ～论本质 227, 233, 253, 407；on external goods ～论外在好物 400, 409, 498–500；on the fine (*kalon*) ～论美好 445–446, 449, 451, 472, 475, 500, 606；on the first cause ～论第一因 599–602；on form ～论形式 226, 238, 240–241, 250–252, 256, 332, 407, 599；on form and substance ～论形式与实体 253, 257；on freedom and equality ～论自由与平等 560–561；on friendship ～论友谊 472–475, 477；on function ～论功能 240, 407, 444；on genus ～论属 227, 231；on the gods ～论神 599, 603；on happiness ～论幸福 381, 384–386, 404–406；on happiness and political life ～论幸福与政治生活 557, 559；on happiness and external goods ～论幸福与外在善物 400；on happiness and function ～论幸福与功能 408, 504；on happiness, human and divine ～论人的与神的幸福 602, 604, 606；on happiness and pleasure ～论幸福与快乐 394, 397–399；on happiness and virtue ～论幸福与美德 403, 409；and Hellenistic philosophy ～与希腊化哲学 22–23；on Heraclitus ～论赫拉克利特 51, 54, 165, 168；as a historian of philosophy 作为哲学史家的～ 20；on homonymy ～论同名异义 251, 257, 336, 558；on identity ～论同一性 238, 250；on incontinence ～论不自制 441,

447–448；on justice ～论正义 153–154, 478, 558；on knowledge ～ 论 知 识 272–274；in later antiquity ～在古代晚期 31；his life 他 的 生 平 19；his logic 他 的 逻 辑 学 20；on materialism ～论唯物主义 240；on matter ～论质料 42–43, 224, 250, 252–253, 256, 333, 599；his metaphysics 他 的 形 而 上 学 20；on myth ～ 论 神 话 100–101；on the naturalists ～论自然主义者（前苏格拉底哲学家）4, 41, 43, 100, 237；his natural philosophy 他 的 自 然 哲 学 20；on nature ～ 论 自 然 236, 239–240；nature and the city ～ 论 自 然 与 城 邦 558；on necessity ～论必然性 242, 244, 355–356；order of his works 他 的 作 品 顺序 19；on Parmenides ～论巴门尼德 71；and Plato ～与柏拉图 19, 331, 557, 560, 599；on politics ～论政治学，参见城邦（city）；on qualified and unqualified becoming, ～论有限的和绝对的生成，参见变化（change）；on reason ～ 论 理 性 407；on responsibility ～ 论 责 任 357–359；and scepticism ～与怀疑论 276；on the 'sea battle' ～ 论 "海战" 355, 363；on the senses ～论感觉 274–277；on Socrates and Plato ～ 论苏格拉底和柏拉图 7, 9, 15–16, 194, 197；on Solon ～论梭伦 409；on the soul ～论灵魂 257, 253, 331, 334, 334, 334, 337, 407, 408；on species ～论种 227, 231, 253；and the Stoics ～与斯多亚学派 508, 520, 526, 528；on subjects ～ 论主体 224, 227, 238–239, 254–255, 256；on substance ～论实体 83, 224, 226–229, 231–232, 235–236, 239, 250, 253–256, 258–259, 335–336；on teleology, final causes ～ 论 目 的 论，目 的 因 242, 244–246, 596–599；on temperance ～ 节制 446；on Thales ～ 泰 勒 斯 300, 302–303；on tragedy ～论悲剧 400, 402, 498；on understanding (*nous*) ～论理智 272, 274–275, 602, 606；on universals ～ 论 共 相 106, 223, 230, 253, 274, 356；on virtue ～ 论美德 432, 440, 442, 444, 447–448, 498；on Zeno ～ 论芝诺 79, 81–82

assent 认可 / 赞同，参见斯多亚学派（Stoics）

assumptions 假设 169, 171–172, 214–216, 272

Athens 雅典 2, 7, 9, 13, 19, 80, 182, 388, 454, 531, 533, 539, 542, 545, 571, 584

Atomism, Atomists 原子论，原子论者：and Aristotle, ～与亚里士多德，参见亚里士多德（Aristotle）；on change, becoming ～论变化，生成 83, 250；on compound bodies ～论复合身体 87；eliminative v. reductive 取消论 v. 还原论 90, 235, 312, 351；on gods ～论神 574；on infinity ～论无限 88–89；on necessity ～ 论 必 然 性 351；and Parmenides ～ 与巴门尼德 83；and Plato ～与柏拉图 587, 593；reductive 还原论，参见取消论（eliminative）；and scepticism ～与怀疑论 282；and the senses ～与感觉 134, 278, 282, 284–288；on the soul ～论灵魂 338；on substance ～论

实体 250；另参见德谟克利特（Democritus），伊壁鸠鲁（Epicurus）

atoms 原子: characteristics of ～ 特征 85; and colour ～ 与颜色 93; and compounds ～ 与复合物 90; convention and nature 习惯与自然 131; and the senses ～ 与感觉 129; as substance ～ 作为实体 90, 227; swerve of ～ 偏斜 363；另参见原子论（Atomism），德谟克利特（Democritus），伊壁鸠鲁（Epicurus）

Augustine 奥古斯丁 2, 566, 572–573

Augustus 奥古斯都 2

becoming 生成，参见变化（change）

being 存在: in Aristotle 亚里士多德的～ 255; in Parmenides 巴门尼德的～ 77

belief 信念: 信念 68; false 假信念 74–75, 160; and scepticism ～ 与怀疑论 175, 297；另参见知识（knowledge）

body 身体，参见灵魂（soul）

bravery 勇敢 13, 145, 389, 391, 393, 445, 536

Callicles 卡利克勒斯 389, 414, 456, 458

Carneades 卡尔尼亚德 22, 25, 291, 292, 364, 487

cause, explanation 原因，解释 43, 85, 95–97, 99, 105, 192, 204, 207, 240, 269–271, 312, 351, 374–377, 590, 594；另参见亚里士多德（Aristotle），柏拉图（Plato），斯多亚学派（Stoics）

Cephalus 克法洛斯 457

Chaerephon 克瑞丰 9, 139, 139, 463

change, becoming 变化，生成: Anaxagoras on 阿那克萨戈拉论～ 91; and appearances ～ 与现象 125; Aristotle on 亚里士多德论～ 52, 86, 168, 224, 235, 600–601; atomism on 原子论者论～ 83; Eleatics on 爱利亚学派论～ 71; Empedocles on 恩培多克勒论～ 84; Epicurus on 伊壁鸠鲁论～ 94; Epicharmus on 爱比查姆斯论～ 53; explanation of ～ 的说明 41; Heracleitus on 赫拉克利特论～ 45, 250; Parmenides on 巴门尼德论～ 3, 68, 76–77, 121; Plato on 柏拉图论～ 166–167, 198–201, 204, 206, 210–212; Protagoras and Heracleitus on 普罗泰戈拉与赫拉克利特论～ 165; qualified and unqualified 有限的与绝对的～ 83, 90; and the senses ～ 与感觉 198; Zeno on 芝诺论～ 79

Charmides 卡尔米德斯 9, 142

Chrysippus 克律西波斯 25, 29–30, 265, 292, 342–343, 372–373, 376–377, 505, 566, 614–615, 617

circular argument 循环论证 169, 171–172, 272–273

city (polis) and political life 城邦与政治生活 549, 552, 554–559, 559, 566, 568–569, 572–573, 620–626

civil war 内战 536

coincident 偶性；参见亚里士多德

colour 颜色 92–93, 131

conflicting appearances 冲突的现象，参见现象（appearances）

constitutions 体制 531

continuity 连续性，参见同一性

convention (*nomos*) and nature (*phusis*) 习惯与自然 36, 125, 131–132, 136–137, 147, 149–150, 152, 154, 156, 164, 192–193, 213, 236, 389, 456, 458；另参见法（law）

craft(*technē*) 技艺 104–106, 177, 179, 434, 436, 443, 539, 541, 543, 547–548, 551, 561–562, 587, 603；另参见苏格拉底

Cratylus 克拉底鲁 18, 168, 194, 197, 210

criterion 准则／标准 109, 112, 114, 122, 132, 157, 169, 171, 291, 296

Critias 克里底亚 9, 147, 463, 582, 584

crocodile 鳄鱼 33, 35

Cynics 昔尼克／犬儒学派 21

Cyrenaics 居勒尼学派 22, 490

death 死亡：Epicurus on 伊壁鸠鲁论～ 340, 360, 414, 421, 424, 425, 608；Plato on 柏拉图论～ 327；Socrates on 苏格拉底论～ 317, 540；Stoics on 斯多亚学派论～ 343, 530；

definition 定义 142, 146, 148, 152, 180–181, 192, 197, 212–214, 251, 332；另参见苏格拉底（Socrates），柏拉图（Plato），亚里士多德（Aristotle）

Delphi, Delphic Oracle 德尔斐，德尔斐神谕 138–40, 306, 322, 582

Democritus 德谟克利特：Aristotle on 亚里士多德论～ 86, 227, 331；on atoms and senses ～论原子与感觉 83, 129；on change ～论变化 235；on colour ～论颜色 131–132；on conflicting appearances ～论冲突的现象 127；on convention and nature ～论习惯与自然 125, 131–132, 136；and form ～与形式 99, 251；on knowledge and belief ～论知识和信念 131；and Protagoras ～与普罗泰戈拉 159；realism and scepticism in ～学说中的实在论与怀疑论 134–135, 155, 169–170；on the senses ～论感觉 125, 129–130, 133, 137, 288; on the soul ～论灵魂 312, 314；on truth ～论真 126；另参见原子论（Atomism），伊壁鸠鲁（Epicurus），怀疑论（Scepticism）

democracy 民主 8–9, 533–535, 539, 543, 545, 550, 557, 559–560, 562–3

demonstration 证明 272–273

desire 欲求 437–441, 468

determinism 决定论：determinism ～ 351；and Aristotle ～与亚里士多德 357；Epicurus on 伊壁鸠鲁论～ 360；Stoics on 斯多亚学派论～ 371, 374, 378

dialectic 辩证法：and dialogue ～与对话 189–190；in Parmenides and Zeno 巴门尼德与芝诺的～ 142–143；Plato on 柏拉图论～ 214, 218, 220；and recollection ～与回忆 191；and sophistry ～与诡辩术 141

dialogues 对话 16–17, 19, 183, 189–190

Diogenes 第欧根尼 43

disease, sacred 疾病，神圣的 33, 36–38

dogmatism, dogmatists 独断论，独断论者 112, 128, 150, 169, 297；另参见怀疑论

dreams 梦 113, 119

elephant 大象 240, 246

eliminative atomism 取消主义的原子论,

参见原子论（atomism）

emotions 情感 175, 516

Empedocles 恩培多克勒：Empedocles ～ 3, 4, 83, 143, 170, 237；on becoming ～ 论生成 84；on causes ～ 论原因 99；on the elements ～ 论元素 43；and teleology ～ 与目的论 240, 242–243

envy 嫉妒，参见神（gods）

Epicurus, Epicureanism 伊壁鸠鲁，伊壁鸠鲁主义：Epicurus, Epicureanism ～, ～主义 28；on appearances ～ 论现象 159；on atoms ～ 论原子 83, 288–290；on the atomic swerve ～ 论原子的偏斜 363–365, 369–370；on change ～ 论变化 94；on colour ～ 论颜色 92；on death ～ 论死亡 360, 414, 421–422, 424–455, 608；and Democritus ～ 与德谟克利特 3, 28；on determinism ～ 论决定论 363；on fate ～ 论命运 361；on the fine ～ 论美好 485；on friendship ～ 论友谊 479, 488, 490；on the gods ～ 论神 608–611；on happiness and virtue ～ 论幸福与美德 501–502；hedonism 快乐主义，参见快乐（pleasure）；justice 正义 479, 482, 486, 488, 564；on moral and natural philosophy ～ 论道德与自然哲学 421；on necessity ～ 论必然性 360, 362；on pleasure ～ 论快乐 412–416, 419, 426, 480, 489, 501, 504；on pleasure and happiness ～ 论快乐与幸福 28, 411, 414–415, 417, 420–421, 423, 479, 483–485, 488, 503；political theory 政治理论 564–565；and Protagoras ～ 与普罗泰戈拉 278；on responsibility ～ 论责任 360, 366, 369；and scepticism ～ 与怀疑论 278；on the senses ～ 论感觉 67, 87, 278–281, 283, 363；on the soul ～ 论灵魂 338；against teleology ～ 驳目的论 240, 608–609, 612；on tranquillity ～ 论安宁 414, 421, 479, 488；on truth ～ 论真 362；on virtue ～ 论美德 479–488

Epicharmus 爱比查姆斯 53

epistêmê 知识；参见知识（knowledge）

Eudoxus 欧多克索斯 151, 398, 411

Euripides 欧里庇得斯 7

Eusebius 尤息比乌 4

explanation 说明／解释，参见原因（cause）

faction 派系 535

fatalism 宿命论 355, 371, 373

fate 命运：fate ～ 619；Epicurus on 伊壁鸠鲁论 ～ 361；and gods ～ 与神 346–51；Stoics on 斯多亚学派论～ 371–6, 612

fine (*kalon*) 美好／光荣／高尚 145, 148, 152–153, 435, 445–446, 449, 451, 454–455, 472, 475, 485, 490, 493, 500, 508, 510, 512, 590, 606

fire 火 57, 61, 63–64

flattery 谄媚 179, 399, 546–548

flux 流变；参见变化（change）

form 形式 97, 99, 263, 263；另参见亚里士多德（Aristotle），柏拉图（Plato）

Forms 理念；参见柏拉图（Plato）

friendship 友谊 472–473, 479, 490, 566；另参见亚里士多德（Aristotle），伊壁鸠鲁（Epicurus）

function 功能，参见美德（virtue），幸福（happiness）

Galen 盖伦 5, 29, 31, 132, 137

Glaucon and Adeimantus 格劳孔与阿德曼托斯 456, 466, 479

God, gods 神，诸神（遍及第 15 章）：anthropomorphic conceptions of ～ 人同形同性观念 610–612；Aristotle on 亚里士多德论 ～ 253；belief in 对 ～ 的信仰 147, 595, 613；as cause 作为原因的 ～ 590, 599；envy 嫉妒 346, 350, 388, 590；and fate ～ 与命运 346, 348, 351, 612；Herodotus on 希罗多德论 ～ 59, 65–66；Homer and Hesiod on 荷马与赫西俄德论 ～ 3, 100, 574；and human knowledge ～ 与人类知识 110；and justice 神与正义 587；and laws of nature ～ 与自然法 33；and myths ～ 与神话 100–101；and naturalists ～ 与自然主义者 100；and nature ～ 与自然 616–617；obedience to 顺从 ～ 453；providence of ～ 意 589, 593, 608, 612–614, 619, 621–622；scepticism and 怀疑论与 ～ 147；Socrates and 苏格拉底与 ～ 9；and soul 神与灵魂 303；Stoics on 斯多亚学派论 ～ 380, 566；traditional beliefs about 有关 ～ 的传统信仰 582, 584, 586, 603；Xenophanes on 克塞诺芬尼论 ～ 108, 112

good 善好；参见幸福（happiness）

goods, external 好物，利益外在的 400, 409, 498, 504, 523

Gyges' Ring 古阿斯的戒指 456, 486

happiness, the good 幸福，好（遍及第 10, 13 章）：happiness, the good ～, ～ 381–382, 384–388, 392, 454；and the city ～ 与城邦 557, 559；criteria for ～ 的标准 404, 411；divine 神的 ～ 604–607；and external goods ～ 与外在好物 400；and friendship ～ 与友谊 477；and the human function ～ 与人的功能 407, 410, 504；and justice ～ 与正义 465, 487；and pleasure ～ 与快乐 389, 394, 411, 488；and virtue ～ 与美德 403, 409, 427, 492；另参见快乐主义（hedonism）；快乐（pleasure）；安宁（tranquility）

hedonism 快乐主义 28, 389–390, 411, 414–415, 420–421, 479, 488, 490；另参见快乐（pleasure）

Hellenistic philosophy 希腊化哲学 21

Heracleitus 赫拉克利特：Aristotle on 亚里士多德论 ～ 168, 224；and atomists ～ 与原子论者 90, 125, 127；his book 他的书 46；on change, flux ～ 论变化，流变 45, 50–51, 54, 90, 158, 165, 204, 235, 250, 260；on conflicting appearances ～ 论冲突的表象 127；and Cratylus ～ 与克拉底鲁 160, 194；and the criterion ～ 与准则 114；on Delphi ～ 论德尔斐 138–140；and Democritus ～ 和德谟克利特 134；on dreams ～ 论梦 113, 119；on fire ～ 论火 43, 57, 61, 63–64, 67；on the gods ～ 论神 59–61, 65–66, 574, 579–580；on Homer and Hesiod ～ 论荷马与赫西俄德 100, 102–103；on identity ～ 论同一性 45, 57, 238；on justice ～ 论正义 352；on law ～ 论法

49, 120, 147, 352；on nature ～ 论自然 3, 33, 39；and Parmenides ～ 与巴门尼德 68, 121；Plato on 柏拉图论 ～ 18, 158, 198；and Protagoras ～ 与普罗泰戈拉 165；reason and sense 理性与感觉 67, 113–118, 134；river 河流 45, 47–48, 50, 168；and Socrates ～ 与苏格拉底 139, 315, 583；on the soul ～ 论灵魂 61, 305–311, 315, 324；and the Stoics ～ 与斯多亚学派 22, 260；Theophrastus on 塞奥弗拉斯特论 ～ 46；on understanding ～ 论理解 116；on the unity of opposites ～ 论对立面的统一 57–58

Herodotus 希罗多德：Herodotus ～ 7；on constitutions ～ 论体制 532；on convention ～ 论习惯 147, 149；on the crocodile ～ 论鳄鱼 35；on divine envy ～ 论神的嫉妒 346, 350, 388；on fate ～ 论命运 346, 350；on happiness ～ 论幸福 388

Hesiod 赫西俄德 3, 51, 100–103, 108, 317, 574–575, 582

Hippias 希庇亚斯 8

Hippocrates, Hippocratic writers 希波克拉底，《希波克拉底文集》的写作者 5–6, 33, 36–38, 104–105, 574

Hippolytus 希波吕托斯 4

Hobbes, Thomas 托马斯·霍布斯（1588–1679）456, 464

Homer 荷马：Homer ～ 3, 8, 78, 162, 317, 553；on ethics ～ 论伦理道德 7；on fate ～ 论命运 348, 371；on the gods ～ 论神 100, 348, 574–575, 582, 612, 617；on political life ～ 论政治生活 531；on responsibility ～ 论责任 346–347, 351；on the soul ～ 论灵魂 300–301, 324, 326, 438；and Xenophanes ～ 与克塞诺芬尼 108

homonymy 同名异义，参见亚里士多德（Aristotle）

Hume, David 大卫·休谟（1711–1778）173, 176

identity and continuity 同一性和连续性：and change ～ 与变化 55–6；criteria of ～ 的标准 45, 57, 90, 113, 238, 250；Epicharmus on 爱比查姆斯论 ～ 53；Heracleitus on 赫拉克利特论 ～ 45；Locke on 洛克论 ～ 49；Plato on 柏拉图论 ～ 201–2

inaction 无为，参见怀疑论（scepticism）

incontinence(*akrasia*) 放纵/缺乏控制 434–435, 441, 447–448

indifferents 中性物；参见斯多亚学派

infinity 无限 81, 88, 89

infinite regress 无穷后退 169, 171–172, 272；另参见阿格里帕（Agrippa）

Jewish thought 犹太思想 2

judgment, suspension of 中止判断，参见怀疑论（Scepticism）

juries 陪审团 8, 10

justice 正义：justice 正义 151, 452, 454, 496, 536, 547, 564, 607；in Anaximander 阿那克西曼德的 ～ 44；Aristotle on 亚

里士多德论～153–154；Callicles on 卡利克勒斯论～458；in a city 城邦中的～558；and the common good～与共同善 478；conceptions of～的观念 456；cosmic 宇宙正义 574；divine 神之～587, 605；Epicurus on 伊壁鸠鲁论～482, 486；and happiness～与幸福 467, 470–471, 487, 492；Heracleitus on 赫拉克利特论～352；Hobbes on 霍布斯论～456；and morality～与道德 449；objections to 反对～456, 460, 465–466, 487；oligarchic and democratic 寡头制和民主制的～559；in Parmenides 巴门尼德的～77；Plato on 柏拉图论～152；Protagoras 普罗泰戈拉 431；Socrates on 苏格拉底论～9, 148, 178–179, 316, 318, 540, 582

Justin 查士丁 31

knowledge and belief 知识与信念：knowledge and belief～5, 104, 272；and craft～和技艺 104；in Democritus 德谟克利特的～131；in Parmenides 巴门尼德的～124；Plato on 柏拉图论～107, 183, 186, 212–214, 219；political 政治～549–550，另参见技艺（craft）；Socrates on 苏格拉底论～138, 141–142, 145, 177–178；Stoics on 斯多亚学派论～291, 294–5；Xenophanes on 克塞诺芬尼论～108；另参见美德（virtue）

kosmos 宇宙 61, 113

Laches 拉凯斯 8, 12–13, 142, 145, 177

law 法：law～539；Callicles on 卡利克勒斯论～458；and convention～与习惯 150, 152, 154；criticisms of～之批判 584；democracy and 民主和～536；Heracleitus on 赫拉克利特论～147；human and divine 人的～与神的～120；and justice～和正义 463；of nature 自然之～33；in Protagoras 普罗泰戈拉的～164；Socrates on 苏格拉底论～9, 317, 452, 454, 542, 582；Stoics on 斯多亚学派论～566, 570–571, 621；written 成文～531；另参见习惯（convention）

Leucippus 留基波 3, 83, 85, 237, 353

Locke, John 约翰·洛克（1632–1704）45, 49

Lucretius and Epicurus 卢克莱修与伊壁鸠鲁 28

Lyceum 吕克昂学园 19, 21

Lycophron 吕哥弗隆 559, 564

materialism 唯物主义 240, 249, 263, 267

matter 质料 42, 97, 260, 263, 587，另参见亚里士多德（Aristotle），原因（cause）

medicine 医学 5, 179

Melissus 麦里梭 3, 70–71, 78

Meno's Paradox 美诺悖论 180

metaphysics 形而上学：of Aristotle 亚里士多德的～20；of Theophrastus 塞奥弗拉斯特的～21

mind 心灵：Anaxagoras on 阿那克萨戈拉论～96, 588；as cause 作为原因的～95；Plato on 柏拉图论～592；Stoics on 斯多亚学派论～614；另参见

亚里士多德（Aristotle）条目下的理智（understanding）；另参见灵魂（soul）

modes of scepticism 怀疑论的模式 150

morality 道德：morality ～ 450; and justice ～ 与正义 449; scepticism and 怀疑论与～ 297; and self-interest ～ 与自我-利益 452

motion 运动：Zeno on 芝诺论～ 121; 另参见变化（change）

myth 神话 33, 100, 147, 150, 361

names 名称，Plato on 柏拉图论～ 192

naturalists, naturalism 自然主义者，自然主义 3–5, 33, 41, 95, 99, 100, 574

nature 自然：nature ～ 33, 40; Aristotle on 亚里士多德论～ 34, 558; and causes ～ 与原因 99; and god ～ 与神 616–617; Heraclitus on 赫拉克利特论～ 3, 33, 39, 46; inquiry into 追问～ 96; laws of ～ 法 33; Parmenides on 巴门尼德论～ 68, 70, 122; Stoics on 斯多亚学派论～ 612

necessity 必然性 77, 99, 242, 244, 351–356, 362, 371, 592

Neleus 纳留斯 23

Neoplatonism 新柏拉图主义 31

nomos 惯例，参见约定习俗（convention），法（law）

oligarchy 寡头制 533, 535, 559, 562–3

Origen 奥利金 31

Parmenides 巴门尼德：and Atomism ～ 与原子论 83; on being ～ 论存在 77; his book 他的书 69; on change ～ 论变化 3, 68, 76–77, 121; and dialectic ～ 与辩证法 142–143; and Heraclitus ～ 与赫拉克利特 121; influence of ～ 的影响 3; on justice ～ 论正义 77; on knowledge and belief ～ 论知识与信念 122, 124; on nature ～ 论自然 68, 70, 122; on necessity ～ 论必然性 77; and scepticism ～ 与怀疑论 121; on sense and reason ～ 论感觉与理性 121, 124, 134; on speaking and thinking ～ 论言说与思想 68, 72–73, 76–77, 121; on truth and belief ～ 论真与信念 68, 72; and Zeno ～ 与芝诺 80

passions 激情，参见情感（emotions）

Peloponnesian War 伯罗奔尼撒战争 533

perception 知觉，参见感觉（senses）

Pericles 伯里克利 456, 463, 533, 543, 545, 547, 557

Persia 波斯 7

persistence, see identity 持续，参见同一性

Philo 斐洛 31

philosophy, philosopher 哲学，哲学家 1–3, 29, 152, 208, 452, 549, 554

Plato 柏拉图：and Aristotle ～ 与亚里士多德 19, 221–223; on assumptions ～ 论假设 214–216; and the Atomists ～ 与原子论者 587, 593; on causes ～ 论原因 95, 204, 207; on change ～ 论变化 198–201, 204, 206, 210–212; on convention ～ 论习惯 192; on the craftsman (dêmiourgos) ～ 论匠神 587; on death ～ 论死亡 325, 327; on definition ～ 论定义 152;

development 思想发展 17; on dialectic ~论辩证法 214–215, 218, 220; dialogues 对话 9, 15, 17–18, 183; on the divided line ~论线段划分 214–215; on external goods ~论外在好物 498; on the fine ~论美好 590; on the Form of the good ~论好的理念 214–215, 587; on forms, Forms ~论理念 17, 144, 192, 194, 197, 204, 206–207, 210, 212–214, 219–224; on gods, God ~论神 590, 595, 599, 605; on happiness and pleasure ~论幸福和快乐 389, 394–396; on the ideal city ~论理想城邦 549, 552, 554–556, 560; on identity ~论同一性 201–202; on justice ~论正义 152, 465, 467–471; on knowledge and belief ~论知识与信念 5, 74–75, 104, 107, 183, 186, 212–214, 219, 549–51; on language ~论语言 192; and later antiquity ~与古代晚期 31; letters 书信 15; on materialism ~论唯物主义 267, 587; on matter ~论质料 587; on mind ~论心灵 592; on names ~论名称 192; on philosopher rulers ~论哲学家统治者 549, 554; on politics ~论政治 543, 549, 560; on recollection ~论回忆 17, 107, 183–184, 191, 204–205, 214–215, 324; and scepticism ~与怀疑论 17, 25, 147, 169–170, 173, 198, 202, 214; on self-predication ~论自谓述 219; and Socrates ~与苏格拉底 9, 17; on sophists ~论智者 8, 549, 551; on soul and body ~论灵魂与身体 195–196, 202, 217, 320–321, 324–329, 594; on

soul, division of ~论灵魂，灵魂的划分 437–439, 469, 549; on soul, immortality of ~论灵魂，灵魂的不朽 323, 330; on speaking ~论言说 75; spurious and doubtful works 伪造的和可疑的作品 15, 18; on teleology ~论目的论 587; and the third man ~与第三人论证 219–222; on tragedy ~论悲剧 439; two worlds 两个世界 204; on virtue ~论美德 428, 437, 492, 498, 553, 556; and Zeno the Stoic ~与斯多亚学派的芝诺 566; 另参见怀疑论（Scepticism）

Platonism 柏拉图主义 15, 22, 31, 604

pleasure 快乐 389–391, 394, 411–416, 419, 436, 460, 480, 483–485, 489, 501, 503; 另参见幸福（happiness），快乐主义（hedonism）

Plotinus 普罗提诺 2, 22, 31, 324, 607

pneuma 普纽玛/呼吸/精气 263, 266, 341

politics 政治学，遍及第 14 章, 406, 476, 539, 619

presidents (Athens) 执政官（雅典）187, 540

Presocratics 前苏格拉底学派/前苏格拉底哲学家，参见自然主义者（naturalists）

principle (*archê*) 原理 33, 43

Prodicus 普罗迪科斯 8

Protagoras 普罗泰戈拉: Protagoras ~ 8; on appearances ~论现象 158, 161; on change ~论变化 165, 204; on convention ~论习惯 156, 193; on the criterion ~论准则 157; and Democritus ~与德谟克利特 159; and Epicurus ~与伊壁鸠鲁 278;

on false belief ～论假信念 160; on the gods ～论神 584; on justice ～论正义 431; on the measure ～论尺度 156, 158, 160–165; and scepticism ～论怀疑主义 156, 163; as sophist 智者 ～ 156, 160; on truth ～论真 156, 161, 163; on virtue ～论美德 429–430;

puzzle(*aporia*) 疑难/困惑 36, 134, 142, 169, 182, 185, 188

Pyrrhon 皮浪 22, 25–27, 176

Pythagoras 毕达哥拉斯 201, 333;

realism and scepticism 实在论和怀疑论 155

reason 理性 113–114, 117, 407, 437, 504–507, 558, 570; 另参见欲求（desire），感觉（sense）

recollection 回忆，参见柏拉图（Plato）

responsibility 责任（遍及第九章）: and determinism ～ 与决定论 360; and necessity ～与必然性 351

rhetoric 修辞学 7, 18, 20, 29, 143, 153, 177, 405, 496, 543, 546

river, in Heraclitus 赫拉克利特的河流 45, 168

Romans 罗马人 2, 151, 514

Sceptics, sceptics, scepticism 怀疑论者，怀疑论/怀疑主义: Academic 学园怀疑派 22, 25–27; on appearances ～论现象 128; and Atomism ～ 与原子论 282; on belief ～论信念 175, 297; Democritus and 德谟克利特与～ 134; and dogmatists ～ 与独断论者 128; Epicurus and 伊壁鸠鲁与～ 278; equipollence 等值 128; inaction 无为 297–298; and knowledge ～与知识 108; and living ～与生活 173; modes of ～的模式 150; and morality ～与道德 297; and myths ～ 与神话 147; Parmenides and 巴门尼德与～ 121; Plato and 柏拉图与～ 17, 25, 147, 173, 198, 202, 214; Protagoras and 普罗泰戈拉与～ 156, 163; Pyrrhonian 皮浪～ 25–27; and realism ～ 与实在论 155; and religion ～ 与宗教 147; Socrates and 苏格拉底与～ 25, 138, 142, 147, 169–170, 177; and suspension of judgment ～ 与中止判断 128, 134, 150–151, 156, 173, 177, 202, 297; on tranquility ～论安宁 297; Xenophanes and 克塞诺芬尼与～ 112

science 科学，参见知识（knowledge）

senses 感觉: Anaxagoras on 阿那克萨戈拉论～ 109, 125; Aristotle on 亚里士多德论～ 126, 274, 276–277; and assent ～与认可 298; Atomism and 原子论与～ 129, 278, 282, 284–288; and change ～与变化 198; Democritus on 德谟克利特论～ 125, 129–30, 133; Epicurus on 伊壁鸠鲁论～ 67, 87, 278–281; Heraclitus on 赫拉克利特论～ 67, 113–115, 134; naturalists on 自然主义者论～ 109; Parmenides on 巴门尼德论～ 124, 134; Plato on 柏拉图论～ 194; and reason ～与理性 113, 121, 134, 137; and the soul ～与灵魂 324; Stoics on 斯多亚学派论～ 291

Sextus Empiricus 塞克斯都·恩披里柯：on medicine ～论医学 5; on the naturalists ～论自然主义者 108; 另参见怀疑论（Scepticism）

social contract 社会契约 460, 557, 559

Socrates 苏格拉底：and Anaxagoras ～与阿那克萨戈拉 11; and Archelaus ～与阿凯劳斯 11; Aristophanes on 阿里斯托芬～ 9, 581, 583; Aristotle on 亚里士多德论～ 194; his associates 他的同伴 463; autobiography 自传 95; and bravery ～与勇敢 13, 391, 393; on craft ～论技艺 177, 179; on death ～论死亡 317, 540; on definition ～论定义 142, 180–181, 192, 197, 212–214; and democracy ～与民主 539; on the fine ～论美好 145, 148, 454, 493; his followers 他的追随者 14; and forms ～与理念 144, 另参见柏拉图 Plato; on the gods ～论神 9, 317, 453, 540, 582, 585–587, 589; on happiness ～论幸福 383, 392, 454; and hedonism ～与快乐主义 389–390; and Heraclitus ～与赫拉克利特 315, 386; and the history of philosophy ～与哲学史 7; on incontinence ～论不自制 434–436, 447–448; and justice ～与正义 148, 178–179, 316, 318, 453–454, 465, 496, 540, 547, 582; knowledge and belief in ～的知识与信念 138, 141–142, 145, 177–178, 453; and law, laws ～与法 317, 452, 454, 539, 542, 582; on pleasure ～论快乐 436; political views 政治主张 9, 539–541, 543, 547–548; on rhetoric ～论修辞 496, 546; and Scepticism ～与怀疑论 25, 138, 142, 147, 169–170, 177; on self-knowledge ～论自知 322; on the soul ～论灵魂 315, 317–318, 320; and the Stoics ～与斯多亚学派 509; on teleology ～论目的论 587; and temperance ～与节制 392, 494–495; and the Thirty ～与三十僭主 538, 540; trial of ～的审判 9, 452, 533, 538, 583, 585; on virtue ～论美德 145, 180–181, 315, 431, 434; virtue and happiness 美德与幸福 492–497, 501, 523; and Zeno ～与芝诺 80

Solon 梭伦 381, 388, 409, 531

sophists, sophistry 智者，诡辩 8, 141, 156, 160, 188, 429, 515, 549, 551

Sophocles 索福克勒斯 7

soul 灵魂（遍及第 8 章）：soul ～ 253, 257, 263; and action ～与行动 324; agreed features of ～的公认特征 304; and Atomism ～与原子论 338; and body ～与身体 195–196, 202, 321, 326–329, 339, 344–345; as cause 作为原因的～ 594; cosmic 宇宙～ 612; Democritus on 德谟克利特论～ 312; definition of ～的定义 335–336; division of ～的划分 324, 337, 437–439, 469, 549; and dualism ～与二元论 328, 334; as form 作为形式的～ 331; and happiness ～与幸福 522; as harmony ～的和谐 324–325, 333; Heraclitus on 赫拉克利特论～ 61, 305, 309–311; in Homer 荷马的～ 300–301; and the human function ～与人的

功能 407–408；and immortality ～与不朽 183–184, 315–318, 320, 323, 328, 330, 338；justice in ～的正义 468；and life ～与生命 334；and materialism ～与唯物主义 338, 341；parts ～的部分，参见划分（division）；Plotinus on 普罗提诺论～ 607；Pythagoras on 毕达哥拉斯论～ 333；and recollection ～与回忆 324；Thales on 泰勒斯论～ 300, 302–303；and virtue ～与美德 468

Sparta 斯巴达 7, 18, 150, 456, 461, 531, 533, 536–537, 539, 542, 545

Speusippus 斯彪西波 19, 22

spirit 激情，参见欲求（desire）

Stoics, Stoicism 斯多亚学派，斯多亚主义：appearance and apprehension 现象与理解 291, 293–296, 378, 515, 526；and Aristotle ～与亚里士多德 341, 508, 520, 528；and assent ～与认可 291, 294, 298–299, 378–379, 519, 526；and Carneades ～与卡尔尼亚德 291–292；on causes ～论原因 269–271, 374–375, 377；on the city ～论城邦 568–569, 572, 613, 620；on the criterion ～论准则 291, 296；on death ～论死亡 343, 530；on determinism ～论决定论 371–374, 378；on emotions ～论情感 516, 526–527, 529–530；on external goods ～论外在的好物 504；on fate ～论命运 371–373, 375–376, 612, 619；on the fine ～论美好 508, 510, 512, 524；form and matter 形式与质料 263；founders of ～的建立者 29；on friendship ～论友谊 566；on the gods, God ～论神 380, 566, 611–615, 617；on happiness ～论幸福 271, 504；and Heraclitus ～与赫拉克利特 22, 260；on Homer ～论荷马 612, 617；on indifferents ～论中性物 516–517, 521, 523–526；on knowledge and belief ～论知识与信念 291, 294–295；on law ～论法 566, 570–571, 621；materialism 唯物主义 263, 341；on mind ～论心灵 614；on nature and god ～论自然与神 612, 616–617；on necessity ～论必然性 371；on pneuma ～论普纽玛 263, 266, 612；political theory 政治理论 566–567, 619；on providence ～论神意 619, 621–622；on reason ～论理性 504–507, 570；on responsibility ～论责任 378, 519, 526, 619；on the sage ～论圣人 291, 526；and Sceptics ～与怀疑论者 291, 298；on the senses ～论感觉 291；and Socrates ～与苏格拉底 509；on the soul ～论灵魂 263, 341–345, 522, 612；on subject and substance ～论主体与实体 260–262；on teleology ～论目的论 612；on tragedy ～论悲剧 516；on virtue ～论美德 433, 512, 527；on virtue and happiness ～论美德与幸福 492, 508, 511, 513–514, 516, 518, 523

subject 主体 41, 157, 224

subjectivism 主观主义 163

substance 实体 83, 86, 90, 99, 260，另参见亚里士多德（Aristotle）

suspension of judgment 中止判断，参见怀疑论（scepticism）

technê 技艺，参见 craft
teleology 目的论 95, 97, 240, 247, 324, 331, 369, 587, 596, 599, 609, 612
temperance 节制 392, 446, 494–495, 536
Thales 泰勒斯 3, 41, 43–44, 109, 300, 302–303, 305, 574, 605
theology 神学，参见神（gods）
Theophrastus 塞奥弗拉斯特 4, 21, 23, 46, 240, 247, 513, 608
Theseus, ship of 忒修斯之船 55
the Thirty 三十僭主 9, 15, 80, 452, 533, 537–540
thought 思想 72–73, 76–77, 121, 220
Thrasymachus 色拉叙马霍斯 456, 459, 472, 479
Thucydides 修昔底德：Thucydides 修昔底德 7; on democracy ～论民主 543, 545; on justice ～论正义 456, 461
time 时间 50, 79, 81–82
tragedy 悲剧 7, 400–402, 439, 498, 516
tranquillity 心无纷扰/安宁 173–175, 297, 414, 421, 479, 488
truth 真 68, 72, 126, 155–6, 161, 163, 355–356, 362
tyrant 僭主 463, 471, 531, 584

unity 统一性；参见同一性（identity）
universals 共相 106, 223, 253, 274, 356

virtue, virtues 美德，诸美德：virtue, virtues ～，～ 432–433; cardinal 主要～ 427, 437, 449, 468; and craft ～与技艺 436;

Epicurus on 伊壁鸠鲁论 ～ 479, 488; and function ～与功能 428, 444; and happiness ～与幸福 403, 427, 492, 496–497; and knowledge ～与知识 434, 436–437, 447–448, 527, 553; parts of ～ 的部分 431; Plato on 柏拉图论～ 324, 327, 556; and pleasure ～与快乐 489; Socrates on 苏格拉底论～ 138, 142, 145, 180–181, 315; types of ～ 的类型 427

Wittgenstein on Socrates 维特根斯坦论苏格拉底 146

Xenophanes 克塞诺芬尼：on the gods ～论神 108, 112, 574–578; on Homer and Hesiod ～论荷马与赫西俄德 108; on knowledge and belief ～论知识与信念 108, 110, 112, 122, 135
Xenophon on Socrates 色诺芬论苏格拉底 9

Zeno the Eleatic 爱利亚的芝诺：Zeno the Eleatic ～ 79–82; and dialectic ～与辩证法 142–143; on motion ～论运动 121; and Parmenides ～与巴门尼德 80; Plato on 柏拉图论～ 220; and Scepticism ～与怀疑论 135; on sense and reason ～论感觉与理性 121; and Socrates ～与苏格拉底 80
Zeno the Stoic 斯多亚学派的芝诺 29–30, 37, 268, 293–294, 342, 372, 517, 566–567

图书在版编目（CIP）数据

古典哲学/（英）特伦斯·欧文编著；宋继杰，张凯译.--北京：商务印书馆，2024. -- ISBN 978-7-100-24061-1

I. B12

中国国家版本馆CIP数据核字第2024R1G557号

权利保留，侵权必究。

古典哲学

〔英〕特伦斯·欧文　编著

宋继杰　张　凯　译

商　务　印　书　馆　出　版
（北京王府井大街36号　邮政编码100710）
商　务　印　书　馆　发　行
北京顶佳世纪印刷有限公司印刷
ISBN 978 - 7 - 100 - 24061 - 1

2024年7月第1版　　开本 880×1230　1/32
2024年7月北京第1次印刷　印张 20
定价：98.00元